Heinz Ohff

Ein Stern in Wetterwolken

SERIE PIPER
Band 1548

Zu diesem Buch

Zahllose Legenden ranken sich um das Leben Königin Luises von Preußen, die schon zu ihren Lebzeiten außergewöhnliche Popularität genoß: Schön und lebenslustig, charmant und wenig gebildet mußte sie bereits als junge Frau zusammen mit ihrem Mann, Friedrich Wilhelm III., in schwierigen Zeiten den Thron besteigen und starb erst 34jährig in der Blüte ihres Lebens. Bedeutende Zeitgenossen wie Kleist und von Arnim waren ihre Bewunderer, und Napoleon nannte sie seine »ärgste Feindin«. Heinz Ohff zeichnet in seiner Biographie das Bild einer Frau zwischen Legende und Historie und vermittelt zugleich einen lebendigen Eindruck der damaligen Zeit.

Heinz Ohff, geboren 1922 in Eutin, lebt in Cornwall/England und Berlin. Er studierte Kunstgeschichte und Germanistik und war von 1961–1987 Feuilletonchef des Berliner »Tagesspiegel«. Bei Piper sind von ihm lieferbar: Der grüne Fürst. Das abenteuerliche Leben des Hermann Prückler-Muskau, 1991; 2mal Berlin (Piper Panoramen der Welt), 1985; Gebrauchsanweisung für England, 1988; William Turner (SP 5205), 1987.

Heinz Ohff

Ein Stern in Wetterwolken

Königin Luise von Preußen

Eine Biographie

Mit 34 Abbildungen

Piper
München Zürich

Alle Aufnahmen des Bildteils
wurden von Christiane Hartmann angefertigt.

ISBN 3-492-11548-9
Neuausgabe Mai 1992
3. Auflage, 11.–17. Tausend Mai 1992
(1. Aufl., 1.–7. Tausend dieser Ausgabe)

Umschlag: Federico Luci,
unter Verwendung eines unbezeichneten Pastell-Porträts
der Königin Luise (1806)

Satz: Uhl + Massopust, Aalen
Druck und Bindung: Clausen & Bosse, Leck
Printed in Germany

Inhalt

I.

Der letzte Geburtstag

Nur Märchen fangen mit den Worten »Es war einmal« an. Leider besteht die Geschichte der Menschheit nicht aus Märchen. Da ist mehr von Blut, Schweiß und Tränen die Rede, von Kriegen vor allem. Das gilt selbst für die schöne, junge Königin, die wie eine Märchenerscheinung in ihrem Land, einem der kargsten Europas, aufgetaucht, aber mit ihm keineswegs untergegangen ist. Ihr Land, Preußen, existiert nicht mehr. Ihre Legende jedoch reicht, durch Blut, Schweiß, Tränen und, vor allem, Krieg, bis heute.

Luise war tatsächlich eine Königin, wie es sie sonst nur im Märchen gibt. Zumindest war sie so angelegt: jung, schön, lustig, charmant, modisch, vergnügungssüchtig, dabei mitfühlend und großzügig, ein weiches Herz, ein bißchen oberflächlich vielleicht, gründlich ungebildet, aber von einer Erscheinung, daß selbst hartgesottenen Gesandten aus fremden Ländern der Atem stockte und sie sich in ihrer Begrüßungsansprache verhedderten, wenn sie erschien.

Schön und bezaubernd war Luise bis zu ihrem frühen Tod, auch ganz zuletzt nach über dreijährigem Exil im kalten hohen Norden Preußens. Ihre Rückkehr in die Hauptstadt Berlin erfolgte auf Wunsch ihres Erzfeindes Napoleon. Das Land schien so gut wie verloren, ausgelaugt, von fremden Truppen beherrscht, unzufrieden. »Es steht schlecht«, schrieb sie in einem Brief an ihren Vater, »das ist wahr; Opfer und Aufopferung ist mein Leben.«

Gewiß, ein verlorener Krieg und ein verlorenes Land, zu schweigen von nicht weniger als zehn Geburten in 15 Jahren, hatten sie ernster gemacht, reifer, aber auch selbstbewußter und, erstaunlicherweise, aktiver. Nach Wesen und Erziehung eher zu Tändelei und Zeitvertreib neigend, lag ihr zielgerichtete Aktivität wenig und politische Aktivität schon gar nicht. Aber sie war es, auf deren Schultern die Hoffnungen ihres Landes ruhten, weniger auf denen ihres Mannes, des Königs, dem sie, wie man es nannte, von Herzen ergeben war (und der sie von Herzen wiederliebte).

In dieser Zeit des Opfers und der Aufopferung begegnet Luise einem jungen Dichter, der auf seinem Gebiet, wie Luise auf dem ihren, bis heute das verlorene Preußen verkörpert. Auch er könnte einem Märchen entstammen, dem Märchen vom armen, kranken und weitgehend erfolglosen Dichter.

In seinen Gedichten hatte er eben die Not des Landes, aber auch seine Hoffnungen wie mit Fanfarenstößen verkündet, geradezu hinausposaunt. Und wie alle Welt war er, der arme Dichter, ein bißchen in die arme Königin mit ihren ständig verweinten Augen verliebt. Er hoffte wohl auch, daß sie etwas für ihn tun könnte, Ordnung in sein verpfuschtes Leben bringen, ihm die Wiedereinstellung als Leutnant in das arg dezimierte preußische Heer ermöglichen oder seine kärgliche Pension erhöhen, von der er nicht leben und nicht sterben konnte. Die arme Königin und der arme Dichter – alles andere als Figuren aus dem Märchen. Auf beiden Seiten stand die nackte Not ihrer Existenz.

10. März 1810. Geburtstag der Königin, ihr 34. König Friedrich Wilhelm hält eine große und ehrenvolle Überraschung bereit, eigentlich wohl so etwas wie eine fortdauernde Liebeserklärung, in diesen bitteren Zeiten sein einziges Geschenk. Er hat den Weißen Saal öffnen lassen, den Staats- und Prunkraum Preußens, Berlins, des Königlichen Schlosses. Den Weißen Saal haben die Hohenzollern bis dahin fast ausschließlich für ihre hochoffiziellen Eheschließungen benutzt. Heute aber schreitet man nach dem Souper im üblichen Kreis und wie stets an kleinen Tischen in der Bildergalerie zu öffentlichem Empfang, Defilee der Gratulanten sowie anschließendem Ball in den von Kerzen hell erleuchteten Hauptsaal.

Eine überraschende Geste. Friedrich Wilhelm hat sie, wie alles in seinem Leben, wohlberechnet. Sie entspricht der Wertschätzung, die er Luise entgegenbringt, aber auch seiner chronischen Sparsamkeit. Eine Illumination des Weißen Saals kommt immer noch billiger als, beispielsweise, ein Perlendiadem, wie es der Königin so gut zu Gesicht steht.

Geladen worden ist überdies nicht nur der höchste Adel – wie es sich immer schon gehörte –, sondern auch der niedere und sogar bürgerliche Beamte und verdiente Offiziere. Beide, König und Königin, haben einen Hang zum Bürgertum, das unter ihnen hoffähig zu werden beginnt, ein für altgediente Hofleute geradezu revolutionärer Vorgang. Von Anfang an hat sich im übrigen das Königspaar wie ganz gewöhnliche Eheleute geduzt, sogar in aller Öffentlichkeit. Als kurz vorher, am 18. Januar, ein Fest zur Ausweitung des Roten Adlerordens gegeben wurde, war es schon fast selbstverständlich, daß auch höhere Chargen aus dem Bürgerstand erschienen. 20 Jahre früher wäre das noch ganz unmöglich gewesen; frischer Wind, der durch den Weißen Saal streicht. Er wird nicht von allen Betroffenen lauthals begrüßt.

Der Weiße Saal. Eine Fülle von Erinnerungen müssen auf Luise eingestürmt sein, als sie ihn betrat. In ihm hatte vor nun schon 17 Jahren ihre eigene Hochzeit stattgefunden. In ihm war auch jener seltsame Fackeltanz vor sich gegangen, mit dem man im Rokoko-Preußen derartige Ereignisse zu begehen pflegte. Hier hatte sie auch, ganz entgegen starr preußischer Tradition, schon als Kronprinzessin, mehr noch später als Königin, rauschende Feste gefeiert und Bälle gegeben. Liebte sie doch, im Gegensatz zu ihrem Mann, der sie aber gern gewähren ließ, repräsentative Zusammenkünfte, Gesellschaften mit Putz, Klatsch und Tanz, wie sie es von Darmstadt her gewohnt war. Nur jetzt eben in größerem Maßstab – und mondäner. Welches Entsetzen hatte sie erregt mit dem ersten von einer Königin getanzten Walzer, einem ausgesprochen unmoralischen Tanz, weil sich bei ihm die Körper der Tanzenden – horribile dictu! – berührten.

Ohne ihren Schwiegervater Friedrich Wilhelm II., den dicken Schwerenöter, wäre ihr ein solcher Exzeß nie gestattet und noch weniger verziehen worden. Auch dies ein Triumph ihrer vielgepriesenen Schönheit, Liebenswürdigkeit, Natürlichkeit. Es war noch gar nicht einmal so lange her, daß Berlin, Luises Berlin, als ein Ort ausgesprochener Lebensfreude gegolten hatte, der preußische Hof als eine viel beneidete fröhliche und friedliche Oase.

Zwischen dem Leben damals und dem 34. Geburtstag klafften Welten. Jetzt, seit der Niederlage gegen Frankreich, drückten die Sorgen von allen Seiten, sogar solche ums pure Überleben. Schon waren Napoleons unerbittliche Forderungen, obwohl noch nicht offiziell verkündet, durchgesickert. Auf 92 Millionen Francs berechneten die Franzosen die Kriegsschuld des mit ihnen zwangsverbündeten Preußen. Aber selbst die monatlichen Raten von vier Millionen konnte das ausgepowerte Land – zuzüglich zu den Unterhaltskosten für die verbliebene Besatzung – kaum aufbringen. Schon war man mit den Zahlungen in Verzug geraten, schon verlangte Napoleon zum Ausgleich dafür die Abtretung eines kompletten Landesteils, Schlesiens.

Schlimmer noch: In der allgemeinen Mutlosigkeit war, zum Ärger des Königs, das Ministerium, allen voran der hilflose Finanzminister Altenstein, bereit, den Gebietsabtretungen zuzustimmen. Preußen zerfiel in zwei Lager. Das eine wollte den unersättlichen Korsen befriedigen, das andere einen Kampf auf Leben und Tod wagen. Der König befand sich zwischen beiden wie zwischen zwei Mühlsteinen, die ihn und seinen Thron zu zermalmen drohten. Selbst ein Bettelbrief Luises an den verhaßten Napoleon mit der fast anbiedernden Anrede »Mein Herr Bruder!« und der dringenden Bitte um Verlängerung der Zahlungstermine hatte nichts bewirkt. Die meisten Historiker verzeichnen den Brief mit Bedauern und dem Zusatz, er hätte in dieser Form nie geschrieben werden dürfen. Sie verkennen dabei, daß Königin Luise für ihr Land alles nur Denkbare zu tun gewillt war – eine Haltung, vor der man eher den Hut ziehen als die Nase rümpfen sollte.

Die Öffnung des Weißen Saals erschien unter den gegebenen Umständen wie eine Herausforderung, zumindest wie eine bewußt gesetzte Zäsur. Friedrich Wilhelm bestieg in einer Art von Trotzreaktion zum zweitenmal den Thron. Für das Land und wohl auch für ihn selbst ein Zeichen, das ermutigen sollte. Sein Kommentar könnte gelautet haben: »Nu jrade!«, denn der König sprach sehr berlinisch und aphoristisch-abgehackt, wenn er nicht französisch parlierte. Seine kurze, schroffe Redeweise ist später von preußischen und deutschen Offizieren und deren Parodisten nachgeahmt worden. Bei ihm muß sie passend zu seiner Persönlichkeit und daher auf hölzerne Weise charmant gewirkt haben. Liebevolle Geste gegenüber der Königin und »Nu jrade«-Effekt dürften sich bei dem Entschluß zur Öffnung des Weißen Saals also die Hand gereicht haben.

Zudem handelte es sich um eine gute Gelegenheit, mit möglichst vielen Leuten zusammenzutreffen, die Lösungen für die anstehenden Probleme parat hielten oder parat zu halten glaubten.

In dieser Richtung hatte die Königin im übrigen vorgesorgt. Ihr rauschendes Geburtstagsfest hatte in Wahrheit einen konspirativen Zweck, denn die brisanten politischen Themen mußten – im eigenen Land! – heimlich besprochen werden. Es ging um die Rückkehr eines von Napoleon verbannten Staatsmannes, Hardenberg, um holländische Anleihen, diplomatische Machenschaften hinter dem Rücken des Franzosen, der alle preußischen Pläne, selbst die zur Erfüllung seiner eigenen Forderungen, zu durchkreuzen pflegte. Was Luise insgeheim vorbereitet hatte, kulminierte bei diesem eleganten Ballvergnügen, wo Zusammentreffen und Gespräche mit unzähligen Personen des öffentlichen und halböffentlichen Lebens nicht auffielen.

Der Festsaal barst vor Menschen – und vor Gerüchten. Die wenigsten dürften sich einfach dem Genuß des Geburtstagsfestes hingegeben haben, schon gar nicht das Geburtstagskind. Diskutiert worden sind gewiß die Höhe der Schuldforderungen und die Unmöglichkeit, sie zu erfüllen. Auguren, eingeweiht oder nicht, wollten von einem baldigen Beitritt Preußens zum Rheinbund wissen, den mit Napoleon eng verknüpften deutschen Fürsten. Es ging um einen drohenden Aufstand der Ungeduldigen im Lande, die endgültige Entlassung des Ministeriums oder gar die Abdankung des Königspaars.

Luise muß neben ihrem mürrischen Gatten der Kopf geschwirrt haben. Aus einer Loge tönten die Klänge der Militärkapelle, was man damals noch als »Janitscharenmusik« bezeichnete und was sich dann wohl auch wie eine solche angehört haben mag. Unter ihren durch die Entfernung leicht gedämpften Klängen zog vorüber, was in Berlin und im verbliebenen Restland Rang und Namen hatte.

Belangloser Wortwechsel mit den einen, entscheidende – und

wohlvorbereitete – politische und wirtschaftliche Gespräche mit den anderen – nie hatte Luise für den Staat, dessen Königin sie war, derart viele Weichen gestellt, so Entscheidendes für Gegenwart und Zukunft arrangiert, derart intrigiert, inszeniert, einen gegen den anderen ausgespielt wie an diesem 34. Geburtstag. Da mußte der eine Gesprächspartner rasch abgefertigt, der andere aufgehalten und mit einem Nachfolgenden in der Reihe zusammengebracht werden. Gegensätze wurden geschlichtet oder doch geglättet, alte Feindschaften besänftigt – und das alles mußte mit einem Lächeln auf den Lippen serviert werden.

Dem König, aus dessen Gesicht jeder lesen kann, was er fühlt und denkt, ist so etwas fremd. Er kann sich nicht verstellen und wirkt abwesend. Luise, seine Frau, beherrscht den notwendigen Eiertanz um so routinierter, fast so gut wie einst den verruchten Walzer. Immerhin sind auch Franzosen im Saal sowie – ganz gewiß – deutsche Spitzel. Besonders liebenswürdig begrüßt sie Saint-Marsan, Napoleons Gesandten in Berlin, einen denkbar freundlich gesinnten und gutmütigen Mann, aber immerhin der Vertreter des Feindes.

Luise hat auch ihn fest im Griff. Ihm weiszumachen, daß ihre alte Vorliebe für Rußland dahingeschmolzen sei wie Schnee an der Sonne, gelingt ihr spielend. Saint-Marsan leitet diese überraschende Nachricht auch prompt nach Paris weiter, dort allerdings weiß Napoleon es besser. Er mutmaßt nicht nur, daß zwischen der preußischen Königin und dem Zaren Alexander von Rußland engere und galantere Bande bestehen als zwischen Staatsoberhäuptern üblich, er weiß auch, daß Luise, ihrem alleruntertänigsten Brief zum Trotz, seine wohl heftigste Feindin ist und immer bleiben wird. Den Brief hat Luises Schwester Therese überreicht, vielleicht sogar entworfen. Mit dem Appell an »Ihre große Seele« und das »wohltätige Genie des großen Napoleon« hat sie sich, sonst als Postadels-Fürstin Thurn und Taxis am Pariser Kaiserhof wohlgelitten, für Luise einen Korb geholt. Brief und diplomatische Notiz haben nichts bewirkt. Deshalb müssen jetzt neue Fäden geknüpft, alte entwirrt und aufgeknotet werden. Luise, die erstaunlich viel von ökonomischen Dingen versteht, sortiert mit weiblichem Instinkt und Geschick ihre Geburtstagsgäste.

Da gilt es, Altenstein, den ideenlosen Finanzminister, abzuwimmeln und ihn – nicht ganz fair – nach Möglichkeit ins Unrecht zu setzen. Das erreicht Luise mit Hilfe des undurchsichtigen Fürsten Wittgenstein. Er ist so etwas wie der Finanzberater des Hochadels, ein gewandter, verschlagener und energischer Mann. Auf lange Sicht bleibt diese Wahl Luises zweifelhaft. Wittgenstein, kurz nach Rückkehr des Königspaars am 1. Januar 1810 zum ersten Oberkammerherrn ernannt, wird später, in Zeiten der Reaktion, als Chef der höheren Polizei in Preußen durch seine Skrupellosigkeit und Intrigensucht zu einer der verachtetsten Figuren der Metternich-Ära werden. Jetzt jedoch ist er der Mann der Stunde: Er entwickelt als einziger Ideen, wie der Staat zu retten sein könnte und Schlesien obendrein. Durch seine Beziehungen zu Bankiers aller Länder gelingen ihm in diesen undurchsichtigen Zeiten Aktionen und Transaktionen von ungeahntem Ausmaß. Luise spannt seine Tatkraft – nicht weniger skrupellos – in ihre Pläne ein, um so mehr als auch Wittgenstein darauf bedacht ist, Hardenberg zurückzuholen, von dem man sich gewiß nicht zu Unrecht Wunderdinge verspricht.

Ein diplomatisch höchst diffiziler Geburtstagsempfang. Während die Königin brilliert, versucht der König, sein undurchdringliches Gesicht aufzusetzen, mit dem er wie stets – und wie immer vergeblich – den ihm angeborenen Pessimismus zu überspielen versucht. »Neuanfang«, mag er gedacht haben, »Kopf aus der Schlinge – Luise Mittel und Wege – mir fatal – wird sowieso nichts draus.«

Der junge Dichter in der unübersichtlichen Menge, ein ehemaliger preußischer Offizier aus alter Adelsfamilie, dürfte die Einladung über seine angeheiratete Kusine bekommen haben, einer engen Vertrauten und Hofdame Luises. Er verehrt die Königin ebenso leidenschaftlich, wie er Napoleon, den Usurpator, haßt. Literarisch interessierte Intellektuelle, die im Salon der Rahel Varnhagen verkehren, mögen seinen Namen kennen, obwohl noch nie eines seiner Dramen an einer offiziellen Berliner Bühne aufgeführt worden ist.

Er hat ein Sonett dabei, das er der Königin zu überreichen hofft, sollte sich die Gelegenheit ergeben. Das ist nicht sehr wahrscheinlich, denn seiner Herkunft zum Trotz ist Heinrich von Kleist schüchtern. Ähnlich wie Friedrich Wilhelm, sein Landesherr, verhaspelt er sich häufig beim Reden im Netz seiner eigenen Gedanken.

Mit dem Sonett hat er sich schwergetan. Begonnen hat er es

zunächst als längere Ode, »in der Voraussetzung«, wie er im Titel hinzufügte, »daß an diesem Tag Gottesdienst sein würde«. Es fand aber kein Gottesdienst statt. So entnahm er dem reichlich pathetisch geratenen Huldigungsgedicht eine Zeile, die ihm besonders gut gefiel, und setzte sie, persönlicher gefaßt, an den Anfang einer neuen Ode: »Du, die das Unglück mit der Grazie Schritten, / Auf jungen Schultern herrlich jüngsthin trugst...«

Doch auch dieser zweite Anlauf muß Kleist mißlungen erschienen sein. Man kann's verstehen: »Viel Blumen blühen im Schoß der Deinen / Noch deinem Gurt zum Strauß, und du bists wert.« Jedenfalls setzte er erneut an, wir wissen nicht, wie oft, drei Fassungen sind erhalten geblieben. Am Ende rafft ein knappes, kurzes Sonett alles zusammen, eine hart erarbeitete Quintessenz, leidenschaftlich im Inhalt, ein kleines sprachliches Meisterwerk.

In ihm schwingt auch persönliche Dankbarkeit mit. Man muß dazu wissen, daß Kleist aus der Privatschatulle der Königin Luise eine der wenigen regelmäßigen finanziellen Hilfen zugeflossen sind, die ihm zeit seines Lebens zuteil wurden – sie war kärglich genug. Unklar bleibt allerdings, ob Luise überhaupt davon gewußt hat. Die Gelder können, wie die meisten Kleist-Forscher vermuten, auch direkt von Marie von Kleist gestammt haben. Nach Luises Tod versuchte sie jedenfalls, mit Prinz Wilhelm, dem späteren ersten deutschen Kaiser, eine solche Abmachung zu treffen.

Wie auch immer, dem jungen Dichter muß es gelungen sein, durch das Menschengewimmel zur vielbeschäftigten, vielfältig verstrickten Königin vorzudringen. Inmitten des Trubels, noch ganz auf ihr politisches Kulissenspiel konzentriert, sinkt Luise für einen Augenblick in einen Sessel und liest Kleists Verse. Von all den vielen, die ihr gewidmet worden sind, die schönsten, einfachsten, unsterblichen.

Erwäg ich, wie in jenen Schreckenstagen,
Still deine Brust verschlossen, was sie litt,
Wie du das Unglück, mit der Grazie Tritt,
Auf jungen Schultern herrlich hast getragen,

Wie von des Kriegs zerrißnem Schlachtenwagen
Selbst oft die Schar der Männer zu dir schritt,
Wie, trotz der Wunde, die dein Herz durchschnitt,
Du stets der Hoffnung Fahn uns vorgetragen:

O Herrscherin, die Zeit dann möcht ich segnen!
Wir sahn dich Anmut endlos niederregnen,
Wie groß du warst, das ahndeten wir nicht!

Dein Haupt scheint wie von Strahlen mir umschimmert;
Du bist der Stern, der voller Pracht erst flimmert,
Wenn er durch finstre Wetterwolken bricht!

Luise scheint augenblicklich herausgerissen aus ihrem Gespinst von Gesellschaft, Politik, Rankünе. Für Poesie ist sie empfänglich. Überwältigt und wohl auch erschöpft bricht sie in Tränen aus.

Noch kann niemand wissen, daß die Wetterwolken den flimmernden Stern alsbald verschlingen werden. Es ist dies der letzte Geburtstag, den Luise begehen kann. Wie eine Ahnung klingt, was sie am folgenden Tag zu ihrer Freundin Luise Radziwill sagt: »Das ist das Ende meiner irdischen Größe.« Auch Kleists Verse werden da noch ihr nachgeklungen haben. Den Weißen Saal hat sie nie mehr betreten.

Der Dichter und arme Schlucker wird in die Mauerstraße zurückgegangen sein, in sein karg möbliertes Zimmer im Hause des Quartiermeisters Müller. Er schreibt gleichzeitig am »Michael Kohlhaas« und dem »Prinzen von Homburg« und lebt, Rahel Varnhagen zufolge, »sehr wunderlich, oft ganze Tage im Bett, um da ungestörter bei der Tabakspfeife zu arbeiten«.

Es mag übertrieben sein, in Luises Überwältigung den »einzigen reinen und tiefen Erfolg« des Dichters in seinem kurzen, unglücklichen Leben zu sehen. Jedenfalls hat er den intensiven, beglückenden Eindruck einige Tage später in einem Brief an seine Halbschwester Ulrike zum Ausdruck gebracht. Auch Kleist ist ein Todeskandidat. Eineinhalb Jahre nach Luises Tod hat er sich umgebracht.

2.

Die Mecklenburgerin

Die spätere Königin von Preußen ist als Prinzessin Luise von Mecklenburg-Strelitz am 10. März 1776 in Hannover geboren. Das Land, dessen Namen sie trägt, hat sie mit 20 Jahren zum erstenmal betreten.

Aufgewachsen ist sie im deutschen Südwesten, in Darmstadt.

Trotzdem finden sich bei ihr deutlich mecklenburgische Züge. Ihr Wortschatz ist, nachzulesen in ihren Briefen, von niederdeutschen Wendungen durchsetzt, die sie wahrscheinlich von ihrem Vater übernommen hat. So schreibt sie ihrem Bruder Georg mitunter, sie sei nahe daran gewesen, »zu brüllen«, also zu weinen, zu heulen, oder beklagt sich bei ihrem Mann über den »Schnack«, den er führe. Noch häufiger tauchen im deutschen Teil ihrer Briefe allerdings hessische Ausdrücke auf im unverfälschten Darmstädter »Heinerdeutsch«: »Ich muß in Kerch gehen, sonst schlägt mich mey alt Großmäme«, heißt es in einem Brautbrief an Friedrich Wilhelm, damals noch Kronprinz von Preußen, und: »Ich segn mei Schatz witter, ich segne mei Schatz witter.« Wobei sie nie versäumt, sich für ihr »Cripscrapsgekritzel« zu entschuldigen.

Prinz (und später Herzog) Karl Ludwig Friedrich von Mecklenburg-Strelitz, kurz Karl und von seiner Tochter Luise bis ans Lebensende »Päp« oder »Pap« oder auch »bester Vater« genannt, muß eine vollendete Rokoko-Erscheinung gewesen sein, wohlgestaltet, wenn auch nicht sehr groß, elegant in Benehmen und Garderobe, ein bißchen leichtsinnig im Umgang mit dem Geld und, wie übrigens viele Mecklenburger, etwas hypochondrisch veranlagt. Wann immer Zeit und Geld es ihm erlauben, kurt er in Bad Pyrmont, für das er bis ins Alter eine Vorliebe behält.

Eine Vorliebe besitzt er auch für England. Durch seine Schwester, die Königin von England, hat er schon in jungen Jahren Karriere gemacht und ist als Gouverneur des englischen Königs nach Hannover geraten, heraus aus der Enge und Provinzialität seiner mecklenburgischen Heimat. Damals gab es zwei Mecklenburgs.

Die deutschen Staaten oder Staatsgebilde schienen sich durch Zellteilung ins Unendliche vermehrt zu haben. Das Reich, einst Römisches Reich, dann Heiliges Römisches Reich, am Ende Heiliges Römisches Reich Deutscher Nation genannt, zerfiel in unzählige territoritale Herrschaften. Einige von ihnen, die größeren, traten als unabhängige Staatsgebilde, ja als europäische Großmächte auf. Die meisten waren jedoch klein, sogar winzig: ein Schloß, ein paar Dörfer sowie eine Menge von Schlagbäumen. Golo Mann läßt seine »Deutsche Geschichte des 19. und 20. Jahrhunderts« im Jahre 1789 beginnen. In diesem Jahr gab es in Deutschland genau 1789 Territorialstaaten.

Zwar sollte das Reich mit dem Kaiser, seit Maximilian mit den habsburgischen Königen von Österreich, eine Kuppel über dem Staatenwirrwarr bilden, aber die Realität sah anders aus. Während andere Nationen, Frankreich vor allem, sich langsam aber sicher der staatlichen Einheit zubewegten, wurde Deutschland durch den Absolutismus seiner großen und kleinen Potentaten im 17. und 18. Jahrhundert heillos zersplittert. Für den Adel bedeutete dies einen enormen Machtzuwachs. Selbst die kleinsten Fürstengeschlechter versuchten Geschichte zu machen, vornehmlich durch Zollgrenzen. »Die Fürsten brandschatzen die Reisenden wie die Wegelagerer«, klagt Varnhagen von Ense, und tatsächlich stammte eine Großzahl der betreffenden Fürsten von Wegelagerern ab.

Allein in Mecklenburg existieren also zwei Herzogtümer, Mecklenburg-Schwerin und Mecklenburg-Strelitz. Deren Geschichte wäre ein Lehrstück deutscher Kleinstaaterei, angefangen beim großen Güstrowschen Erbfolgestreit, über den Hamburger Vergleich und die Mirowsche Linie, der auch Luises Vater, Prinz Karl, angehört. Mecklenburg galt schon immer als abgelegen, und daran hat sich bis heute nichts geändert. Althergebrachtes blieb hier stets länger lebendig als anderswo. Der erste (und einzige)

Paragraph der Mecklenburger Verfassung lautet, spottet Fritz Reuter: »Es bleibt alles beim Alten.«

So war auch damals Mecklenburg, waren beide Mecklenburgs hinterwäldlerisch, immer ein paar Jahrzehnte hinter ihrer Zeit zurück. Ihr Anachronismus hatte jedoch, von heute gesehen, durchaus fortschrittliche Züge. Wie ein Fossil erhalten geblieben war die alte ständestaatliche Ordnung, sogar in ihrer ausgeprägtesten Form. Sie hatte übrigens bis 1918 Bestand.

Der Ständestaat hatte einst die Abkehr von der rein feudalen Ordnung des Mittelalters bedeutet. Über die Vertretung der Stände – Geistlichkeit, Ritterschaft, Städte, seltener, wie in Tirol oder Ostfriesland, die Bauern – wurden erstmals – wenn auch noch sehr eingeschränkt – die Staatsbürger am Staat beteiligt. Regionale Vertretungen und Ständeversammlungen konnten, zum Beispiel, über Steuerbewilligungen entscheiden oder mitentscheiden.

Der Absolutismus des 17. und 18. Jahrhunderts hatte dieser Entwicklung den Garaus gemacht, die Stände in den Status von Untertanen, die zu parieren hatten, zurückgedrängt. Außerhalb Mecklenburgs fanden sich nur in mehr oder weniger entlegenen Gegenden des Heiligen Römischen Reichs Reste derartigen Mitspracherechts nach dem Vorbild des englischen Parlaments. Der Freiherr vom Stein entdeckte solche in Westfalen, förderte sie nach Kräften und bezog aus ihnen ein Gutteil Anregung für seine späteren Reformvorschläge. Auch die Französische Revolution knüpfte an diese Tradition an.

In Mecklenburg, wo möglichst alles immer beim Alten bleibt, war sie von vornherein lebendig geblieben. Unverändert tagten die Landstände, gemeinsam übrigens für beide Landesteile, wie auch die Universität in der alten Hansestadt Rostock, das Hofgericht und das Konsistorium, also die Kirchenverwaltung, übergreifend für beide Kleinstaaten tätig waren – ein altertümliches Kuriosum nach damaligen Begriffen, eine frühe Annäherung an den modernen Verfassungsstaat nach heutigen Vorstellungen.

In Neustrelitz, der von seinem Vorgänger Adolf Friedrich III. erbauten Residenz mit den schnurgeraden, strahlenförmig von seinem Schloß auslaufenden Straßen, saß seit 1752 Herzog Adolf Friedrich IV., Luises Großvater oder besser gesagt: Nenngroßvater, in Wirklichkeit ihr Onkel. Fritz Reuter, der Demokrat, hat den schrulligen Herrn als »Dörchläuchting« schneidend, wenn auch mit großer Sympathie, karikiert. »In de Paleh«, lesen wir, »was dat all 'ne Tidlang snurrig taugahn«, der rechte Kapitelanfang für die schnurrige Geschichte von einem Landesherrn, der die Sprache seines Landes spricht wie jeder Dorfbewohner.

Es war ja nicht so, daß nun alle kleinen Fürsten Wegelagerer und Blutsauger gewesen wären. Es gab eine ganze Menge volkstümlicher Gestalten unter ihnen, die ihr Land aufs beste zu verwalten suchten. Zu ihnen muß man wohl auch den kauzigen Dörchläuchting rechnen, der Tod und Teufel nicht fürchtete, wohl aber Angst vor zweierlei hatte, das er für schlimmer als alles hielt: Gewitter – und Frauen.

Gegen den Blitzschlag ließ sich Dörchläuchting in seinem »Paleh« ein gläsernes Kabinett errichten, eine Art von Faradaykäfig, in dem er bei den ersten Gewitterwolken Schutz suchte. Er hielt strenge Distanz zu Frauen und erwartete dasselbe auch von allen männlichen Personen seines Hofes. Es hielten sich nicht alle daran. Adolf Friedrich IV. jedenfalls blieb, selbstredend, kinderlos.

Er hatte aber Schwestern und Brüder, von denen der Nächstälteste als sein Nachfolger vorgesehen war, Karl, Luises Vater. Den überraschenden Aufstieg – 1741 geboren, wurde er bereits 1744, also mit drei Jahren, Chef einer Kompanie in Diensten des Kurfürsten von Hannover – verdankte er einem Gerücht.

Das Gerücht war nicht neu, es geisterte von Zeit zu Zeit durch das vielfältige Europa, aber es beunruhigte immer wieder vor allem die Engländer. Friedrich II. von Preußen, hieß es, plane, seine niederrheinisch-westfälischen Besitzungen an die beiden Mecklenburger abzutreten, um sich im Tausch dafür Mecklenburg, Schwerin wie Strelitz, einzuverleiben. Nun saß der Kurfürst von Hannover als Georg II. auch auf dem englischen Thron, übrigens ein Schwager Friedrichs des Großen, der dennoch von einer derart bedrohlichen Umklammerung durch die Verwandtschaft wenig begeistert war. Der mecklenburgische Hofmeister von Gloeden war es, der Engländer wie Hannoveraner auf die rettende Idee brachte, den voraussichtlichen mecklenburgischen Thronerben sozusagen präventiv in hannoveranisch-englische Dienste zu nehmen.

Damit entwickelt sich Karls Karriere wie geschmiert und ohne dessen Zutun. Der dreijährige Kompaniechef wird als Vierjähriger Kapitän (mit dem Salär eines Hauptmanns). Zehn Jahre später ist er schon Major und bald Oberstleutnant. Aber er soll rasch noch höher steigen und das noch rasanter.

Die Häuser Mecklenburg-Strelitz und Hannover haben beschlossen, sich nun auch ehelich zu verbinden und zu verbünden. 1761 begleitet Karl seine drei Jahre jüngere Schwester Charlotte Sophia nach Stade. Dort soll sie sich einschiffen, um Georg III. zu heiraten, der nun nicht mehr wie die beiden ersten Georgs hauptsächlich Kurfürst von Hannover und nebenher König von England ist, sondern es umgekehrt hält. Hannover hat er sich nie auch nur angesehen und es nicht einmal, wie hämische Engländer behaupten, auf der Landkarte zu finden gewußt.

Georg und Charlotte sind sich vor ihrer Hochzeit persönlich nie begegnet; die Heirat steht – wie die meisten Fürstenehen damals – unter dem Diktat der Politik. Sie wäre ohne die geschmeichelten Miniaturporträts, die bei Heiratsanträgen damals gebräuchlich waren, vielleicht trotzdem nie geschlossen worden. Charlotte wird in England sofort als »ugly« eingestuft, als häßlich. Aber seinen neuen Schwager läßt Georg es nicht entgelten. Er ernennt ihn zum Oberst und ein Jahr später, beim ersten London-Besuch, sogar zum Generalmajor der Artillerie.

Georg III. bleibt übrigens 60 Jahre lang König von England, ein umstrittener Mann (er wird im Alter geisteskrank, und er verliert die englischen Kolonien in Amerika). Unumstritten ist dagegen Königin Charlotte im Königssitz zu Kew, zurückhaltend, blaß, aber nimmermüde in ihren Pflichten. So »ugly« sie sein mag, sie gebiert dem König nicht weniger als 15 Kinder.

Karl, der 20jährige General, zieht übrigens auf eigenen Wunsch mit dem englischen Heer auf einen Feldzug nach Portugal. Daß er sich kriegerisch ausgezeichnet hätte, ist nicht bekannt geworden, aber der König befördert ihn prompt zum Generalleutnant und versieht ihn mit einem überdurchschnittlichen Gehalt.

Daß Luises Vater damit ebensowenig auszukommen versteht wie mit seinen sonstigen Einkünften, steht auf einem anderen Blatt. Auch ein stärkerer Charakter als der Karls wäre wohl von den

Erfahrungen eines derart unaufhaltsamen Aufstiegs korrumpiert worden. Von Kind an daran gewöhnt, daß ihm alles in den Schoß fällt, bleibt er sein Leben lang ein passiver Beobachter, der Erfolgen nicht nachrennt, weil sich diese üblicherweise von selbst einstellen. Er verschwendet Zeit und Geld in dem Bewußtsein, daß erstere mit Warten (auf das Herzogtum) verbracht sein will und das zweite sich noch immer rechtzeitig eingefunden hat.

Aus dem hinterwäldlerischen Prinzen ist ein Lebemann geworden. Elegant schlendert er durch die wechselnden Zeiten, ein Flaneur, ständig auf Reisen, wenn er nicht gerade in Hannover residiert oder in Pyrmont kurt, ein gern gesehener Gast mit ständig leeren Taschen und von seinen Kindern, die er selten sieht, geradezu überschwenglich geliebt.

Seine Frau Friederike hat er sich aus Darmstadt geholt. Zwischen Hessen und Mecklenburg bestehen lockere Verbindungen, seit hessische Prinzen im Dienste Friedrichs II. ganz in der Nähe, in der Uckermark, in Prenzlau stationiert gewesen sind.

Man muß sich die kleineren und mittleren Staaten in Deutschland als nicht übermäßig gut ausgestattet vorstellen. Die Steuern fließen meist kärglich, werden vom Hofstaat und durch Zahlungen an müßige Verwandte, die »standesgemäß« leben müssen, verschlungen, mehr als selbst bei fähiger Güterverwaltung, die eher die Ausnahme als die Regel darstellt, eingenommen werden kann.

In Darmstadt bestehen, zum Beispiel, zwei Hofhaltungen. Es herrscht Landgraf Ludwig, der neunte dieses Namens, der es an Skurrilität mit Dörchläuchting aufnehmen kann. Nicht freilich mit dessen Weiberfeindschaft, im Gegenteil, er verschwindet häufig zu längeren Abenteuern nach Paris und hält sich unzählige – auch nicht eben billige – Mätressen. Aus diesem Grund, und weil er sich im Darmstädter Schloß seiner Vorfahren vor Gespenstern fürchtet, deren er bereits eine Menge gesehen hat, lebt er in Pirmasens. Dort gibt er sich seinen beiden großen Hobbys hin: dem Exerzieren und dem Trommeln. Sein Grenadierregiment ist von ihm derart gedrillt, daß alle Manöver wie ein Uhrwerk ablaufen, und sein Trommelschlägerkorps gilt als das beste, exakteste und lauteste im ganzen Heiligen Römischen Reich Deutscher Nation.

Den Staat repräsentiert im Darmstädter Gespensterschloß die

von Goethe (in »Dichtung und Wahrheit«) als »Große Landgräfin« bezeichnete Karoline, die sogar Friedrich der Große, nicht eben ein Liebhaber des weiblichen Geschlechts, bewundert hat und die mit nahezu allen großen Geistern der Zeit korrespondiert, so mit Voltaire, Gleim, Wieland, Herder, Klopstock. Ihr zur Seite steht bei Abwesenheit des Trommelfanatikers merkwürdigerweise der Sohn eines Apothekers, Johann Heinrich Merck, der Freund Goethes. Um Hofetikette schert sich die in vieler Beziehung große Landgräfin überhaupt nicht.

Dafür beschäftigt sie um so angelegentlicher die Dynastie. Im Kleinstaat-Deutschland besteht Politik zu guten zwei Dritteln aus der hohen Kunst, den Söhnen Prinzessinnen als »gute Partie« zu besorgen und den Prinzessinnen möglichst hochgestellte Prinzen. Das ist nicht immer einfach, wenn man, wie Karoline, neben drei Söhnen fünf Töchter hat. Es sind – verwirrend, die ewig gleichen Vornamen aufzuzählen – eine Karoline, eine Friederike, eine Amalie, eine Wilhelmine und eine Luise. Die resolute Frau hat alle, wenn auch keineswegs immer zu deren Glück, glänzend unter die Haube gebracht. So ist Friederike an der Seite Friedrich Wilhelms II. Königin von Preußen, soll Wilhelmine an der Seite Pauls I. Zarin von Rußland werden und spielt Luise an der Seite des Großherzogs Karl August von Sachsen-Weimar in der deutschen Geistesgeschichte eine wichtige Rolle.

In einem stattlichen Haus am Markt, nahe dem Schloß, im Volksmund »Altes Palais« genannt, lebt nun aber der Bruder Landgraf Ludwigs, Prinz Georg Wilhelm von Hessen-Darmstadt, mit seiner urwüchsig-pfälzischen Frau Marie Luise Albertine, die in Darmstadt nur »Prinzessin George« heißt. Auch sie eine überragende – und der «Großen Landgräfin« manchmal lästige – Persönlichkeit sowie auf dem Heiratsmarkt eine empfindliche Konkurrenz.

Denn auch Prinzessin George hat ihrem Georg acht Kinder beschert, darunter vier Mädchen mit ähnlichen Vornamen, nämlich Friederike, Charlotte, Luise und Auguste. Die Kinder sind zwar ziemlich unbeschwert zusammen aufgewachsen, aber zwischen Schloß und Altem Palais herrscht doch einiger Brotneid. Die Mittel sind in beiden Häusern knapp. Man leidet zwar keine äußere

Not, aber geflickte Kleider, die von Schwester zu Schwester oder von Bruder zu Vetter weitervererbt werden, sind die Regel.

Im 18. Jahrhundert eine deutsche Prinzessin zu sein, ist kein beneidenswertes Los. Eine Ausbildung wird nur den Brüdern zuteil. Die Schwestern werden der Reihe nach verheiratet. Gefühle, Liebe oder Zuneigung spielen dabei keine Rolle, und so sind sie meist unglücklich mit ihren Männern, denen sie praktisch nur als Gebärmaschinen für den notwendigen Nachwuchs dienen. Die vergnügliche Seite des Lebens genießen die Männer mit Mätressen oder gar Gemahlinnen zur linken Hand. Man wartet, bis man vielleicht selbst an die Reihe kommt. Das Schicksal der meisten ist tränenreich und endet mit frühem Tod.

Der flotte Karl aus Mecklenburg gilt trotz seines Leichtsinns als Glücksfall unter eventuellen Bewerbern. Er sieht sich an beiden Höfen Darmstadts um und entscheidet sich für Friederike, und zwar die der Prinzessin George, die freilich auch der besondere Liebling der großen Landgräfin ist. Friederike, damals erst 16, blond, blauäugig, mit einer kräftigen Stirn, gilt als »über ihre Jahre gesellschaftlich gewandt«, wie es Paul Bailleu, der erste Biograph der Königin Luise, ausdrückt. Die Hochzeit findet am 18. September 1786 im Darmstädter Schloß statt. Neidvolle Bewunderung weckt der kostbare Schmuck der Braut, den ihr die Schwägerin, Königin Charlotte, aus England geschickt hat. So etwas sieht man selten an den ärmlichen Duodez-Höfen Deutschlands.

Es mag die 16jährige überfordert haben, als sie sich plötzlich in Hannover wiederfindet, wo ihr Mann inzwischen zum Gouverneur ernannt worden ist. Im Alten Palais an der Leinestraße, im Sommer im Prachtschloß Herrenhausen, hat sie zahlreiche Repräsentationspflichten zu erfüllen und ist überdies – Los aller Prinzessinnen, die für einen Stammhalter zu sorgen haben – ständig schwanger. »Bald sah sich das fürstliche Paar von einem Kranze blühender Kinder umgeben», formuliert Bailleu. Die Wirklichkeit war weniger idyllisch. Obwohl von schwacher Konstitution und erst 23 Jahre alt, hatte Friederike nach achtjähriger Ehe schon sechs Geburten hinter sich. Zwei Knaben und ein Mädchen starben früh. Es überlebten drei Mädchen, Charlotte, die Älteste, »Lolo« genannt, Therese (der wir schon kurz als Thurn-und-Taxis-Gräfin begegnet sind), genannt »Röschen«, und Luise, die am 25. März 1776 in der Garnisonskirche von Hannover auf die Namen Luise Auguste Wilhelmine Amalie getauft wurde.

Die Namen stammen, wie üblich, von den Paten, von der badischen Markgräfin Karoline Luise, einer Schwester des hessischen Exerziermeisters Ludwig IX., von Charlotte von Hessen-Darmstadt, einer Schwester der Mutter (sie erscheint persönlich), sowie der Fürstin von Oehringen. Diese ließ sich durch den Feldmarschall Hardenberg vertreten, den Vater des späteren Staatskanzlers, der im Leben der Königin Luise eine so entscheidende Rolle spielen und dessen Namen sie noch auf dem Totenbett ihrem Mann ins Ohr flüstern sollte.

Zwei Jahre später, 1778, kommt eine weitere Tochter zur Welt, die nach der Mutter Friederike genannt wird. Ihr späteres Schicksal wird sich besonders eng mit dem Luises verknüpfen. Ihre Geburt ist Anlaß zur Freude – und doch eine Enttäuschung: Immer noch fehlt der männliche Erbe.

Die Eltern des »Kranzes blühender Kinder« scheinen trotzdem guter Dinge geblieben zu sein. Sie reisen viel (vor allem gern nach Darmstadt, aber auch in die Schweiz und sogar nach England), sie erhalten auch viel Verwandtenbesuch (einmal sogar von Königin Charlotte Sophia). Beim Bruder in Neustrelitz scheinen sie nur ein einziges Mal gewesen zu sein, obwohl zumindest er sich gut mit »Dörchläuchting« versteht. Dafür wird, wie bei Karl nicht anders zu erwarten, jeder Sommer in Pyrmont verbracht.

Es ist eine für damalige adelige Verhältnisse ungewöhnlich harmonische Ehe. Die Mutter, Friederike, hat sich zwar ihrem Mann untergeordnet und ins steife Hannover gefunden, wo man in einem noch steiferen Französisch parliert. Sie sehnt sich insgeheim aber doch zurück nach Darmstadt, wo man, an beiden Höfen, gemütliches »Hessisch« babbelt. Immer rinnen ihr die Tränen, wenn sie die altvertraute Familienatmosphäre wieder verlassen muß.

Sie sorgt aber auch dafür, daß etwas von solch Darmstädter Nestwärme in ihr eigenes Heim getragen wird. Ihre vier Mädchen wachsen ungebundener auf als sonst üblich, und sie redet mit ihnen, noch ungewöhnlicher, zu Hause deutsch.

1779 hat Friederike ihre achte Geburt: endlich der ersehnte Prinz und Erbe. Er wird Georg getauft und zum Mittelpunkt unendlicher Freude in der ganzen Familie. Am Wochenbett der Mutter veranstaltet man die Aufführung einer kleinen Komödie. An ihr nimmt – das erste, was von ihr überliefert ist – sogar die dreijährige Luise teil, ebenso am Ballfest zum Geburtstag des Vaters am 10. Oktober im selben Jahr. Luise tritt als Amor verkleidet auf, die älteren Schwestern Charlotte und Therese als Vestalinnen.

Ein zweiter Junge stirbt zwei Jahre später, 15 Tage nach seiner Geburt, und während einer weiteren, der nunmehr zehnten Schwangerschaft begibt sich das Paar wieder einmal zum Weihnachtsfest nach Darmstadt, wo man es so behaglich findet, daß man bis Ende April bleibt.

Denn in Darmstadt herrscht nicht nur Friede, sondern auch familiäre Eintracht wie sonst kaum irgendwo. Man verdankt das eben jenen Machenschaften, die sonst überall so viel Unfrieden stiften. Das Reich ist von einem engmaschigen Netz aus Adelsherrschaft durchzogen. Es besteht geradezu aus großen, weniger großen, kleinen und winzigen Dynastien, die sich beim allgemeinen Kinderreichtum im Laufe der Zeit überdies in zwei oder noch mehr Linien zerspalten haben. Um Landbesitz, Rang und nicht zuletzt die Finanzen zu verbessern, gibt es nur eine einzige Möglichkeit: das geschickte und gewinnträchtige Verheiraten der Töchter und Söhne. Über nichts wird angelegentlicher geredet, verhandelt, intrigiert.

Die »Große Landgräfin«, eine wahre Meisterin im Spinnen derartiger Fäden, ist schon 1774, zwei Jahre vor Luises Geburt, gestorben. Ihre Töchter hat sie allesamt glänzend verheiratet: Karoline mit dem Landgrafen von Hessen-Homburg, Friederike mit dem preußischen Thronfolger, dem späteren Friedrich Wilhelm II., Amalie mit dem Erbprinz von Baden, Luise mit dem Großherzog Karl August von Sachsen und Weimar. Am Ende ihres Lebens ist ihr sogar der größte Coup gelungen. Ihre Tochter Wilhelmine wird an der Seite ihres Mannes, des Großfürsten und späteren Zaren Paul, einmal Kaiserin eines Riesenreiches werden.

So sah es jedenfalls aus, als sie starb. Friedrich der Große schickte damals eine große Marmorurne mit der für ihn bezeichnenden Inschrift: »Femina sexu, ingenio vir« – Weib von Geschlecht, an

Geist ein Mann. Die Kunst, Ehen mit Standeshöheren zu arrangieren, galt ihm als eine Tugend, selbstredend eine männliche.

Dynastisch gesehen war Darmstadt nach dem Tode der Großen Landgräfin so gut wie verwaist. Der Landgraf weigerte sich weiterhin, Pirmasens, seine dortigen Soldaten, vor allem aber seine Trommler zu verlassen. Auch sein ältester Sohn, Ludwig oder Ludewig, wie er sich später nennen wird, mied die Stadt und pflegte den größten Teil seiner Zeit im Ausland zu verbringen. Die hessischen Repräsentationspflichten fielen damit auf die Nebenlinie, auf Prinz Georg und seine Prinzessin George, zurück. Zu deren hoher Befriedigung, wie man hinzufügen muß. Zum ersten wegen der Reputation, die Höchsten im Hauptstädtchen zu sein (und sei es noch so klein), zum zweiten aber auch, weil man dadurch eine bessere Ausgangsposition in der dynastischen Ehe-Anknüpfungs-Taktik gewann. Prinzessin George versteht es ebenfalls meisterhaft, Fäden zu knüpfen, und über Darmstadt herrscht sie – im Einverständnis mit dem Landgrafen und Ludwig-Ludewig, wie eine Königin. Der Schwiegersohn fühlt sich wohl in ihrer kleinen Residenz.

Er kann es sich leisten, mit seiner Frau so lang im Südwesten zu bleiben, wie er will. Seine Pflichten als englischer Gouverneur in Hannover bestehen aus nichts weiter als Repräsentation bei offiziellen Angelegenheiten. Sogar von den Kriegen Englands – mit Spanien, Frankreich und den amerikanischen Kolonien, die sich befreien – bleibt Hannover, obwohl zur englischen Krone gehörend, unbehelligt. »Der Anteil, den Prinz Karl an den Kriegen nahm«, bemerkt Bailleu süffisant, »beschränkte sich auf gelegentliche Besichtigungen der Unglücklichen, die im englischen Solde aus Deutschland übers Meer nach Amerika geschleppt wurden.«

Ludwig-Ludewig meidet Darmstadt, weil man ihm 1776, im Jahr, in dem Luise geboren wird, übel mitgespielt hat. Unter den kleindeutschen Fürstensöhnen gilt er als Musterknabe. Im Gegensatz zu seinen Schwestern hat er auf der Universität Leiden eine vorzügliche Erziehung erhalten, die es ihm ermöglichte, später in Paris Freundschaft mit Diderot und d'Alembert zu schließen. Und im Krieg Rußlands gegen die Türkei hat er sich auch militärisch ausgezeichnet. Von Katharina der Großen zum Brigadegeneral befördert, führt ihm sein Patenonkel, Friedrich der Große, den Drill seiner preußischen Truppen vor, der dem des Trommler-Landgrafen in nichts nachsteht.

Verlobt ist Ludwig mit Dorothea Auguste, einer Tochter des Herzogs von Württemberg, die Hochzeit auf Juli bereits festgesetzt. Er verbringt die Zeit bis dahin bei seinem Schwager Karl August und seiner Schwester Luise in Weimar, als die Familie Ende April die Nachricht erreicht, daß Luises und Ludwigs Schwester Wilhelmine, die russische Großfürstin, in St. Petersburg im Wochenbett gestorben ist. Was bei den einen Trauer auslöst, löst bei allen anderen verstärkte Aktivität aus: Der zukünftige Thron einer Kaiserin ist frei geworden. Am schnellsten reagieren Katharina, immer noch Zarin von Rußland, und ihr Freund, Friedrich II. von Preußen. Ludwig ahnt nichts Schlimmes, als ihn sein Patenonkel bittet, von Weimar nach Potsdam zu kommen. Er erfährt dort, daß der verwitwete Zarewitsch nunmehr Dorothea Auguste, Ludwigs Braut, heiraten müsse und er sie freizugeben habe. Alles ist längst über seinen Kopf hinweg entschieden worden, die Vorbereitungen für die Verlobungsfeier, die in Berlin stattfinden soll, sind schon in vollem Gange.

Goethe, der Ludwig in Weimar kennengelernt hat, nennt ihn »eine große, feste, treue Natur, mit einer ungeheuren Imagination und einer geraden, tüchtigen Existenz«. Trotzdem – nach kurzem Wutanfall kuscht die feste, treue Seele. Die höfische Kultur verlangt, daß man seine Gefühle beherrschen lernt. Ehe er sich in die tröstenden Arme seiner Schwester nach Weimar zurückbegibt, muß er Onkel Friedrich seinen Verzicht sogar schriftlich geben. Und auch Prinzessin Dorothea Auguste, zu absoluter Gehorsamkeit erzogen, zuckt, zumindest äußerlich, mit keiner Wimper. Sie zieht – aus damaliger Sicht selbstverständlich – die Aussicht, Kaiserin eines Riesenreiches zu werden, der, an der Seite eines Landgrafen ein Ländchen in der gefährlichen Nähe Frankreichs zu regieren, vor. Man heiratet am Ende nicht aus Liebe, sondern aus dynastischen Rücksichten.

Familie über alles – das sagt sich wohl auch Ludwig, als er schon im nächsten Jahr bei Tante George in Darmstadt um die Hand seiner 15jährigen Kusine Luise anhält. Die Ehe wird alsbald geschlossen, womit sich die beiden hessischen Linien wiedervereinigt haben. Prinzessin George scheint aller Sorgen ledig. Wenn der zukünftige Landgraf hin und wieder in Darmstadt erscheint, empfängt sie, sozusagen seine Statthalterin, ihn als Schwiegersohn. Bedenkt man, wie tief überall die fürstlichen Familien mit- als auch untereinander zerstritten sind, meist über Heiratsangelegenheiten, bildet Darmstadt tatsächlich eine Oase der Behaglichkeit und des Friedens.

Die Ehe Ludwigs mit Luise wird über 50 Jahre hindurch Bestand haben, was man Ludwig, der nach dem Tod seines Vaters, des Trommelfanatikers, als Ludewig X. regiert, hoch anrechnen muß. Denn seine Frau, eine blauäugige Schönheit mit kastanienbraunem Haar, entpuppt sich als selbst für Rokoko-Verhältnisse außergewöhnlich treulose Pflanze, die ihren Mann mit unzähligen Liebhabern und die Liebhaber mit unzähligen Nebenbuhlern zu betrügen pflegt. Ludwig selbst wird 1806 durch Napoleons Gnaden zum Großherzog erhoben werden und sich Ludewig I. nennen, einer der tolerantesten und weitblickendsten deutschen Fürsten seiner Zeit, der seinem Staat eine fortschrittliche Verfassung mit großen wirtschaftlichen und politischen Freiheiten gibt, der Gründer des bürgerlichen Kulturlebens in Darmstadt, das noch heute so manche größere Stadt übertrifft.

Wir haben vorgegriffen. Noch trommelt Ludwig IX. in Pirmasens, befindet sich der spätere Ludewig mitsamt seiner mannstollen Gemahlin auf Reisen, herrscht Prinzessin George freundlich babbelnd im Alten Palais am Markt. Prinz Karl und seine Frau Friederike reißen sich am letzten Apriltag 1782 nur schwer von Darmstadt und seiner familiären Gemütlichkeit los, um nach Hannover heimzukehren. Friederike steht kurz vor ihrer zehnten Entbindung. Von einem Infekt bereits geschwächt, erkältet sie sich erneut auf der beschwerlichen Reise. Kurz nach ihrer Rückkehr wird sie in Hannover von einem Kind entbunden, einer Tochter, die innerhalb weniger Stunden stirbt. Die Mutter, deren Kräfte erschöpft scheinen, folgt ihr zwei Tage später, am 22. Mai 1782, nach. Sie ist keine 30 Jahre alt geworden.

Prinz Karl bleibt mit sechs Kindern zurück, von denen das älteste erst zwölf ist. Luise, gerade sechs Jahre alt, behält nur eine vage Erinnerung an ihre Mutter. Acht Jahre später schreibt sie in ihr

Erbauungsbuch: »Heute am 22. Mai ist meine liebe erste Mama im Jahre 1782 gestorben, ein Verlust für mich, der stets in meinem Herzen eingegraben sein wird. Möge der Himmel sie belohnen, so sehr wie sie es verdient.«

Die zweite Mama, die der Vater heimführt, bleibt deutlicher in ihrem Gedächtnis. Die Kinder nehmen sie an und lieben sie wie eine wirkliche Mutter, ist sie ihnen doch lange bekannt und vertraut. In seiner Not hat sich Prinz Karl – wohin sonst? – nach Darmstadt gewandt, an seine resolute Schwiegermutter. Die weiß guten Rat, und so wird sich Friederikes drei Jahre jüngere Schwester, Charlotte, in Zukunft ihrer Neffen und Nichten annehmen.

Die Kinder bedürfen dringend einer Stiefmutter – sie schießen, temperamentvoll, wie sie alle geraten sind, ohnehin bereits ins Kraut. Aber so schnell, wie Prinz Karl hofft, geht es nicht. Wenige Wochen nach seiner Tochter Friederike stirbt im Darmstädter Alten Palais, 56jährig, auch deren Vater Prinz Georg.

Es ist weniger die Trauerzeit, die es abzuwarten als ein Erbschaftsstreit, den es zu regeln gilt. Was gar nicht zu dieser Familie paßt: Die Kinder prozessieren gegen ihre Mutter, Prinzessin George. Und kaum hat man sich in einem Vergleich geeinigt, muß man, obwohl das Geld dazu kaum vorhanden ist, gemeinsam nach Paris fahren. Dort geht es um alte Forderungen der Familie aus französischen Requierirungen und einen weiteren Erbschaftsstreit. Prinzessin George hat übrigens schon früher bei ähnlicher Gelegenheit die französische Königin Marie Antoinette kennengelernt, mit der sie weiterhin korrespondiert. Wir wissen nicht, ob sie ihre hohe Verbindung hat spielen lassen, jedenfalls dauert alles seine Zeit. Die Reise und der Prozeß verschlingen 13 268 Taler, 29 Groschen und 3½ Pfennige, eine damals astronomische Summe. Erst als die Georgenfamilie, ärmer denn je zuvor, aus Paris zurückgekehrt ist, im Mai 1784, kann Karl mit Charlotte Verlobung feiern. Im September, 16 Jahre nach seiner ersten Vermählung mit Friederike, erfolgt die Hochzeit.

Da sich Mecklenburger offenbar immer nur schwer von Darmstadt losreißen können, kehrt Karl erst ein volles Jahr später nach Hannover zurück. Und auch das wohl nur, weil die Älteste, Charlotte, die noch nicht einmal 16 Jahre alt ist, mit Herzog Friedrich von Sachsen-Hildburghausen verheiratet werden soll.

Charlotte, im Kreis der Geschwister »Lolo« genannt oder auch »Lotte«, ist die »Singeschwester«. Ihre musikalische Begabung hat der in Hannover wirkende Italiener Giuliani früh erkannt und sie professionell ausgebildet. Bildschön und ihre Stimme souverän beherrschend, könnte sie an jedem Opernhaus auftreten und wäre ganz sicher eine bedeutende Sängerin geworden, wenn sie nicht als Prinzessin geboren und zur Fürstin ausersehen gewesen wäre. Es fragt sich, ob letzteres zu ihrem Glück ausschlug.

Hildburghausen, an der oberen Werra gelegen, läßt sich nur als ein zur Residenz aufgeplustertes Kaff bezeichnen. Seit 1680 regiert hier das Geschlecht derer von Sachsen-Hildburghausen. Ihr Schloß – es wurde 1945 nach schweren Kriegsbeschädigungen abgerissen – wirkt zwar ansehnlich, läßt sich jedoch nur schwer bewohnen. Charlottes künftiger Mann, der regierende Herzog, wird, wenn ihn überhaupt irgendeine historische Darstellung erwähnt, gern mit dem wenig schmeichelhaften Prädikat »mehr als unbedeutend« versehen. Zudem lebt er in ständiger finanzieller Bedrängnis. Kein fürstliches Dasein, wie man es sich vorstellt.

Dabei dürfte Charlotte von all den hübschen Mecklenburger Prinzessinnen wenn nicht die klügste, so doch die begabteste gewesen sein. Ihre Interessen gelten vor allem der Musik und der Literatur. Es gelingt ihr sogar, Hildburghausen zu einem bescheidenen Musenhof zu machen. In der Stadtkirche von Hildburghausen hat Johann Friedrich Reichardt, Kapellmeister Friedrichs des Großen und Hauskomponist Goethes, sie einmal in Grauns Oratorium »Der Tod Jesu« singen hören und war hingerissen. Jean Paul, mit dem sie eine schwärmerische Freundschaft im Stil der Zeit verband, nannte sie »die himmlische Herzogin«, lobte ihren Liebreiz, ihre »schönen Kinderaugen« und sogar ihre Gedichte.

Die ungleiche Ehe ist kaum geschlossen und das Paar in seinen entlegenen Besitz gereist, da schlägt das Schicksal erneut zu. Vor ihrer ersten Entbindung muß Prinzessin Charlotte von Hannover eine ungewöhnliche Angst gehabt haben, wie aus ihren Briefen an Königin Marie Antoinette hervorgeht. Am 30. November 1785 bringt sie einen Sohn zur Welt, der nach dem Vater Karl getauft wird, Luises Halbbruder, um den sie sich ein Leben lang sorgt. Aber die düsteren Ahnungen Charlottes haben nicht getrogen. Am

12. Dezember stirbt sie, nach nur etwas über einjähriger Ehe, eben 30 Jahre alt.

Besonders Luise hatte sehr an ihrer Stiefmutter gehangen, mehr, wie es scheint, als an ihrer richtigen Mutter. 1790 schreibt sie in ihr Erbauungsbuch: »Heute vor fünf Jahren starb meine liebe Mutter. Möge Gott mir ein Herz geben wie das ihrige.«

Ihr Vater muß ein nervöser, unruhiger Charakter gewesen sein. Hat es ihn schon früher nie lange an einem Ort gehalten, reagiert er auf den Tod zweier Frauen innerhalb von vier Jahren durch verdoppelte Unstetigkeit. Geheiratet hat er nie wieder, auch später als Herzog von Mecklenburg nicht. Als Gouverneur von Hannover nimmt er kurzerhand seinen Abschied, den er als Feldmarschall erhält und damit die Stufenleiter noch einmal hinauffällt. Fortan ist er ruhelos auf Reisen. Man findet ihn überall, in London bei der Schwester, Königin Charlotte Sophia, in Neustrelitz beim einen, in Celle beim anderen Bruder, nur nicht zu Hause. Am häufigsten hält er sich bei Tochter Lolo in Hildburghausen auf und, Hypochonder, der er ist, in Bad Pyrmont zur Kur. Mit 45 schon gilt er als alternder Globetrotter, der vor sich selbst davonläuft. Seine gesellige Heiterkeit wird deshalb so sehr geschätzt, weil in ihr eine gehörige Portion Melancholie mitschwingt. Ein Mann von Welt ohne feste Heimstatt.

Die Geschwister werden auseinandergerissen. Georg und Karl, die beiden Prinzen, bleiben in Hannover, um dort erzogen zu werden. Die drei Mädchen, Therese, Luise und Friederike, kommen mit ihrer neuen Erzieherin, Madame Endermann (die alte Erzieherin, ein Fräulein von Wolzogen, hat Lolo als Oberhofmeisterin mit nach Hildburghausen genommen), zur Großmutter nach Darmstadt. Im Frühjahr 1786 heißt es Abschied nehmen von den Brüdern und von Hannover.

Die Großmutter empfängt die Enkelinnen mit aufrichtiger Freude. Prinzessin George, von den Kindern zärtlich »Babuschka« genannt, ist 57, Witwe und lebt, seit sie ihre jüngste Tochter Auguste glücklich mit dem Prinzen Maximilian von Pfalz-Zweibrücken verheiratet hat (er wird, Anhänger Napoleons, erster König von Bayern werden), so gut wie allein in ihrem weiträumigen Alten Palais. Es ist einsam um sie geworden, und so kommen ihr die drei mutterlosen Mädchen aus dem Norden eben recht. Ihre rheinische Frohnatur dürfte Therese (damals 14 Jahre alt), Friederike (8), vor allem aber die bei der Übersiedelung zehnjährige Luise mehr beeinflußt und geprägt haben als beide Mütter.

Zu schweigen von Mecklenburg, das nur von weitem über den Vater und auch da fast nur durch einige Sprachwendungen, aufgeschnappt und nachgebabbelt, einwirkt. Luise wird ein Geschöpf des deutschen Südens, ungezwungener und freier, als sie gewiß im steifen Norden geworden wäre, dem sie entstammt. Ihre schwermütigen Züge wird sie später, an der Seite eines durch und durch pessimistischen Mannes, immer wieder durch Optimismus zu vertreiben oder zu überspielen suchen müssen.

1786. Da ist der Mann, der sie zur Preußin machen wird, noch ein Jüngling, »in sich gekehrt, verschlossen, menschenscheu und verlegen in der Gesellschaft«, wie es in einem Schlüsselwerk der Epoche, den »Vertrauten Briefen«, heißt. Europäisches Hauptereignis des Jahres: Der Tod des Preußenkönigs Friedrich II., des Großonkels des jungen Prinzen am Berliner Hof.

Ähnlich scheu und gehemmt wie er benimmt sich am Hof in St. Petersburg und Zarskoje Selo der neunjährige Sohn jener Dorothea Auguste, die dem Großfürsten Paul und der Dynastie zuliebe einst Ludwig von Hessen-Darmstadt hat sitzen lassen. Nicht bei Paul und Dorothea Auguste, den Eltern, wächst der kleine Alexander auf, sondern bei seiner Großmutter, Katharina der Großen. Zwischen Eltern und Großmutter fühlt er sich wie zwischen zwei feindlichen Lagern.

In Valence an der Rhone hat ein junger Korse, der kaum reines Französisch spricht, seine militärische Ausbildung vollendet und eben Uniform sowie Epauletten eines Leutnants der Artillerie erhalten. Trotzdem läßt er sich ein Jahr lang beurlauben und geht nach Korsika zurück, die Heimat, von der er sich anscheinend nicht trennen kann.

Die drei Heranwachsenden werden ein gut Teil des künftigen Schicksals der Welt bestimmen, auch das Luises. Selbstbewußt ist von ihnen nur der Korse, ein gewisser Bonaparte. Er wird höher aufsteigen als die beiden Gehemmten, die ihn einst besiegen werden, aber auch tiefer fallen.

Zwischen Darmstadt, Berlin, St. Petersburg und Ajaccio bestehen noch keine direkten Verbindungslinien, die üblichen dynastischen Fäden und verwandtschaftlichen Beziehungen ausgenommen, was auf den französischen Artillerieleutnant noch nicht einmal zutrifft. Er besitzt keinerlei familiäre Bindungen zu irgendeinem der herrschenden Geschlechter. Die Dynastie, die einer haben muß, wenn er in solch feudalen Zeiten reüssieren will, wird er sich selbst erst aus dem Boden stampfen müssen.

Noch liegen die folgenschweren Verwicklungen, in die sich die drei jungen Leute verstricken sollen, in weiter Zukunft. Europa wird von ihnen durchgerüttelt werden, die Welt verändert, die sich ohne ihr Zutun schon verändert hat oder zu verändern beginnt. Überall im alten Europa wachsen junge Männer auf. Hunderttausende werden marschieren, Hunderttausende unter dem Kommando des Preußen, des Russen und des Korsen sterben. Sie sind alle in ein kriegerisches Zeitalter hineingeboren.

Luise wächst in Darmstadt auf wie in Arkadien. Von den handelnden Hauptpersonen ist sie die einzige, die eine rundum unbeschwerte Kindheit genießt.

3.

Die Darmstädterin

Seit Ende des Zweiten Weltkriegs ist Darmstadt keine idyllische Stadt mehr. Die schöne, verwinkelte Altstadt mit ihren geduckten kleinen Häusern ist am 11. September 1944 – wie auch die meisten Bauten aus der Residenzzeit – untergegangen. 12 000 Todesopfer forderte der Luftangriff unter der Bevölkerung, das sind doppelt so viele, wie Darmstadt zur Zeit der Prinzessin George überhaupt Einwohner hatte. Zwar wurde das Schloß – in dem damals Ludwig X. regierte samt seiner liebestollen Gemahlin Luise –, wenigstens äußerlich wieder aufgebaut. Aber Erinnerungen an jene idyllischen Tage, von denen hier berichtet werden soll, finden sich heute fast nur noch in den Straßen- und Platznamen. Da steht die im Volksmund »Langer Ludwig« genannte Ludwigssäule, 39 Meter hoch, auf dem Luisenplatz, der von Nachkriegsgebäuden beherrscht wird. Es gibt auch einen Karolinenplatz, der nach der »Großen Landgräfin« benannt worden ist.

Und es gibt, an der Stelle, an der bis 1944 das Alte Palais stand, ein »Luisen-Center«. Es dürfte nach unserer Luise so heißen. »Über den Tiefgaragen«, liest man schaudernd im Baedeker, »auf zwei Parkebenen (860 Stellplätze) liegen drei Verkaufsgeschosse mit 50 Fachgeschäften, Boutiquen, Dienstleistungsbetrieben und Gaststätten. In diesem Teil des Gebäudes sind (einschließlich Karstadt) über 1000 Personen beschäftigt.«

Prinzessin George würde staunen. Ihr Altes Palais lag in einem baumbestandenen Gartengelände; es grenzte an den Markt mit Schloß und Rathaus und naher Stadtkirche, nur wenig abgehoben vom Gewirr der engen Sträßchen und Gassen der Altstadt. Das Gebäude wurde in Darmstadt damals »Burgfreiheitspalast« genannt. Es besitzt viele Treppen, auf denen nach den Töchtern und Söhnen der Prinzessin George nun die Enkelinnen herauf- und hinuntertoben. Die alternde Frau hat es gern, wenn sie hört, daß ihr Haus bewohnt ist. Den Kindern wird wenig Zwang auferlegt.

Zum Besitz der Großmutter gehört ferner ein etwas entfernt gelegener Garten, der »Schwanengarten« heißt und sogar ein »Lusthaus« besitzt, in dem man im Sommer prächtig picknicken kann. Ein weiteres Paradies stellt die »Braunshardt« dar, ein schöner, etwas verwilderter Park, eine Fahrstunde mit der Zweispännerkutsche von Darmstadt in Richtung Mainz gelegen. Hier ist die Hochzeit Augustes mit Maximilian begangen worden, hier verlebt man den Sommer und besucht die Verwandtschaft rundum, die Fürstenfamilie aus dem Schloß in Auerbach an der Bergstraße etwa, die an den Hängen des Odenwalds die heißen Tage zu verbringen pflegt.

Im Winter vergnügt man sich mit Jagden und Schlittenfahrten, vor allem wenn Mabuschas Sohn, der lustige Onkel Georg, seine ewige Reiserei unterbricht und mal wieder im Alten Palais Station macht. Er steckt voller Erzählungen, Witze, komischer Einfälle und verleitet seine Nichten, für die er Maskenfeste veranstaltet und Bälle bis zum grauenden Morgen, gern zu Streichen. Ins Schloß lädt man zu Konzerten oder Theateraufführungen. 1784 hat dort Schiller den ersten Akt seines »Don Carlos« vorgelesen.

Genauso ist Prinzessin George selbst aufgewachsen: leichtblütig, unbekümmert, ohne Fesseln. Nach ihrem eigenen Bekenntnis hält sie »die Freudigkeit« für »die Mutter aller Tugenden«. Braunäugig, rundlich, in Gestalt und Gesichtsschnitt ein wenig pfälzisch-derb, dabei fromm und grundsolide, ist sie durchaus imstande, den Enkelinnen die Mutter zu ersetzen. Luise lernt von ihr, frei heraus zu sagen, was sie denkt. Und viel zu reden, gern zu reden, das Herz auf der Zunge zu tragen, denn auch dafür ist die Großmutter bekannt. In Darmstadt heißt es, wenn eine Frau viel redet: »Sie schwätzt wie die Prinzessin George.«

Sonst lernt Luise allerdings wenig, bitter wenig. Sie ist schon in Hannover unter Madame Wolzogen und Fräulein Endermann eine schlechte Schülerin gewesen. Nach Darmstadt begleitet hat die Kinder die Erzieherin Suzanne (nach anderen Quellen: Salomé) de

Gélieu, deren Wissen mäßig, deren pädagogisches Talent gleich Null gewesen sein muß, obwohl sie doch, aus dem damals preußischen Neuchâtel kommend, sehr für Rousseau schwärmte. Aber der anspruchslosen Prinzessin George, die auf Bildung keinen Wert legt – und für Mädchen schon gar nicht –, gefällt sie. Und den Kindern gefällt sie auch. Luise hängt ihr Leben lang an der freundlichen Schweizerin und sorgt sich selbst im Exil um deren ausgebliebenes Pensionsgeld. Noch lange nach Luises Tod hat Friedrich Wilhelm die Greisin mit seinem ältesten Sohn in ihrer Heimatstadt aufgesucht. Fräulein von Gélieu muß eine besonders liebenswürdige Ausstrahlung besessen haben, verstand sie es doch, sogar den menschenscheuen Kronprinzen von Preußen zu Scherzen zu bewegen.

Selbstkritik besaß sie auch. In einem Gedicht an Luises Sohn, den späteren Friedrich Wilhelm IV., hat sie es einmal als ihr einziges Verdienst bezeichnet, das »glückliche Naturell Luises nicht verdorben zu haben«. Womit sie wahrscheinlich ins Schwarze trifft. Allerdings hätte einem Mann wie Friedrich Wilhelm eine gründlich gebildete und ihm überlegene Frau wohl nicht entsprochen. Wahrscheinlich hätte sie ihn eher abgeschreckt (und ganz sicher hätte eine solche es nicht lange mit ihm ausgehalten).

Von den vier Schwestern dürfte Luise überhaupt die oberflächlichste, flüchtigste und nicht einmal schönste gewesen sein. Sie besitzt nicht die hohe Musikalität der älteren Schwester Charlotte. Therese ist geistig weitaus regsamer und dazu schöner (was sie auch weiß); die jüngere Friederike, die ihr nächste Schwester, hat mehr Charme, erotische Ausstrahlung und Raffinesse. Luise, eigensinnig, trotzig und bisweilen sogar schnippisch, besitzt andere Qualitäten. Gertenschlank, quirlig, mit einem lebhaften Mienenspiel, ist sie die unverbildetste und daher Friedrich Wilhelm gemäßere.

So wenig man bei Fräulein von Gélieu lernen konnte, eines hätte man bei ihr lernen können und sollen: Französisch. Aber nicht einmal das beherrscht Luise perfekt, wenn auch immerhin ausreichend. Französisch ist wichtig, wichtiger als alle anderen Lehrfächer, weshalb der Vater wohl auch eine Erzieherin aus der französischen Schweiz gewählt hat. Alle Höfe Europas, auch die kleinen und winzigsten in Nord- und Süddeutschland, ahmen den glanzvollen französischen Hof nach, deshalb wird ausschließlich Französisch geschrieben und gesprochen, die Sprache der Diplomaten, die Sprache der Wissenschaften (wenn diese nicht noch das Lateinisch vorziehen), die Sprache der Literatur (die deutsche beginnt eben erst, sich Anerkennung zu verschaffen), die einzige und alleinige Sprache des Adels. Nur das, was man damals als niederes Volk versteht, spricht deutsch. Wer etwas gilt oder gelten will, muß auch seine Briefe in der französischen Sprache verfassen, die einst weiter verbreitet gewesen ist als heutzutage selbst das Englische.

Luise lernt es, weil sie seit frühester Kindheit von französischer Sprache, französischem Geist, französischen Klängen umgeben ist. Sie verbessert ihre Kenntnisse bei Fräulein von Gélieu, macht aber bis zum Ende ihres Lebens geradezu haarsträubende orthographische Fehler. Auch ihr Deutsch bleibt übrigens mangelhaft und von Dialektanklängen durchsetzt. Auf ihre allzeit lockere Zunge kommen zuallererst jedenfalls französische Ausdrücke oder Vokabeln (wenn nicht hessisch-rheinische Schnoddrigkeiten).

Spätere Generationen haben die Königin mit Vorliebe zur Urdeutschen hochstilisiert. In gewisser Weise war sie es sogar mit ihren unverfälscht Mecklenburger und hessischen Wurzeln. Aber eine »wesenhaft deutsche Frau« (so Karl Griewank in seiner Ausgabe der Briefe Luises im Kriegsjahr 1943) ist sie nicht gewesen. Französisches lag ihr instinktiv und von der Erziehung her genauso nahe, wenn nicht näher als Deutsches. Das ist kaum anders zu erwarten: die erste Fibel, das erste Buch, das erste Märchen, die ersten Klassikerzitate, das erste Gedicht – alles französisch! Das prägt, selbst wenn man sich dazwischen das fröhliche (und pausenlose) rheinhessische Geschwätz der Großmutter George als Gegengewicht vorstellen muß.

Deutsche Patrioten hat es seit jeher irritiert, daß der voluminöse Briefwechsel Luises und ihre selteneren, meist für die Geschwister verfaßten, Aufzeichnungen allesamt aus dem Französischen übersetzt werden mußten. Die wenigen Ausnahmen sind meist nur burschikose deutsche Einschiebsel. Ebensowenig wie Luise eine Mecklenburger oder Darmstädter Patriotin war oder auch nur sein konnte, war sie eine deutsche. Vielleicht kann man sie als preußische Patriotin bezeichnen; wir haben sie als solche an ihrem 34. Geburtstag erlebt. Aber das hatte wenig mit jenem Nationalgefühl zu tun, das man im späteren 19. und frühen 20. Jahrhundert und ein bißchen auch wohl heute noch damit verbindet. Es hatte in der Hauptsache familiäre Gründe.

Das war nichts Außergewöhliches. Im Feudalismus der ausgehenden absolutistischen Herrschaften ging es selten oder nie um etwas übergeordnet Ideologisches, jedenfalls in den Kreisen, denen Luise entstammte. Es ging, schlicht und einfach, um die Familie, um Familienbesitz, Familienehre, Familienzukunft. Preußen, das später heißgeliebte, war auch Luise vor allem das Erbe ihrer Kinder. Daß sie einen Sinn, ein Herz für das Volk hatte, welches diese Erbschaft umfaßte, steht außer Frage. Sie schloß es gleichsam in ihre Familie ein wie ein Gutsbesitzer den letzten Tagelöhner und dessen kranke Frau, wenn er vor sich (und Gott) bestehen wollte.

Man lebt in Zeiten, die Besitz und Untertanenfürsorge gern sentimental verbrämen. Tränen fließen reichlich und große Worte ebenfalls. Aber was uns allzu schwärmerisch und oft überspannt anmutet, entbehrt doch keinesfalls einer menschlichen Direktheit, die späteren, ideologisierten und patriotisch gestimmten Zeitläufen verlorengegangen ist.

Es war Theodor Fontane, der von Luise gesagt hat: »Mehr als von der Verleumdung ihrer Feinde hat sie von der Phrasenhaftigkeit ihrer Verherrlichung zu leiden gehabt. Übertreibungen, die dem Einzelnen seine Gefühlswege vorschreiben wollen, reizen nur zum Widerspruch.« Seine Worte, die sich auf die nationalistische Indienstnahme Luises lange nach ihrem Tod beziehen, seien hier zitiert, um Mißverständnisse zu vermeiden. So entstammte die spätere Intimfeinschaft zu Napoleon bei Luise weder nationalstaatlicher Vaterlandsliebe noch am Ende antifranzösischer »Erbfeind«-Einstellung. Es ging – sympathischerweise – um Familiäres, ganz Nahes, sie unmittelbar Betreffendes.

Außergewöhnlich bei Luise ist allerdings, daß Familie bei ihr, aus Erfahrung und Kindheitserlebnis heraus, mit Glück, Harmonie und Freiheit zusammenhängt und nicht, wie bei den meisten anderen, die in diese Zeit geworfen werden und sie mitbestimmen, mit Unglück, Zwist – der bis zum Krieg reichen kann – und absoluter Unfreiheit, Untertänigkeit.

Beide Mütter, vor allem aber die Großmutter haben es verstanden (und das darf man in diesen Zeiten als »modern« bezeichnen), den Kindern häusliche Geborgenheit in fast bürgerlichem Sinn zu vermitteln und auf den Weg zu geben. Ein wertvolles Erbe, das der Königin von Preußen (und ihrer Familie) zugute kommen wird.

Was macht es da schon, wenn Luise, wie ihren reichlich verschmierten Schulheften zu entnehmen, als 15jährige lernt, es gäbe vier Weltteile, darunter »Affricka«, wenn sie auf die Frage nach Europas »Hauptgebürgen« hinschreibt: »Die Allpen, Montblanc, Montjurat; diese sind es, die ich mir in diesem Augenblick entsinne.« Wenn bei ihr – Weltgeschichte! – die erste Periode »Urwelt« heißt, »von Adam bis auf die nochaische Flut« geht und 1865 Jahre »enthalte« oder Hannibal »über die Apeninnen nach Florenz« geht. Die brave Gélieu kann dem jungen Mädchen noch so oft zur Strafe den Nachtisch entziehen, den Luise besonders gern ißt. Sie bessert sich nicht, schreibt auch noch frech auf die Etiketten bestimmter Schulkladden: »Hefte für die Aufsätze, die mehr als zwölf Fehler haben« und kritzelt überdies hemmungslos in ihnen herum.

Es ist übrigens diese Hemmungslosigkeit, die eine gewisse Begabung verrät. Manche Seiten sind bedeckt mit Karikaturen, meist im Profil gehaltene Damen mit extravaganter Kleidung, ausladenden Hüten vor allem. Eine zeichnerische Leidenschaft, zweifellos, und ein zeichnerisches Talent, das in ihr schlummert. Leider findet sich kein Giuliani wie bei Schwester Charlotte, der es weckt.

Ihr Lieblingsfach ist Religion. Da sind die Hefte nicht verkritzelt, zeigt sich »Jungfer Husch« oder vielmehr »Louise l'étourdie«, wie sie in der Familie genannt wird, weniger flüchtig. Das liegt vielleicht an dem Darmstädter Stadtpfarrer Lichthammer, der die Kinder unterrichtet und der eine größere Überzeugungsgabe gehabt haben muß als die anderen Lehrer, die – für sie eine große Ehre – ins Alte Palais gerufen werden, ohne daß sich daraus Folgen ergeben hätten, den Lerneifer ihrer Schülerinnen betreffend. Auch Musikunterricht gibt es, und wenn Luise auch nicht in die Fußstapfen ihrer Hildburghausener Schwester treten kann, so lernt sie doch brav zur Harfe zu singen. Der gründlich unmusikalische Friedrich Wilhelm III. hat ihr jedenfalls gern im Berliner Königlichen Palais zugehört.

Bildung wird nicht vermißt, grundsätzlich nicht und von Luise schon gar nicht. Bei Prinzessin George geht es, wie wir vom anonymen Verfasser der 1781 erschienenen »Neuen Fragmente zur Kenntnis des Menschen in Briefen« wissen, ohnedies eher gesellig als musisch zu. Und fromm, wenn auch niemals bigott. Luises Lieblingslektüre ist lange Jahre hindurch das an die 200 Jahre alte Erbauungsbuch »Unterhaltungen mit Gott in den Morgenstunden auf jeden Tag des Jahres« von Johannes Sturm. Die Großmutter hat es ihr geschenkt. Sie liest es gehorsam jeden Morgen und benutzt es, wie wir gesehen haben, auch als eine Art von Tagebuch. Fast alle Eintragungen beziehen sich auf die Familie, auf Vater, Großmutter, Schwestern, Brüder, auf den lustigen Onkel Georg oder die »engelhafte« Tante Auguste, deren Mann Maximilian in französischen Diensten in Straßburg steht.

Nach Straßburg zur Tante Auguste geht dann auch die erste Reise, die Luise bewußt erlebt und die sie in helle Aufregung versetzt. Mit von der Partie sind außer Luise die Großmutter, die Schwester Friederike und Fräulein von Gélieu. Allein Luise besteigt das Münster bis zur Plattform und läßt sich nur schwer vom weiteren Aufstieg bis zu den Türmchen zurückhalten. Das Münster selbst macht ihr keinen Eindruck.

Sommerfrische, Winterfrische, Fahrten zu Messen und zum Einkaufen in das nicht weit entfernte Frankfurt, mitunter sogar eine Reise zum kleinen Schlößchen Broich an der Ruhr, gegenüber von Mülheim, wo es schrecklich langweilig zugeht, aber einmal Onkel Georg erscheint und die Familie zu einer ausgedehnteren Reise nach Holland überredet (für die Großmutter George ihre Nichte, die Gräfin Polyxena Leiningen, anpumpen muß) – so etwas läßt den lästigen und läppischen Unterricht rasch vergessen. Luise genießt in vollen Zügen. Hunger nach Wissen und Bildung werden ihr erst viel später – zum Ärger Friedrich Wilhelms – ihre Freundinnen, Frau von Berg und Marie von Kleist, einimpfen.

Vom Darmstädter Überschwang läßt sich sogar der Vater anstekken. Zur großen Freude der drei Mädchen und ihrer Großmama gibt er 1787 seinen offiziellen Wohnsitz in Hannover ganz auf und zieht nach Darmstadt, in ein Haus, das er in der Rheinstraße, dicht am Alten Palais, erwirbt. Mit dem achtjährigen Georg, dessen Hauslehrer und dem zweijährigen Karl siedelt er über, angeblich um die Geschwister wieder an einem Ort zu vereinen. Da gibt es jedoch ganz gewiß weitere Gründe. Es wird bald an der Zeit sein, für die drei Prinzessinnen geeignete und der Familie genehme Lebenspartner zu finden, ein umständliches und schwieriges Geschäft, das Karl nun doch nicht ganz seiner naiv-unbekümmerten Schwiegermutter überlassen zu dürfen glaubt.

Zudem reichen, seit er in Hannover alle Ämter niedergelegt hat, seine Einkünfte nicht vorne noch hinten. Das meiste verschlingen die Reisen und Kuren, auf die er nicht verzichten kann. Da bleibt wenig übrig für eine standesgemäße Ausbildung der Knaben, geschweige denn die Ausstattung der Mädchen. Schon seine Älteste, Charlotte, hat er gleichsam unter Wert verheiraten müssen. Immer häufiger zieht es ihn nach Hildburghausen, wo er – vergeblich – versucht, wenigstens Ordnung in die verworrenen Finanzen seines ungeliebten Schwiegersohns zu bringen. Im billigeren Darmstadt hofft er nun, sich sanieren zu können. Schon klagt Prinzessin George, wenn auch nur im Scherz, über die knappen Mittel: Luise schießt derart in die Höhe, daß ihre Röcke fast Monat für Monat angestückelt werden müssen und man überhaupt Abend für Abend damit zubringe, Kleider der verstorbenen Mutter und Stiefmutter der Kinder für diese herzurichten.

Das betrifft natürlich in der Hauptsache die jetzt älteste Tochter, Therese. Schön und klug, wie sie ist, beschließt sie, es besser zu machen als die arme Charlotte. Und prompt ist es der Familie auch wieder nicht recht.

Therese ist erst 14, als sie Karl Alexander von Thurn und Taxis kennenlernt, der sich sofort in sie verliebt. Er ist 17 und Erbprinz jenes ursprünglich lombardischen Geschlechts, das sich das Amt eines Generalpostmeisters im alten Reich erwerben konnte und dadurch unermeßlich reich geworden ist. Schon um 1500 hat Franz von Taxis die erste ständige Postverbindung zwischen Wien und Brüssel eingerichtet. Ab 1595 betrieb die Familie bereits als Kaiserliche Reichspost ein engmaschiges Netz von Poststationen, auf die sie praktisch ein Monopol besaß. Obwohl sich allmählich immer mehr Landesposten gründen, organisieren die Thurn und Taxis von Regensburg, der Stätte des Immerwährenden Reichstages, aus weiterhin den Großteil des Paket- und Briefverkehrs Europas, der unter ihren Händen immer noch besser klappt als bei jederlei Kleinstaatenkonkurrenz.

Die Thurn und Taxis sind demgemäß hoch angesehen, aber eben nur Postadel. Selbst Prinzessin George rümpft die Nase. Der junge Karl Alexander wird einmal den Fürstentitel erben, ein weiteres Hindernis, denn er steht dadurch immer noch unter dem Rang einer Prinzessin von Mecklenburg-Strelitz. Nein, Vater Karl liebäugelt mit einer anderen, ehrenvolleren Möglichkeit, nämlich einer englischen Heirat, die seine Schwester, Königin Charlotte Sophia, vermitteln soll. Wenn es nicht der erhoffte Prinz von Wales, der Thronfolger, sein sollte, so doch wenigstens der jüngere Prinz Eduard.

Therese, in die sich Karl Alexander Hals über Kopf verliebt hat (sie selbst bleibt eher kühl und gelassen), sieht sich auf einmal zwischen zwei Feuern. Auch Regensburg erhebt Einwände gegen sie. Der Chef des Hauses, Karl heißt er ebenfalls, liebäugelt seinerseits mit einer ihm als Angebot unterbreiteten italienischen Prinzessin aus dem Uralthause Doria, die wohl eine halbe Million Gulden in die Ehe bringen würde. Da können die armen Schlucker in Darmstadt, die keinen müden Pfennig auf die Beine bringen, nicht mithalten. Zudem besteht Therese auf ihrem evangelischen Glauben, und die Thurn und Taxis sind seit alters gut katholisch.

Nun erweist sich der junge Karl Alexander als äußerst hartnäkkig. Er findet Fürsprecher, die energisch für ihn argumentieren. Den hochmütigen Darmstädtern hält man vor, daß die kürzlich verstorbene Mutter des Millionenerben, eine Prinzessin von Württemberg und den Mecklenburgern durchaus ebenbürtig, sich auch nicht zu schade für die Postdynastie war. Und den Thurn und Taxis rechnet man nach, daß ein jährlicher Reingewinn von rund einer Million Taler wohl ausreichend genug sein dürfte, um auf jegliche eventuelle Mitgift verzichten zu können. Romeo und Julia im Duodez-Deutschland.

Wobei die Julia keineswegs über beide Ohren verliebt scheint. Sie zögert am längsten, in Darmstadt Gegenstand endloser Auseinandersetzungen und väterlicher Gespräche. Als der Widerstand Karls von Thurn und Taxis längst besiegt ist, bleibt Karl von Mecklenburg störrisch wie ein Maulesel gegen eine solche Heirat eingestellt.

Am Ende legt er die Entscheidung in die Hände seiner Schwester, der Königin von England, von der er ein schroffes Nein erhofft. Aus Kew bei London erfolgt jedoch zu seinem Erstaunen ein ebenso schroffes Ja. Es sei töricht, läßt Charlotte Sophia sinngemäß wissen, bei der ihr bekannten Finanzlage der Mecklenburger auf eine derart gute Partie zu verzichten. Ihre Antwort gibt dem Bruder zugleich durch die Blume zu verstehen, daß an eine Heirat Thereses mit Prinz Eduard, geschweige denn mit dem Prinzen von Wales, nicht zu denken sei. Schmollend gibt man nach, um so mehr als sich die Regensburger auch, was die Religion betrifft, zu einer gütlichen Einigung bereitfinden.

Am 25. Mai 1789 findet die Hochzeit statt. Die zögerliche Therese setzt sich in ein vortrefflich gemachtes Nest. Der prunkvolle Hof von St. Emmeram zu Regensburg bietet ihr alle Möglichkeiten, ihre Vorzüge, ihr diplomatisches Geschick, ihr überlegenes gesellschaftliches Können zu entfalten. Sie wird die einzige aller Geschwister sein, die nie an Geldnot leidet. Sie wird bewundert, umschwärmt und viel geliebt, was man im übrigen wörtlich nehmen darf. Eine treue Ehefrau ist sie ihrem hartnäckigen, wenn auch nicht ganz ebenbürtigen Karl Alexander kaum gewesen. Für Luise hat sie sich später tatkräftig bei (und gegen) Napoleon eingesetzt. An mecklenburgisch-darmstädterischem Familiensinn hat es ihr nie gemangelt.

Tränenreich ist der Abschied von den Geschwistern, die Verbindung zwischen ihnen bleibt eng. Man schreibt einander pausenlos Briefe in jenem angelesenen blumigen Stil, der noch barocke Schnörkel zeigt, aber schon vorausweist auf das schlichtere, wenn auch kaum weniger sentimentale Biedermeier. So schreibt Luise an die Schwester Therese über ihre Konfirmation durch Pfarrer Johann Lichthammer:

»Gott segne dich und mich, edelste der Schwestern und Freundinnen. Vollbracht ist das Werk, das uns auf unserm ganzen Leben glücklich machen soll, gelobet ist Gott die ewige unverbrüchliche Treue, und Gott, der unsern Schwur hörte, wird uns auch ewig beistehen, ihn zu halten. Gib mir auch Deinen Segen, liebe, beste und zärtlichste Schwester, stehe mir immer mit Deinem gutem Rat bei und bitte Gott, daß er mich stärke zur Erfüllung aller meiner Pflichten... Urteile nach Deinen Gefühlen und nach Deinem Herzen, gute liebe Therese, und Du wirst in dem Herz Deiner Luise lesen können, denn ob freilich wohl unser Temperament nicht übereinstimmt, so kommen wir doch in den Hauptsachen ganz überein, und ich werde suchen, Dir noch immer ähnlicher zu werden.«

Der Brief ist sogar, ausnahmsweise, ganz in deutscher Sprache geschrieben und derart fehlerlos, daß ihn wohl Fräulein von Gélieu oder die Großmutter korrigiert haben dürfte.

Luises Handschrift in solchen Briefen ist breit gezogen und energisch geführt, erinnert an ihr wechselhaftes Mienenspiel. »Wer einen Brief der Königin Luise in Händen hält«, schwärmt noch 1985 die Neuherausgeberin Malve Gräfin Rothkirch, »erspürt das einmalige Fluidum ihrer Nähe.« Geradezu begeistert zeigt sie sich von der Handschrift. »Ihre Bildhaftigkeit läßt sich nicht in Worte übersetzen; man muß sie sehen und man wird sie unmittelbar als Spiegelungen von Stimmungen und Gedanken empfinden. Auffallend sind die Unterschiede von ruhig oder erregt geschriebenen Zeilen, bedachtsam oder spontan gesetzten, ja, gehetzten Worten. Winzig kleine Buchstaben wechseln mit erschreckend großen. Briefe an die hessische Großmutter sehen natürlich gesittet aus; dagegen flüchtig, sogar liederlich die an den Bruder Georg. Er bewahrte ihre Kinderbriefe mit den noch ungelenken Schriftzügen bis hin zu backfischhaften mit übermütigen Karikaturen auf. Unvergeßlich bleiben spätere Briefe aus Memel und Berlin, teils voller Verzweiflung... oder fast hektisch überstürzt... Leider kann kein Druck solche persönlichen Spuren wiedergeben.«

Eine derartige Spur findet sich auch im erwähnten Brief. Die Worte »Gefühl« und »Herz« werden auch später von Luise so oft ins Feld geführt, daß man annehmen kann, daß sie nicht – wie so vieles andere – einfach dahingeplappert worden sind. Sie könnten sogar einer frühen und nicht unkritischen Selbstanalyse entstammen, denn bis zu ihrem Tod bleibt sich Luise bewußt, daß ihre Stärke nicht in Wissen, Bildung, Können oder auch nur äußerem Imponiergehabe liegt, sondern allein in Gefühl und Herz.

Das muß Luise früh entdeckt und – eine ihrer wenigen intellektuellen Regungen, die man ihr in der Jugend nachsagen kann – verarbeitet haben. Ihr späteres Charisma beruht ganz gewiß auf einer unnachahmlichen Mischung aus Naivität und Bewußtheit, das eine so charakteristisch für sie wie das andere.

Nachdem die beiden älteren Schwestern Darmstadt verlassen haben, rückt sie überhaupt deutlich in den Vordergrund, eigentlich mehr, als natürlich gewesen wäre. Gewiß, sie ist jetzt die Älteste, aber merkwürdigerweise tritt sie nicht nur stärker als die jüngeren, in Darmstadt verbliebenen Brüder und die Schwester Friederike hervor, sondern auch als die bereits verheirateten Geschwister. Sie drängt sich nicht nach vorn, aber noch ehe sie ihre Brüder und Schwestern im Rang übertrifft, rückt sie ihnen bereits voran. Noch ist sie nicht der »Engel«, als der sie von den Geschwistern später fast ausschließlich tituliert wird (wann immer das Wort Engel fällt, ist Luise gemeint). So etwas wie der Primus inter pares unter dem Mecklenburger Nachwuchs scheint sie jedoch wie von selbst zu werden.

Das macht sie keineswegs überall beliebt. Schon 1789 berichtet Frau von Vrints, die Gemahlin des Frankfurter Thurn-und-Taxis-Vertreters, über einen Besuch der beiden Schwestern aus Darmstadt an die Prinzessin Therese nach Regensburg: »Es sind reizende Kinder, beide gleich hübsch, geistvoll, gut, aber, ich weiß nicht warum, mein Herz spricht mehr für Friederike.«

Im folgenden Jahr, 1790, verbringen Prinzessin George und ihre Enkelkinder den ganzen Oktober in Frankfurt. Der alte Kaiser Joseph II. ist gestorben, jetzt soll als Nachfolger sein Bruder Leopold II. gekrönt werden. Auch Therese erscheint, zum erstenmal in voller Pracht als Attraktion des Regensburger Hofstaats, und wird von den Kindern ebenso angestaunt wie all der Pomp, den das Reich, das es kaum noch gibt, bei derartigen Ereignissen zu entfalten versteht. Begleitet von Kurfürsten, Botschaftern und allein 6000 prächtig livrierten Reichsbediensteten, zieht Leopold in Frankfurt ein. 88 sechsspännige Wagen rumpeln über das Pflaster, reichgeschmückt und gefolgt von Leibjägern, Schweizergardisten und Husaren in den phantasievollsten Uniformen. Ein unvergeßlicher Anblick. Er hat schon vor 25 Jahren bei der Krönung Josephs II. den jungen Goethe tief beeindruckt, wie man in »Dichtung und Wahrheit« nachlesen kann.

Aus den gesellschaftlichen Veranstaltungen, den Diners, Bällen und glanzvollen Empfängen hält Großmutter George die Kinder – Luise ist eben 14 Jahre alt – klug heraus. Auf ihnen erlebt Schwester Therese die ersten Erfolge, denn ihr Mann, der Erbprinz, vertritt die Postinteressen bei dieser Kaiserkrönung. Luise, Friederike und der elfjährige Georg erleben statt dessen so etwas wie eine zweite Darmstädter Idylle. Sie sind, mitsamt dem Fräulein von Gélieu, ins Haus der Frau Aja eingewiesen worden, der Mutter Goethes, am Hirschgraben.

Das vom Reichsquartiermacher veranlaßte zufällige Zusammentreffen ist seit jeher ein gefundenes Fressen für die spätpreußischen Lesebuchautoren und Luise-Hagiographen gewesen. Unzählige Anekdoten hat man um das muntere Treiben im Goethehaus herumgerankt, gewiß sind auch ein paar wahre darunter. Denn Frau Aja versteht sich auf Anhieb mit den fürstlichen Rangen aus Darmstadt, und ihr Zwiebelkuchen muß den kleinen Gästen ebenfalls geschmeckt haben.

Sechzehn Jahre später schreibt Goethe seiner Mutter, er habe Friederike, damals Prinzessin Solms, in Karlsbad getroffen. Frau Aja schreibt, sich erinnernd, dem Sohn zurück: »Das Zusammentrefen mit der Prinzeßin von Mecklenburg hat mich auserordentlich gefreut – Sie – die Königin von Preußen – der Erbprintz werden die Jugendliche Freuden in meinem Hauße genoßen nie vergeßen – von einer steifen Hoff-Etikette waren Sie da in voller Freyheit – Tantzend – sangen und sprangen den gantzen Tag – alle Mittag kamen sie mit 3 Gablen bewaffnet an meinen kleinen Tisch – gabelten alles was Ihnen vorkam – es schmeckte herrlich – nach Tisch spielte die jetzige Königin auf dem piano forte und der Printz und ich waltzen – hernach mußte ich Ihnen von den vorigen Krönungen erzählen auch Mährgen u.s.w.«

Leopold II. regiert nur knapp zwei Jahre. Schon am 1. März 1792 stirbt der dritte Sohn Maria Theresias, noch nicht 45 Jahre alt. Für Luise und Friederike bedeutet das traurige Ereignis vor allem, daß nun eine weitere Kaiserkrönung in Frankfurt bevorsteht. Tatsächlich wird alsbald sein Erbe und Sohn, Franz II., König von Ungarn und Böhmen, zum Nachfolger gewählt. Er wird der letzte sein, der den schon fast imaginären Thron einnimmt. Denn es ist, in Darmstadt oder Frankfurt fast unbemerkt, eine neue Zeit angebrochen. Sie wird all die noch vorhandenen Idyllen der keineswegs nur guten alten Zeit zerstören, dem spitzfingrigen Rokoko endgültig ein Ende bereiten, ganz Europa in eine pausenlose Abfolge kriegerischer Handlungen verwickeln. Die Kriege werden länger dauern, als der noch so blutjungen Prinzessin Luise zu leben vergönnt sein wird.

Ein bewußt gesetzter Akzent: Die Krönung Franz' II. soll am 14. Juli stattfinden, dem dritten Jahrestag der Erstürmung der Bastille, jenes Pariser Volksaufstands, mit dem in Frankreich die Revolution begann.

Französische Revolution. Es kracht vernehmlich im Gebälk des alten Reiches mit seiner überholten Sozialordnung und den gleichfalls absurd gewordenen Feudalstaaten. Aber Menetekel haben es an sich, daß sie fast immer auf taube Augen und Ohren stoßen. Die neuerliche Kaiserkrönung wird nicht weniger prunk- und prachtvoll ausfallen als die vor zwei Jahren. Und sie wird das Leben der kleinen Darmstädter Prinzessin von Grund auf verändern.

4.
Das Wetterleuchten

Die neuerliche Kaiserkrönung findet allerdings schon unter Donnergrollen statt. Luise und Friederike werden in ihrer Aufregung nichts davon bemerkt haben. Den damals Herrschenden kann aber das Wetterleuchten über Europa und weit darüber hinaus kaum verborgen geblieben sein.

Es war der eben verstorbene Leopold II., der die Problematik der Zeit sehr deutlich erkannte. Die Französische Revolution hat er ohne Umschweife als eine »Regeneration Frankreichs« bezeichnet und als Vorbild, »welches alle Souveräne und Regierungen Europas freiwillig oder unfreiwillig nachzuahmen durch die Völker gezwungen sein werden«.

Dennoch schloß er als österreichischer König gegen diese Revolution ein Schutzbündnis mit dem Erzrivalen Österreichs auf dem Kontinent, mit Preußen. Seine Gedanken entstammten wohl weniger der Erfahrung als der Literatur. Kein gebildeter Fürst oder König, der nicht Voltaire, Montesquieu (»Der Geist der Gesetze«), Diderot, Rousseau auf Französisch und vielleicht sogar die deutschen Aufklärer Nicolai, Mendelssohn, Lessing gelesen hätte. In der Praxis blieb man jedoch in der Verteidigung dessen, was man besaß, befangen. Leopold hielt im übrigen die revolutionäre Gesetzgebung in Frankreich für ein glattes Plagiat seiner eigenen geplanten Reformen. Das nahm er den Gesetzgebern der Nationalversammlung persönlich übel, denn gar zu gerne wäre er als Erneuerer des alten Europa in die Geschichte eingegangen.

Das war ihm nicht beschieden. Aber hellsichtig genug hatte er doch eines erkannt: Mit der Französischen Revolution war alles anders geworden. Für das alte Rokoko-Europa, an dessen Rand

Luise und Friederike so friedlich aufwachsen, stehen die Zeichen auf Sturm. Und der Sturm droht hinwegzufegen, was von den morschen Grundlagen der alten Ordnung noch übriggeblieben ist, die verrotteten Landstände mit ihrem überholten Standesdenken, die lächerlichen Monarchen auf ihren wackeligen Thronsitzen innerhalb von Landesgrenzen, die auf dem Papier gezogen waren, die Unfreiheit weiter Teile der Bevölkerung, die verweltlichten Kirchen, die unzähligen, durch nichts gerechtfertigten Adelsprivilegien.

Es gibt dagegen nur ein einziges Mittel, und auch das hat Leopold bereits erkannt: Reformen. Eine Angleichung an die Forderungen der Revolution unter möglichst weitgehender Erhaltung der herkömmlichen Besitzstände.

Schon vor dem Sturm auf die Bastille hat da Amerika bereits ein Beispiel gesetzt, ohne das die Französische Revolution nicht zu denken ist. Die eigentliche Zäsur liegt nicht im Jahr 1789, sie erfolgt schon früher, um 1775, als der Gegensatz zwischen den nordamerikanischen Siedlern und dem englischen Mutterland in einen offenen Konflikt überging. Unter der Führung von George Washington nahm ein amerikanisches Freiwilligenheer den Kampf gegen die Übermacht der Söldnertruppen auf, die für die Kolonialmacht kämpften. Am 4. Juli 1776, bis heute der Nationalfeiertag der USA, trat die von Thomas Jefferson im Geiste Montesquieus entworfene Unabhängigkeitserklärung in Kraft, womit auch die inneren Reformen begannen, die »Amerikanische Revolution«. In einem wechselhaften Krieg, der sich über sieben Jahre hinzog, gelang es den damals 13 angloamerikanischen Kolonien, endgültig die Freiheit zu erringen.

Der lauteste Beifall ertönt aus dem feudal und dynastisch strukturierten Europa. Schon das hätte weitdenkende Aristokraten stutzig machen sollen. Galt früher England als Hort bürgerlicher und individueller Freiheit – jegliche Leibeigenschaft der Bauern war dort schon seit dem Ende des Mittelalters beseitigt –, so wurde jetzt Amerika das Vorbild.

Wie es damals um die allgemeine Stimmung bestellt ist, zeigt eine Lobrede auf Amerika, die 1783 in der »Berlinischen Monatsschrift« – noch zu Zeiten Friedrichs des Großen! – unbeanstandet erscheinen konnte. »Wo süße Gleichheit wohnet«, heißt es in ihr von der »Freiheit Amerikas«, »und Adelsbrut, Europens Pest, die Sitte der Einfalt nicht befleckt, verdienstlos besseren Menschen trotzt und vom Schweiß des Landmanns schwelgt.« Es handelt sich da keineswegs um eine vereinzelte Stimme aus extremistischem Lager. »Hunderte von ähnlich sympathisierenden Kommentaren standen dieser offenen Sprache in nichts nach.« (Hans-Ulrich Wehler in seiner »Deutschen Gesellschaftsgeschichte«.) Intellektuell ist Europa längst gegen die Feudalherrschaft der großen und kleinen Autokraten eingestellt.

Kaiser Leopold ahnte, daß dies der erste Schritt war, der unweigerlich zur Republik führen mußte, zur Demokratie, zum Ideal der Gleichberechtigung aller Menschen nicht nur, wie bisher, vor Gott, sondern auch vor den Menschen selbst und vor dem Gesetz.

Auch Luises Vater, Prinz Karl, war davon überzeugt, daß der Weg in diese Richtung führen mußte. Mit den Ideen der Aufklärung hatte er schon immer geliebäugelt, wie viele Adlige ohne direkte Verantwortlichkeit. Seinem Schwager, König Georg III. von England, der eben die einträglichen nordamerikanischen Kolonien verloren hat, schreibt er beileibe keinen Kondolenzbrief. Im Gegenteil. »Meinetwegen mag Geburtsadel sein«, bekennt Prinz Karl, »nur muß solcher nicht Verdienste und Talente unterdrücken und verdrängen. Ich schätze den Adel, sobald Verdienste und Tugend ihm zu Ahnen dienen; ohnedem aber sehe ich solchen als ein leidiges Übel im Staate an. Überhaupt aber nach meinem Dafürhalten ist der bürgerliche und noch mehr der Bauernstand oder -klasse die, die am mehrsten geschützt werden sollte, denn ohne solche, was wären die Großen und Edlen?« Der König von England stimmt dem eifrig zu. Er hat am Ende die Umwälzung als erster am eigenen Leibe zu spüren bekommen.

Als nächstes bekommen ihn die Bourbonen in Frankreich zu spüren, König Ludwig XVI. und seine Gemahlin Marie Antoinette, eine Tante Leopolds und des neuen Kaisers Franz II. Europa staunt. Da schließen sich drei Ständeversammlungen plötzlich zu einer einzigen Nationalversammlung zusammen. Diese schafft sofort Gleichheit vor dem Gesetz für alle, macht den König zum erblichen Staatspräsidenten, dessen Minister der Volksvertretung verantwortlich sind, und sorgt, so scheint es jedenfalls zunächst, für »Freiheit, Gleichheit, Brüderlichkeit«. Fassungslos müssen die europäischen Groß- und Kleinpotentaten zusehen, wie man Ludwig nebst Gemahlin aus dem der Wirklichkeit entrückten prächtigen Versailles ins gärende, unruhige, auf weitere Revolutionen drängende Paris schleppt. Da sitzt der König nun, angstschlotternd, die Karikatur eines konstitutionellen Monarchen, wie er vielen europäischen Intellektuellen vorschwebt, setzt sich eine rote Revoluzzermütze aufs kahle, von keiner Perücke mehr geschützte Haupt und trinkt, von einem bewaffneten Volkshaufen dazu gezwungen, auf das Wohl der Nation.

Die einen sind entsetzt, die anderen jubeln. Es gibt, sogar unter den Aristokraten, ein pari-pari zwischen beiden Gefühlen. Man sympathisiert allgemein mit den Ideen, die zur Revolution geführt haben.

Einer sympathisiert nicht mit ihnen; sie lassen ihn gleichgültig. Das ist der junge Offizier aus Korsika, von dem am Ende des zweiten Kapitels die Rede gewesen ist. 1789, als man die Bastille stürmt, befindet er sich, aus Korsika zurück, in der Garnison von Auxonne, einer kleinen Stadt in Burgund. Mit seinem Bruder Lucien bewohnt er ein karges Zimmer, in dem es aussieht wie in einer Gelehrtenbude. Leutnant Bonaparte studiert Taktik in den Büchern des Grafen Guibert, analysiert Platons »Staat«, liest die Geschichte Friedrichs des Großen sowie im Justinian. Das meiste lernt er, mit einem phänomenalen Gedächtnis begabt, auswendig. Eines fernen Tages wird er, den jeder für ungebildet hält, vor dem Staatsrat aus dem Kopf römische Gesetze hersagen.

Gegen die Unruhen, die der Bastille-Sturm auch auf dem Lande nach sich zieht, geht er unerbittlich vor, läßt sogar Mönche eines nahen Klosters, die sich den neuen Ideen verschrieben haben, ins Verlies werfen und droht, auf jeden schießen zu lassen, der einen Aufstand versucht. Als Kaiser Franz gekrönt wird, ist er eben aus Korsika von einem langen Urlaub zurückgekehrt, während dem er sich, reichlich undurchsichtig, in einen Aufstand gegen die Obrigkeit verstrickt hat. Die Zeit scheint an ihm vorbeizugleiten; die Revolution ist ihm bestenfalls dazu nütze, seiner Heimat die Unabhängigkeit zu bringen. Als das mißlingt – seine gesamte Familie muß fliehen, ehe ihr Haus in Ajaccio zerstört wird –, tritt er als Hauptmann erneut in die französische Armee ein. Kein übermäßig imponierender Werdegang.

Dabei wird er es sein, der die Ideen der Französischen Revolution über die Grenzen Frankreichs hinaus ins Herz Europas trägt. Da kommt er zwar in der vertrauten Gestalt dynastischer – wenngleich selbstgeschaffener – Aristokratie. Aber mit sich führt er jene individualistisch-freiheitlichen Ideen, die den Kontinent verändern. Napoleon wird es sein, der die Feudalstaaten dazu zwingt, sich zu modernisieren. Auch die vielbewunderten preußischen Reformen sind nur durch seinen kriegerischen Zugriff angepackt worden. Er zwingt noch seinen Feinden, die ihn besiegen werden, seinen Willen auf.

Die Auswirkungen der Französischen Revolution sind kaum zu überschätzen. Luise wird in einen der entscheidendsten Umbrüche der Weltgeschichte hineingeboren. In Zukunft wird die Menschheit nicht mehr von einzelnen Familien regiert werden. Im Kampf um die Macht werden die Ideen der Französischen Revolution, die Forderungen nach Freiheit, Gleichheit, Brüderlichkeit, fortan eine wesentliche Rolle spielen. So groß sie sein mögen, sie werden oft genug verhunzt (wie die der Französischen Revolution durch ihre Fanatiker, die Jakobiner), erstarren zu Ideologien. Aber noch einmal wird der europäische Uradel das Rad der Geschichte zurückdrehen und sogar Reformen rückgängig machen, die unter dem Eindruck der Französischen Revolution und Napoleons in ihren Ländern stattgefunden haben. Gegen alle Erwartungen bleibt die Adelsherrschaft der Familien über Europa noch eine Weile erhalten.

Dieses Kunststück gelingt dem wohl geschicktesten Diplomaten der Nach-Napoleon-Zeit, Klemens Lothar Graf Metternich. Der spätere Fürst und österreichische Staatskanzler, der einst ganz Europa unter seine reaktionäre Knute zwingen wird, ist damals eben 24. Er hat in Straßburg und Mainz die Rechte, vor allem aber die Frauen studiert. Ein stolzer junger Mann mit sanft gebogener Nase und blondem Haar, das sich auf seinen Schultern ringelt, sieht er aus wie das Urbild eines Aristokraten. Er besitzt auch jene tänzerische Verspieltheit, die das Rokoko so sehr schätzt. Hinter ihr verbirgt sich bei ihm allerdings ein eiserner Wille zur Karriere, die ihm wichtiger ist als alles andere. Über 25 Jahre wird er der wichtigste Berater Franz' II. sein, zu dessen Krönung Luise und Friederike nach Frankfurt aufgebrochen sind.

Schon bei dieser Kaiserkrönung versteht es Klemens Fürst von Metternich, seine Aufgabe mit Bravour zu erfüllen. An der Seite seines Vaters, der die Krönungsfeierlichkeiten leitet, organisiert Klemens die Bälle. Er ist eng befreundet mit dem künftigen Kaiser. Den wichtigsten, den Krönungsball, eröffnet er selbst. Am Arm führt er eine Debütantin, mit der zusammen er ein geradezu ideales Paar bildet: Prinzessin Luise von Mecklenburg-Strelitz.

Ein Walzer, nicht mehr, wenn auch vor den Augen der Höchsten des Reiches und gewiß mit Charme und Anmut getanzt. Der perfekte Kavalier und die frische, etwas hausbackene, aber eben deswegen so effektvolle Prinzessin vom Lande. Eine flüchtige Begegnung, sie wird nicht die einzige bleiben. Metternich wird eine Weile österreichischer Gesandter am preußischen Hof sein, wo er als alter Bekannter eine Sonderstellung genießt. Aber die Verbindung bleibt locker, eine enge Bekanntschaft, keine Freundschaft.

Trotzdem wirkt der Frankfurter Walzer wie aus einem raffiniert konstruierten Filmdrehbuch. Luise und Metternich. Die anrührendste und bis heute populärste Gestalt des alten Regimes und der schlaue Fuchs, der diese Welt noch einmal notdürftig zusammenflicken wird. Ein Tanz auf dem Vulkan.

5.

Die Kriegsbraut

Den Walzer darf man sich damals noch nicht wie den klassischen Wiener Walzer vorstellen; Johann Strauß Vater wird erst ein paar Jahre später, 1804, geboren werden. Der Walzer ähnelt noch dem langsameren Ländler, aus dem er entstanden ist. Aber es geht bereits im Dreivierteltakt munter rundherum, wobei sich die Körper der Tanzenden aneinanderschmiegen. In Luises Leben spielt der Walzer eine große Rolle. Seit diesem Debüt auf internationalem Parkett bleibt er, obwohl noch nicht überall hoffähig, ihr Lieblingstanz.

Dies also ist der erste Ball, bei dem sie offiziell als Prinzessin von Mecklenburg-Strelitz in Erscheinung tritt. Den ungeschriebenen, aber strengen Spielregeln der Zeit zufolge heißt das: Sie ist nun – um es schroff zu sagen – auf dem offenen Markt, für ernstgemeinte Anträge auf gleichrangiger Ebene empfänglich, zu haben für jedermann, mit dem die Familien beiderseits einverstanden sein sollten. Sie tritt in ihre dynastischen Pflichten ein.

Ein vortrefflicher Einstand, besser gar nicht zu denken. Zwar verliebt sich der junge Metternich durchaus nicht in sie. Ihm ist Luise zu brav, nicht kapriziös genug. Aber es verliebt sich in sie der halbe Hochadel des Heiligen Römischen Reiches.

Der Darmstädter Landpomeranze gelingt auf Anhieb, womit sich andere so schwer tun. Mit Jugendschönheit, Ungezwungenheit und, auch das, natürlicher weiblicher Würde wird sie die unbestrittene Ballkönigin eines kaiserlichen Krönungsfestes. Der Vater kann mit dem Erfolg seiner Drittältesten zufrieden sein, und Großmutter George auch.

Dabei hat durchaus in Zweifel gestanden, ob man an den Frankfurter Festlichkeiten überhaupt würde teilnehmen können. Karl gebricht es wieder einmal an flüssigen Mitteln für die kostspieligen Toiletten der beiden jungen Damen. Es fehlt ferner am Zweitwichtigsten: den notwendigen Einladungen. Wer kennt schon die in Darmstadt heranwachsenden Gören?

»Wir werden also... ein Stückchen Krönung sehen«, schreibt Luise in einem französisch abgefaßten Brief an Therese, die diesmal nicht mit von der Partie ist. »Wir gehen in keine Gesellschaft, zu keinem Kurfürsten, wir nehmen an keinem Essen teil, kurz, wir werden uns in Frankfurt gar nicht aufhalten; wir werden nur einen Tag hinfahren und den Einzug ansehen und am nächsten nach Darmstadt zurückfahren, dann von Darmstadt wieder hinfahren, die Krönung ansehen und am nächsten zurückfahren; wir werden auch nicht die Hoffestlichkeit besuchen, was mir sehr schmerzlich ist. Papa hat uns erlaubt, auf einen Ball zu gehen, wenn Fürst Esterházy oder ein Kurfürst [deutscher Einschub] oder ein Gesandter [wieder französisch] einen gibt; aber Du mußt zugeben, um dahin zu gehen, muß man eingeladen sein, und um eingeladen zu werden, muß man bekannt sein, und gewiß wird man sich keine Mühe darum geben, so unbedeutende Wesen wie Friederike und mich auszugraben.«

Woher Prinz Karl das Geld genommen hat, wissen wir nicht. Die Mädchen werden sich den kurzen Aufenthalt erbettelt haben. Und was die Einladungen betrifft, weiß Großmutter George Rat. Sie wendet sich an ihre Freundin Maria Beatrix Aloisia Metternich, und die befiehlt ihrem Sohn, alsogleich Einladungen nach Darmstadt zu schicken; so leicht geht das.

Die Kaiserkrönung, die letzte, wird eine der prunkvollsten, die Frankfurt, die alte Kaiserstadt, je gesehen hat. Sie dauert mehrere Stunden. Anschließend begibt sich Franz II. in den Gewändern Karls des Großen und mit dessen Krone auf dem Haupt, von den drei Kurfürsten geleitet, zu Fuß in den Römer, gefolgt von einer Unzahl Würdenträger und Gesandter. Böses Omen: Es regnet.

Luise hätte die anschließende Feier im Römer beinahe, ihrer chronischen Unpünktlichkeit wegen, versäumt. Als sie nicht zur verabredeten Zeit erscheint, läßt Großmutter George, aus pädagogischen Gründen, die Kutsche anfahren. Luise, eben erst mit ihrer

Toilette fertig geworden, rafft ihr weißes Atlaskleid zusammen und läuft, zum Vergnügen der Zaungäste, dem Wagen nach, den sie am Eingang des Römers tatsächlich noch erreicht. Sie ist durch die Darmstädter Treppen gut trainiert.

Noch lange wird zwischen den beiden Schwestern, die sich bald darauf wieder im Darmstädter Garten vergnügen, von den Frankfurter Ereignissen die Rede gewesen sein. Etwas besorgt scheint nur Prinzessin George. Sie, als Freundin Marie Antoinettes, nimmt die Vorgänge in Paris keineswegs auf die leichte Schulter und ist auch nicht, wie ihr Schwiegersohn, von der Revolution übermäßig angetan.

Freilich, zugegeben: Das Ancien régime, die alte Ordnung in Frankreich, mag besonders dekadent gewesen sein. Man sieht es an den Emigranten, die ins Land strömen und die dafür sorgen, daß sich die Sympathien noch stärker als bisher der Revolution zuneigen. Die geflohenen Adligen, die ein baldiges Ende des »Spuks« erwarten, geben sich arrogant und werfen das Geld, das sie gerettet haben oder das ihnen von Adelsgenossen diesseits des Rheins geliehen worden ist, mit vollen Händen zum Fenster hinaus. Sie benehmen sich, als gehöre ihnen das Land, dessen Einwohner sie als zurückgeblieben betrachten und demgemäß geringschätzig behandeln.

August Varnhagen von Ense hat in seinen »Denkwürdigkeiten« eine lebendige Schilderung der Zustände im nahen Mainz gegeben: »Von ihrem Übermut, ihrer tollen Verschwendung, ihren empörenden Gewalttaten und lächerlichen Eitelkeiten erzählt man hundert Geschichten. Koblenz war von ihnen überschwemmt, die hatten dort ihre Waffenstärke gesammelt und spielten in Stadt und Land völlig die Oberherren, der Kurfürst von Trier, der sie aufgenommen, hatte garnichts mehr zu sagen, seine Behörden wurden von den Fremdlingen mißachtet, seine Truppen verdrängt, es wurden französische Gerichtshöfe errichtet und sogar die Einheimischen gewaltsam vor diese geschleppt, wenn französischerseits eine Klage anhängig gemacht wurde. Alle bürgerliche Ordnung war aufgelöst, die Hausrechte wurden verletzt, junge Edelleute quartierten sich willkürlich ein, wo eine artige Frau, ein hübsches Mädchen ihnen in die Augen fiel, die Galanterie schlug nicht selten in die roheste Dreistigkeit um.«

Weiter: »Die einzige Hoffnung war, daß der Krieg bald ausbrechen würde, da denn die lästigen Gäste insgesamt nach der Grenze vorrücken müßten. Ihnen selbst dünkte der unverzügliche, siegreiche Einmarsch in Frankreich so gewiß..., daß sie nicht daran dachten, ihre Hülfsmittel irgend zu Rate zu halten, im Gegenteil, sie warfen das Geld auf die leichtfertigste Weise weg, als müßten sie es los werden, damit das neue, reichlichere, nur Platz fände. Ich sah Übungen im Pistolenschießen, wobei die getroffenen Goldstücke jedesmal unter das Volk ausgeworfen wurden...; man stellte die üppigsten Gastereien an, und ergötzte sich, die Bürger in Champagner zu berauschen, ja die Schuljugend wurde aufgegriffen und betrunken nach Hause geschickt. Noch mehr aber, als dieser Unfug, empörte der Hohn, der gegen das Schwarzbrot verübt wurde; von ganzen Broten wurde die Krume zu großen Kugeln geknetet, und mit diesen entweder Vorübergehende angeworfen oder Fenster beschädigt, die ausgehöhlte Kruste wurde zu Überschuhen gebraucht und darin herumgetanzt...; alles öffentlich von Marquis und Vicomtes und jungen Abbé's ausgeführt unter großem Zulauf und Gelächter.«

Varnhagen hat wohl nicht übertrieben. Es gibt viele andere Augenzeugenberichte ähnlicher, oft sogar noch drastischerer Art. Die französischen Emigranten scheinen – aus Übermut? aus Verzweiflung? – alles darangesetzt zu haben, sich so unbeliebt wie möglich zu machen. Man sollte das bei der Beurteilung alles Folgenden bedenken, meint Varnhagen, »als die Waffen der Revolution in diese Länder vordrangen und hier teilweise so günstig aufgenommen wurden«.

Nun überstürzen sich die Ereignisse. Im August 1792 wird Ludwig XVI. abgesetzt. Der neuberufene Nationalkonvent entwickelt sich immer mehr zum Forum des radikalen Flügels, der Jakobiner. Danton und Robespierre bereiten ihre Schreckensherrschaft vor. Erste Mordnachrichten erschrecken schon den Kontinent, dessen Stimmung, fast von einem Augenblick zum anderen, gegen die Revolution umschlägt. Schon am 20. April hat Frankreich Österreich den Krieg erklärt. Die verbündeten Preußen sind es jedoch, die angriffslustig versuchen, König Ludwig und seine Gemahlin vor der drohenden Hinrichtung zu retten. Unter dem Oberbefehl des Herzogs Karl Wilhelm Ferdinand von Braunschweig überschreiten die verbündeten Truppen bei Longwy die französische Grenze, viele Emigranten im Gefolge, die einen baldigen Sieg über die verhaßten Revolutionäre erwarten.

Sie sollen sich täuschen. Die schlecht uniformierten Franzosen, reguläre Truppen wie auffallend viele Freiwillige, schlagen sich prachtvoll, viel besser als die für unbesiegbar gehaltenen Preußen. Der Herzog von Braunschweig hat bis zu diesem Zeitpunkt zwar noch keine einzige Schlacht gewonnen, gilt aber dennoch als der überragende Feldherr Europas. Seine Taktik hat der 57jährige noch von Friedrich dem Großen gelernt. Gegen das beweglichere Vorgehen der anderen Seite ist mit ihr nicht viel auszurichten, auch weil das Heer in der Hauptsache aus eilig geworbenen Söldnern besteht.

Im übrigen gibt es Zwist zwischen den Verbündeten. Herzog Karl Ludwig hat bisher Österreich als den Erbfeind Preußens betrachtet und Frankreich als Vorbild. Jetzt traut er den plötzlich verbündeten Österreichern nicht recht. Zudem klappt der Nachschub nicht, es gibt nicht einmal Feldbäckereien. Außerdem hat sich der Feldzug allzu lange verzögert, das Wetter wird immer schlechter, Artillerie und Troß bleiben im Schlamm stecken, Typhus und Fleckfieber brechen aus und dezimieren die kämpfende Truppe. Das kurz zuvor aus der Taufe gehobene neue Nationallied »Allons, enfants de la patrie« auf den Lippen, erweist sich der Feind, den man rasch zu Paaren treiben wollte, als tapfer und durchhaltekräftig.

In einem Reisewagen, wie zu einem Manöver, ist dem ebenfalls verbündeten Karl August von Weimar sein Minister gefolgt, samt Diener und Sekretär, kein anderer als Johann Wolfgang von Goethe. Die nutzlose, aber gewaltige Kanonade von Valmy in der Champagne macht er noch mit, dann wendet er sich mit den Koalitionstruppen zum eiligen Rückzug. Kläglich genug, wenn auch nicht geschlagen, waten die Truppen der Verbündeten unter dem Braunschweiger durch Regen und Schlamm zurück zum Rhein.

Am 7. Oktober schreibt ein preußischer Oberst in sein Tagebuch: »Ich begegnete einigen Emigrierten, die mit mir ritten, ohne mich zu kennen und mir vielerlei indiskrete Fragen machten, warum wir zurückgingen und dergleichen mehr. – Etwas ärgerlich antwortete ich kurz, weil sich Nichts von all dem bestätigt hat, was uns die Emigrierten verheißen und weil ihrethalben die Armee nicht geopfert werden sollte.«

Die Preußen verlieren bei diesem Abenteuer immerhin rund 20 000 Mann. Ein gehöriger Aderlaß – für nichts.

Der preußische Oberst, der so brav Tagebuch führt, ist Friedrich Wilhelm, der Kronprinz. Aus diesem seinem ersten Feldzug bringt er eine lebenslange Abneigung gegen jegliche Koalition nach Hause. Verbündetsein gilt ihm seither als mitgefangen, mitgehangen. Mehr als das: Er haßt von Stund an den Krieg, weil er ihn nicht vom Feldherrnhügel herab oder von der Etappe aus erlebt hat, sondern unmittelbar an der Front. Nie vergessen wird er den sinnlosen Tod von Tausenden in Lumpen und Dreck, das Elend der Verwundeten und die Leiden der Zivilbevölkerung, die zwischen zwei feindliche Heere gerät.

Den Krieg schildert er unheroisch, phrasenlos: »Da lagen drei Mousquetiere und ein Tambour mit zerschmetterten Schenkeln und Beinen und wimmerten jämmerlich. Ich leugne nicht, daß mich der Anblick heftig erschütterte und daß mir anfing, etwas wunderlich ums Herz zu werden. – Höchst traurig war der Anblick der zurückgeschleppten Blessierten, die nachher meist alle aus Mangel an Anstalten und Pflege gestorben sind.«

Ein paar Tage später: »Beim Schlosse Grandpré wurden die Kranken, die dort gelegen, alle aufgeladen. Ein erbarmungsvoller Anblick. – Überhaupt sind keine Worte hinreichend, um den Jammer und das Elend zu schildern, welches in diesen Lazaretten herrschte. – Es regnete immerfort. – Unterwegs überall Gegenstände des Jammers und Bilder des Todes. – Einige Leute traf ich in einem Gehölz bei einem Feuer, die sich mit Holzbirnen nährten, ich versuchte sie, fand sie indessen abscheulich sauer und häßlich schmeckend. Ich habe diese Frucht sonst nirgends gesehen.«

Friedrich Wilhelm macht von vornherein keinen Unterschied zwischen Freund und Feind, Soldat und Zivilperson. Er sieht den Krieg nicht von der Warte des Königssohns aus, sondern von der eines mitfühlenden, mitleidenden Menschen.

Den verbündeten Truppen auf dem Fuße folgend, rücken die Franzosen ins Rheinland ein. Speyer, Worms und Mainz werden erobert und zeitweilig sogar Frankfurt.

Der Krieg hat Luise erreicht. Auch wenn sie an der Seite Friedrich Wilhelms noch einige friedliche Jahre verlebt, der Krieg wird sie bis ans Ende ihres Lebens nicht mehr aus seiner unmittelbaren Nähe entlassen.

»Um Gottes Willen, Therese, was für eine Nachricht!« schreibt sie entsetzt am 2. Oktober 1792 ihrer Schwester Thurn und Taxis nach Regensburg, »das läßt einen zusammenfahren. Seit vorgestern abend ersterbe ich vor Furcht, als die Nachricht kam, die Franzosen, so etwa 15 bis 20 Tausend, stünden vor Speyer. Gestern am Morgen hat sich diese Nachricht bestätigt, und gestern Nachmittag kam ein Kurier nach dem anderen mit den traurigsten Nachrichten: Speyer eingenommen und niedergebrannt, 1500 Mainzer und 1500 Österreicher gefallen oder gefangen genommen. Nach dem Kampf haben sie alle Soldaten mit den Offizieren über die Klinge springen lassen... Durch das Neue Tor konnte man nicht in die Stadt wegen der vielen Flüchtlinge aus Worms und Speyer, unter denen sich einige verwundete Franzosen befanden, die zu Fuß oder in Wagen flüchteten. Als ich die Nachricht vom Tod der Österreicher und der Mainzer empfing, konnte ich einige Tränen nicht zurückhalten, die ohne mein Zutun flossen. Ich dachte: Gott ist doch gerecht; wie kann er solche Greuel und Schandtaten zulassen?«

»Man weiß noch nicht, worauf die Räuberhorden aus sind«, schreibt sie weiter, »von uns sind sie etwa 12 Wegstunden entfernt. Falls sie in Richtung Darmstadt marschieren und falls der geringste Anschein von Gefahr besteht, ergreifen wir die Flucht. Gott weiß wohin und wann.«

Zum Glück weiß es die resolute Prinzessin George. Wenige Tage später packt sie Luise, Friederike und beide Brüder samt Gélieu in ihre Kutsche. Sie flieht mit den Kindern in den Thüringer Wald, nach Hildburghausen, zur ältesten Enkelin Charlotte. Da auch Therese mit ihrem Mann und wenig später Prinz Karl dort eintreffen, findet sich die Familie unvermutet unter einem Dach versammelt. Und zum Weihnachtsfest erscheint überdies Onkel Georg, der Sohn der Großmutter, der Schnurrenerzähler. Er wird als Kriegsheld empfangen. Unter seinem Kommando ist es der Hessisch-Darmstädter Reiterei, gemeinsam mit Grenadieren aus Hessen-Kassel und preußischer Infanterie, gelungen, die Franzosen aus Frankfurt zu vertreiben.

Das hat Furore gemacht. Der erste Sieg seit langem! Besonders imponiert gezeigt hat sich der preußische König, Friedrich Wilhelm II. Mit seinem umfangreichen Gefolge, die Söhne Prinz Friedrich Wilhelm und Louis darunter, ist er alsogleich in die befreite Kaiserstadt eingezogen, fast wie ein Kaiser, und hat sein Hauptquartier dorthin verlegt. Der Retter Frankfurts erfreut sich natürlich seiner besonderen Gunst. Prinz Georg nimmt an allen Tafelgesellschaften teil, für deren Opulenz der Preußenkönig berühmt ist und an der weder Krieg noch Feldzug, nicht einmal eine Fast-Niederlage etwas ändern können.

Noch ist der Geist der Zeit – für die Familien von Stand – leichtlebig. Kaum naht der Winter und damit, wie üblich, das Ende der unmittelbaren Kampfhandlungen, sind Krieg und Franzosen (die immerhin Mainz besetzt halten) so gut wie vergessen. Jetzt wird hofgehalten, gefeiert, geschlemmt, intrigiert, letzteres besonders auf jenem Feld, das man als ein politisches versteht, dem der künftigen Heiraten.

Onkel Georg nutzt die Gelegenheit, um seine Nichten ins Gespräch zu bringen. Das fällt ihm um so leichter, als sich der Liebreiz vor allem Luises weithin herumgesprochen hat. Von ihrem Walzer mit Metternich scheint im Frankfurter Hauptquartier des preußischen Königs mehr die Rede als vom Krieg. Nicht einmal die Hinrichtung des armen Ludwig XVI., zu dessen Rettung man einst ausgezogen ist, erregt übergroße Aufmerksamkeit. Man hat Wichtigeres zu tun.

Es ist Metternich, der uns ein plastisches Bild Friedrich Wilhelms II. überliefert hat. Ihm zufolge war er geradezu »das Bild eines Königs«. An Wuchs, lesen wir, »näherte er sich der Größe eines Riesen und mit demselben stand seine Beleibtheit im Verhältnisse. In allen Versammlungen ragte er um Kopfeslänge über die ihn umgebende Menge hinaus. Seine Manieren waren edel und einnehmend. Die Emigrierten versicherten, es würde genügen, daß er allein an der Grenze erschiene, damit die ›Sansculottes‹ die Waffen streckten.«

Das hatte sich als Irrtum herausgestellt. Aber umgeben von deutschen Fürsten, französischen Prinzen, Emigranten, Helden, Abenteurern, nicht zuletzt rosenkreuzerisch gesinnten Mystikern und Mystifizisten, war Friedrich Wilhelm in seinem Element. Frankfurt fand er »charmant«, wie er nach Berlin berichtete. Ebenso charmant fanden ihn anscheinend die Frankfurter. Schrieb doch Goethes Mutter an ihren Sohn, der eben alle Strapazen eines mühsamen und gefährlichen Rückzugs durch den Schlamm Frankreichs überstanden hat: »So wie der König von uns Allen geliebt wird, ist wohl schwerlich noch ein Monarch geliebt worden – wenn Er einmal weggeht, so weine ich Dir gewiß acht Tage, und vergessen wird Er von uns Allen Zeitlebens nicht.«

Tagesgespräch ist in dieser Wintersaison vor allem, daß der so heißgeliebte Monarch für seinen ältesten Sohn, der sich immer so bescheiden im Hintergrund hält, eine Frau sucht. Endlose Kombinationen und Möglichkeiten werden durchgespielt. Währenddessen knüpft Onkel Georg, für einen Kriegshelden erstaunlich geschickt, seine Fäden.

Wir wollen hier nicht all die Personen aufzählen, die daran beteiligt sind, Frau von Olenschläger zum Beispiel, die Gattin des Frankfurter Bürgermeisters, eine gebürtige Mecklenburgerin, die Prinz Karl informiert, Frau von Schack, ihre Freundin und Frau des Adjutanten Kronprinz Friedrich Wilhelms, und viele andere mehr.

Gelegenheiten gibt es genug: Karnevalsfeste, die der Preußenkönig feiert, Theateraufführungen, die der sonst so puritanische Rat der Stadt Frankfurt eigens für den König auch sonntags gestattet, Klavierabende, die der preußische Prinz Louis Ferdinand in den Patrizierhäusern gibt (sofern sie über charmante Gastgeberinnen oder hübsche Töchter verfügen), Bankette der Herzöge von Braunschweig und Weimar, die sich vom Preußenkönig nicht lumpen lassen wollen, Feten auf den Schlössern der Umgebung. Bald ist zwischen Frankfurt und Hildburghausen ein ununterbrochenes Hin und Her von Nachrichten im Gange, ohne daß die Hauptbetroffenen, Luise und Friederike, anscheinend etwas davon bemerken.

Die Sache wird sogar wichtig genug genommen, um von Hildburghausen einen gleichsam inoffiziellen Beauftragten nach Frankfurt zu schicken, den Geheimrat Kümmelmann. Er ist ein enger

Vertrauter des Prinzen Karl, der mit einer preußischen Heirat überhaupt nicht einverstanden ist. Erstens mißbilligt er, daß sich Hessen-Darmstadt – unter Einwirkung des Freiherrn vom Stein – der preußischen Intervention angeschlossen hat, denn er hält es nach wie vor mit der Französischen Revolution. Und zweitens gilt der Berliner Hof selbst nach Rokoko-Begriffen als denkbar unmoralisch. Ist doch soeben in Frankfurt mit ihren Kindern Frau Wilhelmine Ritz, geborene Enke, eingetroffen. Man weiß, daß ihre fünf Kinder vom König sind, der daraus ebensowenig ein Hehl macht wie aus seinen unzähligen anderen Töchtern und Söhnen, ob ehelich oder nicht. Ausgerechnet das bei Nichtpreußen als so spröde verschriene Berlin ist unter diesem königlichen Schürzenjäger, vor dem keine Hofdame sicher ist, in den Ruf eines Sündenbabels geraten. Selbst auf dem Prachtkorso Unter den Linden darf die berüchtigte Madame Charlott Schuwitz ihre hübschen, jungen und wohlproportionierten Damen auf und ab spazieren lassen, denn was sich der Monarch selbst gönnt, das gönnt er auch seinen Landeskindern.

Die Provinz schaudert's, vor allem die Darmstädter, denn die bedauernswerte Königin Friederike stammt ja von hier; sie ist Tochter der »Großen Landgräfin« und ihres Trommlergemahls Ludwig IX., eine Kusine der beiden Mütter Luises.

Trotzdem rät Kümmelmann dringend, die mecklenburgischen Prinzessinnen unter den gegebenen Umständen möglichst bald nach Darmstadt zurückkehren und in Frankfurt Station machen zu lassen; ein diesbezüglicher Besuch des preußischen Königs dort stehe kurz bevor. Karl muß seine Einwände zurückgesteckt haben, wahrscheinlich weil ihm Frau von Olenschläger versichert, der Kronprinz sei ganz anders als sein Vater. Er würde seine Frau selbst wählen, »gewiß auch lieben und ihr treu sein«. Auf jeden Fall hat es Prinzessin George auf einmal verdächtig eilig, aus der thüringischen Einöde ins vertraute Alte Palais zurückzukommen.

Die Kinder sind zunächst enttäuscht. Sie haben es sich in Hildburghausen ähnlich behaglich eingerichtet wie Friedrich Wilhelm II. in Frankfurt, wenn auch weit weniger luxuriös, geradezu bescheiden. Sie vergnügen sich mit Scharaden, kleinen Theaterstükken, die sie aufführen, Schlittenpartien im Winter und Maskenbällen. Da an allen, selbst den ärmsten, Höfen, der Spielteufel regiert, sind wir sogar über die Mittel orientiert, die die fast schon 17jährige Prinzessin Luise abends im Familienkreis einsetzen kann. Es handelt sich, kärglich genug, um Pfennigbeträge. Ihr monatliches Taschengeld von 11 Gulden (etwa 16 Mark nach heutigen Begriffen) gibt sie dann auch im Februar 1793 zur Fastnacht aus, für Geschenke, Putzgeld, den Kartentisch sowie ein Dutzend Brezeln. Sie wächst anspruchslos auf. Einmal muß sie ihren Granatschmuck verkaufen, um an ein bißchen Geld zu kommen.

Die Hildburghausener Abgeschiedenheit hat trotzdem besänftigenden Einfluß auf ihr immer noch und immer wieder überschäumendes Temperament. Undenkbar etwa, daß sie in Darmstadt – auch noch freiwillig – Herder gelesen und aus seinen »Zerstreuten Blättern« Auszüge gemacht hätte. Herder wirkt in Weimar, wohin ihn Goethe geholt, ohne doch bisher eine von dessen berühmten Predigten in der Stadtkirche angehört zu haben. In jungen Jahren ist Herder in Darmstadt mit Luises Mutter und Stiefmutter gut bekannt gewesen. Das mag sie zu der für sie überraschenden Lektüre bewogen haben, wohl auch die Langeweile, unvermeidlicher Bestandteil des Lebens an den kleinen Residenzen. Herder und Schiller bleiben Luises Lieblingsschriftsteller – wenn sie überhaupt ernsthafte Bücher zur Hand nimmt. Sie liest nicht gerne, läßt sich viel lieber vorlesen, dann jedoch spannende (und moralisierende) Kolportage. Noch 1803 schreibt sie der Frau von Berg, sie habe sich eben die Briefe Herders zur Beförderung der Humanität gekauft, bitte nun aber zur Vermeidung überflüssiger Leserei die Freundin, »die Briefe bezeichnen (zu) wollen, von denen Sie annehmen, daß sie mir gefallen und mir am meisten nützen«.

Großmutter Georges 64. Geburtstag steht kurz bevor, am 16. März, und man trifft in Hildburghausen bereits ausgedehnte Vorbereitungen. Trotzdem reist Prinzessin George mit ihren beiden Enkelinnen vorher ab, ein wenig überstürzt, wie es scheint. Am 13. März treffen sie in Frankfurt ein und nehmen Unterkunft im »Weißen Schwan«.

Schon einen Tag später gehen sie, zusammen mit der Schwester der Großmutter, der Gräfin von Leiningen-Guntersblum, und deren Tochter Polyxena, ins Theater. Die Gräfin von Leiningen besitzt im »Komödienhaus« eine Loge und dürfte auch das erste Treffen mit dem preußischen König arrangiert haben, das – ganz zufällig! – am Theatereingang stattfindet.

Friedrich Wilhelm, der alte Schwerenöter, scheint ehrlich verblüfft, mehr als das: hingerissen. Für weibliche Schönheit ist er ja empfänglich, aber so schön hatte er sich die beiden Schwestern nicht vorgestellt. In naiver Begeisterung schreibt er nach Berlin. »Wir haben in lauter Fêten gelebt«, schreibt er, »die besonders durch die Anwesenheit hoher Fremden veranlaßt worden, nämlich von der Prinzeß George von Darmstadt und ihren beiden herrlichen Kindeskindern, den Töchtern des Prinzen Karl von Mecklenburg und also der Königin von England ihren Nichten. Wie ich die beiden Engel zum ersten Mal sah, es war am Eingang der Komödie, so war ich so frappiert von ihrer Schönheit, daß ich ganz außer mir war, als die Großmutter sie mir präsentierte. Ich wünschte sehr, daß sie meine Söhne sehen möchten und sich in sie verliebten. Den andern Tag ließen sie sich auf einem Ball präsentieren und waren ganz von ihnen enchantiert ... Die beiden Engel sind, so viel ich sehen kann, so gut als schön.«

Natürlich befindet sich – ebenfalls ganz zufällig und absichtslos – Kronprinz Friedrich Wilhelm im Theater. Er wechselt während des Stücks den Platz, um sich die beiden Schönheiten besser ansehen zu können. Dies dürfte aber Schwierigkeiten bereitet haben, denn die Loge derer von Leiningen-Guntersblum ist vergittert.

Um so deutlicher sehen er und sein Bruder Louis die beiden Mädchen am nächsten Tag: beim Frühstück, das Bürgermeister Olenschläger gibt, und am Abend beim Ball im Haus des Kammerherrn von Wrede. Trotzdem ergibt sich – abgesehen vom König – keine Liebe auf den ersten Blick. Bei Louis ist das verständlich. Er hat sein Herz bereits vergeben, die beiden Mecklenburgerinnen lassen ihn kühl; er wird, wenn der Vater will, notfalls eine von ihnen heiraten; welche, ist ihm gleichgültig. Möge der Bruder die erste Wahl treffen!

Kronprinz Friedrich Wilhelm geht, wie es seine Art ist, gründlich, bedachtsam, jeden Schritt sorgfältig prüfend vor. Er hat sich und dem Vater geschworen, seine eigene Wahl zu treffen und sich aus dynastischen Gründen an keine Frau pro forma binden zu lassen. Er sucht, damals sehr neumodisch, Liebe, wo es um Liebe erst in zweiter Linie und eigentlich gar nicht geht. Der Vater ist da keine große Hilfe. Er schnalzt mit der Zunge und versichert seinem Sohn: »Frische Fische – gute Fische!«, eine Frivolität, die diesem zutiefst fremd bleibt. Kronprinz Friedrich Wilhelm scheint zunächst von Friederike mehr angetan als von Luise, schwankt zwischen beiden, bittet vertrauensvoll den erfahrenen Marquis von Lucchesini um eine Unterredung.

Marquis Lucchesini, Italiener aus Lucca, 42 Jahre alt, war schon als Kammerherr in Diensten Friedrichs des Großen, zu dessen täglicher Tischgesellschaft er gehörte. Friedrichs Nachfolger, Friedrich Wilhelm II., hält den gewandten Mann für den besten Diplomaten in seinen Diensten; in Rom, St. Petersburg, vor allem aber in Warschau hat er das schon unter Beweis gestellt. Geschmeidig und gefällig, freilich mit einem unverkennbaren Hang zur Intrige, kann man Lucchesini als durch und durch weltgewandt bezeichnen. Dem König ist er unentbehrlich. Er mußte ihn auf dem ganzen Feldzug begleiten – und nach der Kanonade von Valmy erste Verhandlungen mit den Franzosen führen. Obwohl er seinem Charakter nicht traut, wird Friedrich Wilhelm Lucchesini ein Jahr später zum »Wirklichen Geheimen Staats- und Kriegsminister« ernennen. Die Wahl des Kronprinzen ist nicht schlecht. Es gibt unerfahrenere Gesprächspartner als diesen weitgereisten preußischen Diplomaten italienischer Herkunft.

Doch Friedrich Wilhelm verwirren die Berater und die Ratschläge, wie später noch oft. Lucchesini, zeigt sich, ist wie der König – und wie alle Welt – in »die Engel« verschossen, und zwar in beide gleichzeitig. Dem Kronprinzen hilft das nicht weiter. Die Entscheidung fällt er dann doch allein, selbständig und aus freien Stücken. Man sieht sich nahezu jeden Abend, tanzt häufig miteinander (Friedrich Wilhelm hat später die Noten dieser Tänze besorgt und sie sich immer wieder von Luise vorspielen lassen), aus einer Neigung wird Gewißheit, schließlich Überzeugung, wie immer bei ihm eine gründliche, durch nichts zu erschütternde, felsenfeste. Er liebt Luise, ein bißchen zu seinem eigenen Erstaunen. Sie will er, wie er seinem Vater erklärt, und keine andere. Bruder Louis, dem es egal ist, nimmt mit Friederike vorlieb.

Also erscheint am Abend des 18. März der König von Preußen im

Frankfurter »Weißen Schwan« und hält bei Prinzessin George für seine Söhne um ihre Enkelinnen an. Die Prinzessinnen, die sicher ahnen, was vor sich geht, werden aus dem Zimmer geschickt, und Großmutter George sagt »nicht Nein«, angeblich muß sie noch den Vater Luises und Friederikes in Hildburghausen fragen.

Friedrich Wilhelm fühlt sich von Stund an gebunden. Bei einem Konzert mit anschließendem Souper im Haus Metzger-Fingerlin kommen sich die beiden schon näher und sind bald in ernsthafte Gespräche vertieft. Friedrich Wilhelm muß schon sehr in seine Braut verliebt gewesen sein, als er die nächste und für ihn schwerste Hürde zu nehmen hat: die eigene Werbung. So tapfer er, der Pazifist, sich auf dem Schlachtfeld benimmt und benehmen wird, so voller Hemmungen ist er im Alltag und, noch mehr, auf dem Parkett.

Die Großmutter läßt jedes der Paare allein in einem Zimmer des »Weißen Schwan«-Hotels. Der wortkarge Friedrich Wilhelm, der immer, wenn es um Luise geht, sich erstaunlich gewandt, wenn auch selten orthographisch korrekt auszudrücken versteht, hat die Szene später selbst geschildert: »So froh ich war, so verlegen war ich dennoch, und nach vielem Stottern und unzusammenhängenden Phrasen faßte ich endlich Muth und trug ohne viel Umstände mein Anliegen vor. Wir standen am Fenster, meine Frau mit dem Rücken an die Fensterwand gelehnt. Mit jungfräulicher Bescheidenheit aber herzlichem Ausdruck willigte sie ein, ich frug, ob ich dürfte, und ein Kuß besiegelte diesen feierlichen Augenblick.«

Sowie ein Ring, »einen goldenen mit facetten geschlieffenen Anneau«, den der Kronprinz gleich am nächsten Morgen, zusammen mit den »schönsten Blumen«, einkauft. Für den Ring erhält er einen, den Luise von ihrer Hand streift; beide haben die »Anneaus« bis zu ihrem Tode getragen. Ferner überreicht Friedrich Wilhelm seiner Zukünftigen eine »Eventaille«, einen Fächer mit der damals üblichen Devise, dem Wahlspruch, auf den sich Verlobte zu einigen pflegten. Er hat ihn selbst draufgeschrieben, natürlich französisch: »Rien ne me console que Vous, puisque mon coeur est à Vous« – Nur Du tröstest mich, denn Dir gehört mein Herz. Kein sehr geistreicher Spruch, aber ein ehrlicher. Nichts hat der 23jährige in seiner unglücklichen Jugend bitterer vermißt als Herzlichkeit und

Nestwärme. Er spürt wohl, daß Luise beides im Überfluß besitzt und nur zu gern bereit ist, davon jemandem, den sie liebt, abzugeben.

Am Abend des gleichen Tages, auf einem Ball im Haus der Frankfurter Großbankiers Bethmann, ist das Paar bereits unzertrennlich. Ein englischer Contredance, der Luise besonders gut gefiel, »The Hornpipe«, wird vom eifrigen Bräutigam gleich »mit Bleystift auf Noten, auf ein Kartenblatt« notiert. Auch »The Hornpipe« ist später wieder und wieder im Königlichen Palais zu Berlin erklungen.

Schon am folgenden Tag, am 21. März, erzählt Friedrich Wilhelm weiter, »reisten sie alle nach Darmstadt ab, es versteht sich daß wir noch dabey zugegen waren, und sie in den großen, antiken und schwer bepackten Wagen der Groß Mama führten; zu ihnen gehörte noch ihr Bruder Karl, der damals ein Kind von sieben bis acht Jahren war. So endigte unsere erste in Frankfurt a/M. gemachte Bekanntschaft. Mein Bruder war und blieb sehr kalt gegen seine Braut, so zärtlich und zuvorkommend sie auch gegen ihn war.«

Das Schicksal der Ungeliebten, das parallel zu einer wirklichen großen Liebe verläuft, muß bitter gewesen sein. Es wird von den meisten Chronisten übersehen oder als Nebensache abgetan. Nicht so von Friedrich Wilhelm. Er ist seiner Schwägerin bis in die späten Jahre eng verbunden geblieben. Man sieht die beiden – da ist Friederike in dritter Ehe Königin von Hannover – Arm in Arm durch den Berliner Tiergarten spazieren.

Vater Karl schmollt in Hildburghausen. Nicht einmal durch die Aussicht, daß eine seiner Töchter Königin werden wird, läßt er sich zu einer Reise nach Frankfurt verlocken. Hätte nicht die Großmutter so beherzt eingegriffen, es wäre wahrscheinlich nichts geworden aus diesen »brillanten Partien«, wie sie sich in einem Brief an den Schwiegersohn ausdrückt. Es klingt etwas eingeschnappt, wenn sie weiter schreibt, Kümmelmann möge ihn – Karls Einwilligung setzt sie kurzerhand voraus – über alle Einzelheiten des Eheabkommens unterrichten. Vielleicht sind es diese Einzelheiten, die ihn so zurückhaltend, beinahe schon unhöflich agieren lassen, und nicht nur seine Abneigung gegen Preußen. Ihm fehlen wieder einmal die

Mittel, um eine königliche Hochzeit in Darmstadt ausrichten und gleich zwei Töchter standesgemäß ausstatten zu können.

Einem freundlichen Brief des preußischen Thronfolgers kann er sich jedoch nicht verschließen, dankt vielmehr, wie es sich gehört, für »die so schmeichelhafte wie ehrenvolle Aussicht, die Eure Königliche Hoheit meinem Herzen eröffnet«. Sein Schreiben datiert vom 24. März; er ahnt nicht, daß der verliebte Schwiegersohn in spe auf dem Weg zur Truppe einen kleinen Umweg in Kauf genommen hat und seine Luise in Darmstadt besucht. Dort trifft auch Prinz Karl am 27. März – man muß schon hinzufügen: endlich – ein, begibt sich aber erst über eine Woche später bangen Herzens zum Preußenkönig.

Der liegt inzwischen im Feld und belagert Mainz. Nun, da Frühling ist, wird der Krieg weitergeführt. Kronprinz Friedrich Wilhelm, wohl weniger aufgrund seiner militärischen Verdienste als seiner Brautwahl zum Generalmajor ernannt, kommandiert die Reserve. Das ist zwar langweilig, läßt ihm aber Zeit, ausführlich an Luise zu schreiben – insgesamt 79 Brautbriefe sind erhalten geblieben –, und zu Ausflügen ins Alte Palais nach Darmstadt. Dort fühlt er sich bald wohl und zu Hause. Dem Krieg, dem er ohnedies skeptisch gegenübersteht, kann er gleich gar nichts mehr abgewinnen. Wann immer es ihm möglich ist, reitet er auf der Ginsheimer Brücke über den Rhein. In seiner Begleitung befindet sich stets sein Adjutant, Major von Schack, der die Aufgabe hat, Prinzessin George abzulenken; zum Ärger Luises schwätzt diese nämlich dem Kronprinzen gern endlose Geschichten vor.

Prinz Karls Besorgnisse über seine Finanzen erweisen sich übrigens als grundlos. Im Feldlager, wo Prinz Karl mit Friedrich Wilhelm II. den Ehevertrag aushandelt, wischt der Preußenkönig alles Finanzielle mit großer Geste vom Tisch. Mag man dem dicken Willem nachsagen, was man will, daß er nicht großzügig sei, hat noch keiner behauptet. Die Verlobung wird auf den 24. April in Darmstadt festgesetzt; die Hochzeiten sollen im Dezember in Berlin stattfinden. Beides wird vom König aus dessen höchsteigener Schatulle bezahlt werden. Was Luise und Friederike mitbekommen, je 15 000 Taler, nach königlichen Begriffen wenig genug, dürfen sie voll und ganz für die Aussteuer verbrauchen.

Karl scheidet erleichtert vom Preußenkönig, wie er in einigen Briefen freimütig bekannt hat. Unerwähnt bleibt der Gegensatz zwischen den beiden, die grundverschiedene Temperamente, auch grundverschiedene Zeitalter verkörpern. In Karl kündigt sich bereits demokratisches Einverständnis im Sinne englischer Verhältnisse an. In Friedrich Wilhelm, der den zierlichen Mecklenburger körperlich an Haupteslänge und mehr überragt, kulminiert noch einmal der alte Geist des Absolutismus. Was ihre Kinder betrifft, so scheinen sie sich vorzüglich verstanden zu haben.

Die Verlobung wird glanzvoll bei Großmutter George begangen. Der König läßt es sich nicht nehmen, den Bräuten selbst die Ringe anzustecken und die Hände der Brautpaare ineinander zu legen. Erstaunen erregt der Kronprinz. Der Marquis Lucchesini berichtet seiner Frau: »Du würdest Dich wundern, wenn Du sehen könntest, wie ungewöhnlich verliebt der Kronprinz ist, wie er zu gefallen sucht und wie liebenswürdig er sich deshalb giebt.« Das ist man von dem schüchternen und stets mürrischen jungen Mann am Berliner Hof tatsächlich nicht gewohnt.

Alle Paläste der Zwergresidenz und auch das einzige respektable Gasthaus »Zur Traube« sind überfüllt. Für Darmstadt ist es ein Riesenereignis, von dem Vetter Ludwig aus der Pfalz, der spätere König Ludwig I. von Bayern, bis ins hohe Alter geschwärmt haben soll. Dabei herrscht, wie man sich erinnern wird, immer noch Krieg. Der scheint aber weithin seine Schrecken verloren zu haben.

Bald darauf müssen die königlichen Prinzen neue Quartiere beziehen, von Guntersblum nach Bodenheim. Das macht die Besuche in Darmstadt nach der Verlobung spärlicher, und deshalb lädt Friedrich Wilhelm II. Luise und Friederike im Mai sogar zu einem Besuch ins Feldlager ein. Luise leidet zwar an einem Schnupfen und hat einiges Lampenfieber – »Verhalten Sie sich so, daß ich von niemand eine Klage vernehme«, schreibt sie zwei Tage zuvor ihrem Bräutigam –, aber der unvermutete Besuch zweier hübscher Prinzessinnen wird, obwohl es regnet und sogar hagelt, ein voller Erfolg. Nicht nur den König erfreut, daß der Wind den Prinzessinnen die Röcke hochweht, sogar – man denke! – bis an die Knöchel. Goethe schreibt in seiner »Belagerung von Mainz«: »Gegen Abend war uns, mir aber besonders, ein liebenswürdiges Schauspiel bereitet: die Prinzessinnen von Mecklenburg... besuchten das Lager. Ich heftelte mich in mein Zelt ein und durfte so die hohen Herrschaften, welche unmittelbar davor ganz vertraulich auf und nieder gingen, auf das genaueste beobachten. Und wirklich konnte man in diesem Kriegsgetümmel die beiden jungen Damen für himmlische Erscheinungen halten, deren Eindruck auch mir niemals verlöschen wird.«

Luise ist eine Kriegsbraut geworden; der Krieg wird sie begleiten bis zum Ende ihres Lebens.

Im gleichen Jahr, in dem Kronprinz Friedrich Wilhelm General wird, wird es auch jener Buonaparte, der sich neuerdings Bonaparte nennt und seinen Frieden mit dem revolutionären Frankreich geschlossen hat. Ihm verdankt der Nationalkonvent die Rückeroberung der aufständischen Stadt Toulon; man befördert ihn zum Brigadegeneral.

Das ist im Dezember. Luise, die den Namen Bonaparte sicher noch nie gehört hat, ebensowenig wie den Vornamen des künftigen Kaisers, Napoleon, zieht eben in Berlin ein. Je näher der Abschied vom vertrauten Darmstadt rückt, desto bänglicher wird ihr zumute. Sie fühlt sich den kommenden Aufgaben nicht gewachsen. Zur Königin sei sie nicht geboren, gesteht sie einmal ihrem Bruder. »Seien Sie mein Beistand und mein Freund und mein Rat«, schreibt sie am Tag vor ihrer Abreise, reichlich kleinlaut, an Friedrich Wilhelm, »Sie werden keine Undankbare an mir finden.«

Die Prinzessin hat Angst vor Berlin. Sie ahnt noch nicht, daß sie es sein wird, von der vor allem gefordert wird, was sie erbittet: Beistand, Freundschaft, Rat und Fürsorge.

6.

Das Kronprinzenpaar

»Wir wußten beide sofort und ohne Umschweife, woran wir miteinander waren«, schreibt Luise in einem ihrer ersten Briefe an den Bräutigam. Da haben sich zweifellos nicht gleich und gleich einander zugesellt, wie ein Sprichwort heißt, vielmehr haben sich wohl die Gegensätze angezogen, wie die Weisheit eines anderen Sprichworts lautet. Die Verschiedenheit der beiden muß sogleich deutlich zutage getreten sein. Tatsächlich kann man sich kaum größere Gegensätze vorstellen als den ernsten, nüchternen, pedantischen, reichlich steifen Kronprinzen von Preußen und das verspielte, naschhafte, unpünktliche Wesen, das bei jeder Ermahnung zerknirscht Besserung verspricht, aber sich prompt erneut im Freien erhitzt und erkältet oder an unreifem Obst den Magen verdirbt. »Ich esse eben beim Schreiben köstliche Klöße, mit Brot und Butter«, verrät sie in einem Brautbrief, »wenn Großmama das bei Tische merkt, so wird Luise, obgleich sie eine Braut ist, einen tüchtigen Wischer kriegen.«

Es dürfte jedoch gerade diese frische und ungebundene Natürlichkeit gewesen sein, die Friedrich Wilhelm faszinierte. Ein Familienleben wie in Darmstadt, und wie überhaupt bei den Hessen und Mecklenburgern üblich, hat er nie kennengelernt. In Berlin ging und geht es anders zu. Der Vater, dem die unehelichen Kinder weit wichtiger sind als die ehelichen, hat sich außer im gleichsam offiziellen Rahmen nie um ihn gekümmert. Die Mutter leidet sehr an der Untreue ihres Mannes; sie ist in der Hauptsache mit Wehklagen und dem Ordnen ihrer ständig zerrütteten Finanzen beschäftigt. Die Kinder bekommen auch sie kaum zu Gesicht.

Lieblose Bedienstete sind ihre tägliche Umgebung, pädagogisch unfähige Offiziere oder misanthropische Hofmeister übernehmen die Erziehung, wie jener Geheimrat Behrisch, den, sobald etwas Ungewöhnliches passiert, heftige Unterleibskrämpfe befallen.

Nicht einmal ausreichend zu essen bekommen die königlichen Prinzen. Der Vater bezahlt einen festen Satz für ihre Verpflegung, der so gering ist, daß sie – wie zeitgenössische Quellen übereinstimmend berichten – oft genug hungrig die Tafel verlassen. Kein Wunder, wenn der ohne jede Nestwärme aufwachsende, sensible und liebebedürftige Kronprinz »in sich gekehrt, verschlossen, menschenscheu und verlegen in der Gesellschaft« erscheint, wie er in den »Vertrauten Briefen« beschrieben ist.

»Der Kronprinz«, lesen wir weiter, »war nicht ohne Anlagen, und er äußerte schon in seiner frühen Kindheit Charakter, welches selbst Friedrich bemerkte. Was aber das Schätzbarste an ihm war, wodurch ihn die Natur auszeichnete, war sein herrliches Gemüt. Er konnte niemand leiden sehen, er konnte niemand beleidigen, alles in ihm war Bescheidenheit und Resignation, nicht der geringste Anstrich von Bosheit, Rache, Neid, Hochmut und Arroganz war ihm zuteil geworden.«

Friedrich der Große hat tatsächlich den Charakter seines Großneffen hoch eingeschätzt, höher auf jeden Fall als den seines – Friedrich Wilhelms – Vaters. Aber auch der verehrte Alte Fritz kannte den Knaben kaum, der 16 war, als er starb. Mit 16 wird dem frischgebackenen Kronprinzen ein Adjutant zugeordnet, dem er sich eng anschließt, den er insgeheim sogar duzt, der Major Karl Leopold von Köckeritz.

Eine bezeichnende Freundschaft. Köckeritz ist nicht gerade als glänzende Erscheinung in die preußische Geschichtsschreibung eingegangen. Er dürfte auch kaum die Persönlichkeit gewesen sein, die man einem zukünftigen Herrscher an die Seite wünscht.

Aber welche Wahl hatte der junge Friedrich Wilhelm? Auf ein harmonisches Familienleben war die höfische Erziehung nicht ausgerichtet. Ein Elternhaus lernte er nicht kennen. Er flüchtet ins Militär, sosehr er den Krieg auch haßt. Was er schätzt, ist Ordentlichkeit, Pünktlichkeit, Übersichtlichkeit, was alles ihm die Armee bietet. Sogar ein Gefühl von Geborgensein und Nestwärme, wie er sie bei seinen Eltern nicht gefunden hat.

Köckeritz ist ebenfalls alles andere als ein soldatischer Typ. »Dieser Mann«, heißt es, »war unfähig, ein Kind zu beleidigen« – das abschätzig gemeinte Urteil eines Offizierskollegen. Trotz seiner äußerst beschränkten Mittel und beinahe ganz auf sich allein gestellt, war es Köckeritz gelungen, so etwas wie Karriere zu machen. Das imponiert Friedrich Wilhelm von vornherein mehr als die selbstverständlichen Karrieren all der anderen.

Gutmütig, ehrlich, ein Muster an Ordnung und Dienstfleiß, stellt Köckeritz das Urbild jenes unkriegerischen Paradesoldaten dar, der sich an die Stelle der Haudegen Friedrichs des Großen zu setzen beginnt. So ist der schon damals recht korpulente Köckeritz froh, als kronprinzlicher Adjutant dem praktischen Dienst entronnen zu sein. Seine Interessen beschränken sich fortan, wie Oberst Massenbach in seiner »Galerie preußischer Charaktere« glaubhaft versichert, auf vier Dinge: »Whist, gute Küche, Tabak und Hofklatsch.« Der gleichen Galerie zufolge »wagte (er) nie einen Widerspruch, weil er selbst keine Meinung hatte«. Dafür schätzt Friedrich Wilhelm an ihm zwei Eigenschaften: den mustergültigen Zustand, in dem er seine Uniform zu halten versteht, und die Hilfsbereitschaft, mit der Köckeritz Gesuche anderer über Instanzen und Kompetenzen hinweg an die richtige Stelle – das weiche Herz des Kronprinzen und späteren Königs – bugsiert. Ein dicker, satter, fauler, sympathischer Mann und absolut unbedeutend. Drei Jahre später macht Friedrich Wilhelm ausgerechnet ihn zu seinem Generaladjutanten.

Ähnlich nahe steht dem Kronprinzen sein früherer Leiboffizier, Johann Georg von Schack, der allerdings aus härterem Holz geschnitzt ist als Köckeritz (wir sind ihm bereits begegnet, als er in Darmstadt die Aufgabe erhält, Großmutter George abzulenken). Er stirbt schon 1794, noch nicht 45 Jahre alt, aufrichtig betrauert von Friedrich Wilhelm und Luise, denen er hauptsächlich während ihrer Verlobungszeit ein freundschaftlich gesinnter Begleiter war.

Dem verschlossenen Kronprinzen, der bei Hofe als überaus harmlos eingestuft wird, nähern sich aber auch mancherlei Gestalten, die sich bei ihm, dem künftigen König, rechtzeitig lieb Kind zu machen versuchen. Unter ihnen ist auch jener Wilhelm von Zastrow, dem Friedrich der Große schon in jungen Jahren den

Orden Pour le mérite verliehen hat, und zwar für einen taktisch-strategischen Plan, in welcher Weise ein Angriff der Österreicher auf Spandau abzuwehren wäre. Zastrow nimmt als Flügeladjutant Friedrich Wilhelms II. an der Belagerung von Mainz teil. Er ist ein großer Theoretiker, dem außerordentliche Gewandtheit bescheinigt wird. Er wisse sich, heißt es, »in alle Verhältnisse des Lebens zu finden«, eine Geschicklichkeit, die er sowohl im Krieg für die Truppe als auch im Frieden für die eigenen Interessen bravourös einzusetzen weiß. Mit dieser Haltung wird er später den Haß Luises auf sich ziehen. Napoleon ausgenommen hat sie sich über niemand anderen so aufgeregt wie über Zastrow.

Aber das liegt noch in weiter Ferne. Am Berliner Hof wächst Friedrich Wilhelm im Abseits auf. Er besitzt weder die Zuneigung und Liebe seines Vaters, noch läßt der ihn im geringsten an staatlichen Belangen teilhaben. Friedrich Wilhelm II. verfährt mit seinem Sohn, wie sein Onkel, Friedrich der Große, mit ihm verfahren ist: Er gibt keinerlei Instruktionen, verwehrt dem Nachfolger geradezu den Einblick in seine spätere Aufgabe, hält ihn über Gebühr unmündig. Manches läßt darauf schließen, daß Friedrich nur zu gern den Staat (der noch nicht Preußen heißt) gleich seinem Großneffen in die Hände gegeben und dessen Vater, seinen Neffen, übersprungen hätte.

Es gibt ja überhaupt damals so etwas wie ein Kronprinzensyndrom. In erblichen Monarchien ist öfter zu beobachten, daß der Regierende seinen Nachfolger ablehnt, ja haßt. Das Verhältnis des jungen Friedrich zum »Soldatenkönig« Friedrich Wilhelm I. ist da das beste Beispiel. Noch krasser tritt es in England zutage, wo die vier Könige hannoverscher Herkunft, die alle Georg heißen, ihre jeweils ältesten Söhne geradezu in die Opposition treiben, ehe diese an die Macht gelangen.

So etwas psychisch unbeschadet durchzustehen ist einem empfindsamen, leicht verletzlichen Charakter kaum möglich. Da stehen ihm gerade – wie dem jungen Friedrich Wilhelm – seine besten Eigenschaften im Wege.

Erstaunlich bleibt das Urteil, das Mirabeau, der französische Staatsmann, Schriftsteller und Friedrich-Biograph, über ihn abgegeben hat. »Der Kronprinz wird bald der Betrachtung sich wert machen. Nicht sowohl deshalb, weil sein Großoheim ihm das Horoskop mit den Worten gestellt hat: ›Il me recommencera‹ (Der wird *mich von vorn anfangen*), denn damit wollte er wahrscheinlich nur seine Verachtung für seinen Vater bezeichnen, sondern weil alles, was man von ihm hört, beweist, daß er einen schönen Charakter besitzt, wenn auch unangenehme Formen; er ist linkisch, aber alles hat bei ihm ein bestimmtes Gepräge; er ist unhöflich, aber er ist wahr; er verlangt bei allem nach dem Grunde; er ergibt sich niemals als auf ein vernünftiges Weil; er ist hart und zäh bis zur Rauheit, aber doch ist er nicht unfähig des Gefühls und der Liebe. Er versteht schon, wohl zu achten und zu verachten. Seine Abneigung gegen seinen Vater geht bis zum Hasse, und er verbirgt diesen gar nicht. Seine Verehrung für Friedrich den Großen dagegen geht bis zur Anbetung, und er spricht sie laut aus. Vielleicht hat dieser junge Mann eine große Zukunft.«

Der Vater tut alles, sie ihm von vornherein zu verderben. Er ist ein glänzender Gesellschafter, Lebemann, als Politiker durchaus erfolgreich und nicht einmal als Feldherr unbegabt. Seine psychische, aber auch physische Übermacht droht den Nachfolger zu erdrükken. Luise begegnet einem schwierigen jungen Mann, der sich nicht benehmen kann, weil er sich in dieser Gesellschaft nicht benehmen will. Was noch keiner ahnt: Er ist die beste Voraussetzung für eine Reform dieser Gesellschaft. Im übrigen erstaunt nicht nur den Marquis Lucchesini die Verwandlung des Kronprinzen, seit er sich seiner Liebe zu Luise gewiß ist. Friedrich Wilhelm, der sich bald ganz und gar in Darmstadt zu Hause fühlt, wird, kaum daß die erste Scheu, das erste Zögern überwunden sind, zum beinahe romantischen Liebhaber.

Die Führung der Reservetruppen vor Mainz überläßt er bald fast ganz dem General von Roeder. Ihn selbst zieht es nach Mannheim, wo er – eine seiner wenigen lebenslangen Liebhabereien – Abend für Abend ins Theater geht. Der liberale Wolfgang Heribert von Dalberg, ein Freund Schillers, hat aus der Provinzbühne ein frühes deutsches Nationaltheater zu formen verstanden. Friedrich Wilhelm sieht, unter anderem, Iffland in seiner Paraderolle als Franz Moor. Noch mehr zieht es ihn nach Darmstadt, wo er unkompliziert fröhlich im Kreis der Fröhlichen sein kann und nicht einmal mehr wie sonst abgehackt im Jargon spricht, sondern ganz fließend. Sichtlich genießt er den unkonventionellen Kreis mit der ewig plappernden Großmutter, dem würdevollen Fräulein von Gélieu, die doch über so viel Humor verfügt, daß sie sich gern aufziehen läßt, der frischen, durch keinerlei Hofallüren verdorbenen Kinderschar, den Onkels, Tanten, Vettern, Kusinen, die unangemeldet auf Besuch kommen und mit denen man Ausfahrten, Picknicks und Tanzereien improvisiert, vor allem jedoch das Zusammensein mit der Braut, in die er sich immer mehr verliebt.

Zweifellos ist zunächst er es, der die größere, intensivere, sogar impulsivere Zuneigung verspüren läßt. Luise, neckisch und verspielt wie immer, wirkt in ihren Briefen oft (erfrischend) albern, aber auch abwartend. Es scheint so, daß sie erst langsam in ihre neue Rolle hineinwächst, die Friedrich Wilhelm, nachdem er sich endlich entschieden hat, überstreift wie ein lange vermißtes Kleidungsstück.

Natürlich bemerkt man bald, daß er seine Pflicht vernachlässigt, nicht nur durch dauernde Abwesenheit von der Truppe, sondern auch während des Dienstes. Noch nie hat man ihn so viele Briefe schreiben sehen. Friedrich Wilhelm ist bei den unteren Chargen beliebt wie kaum ein Offizier neben ihm, denn er hat Verständnis für vieles, für das seine Adelskollegen kein Verständnis aufbringen. Diese selbst finden zu ihm kein Verhältnis. Er behandelt sie schroff, nimmt an keinem der rauhen Vergnügen teil, an keiner Sauferei, auch nicht an den Ausflügen in die von seinem Vater großherzig eingerichteten Feldpuffs, die es freilich schon in friderizianischen Zeiten gegeben hat, wenn auch nicht derart ungeniert – und gleichzeitig akkurat nach der Hierarchie abgestuft, Mannschaften, Unteroffiziere, Offiziere.

Der Major und spätere General Massenbach, aus dessen kulturhistorisch außerordentlich interessanten, dabei sehr klatschwütigen Werken wir schon mehrfach zitiert haben, hat ein Gespräch aufgezeichnet, das er mit dem Herzog von Braunschweig über den Kronprinzen führte.

Massenbach bezeichnet Friedrich Wilhelm als »eine Pflanze, die in den Sandwüsten Potsdams vertrocknet ist. Er muß die Vorurteile eines Gardeoffiziers ablegen. Dieses Ewige auf die Parade gehen!

Welch ein unersetzlicher Zeitverlust! Der Kronprinz muß die Welt sehen! Eine Reise nach Italien und Frankreich machen. Seine Phantasie muß geweckt werden; jetzt liegt sie im Todesschlaf.«

Der Herzog entgegnet, daß sich der Kronprinz immerhin des öfteren nach Mannheim (und Darmstadt) begibt, aber auch daran hat Massenbach etwas auszusetzen. »Eben das ist es, was mich entrüstet hat und entrüstet. Jetzt muß sich der Kronprinz zum Feldherrn bilden. Mit der Fortpflanzung der Dynastie hat es noch Zeit.«

»Aber Herr Major!« lautet die Antwort eines welterfahrenen Mannes. »Die Liebe! – haben Sie die Prinzessin Luise von Mecklenburg kennengelernt?« Und als Massenbach verneint: »So wundert es mich nicht, daß Sie so sprechen.«

Der Kronprinz denkt nicht daran, jetzt nachzuholen, was ihm so lange vorenthalten worden ist, nämlich sich zum König und Feldherrn heranzubilden. Was sich bei ihm herausbildet, ist ein eigentlich bürgerliches Ideal: das einer glücklichen Ehe mit einer Familie wie der in Darmstadt. Und wie alles, nimmt er auch dies bitter ernst.

Luise muß das – man merkt es ihren Briefen an – rasch verstanden haben. Als sie seinen Ernst spürt, zündet auch bei ihr der Funke. Beide wußten wohl schon nach kurzer Zeit, woran sie miteinander waren. Luise kommt ihrem Bräutigam entgegen, zugleich bildet sie, ganz sicher mit seinem inneren Einverständnis, ein Gegengewicht zu seiner Schwerblütigkeit. »Da Heiterkeit mich entzückt, und da ich von Natur nicht trübsinnig bin ...«, schreibt sie ihm am 3. Juni 1793, »so hoffe ich, daß man an unserem Hofe mehr lachen als weinen wird.«

Auch Friedrich Wilhelm ist sichtlich mehr zum Lachen als zum Weinen zumute. Sie kokettiert mit der Oberflächlichkeit ihrer Briefe (»... aber Sie wissen, man ist nie dümmer, als wenn man wünscht, recht artig und klug und angenehm zu sein«), in denen es um Alltagsangelegenheiten geht, ein Miniaturporträt, das er sich wünscht, um Erinnerungen an Lieder und Melodien, nach denen man gemeinsam getanzt hat (»Wenns immer, wenns immer, wenns immer so wär« – sogar ein deutscher Titel!). Luise hat einen Schnupfen, hat häufig Zahnschmerzen, die man damals ganz einfach ertragen mußte, besonders als kommende Königin. Der konnte man ja nicht, wie sonst üblich, schmerzende Zähne sofort herausreißen, gab es doch noch so gut wie keinen Zahnersatz. Sie entschuldigt sich wegen des »eingeschnürten Stils, der mir garnicht natürlich ist«, aber den letzten Brief hat sie »Papa und Großmama« zeigen müssen, und die haben ihr vorgeschrieben, »nicht zu zärtlich zu schreiben«. In Zukunft legt sie derartigen Briefen kleine »aparte« Zettel bei (von à part = getrennt) mit Erklärungen, »daß ich Ihnen herzlich gut bin«, und was dergleichen mehr ist.

Der pingelige Friedrich Wilhelm hat bezeichnenderweise jede noch so kleine Notiz, die er von seiner Luise erhalten hat, sorgfältig aufgehoben, eine unerschöpfliche Fundgrube für ebenso pingelige Biographen. Und eine, wegen ihrer Frische, noch heute fesselnde Lektüre.

»Leben Sie wohl«, beendet sie einen Brief, »Friederike umarmt Sie, und ich begrüße Sie von meinem Bette aus, denn dort bin ich noch, obwohl es ein Uhr vorbei ist; aber ich versuche auf alle Weise, meine Schmerzen loszuwerden, damit ich nicht der Lust der anderen erliege, mir die Zähne, die Ihrer Luise gehören, ausziehen zu lassen. Schlechte Zähne sind ein wertvoller Schatz, nicht wahr? Luise.«

Friederike schreibt darunter (Papa und Großmama dürften dieses Schreiben nicht korrigiert haben): »Luise ist darauf versessen, daß ich Sie immer umarmen soll, und ich empfinde sehr wohl, daß Ihnen das lästig werden muß; drehen wir die Sache also um, daß Luise Sie umarmt und ich Sie begrüße, oder daß ich Sie nach ihr umarme.«

Die Nachschriften gehen noch weiter und werden immer rheinhessischer:

Luise: »Ich habe honte de Ihnen das zu envoyiren, denn es steht gar zu enfant« (Ich muß Ihnen das zu meiner Schande übersenden, denn es ist gar zu kindisch).

Friederike: »Dies Luisch ische wäri Närrin.«

Luise: »Friderike ist es.«

Friederike: »Das lügt sie aus dem Rachen heraus.«

Lieder, die ihr in den Kopf kommen, fließen munter in ihre Schriftsätze. »Grüne Peterzielge, grüne Peterzielge, grüne Peterzielge und Krautsalat«, beginnt unvermittelt ein Brief, beim morgendlichen »Haaredrehen« auf den Knien geschrieben. Einmal schickt sie Friedrich Wilhelm den gesamten Text von »Unsre Katz' hat sieben Junge«, und der antwortet wahrhaftig: »... ich habe gestern mehrmals dieses köstliche Lied von der Katze mit den sieben Jungen gesungen, jedesmal zum Erstaunen der Zuhörer, niemand konnte erraten, woher ich dieses nette kleine Lied hatte.«

Das Staunen der Zuhörer ist verständlich. Der Text des einst sehr populären Soldatenlieds lautet:

Unsre Katz hat Junge,
sieben an der Zahl,
sechs davon sind Hunde,
es ist ein Skandal,
und der Kater spricht,
die ernähr ich nicht!

Unvorstellbar, daß der so spröd-zurückhaltende, dabei von Herzen prüde junge Thronfolger dies mehrfach vorgetragen haben soll. Und daß er mitmacht, als Luise, oberfaul, die Dankesbriefe zur Verlobung viel zu spät abschickt und Herrn von Schack, den Adjutanten, bittet, »er möchte in einem Brief nach Berlin ... meine Schmerzen erwähnen, er möge auf meine Verantwortung übertreiben und einige Tage hinzufügen, (deutsch:) auch einige Grad Fieber mehr.« Wo doch Frivolitäten und, vor allem, »Lügenpläne« (dies Luisens Ausdruck) ihm meilenfern liegen.

Das Verhältnis zum Vater war übrigens nie so gut wie jetzt. Dem gefällt die Wandlung des sonst übermäßig korrekten Sohns, und er läßt ihn nur zu gern gewähren. Selbst über den allzu häufig genommenen Urlaub sieht er hinweg.

Es mischen sich allerdings auch ernstere Töne in die unablässige Korrespondenz. Zum plötzlichen Tode Schacks schreibt Luise, sie fürchte, Friedrich Wilhelm würde »niemand finden, den Du für würdig erachtest, (Dein Vertrauen) zu besitzen, und ein Freund ist doch so notwendig!«

Sie weiß, daß er – außer Schack und, vielleicht, Köckeritz – keine Freunde besitzt, sie aber dringend nötig hat. Er ist zwar wortkarg, aber trotzdem recht eigentlich ein Mann der Diskussion, denn von jedem Problem, das auftaucht, sieht er gleich viele Seiten. Daß er sich selten entscheiden kann und niemals schnell, liegt nicht zuletzt an seinem Einzelgängertum. So wird er auch später als König, wenn er schon keine Freunde besitzt, nur altvertraute und gewohnte Gesichter um sich dulden. Sie geben nicht immer auch die besten Ratschläge, weshalb Luise als Königin stets und ständig versucht, Männer von Format aufzutreiben, um sie ihrem Mann gleichsam unterzuschieben. Mit Leuten wie Stein und Hardenberg, so grundverschieden sie sein mögen, hätte Friedrich Wilhelm es ohne Luise ganz gewiß nicht ausgehalten. Es hilft ihr dabei die sanfte Hofintrige, die sie mit ihrer raschen Auffassungsgabe bald meisterhaft zu beherrschen lernt, indes Friedrich Wilhelm, Mirabeau hat es ja bereits gesagt, ehrlich bleibt bis zur Unhöflichkeit. Das Paar ergänzt sich vorzüglich.

Aber schon damals ahnt Luise wohl, was auf sie zukommt. »Der Himmel gebe es«, heißt es im gleichen Brief, »daß ich Dir auch einmal irgendwie nützlich sein kann...« Noch fügt sie hinzu: »... aber ich erkenne meine Schwäche und es bleibt mir nichts übrig als der Wunsch, in anderen das erfüllt zu sehen, was ich Dir nicht sein kann.«

In Mainz halten sich die Franzosen sehr hartnäckig. Friedrich Wilhelm und Luise stört das nicht, solange ihnen dies Gelegenheit gibt, einander häufig zu sehen. Aber der Krieg kommt nicht voran. Der Herzog von Braunschweig, ebenso pedantisch in seinen Vorbereitungen wie unentschlossen in seinen Handlungen, dürfte der ungeeignetste Oberkommandierende sein, der sich vorstellen läßt. König Friedrich Wilhelm II. schätzt ihn jedoch, weil er, Luise von Radziwill zufolge, »vor dem König zum allerdemütigsten Höfling« wird, mehr noch wohl, weil er selbst keine Lust verspürt, das Oberkommando zu übernehmen. Er ist wieder einmal verliebt, diesmal in eine Frankfurterin, die ihm erstaunlicherweise widersteht. Zum anderen wird er durch politische Ereignisse im östlichen Teil seines Reiches abgelenkt.

Mainz ist von Adam Philippe Custine eingenommen worden, der sich, obwohl Graf, den Revolutionstruppen angeschlossen hat. Er wird mit seiner gesamten Familie, wie so viele, die einen derartigen Sprung versuchten, auf dem Schafott enden. Jetzt ist ein Offizier namens D'Oyré Kommandant, dem zwei Erzrevolutionäre, Merlin und Reubell, an die Seite gestellt sind. Wie unbeliebt die Flüchtlinge vor der Revolution im Rheinland waren, haben wir bereits geschildert. Jetzt zeigt sich, daß zumindest ein Teil der Bevölkerung mit den Franzosen, auch ihren republikanischen Ideen, sympathisiert. Es bildet sich eine »Gesellschaft der Freunde der Freiheit und Gleichheit«, die immerhin 450 Mitglieder aus den besten Kreisen findet. Zu ihnen gehört auch Georg Forster, der berühmte Weltreisende und Naturforscher, Lehrer und Vorbild Alexander von Humboldts.

Forster, derzeit kurfürstlicher Bibliothekar in Mainz, ist wegen der Bücher geblieben, die er schützen will, wenn es sein muß, mit seinem Leben. Seit jeher ein bewußter Demokrat, überzeugen ihn die idealistischen Vorstellungen Merlins und Reubells; er begibt sich sogar mit einer Kommission nach Paris, um dort wegen eines Anschlusses der Stadt Mainz an Frankreich zu verhandeln. Das kommt einem Hochverrat nahe. Forster ist dann auch in Paris geblieben. In Reichsacht, arm und elend, stirbt er schon 1794, ein deutsches Schicksal zwischen den unübersichtlichen ideologischen Fronten, die sich zu bilden beginnen. Die Bücher rettet dann übrigens bei der Übergabe von Mainz Prinz Louis Ferdinand, Friedrich Wilhelms Vetter. Der Draufgänger und Schöngeist läßt rechtzeitig Forsters Haus durch Schildwachen vor Plünderungen schützen.

Die Belagerung von Mainz zieht sich hin. Die Verbündeten bauen – mit Hilfe emigrierter französischer Ingenieure – Schützengräben und Sappen, die sie immer näher an die Stadt herantreiben. Von ihnen aus erfolgen Nacht für Nacht Beschießungen, sogar mit feurigen Kugeln. Man strömt in hellen Scharen aus der Umgegend und sogar aus Frankfurt herbei: das tödliche Bombardement als erregendes Feuerwerk. Am 27. Juni brennt die Liebfrauenkirche ab und stürzt in sich zusammen, am Tag darauf der Dom und, um Mitternacht, die Jesuitenkirche. Auch Prinzessin George und Luise haben den Feuersturm über Mainz vom Balkon des Alten Schlosses in Darmstadt mit der fürstlichen Familie beobachtet.

Kriegsberichterstatter Johann Wolfgang von Goethe: »Wir sahen auf der Schanze vor Marienborn dem schrecklichen Schauspiele zu; es war sternenhellste Nacht, die Bomben schienen mit den

Himmelslichtern zu wetteifern, und es waren wirklich Augenblicke, wo man beide nicht unterscheiden konnte. Neu war uns das Steigen und Fallen der Feuerkugeln; denn wenn sie erst mit einem flachen Zirkelbogen das Firmament zu erreichen drohten, so knickten sie in einer gewissen Höhe parabolisch zusammen und die aufsteigende Lohe verkündigte bald, daß sie ihr Ziel zu erreichen gewußt.«

Aber auch die Franzosen machen Ausfälle. Einmal überfallen sie das Hauptquartier in Marienborn, aus dem Goethe berichtet. Prinz Louis Ferdinand und der General Friedrich Adolf Graf von Kalckreuth können sich nur mit List und Tücke aus einem bereits umzingelten Haus retten. Der Prinz führt trotzdem, gleich nach seiner Flucht, zwei Regimenter ins Gefecht, wobei ihm die Truppen des Herzogs von Weimar zusätzlich Flankendeckung geben. Die Franzosen werden zurückgeworfen, aber bei der Verfolgung schießt die eigene Artillerie wahllos Flüchtlinge und Verfolger zusammen, so daß die Verluste der Preußen (an die 90 Mann und zwei Offiziere) höher ausfallen als die der Franzosen, die nur 30 Mann verlieren. »Die Sonne ging auf mit trübem Schein«, berichtet Goethe, »und die Opfer der Nacht lagen nebeneinander. Unsere riesenhaften wohlgekleideten Kürassiere machten einen wunderlichen Kontrast mit den zwergenhaften, zerlumpten Ohnehosen; der Tod hatte sie ohne Unterschied hingemäht.«

Prinz Louis Ferdinand erweist sich wieder einmal, im Gegensatz zu seinem Vetter Friedrich Wilhelm, als Kriegsheld. Er wird sogar zum großen – und einzigen – Idealbild der zusammengewürfelten Koalitionstruppe. Mitten im feindlichen Feuer rettet er einen österreichischen Soldaten, der verwundet im Niemandsland liegt und um Hilfe ruft. Was seine Kameraden nicht wagen, wagt der preußische Prinz: Er trägt den Verwundeten auf seinen Schultern in die Deckung eines Laufgrabens, eine Tat, die die Österreicher mit einer Gedenkmünze quittieren.

Beim Sturm auf das Fort Welsch, der den Ausschlag geben wird zur baldigen Kapitulation, erhält Louis Ferdinand eine schwere Schußwunde am Oberschenkel, kommandiert trotzdem weiter, wird aber auf Befehl des Königs abgelöst. Als er aus tiefer Ohnmacht erwacht, bittet er nur, ihn nach Mannheim, zur schönen

Madame de Contades, zu bringen, seiner derzeitigen Flamme, was auch alsbald geschieht. Der König zwinkert zustimmend mit den Augen. Die Truppe behält ihr Idol als tollen Kerl in allen Lebenslagen im Gedächtnis.

Friedrich Wilhelm sei so etwas nicht vergönnt gewesen, heißt es in der üblichen Geschichtsschreibung. »Wie mag er Prinz Louis Ferdinand beneidet haben, dessen bravouröses Draufgängertum in aller Munde ist«, liest man bei Merete van Taack. Die sonst so einfühlsame Biographin täuscht sich gewiß. Nichts verachtet schon der blutjunge Friedrich Wilhelm mehr als Draufgängertum. Das gilt sowohl für den Kriegsschauplatz wie für den sogenannten Kampf der Geschlechter. Neid paßt absolut nicht in sein Charakterbild, aber verachten kann er, und so konsequent er denkt und lebt, macht er auch aus seiner Verachtung eine Maxime, an die er sich zu halten pflegt.

Es ist daher nicht anzunehmen, daß er gern mit dem Prinzen Louis Ferdinand getauscht hätte. Im Gegenteil, denn Großmutter George hat endlich den Wünschen ihrer Enkelinnen entsprochen und ist mit diesen in ihr Schlößchen Braunshardt übersiedelt. Von hier ist es nicht so weit nach Marienborn, wo sich neuerdings das Hauptquartier befindet.

Braunshardt erscheint Friedrich Wilhelm wie ein Idealbild, für sich verwirklicht er ähnliches wenig später im märkischen Paretz, ohne jedoch Braunshardt zu kopieren. Sein Weg, hoch zu Pferd, führt über die Ginsheimer Brücke. Auf der Straße nach Groß-Gerau verkündet eine ferne Staubwolke bereits, daß ihm ein kleiner Wagen entgegenkommt. Luise kutschiert ihn selbst. Gemeinsam ziehen sie im Braunshardt ein und frühstücken zunächst, denn Friedrich Wilhelm ist, im Gegensatz zu Luise, ein Frühaufsteher. Es gibt ausnahmslos Schwarzbrot, dick mit Butter bestrichen. Der Rest des Morgens wird im verwinkelten, wildgewachsenen Garten verbracht oder im nahen Städtchen. Eine ländlich-friedliche Idylle, in der sich zwei Liebende wohl fühlen. Friedrich Wilhelm würde jeden für verrückt erklären, der ihm zumuten würde, mit Vetter Louis Ferdinand zu tauschen.

Denn was Louis Ferdinand zu Heldentaten anstachelt, versetzt Friedrich Wilhelm eher in tiefste Melancholie. Er ist jemand, der, wie Luise es ausdrückt, »aufrichtig die Leiden eines jeden einzelnen mitfühlt«. »Die Szenen des menschlichen Unglücks und Elends«, tröstet sie ihn in einem Brief, »werden Sie öfter sehen, auch manchen braven Krieger beweinen, schämen Sie sich aber der Tränen nicht, sie sind edel und sind der Beweis Ihrer Seele, die Gefühl hat, auch die meinigen werden unbekannterweise fließen, denn der Gedanke ist schrecklich, daß durch eines *Menschen* Willen so viele seiner Brüder fallen.«

Es ist wohl auch auf Friedrich Wilhelms Einstellung zum Krieg zurückzuführen, daß Luise sich veranlaßt fühlt, »Scharpie« zu zupfen, das heißt Leinwandfetzen zu einer mullartigen Substanz zu zerreißen, die als Verbandsmaterial für Verwundete dient. »Ich habe schon einen guten Vorrat«, schreibt sie, »wenn ich viel habe, werde ich sie Ihnen schicken und dann geben Sie sie denen, die die Kranken versorgen.«

Nach langen Verhandlungen kapituliert Mainz endlich am 22. Juli 1793. Die französischen Truppen marschieren unter Merlin ab. Nachdem er im nun vom Fanatiker Robespierre beherrschten Pariser Konvent Custine auf die Guillotine gebracht hat, wendet sich Merlin mit den durch die Kapitulation von Mainz freigewordenen Truppen der königstreu gebliebenen westfranzösischen Provinz Vendée zu. Im Verein mit General Hoche verwüstet er sie fast völlig. Manche der »Klubbisten«, also der Angehörigen der Mainzer Revolutions-Gesellschaft, können noch vor Abzug der Franzosen entkommen, dem Rest der – wir würden heute sagen – Kollaborateure geht es übel. Den beiden französischen Kolonnen folgen viele Mainzerinnen mit Sack und Pack – verheiratet oder verbandelt mit einem der heimkehrenden Soldaten, ein, wie man hört, recht fröhlicher Auszug.

Der König läßt sich im Frankfurter Theater als Befreier der Stadt Mainz feiern. Der Jubel ist unbeschreiblich, aber Friedrich Wilhelm macht sich nichts vor: Er hat eine Schlappe erlitten, trotz allem. Erreicht hat er wenig, aber viele Soldaten verloren, zu schweigen vom Vertrauen der Koalition in seine Truppenführung. Erleichtert nimmt er – auf Anraten Lucchesinis – am 22. September Abschied vom westlichen Kriegsschauplatz, um sich nach Polen zu begeben, wo Lucchesini in geheimer Verhandlung mit Katharina von Rußland die zweite Polnische Teilung vorbereitet hat. Getreulich folgt ihm der Troß seiner »Amazonen« auf dem Weg, eine Art von rollendem Harem mit den hübschesten jungen Tänzerinnen und Schauspielerinnen.

Sein Sohn Friedrich Wilhelm steht dafür vor einer neuen Belagerung, derjenigen von Landau. Der König hat ihn kurzerhand zum Oberkommandierenden ernannt mit Hauptquartier in Edenkoben. Das liegt zu weit von Darmstadt entfernt; die schönen Tage von Mainz und Braunshardt sind zu Ende. Vorbei die familiären Ausflüge vom Feldquartier zur Braut. Luise fühlt sich einsam, Briefe ersetzen den persönlichen Kontakt nur unvollkommen. »Schnell habe ich diesen reizenden Brief gelesen«, schreibt Luise im Oktober, »und bitte Sie, bombardieren Sie schnell, kommen Sie schnell, ich will Sie schnell umarmen.«

Aber eine Beschießung der Festung hat keinen Erfolg; der französische Kommandant läßt sich nicht zur Übergabe bewegen. In Paris wird Marie Antoinette, die Tochter Maria Theresias, enthauptet, alle Höfe Europas legen für sechs Wochen Trauer an. »Sie würden mich nicht wiedererkennen, so schwarz bin ich«, schreibt Luise, woran man schon merkt, daß sie das Schicksal der armen Königin nicht mehr allzusehr erschüttert. Gleich darauf ist von einem Porträt die Rede, das für die Königin Friederike in Berlin hergestellt werden soll, und von einem neu angefertigten Wagen, mit dem man im Dezember in Berlin einziehen will. Er ist gelb, weil »Lord Elgin in London einen in gleicher Farbe anfertigen läßt«.

Vor Berlin hat sie, wie man ihren Briefen anmerkt, mehr Angst, als sie zugibt. Der König hat bei seinem Abschied den Söhnen befohlen, beim Heer zu bleiben, »bis dieses die Winterquartiere bezöge, und wir dann nach Berlin zurückkehren sollten, wohin er zu dieser Zeit ebenfalls zurückzukehren hoffe, um dort unsere Hochzeit festsetzen zu können«. So jedenfalls Friedrich Wilhelm an Luise.

Daß die Hochzeit schon längst festgesetzt ist, und zwar auf den Dezember in Berlin, erfährt Friedrich Wilhelm kurz darauf in Edenkoben von Lucchesini. Beide, Friedrich Wilhelm und Luise, sind enttäuscht. Hatten sie doch gehofft, das Ereignis könnte im familiären Kreis in Darmstadt stattfinden. Ihm verderben derartige offizielle Feiern ohnehin die Laune.

Der Abschied von Darmstadt wirft seine Schatten voraus. Wurden früher im Alten Palais die Abende bei Tee, Spiel und Musik vertrödelt, so nimmt sich Großmutter George jetzt von vier bis neun Uhr, also fünf Stunden lang, die jungen Damen vor. Sie versucht, ihnen Hofetikette und königlichen Benimm beizubringen – oder was sie darunter versteht: altmodische Brett- und Kartenspiele, von denen sie – fälschlicherweise – annimmt, sie würden in Berlin noch gespielt.

Erleichtert über die Order des Königs von Preußen ist nur Vater Karl, der bis zuletzt gefürchtet hat, die für ihn enormen Kosten einer derartigen Doppelhochzeit würden an ihm hängenbleiben. Bei Luise und Friederike setzt, wie Fräulein von Gélieu in alle Welt hinausposaunt, ein großes Wehklagen, geradezu Heulen und Zähneklappern ein.

Daß sie bisweilen heiße Tränen vergießt, wagt Luise allerdings nur ein einziges Mal dem Auserwählten mitzuteilen. Er antwortet ironisch: »Da Sie schon jetzt anfangen, Tränen beim Gedanken an den Abschied von Darmstadt zu vergießen, während es doch noch recht lange ist bis dahin, möchte ich Ihnen raten, sich im voraus ein großes Taschentuch zurechtzumachen, bestehend aus einem Dutzend Ihrer alten ... Man muß sie zusammennähen, es ist nicht sehr schade darum, Sie werden in Ihrer Aussteuer neue bekommen.« Den entschiedenen Ton wird die zwar tränenselige, tatsächlich jedoch denkbar unsentimentale Prinzessin wohl recht verstanden haben. Ähnlich schlecht kommt sie mit der ewig weiblichen Klage an, sie habe absolut nichts anzuziehen, weil die Handelsverbindungen nach Frankreich schwierig geworden seien – »alles ist und bleibt in Lyon, (deutsch:) das ist der Teufel, nicht wahr?« Friedrich Wilhelms Antwort: »Sie sind gut, die Reise nach Berlin zu verweigern wegen der Spitzen und Kleider und Gott weiß was für Dingen, die in Lyon verbrennen sollen ... (deutsch:) ich bin nur so die Nebensache, nicht wahr, meine Werteste? Papperlapapp!«

Hin- und hergerissen zwischen Vorfreude und Lampenfieber, Glück und Angst, bemerkt Luise anscheinend nun erst so recht, wie sehr sie inzwischen zum Kronprinzen in Liebe gefallen ist. Sie scheint selbst erstaunt über die Heftigkeit ihrer Gefühle. In ihren Briefen plaudert sie immer noch mit charmanter Oberflächlichkeit, sie zeigen nun jedoch auch ernsthafte Seiten und sind durchsetzt mit Selbstkritik. Manche gleichen ungestümen Liebeserklärungen, die gern durch ein paar Schnoddrigkeiten überspielt, wenn auch nicht weggewischt werden. Umgekehrt verbirgt Friedrich Wilhelm jetzt – man lernt voneinander, paßt sich an – seinen nüchternen Ernst mit Vorliebe hinter burschikosem Augenzwinkern. Luise, die nun plötzlich auf romantische Weise Liebende, wirkt erstaunlich kleinlaut, obwohl sie doch sonst immer mit dem Mund weit voran zu sein pflegt.

»Nota bene: Die Erinnerung an die glücklichen Tage, die wir in diesem Sommer und Frühling erlebten, ist unauslöschlich und die Zukunft wird gewiß glücklich sein ... Sie lieben mich, ich liebe Sie, ein wenig Nachsicht von beiden Seiten und alles wird gut gehen. Ich habe meine Fehler, die Sie noch zu wenig kennen; deshalb bitte ich Sie im voraus, haben Sie viel Nachsicht mit mir, erwarten Sie nicht zu viel von mir, denn ich bin sehr unvollkommen, sehr jung, werde also oft irren. Aber wir werden doch glücklich sein. Ich bin ein wenig kühl von Natur, ich kann es nicht so zeigen, wenn ich jemand liebe, das wissen Sie, aber ich liebe Sie deswegen nicht weniger.«

Die Selbsterkenntnis trifft ins Schwarze. Sie muß auf langer und grüblerischer Auseinandersetzung beruhen – die norddeutsche Seite ihres Wesens.

Diese wird in Berlin stärker hervortreten und das Bild einer unbeschwert daherplappernden, fröhlichen Süddeutschen überlagern. Aber auch schon in Darmstadt hat man Luise bisweilen als »kühl« empfunden, Friederike dagegen, Menschen gegenüber, als »warmherzig«. Spätestens seit ihrer Brautzeit umgibt die künftige Königin so etwas wie ein zwar durchsichtiger, aber stets vorhandener Schleier von Unnahbarkeit. Sie gibt sich leutselig, verspielt, ist es wohl auch. Trotzdem macht sie, schon in jungen Jahren, unsichere Leute befangen. Das gilt selbst für ausgebuffte Höflinge.

Ihre Persönlichkeit hat etwas Widersprüchliches. Schönheit, Kühle, Menschenfreundlichkeit und das, was man Charisma nennt, gehen auf merkwürdige Weise ineinander über.

Kein Wunder, daß am Anfang des deutschen Films eine Reihe von Luise-Filmen gestanden hat. Verkörpert wurde sie hauptsächlich von Henny Porten, dem frühen Leinwandstar, einer gewiß nicht schlechten, wohl aber Luise kaum angemessenen Schauspielerin (im Remake der fünfziger Jahre von Ruth Leuwerik, für die das gleiche gilt). Aber hat es überhaupt eine Filmschauspielerin gegeben, der es möglich gewesen wäre, dieses komplizierte und einmalige Mit- und Gegeneinander der Charaktereigenschaften in die Rolle zu tragen? Die Garbo?

Negativ gesehen könnte man Luises stets vorhandene Distanz als eine sanfte Art von Desinteresse bezeichnen. Ein Leben lang bleibt für sie die Familie, zunächst die mecklenburg-darmstädtische und später die eigene, der alleinige Mittelpunkt der Welt. Und das geliebte Preußen bezieht sie, wir sagten es schon, in diese Familie ein.

Positiv gesehen handelt es sich um ein Göttergeschenk, eine Mitgift natürlicher Würde, wie sie – auch unter den Herrschenden – immer nur wenigen zuteil wird. Luises Schönheit und Anmut stehen außer Frage. Aber erst eine kaum definierbare Ausstrahlung, zu der auch eine Portion Kühle gehört, schafft jene Faszination, die nahezu alle Zeitgenossen, selbst die Feinde, ihr bescheinigen und die spätestens in den unglücklichen Tagen nach dem verlorenen Krieg zum Charisma wird. Wenn auch oft verfälscht und chauvinistisch verbrämt, hat es weit über die wechselnden Zeiten hinweg gewirkt. In Luise verbinden sich Natürlichkeit mit Unnahbarkeit, das eine vielleicht ihre süddeutsche, das andere ihre norddeutsche Natur, für eine künftige Königin das beste Erbe von zwei Seiten.

Friedrich Wilhelm wird endlich, am 20. November, aus seiner Ungeduld, die ihn nörglerisch und unwirsch zu machen droht, erlöst. Da kann er, auf Befehl des Königs, seinen Posten vor Landau verlassen, das Oberkommando einem Nachfolger übergeben und, auf dem Weg nach Berlin, zunächst einmal in Darmstadt in die Arme seiner Braut eilen.

Im Gegensatz zu Luise ließ die Geschichtsschreibung den spröden Kronprinzen in einem wenig vorteilhaften Licht erscheinen. Schlank, straff, hochgewachsen und sich stets bewußt kerzengerade haltend, ist er jedoch das Bild von einem Mann. Mag er seine Menschenscheu und Schüchternheit nicht abstreifen können, nicht einmal im hohen Alter, wirkt er mit seinen prägnant, aber nicht überscharf geschnittenen Gesichtszügen doch immer wie ein Herr.

Er hat sogar Humor und Witz, den freilich seine Umgebung nicht immer versteht, weil er sich gern ironisch äußert, und zur Ironie haben die Deutschen, geschweige denn die Preußen, nie ein sehr intimes Verhältnis besessen.

Eine glückliche Brautzeit, trotz des Krieges, ohne den sich das Paar vermutlich gar nicht kennengelernt hätte. Man hat zueinander gefunden, mehr als das, man liebt sich und das aufrichtig, beiderseits. Auch die Schwierigkeiten in beiden Charakteren haben sich, zumindest in Umrissen, bereits abgezeichnet.

7.
Nach Berlin

Man erinnere den Besuch der beiden Prinzessinnen im Feldlager von Bodenheim, wo sie Goethe wie himmlische Erscheinungen vorkamen. Der verregnete und verhagelte Tag ist nicht nur mit Paraden, Tafelfreuden und Flirts vergangen. König Friedrich Wilhelm II. hat an ihm auch über den Hofstaat des kronprinzlichen Paares gesprochen, und das bedeutet, daß er, wie es seine Art ist, über ihn bereits entschieden hat. Die wichtigste Entscheidung: Zur Oberhofmeisterin hat er eine alte Freundin seines Vaters bestimmt, die 64jährige, eben verwitwete Sophie Marie Gräfin von Voß.

Der Kronprinz ist entsetzt und murmelt etwas von »alter Plaudertasche«. Luise vernimmt, daß die Gräfin »durchaus heiter« sei von Gemüt und Geblüt, und freut sich. Die »alte Voß«, als welche sie in die preußische Geschichte eingegangen ist, zu deren blutvollsten Persönlichkeiten sie gehört – preußischer als manche Männer –, wird Luise für den Rest ihres Lebens ebenso resolut wie leidenschaftlich unter ihre Fittiche nehmen. Eine Glucke, deren Liebe von Eifersucht nicht frei ist und die, wenn sie will, schmerzhafte Schnabelhiebe nach links und rechts austeilen kann.

»Voto« wird Luise sie nennen, bezeichnenderweise »der« Voto, insgeheim aber auch »die Parforce-Peitsche« oder, wie sie ganz allgemein bei Hofe tituliert zu werden pflegt, »der Feldwebel«. Bruder Georg nennt sie einmal in einem Brief an seine Schwester »der Öllerich« und Friedrich Wilhelm sogar (nun allerdings feminin) »die Gottseibeiuns«.

In ihrer Jugend war Sophie Marie von Pannewitz eine vielbewunderte Schönheit; man sagte übrigens auch der 64jährigen noch nach, daß sie einige Wirkung auf Männer hatte. Ihre tragische oder traurige Liebesgeschichte ist einst allgemein im Gespräch gewesen, wie »die Voß« überhaupt in den insgesamt 69 Jahren, die sie am preußischen Hof verbringt, nie ganz aus dem Gerede kommt. Irgend etwas passiert immer um sie herum.

So dürfte sie die einzige sein, die es gewagt hat, dem grimmen Friedrich Wilhelm I., dem »Soldatenkönig«, eine schallende Ohrfeige zu verpassen. Das geschah auf einer Wendeltreppe im Schloß Monbijou im Jahr 1740, wo sie sich begegneten und der König sie zu küssen versuchte. Sophie war erst elf, aber, wie man sieht, eine schon handfeste junge Dame, auch zu Pferde. Als Hofdame der Königin Sophie Dorothea, Gemahlin des Geohrfeigten, geht sie, die Tochter eines Generalmajors, mit den Männern auf die Jagd, Pesne, der Hofmaler, hat sie hoch zu Roß konterfeit.

Vielseitig begabt – sie spielt Klavier, komponiert, unter anderem einen Regimentsmarsch für den Obersten von Kleist, und macht Gedichte –, lehnt sie Anträge, nicht übertrieben, dies zu sagen, gleich reihenweise ab. Dem österreichischen Grafen Neipperg gibt sie einen Korb, weil er seine Güter nicht verkaufen und sich in Preußen ankaufen will, dem einzigen Land, in dem die wilde Schönheit leben kann, dem Fürsten Lobkowitz, weil er ihr zu »bigott« vorkommt, anderen, weil sie ihr nicht fromm genug sind.

Am verliebtesten in sie ist Prinz August Wilhelm, der Bruder des Alten Fritz und Vater des jetzigen Königs, Friedrich Wilhelms II. Er zeigt sich bereit, sie sogar zu ehelichen, also unter seinem Stand zu heiraten, was sich zu einem Skandal auszuwachsen droht. Sophie entrinnt ihm auf preußisch-zuchtvolle Weise, indem sie nämlich einen ihrer Vettern Voß heiratet, den jüngeren von beiden.

»Soll ich verhehlen, daß ich keine Neigung für meinen Vetter hatte?«, schreibt sie, zum Entsetzen des Hofes, in ihrem später veröffentlichten Tagebuch. Den Tag ihrer Hochzeit, den 11. März 1751, nennt sie »einen der entsetzlichsten, die ich verlebt habe«. Während der Trauung sinkt zudem Prinz August ohnmächtig zu Boden, was bei Hofe auch noch nicht vorgekommen ist und den Skandal, den Sophie vermeiden wollte, erst so recht zum Ausbruch kommen läßt. Man zerreißt sich noch lange das Maul darüber.

Prinz August Wilhelm, ein Feldherr ohne jede »fortune«, von seinem Bruder verachtet und bei Hofe gemieden, ist dann auch früh gestorben, an gebrochenem Herzen wegen der Voß, wie es heißt. Nach ihrem eigenen Bekenntnis hat sie ihm jedoch »im Herzen die Treue« gehalten und ihren ältesten Sohn Wilhelm August genannt. Als dieser überraschend noch vor der Geburt seines eigenen Sohnes stirbt, nennt sie flugs auch diesen, ihren Enkel, August. »Groß und schlank gewachsen, mit der Gestalt einer Jagdgöttin Diana, gleich schön und blond wie eine Venus« (so die Eloge des französischen Schriftstellers Dieudonné Thiébault in seinem Buch über den Hof Friedrichs des Großen), ist sie es, die in der Familie die Hosen anhat. An der Seite des Grafen Ernst Johann von Voß, der am Ende sogar zum Oberst-Hofmarschall im Range eines Staatsministers ernannt wird, für sie aber dennoch nichts als ein Lückenbüßer bleibt, dominiert sie als »Frau Hofmarschällin« 30 Jahre lang über Tun und Treiben der Höfe in Berlin und Potsdam.

Dabei ist sie, wie so viele, die in ihrer Jugend nichts auslassen, äußerst sittenstreng und auf Etikette bedacht. Sie weiß, was man wann und wie bei Hofe zu tun und zu lassen hat. Sie weiß es allemal besser als jeder andere und bringt es unmißverständlich sowie äußerst wortreich zum Ausdruck.

Diese Eigenart scheint Luise keineswegs gegen die Voß eingenommen zu haben. Die Kronprinzessin, selbst keineswegs schweigsam, umgibt sich gern mit Gleichgearteten, denen der Mund überfließt. Zu ihnen gehören ihre Großmama, die Gräfin Voß und auch Luises spätere Freundin, Frau von Berg – die sich aber gegenseitig alle nicht mögen.

Übrigens hat die Voß später sogar den Unwillen Napoleons erregt, dem sie wie gewohnt unverhohlen die Meinung sagte. Er hat sich ihre Gegenwart verbeten und sie mit einigen französischen Ausdrücken belegt, die sich in deutscher Sprache unter dem Generalnenner »Schreckschraube« zusammenfassen lassen.

Als Luise und Friedrich Wilhelm sich verloben, ist es einsam um die Gräfin Voß geworden. Mann und Kinder sind gestorben, der einzige Enkel, 13, geht in Braunschweig auf die Schule. Zu ihrem Neffen, Otto Karl Friedrich Graf von Voß, der es sogar zum Staatsminister bringen wird, hat sie eine angespannte Beziehung. So lebt sie zurückgezogen auf ihrem Gut nahe Werneuchen, wo die Mark am märkischsten ist.

Der König hat zu ihr ein sentimentales Verhältnis, aber er hat auch so etwas wie ein schlechtes Gewissen. Denn was die Voß 1745 abwehren konnte, ist ihrer Nichte Julie mit dem jetzigen König 40 Jahre später, 1783, tatsächlich geschehen. Julies Vater hat seine Tochter, ebenfalls eine goldblonde Schönheit, an den Hof gegeben. Der damalige Prinz von Preußen, der spätere Friedrich Wilhelm II., stellt ihr, wie zu erwarten, alsbald nach. Gräfin Voß, damals Frau Hofmarschallin, nach seiner Thronbesteigung: »Das Benehmen des Königs ist unverzeihlich, immer verfolgt er sie mit den Augen und spricht nur mit ihr.« Sein Benehmen wird noch unverzeihlicher: Das Konsistorium stimmt einer Ehe zur linken Hand zu, wie sie beim Hochadel noch bis zum Jahre 1918 gebräuchlich bleibt. Das heißt: Die Ehefrau und die Kinder aus dieser standesungleichen Ehe bleiben von der Erbfolge ausgeschlossen. Tante Voß ist entsetzt, als ihr die Nichte die vollzogene Tatsache gesteht, um so mehr als der König, wie allgemein bekannt, neuerdings hinter dem Fräulein von Viereck her ist, ebenfalls einer Hofdame.

Die Rokoko-Komödie endet tragisch. Julie erhält den Titel einer Gräfin Ingenheim und bekommt im Januar 1789 ein Kind vom König, einen Sohn, der auf die Namen Gustav Adolf Wilhelm getauft wird. Wie nur bei seinen außerehelichen – oder zweitehelichen – Kindern, die von der Erbfolge ausgeschlossen blieben, zeigt sich Friedrich Wilhelm hochbeglückt, hat jedoch bei einem Sturz das Bein verletzt und muß das Bett hüten. Julie steht, um ihn zu besuchen, viel zu früh nach der Geburt auf und stirbt am 25. März 1789. Der Volksmund will wissen, sie sei von einer Nebenbuhlerin mit einem Glas Marmelade vergiftet worden.

Bis er sich ein Jahr später mit der Gräfin Dönhoff tröstet, trägt der König tiefe Trauer, was die Voß ebenfalls ungehörig findet und ihn sicher auch fühlen läßt.

Der alten Flamme seines Vaters entsinnt sich Friedrich Wilhelm II. also im Bodenheimer Lager. Noch in Trauer um ihren jüngst verstorbenen Mann und wohl auch, weil sie sich zu alt für die Aufgabe einer Oberhofmeisterin fühlt, lehnt die Voß zunächst ab, setzt sich jedoch animiert alsbald an ihren Werneuchener Schreibtisch und verfaßt eine »Selbst-Instruktion« unter dem Titel »Eine Ober*st*hofmeisterin wie sie sein soll«. Man beachte das »st«, auf das sie großen Wert legt, das sie aber, als sie bald darauf doch zusagt, nicht erhält.

»Was die äußere Haltung anbetrifft«, lesen wir, »so soll eine Ober*st*hofmeisterin ihren Kopf aufrechthalten, gerade gehen, ein leutseliges, aber würdevolles Wesen haben und sich anständig verbeugen, nicht, wie man jetzt thut, mit dem Kopfe, sondern mit den Knien sich ehrbar und feierlich herabsenken und langsam und stattlich wieder erheben ...«

Weiter: »Mit ganzem Herzen und ganzer Seele muß sie der Fürstin ergeben und zugethan sein, bei der sie ist. Ist dieselbe jung, so muß sie mit Sorgfalt ihre Jugend und Unerfahrenheit behüten, ihr ohne Strenge und mit Ehrerbietung allzeit die Wahrheit sagen und sie erinnern, daß ihr Beispiel in Betreffe der Moral und der Sitte sicher ist, nachgeahmt zu werden.«

Ihre große Verehrung gilt, neben dem unsterblichen Geliebten August Wilhelm, nach wie vor Friedrich Wilhelm I. (dem sie die Ohrfeige gegeben hat), nicht Friedrich dem Großen, schon gar nicht Friedrich Wilhelm II. und ganz sicher auch nicht dem Dritten, die sie alle viel zu wenig königlich findet. Friedrich Wilhelm I., der »Soldatenkönig«, schreibt sie in ihren Memoiren, »war nicht sehr groß, aber er sah sehr gut aus und ganz wie das, was er war: nämlich wie ein König!«

Das ist die Dame, die der jetzige König gleichsam als Schutzschild, Hofmeisterin und Erzieherin für Luise aussucht, und es ist keine schlechte Wahl. Die Voß mag ihre Tücken gehabt haben, daran lassen Luises Briefe keinen Zweifel; besonders der Anfang wird schwierig werden. Am Ende aber ist »der Voto« mit ihrem zur angehimmelten Gebieterin gewordenen Ziehkind durch dick und dünn gegangen.

Auch die erste Hofdame wählt Friedrich Wilhelm II. persönlich: Henriette von Viereck. Ihr Name ist ebenfalls schon aufgetaucht, auch auf sie richten sich nämlich die frivolen Wünsche des Königs. »Nachtigall, ich hör' dir trapsen«, würde wohl Fritz Reuter, Luises mecklenburgischer Landsmann, kommentiert haben. Aber angeblich hat die Viereck ihren königlichen Herrn nicht erhört, ist im übrigen eben erst aus England zurückgekehrt, wohin sie des Kronprinzen Halbschwester, wiederum eine Friederike, begleitet hat.

Der Kronprinz schätzt die Viereck, weil sie »Geist und Herz« hat, behauptet jedenfalls Bailleu, der sie als zwar »nicht jung, nicht hübsch, ... aber klug« einstuft. Luise selbst ist skeptischer; nach anfänglichen Hoffnungen, eine erfahrene Freundin zu gewinnen, sieht sie in der Viereck, die eher schlau als klug scheint, so etwas wie eine Spionin des Königs, den sie nach wie vor für deren Liebhaber hält. Ob der Verdacht berechtigt ist oder nicht, steht dahin. Auf jeden Fall zeigt sich der König verdächtig rasch und genau über alles unterrichtet, was um Luise herum geschieht. Das Verhältnis zur Viereck bleibt demgemäß reserviert.

Hofmarschall soll Valentin von Massow werden, ein zurückhaltender Mann von feinstem Geschmack, der dann auch die Aufgabe erhält, das Kronprinzenpalais, »unser Haus«, wie Friedrich Wilhelm sagt, neu ein- und herzurichten. Ihm steht dabei Karl Adolf Reichsgraf von Brühl zur Seite, ein in Berlin, bei Hof und in der Bevölkerung sehr umstrittener Mann. Sein Vater war jener allmächtige sächsische Minister und große Widersacher des großen Friedrich, der dann – allerdings erst postum – durch die Aufdekkung unzähliger Veruntreuungen ins Zwielicht geraten ist (obwohl die Brühlsche Terrasse in Dresden heute noch nach ihm heißt). Von seinem Vater hat Brühl einen Berg von Schulden sowie den katholischen Glauben geerbt. Beides steht ihm in Berlin im Wege. Noch mehr im Wege steht ihm sein Rosenkreuzertum, das zunächst aber sein Schlüssel zum Erfolg zu sein scheint. Denn König Friedrich Wilhelm II. gehört höchstselbst seit 1781 dem Geheimorden an, in dem er gar zu gerne auch seinen Sohn und Nachfolger gesehen hätte. Brühl ist dann wohl zeitweilig allein deswegen zum Prinzenerzieher ernannt worden, um den jungen Friedrich Wilhelm zu bekehren. Er muß bald eingesehen haben, daß, was Mystik und Geheimbündelei betrifft, bei ihm, dem überaus nüchtern und rational denkenden Kronprinzen, von vornherein Hopfen und Malz verloren war. Er hat dann anderen Erziehern, unter ihnen Ramler und Engel, dem Aufklärer-Philosophen und Freund Nicolais, Platz gemacht. Kammerherr soll Herr von Schilden werden, Erster Kammerdiener (verantwortlich für kleinere Rechnungen) Peter Fontane, der Großvater Theodor Fontanes.

Das sind die Spitzen des kleinen Hofstaates, dem Luise künftig im fernen Berlin vorstehen soll. Erleichtert wird der Gedanke an den Abschied von Darmstadt und die lange Reise in die fremde Stadt durch die Tatsache, daß Vater, Großmutter und sogar der kleine Prinz Georg, dank der Großzügigkeit des preußischen Königs, mit von der Partie sein können. Prinzessin George nimmt noch rasch eine kleine Anleihe bei einer Freundin auf, um standesgemäß auftreten zu können.

Am 13. Dezember ist es soweit. Morgens um vier Uhr, zu nachtschlafender Zeit, fährt die neue grüne Kutsche mit dem roten Untergestell vor. Der Abschied wird dramatisch. In der nahen Altstadt ist ein Feuer ausgebrochen, das sich rasch weiter ausbreitet. Beim Schein der Flammen und zu den Klängen des Glockenspiels von der Stadtkirche (»Jesus meine Zuversicht«) rumpelt der Wagen mit den tränenblinden Prinzessinnen, die von Großmutter, Vater und Bruder getröstet werden, aus dem Städtchen hinaus. Die Equipagen mit dem Gepäck sind schon vorher auf die Reise gegangen; sie sollen zusammen mit der Personenkutsche in Berlin eintreffen. Wer mag das von so vielen Augenzeugen beschriebene, ebenso elegante wie solide Gefährt bezahlt haben? Prinz Karl? Der König? Letzteres ist wahrscheinlicher.

Die Tränen werden den Prinzessinnen bald vergangen sein. Ihre Fahrt wird zu einem Triumphzug, wie ihn die arg zerstückelten deutschen Lande noch nicht erlebt haben. Aschaffenburg, Würzburg, Hildburghausen bei der Schwester Lolo-Charlotte, Erfurt, Weimar – überall werden sie von jubelnden Menschen begrüßt und bei jedem Halt von den jeweiligen Offiziellen willkommen geheißen. Durch ihre Doppelhochzeit sind Luise und Friederike zu Stars geworden, die jeder sehen, denen jeder Gück auf den Weg wünschen will. In Weimar empfängt sie der Großherzog, den sie schon im Feldlager kennengelernt haben, in Leipzig erhebt sich das gesamte im Theater versammelte Publikum und spendet den jungen Gästen Beifall durch Händeklatschen und Hochrufe. »Wenn meine Schwestern nicht so vernünftig wären, so hätte ihnen dies schmeicheln können«, untertreibt Prinz Georg, durch dessen akribisch geführtes Tagebuch wir über den exakten Verlauf der insgesamt neuntägigen Reise genau informiert sind.

Längere Umwege müssen in Kauf genommen werden, einerseits

der »Publicity« wegen – von der Friedrich Wilhelm II. schon eine ganze Menge versteht –, zum anderen wegen der schlechten Straßenverhältnisse.

Die Ovationen steigern sich noch, als der Wagen – man muß inzwischen von Wagenzug sprechen – die preußische Grenze erreicht. Kein Städtchen, kein Dorf, kein Weiler, der ihn nicht mit Böllerschüssen, Vivatrufen und schmetternder Musik begrüßt. In Baumgartenbrück stoßen 16 Postillone vor flatternden mecklenburgerischen und preußischen Farben ins Horn. Das berühmte Gardekorps übernimmt die Eskorte und geleitet die Gäste zum ersten Ziel in Preußen, nach Potsdam.

Der Kronprinz hat alles getan, um der Braut – und sich – ein solches »Trara«, wie er sich ausdrückt, zu ersparen. Vergeblich. Das umfangreiche Empfangsprogramm ist überall geradezu enthusiastisch in Angriff genommen worden. Jetzt läuft es ab wie am Schnürchen. Allerdings hat der Kronprinz gebeten, eine Illumination Berlins zu unterlassen, um »das Geld, was ein jeder nach seinen Kräften zur Äußerung seiner Freude durch Erleuchtung seines Hauses bestimmt hat, als einen Beitrag zur Unterstützung der durch den Krieg gewordenen Soldatenwitwen und Waisen zu verwenden«.

Das ist typisch für Friedrich Wilhelm und angesichts des eben beendeten Krieges und der höchst ungenügenden, oft auch ganz fehlenden Hinterbliebenenversorgung auch bitter nötig. Aber was für Berlin gilt, gilt nicht für Potsdam. Die alte Militärstadt ist bis zum letzten Dachfirst geschmückt, alle Fenster von Kerzen erleuchtet, und die Menschen drängen sich eng an eng, jubelnd und tücherwinkend am Rand der Straßen.

Vor dem Potsdamer Schloß warten derweil die Prinzen Friedrich Wilhelm und Louis. Louis, dessen Namen in franzosenfeindlichen Zeiten meist zu »Ludwig« eingedeutscht erscheint, setzt – arme Friederike! – eine betont gleichgültige Miene auf. Friedrich Wilhelm gewinnt aller Gunst, weil man ihm am Gesicht ablesen kann, daß er sich, so seine eigenen Worte, »wie närrisch auf die Ankunft« freut.

Punkt sechs Uhr abends ist es soweit, und dabei scheint dem Kronprinzen nur recht, daß der König nicht erschienen ist. Die Freude des Wiedersehens wird so nicht ganz im gezwungenen Zeremoniell untergehen. Geladen sind die höheren Offiziere der Garnison. Die beiden Prinzessinnen lernen ihren Hofstaat kennen. Leider ist nichts überliefert von der ersten Begegnung zwischen Luise und der Gräfin Voß, die sich, ihren eigenen Richtlinien zufolge, mit den Knien ehrbar und feierlich herabgesenkt und langsam und stattlich wieder erhoben haben wird. Ganz gewiß wird sie aber auch schon versucht haben, erste Anweisungen zu geben. Aus Andeutungen kann man entnehmen, daß bereits an diesem ersten Abend so etwas wie ein Rededuell zwischen Großmutter George und ihr stattgefunden hat. Zeitlebens bleibt zwischen ihnen eine Rivalität bestehen, die freilich nur selten offen ausbricht.

Der Einzug in Berlin am nächsten Tag findet nicht in der Darmstädter Reisekutsche, sondern im traditionellen goldenen Galawagen der königlichen Familie statt. Den Prinzessinnen gegenüber sitzen ihre Oberhofmeisterinnen, die Gräfinnen Voß und Brühl. Es ist Sonntag, der 22. Dezember 1793, für die Jahreszeit überaus mild. Berlin stellt, den Wünschen des Kronprinzen zum Trotz, alles Dagewesene und bis jetzt Erlebte in den Schatten.

Die Stadt, an einer Furt gegründet, ist seit jeher auf Handel und Wandel ausgerichtet. Zur Hauptstadt erkoren haben die Hohenzollern Berlin nicht aus Liebe (sie wären gern in Brandenburg geblieben), sondern der besseren Kontrolle wegen. Der berühmt-berüchtigte »Berliner Unwille«, der sich von Zeit zu Zeit gegen die Obrigkeit regt, hat Kurfürst Friedrich mit dem grimmen Beinamen »Eisenzahn« einst bewogen, sein Schloß, eigentlich eine Zwingburg, hierher zu verlegen.

Zur richtigen Residenz ist Berlin nie geworden. Viele, fast die meisten Kurfürsten und Könige haben deshalb die behagliche und stets im richtigen Moment strammstehende Garnisonstadt Potsdam der Händlermetropole bei weitem vorgezogen. Der Alte Fritz ließ sich in seinen letzten Jahren kaum noch in den Mauern seiner Hauptstadt sehen. Händler und Gewerbetreibende brauchen den Frieden. Am wohlsten hat Berlin sich als Hansestadt gefühlt, aber das ist lange her.

Immerhin: Für eine Abwechslung, ein Spektakel sind die Berliner allemal dankbar. Sie gelten als besonders neugierig und ebenso gastfreundlich. Ein herzlicher Empfang kostet wenig und kann auf jeden Fall nicht schaden. Im Laufe der Zeiten haben sich die unterschiedlichsten Persönlichkeiten davon beeindruckt gezeigt, von Napoleon bis zu John F. Kennedy. So gerne der Berliner an seinen wechselnden Obrigkeiten herumgemosert hat, so gerne hat er ihnen zugejubelt.

Was Friedrich Wilhelm II., den »dicken Willem«, betrifft, er hat ein Faible für die Berliner und die Berliner für ihn. Sie mögen jeden, der fünfe gerade sein läßt. Und sie schätzen seit alters Frauen, die sich nicht verstecken: ein Kapitel Kulturgeschichte besonderer Art. Die märkische Guts- und die Berliner Kaufmanns- oder Handwerkerfrau ist es gewohnt, ihrem Mann tatkräftig zur Seite zu stehen. Preußische Frauen sind emanzipierter, als es die Frauen anderswo sind. Überdies hat man mit den Kurfürstinnen und Königinnen ausgezeichnete Erfahrungen gemacht.

Man kann gegen die Hohenzollern einwenden, was man will (und die Berliner haben vieles gegen sie einzuwenden), ihre Frauen, die sie meist aus norddeutschen Kleinstaaten nach Berlin geholt haben, standen stets in hoher Gunst des Landes und speziell der Berliner. Schon Anfang des 17. Jahrhunderts wurde Luise Henriette von Nassau-Oranien, die erste Gemahlin des Großen Kurfürsten, nicht nur als »Landesmutter« akzeptiert, sondern, auch was Küche, Haushaltung sowie Kindererziehung betrifft, imitiert. Sophie Charlotte von Hannover, die erste Königin des Landes, die mit Leibniz in dem nach ihr benannten Charlottenburg philosophierte, war fast noch populärer. Unter ihrer Ägide und der ihres Mannes, Friedrich I., errang die Stadt den – freilich leicht ironisch gefärbten Beinamen – »Spree-Athen«. Hochangesehen war aber auch Sophie Dorothea, die Frau des »Soldatenkönigs«, die zwar neben ihm nicht viel zu sagen hatte, jedoch Friedrich Wilhelm I. 14 Kinder gebar und insgeheim dessen weitgehend nach Osten gerichtete Politik immer wieder behutsam durch ihre Westbeziehungen auszugleichen verstand. Sie kam gleichfalls aus Hannover, eine Tochter des dortigen Kurfürsten Georg Ludwig, der als Georg I. auch England regierte. Mochten die Landesherren nicht immer ganz nach dem Berliner Geschmack geraten sein, ihre Frauen waren es um so mehr.

Man dankte es ihnen unter anderem, indem ganze Generationen

von weiblichen Nachkommen mit jeweils den gleichen Vornamen versehen wurden. Es müssen Zehntausende von Luisen, Henrietten, Sophien, Charlotten herangewachsen sein. Der Berliner, hat ein kluger Mann gesagt, ist auf der Straße ein Kavalier und zu Hause ein Pantoffelheld, was die preußische Hauptstadt als friedliebend und zivil charakterisiert.

Jetzt also wieder eine Luise, dazu eine vielbewunderte Schönheit. Das ist neu, und neu ist auch, daß es sich um eine Liebesheirat handelt, denn aus Liebe haben die Hohenzollern, bei aller Anerkennung ihrer jeweiligen Wahl, bisher noch nie geheiratet.

Die Stadt ist wie aus dem Häuschen. Schon nachts werden die Hauptaussichtspunkte in Besitz genommen, die Menschen kampieren buchstäblich auf den Straßen. In Schöneberg vor Berlin gibt es bereits Krach, weil die Gilde der in Berlin besonders angesehenen Kaufmannschaft nicht vor dem Hofstaat, sondern vor dem Paradewagen reiten will (»Wir holen die Prinzessinnen ein, nicht die Kammerherren!« lautet die stolze Parole). Am Potsdamer Tor haben sich der Magistrat und entlang der Leipziger Straße die Berliner Bürgerbrigade versammelt; überall sonst die jubelnde Menge von jung und alt, groß und klein. Dabei benehmen sich alle so gut, daß der König ihnen anderntags seinen besonderen Dank für die allgemeine Disziplin ausspricht.

Unter den Linden hat man eine Ehrenpforte errichtet mit drei Portalen. Über dem mittleren, höchsten und größten Portal ist ein doppelter Brautkranz aus frischer Myrte angebracht. In schneeweißen Kleidern stehen an ihm Knaben der französischen Kolonie und Töchter Berliner Bürger Spalier, alle mit grünen Kränzen in Haar.

Hier hält der Brautzug an, und hier ereignet sich jener Vorfall, der die Zeitgenossen und auch die Nachfahren entzückt und immer wieder neu für Luise eingenommen hat, eine vielzitierte Lesebuch-Anekdote. Sie soll denn auch hier erzählt werden. Wir wählen die Fassung von Adolf Streckfuß, 1880:

> »Dort wo heute am Eingange der Linden das Denkmal Friedrichs des Großen steht, hatten die Berliner eine prächtige Ehrenpforte erbaut. Hier empfing eine Deputation die junge Fürstin und begrüßte sie im Namen der Stadt.

Eine Schaar junger Mädchen nahte ihr, eins der Mädchen überreichte der Prinzessin eine blühende Myrthenkrone und ein einfaches Bewillkommnungsgedicht. Louise nahm freudig erregt die Blüthenkrone an, sie umarmte und küßte die Geberin.
So etwas hatte man an dem königlich preußischen Hofe noch nie erlebt! Die Oberhofmeisterin Gräfin von Voß, die Bewahrerin strenger Etiquette, war vor Schrecken ganz außer sich, sie wollte die Prinzessin zurückziehen, aber das Unerhörte war nun einmal geschehen.
›Mein Gott‹, rief die Dame in tiefem Entsetzen, ›was haben Ew. königliche Hoheit gemacht, das ist ja gegen allen Anstand und Sitte!‹
Da schaute die Prinzessin mit ihrem freundlich lächelnden Gesicht sich um, heiter und unbefangen fragte sie: ›Wie, darf ich das nicht mehr thun?‹
Das einfache naive Wort, welches noch am selben Tage von Mund zu Mund ging, in allen Bürgerhäusern wieder erzählt wurde, hatte der schönen jungen Prinzessin Aller Herzen gewonnen.«

Ob die Anekdote so oder anders stattgefunden hat, spielt keine Rolle. Sie hätte sogar Bestand gehabt, wenn sie überhaupt nicht stattgefunden hätte; so oder ähnlich wird sie jedenfalls kolportiert und überliefert, hat sie sich ins Gedächtnis (und die Phantasie) eingesenkt. Luise, ein junges Mädchen aus Fleisch und Blut, wird zu einer Idealgestalt.

Jede Zeit sucht und findet Gestalten, die ihr entsprechen. Wie spätere Generationen ihre Helden und Heldinnen in den Bereichen von Sport, Film oder populärer Musik aufspüren, sucht und findet man sie im ausgehenden 18. und angehenden 19. Jahrhundert, zwischen Rokoko und Biedermeier, unter Prinzessinnen und Prinzen. Eine natürliche, lebensfrohe, dazu schöne Prinzessin ist so recht nach dem Geschmack des Bürgertums, das sich in Städten wie Berlin gegen den Erbadel nach oben gekämpft hat und sich gegen den Feudalismus durchzusetzen beginnt. Ein Mädchen – wahrscheinlich sogar ohne »von« im Namen – wird in den Arm genommen und geküßt. Dies ist der Anfang der Luisen-Legende, zu der dann freilich noch Flucht, Exil, Heimkehr und früher Tod hinzutreten. Die Zeitgenossen betrachten die Szene als exemplarisch. Gräfin Voß sieht die Anarchie ausbrechen. Das Volk, die Bürger, die nicht alle mehr bloße Untertanen sind oder sein wollen, jubeln. Eine Zeit des Umbruchs hat gefunden, was sie braucht: Eine populäre Gestalt, um die sie ihre Ideale ranken kann, weil sie ihnen, den Idealen, tatsächlich nahekommt.

Erstaunlich bleibt die Breiten- und Tiefenwirkung. Sie reicht bis in unsere nüchternen Zeiten, in denen selbst ein Kronprinz Friedrich Wilhelm so etwas wie eine Märchenerscheinung darstellen würde. So ist im Dahlemer Botanischen Gartenmuseum getreulich aufbewahrt geblieben der (Katalogangabe) »Myrtenbaum, Länge ca. 3 m, vertrocknet, mit handgeschriebenem Etikett, von dessen Blättern der Brautkranz für Königin Luise im Dezember 1793 geflochten wurde«. Es hat diese preußische Reliquie auch nach dem Ende Preußens keiner wegzuwerfen sich getraut. Im Jahre 1981 zogen Marie-Louise Plessen und Daniel Spoerri das verdorrte Stück Knorrenholz sogar aus dem Dunkel des Depots hervor, um es ihrer Ausstellung »Le Musée Sentimental de Prusse« einzuverleiben. Es gehörte zu den am meisten bewunderten Ausstellungsstücken.

Weniger Beachtung gefunden hat ein weiterer Fauxpas, den Luise am Abend des gleichen Tages begeht. Er zeigt fast noch besser, wohin die frei und unkompliziert aufgewachsene Prinzessin geraten ist, nämlich in ein kompliziertes und schwieriges gesellschaftliches Gefüge in einer sich wandelnden Zeit.

Bei der Vorstellungscour in den Räumen der Königin defilieren die Personen, die vorgestellt werden sollen, merkwürdigerweise an den Spieltischen vorbei. Dort sitzen die Damen, geben sich dem »Lotto«-Spielchen hin und führen nebenher kurze Gespräche mit den Gästen. Die meisten belassen es allerdings bei einer bloßen höfischen Verbeugung.

Arglos erwidert Luise den Gruß der hochgestellten Herrschaften, die da vorüberziehen, als die Königin, ihre Schwiegermutter, sie wütend anzischt: »Wenn ich Cour abhalte, gilt sie mir allein, und ich bin die einzige, die man grüßt!«

Es geht um nichts Bedeutendes, nur um die interne Hackordnung, aber der Vorfall zeigt, welch anderer Wind in Preußen weht.

Königin Friederike kommt selbst aus Darmstadt. Als Tochter der »Großen Landgräfin« ist sie sogar Luises Tante zweiten Grades (eine Kusine ihrer Mutter – die verwandtschaftlichen Verhältnisse sind an allen Höfen denkbar kompliziert). Obwohl zwei Jahre jünger als Luise, soll sich ihre Schwester Friederike, die den gleichen Namen wie die Königin trägt, besser und überlegener in die den Darmstädterinnen nur schwer begreiflichen preußischen Sitten gefunden haben. Auf jeden Fall eckt sie zunächst weniger an als die Kronprinzessin.

Es scheint, als habe Luise von Anfang an die gewollte oder ungewollte Rolle eines enfant terrible übernommen. Sie spielt sie mit Charme, aber – jedenfalls nach dem Eindruck vieler Augenzeugen – doch auch sehr bewußt. In ihr regt sich ein natürlicher, jugendlicher Oppositionsgeist. Beim Ball am nächsten Abend besteht sie darauf, Walzer zu tanzen, den verpönten Gesellschaftstanz, und empört wiederum die Königin, die sich betont abwendet, um eine derartige indécence nicht mit ansehen zu müssen.

Ein rundweg gelungener Einstand beim Volke, ein erstes Gewittergrollen bei Hofe. Das eine bedingt das andere. Unkonventionell und ungezwungen ist Luise gewiß schon von Natur und Erziehung aus, zu schweigen von ihrem zuweilen ungebärdigen und überschäumenden Temperament. Sie merkt wohl auch, daß sie gerade durch ihre gelinden Frechheiten Sympathien gewinnt, die sie bei den Konservativeren, Stureren, Älteren verscherzt. Der liberale König sieht das mit Wohlgefallen. Die Gräfin Voß blickt der Zukunft – nicht ganz zu Unrecht – mit Besorgnis entgegen.

Die Trauung findet am Heiligen Abend statt. Unter den Anwesenden im Weißen Saal befindet sich ein knapp 13jähriger Schüler des Joachimthalschen Gymnasiums, der Pagendienste versieht, Achim von Arnim. Er ist von der Braut tief beeindruckt, »wie sie gesenkten Hauptes im Glanze ihrer Schönheit durch die gedrängten Säle schritt«.

Zum Erstaunen aller, von Freunden und Gegnern, erlebt man eine ganz andere, die »seriösere« Luise. Beeindruckt von ihrer ruhigen Gelassenheit sind selbst die beiden Königinnen, die hinter ihr gehen, die Witwe Friedrichs des Großen und die Frau Friedrich Wilhelms II. Was Rang und Namen besitzt in Preußen, ist geladen.

Aus Luises Verwandtschaft sind allerdings nur Vater, Großmutter, Bruder Georg und der Onkel dabei, der regierende Herzog Adolf Friedrich von Mecklenburg. »Dörchläuchting« scheint für diesen großen Augenblick seine Abneigung gegen die Frauen überwunden zu haben.

Der Hofprediger Sack, der schon Friedrich Wilhelm getauft und konfirmiert hat, hält die etwas umständliche Traurede. Am Altar unter einem mit rotem Samt ausgeschlagenen Baldachin legt er nach dem Ringwechsel die Hände des Brautpaars ineinander und spricht das Schlußgebet. Da hat man mit einer Fackel bereits aus dem Fenster das Signal gegeben: Ins »Amen« donnert schon der erste der 72 Salutschüsse der im Lustgarten aufgestellten Mörser. »Der Kronprinz war ungeachtet seines kühl ernsten Gesichtsausdruckes aufs tiefste von seinem Glück durchdrungen«, beobachtet Luise von Radziwill.

Empfang, Spiel (auf das selbst bei dieser Gelegenheit nicht verzichtet wird), Essen im Rittersaal, dann Fackeltanz, eine Tradition, deren steife Würde wohl schon damals ebenso anrührend wie altmodisch (und ein bißchen lächerlich) gewirkt haben muß. Im verdunkelten Raum ziehen in einer Art von Polonäse die Vertreter des preußischen Staatswesens an dem zukünftigen Königspaar vorüber, darunter die Grafen Hertzberg und Carmer, ehemals Minister Friedrichs des Großen, Graf Haugwitz, ein kleiner, freundlicher, vierzigjähriger Schlesier, der 1775 mit Goethe und Stolbergs durch die Schweiz geabenteuert ist und ein volles Jahrzehnt hindurch die Politik unter Friedrich Wilhelm und Luise leiten wird, nicht immer zu deren Vorteil.

Zu der vom Stabstrompeter des Garde du Corps eigens für diesen Anlaß komponierten Musik ergibt sich so etwas wie ein graziös-skurriler Reigen. Die Herren tragen kleine Fackeln oder Kerzen in den Händen, die ihre Gesichter erleuchten. Nach weiterem allgemeinen Tanz sowie der Verteilung eines Stückchens vom bräutlichen Strumpfband an jeden Zeugen der Vermählung durch Gräfin Voß – auch so eine alte und überholte Sitte – klingt das Fest aus. Selbst dem sinnenfrohen und wenig sittenstrengen König Friedrich Wilhelm II. ist es nicht gelungen, die friderizianische Strenge des preußischen Hofs zu durchbrechen.

Das klingt an in der Tagebuchnotiz der Erzpreußin Julie von Voß: »Die hergebrachten Feierlichkeiten, Fackeltanz etc. Ich stand sechs Stunden lang auf meinen Füßen, ohne mich zu setzen und war todtmüde, als ich endlich um ein Uhr nachts nach Hause kam.«

Das Braut- und nunmehr Ehepaar begibt sich glückstrahlend in seine Gemächer im Schloß, wird aber am ersten Weihnachtstag schon ins kleinere, überschaubare Kronprinzenpalais Unter den Linden übersiedeln. Der einfache Bau, Erdgeschoß, erster Stock und im Dach eine Mansardenetage für die Dienerschaft, wird ihr Hauptwohnsitz bleiben, auch als sie König und Königin werden. Friedrich Wilhelm liebt es spartanisch. Bis ans Ende seines Lebens schläft er im einfachen Feldbett unter einer Soldatendecke. Nur Luises Räume in der Beletage sind etwas luxuriöser eingerichtet, mit Piano, Bücherschrank und fein gedrechselten Mahagoni-Möbeln. Es bleibt, selbst nach den gewiß nicht überspannten Darmstädter Maßstäben, eine karge Residenz.

8.
Die Kronprinzessin

Da schlägt Friedrich Wilhelm nach dem von ihm so verehrten großen Friedrich. Das Berlin seines Vaters hat eigentlich einen anderen, gegenteiligen Ruf. Es gilt, selbst in Preußischen Landen, noch mehr allerdings außerhalb, als Sündenbabel.

Die Eskapaden Friedrich Wilhelms II. haben wir schon erwähnt. Er ist groß, breit, schwer, hochtrabend und ein Schürzenjäger vom Ausmaß eines Casanova. Seine Kinder, die ehelichen, die »zur linken Hand« geborenen, darunter fünf in seiner zweiten Familie um Wilhelmine Enke, der Tochter eines Militärmusikers und späteren Gastwirts, sind kaum zu zählen. Mit vollen Händen wirft er das vom sparsamen Alten Fritzen ererbte Geld zum Fenster hinaus.

Den Berlinern ist das nur recht. Bei ihm wird keinesfalls wie vorher beim Großen Friedrich ausschließlich im feinsten Französisch parliert, sondern auch und wohl sogar häufiger unverfälschtes Deutsch, meist derbes Berlinisch, gesprochen. Die unansehnliche Schauspielbühne am Gendarmenmarkt, in der bislang ausschließlich französische Stücke gespielt worden sind, erhebt er zum Deutschen Nationaltheater, nicht zuletzt durch die Berufung Ifflands. Ab 1789 heißt die Bühne Königliches Nationaltheater und spielt vor allem deutsche Stücke. Eine Berufung Mozarts nach Berlin zerschlägt sich durch dessen Tod, stellt aber dem Geschmack des Königs kein schlechtes Zeugnis aus. Mozarts Opern werden auf seinen Wunsch häufig aufgeführt. Der Meister selbst hat bei seinem Gastspiel in Berlin vom 19. bis zum 28. Mai 1789 vor Friedrich Wilhelm II. konzertiert, wie sieben Jahre später auch Beethoven.

Beliebt macht sich Friedrich Wilhelm bei den Berlinern auch, weil das elende »Kaffeeschnüffeln« ein Ende hat, denn mit dem Wegfall der »französischen Regie« des Alten Fritzen ist das Verbot privaten Brennens und Verkaufs von Schnaps sowie Kaffee weggefallen. Da auch Friedrich Wilhelm Geld braucht, viel sogar, legt er bald danach Verbrauchersteuern auf Konsumartikel wie Mehl, Zucker, Salz, Tabak, was seine anfängliche Popularität augenblicklich schwinden läßt, aber der Handel beginnt wieder zu blühen.

Aber unter Friedrich Wilhelm geschieht noch mehr in Berlin. Schadow wird zum Hofbildhauer berufen, womit die langjährige Schule Berliner Bildhauerei beginnt. Die von Carl Friedrich Fasch zur Pflege geistlicher Musik gegründete Singakademie wirkt außerordentlich befruchtend auf das Musikleben. Wenig später wird Carl Friedrich Zelter sie übernehmen, Goethes Duzfreund, und sie zu höchster Blüte führen; die Männerchöre und Liedertafeln sind seither in Berlin kaum zu zählen. Gegründet werden eine Schule für Tierärzte, eine weitere für Militärärzte, die berühmt-berüchtigte »Pepinière«, sowie eine Handelsschule, welchselbe den allgemeinen Berliner Geschäftssinn endlich erlernbar macht.

Schlecht zu sprechen ist Friedrich Wilhelm auf die Presse, die seiner Meinung nach in »Preßfrechheit« ausartet, und die Literatur. Das Hauptorgan der deutschen Aufklärung, Friedrich Nicolais »Allgemeine Deutsche Bibliothek«, läßt er durch seine Zensurbehörden als »gefährliches Buch gegen die christliche Religion« verbieten und die Gazetten, die sein Vorgänger »nicht genieren« wollte, unter strenger Zensur halten. Für »aufrührerische Scharteken«, wie er sie nennt, hat Friedrich Wilhelm II. nichts übrig.

Von seiner besseren Seite zeigt sich der König jedoch bei den »Städtisch privilegierten Häusern«, für die er ein eigenes »Lusthaus-Reglement« entwirft.

Dabei denkt Friedrich Wilhelm hauptsächlich an seine Soldaten. Die meisten der 54 flugs eingerichteten öffentlichen Häuser befinden sich in der Nähe der Kasernen und werden regelmäßig ärztlich überwacht. Die weiteren 257 in Berlin polizeilich registrierten Dirnen sind daran zu erkennen, daß sie »auf ihrer linken Schulter mit einer roten Nessel (Schleife) geschmückt« sind.

Das hilft, anscheinend, auch dem Fremdenverkehr. In den anonym erschienenen »Freyen Bemerkungen über Berlin, Leipzig und

Prag«, einer Art von frühem Baedeker, erfährt man: »Die Mädchen wohnen, spinnen, nähen, stricken, singen oder gehen spazieren, solange es nämlich Tag ist; bricht die Nacht herein, so gehen sie auf Verdienst aus, und da ist denn die Lindenallee, der Lustgarten, der Schloßplatz und der Tiergarten ihre Hauptpromenade. Ihre Losung ist gewöhnlich: ›Guten Abend, lieber Junge, so allein?‹ Folgt nun eine günstige Antwort, so ist der Handel bald geschlossen, und der Preis beläuft sich selten über zwei Groschen preußische Kurant.«

Es geht also erstaunlich liberal zu in der preußischen Hauptstadt, vor allem wenn man bedenkt, daß das genannte Revier der »Mädchen« Berlins repräsentativste Plätze umfaßt, alle rund ums königliche Schloß gelegen.

Keine einhellige Begeisterung erntet Friedrich Wilhelm mit seinen zahlreichen Bauten. Der zur Gräfin Lichtenau erhobenen lebenslangen Konkubine Wilhelmine Enke läßt er durch den Hofzimmermann Johann Gottlieb Brendel auf der Pfaueninsel, dem alten »Kaninchenwerder«, ein romantisches Schlößchen im Stil eines »verfallenen römischen Landhauses«errichten (in dem später Luise einige ihrer schönsten Stunden verbringen wird). Er baut der Enke, seiner »schönen Wilhelmine«, auch noch ein stattliches Palais nebst Park in der Nähe des Charlottenburger Schlosses und läßt die Charlottenburger Chaussee zum Wohle aller Bürger pflastern. Er, der von seinem sparsamen Vorgänger einen Millionenschatz übernommen hat, wird seinem Sohn nahezu die gleiche Summe weitergeben, freilich als Schulden. Der heute noch gebräuchliche Berliner Ausdruck: »den dicken Willem markieren«, war ursprünglich auf ihn gemünzt.

Begeistert ist man vom Brandenburger Tor. Nach dem Vorbild der Athener Propyläen von Carl Gotthard Langhans gebaut, beginnt mit ihm der norddeutsche Klassizismus. Obwohl der junge Schadow seine schöne Quadriga mit der Siegesgöttin aufs Bauwerk setzt, wird es recht eigentlich als Friedenstor verstanden. Während die Pariser die Bastille stürmen, können die Berliner endlich am Sonntag hinausspazieren bis Charlottenburg, dem damals noch idyllischen Vorortdörfchen. Daß Friedrich Wilhelm für das imposante Bauwerk eine Stelle wählt, an der sich bis vor kurzem eine Frühform der Berliner Mauer, nämlich ein Palisadenwall befand, der Desertionen verhindern sollte, wird zusätzlich begrüßt.

Ein weiteres Bauwerk, ebenfalls von Langhans entworfen, das merkwürdige Belvedere im Charlottenburger Schloßpark, enthält heute eine umfangreiche Porzellansammlung. Hier frönte der König seiner rosenkreuzerischen Leidenschaft, über die die Berliner wiederum die Nase rümpfen. Sie freuen sich diebisch, als sie erfahren, daß er eines Tages die Geister Mark Aurels, des Großen Kurfürsten und des Philosophen Leibniz zu beschwören befiehlt und von ihnen »strenge Worte, drohende Strafreden und die Ermahnung, auf den Pfad der Tugend zurückzukehren« vernimmt.

Friedrich Wilhelm II. ist von der Geschichtsschreibung sehr schlecht behandelt worden. Dabei war er, wie wohl als erster Sebastian Haffner unmißverständlich ausgesprochen hat, »so übel nicht; es läßt sich sogar die These vertreten, daß er einer der erfolgreichsten Hohenzollernkönige gewesen ist..., kein Freigeist und kein Asket, sondern sinnlich und fromm (eine häufige Mischung), im übrigen kunstliebend und gutherzig, impulsiv, unternehmend, ehrgeizig und durchaus nicht dumm.«

Sein Rosenkreuzertum hat er, bis auf einige zweifelhafte Personalentscheidungen, aus der Politik herauszuhalten verstanden. Den beiden heimlichen preußischen Idealvorstellungen, Toleranz und Gerechtigkeit, ist man unter Friedrich Wilhelm II. zweifellos um einen Schritt nähergerückt. Eine derartig pragmatische Elastizität wie dieser König hat vor ihm eigentlich nur der Große Kurfürst besessen.

So konnte der preußische Minister Graf von Hertzberg, dem wir eben beim Fackeltanz im Weißen Saal begegnet sind, am Vorabend der Französischen Revolution, am 1. Oktober 1789, in der Berliner Akademie mit einigem Stolz erklären, »daß die preußische Monarchie, ob sie gleich vornehmlich auf der Kriegsmacht und einer uneingeschränkten Gewalt beruht, doch weit sanfter, gerechter und gemäßigter gewesen ist, als die meisten Republiken und eingeschränkten Monarchien«.

Das verdankt man nicht zuletzt Friedrich Wilhelm, unter dem Berlin, eine Stadt von inzwischen 100 000 Einwohnern und wirtschaftlich so stark, daß sie sich aus eigener Kraft erhalten kann, sein Gesicht ändert. Die von Goethe so sehr bewunderte »grenzenlose Bautätigkeit« des Königs trägt dazu bei. Die preußische Hauptstadt wird schöner und einem Spree-Athen immer ähnlicher. So läßt sich doch auch eine Menge Gutes sagen über das Wirken des »dicken Willem«.

Unausgegoren bleibt vor allem aber das, was man als die politische Vision des Königs bezeichnen könnte. Bei den zwischen Österreich und Rußland vereinbarten sogenannten »Polnischen Teilungen« von 1793 und 1795 gelang es ihm als dem lachenden Dritten, Preußen ein Riesenstück des Kuchens zu sichern. Ihm fielen »Südpreußen« mit Posen, »Neuostpreußen« mit Warschau sowie »Neuschlesien« mit Krakau zu. Von den siebeneinhalb Millionen Untertanen Preußens waren auf einmal nicht weniger als dreieinhalb Millionen Polen.

Eine gewiß anfechtbare Annektion. Man darf jedoch nicht vergessen: In der Politik war das gang und gäbe, nicht anders hätten sich Österreich und Rußland verhalten. Es deutet außerdem manches darauf hin, daß dem preußischen König angesichts des überraschenden Zugewinns an Land und Leuten zumindest zeitweilig ein Zwei-Völker- und Zwei-Sprachen-Staat vorschwebte.

So etwas wäre damals gerade noch möglich gewesen. Das Heilige Römische Reich bestand ebenfalls aus vielen Völkern und vielen Sprachen. Der Nationalstaat moderner Prägung hat sich erst Anfang bis Mitte des 19. Jahrhunderts durchgesetzt. Er ist als Keim jedoch bereits vorhanden, sowohl in Polen als auch in Deutschland. Immerhin: Der Gedanke, womöglich Polen in Preußen und Preußen in Polen aufgehen zu lassen – die alten Pruzzen (sprich: Pruhsen), die dem Staat den Namen gaben, waren ja ebenfalls Slawen –, hatte, vom feudalistischen Standpunkt aus, manches für sich. Die Weltgeschichte hätte sich gewiß anders entwickelt, wäre dieser wohl nur vorübergehende Gedanke realisiert worden.

Falsch beraten und von der Revolution in Frankreich erschreckt, reagierte Friedrich Wilhelm jedoch sogar gegen seine eigenen Prinzipien. Mit harter Hand bekämpfte er Adel, Klerus und alle polnischen Reformbestrebungen, die er sich hätte zunutze machen können. Statt einen Freund zu gewinnen, gewann er einen erbitterten

Feind. Ein übriges taten die gründlich korrupten Beamten, die – ausgerechnet von dem angeblich so streng verwalteten Preußen! – ins Land geschickt wurden. Sie sind dann auch 1806 beim ersten Anzeichen preußischer Schwäche innerhalb weniger Tage von den Polen zum Teufel gejagt worden. Das Netz, das der ränkereiche Lucchesini zwischen St. Petersburg, Warschau und Berlin zu spinnen versucht hatte, hielt nicht stand. Es beruhte auf veralteten dynastischen Vorstellungen und Voraussetzungen.

Freiherr vom Stein hat dies genau erkannt: Preußens Polenpolitik sei gescheitert, weil man versäumt habe, den Nationalstolz der Polen zu berücksichtigen, gab er 1807 in seiner »Nassauer Denkschrift« zu. Friedrich Wilhelm II. manövriert sich durch seine Hinwendung nach Osten zeitweilig sogar in einen Zwei-Fronten-Krieg. Denn die Kampfhandlungen gegen die angriffslustigen französischen Republikaner am Rhein waren natürlich nicht, wie es der König sicher gewünscht hätte, durch seine Abreise beendet, sondern gingen weiter.

Weiter gingen auch die Kämpfe hinter den Kulissen der von Anfang an zerstrittenen Koalition. Mit ihnen wird Friedrich Wilhelm noch weniger fertig als mit dem offenen Krieg. England, Frankreichs Erbfeind, gibt – über Österreich – gutes Geld, wünscht aber eine preußische Garantie für den Schutz Belgiens. Die kann der König nicht geben, ohne die Wacht am Rhein vor seinen eigenen Besitzungen zu lockern. Ein Dilemma, denn Preußens Kassen sind leer, und das Tauziehen mit den Verbündeten um jeden englischen Penny erbringt nicht viel außer strapazierten Nerven.

Der König löste das Problem auf eine sogar für sein eigenes Land, mehr noch die Verbündeten, überraschende Weise. Er zerschlägt den gordischen Knoten, indem er 1795 in Basel einen preußisch-französichen Sonderfrieden schließt. Der kleine, behende Haugwitz führt die Verhandlungen, bei denen der König durch geschicktes Taktieren alle noch von den Franzosen besetzten rechtsrheinischen Landesteile zurückgewinnt. Damit erntet er, daheim und auch in anderen deutschen Landen, viel Beifall, aber auch viele Buhrufe von der anderen, kriegslüsternen Seite.

Die gibt es auch in Preußen, hauptsächlich im Kreis um den Heros Prinz Louis Ferdinand, aber immerhin kann sich das nunmehr neutrale Preußen zwischen lauter pausenlos kriegführenden europäischen Nationen eines zehnjährigen Friedens erfreuen.

Er dauert bis 1806. Preußen wird durch ihn zu so etwas wie einer norddeutschen Schutzmacht, viel beneidet, eifrig umworben – und gehaßt. Man sollte diesen Ursprung im Auge behalten. Viele, wohl sogar die meisten Historiker haben dem Gatten der Königin Luise diesen angeblich »schmählichen« Frieden vorgeworfen. Geschlossen hat ihn jedoch – zur rechten Zeit – ein Mann, dem pazifistische Neigungen ebenso fremd sind wie feiges Kuschen vor dem Feind.

Das ist die Situation Preußens und Berlins, die Luise und Friederike vorfinden. Die Hochzeit Friederikes findet am zweiten Weihnachtstag des Jahres 1793 statt, also in gebührendem Abstand von einem Tag zu jener der Thronfolger. Prinz Louis setzt während und nach der Zeremonie sein unwilligstes Gesicht auf. Er läßt spüren, daß er der Staatsräson gehorcht, nicht seinem Herzen. Das Verhältnis zwischen den Ehegatten bleibt kühl und gespannt.

Die Misere ihrer jungen, erst knapp 16jährigen Schwester muß Luise schwer getroffen haben. Sie scheint jedoch nie darüber ihren Geschwistern oder nach Darmstadt berichtet zu haben. Schriftliche Äußerungen, herzzerreißende Klagen gibt es von ihr erst später, als Friederike des preußischen Hofes verwiesen wird. Zunächst steht sie überdies mit der Schwester in engem Kontakt, denn das Ehepaar Louis ist in das dem Kronprinzenpalais benachbarte, später sogar durch eine überdachte Brücke verbundene sogenannte Kronprinzessinnenpalais gezogen. Heinrich Gentz, in den 1790er Jahren der führende Architekt in Berlin, hat es eigens für das junge Paar ausgebaut. Briefe zwischen beiden sind nicht vonnöten. Auch nachdem Vater, Großmutter und Bruder Georg, vom König hoch geehrt und reich beschenkt, wieder abgefahren sind, übrigens erst Mitte Februar, sehen sich die Schwestern täglich.

Die politischen, wirtschaftlichen und kulturellen Verhältnisse kümmern die beiden jungen Frauen wenig. Sie kümmern auch Friedrich Wilhelm nicht, den der Vater grundsätzlich nie in die Staatsgeschäfte einbezieht. Endlose diplomatische Verwicklungen sind ihm im übrigen fast noch wesensfremder als Krieg und Kriegsgeschrei. Bis über beide Ohren verliebt in seine junge Frau, möchte er nichts anderes, als mit ihr geruhsame Flitterwochen verleben. Sie werden erheblich gestört, eine der wenigen ernsthaften Irritationen dieser Ehe, die sie aber zugleich auch festigen wird.

Zum besseren Verständnis all dessen müssen wir den näheren Umkreis schildern, in dem Luise lebt, der ihr ungewohnt einzwängend und für ihre Frohnatur geradezu unverständlich erscheinen muß. Zwar reiht sich im Berliner Karneval Fest an Fest, finden täglich Konzerte, Opernaufführungen, Assembleen, Dejeuners, Tees und Bälle statt, die Luise alle nur allzugerne besucht. Aber die meisten sind steif, abgemessen, geradezu frostig in der Atmosphäre.

Natürlich, die Provinzpflanze aus Darmstadt, an derlei Schranken nicht gewöhnt, bringt einigen Wirbel in die Angelegenheit. Es zeigt sich bald, daß – ihre eigenen Worte in einem Brief an die Schwester Therese – »mecklenburgische Knochen daran gewöhnt und sehr schwer ganz zu ermüden sind«. Sie tanzt, höchst ausgelassen, durch die Nächte, fordert, wenn sie schmuck genug sind und ihr gefallen, sogar Subalternoffiziere der niedersten Ränge zum Walzer auf, da kann Gräfin Voß ihr noch so viele Vorhaltungen machen. Standesdünkel ist ihr fremd. Wie sie, Arm in Arm mit Friederike und ohne die Voß um Erlaubnis zu fragen, ungeniert die Linden herabpromeniert, kümmert sie sich auch nicht um die in Preußen noch so eifersüchtig beachteten Klassenschranken. Sie benimmt sich liebenswürdig gegen jedermann, was in der damaligen feinen Berliner Gesellschaft fast schon als Skandal und Verbrechen wider die Standesehre gilt. Sie bringt Leben in die selbst nach konservativen Begriffen reichlich verstaubte und vermuffte Hofatmosphäre.

Den meisten gefällt das. Friedrich de la Motte Fouqué, einst ein vielgelesener preußischer Schriftsteller, schreibt in seinen Erinnerungen: »Die Ankunft dieser engelschönen Fürstin verbreitete über jene Tage einen erhabenen Lichtglanz. Alle Herzen flogen ihr entgegen und ihre Anmut und Herzensgüte ließ keinen unbeglückt.«

Hier irrt Fouqué. Für alle gilt das nicht. Gewiß, der König ist – zunächst – entzückt, schenkt seiner Schwiegertochter sogar in gewohnt grandioser Großzügigkeit das Schloß Oranienburg; vielleicht macht er, der Frauenheld, sich auch Hoffnungen auf das junge Blut. Aber zur Kokotte fehlen Luise, wie schon Metternich bemerkt hat, alle notwendigen Voraussetzungen. So toll sie es nach außen hin treibt, wenigstens nach damaliger Auffassung, so treu bleibt sie ihrem Mann und Geliebten, der sichtlich stolz auf seine Frau und glücklich in seiner Ehe ist. Schloß Oranienburg hat sie nur selten bewohnt.

»Etikette, Cour und Gêne« werden vom Kronprinzen wenig geschätzt und wohl sogar verachtet. Um so lieber überläßt er Luise derartige »Lappalien«. Warum soll sie, die es so gut versteht, die Menschen für sich einzunehmen, ihren Mann nicht auf dem Parkett vertreten? Im Tagebuch der Gräfin Voß finden sich dagegen viele Klagen über Luises Benehmen, ihre Unpünktlichkeit, ihren Leichtsinn, ihre vielen Verstöße gegen die Sitten des Hofes. Im Hintergrund der pausenlosen Festlichkeiten, die sich neuerdings allein um die Kronprinzessin zu drehen schienen, braut sich allerhand zusammen.

Da sind ferner die beiden Sittenrichterinnen im Schloß Monbijou. Dort empfängt sonntags und donnerstags pünktlich zur festgesetzten Stunde die regierende Königin in strengster Etikette. Mittwochs befiehlt die Königin-Witwe Friedrichs des Großen zu sich in eine der oberen Etagen.

Beide Frauen sind von ihren Männern ein Leben lang in die Ecke gestellt worden. Und aus dieser Ecke wachen sie nun eifersüchtig über Sitte, Moral und Anstand – oder was sie dafür halten. Ihre Empfänge sind ob ihrer Steifheit und lähmenden Langeweile bei allen Berliner Adelsfamilien gefürchtet. So machtlos die Königinnen auch schienen, bei ihnen laufen die Fäden zusammen, an denen die Hofmarionetten zappeln.

Friedrichs des Großen ehemalige Proformagattin, Elisabeth Christine von Braunschweig-Bevern, ist schon 79 und gilt als wunderlich. Man macht sich daher gern über sie lustig. Wo sie jetzt residiert, hat schon eine andere, bedeutendere, Königinwitwe bis zu ihrem Tode 1757 hofgehalten, Sophie Dorothea, die Tochter Georgs I. von England und Frau des Soldatenkönigs. Bei ihr hat Gräfin Voß, als sie noch die engelschöne kleine Pannewitz war, ihre Hofkarriere begonnen.

Die derzeitige Königin, die zwei uns inzwischen sehr geläufige Vornamen trägt, nämlich Friederike Luise, gehört zu den wenigen Hohenzollern-Frauen, die man als völlig unbedeutend einstufen muß. Sie glänzt weder durch Geist und Charme noch durch Schönheit. Sie, die sich schon gleich bei der ersten »Cour« so biestig gegenüber Luise, ihrer Großnichte, benommen hat, ist allerdings ein ganz besonders geschlagenes und bemitleidenswertes Wesen. Friedrich Wilhelm hat sie 1769 aus purer Staatsräson geheiratet. Es war seine zweite Ehe, ausgekungelt von Friedrich dem Großen und dessen Freundin, der Darmstädter »Großen Landgräfin«; beiden dürfte klar gewesen sein, was damit auf die unbedarfte Prinzessin von Hessen zukam. Die beiden Ehestifter gaben sich wohl der müßigen Hoffnung hin, dadurch dem ausschweifenden Lebenswandel des künftigen Thronfolgers entgegenwirken zu können.

Dabei hatte dessen erste Frau und Kusine, Elisabeth von Braunschweig-Wolfenbüttel, erst kürzlich ein aufsehenerregendes Exempel statuiert. Die ebenso unerschrockene wie geistreiche Dame, die sogar Friedrich, der große Weiberhasser, gern um sich sah, war emanzipiert genug, um kurzerhand Gleiches mit Gleichem zu vergelten. Wie der königliche Hallodri ihr, so hatte sie ihm reihenweise Hörner aufgesetzt. Vehse gibt in seinen »Berliner Hof-Geschichten« eine drastische Schilderung, wie sie Friedrich Wilhelm auf einem öffentlichen Ball mit ihrem freimütigen Geständnis brüskiert hat. Vor dem Mut dieser Frau muß man den Hut ziehen. Durch ihr Verhalten spielte sie dem zukünftigen König, damals noch »Prinz von Preußen«, ein überzeugendes Scheidungsargument in die Hand. Er konnte vor Gericht beklagen, daß er in Zukunft ja nicht wissen könne, ob ein von Elisabeth geborener Prinz tatsächlich seinen königlichen Lenden entsprossen sei. Der Scheidung wurde stattgegeben. Elisabeth wird noch lange an ihrem Verbannungsort Stettin leben, ungenügend mit einer kümmerlichen Pension versorgt und nach einer mißlungenen Flucht von den Behörden sorgsam beaufsichtigt. Erst 1840 ist sie mit 94 Jahren gestorben.

Ob das Schicksal ihrer Nachfolgerin, der Friederike Luise, die tatsächlich auf den Thron gelangt, besser war? Der König hält sich im Schloß auf und bei Wilhelmine Enke, im Schoß seiner zweiten, weitaus mehr geliebten Familie. Oder, noch wahrscheinlicher, in irgendeinem Liebesnest, wer weiß wo. Nach dem sechsten Kind und vierten Sohn hat sich Friederike Luise dem chronisch treulosen Gatten verweigert, was ihr selbst am dynastisch eingestellten Hof niemand verdenkt oder übelnimmt.

Jetzt sitzt sie einsam und verbittert in einem Schloß, das im Winter eiskalt, im Sommer stickig heiß ist, und läßt ihren Unmut an der Familie und am Hofstaat aus, der ihr notgedrungen huldigen muß. Hat sie sich früher hauptsächlich um ihre ständig zerrütteten Finanzen gekümmert, bereitet sie sich jetzt, wie es scheint, mit großer Sorgfalt auf den Witwenstand vor, indem sie das von ihr erworbene Schlößchen Freienwalde am Rande des Oderbruchs ausbaut. Merkwürdigerweise besitzt sie viel Verständnis für Kinder und Heranwachsende, mit Ausnahme der eigenen. Ihr Enkel, Luises Ältester, Friedrich Wilhelm, »hat sich«, nach dem Zeugnis Fontanes, in Freienwalde »als Junge wohlgefühlt, ist auf die Bäume geklettert und hat die alten Hofdamen erschreckt«. Den 15jährigen Adelbert von Chamisso, Sproß einer vor der Revolution geflohenen französischen Adelsfamilie, nimmt sie als Pagen unter ihre Fittiche. Und da Eltern und Geschwister des zwischen zwei Heimatländern und zwei Muttersprachen schwankenden Knaben als Miniaturmaler in der Königlichen Porzellan-Manufaktur ihren Lebensunterhalt verdienen müssen, sorgt sie rührend für das Fortkommen ihres Schützlings. Er erhält Privatunterricht und wird von ihr aufs Französische Gymnasium geschickt, das geistige Zentrum der Berliner Hugenotten und fast schon so etwas wie eine Hochschule. Ohne die Mütterlich-Unmütterliche gäbe es wohl einen großen preußisch-deutschen Dichter (und Botaniker) weniger.

Auch Luise gegenüber benimmt sich die Königin nach anfänglichem Grollen – sie hätte lieber eine ihrer eigenen Nichten an der Seite ihres Sohns gesehen – erstaunlich milde. Sie kreidet zwar den beiden das für die Zeit ungewöhnliche »Du« an, das diese seit der Brautnacht gebrauchen, und tadelt den Leichtsinn der Unschuld vom Lande. Aber seit sie bemerkt, daß Luise nicht daran denkt, als eine der vielen ins Bett des Königs zu schlüpfen (und dieser auch keinen Flirt versucht, vermutlich wäre er der Tanzwut seiner Schwiegertochter kaum gewachsen gewesen), nimmt sie die Kronprinzessin sozusagen an, akzeptiert ihre Rechte.

Wegen ihrer Pflichten, die Luise gar nicht so genau überblickt, kommt es trotzdem zu einem Eklat.

Mitten im Tiergarten an der Spree lebt in einem 1785 eigens für sie ausgebauten hübschen Schlößchen, Bellevue genannt (es dient heute als West-Berliner Residenz des Bundespräsidenten), die »Ferdinanderie«. Es handelt sich da um den jüngsten Bruder Friedrichs des Großen, Prinz Ferdinand, seine Gemahlin aus dem Geschlecht der Schwedter Markgrafen und die Geschwister Luise und Louis. Diesen Louis nennt man, um ihn von Prinz Louis, dem Sohn des Königs, unterscheiden zu können, Louis Ferdinand. Luise, der eine intime Rivalität zwischen verwandten Familien von Darmstadt her – Schloß contra Altes Palais – bekannt sein müßte, bemerkt wohl nicht gleich, daß, wie Bailleu es ausdrückt, dieser Hohenzollernzweig »in Berlin nicht beliebt« ist und man ihm »manches Böse« nachsagt.

Statt »in Berlin« müßte es aber wohl eher »bei Friedrich Wilhelm II.« heißen. Er und – in seltener Übereinstimmung – auch seine arme Frau, Friederike Luise, halten Prinz Ferdinand für einen Laffen, die Schwedterin für eine geifernde Spitzzunge, Tochter Luise – der man nachsagt, sie habe es einst selbst auf den Kronprinzen abgesehen – für zwar klug, aber allzu ehrgeizig und intrigant, den Prinzen Louis Ferdinand für einen Abenteurer, mit dem es einmal ein schlechtes Ende nehmen wird. Merkwürdigerweise nimmt Friedrich Wilhelm II. Louis Ferdinand die vielen Schulden, die er hat, und – vielleicht aus Konkurrenzgründen? – die vielen Liebschaften, hauptsächlich jedoch seine freimütigen Reden übel. Als dieser wieder einmal öffentlich über die preußische Politik, den König und den Feldmarschall von Möllendorf herzieht, der den Krieg am Rhein beschämend erfolglos weitergeführt hat, läßt Friedrich Wilhelm ihm vielsagend bestellen, es seien auch schon Prinzen auf die Festung gekommen.

Der König kann, wie man sieht, die ganze Nachbarfamilie nicht leiden, und wenn er, was Luise betrifft, gern beide Augen zudrückt, so nimmt er ihr doch übel, daß sie häufig und gern im Schloß Bellevue verkehrt. Verdenken kann man es ihr nicht. Dort geht es weniger gestelzt zu als sonst am Berliner Hof. Man nimmt kein Blatt vor den Mund, bleibt dabei aber elegant und geistreich, und nebenbei führt man ein gepflegtes Haus von erlesener Kultur.

Wir sind Louis Ferdinand schon im französischen Feldzug begegnet, bei dem er sich ausgezeichnet hat, aber es lohnt, ihn jetzt näher zu betrachten. Kein Zweifel, daß er, wie fast allen Frauen, denen er begegnet, auch Luise gefährlich wird. Eine strahlende Erscheinung, schlank, mit auffallend großen dunkelblauen Augen und einer kühn geschwungenen Hohenzollernnase. Er ist vier Jahre älter als Luise und der Schwarm aller Berliner, vor allem jedoch der Berlinerinnen.

Keine Gestalt der preußischen Geschichte hat sich derart allgemeiner Zustimmung seiner Zeitgenossen erfreut, auch Friedrich der Große und auch Luise nicht. »Von echt preußischer Gesinnung, groß und schön wie Apollo«, findet ihn der stockkonservative General und Politiker von der Marwitz, die liberale Rahel Varnhagen, in deren (bürgerlichem!) Salon er verkehrt, nennt ihn einen der »menschlichsten«, Varnhagen, ihr Mann, einen »genialen, heldischen« Menschen und Clausewitz stellt ihn gar Alkibiades an die Seite.

Genie, Held, Alkibiades, Apollo; auch Mars, Adonis und Solon werden bemüht: »ein Märchenprinz bei Lebzeiten, ein Halbgott nach seinem frühen Tode«, formuliert sein Biograph Eckart Kleßmann. »Ob irgend jemand wagen darf, sein Leben zu beschreiben, weiß ich nicht«, bekennt Friedrich de la Motte Fouqué. »Am wenigsten weiß ich, wo er die Farben dazu hernehmen sollte: es sei denn, Wolkenschatten und Blitzeslichter und Nacht und Frührot und andere ähnliche unmalbare Dinge gäben sich zur Ausführung seines Werkes dienstbar her.«

Vom Volk schon früh zu mythischer Größe hochstilisiert, von der Armee geradezu vergöttert, gilt er in seiner Familie trotzdem erstaunlich wenig. Sein Vater, Prinz Ferdinand – hartnäckigen Gerüchten zufolge ist allerdings der enge Vertraute seiner Gemahlin, Graf von Schmettau, der Vater – hält ihn knapp, ganz sicher zu knapp. Angeblich kann der Prinz nicht mit Geld umgehen; er kommt dann auch sein Leben lang nicht aus den horrenden Schulden heraus, die er überall macht. Das ist jedoch nicht nur ihm anzulasten, denn als sein Onkel, Prinz Heinrich, 1802 in Rheinsberg stirbt und ihm testamentarisch sein gesamtes Vermögen vermacht, sorgt der Vater dafür, daß es ihm nicht ausgezahlt wird. Louis Ferdinand wird einst die enorme Summe von 325 498 Talern an Schulden hinterlassen, und es wird 51 Jahre dauern, ehe die Sache abgewickelt, der Berg abgetragen ist. Familie und Staat haben sich ihrem Heros und Idol gegenüber geradezu unglaublich schäbig benommen.

In gewisser Beziehung ist Louis Ferdinand seiner Zeit voraus. Nach Wesen und Erscheinung gehört er eher der Romantik an als dem verblühenden Rokoko. Oft hat man ihn mit seinem Onkel, Friedrich Wilhelm II., verglichen, aber ein Schürzenjäger wie dieser war er nicht. Eigentlich ist er dauernd auf der Suche nach der unsterblichen Liebe, die er in seinen zahlreichen romantischen Amouren zu finden hoffte. Zu seinem Pech fand er sie dann gleich zweimal, in der biederen, jungen und hausmütterlichen Henriette Fromme, mit der er zwei Kinder hatte, und in der stadtbekannten Pauline Wiesel, einer Freundin Rahels und Femme fatale. »Der Krieg! – Du Krieger, Du Jäger, Du Musikus«, schrieb letztere ihm ins Feld, »so viel geht mich ab, Louis – und dann erst kömmt die Liebe. Nein, Louis, erst die Liebe und dann das übrige – bei mich aber fällt keine Teilung vor, ich liebe nur Dich allein auf der Welt...«

Krieger, Jäger, Musikus – Louis Ferdinand wäre vermutlich ein überragender Feldherr geworden, wenn seine Familie ihm die Chance gegeben hätte, und ein ebenso guter Musiker, wenn er nicht so früh den Tod gefunden hätte. Selbst der gründlich republikanisch gesonnene Beethoven stellte erstaunt fest, der Prinz »spiele gar nicht königlich oder prinzlich, sondern wie ein tüchtiger Klavierspieler«. Er widmete ihm sein c-Moll-Klavierkonzert – wenig später hat er Napoleon seine dritte Symphonie, die »Eroica«, gewidmet. Aber Louis Ferdinand ist auch selbst ein begabter Komponist. Neben einem obligaten Parademarsch entsteht einige Kammermusik. Noch Robert Schumann hat sich lobend über das – von Beethoven beeinflußte – musikalische Werk des »romantischsten aller Fürstenprinzen« ausgesprochen.

In Liebe und Krieg zeichnet den Musensohn allerdings aus, was Goethe als seine »unbesonnene Draufgängerei« kritisiert und zu Recht mit Besorgnis erfüllt. Den Prinzen hat er im Krieg 1792 vor Verdun als Oberstleutnant kennengelernt. Später, bei der Belagerung von Mainz – man erinnere sich, wie er einen verwundeten Österreicher aus dem Schußfeld trug –, ist Louis Ferdinand ebenfalls verwundet worden. Eine zärtliche Dame hat ihn gesund gepflegt. Jetzt taucht er frisch genesen in Berlin auf, ehe ihn König und Familie als Regimentskommandeur ins öde Magdeburg abschieben.

Augenblicklich wird er wieder zum umschwärmten Mittelpunkt: Kriegsheld und Gesellschaftslöwe, dazu ein belesener und sogar gelehrter Mann. Für Magdeburg hat er sich bereits eine Art von Privatlehrer geheuert, den emigrierten französischen Schriftsteller Dampmartin, bei dem er täglich acht Stunden Mathematik, Militärwissenschaft, Literatur, Geschichte und Philosophie nehmen wird.

Daß er dem König suspekt bleibt, ist kein Wunder. Schon damals sammelt sich wohl um ihn ein Kreis der Unzufriedenen, der sich gegen den von Friedrich Wilhelm angestrebten Frieden stemmt. Als 1795, ein Jahr später, der Basler Sondervertrag abgeschlossen wird, versteigt er sich fast zum Hochverrat. Er wünscht, die Armee möge sich gegen diesen Friedensschluß erheben, er werde sich dann »an die Spitze derselben stellen«. Louis Ferdinand kann auf cholerische Weise unbeherrscht sein, was nicht nur der scharfe Beobachter Metternich auf den »unmäßigen Gebrauch starker Getränke« zurückführt.

Der unbequeme Kritiker, Schöngeist, Draufgänger und Liebling der Frauen ist, wie man sich denken kann, auch ein überragender Tänzer, was beileibe nicht alle Musiker sind. Luise und er bilden ein besonders schönes, aufeinander eingestimmtes Paar. Beschwingt durchtanzen sie manche Ballnacht – zur Feier des Geburtstages der Kronprinzessin werden gleich fünf hintereinander veranstaltet. Es ist ihr 18., sie ist noch sehr jung und unerfahren. Ein kurzer, heftiger Flirt bedeutet ihr nicht viel.

Daß es zu mehr gekommen sei, wie manche vermuten und spätere Chronisten immer wieder haben durchblicken lassen, ist unwahrscheinlich, wenn auch keineswegs ganz ausgeschlossen. Luise selbst hat über diese Episode in ihrem Leben geschwiegen und auch in ihren Briefen nichts verlautbaren lassen. Zur Schwester Louis Ferdinands, die ebenfalls Luise heißt und sechs Jahre älter ist, hat sie ein eher distanziertes Verhältnis, obwohl sie diese oft als ihre Freundin bezeichnet. Gräfin Voß, eine gute Menschenkennerin, über die nach außen so kommunikative Darmstädterin: »Sie hatte etwas verschlossenes in ihrem Charakter, und ich muß sagen zu ihrem Glück und mit Recht eine große Zurückhaltung, die sie abhielt, sich gegen Personen offen auszusprechen.«

Das ist kein ganz neuer Zug an unserer Luise, aber er wird sich in Berlin, zu ihrem Glück, wie wir der Voß beipflichten müssen, stärker ausprägen. Die andere Luise gilt als Plaudertasche. Sie heiratet zwei Jahre später den Fürsten Radziwill (der fünf Jahre jünger ist als sie). Das ist zwar ein bißchen unter ihrem Stand, aber die Radziwills sind mit ihrem Grundbesitz in Litauen, Polen und Posen sehr begütert und in Berlin hoch angesehen. Fürst Anton Heinrich von Radziwill erwirbt nach seiner Heirat das ehemalige Schulenburgsche Palais in unmittelbarer Nachbarschaft des königlichen Schlosses. Das gastfreie Haus der beiden wird bald das einzige des hohen Adels in Berlin sein, »wo sich die vornehme Welt mit den Künstlern und Gelehrten zusammenfand«, so Oswald Baer in seiner Biographie der Prinzeß Elisabeth Radziwill, Luise Radziwills ältester Tochter. In sie wird sich später Wilhelm, Sohn der Königin Luise, unsterblich – und tragisch – verlieben.

Bei Hofe und rund um die Kronprinzessin hat sich viel Unmut angestaut. Der Flirt mit Louis Ferdinand ist so etwas wie der letzte Tropfen, der das Faß zum Überlaufen bringt. Den Ausschlag gibt allerdings die Tatsache, daß Luise sich am Anfang ihrer ersten Schwangerschaft befindet. In einem Brief beklagt sich Gräfin Voß heftig bei Großmutter George, daß deren Enkelin sich trotzdem ungezügelter Tanzlust hingebe. Bei der Prinzessin George, die die Voß ohnehin nicht leiden kann, erreicht sie damit nichts. Im Gegenteil, aus Darmstadt kommt die Antwort, Luise könne doch nicht all die netten Leute enttäuschen, die sie zu sehen wünschten. Im übrigen habe auch Luisens Mutter stets bis kurz vor der Entbindung an sämtlichen Bällen teilgenommen, ohne dadurch Schaden zu leiden.

Der Kronprinz ist allerdings anderer Meinung. Nach den von ihm beklagten täglichen »Szenen ohne Ende« zwischen seiner Frau und Gräfin Voß kommt es jetzt zu ähnlichen Szenen zwischen seiner Frau und ihm. Aus Darmstadt gewohnt, leidenschaftlich allem zu widersprechen, was ihr nicht paßt, stößt Luise zum erstenmal auf harten Widerstand. Am Ende fließen die Tränen.

Ein Brief des Luise sonst so freundlich gesonnenen Königs an seinen Sohn verschlimmert alles noch, macht aus dem häuslichen Unfrieden eine kleine Staatsaffäre.

Seine Gemahlin, schreibt Friedrich Wilhelm II. dem Kronprinzen, sei in letzter Zeit »ein bischen unbesonnen und launenhaft«. Man müsse sie nun fühlen lassen, daß Frauen in Preußen ihren Gatten zu gehorchen hätten. Vor allem tadelt er die schlechte Gesellschaft, in die sie geraten sei und von der sie »abstehen« müsse. Es kennzeichnet den König, wenn er zum Schluß dem Sohn empfiehlt, die Widerspenstige zu korrigieren wie ein Dressurpferd: Er solle sie nur nach seiner Hand reiten und »bisweilen den Sporen brauchen«.

Und es kennzeichnet den Sohn, daß er sich sofort und rückhaltlos vor seine Frau stellt. Luise hat in ihren Briefen angedeutet, wie verlassen sie sich in diesem Augenblick vorgekommen ist, auch von ihrer Familie, denn Großmutter George war weit weg und der Vater wohl von Frau Voß beeinflußt. Die jüngste Schwester, ohnedies hilflos und schutzbedürftig, konnte ihr ebenfalls kaum eine Stütze sein. Daß Friedrich Wilhelm, »Fritz«, wie sie ihn vertraut nennt, trotz seiner vielen Ermahnungen bedingungslos für sie eintritt, stellt die junge Ehe auf ein neues und festeres Fundament. Aus dem flatterhaften Wesen wird, fast über Nacht, eine Frau. »Luise selbst«, drückt es Bailleu etwas pathetisch, aber wohl gerade dadurch der Wahrheit nahekommend, aus, »hat ihm die schöne Treue in diesen Tagen, da alle sich von ihr wandten, nie vergessen: sie hat es später oft und laut bekannt, daß sie durch ihn besser geworden, daß sie seiner Klugheit und seiner Liebe damals ihr ganzes Lebensglück verdanke.«

Seinem Vater antwortet der Kronprinz, verbindlich aber fest, die Verfehlungen Luises seien nicht ihrem Charakter zuzuschreiben, der gewiß gut sei, sondern ihrer »pétulance« (Unbändigkeit, Lebhaftigkeit). Er versichere, daß er sich nie von seiner Frau werde beherrschen lassen. Auf den vielfachen »Etikettefrevel«, über den sich der König beklagt hat, geht er gar nicht ein, denn Etikette ist ihm selbst ein Greuel. Die Viereck, die im Verdacht steht, den Zwist mit angeführt zu haben, behandelt er eine Weile betont schlecht und verwendet für sie den abfälligsten Ausdruck, der ihm für Menschen zur Verfügung steht: »Fatales Wesen.«

Schon eine Woche später schreibt Frau von Voß in ihr Tagebuch, und man merkt der kurzen Formulierung das abgrundtiefe Erstaunen an: »Die Prinzessin betrug sich den ganzen Tag vortrefflich.« Dem Zitat, das in keiner Biographie der Luise fehlt, folgt meist ein Satz, der ein ähnliches Erstaunen ausdrückt wie dasjenige der Oberhofmeisterin. »Wir erfahren jedoch nicht«, dies die Fassung Merete van Taacks, »wer oder was den jähen Wandel in Luises Betragen herbeigeführt hat.«

Wir erfahren es nicht, aber wir können es uns denken. Was immer wir gehört haben von Hofintrigen, Gesellschaftsklatsch, Eifersüchtelei, von Tanzorgien und Walzerflirt, Politik und Familienzwist, müssen wir vor dem Hintergrund einer von Anfang an denkbar glücklichen Ehe sehen. »Das erklärt«, schreibt eine andere Biographin, Gertrud Mander, »den Zauber dieser idolisierten Frau auf dem preußischen Königsthron und ist der Grund für ihre ausgewogene, Wärme und Liebe ausstrahlende Persönlichkeit – sie lebte, befriedigt, zum Vergnügen ihres Mannes. Was das 19. Jahrhundert nicht hat in Worte fassen können, wir können's heute direkt aussprechen: Luise war eine sexuell befriedigte Frau.«

Daß Leib und Seele in einer Ehe zu ihrem Recht kommen, stellt im Zeitalter der dynastisch-politischen Ehen etwas absolut Ungewöhnliches dar. Die Formulierung »Ich... lebe zum Vergnügen meines Mannes« stammt übrigens von Luise selbst, aus einem Brief aus Potsdam vom 4. April 1794. Noch ehe in Berlin ein Skandal zum Ausbruch kommen kann, muß Friedrich Wilhelm, ein günstiger Umstand, an den alljährlich im Frühjahr in Potsdam stattfindenden Manövern und Exerzierübungen teilnehmen. Luise begleitet ihn, das junge Paar wohnt im Stadtschloß.

»Ich bin in Potsdam«, lesen wir, »und bleibe da sechs Wochen lang, bis die kriegerischen Übungen vorüber sind, alsdann gehe ich wieder nach Berlin zu meiner englischen Friederike, die ich leider habe zurücklassen müssen, nicht ohne Schmerz und Traurigkeit, aber ein Soldatenweib muß ihrem Berufe nachgehen, und das tat ich. Ich esse Punkt zwölf, ich trinke Tee nach fünf wie die alte Walbrunnen (eine den Geschwistern gut bekannte, verwitwete Oberhofmarschallin in Darmstadt), und esse zur Nacht Punkt acht. Ich gehe zu Bett mit den Hühnern, Küken und Kikerikis und stehe mit höchstdenselben wieder auf. Aber ich bin besser als sie, denn ich lese Geschichte, ... schreibe Dir und anderen und lebe zum Vergnügen meines Mannes.«

Potsdam tut beiden gut. Der Kronprinz liebt die Frühjahrsmanöver, wenn die Beurlaubten zu ihren Regimentern zurückkehren, endlose Exerzierparaden abgehalten und die Truppen frisch gedrillt werden. Von morgens bis abends befindet er sich auf dem Kasernenhof, denn so sehr Friedrich Wilhelm den Krieg verabscheut, so sehr geht er im Soldatenberuf auf. Vor allem schätzt er aber wohl, daß Berlin weit weg ist, die drückende Atmosphäre bei Hofe und die lästigen Ballvergnügungen. In Potsdam kann er Kamerad unter Kameraden sein und ist demgemäß bester Laune.

Das gilt ebenso für Luise. Die sechs Wochen, schreibt sie ihrem Bruder im Mai, also wenig später, seien die bisher schönsten in ihrem Leben gewesen. »Ganz ohne Gêne und Etikette, so ganz nach seinem Willen hab' ich gelebt, und ich fühlte das Glück, solch ein Leben zu führen, nie lebhafter, als wenn ich von Berlin Nachricht bekam: heute ist großer Ball oder heut ist groß Konzert und Souper. Ach, da war ich vergnügt, mich an der Seite meines Mannes zu finden, in einer Linonchemise (einem Leinenhemd) und ausgekämmte (unfrisierte) Haare, und ihm recht vorschwatzen zu können, wie sehr ich ihn liebte und schätzte, und dann so gegen 7 Uhr, gerade um die Zeit, wo die Tanzenden sich fürchterlich zerhabten und zersprangen, um warm zu bekommen, setzte ich im Wisky (einen leichten, einspännigen Wagen) mit ihm, um Gottes schöne Luft zu genießen, mich dadurch gesund und frisch zu machen und ihm, unserm guten Vater, recht herzlich und inbrünstig zu danken, mich an der Seite meines Gatten gebracht zu haben.«

Es scheint, als hätten sich erst in Potsdam Friedrich Wilhelm und Luise endgültig gefunden. Ganz sicher spielen die überstandenen Berliner Maleschen da eine große Rolle, des Kronprinzen Vorliebe für ein einfaches Leben und Luises Begabung, sich ohne Minderwertigkeitskomplexe unterordnen zu können. Aus dem Liebespaar ist ein Ehepaar geworden, noch unzertrennlicher als vorher. Luise sieht sogar manchmal ihrem Mann zu, wie er sein Regiment exerziert (sie muß dazu früh aufstehen), und einmal besuchen sie das Potsdamer Schützenfest. Friedrich Wilhelm schätzt ländliche Festlichkeiten – im Gegensatz zu städtischen – über alles. Luise verteilt die Medaillen an die Sieger im Wettkampf.

Um so bitterer wird kurz darauf die erste Trennung. Nach der zweiten Polnischen Teilung hat es Unruhen und in Warschau sogar einen Aufstand gegeben, dem die russischen Besatzungstruppen nicht standgehalten haben. Sie mußten die Stadt räumen, weshalb sich nun der preußische König gezwungen sieht, in Polen einzurükken. Er spielt dabei bewußt Vabanque, auch im Westen ist der Krieg noch nicht beendet. Da er wünscht, daß seine beiden Söhne, der Kronprinz und Prinz Louis, am polnischen Feldzug mit ihren Regimentern teilnehmen, brechen diese alsbald nach Posen auf. Das ist vom dynastischen Standpunkt aus leichtsinnig, aber da der König dafür sorgt, daß zumindest der Kronprinz in keine ernsthaften kriegerischen Abenteuer verwickelt wird, sondern bestenfalls Scheinattacken zur Ablenkung des Feindes auszuführen hat, gerät er in keinerlei Gefahr. Friedrich Wilhelm beklagt sich bitter darüber (»Will mich der König zu nichts ordentlichem gebrauchen, so lasse er mich zu Hause«). Louis schlägt sich tapfer bei Rawka mit dem Säbel in der Faust und wird zum Generalmajor befördert.

Der Kronprinz kritisiert oder, wie man damals sagt, »räsonniert« überhaupt immer mehr und immer offener. Das Glück in der Ehe macht ihn selbstbewußt. In einem Brief an Luise meint er: »... eigentlich weiß wohl noch keiner, vom höchsten bis zum niedrigsten, welchen Zweck wir bei unseren Operationen vorhaben, und aus welchen Gründen wir Offensive mit der ganzen Armee agieren wollen, ohne einmal die Absichten Rußlands zu wissen, deren eigentliche Sache wir doch wieder auszumachen haben. Denn sonst glaube ich, daß wir uns ruhig auf der Defensive halten könnten, und bloß unsere Länder zu sichern bemüht sein müßten ...«

Ein in zweierlei Hinsicht wichtiger Brief. Er zeigt, wieviel Vertrauen er inzwischen seiner Frau entgegenbringt, indem er sie offen in seine Sicht der Lage einweiht. Und zweitens formiert sich so etwas wie ein lebenslanges Credo. Bündnispartnern ist zu mißtrauen, sie sind nur auf eigenen Vorteil aus. Und sein eigenes Land sollte man zwar verteidigen, aber zum Wohle aller keine Angriffskriege führen.

Luise , die – wie auch Friederike – den Gatten bis nach Steinhöfel, dem bei Fürstenwalde gelegenen Gut des Hofmarschalls von Massow, begleitet hat, berichtet ihrem Bruder Georg aus Sanssouci über den Abschied: »Er (Friedrich Wilhelm) war so gerührt und so unglücklich darüber, daß er selbst als Mann dachte, es nicht überstehen zu können.« Der Kronprinz ist weich; er weint, wenn ihn seine Gefühle überwältigen. Eine Trennung von seiner Frau scheint ihm unerträglich geworden zu sein.

Aber auch Luises Briefe klingen, selbst eine gewisse angelesene Überspanntheit abgezogen, sehnsüchtig-kläglich. Sie strotzen von »Ich bin verlassen, so einsam, wie werde ich nur Dein Fernbleiben ertragen«, »die Tränen sind mein einziges Labsal« und »Ich bitte Dich um Gottes willen, antworte mir recht aufrichtig, ob Du auch recht innig und wahrhaftig von meiner wahren, reinen Liebe zu Dir überzeugt bist.« Was Luise nie war: Sie wird ein bißchen kleinlaut. Die erste Berliner Begeisterung ist verflogen; ohne den Schutz ihres Mannes fühlt sie sich hilflos. Nur noch ganz selten bricht ihr freches Mundwerk wieder durch, etwa als sie erfährt, dem König behage die langwierig werdende Sache gar nicht und zurückschreibt: »Wenn ich schadenfroh wäre, so sagte ich, daß ich dem Könige ein bißchen Langeweile gönnte, denn wer hat so gedrängt wie er... Mich deucht, die Rheinkampagne hätte um vieles vorsichtiger machen sollen.«

Nicht einmal der Tod des kinderlosen »Dörchläuchting« am 2. Juni 1794 kann sie aus ihren Sorgen um Friedrich Wilhelm herausreißen. Ihr heißgeliebter Vater folgt seinem Bruder als Herzog und brav gratuliert sie ihm nach Strelitz, wohin er von Hildburghausen geeilt ist. Aber nur halben Herzens und sehr zögernd fragen die Schwestern brieflich beim König an, ob sie Herzog Karl dort besuchen dürften. Sie sind gewiß, daß ihr Wunsch abgewiesen wird: Wer von Sanssouci nach Neustrelitz reist, muß nämlich an Rheinsberg vorbei; dort wohnt Prinz Heinrich, Friedrichs des Großen zweitjüngster Bruder und seit langem der Familienerzfeind, fast noch mehr als Ferdinand und die Seinen in Belvedere. Als die Genehmigung aus dem polnischen Hauptquartier doch eintrifft, ist es zu spät, denn der ruhelose Vater hat seine neue Residenz schon wieder verlassen.

Dafür droht Prinz Heinrich höchstselbst mit einem Besuch, was

Luise und Friederike in hellste Aufregung versetzt. Gemeinsam die Rückkehr der Männer in Sanssouci abzuwarten, dürfte Luises Idee gewesen sein, der der König nur zu gern zugestimmt hat. Er sieht Luise lieber den Hofbällen (und der »Ferdinanderie«) fern und Friederike, deren unglückliche Ehe er kennt, ebenfalls. Sie ist koketter als ihre Schwester, seiner ersten, nach Stettin verbannten Frau Elisabeth ähnlicher. Er kennt diesen Typ genau, der zunächst kuscht und dann mit gleicher Münze heimzahlt.

So sitzen sie nun mit ihrem Hofstaat im verwaisten Sanssouci, wo sich die Hofdamen den galanten Offizieren nicht verschließen und die Langeweile mit Liebeleien vertreiben, was die Voß so ärgert, daß sie beinahe unerträglich wird (Luise ist nahe daran, sie zu entlassen). Zwar macht man kleine Ausflüge, etwa zur später von Luise so heißt geliebten Pfaueninsel, zum »Japanischen Pavillon« oder der »Grotte«, aber die Spaziergänge bieten kaum Abwechslung. Die beiden Schwestern verfolgen auf einer großen Landkarte, was in Polen geschieht (es geschieht nicht viel, vor Warschau bahnt sich nach Mainz und Landau eine weitere nervenzerrende Belagerung an). Die Schützengilde feiert Feste, zu denen die Prinzessinnen Eis und Gebäck spendieren. Luise hängt Erinnerungen nach, nicht an Friedrich den Großen, der Sanssouci erbaut hat, sondern an die schönen Manövertage mit Friedrich Wilhelm. Die beiden Schwestern freuen sich sogar aufrichtig, als Königin Friederike sie besucht, was viel heißen will. Aber die Königin ist gnädiger geworden und bringt kleine Geschenke mit, füllt wohl auch hin und wieder die magere Kasse der beiden auf. Als die erwähnte Schützengilde die Kronprinzessin zum Beispiel zur Schützenkönigin schießt, muß sie sich, dem Brauch entsprechend, davon loskaufen. Das fällt Luise schwer, denn das wenige Geld, das sie besitzt, ist längst ausgegeben, meist übrigens für die Armen und Kranken der Umgegend, die oft besucht werden, vielleicht mehr aus Langeweile als aus aufrichtigem Mitleid.

Und nun steht auch noch Prinz Heinrich vor der Tür, der Eigenbrötler der königlichen Familie, wie sein Bruder Ferdinand ein Überbleibsel aus der großen Vergangenheit, die langsam zu verblassen beginnt. Er ist inzwischen 78 und hat das märkische Schloß Rheinsberg an der mecklenburgischen Grenze seit bald 50 Jahren kaum je verlassen. Dafür gab und gibt es so gut wie kein Ereignis, das er nicht von Rheinsberg aus mit seinen sarkastischen Bemerkungen begleitet hätte. Diese Eigenschaft hat einst seinen großen Bruder Friedrich bewogen, mit ihm zu brechen. Prompt ließ Heinrich am Seeufer gegenüber seinem Schloß einen Obelisken errichten mit Bronzeplaketten für alle Helden des Siebenjährigen Kriegs, einschließlich seiner eignen Person, nur für Friedrich nicht (was diesen gewaltig geärgert haben soll).

Im übrigen dürfte es nur wenig übertrieben sein, Prinz Heinrich den Sieg im Siebenjährigen Krieg zuzuschreiben. Zusammen mit Seydlitz, dem sagenhaften Reiterattacken-General, besiegte er 1762 die Österreicher bei Freiberg. Dies führte zum endgültigen Friedensschluß. Er gilt als Urheber einer Kriegstaktik, die offene Feldschlachten vermeidet, vielmehr den Gegner zurückzudrängen versucht. Das mag inzwischen strategisch überholt sein, aber diese Methode ist es, die auch der Herzog von Braunschweig immer noch anwendet.

Im Garten neben Schloß Rheinsberg hat der unbequeme Hohenzoller bereits sein Grabmal aufstellen lassen, eine Pyramide, die alle Merkmale französischer Revolutionsarchitektur trägt, bis heute eines der wenigen architektonischen Beispiele dafür in deutschen Landen. Denn Prinz Heinrich ist frankophil bis auf die Knochen. Friedrich dem Großen hat er Roßbach übelgenommen, den Sieg über die Franzosen, und Friedrich Wilhelm II. die Rheinkampagne, ein seltsamer, aber für das damalige Preußen bezeichnender Typus: ein Fresser der Franzosenfresser.

Nach Berlin treibt es den alten Prinzen aus einem für ihn sehr ungewöhnlichen Anlaß. Er, der sich noch nie herabgelassen hat, ein deutsches Stück anzusehen, will dort eine Aufführung – ausgerechnet – der »Zauberflöte« besuchen. Da er der Doppelhochzeit Luises und Friederikes aus Groll gegen den König, den Feldzug, die ganze böse neue franzosenfeindliche Zeit, schnöde ferngeblieben ist, nimmt man allgemein an, daß er nun bei der Vorbeifahrt höflichkeitshalber in Sanssouci Halt machen wird.

Wie soll man ihn empfangen? Was tun und was lassen, um den fernen König und die nahe Königin nicht zu verärgern? Die beiden jungen Frauen gleichen aufgescheuchten Hühnern. Luise scheint ängstlich bemüht, nicht wieder so anzuecken wie im letzten Winter; hinzu kommt, daß Heinrich der einzige ist, der frei und offen seine Sympathie für Prinz Louis Ferdinand zeigt (wie schon erwähnt, vermacht er Ferdinand 1802, wenn auch erfolglos, sein Vermögen, ein Zurückgesetzer dem anderen).

Der Kelch geht an den Schwestern vorbei. Prinz Heinrich durchfährt Potsdam und läßt Sanssouci zur Erleichterung der Schwestern links liegen. Er hat in Berlin noch nicht einmal seine Frau Wilhelmine besucht, die, des Rheinsberger Eremitendaseins überdrüssig, schon lange in einem Stadtpalais lebt, gütlich getrennt sozusagen, eine weitere vielberedete Skandalgeschichte. Prinz Heinrich wird übrigens wenig später dennoch in Sanssouci Station machen. Da sucht er Friedrich Wilhelm II. auf, nachdem dieser seinem unrühmlichen Rückzug aus der Champagne einen nicht weniger unrühmlichen aus Polen hinzugefügt hat. Heinrich, der schon an der ersten Polnischen Teilung unter Friedrich dem Großen aktiv beteiligt war, unterbreitet einen Friedensvorschlag, der dem König entgegenkommt. Aber da befinden sich Luise und Friederike längst wieder in Berlin. Beide sehen ihrem ersten Kind entgegen.

Ihre eigene Kindheit ist endgültig zu Ende. Beide klammern sich zwar noch an die Familie, an Großmutter, Vater und Geschwister; sie werden es ihr Leben lang tun. Aber beide haben sich, aus dem Nest gestoßen, wie wohl nur Prinzessinnen aus dem Nest gestoßen werden, zwangsläufig abgenabelt. Darmstadt liegt weit zurück. Auch der Jubelzug nach Berlin und die erste Seligkeit in anscheinend frischgewonnener Freiheit haben einer milden Resignation Platz gemacht, wie sie wohl zum Erwachsensein gehört.

Zwei sehr verschiedene Schwestern. Das zeigt sich in der Reaktion auf den großmächtig aufgetretenen Louis Ferdinand. Luise zuckt im rechten, vielleicht auch nur letzten Augenblick zurück. Friederike darf er bald über die Lieblosigkeit ihrer Ehe hinwegtrösten – und nicht nur er. Sie rächt sich an Preußen durch Promiskuität, wie sich Preußen an ihr rächen wird, bis sie eines Tages Königin von Hannover ist. Luises Leben zeigt keinen solchen Bruch, sie kennt keine Rachegefühle, tritt viel selbstbewußter auf. Luise wird zur Inkarnation Preußens.

Wie die beiden »engelsgleichen Gestalten« aussehen oder wie sie ihren Mitmenschen erscheinen, kann man noch heute aus erster Hand im Eingang der Nationalgalerie (Ost) auf der Museumsinsel erfahren. Dort steht die schöne Doppelplastik von Gottfried Schadow. Der 30jährige Bildhauer hat sie 1794, dem Jahr, in dem wir uns befinden, begonnen und vier Jahre später vollendet, ein Lobpreis weiblicher Schönheit, zu dem es in der deutschen Kunst kaum ein Gegenstück gibt.

Zwei Kindfrauen, die Ältere die Jüngere umfassend, ernst die Große, Beschützende, schüchtern-kokett, die Augen niederschlagend, die Kleine. Beide tragen jene hauchdünnen, klassisch-griechischer Kleidung nachempfundenen Gewänder, die mehr enthüllen als verhüllen. Sie haben – »Empire« – Mode gemacht, mit der bis zum deutlich sich abzeichnenden Busen hochgeschnürten Taille und dem langen, sich den Beinen anschmiegenden Faltenwurf der Röcke, die fast bis zum Boden reichen und nur die Füße mit den zierlichen Sandalen hervortreten lassen. Nachgemacht hat man Luise sogar die seltsame Seidenbinde am Hals, die eigentlich gar nicht zu dieser klassizistischen Kleidung paßt. Die Kronprinzessin trug sie einer plötzlichen Schwellung wegen, die damals bei ihr auftauchte und die später wieder verschwand.

Die Statue gab den Zeitgenossen hinreichend Stoff zu Vermutungen. Alle Quellen heben die Tatsache, daß Kronprinz Friedrich Wilhelm bei jeder Sitzung anwesend gewesen sei, derart hervor, daß man versucht ist, sie in Zweifel zu ziehen. Schon damals wurden Gerüchte laut, die Prinzessinnen hätten dem Künstler Akt gestanden. Das war nicht einmal ungewöhnlich. Das Museo Napolionico in Rom zeigt zum Beispiel den Originalabguß einer Brust der Fürstin Pauline Borghese, nach dem Canova seine berühmte Liegende geschaffen hat. Die Zeit war nicht prüde, aber Friedrich Wilhelm war es. Er nahm Anstoß an der Quasinacktheit der Figuren. Schadow hatte geprahlt, er habe die »erforderlichen Maße nach der Natur nehmen dürfen«, was den Kronprinzen zu einer seiner schlagenden Mißfallensäußerungen (»Mir fatal«) veranlaßte. Die lebensgroßen Standbilder sind auch lange Zeit in Schadows Atelier verstaubt, bis dieser auf Bezahlung drängte. Die Skulptur wurde dann im dunkelsten Raum des Berliner Stadtschlosses aufgestellt, wo man sie kaum sehen konnte.

Schadow hat übrigens selbst in seinen Memoiren »Kunst-Werke und Kunst-Ansichten« beschrieben, daß er seine figürlichen Arbeiten stets »wie die alten Griechen, nackend« modellierte und ihnen anschließend gipsgetränkte Tücher umlegte. Dem Kronprinzen und späteren König von Preußen schlug er dadurch ein Schnippchen, daß er mit Genehmigung des Ministers von Heinitz, der eigentlich für den Bergbau zuständig, aber gleichzeitig Kurator der Kunstakademie war, die Gruppe noch einmal schuf, kleiner und mit Blumenschmuck versehen. Diese ließ er von der Königlichen Porzellan-Manufaktur gießen. Eine Kopie kostete nur drei Taler, ein ungemein niedriger Preis.

Der erhoffte große Erfolg blieb trotzdem aus, weil man den biederen Gatten der Luise nicht brüskieren mochte. Nach all den Ausschweifungen am Hofe Friedrich Wilhelms II. war Berlin reif für das Gegenteil, für Häuslichkeit, eheliche Treue, Biedermeier, bürgerliche Zucht und Ordnung.

So glich das Schicksal der meisten Porzellanabgüsse dem des Originals. Man stellte sie in die dunkelste Ecke des Hauses, damit der Kronprinz oder König sie nicht sähe, wenn er, gottbehüte, das Haus eimal beträte. Noch Anfang unseres Jahrhunderts sollen Berliner Hausfrauen darauf geachtet haben, Schadows Kleinskulptur nicht dem hellen Licht auszusezten. Auch das lebensgroße Exemplar in weißem Marmor ist erst 1947 am Fuß der Nationalgalerie aufgestellt worden.

Lassen wir noch einmal den altständisch-konservativen Marwitz zu Wort kommen, den Friedrich Wilhelm 1811 sogar in Festungshaft nahm, was man bei den folgenden, nicht sehr freundlichen Zeilen berücksichtigen muß. Sie sind seinen Erinnerungen »Ein märkischer Edelmann im Zeitalter der Befreiungskriege« entnommen:

»Seine Gemahlin«, lesen wir, »behandelte er (Friedrich Wilhelm) eigentlich ziemlich schlecht. Sie war nur auf Äußerlichkeiten erzogen, hatte aber die größte Begierde, sich zu unterrichten ... Wenn sie ein vernünftiges Buch lesen wollte, so sagte er: es sei dummes Zeug. Kurz, sie durfte nichts tun, als jeden Augenblick zu seiner Unterhaltung bereit sein. Wenn er krank war, was glücklicherweise nicht oft der Fall war, wich sie nicht einen Augenblick von seinem

Bett. Dagegen beförderte er eben das, was an ihr zu tadeln war, nämlich ihre Eitelkeit. Sie war sich ihrer Schönheit bewußt, war nichts weniger als gleichgültig gegen Bewunderung und liebte den Putz mehr als nötig war. Die Moden waren aber damals die während der Revolution aufgekommene sogenannte ›griechische Kleidung‹. Die Frauenzimmer hatten nur ein Hemde und ein möglichst dünnes Kleid an, in welchem alle ihre Formen sichtbar waren. Wenige trugen noch einen engen und dünnen Rock darunter, und nur diese waren es, die von Brust und Armen nicht alles zeigten, was nur irgend zu zeigen möglich war. (Luise) ... ging, wie man weiß, in dieser Mode voran. Doch muß man zur Steuer der Wahrheit sagen, daß... die Kleidung gesunder und schöner war als die jetzige (1835). Ohne alle Schnürleiber waren die Frauenzimmer der Zeit so gerade gewachsen wie ein Licht und zugleich gesund; trotz des ganz leichten Anzuges waren Erkältungen weniger häufig wie jetzt, und was sie von ihrer Person unverhüllt oder wenig verhüllt zeigten, war wenigstens das, was bei Weibern angenehm zu schauen ist.«

Cum grano salis genommen entspricht auch dies ganz sicher einem Teil der Wahrheit. Marwitz ist nicht der einzige Miesepeter gewesen, der einem Paar wie Friedrich Wilhelm und Luise das Leben schwer gemacht hat. Es wird über niemanden nur gut gesprochen, auch über Luise nicht. Sie war keine Heldin, sie hatte ihre Schwächen. Ihre Menschlichkeit und Schönheit leuchten trotzdem, höchst angenehm zu schauen, in Schadows Plastik bis zu uns herüber.

9.
Paretz

Wir haben wenig Glück mit unsern Kriegen«, schreibt Luise ihrem Mann ins Feld. »Immer, immer wird alles, um es durchzusetzen, leicht, ganz leicht vorgestellt, haben wirs dann erlangt, so nehmen wir alles auf der leichten Achsel, übereilen uns, und soll es dann auf etwas Ordentliches hinausgehen, ja, dann sitzen wir in der Bredouille, haben vorne und hinten nichts und geben uns immer ein großes Ridicül (machen uns lächerlich).« »Es ist wahrhaftig, um die Schwartzegelbesucht zu bekommen«, fügt sie hinzu.

Da stößt sie ins gleiche Horn wie ihr Mann. Erst nachdem der Kronprinz in Pertikau, seinem Etappensitz, innerhalb von 18 Stunden zwei Kuriere empfangen hat mit jeweils gegensätzlichen Befehlen (»man möchte vermuten, dies alles geschieht, um mir den Krieg gründlich zu vereckeln, und das ist nahezu gelungen, er steht mir schon bis an den Hals«), darf er mit seinem Regiment endlich zu den Truppen des Königs nach Warschau vorrücken.

Aber die Preußen haben tatsächlich kein Glück mehr mit ihren Kriegen. Man könnte sogar mit Fug und Recht sagen, daß sie in der kurzen Zeit seit dem Tod Friedrichs des Großen verlernt haben, Kriege zu führen. Sie machen alle Fehler, die man nur machen kann: Sie sind zu langsam, zu unentschlossen, zaghaft und falsch orientiert. Das gilt nicht nur für Warschau, wo Tadeusz Kościuszko, ehemals Adjutant George Washingtons, von der polnischen Nationalversammlung zum Diktator proklamiert worden ist und die Angriffe der preußischen Truppen zurückschlägt. Auch vom Rhein und aus den Niederlanden kommen schlechte Nachrichten, der Feldmarschall von Möllendorf reüssiert dort ebensowenig wie der König in Polen.

Die Abneigung des Kronprinzen gegen derartige Kriege verstärkt sich noch, als man im August bei brütender Hitze gegen seinen Rat einen Angriff auf polnische Verschanzungen versucht. »Es war ein mörderisches Feuer«, schreibt er Luise, auf Deutsch: »und wir haben grausam viel Menschen verloren... Ich kann Dich versichern, ich habe so etwas noch nicht gesehen. Die Blessierten kamen immer haufenweise zurück, so daß der König sie einmal für ein zurückgekommenes Bataillon hielt. Der Anblick war schrecklich, und man mußte ohne Empfindung sein, um dieses mit Gleichgültigkeit mit anzusehen. Ich konnte es nicht und die Tränen standen mir und mehreren in den Augen... Nein, gewiß, ich vergesse es nie... Was gibt uns dies alles aber für Aussichten in die Zukunft, wahrlich nicht die besten...«

Luise und Friederike zupfen derweil brav wieder Scharpie, jene als Verbandsmaterial benutzte zerrissene Leinwand. Einmal bittet Luise ihren Mann, dem Bruder Louis, der seiner Frau fast überhaupt nicht schreibt, einen Stoß zu geben. Der Besuch des Vaters muntert beide ein wenig auf. Sie hatten ihn ursprünglich in Neustrelitz besuchen wollen, aber, schreibt Luise, »es ist jetzt so besser wegen meines dicken Bauch und wegen der Kasse, die darunter gelitten hätten.«

Ansonsten ist sie überempfindlich und gereizt, was an der Schwangerschaft, aber auch an den häuslichen Verhältnissen liegen mag. Die Schwester, ebenfalls schwanger, weint viel und will getröstet werden. Die Voß »nimmt manchmal einen anmaßenden Ton an, den ich gar nicht leiden kann, und wenn sie das bemerkt, so ist sie manigmal so kriechend, daß ich sie treten könnte... Ich behandele sie mit der größten Höflichkeit und sie scheint sehr zufrieden mit ihrem Schicksal zu sein. Man sagte mir, sie hätte erwartet, daß ich sie recht maltraitieren würde, damit sie eine gültige Ausrede habe, um sich von unserem Hof zurückzuziehen...«. Typisch Luise, deren Bauernschlauheit immer wieder triumphiert, dürfte der Zusatz sein: »Sie hat sich aber sehr in ihrer Rechnung getäuscht, und auf diese Weise werden wir uns niemals trennen.«

Es zeigen sich nach der Niederlage bei Hofe, dem Rüffel wegen des Flirts mit Louis Ferdinand (der eben beginnt, Friederike zu umgarnen), der langen Abwesenheit des Kronprinzen und den deprimierenden Nachrichten von beiden Kriegsschauplätzen bei Luise überhaupt Eigenschaften, die früher nicht derart deutlich hervorgetreten sind. Sie kann diplomatischer handeln, als es den Anschein hat und, wenn man so will, auch hinterhältiger. Ferner stellt sich heraus, daß sie ein instinktives Verhältnis zu ökonomischen Dingen besitzt, zum Geld. Das wird der Kronprinz später, als er König ist, sogar aktiv zu nutzen verstehen. Das Angebot, von dem sie ihm nach Warschau schreibt, findet bei ihm allerdings kein Echo; er hat gewiß andere Sorgen. Es geht um den Besitz des eben verstorbenen Grafen Hatzfeld: »Die schöne Grafschaft Frankenberg in Schlesien fällt an den König; bewirke doch, daß er sie mir schenkt, ich würde dann 200 000 Taler Einkommen haben, hunderttausend davon würde ich Dir geben, die andere Hälfte würde ich für mich behalten ...«

Trotz aller Schwierigkeiten haben ihre Briefe immer noch Witz und Charme. »Wenn Du mich sehen könntest, würdest Du gewiß im ersten Augenblick zweifeln, ob ich es bin, die die Ehre hat, Deine Frau zu sein; denn ich versichere Dir, Ich bin ein kleines dickes Ungetüm, nichts als Bauch, von welcher Seite Du es auch betrachten magst.«

Was der Kronprinz aus seinem Feldquartier vor Warschau berichtet, klingt allerdings nicht eben aufmunternd. »Es fehlt uns an allen Mitteln ..., denn man ist mit nichts von dem, was man braucht, gehörig versorgt ... Gott, was ist dies wieder für ein elender Krieg!« Da sein Vater die Zensur verschärft hat, liest man weiter: »Ich bitte Dich aber recht sehr, solche Äußerungen bleiben ganz unter uns. Derjenige, der aber diesen Brief unverschämterweise aufmachen sollte, mag sie immerhin lesen, denn es ist die reine klare Wahrheit.«

Kaum daß Friedrich Wilhelm König wird, lockert er die Zensur und hebt auch die scharfen Restriktionen auf, die sein Vater über die »Gazetten«, die Zeitungen, verhängt hat. So wenig der Kronprinz und spätere König für »Freigeisterei« übrig hat, so wenig kommen ihm Maulkörbe als geeignete Gegenmaßnahmen vor.

Friedrich Wilhelm II. tut das klügste, was man tun kann, er befiehlt einen, wie die meisten späteren Historiker es nennen,

»ruhmlosen Abzug«. Die Eroberung Warschaus wird dem russischen General Suworow überlassen. Es scheint tatäschlich ein bißchen lächerlich und unpreußisch dazu, wenn des Königs Günstling und Generaladjutant, sein Begleiter und Ratgeber Johann Rudolf von Bischoffwerder vorschlägt, man solle die Russen »die Arbeit« verrichten lassen, aber in der Nähe bleiben, »um nicht leer auszugehen, falls die Russen die Stadt erobern und angreifen«.

Der König ist zu stolz, um auf diesen Vorschlag einzugehen. Sein Sohn wird Bischoffwerder unmittelbar nach dem Tod des Vaters verabschieden. Er stirbt 61jährig auf seinem Landgut Marquardt bei Potsdam und erlebt nicht mehr, wie Preußens Chronisten »jede nur denkbare Schmach« auf ihn häufen; so drückt es selbst die vorsichtige, um Objektivität bemühte »Allgemeine Deutsche Biographie« aus, die ab 1882, im Kaiserreich, erschien. Bischoffwerder war gewiß kein Genie, und bei der großzügigen Güterverteilung seines Gönners blieb er nicht gerade in der letzten Reihe stehen. Beides hatte er jedoch mit vielen, dazu unredlicheren Zeitgenossen gemeinsam. Einige Gemeinsamkeiten mit dem König hatten ihm seine Stellung gesichert: Er war ein Kavalier, überdurchschnittlich groß gewachsen, Rosenkreuzer und Freimaurer. Derart kurzsichtig, wie ihm später vorgeworfen worden ist, kann er nicht gewesen sein. Massenbach erzählt, vor dem Feldzug gegen Frankreich habe Bischoffwerder ihn gewarnt: »Kaufen Sie nicht zuviel Pferde, die Komödie wird nicht lange dauern.«

Nicht nur politische Klugheit läßt Friedrich Wilhelm II. schon wieder einen »ruhmlosen Rückzug« antreten. Auch seine Gesundheit hat durch den Feldzug gelitten. Um alle Feierlichkeiten zu seinem 50. Geburtstag zu vermeiden, die ihm unter den gegebenen Verhältnissen nur peinlich sein könnten, kehrt er erst am darauffolgenden Tag, am 26. September 1794, aus Polen zurück. Seine Beine sind angeschwollen (der Bauch auch), er leidet an Kreislaufstörungen und ist erschreckend gealtert. In Sanssouci sucht er Erholung von den Strapazen und Enttäuschungen, läßt sich von seiner Wilhelmine pflegen und versammelt trotzdem schon wieder eine reiche Anzahl von Mätressen um sich. Er lebt, der preußischen Lästerzunge Massenbach zufolge, in Sanssouci »zurückgezogen im Innern seines Serails mit seinem Harem und Sklavinnen«. Was, möchte man hinzufügen, immer noch besser ist, als ständig und erfolglos fremde Städte zu belagern.

»Sage mir zunächst, engelgleiche Luise«, hat der Kronprinz schon am 7. September, sogar in deutscher Sprache, geschrieben, »würdest Du erschrecken, wenn unerwartet einer, der Dir nicht gleichgültig ist... erscheinen würde?... kann Dein Herz wohl erraten, um wen es sich hier handelt?... Alles, was ich Dir sagen kann, ist, daß er fast närrisch vor Freude ist...«

Luise, im neunten Monat, ist es ebenfalls. Ihre Antwort klingt so impulsiv und übermütig wie früher. In der Aufregung fließen ihr Französisch und Deutsch durcheinander: »Folle«, (das war französisch, jetzt geht es deutsch weiter:) »Splitter rasend toll vor Freude, kaum fähig die Feder zu führen... (wieder französisch:) Welch göttliche Nachricht, erst recht angenehm, weil ich gar nicht darauf zu hoffen wagte.«

Obwohl der König über Breslau reist, wo er seinen Geburtstag verbringt, hat er seinen Söhnen gestattet, gleich nach Berlin zu eilen, um ihren Frauen in ihrer schweren Stunde beizustehen. Am 21. September sinken sich Luise und Friedrich Wilhelm in die Arme, einen Tag später folgt Louis. Am 7. Oktober kommt das erste Kind Luises tot zur Welt. Am 30. Oktober wird Friederike von ihrem ersten Sohn entbunden, der Friedrich Ludwig getauft, aber beziehungsreich von ihr Fritz Louis gerufen wird.

Für Luise ein doppelter Schicksalsschlag. Nachwuchs war damals für Prinzessinnen und Fürstinnen der erste, meist sogar der einzige Daseinszweck. Hinzu kommt, daß die Schwester sich nur langsam erholt und auch der kleine Friedrich Ludwig gefährlich erkrankt. Eine Unglückswolke scheint die beiden Mecklenburger Schwestern zu umgeben. Die Königin und sogar, von Sanssouci aus, der König nehmen intensiv Anteil. Luises eigentlicher Trost aber ist, ungewöhnlich für die Zeit, ihr Mann. Das Kind sei sehr schön gewesen, schreibt sie ihrem Bruder Georg und setzt in der Nachschrift des Briefes hinzu: »Mein Mann grüßt Dich... Er macht mich zum glücklichsten Weibe der Erde. Er ist ein seltener Mann.«

Ein stiller Winter folgt. Luise ist nach der Totgeburt längere Zeit bettlägerig und muß ihre Augen schonen, die gelitten haben »infolge der Tränen, die immerzu meine Augenlider benetzten und die ich, soweit mir das möglich war, heruntergeschluckt habe, um nicht meinen lieben und ausgezeichneten Mann unglücklich zu machen und ihm Kummer zu bereiten«, wie sie ihrer Schwester Therese von Thurn und Taxis schreibt.

Die familiären Schicksalsschläge reißen nicht ab. Im Januar stirbt Thereses dreijähriger Sohn, was die Schwester in Berlin wieder zurückwirft. Der Kronprinz wacht nächtelang an ihrem Bett, sobald sie eingeschlafen ist, ängstlich darauf bedacht, daß Luise nichts davon merkt.

Als es besser geht, besuchen sie Bälle, auf denen Luise, zum mitleidigen Erstaunen des höfischen Publikums, nicht das Tanzbein schwingt, und gehen auf Gesellschaften, in denen sie sich langweilen. Die beiden beginnen, eine Ehe zu führen, wie man sie in ihren Kreisen nicht gewohnt ist, bescheiden, fast karg in der Lebensführung und ganz und gar aufeinander bezogen. Sie entwickeln, wie es glückliche Ehepaare seit jeher tun, eine eigene Geheimsprache, die von Friedrich Wilhelms abgehackter Redeweise mit den vielen Infinitiven herrührt, und eine Vorliebe für bürgerliche Spaziergänge. Zum Entsetzen der Voß flanieren sie bisweilen ohne jeden Begleitschutz durch den Tiergarten, Arm in Arm wie ganz gewöhnliche Leute. Das werden sie, zur Verblüffung und Freude der Berliner, auch als König und Königin tun. Die willkommenste Abwechslung sind Besuche von der Familie. Sie werden von Luise mit Ungeduld erwartet. Im März kommt der inzwischen 15jährige Georg mit seinem Gouverneur Oberst von Graefe (»Ich bin dull im Kopf... Ach liebe, beste Leute, kommt nur nicht zu spät, ich bitte Euch!«), im Mai »Mabuscha«, die redselige Großmutter aus Darmstadt. Sie entzückt, wie immer, besonders den Kronprinzen, der selbst nicht viele Worte macht. Bezeichnenderweise zieht er als Gesellschafter und Berater Menschen vor, die ihrerseits laut, deutlich und unablässig sprechen. Noch im hohen Alter wird er Alexander von Humboldt weniger wegen dessen Überlegenheit und Wissen verehren – in ihrer intellektuellen Orientierung sind die beiden extrem verschieden –, als wegen seiner Eigenschaft, über eine Stunde lang fließend Schriftdeutsch zu reden, ohne das Gegenüber zu Wort kommen zu lassen. Die meisten gekrönten Häupter dieser Zeit würden so etwas eher übelnehmen. Friedrich Wilhelm ist froh, wenn er zu einer Unterhaltung nichts oder nur wenig beitragen muß.

Die Gräfin Voß zeigt sich weniger begeistert von der Prinzessin George, wie man ihrem Tagebuch entnehmen kann. Betriebsam und unternehmend, wie »Mabuscha« mit ihren 66 Jahren immer noch ist, sucht sie in Berlin Königin, Königinwitwe, Verwandte und Bekannte, Gott und die Welt auf, ist ständig unterwegs. Sie wird ein Jahr später nach dem Tod ihrer jüngsten Tochter Auguste zum Sohn nach Neustrelitz ziehen. Die ältere Generation rüstet zum Abschied – im gleichen Jahr verkauft Frau Aja, Goethes Mutter, ihr Haus am Großen Hirschgraben in Frankfurt, in dem Luise und Friederike so fröhliche Stunden während der Kaiserkrönung verlebt haben. Prinzessin George wird jedoch – Quirligkeit erhält jung – noch häufig Berlin aufsuchen und die Haushalte, in denen sie absteigt, durcheinanderbringen. Sie wird fast 90 Jahre alt werden und damit noch acht Jahre länger leben als ihre Enkelin Luise.

Kaum ist »Mabuscha« nach Darmstadt zurückgefahren, kommt Lolo zu Besuch, die Schwester aus Hildburghausen. Was die Dynastie betrifft, so scheint sie bestrebt, unter den Mecklenburger Prinzessinnen den Rekord aufzustellen. Als sie im gleichen Jahr stirbt wie Großmutter George, wird sie von elf Kindern betrauert werden. Sie tritt still und bescheiden auf, ist daher bei der Voß, die sich zeitweilig zu einer Art von Haustyrann entwickelt, besser gelitten.

Eine geruhsame Zeit. Abends sitzt man gern in Kronprinzenpalais mit Friederike und Louis zusammen, die ja gleich nebenan wohnen. Es wird erzählt, vorgelesen, musiziert oder ein Spielchen improvisiert, wobei es manchmal zum milden Streit zwischen dem Kronprinzenpaar kommt. Luise zieht Karten-, Friedrich Wilhelm Brettspiele vor (er kegelt auch gern mit seinen Herren Offizieren). Das Verhältnis zwischen Friederike und Louis hat sich wenn nicht gebessert, so doch konsolidiert. Im nächsten Jahr wird Louis zum Kommandeur des Dragonerregiments Nr. 1 ernannt, eine ehrenvolle Berufung. Da das Regiment in Schwedt an der Oder in Garnison liegt, ziehen Friederike und er mit ihren Kindern Friedrich und Karl ins Schwedter Schloß, wo sie wiederum gern von Luise und ihrem Mann besucht werden.

Sonntags stoßen regelmäßig die jüngeren Brüder Heinrich und

Wilhelm hinzu. Luise ist wieder schwanger. Diesmal schont sie sich, von ihrem Mann eifersüchtig bewacht. Am 15. Oktober ist es soweit. Sie schenkt einem Jungen das Leben, der zwei Wochen später vom Hofprediger Sack auf die vertrauten Namen Friedrich Wilhelm getauft wird. Er, der spätere Friedrich Wilhelm IV., ist und bleibt Luises Sorgen- und Lieblingskind. Die Zeremonie findet auf Wunsch des Vaters nirgendwo anders als im vertrauten Kronprinzenpalais statt. Es versammelt sich eine stattliche Zahl erlauchter Taufpaten: der König selbst, die Königin Friederike, die verwitwete Königin Elisabeth Christine, der ungeliebte sarkastische Prinz Heinrich aus Rheinsberg, mit dem der König inzwischen seinen Frieden geschlossen hat, dessen Gemahlin Wilhelmine, die er auf diese Weise doch einmal wiedersieht, der ähnlich ungeliebte Prinz Ferdinand aus dem Schloß Bellevue mit seiner Tochter Luise, die sich soeben mit Anton von Radziwill verlobt hat, sowie, als einziger von seiten der Mutter, Herzog Karl von Mecklenburg-Strelitz, Luises Vater. Auch Georg ist aus Rostock herbeigeeilt, wo er inzwischen studiert und seinem Gouverneur von Graefe das Leben schwermacht.

Luise ist überglücklich, auch wenn der Stammhalter und Thronfolger sich von Anfang an schwierig entwickelt, ein Anlaß zu steter Besorgnis. Das beginnt schon im März 1796. Da lassen die Eltern ihn impfen, was damals noch ungewöhnlich war und als nicht ungefährlich für das Kind angesehen wurde. Die Pocken, muß man bedenken, sind noch eine Volksseuche; in Preußen sterben jährlich rund 24 000 Menschen an dieser Krankheit. Und die Methode, Immunität durch bewußte Ansteckung zu erzielen, in diesem Fall durch Lymphe aus Kuhpockenblasen, schien zunächst wenig vertrauenerweckend.

So haben die in jener Zeit berühmtesten Ärzte Berlins, Heim und Hufeland, die auch später von Luise und Friedrich Wilhelm häufig zu Rate gezogen werden, erst 1806 zum erstenmal die Schutzimpfung angewandt. Das Kronprinzenpaar fühlte sich verpflichtet, mit gutem Beispiel voranzugehen. Dr. Brown, der aus England stammende Hofarzt, nimmt die Impfung vor, und es sieht zunächst so aus, als hätte sie schlimme Folgen für den Kleinen. Eine richtige Dosierung erwies sich wohl als schwierig; erst 1874 konnte deswegen das allgemeine deutsche Impfgesetz in Kraft treten.

»Denke Dir meinen Engelsjungen in tausend unaussprechlichen

Leiden, da lag nun der Wurm, rang mit Leben und Tod, und ich konnte noch leben?«, schreibt sie Georg. Luise ist allerdings ehrlich genug, zuzugeben, daß sie nach der Geburt des kleinen Friedrich Wilhelm zum Teil doch wieder ihr Vergnügungsleben aufgenommen hat. »Mein Kind, mein armes einziges Kind litt alle Leiden der Welt«, lesen wir, »und ich, ich mußte ausgehen, mußte tanzen, aber mit welchem Herzen, ach! das weiß Gott allein.«

Schwer vorstellbar, daß man nicht doch auch einer Kronprinzessin verziehen hätte, wenn sie, statt einen Ball zu besuchen, bei ihrem kranken Kind geblieben wäre. Luise ist anders, auch anders erzogen. Allgemeine Tanzvergnügen bedeuten ihr auch Pflicht, ganz wie ihrem Mann das Exerzieren. Daß sie sich bei Bällen besser zu amüsieren pflegt als die meisten Leute, die sie zu unterhalten gedenkt, steht auf einem anderen Blatt.

Auch jetzt reißt die Kette der Veranstaltungen nicht ab. »Heute ist Ball bei Graf Arnim, gestern war Soupé bei dem Könige, vorgestern Cour bei der Königin, vorgestern Abschieds-Diné bei Friederike..., und die ganze vorige Woche Ball, Diné, Soupé im Schloß bei den 3 Majestäten«, entschuldigt sich die Vielgeplagte bei ihrem Bruder für ihre Schreibfaulheit. Dr. Brown, mehrfach herbeizitiert, beruhigt die aufgeregte Mutter, die ihn im Ballkleid neben ihrem kranken Kind erwartet. Das Baby übersteht die Pockenimpfung. Der Schreck ist bald vergessen, wird aber Ende des Jahres 1796 von einem zweiten, schlimmeren übertroffen.

Im August hat das Kronprinzenpaar zwei Wochen Herzog Karl und Prinzessin George in Strelitz besucht, dabei einen Umweg gemacht über die Massows auf Steinhöfel. Auch in Schwedt sind sie gewesen, kurz vor der Rückkehr Friederikes und Louis' nach Berlin (wo letzterer prompt sein Verhältnis mit einer immer nur als W. bezeichneten Dame wieder aufgenommen hat). Im Dezember erkrankt Louis schwer, Dr. Brown diagnostiziert zunächst Gallenfieber und dann Bräune, wie man damals die Diphterie nennt. »Niemals bisher ist ein Weihnachtsabend so traurig verlaufen wie der gestrige«, schreibt Luise am 25. Dezember ihrem Vater. Am 28. Dezember stirbt Prinz Louis, 23 Jahre alt. Friederike, noch keine zwanzig, ist Witwe. Sie wird mit ihren drei Kindern im nächsten Jahr, nach dem Tode der 81jährigen Witwe Friedrichs des Großen, deren Sommersitz Oranienburg übernehmen. Das Schloß liegt weit genug entfernt, um Louis Ferdinand – aber nicht ihn allein – ungestört und ungesehen empfangen zu können.

Die beiden haben beschlossen, zu heiraten, sobald die Trauerzeit um Louis vorbei ist. Daß Friederike keine große Trauer, sondern fast sogar Erleichterung verspürt, ist verständlich. Weniger veständlich bleibt, warum sie sich in Pyrmont mit gleich beiden Söhnen des englischen Königs Georg III. einläßt, die dort kuren. Der König von Preußen, der seit jeher ein ausgesprochenes Faible für seine Schwiegertochter hat, kurt dort ebenfalls, an seiner Seite Wilhelmine, die inzwischen zur Gräfin Lichtenau ernannte Uralt-Freundin, und Friederike.

Louis Ferdinand, gewiß Preußens begehrtester Liebhaber und nicht gewohnt, Hörner aufgesetzt zu bekommen, erscheint alsbald seinerseits in Pyrmont. Wie in einer französischen Provinzler-in-Paris-Posse tauchen weitere Mitglieder der Familie auf, so der unvermeidliche Pyrmont-Gast Herzog Karl und endlich auch Luise und der Kronprinz. Letzterer hat den plötzlichen Tod seines Lieblingsbruders nur schwer überwunden. Die beiden sind zusammen aufgewachsen, Louis dürfte in der Vor-Luise-Zeit der ihm nächste und liebste Mensch gewesen sein. Selbst an der »Bräune« erkrankt, schwebte auch Friedrich Wilhelm eine Zeitlang in Lebensgefahr. Dr. Brown hat ihn gerettet, auch die aufopfernde Pflege seiner Frau und deren Oberhofmeisterin, die von da ab von Luise »der gute Voto« genannt und – bei allen ihren Rückfällen in die alte Herrschsucht – zur lieben Freundin erklärt wird. Das friedliche Bad wird zum Schauplatz unliebsamer Szenen, die sich nur mit Not verheimlichen lassen. Der Familientragödie folgt die Familienkomödie auf dem Fuß.

Das ist alles aufregend und manchmal traurig, wichtig genug jedenfalls für die Beteiligten; es spielt sich aber schon im Abseits der weltgeschichtlichen Ereignisse, gleichsam auf einem anderen Theater ab. Der Westen und Süden Europas dröhnt von Kanonendonner, im Norden lebt und liebt man weiter, stirbt und wird geboren und verwickelt sich in Probleme, als ginge einen der Krieg nichts an, der überall tobt.

1797. Da ist jener kurzgewachsene Artillerieoffizier aus italienischem Kleinadel, dessen ehrgeizigen, bislang jedoch keineswegs atemberaubenden Aufstieg wir von ferne beobachtet haben, in aller Munde. Geschickt taktierend hat er in den letzten Jahren eine Karriere sondersgleichen gemacht. Ein Mann der Schwenks und taktischen Finessen, eine geniale Begabung auf den Schlachtfeldern des Krieges und im Frieden, ein Konservativer und ein Revolutionär, der eine Zeitlang sogar als angeblicher Anhänger Robespierres in Haft genommen worden war, ein Undurchsichtiger, dem schon bald der Ruf eines Unbesiegbaren vorausgeht. In Paris zerschlägt er den Aufstand der Royalisten, als Oberbefehlshaber der französischen Revolutionsarmee besiegt er den König von Sardinien, fügt den Österreichern einige Schlappen zu und macht sich nach dem Frieden von Campoforno daran, den europäischen Süden neu einzuteilen. Fast ganz Italien wird zum Vasallenstaat Frankreichs. Schon tritt Napoleon wie ein Herrscher auf. Ein Jahr später wird er seine Armee nach Ägypten einschiffen und zwei Jahre später zum Ersten Konsul ernannt werden.

Preußen sonnt sich derweil in einem windstillen Winkel, den König Friedrich Wilhelm II. mit dem Baseler Sonderfrieden geschaffen hat. Berlin scheint sich aus den Welthändeln ganz einfach zurückgezogen zu haben ins überholte und schon leicht modrige Rokoko-Dasein, eine beschauliche Oase in einer erregten Zeit. Ringsum krachen Weltreiche zusammen, fließt das Blut in Strömen, macht sich ein Eroberer daran, Europa unter der Trikolore gewaltsam zu vereinen. Was kümmert es Preußen, das – endlich einmal! – sich selbst der Nächste sein möchte? Patrioten wie Prinz Louis Ferdinand schnauben vor Wut. Die meisten, groß wie klein, sind es zufrieden, wenn die Völker feindlich aufeinander schlagen, solange man selber nicht daran beteiligt ist. Man möchte seine Ruhe haben. Und man hat sie, tatsächlich.

Noch hat sich »der Korse«, Napoleon, nicht als Eroberer-auf-Teufel-komm-raus entpuppt. Was er sagt und was er tut, stößt, im Gegenteil, auf größte Sympathie, räumt er doch auf mit dem ganzen vermorschten Gebälk, das Europa längst nicht mehr trägt. Man sieht ihn als Ordnungs-und Friedensbringer mit dem Schwert, als vernunftreichen Erneuerer. Hölderlin hat ihn als solchen besungen (»Buonaparte«, 1798), Goethe noch am Ende seines Lebens, Eckermann gegenüber, ausgerufen: »Da war Napoleon ein Kerl! Immer erleuchtet, immer klar und entschieden, und zu jeder Stunde mit der hinreichenden Energie begabt... Sein Leben war das Schreiten eines Halbgottes von Schlacht zu Schlacht und von Sieg zu Sieg. Von ihm könnte man wohl sagen, daß er sich in dem Zustande einer fortwährenden Erleuchtung befunden; weshalb auch sein Geschick ein so glänzendes war, wie es die Welt vor ihm nicht sah und vielleicht auch nach ihm nicht sehen wird.«

Goethe befand sich in Weimar gleichfalls im Windschatten des preußischen Friedens. Aber Berlin beginnt bereits Weimar zu überflügeln. In diesen zehn Friedensjahren wächst die deutsche Romantik heran, eine literarische Talent-Explosion. Aus dem Adel entfalten sich Begabungen wie die eines Kleist, eines Hardenberg-Novalis, Arnim, de la Motte Fouqué, Chamisso und des Nachkömmlings Eichendorff, aus dem Bürgertum die eines Tieck, Brentano, Schleiermacher, Friedrich Schlegel, E. T. A. Hoffmann. Adel und Bürgertum treffen in den Salons, bei Rahel Levin-Varnhagen und Dorothea Schlegel, zusammen, auch Geist und Politik, verkehrt doch selbst Prinz Louis Ferdinand in ihnen, wenn auch als einziges Mitglied des Königshauses. August Wilhelm Schlegel beginnt seine Shakespeare-Übersetzung, die diesen beinahe zum deutschen Klassiker macht. Die kulturelle Blüte Berlins erstreckt sich auch auf Musik, bildende Künste und Theater. Kein Frühling ist dies, wie sich herausstellen wird, eher ein milder Herbst, die Ruhe vor dem Sturm.

Ohne diese Friedenszeit hätte es auch ganz gewiß nicht jene Reformen gegeben, die Stein und Hardenberg zwischen 1806 und 1813 unter tatkräftiger Mitarbeit Friedrich Wilhelms III. durchführen werden. Von der Abschaffung der Prügelstrafe beim Militär redet der spätere Heeresreformer Boyen, der Schöpfer der »Landwehr«, schon lange, und seit der Revolution in Frankreich wird in den politischen Cafés und Salons über nichts intensiver diskutiert als über Bauernbefreiung, Judenemanzipation, Gewerbefreiheit und städtische Selbstverwaltung. Die kurze Atempause von zehn Jahren genügt zur kulturellen und politischen Selbstbesinnung. »Demokratische Grundsätze in einer monarchischen Regierung, dieses scheint mir die angemessene Form für den gegenwärtigen

Zeitgeist«, erklärt der junge Karl August von Hardenberg, bald einer der mächtigsten Männer im Lande neben – und wenn man's genau nimmt, sogar über – dem König.

Nicht alle Blütenträume reifen. Aber daß sie geträumt und wenigstens zum Teil verwirklicht werden, verdankt man zweifellos dem vielgeschmähten Baseler Frieden und der strengen preußischen Neutralitätspolitik.

Man muß nicht glauben, daß Luise und ihr Mann an der literarischen Blüte Berlins etwa Anteil nehmen. Zu Hause lesen sie, was damals alle Welt liest, populäre Romane mit moralisch erbaulichem Inhalt. Ihr Lieblingsschriftsteller ist damals Lafontaine, nicht zu verwechseln mit dem französischen Fabeldichter La Fontaine. August Heinrich Lafontaine hat über 160 Romane veröffentlicht, deren Plattheit und Sentimentalität ihresgleichen suchen. Trotzdem gehörte er zu den meistgelesenen Autoren der Goethezeit. Nehmen wir ein Beispiel zur Hand, und zwar eines, das damals als beinahe »schlüpfrig« empfunden wurde (das gehörte schon Ende des 18. Jahrhunderts zum Bucherfolg dazu). Es ist der Erzählung »Die Tochter« aus dem Teil II des »Zeitvertreibs bei langen Winterabenden« entnommen. Ein heimkehrender Jäger stößt in den »Schluften und Höhen« des »Gebirges an der Mosel« auf eine Quelle. An ihr sitzt ein alter Mann, neben dem ein junges Mädchen schläft.

»O mein Ludwig! welch ein Anblick! ein Schleier von blonden Locken verbargen halb das unbeschreiblich schöne Gesicht, das auf einem schwarzen Tuche ruhete. Die Rosenknospe des Mundes spielte wie im Traum, mit einem schönen Lächeln, auf den Wangen blühte die höhere Rose des Schlafes, und – o wie gern hätte ich die Perlen des Schlafs von ihrer Stirn getrocknet! und ihr Kühlung zugefächelt, denn es war sehr warm. Die schlanke Gestalt, blühend in der Fülle schöner Jugend, so reizend dahingegossen, als wäre sie für den Künstler das Modell einer schlafenden Liebesgöttin! Die weißen zarten Hände, der kleine Fuß, sagten mir mehr als die einfache Kleidung, daß sie im Überfluß erzogen war. – Da schlug sie die Augen auf, als blitzte ein Donnerstrahl erschütternd durch die Natur, und mit süß klingender Stimme sagte sie: wie hat der Schlummer mich erquickt!«

Belassen wir es dabei. Nichts wandelt sich rascher als der Geschmack in puncto Kolportage. Lafontaine ist gewiß kein besonders begnadeter Schriftsteller, Hunderte von Gelehrten haben seither ihren Kopf über diese Hoflektüre geschüttelt. Ganz so läppisch war sie aber nun auch wieder nicht. Lesen wir doch zu unserem Erstaunen in der gleichen Erzählung folgendes Credo des Helden: »Ich verkenne es nicht, auch jetzt nicht, daß die französische Revolution wie die leuchtende Morgenröthe eines schöneren Tages über die Welt das himmlische Licht der Freiheit verbreitete. Wir Jünglinge, Du kennest sie alle, den ernsten Moritz, den stillen Ferdinand, den unruhigen Franz! wir träumten von einer schöneren Zukunft, von stiller Empörung gegen der Franken wilde Herrschaft. Wir schlossen mit jugendlichem Muth den Bund der felsenfesten Treue fürs deutsche Vaterland.«

Eine freimütige Äußerung, jedenfalls für damalige Begriffe. Die französische Revolution erscheint als Morgenröte eines besseren Tages – das ist gegen die Fürstenhäuser gerichtet –, und das anscheinend nur patriotisch im Munde geführte »deutsche Vaterland« enthält in der damaligen Zeit Zündstoff. Ein deutsches Vaterland gibt es (noch) nicht, es gibt unzählige, meist klimperkleine Vaterländer. Das Wort »Deutschland« steht noch nicht für Hurra-Patriotismus, sondern für jenes Verlangen nach demokratischer Freiheit, wie es Hardenberg ausgedrückt hat. Mit anderen Worten: Lafontaine mag schlechte Literatur schreiben, aber es handelt sich um durchaus fortschrittliche, um Aufklärungsliteratur. Schon der Altvater der Berliner Aufklärung, Nicolai, bei dem bereits Friedrich der Große Bücher gekauft hat, bezog als Verleger, der Erziehung des Menschengeschlechts zuliebe, Kolportage in sein Verlagsprogramm mit ein. Auf den Geist der Freiheit kam es ihm an, nicht auf die Kunst.

In gewisser Weise ehrt der fade Lieblingsautor Luise und den Kronprinzen, denn er schreibt zwar Schund, wendet sich aber gegen all das, was Tradition und Macht von dem zukünftigen Königspaar fordern; so kann diese Lektüre dazu beigetragen haben, in ihnen den Gedanken an Reformen zu verstärken. Gut gemeint, hat ein kluger Mensch gesagt, sei das Gegenteil von Kunst. Aber gutgemeinte Kolportage ist immer noch besser als schlechtgemeinte.

Es scheint eher Friedrich Wilhelms Wunsch gewesen zu sein, viel von Lafontaine zu lesen. Luises Lieblingsbuch bleibt »Mimili« von Heinrich Clauren, ebenfalls ein sentimentaler Bestseller, wenn auch ohne demokratische Tendenz. Lafontaine ist heute völlig vergessen, Clauren nur noch durch die Parodie bekannt, mit der Wilhelm Hauff, ein Schwabe, den Autor aus der Lausitz durch den Kakao gezogen hat, »Der Mann im Monde«.

Groß ist die Resonanz der neuerwachten deutschen Dichtung, Musik, Kunst ohnehin nicht. In Preußen leben um 1800 nur ganze sechs Prozent der Bevölkerung in Städten mit über 20 000 Einwohnern. Rechnet man von dieser runden halben Million das Gesinde, die Laufburschen, die Handwerker und die nur dürftig entwickelte Kaufmannschaft ab, bleibt als Bildungsbürgertum, also als Publikum für Kunst und Kultur, eine sehr bescheidene Gruppe: die Pastoren, Professoren, Lehrer, in der Mehrzahl jedoch die Beamten. Dies ist einer der Gründe, warum in Preußen keine Revolution ähnlich der französischen stattgefunden hat oder auch nur stattfinden konnte. Als die Pariser die Bastille stürmten, bauten die Berliner friedlich am Brandenburger Tor.

87 Prozent aller Preußen leben nach wie vor in Dörfern, Gutsbezirken, auf dem flachen Lande: ein bäuerliches Land. Das wird sich erst nach den Befreiungskriegen durch die einsetzende Industrialisierung ändern, dann allerdings schlagartig. Die Güter gehören immer noch dem Adel, der natürlich auch Bücher liest, Musik hört und die Politik aufmerksam beobachtet oder mitgestaltet. Neue kulturelle Entwicklungen entstehen beinahe ausschließlich in Berlin und den größeren Städten, verbreiten sich jedoch kaum über das Land.

Soweit die kulturelle Blüte Preußens in jenen Jahren auf die Initiative König Friedrich Wilhelms II. zurückzuführen ist, sind vor allem auch seine Berufungen im Jahr 1788 von Bedeutung. Drei Architekten und einen Bildhauer holt er nach Berlin: Langhans aus Breslau, Erdmannsdorff aus Dessau, Schadow aus Rom und Gilly aus Pommern. Für die Stadt sollte das nachhaltige Folgen haben.

Von diesen vieren mag Gilly der Unscheinbarste und ganz gewiß der Bescheidenste sein, ein untersetzter, robuster, etwas vierschrötiger und doch freundllicher Mann. Er stammt, in Schwedt an der Oder geboren, aus einer hugenottischen Familie und hat in der

Provinz seine Ausbildung erhalten, die aber keineswegs ungenügend ist. Ganz im Gegenteil: Er weiß im Wasser- und Straßenbau so gut Bescheid wie im Häuser- und Kirchenbau. Er hat an der Urbarmachung des Netzebruchs gearbeitet, wie er Hafenbauten in Swinemünde und Bürgerhäuser in Kolberg, Stolp, Starberg, Wieck und anderswo errichtet hat, ein Praktiker, ein Rundum-Architekt. Seinen genial begabten Sohn Friedrich läßt er bei Erdmannsdorff und Langhans ausbilden und schickt ihn auf Reisen, nach Italien zum Studium Palladios, nach Holland zum Studium der Wasserbauten. Er selbst reist wenig, verfolgt aber aufmerksam die Entwicklung der Baukunst in anderen Ländern, wie er es von seiner Tätigkeit in Pommern, zuletzt sogar als Baudirektor, also verantwortlich für alle staatlichen Gebäude vom Pfarrhaus bis zur Kanalbrücke, gewohnt ist. Diese Anregungen setzt er um, brav, ein bißchen bieder, nach eigener Aussage bestrebt, »auch mit wenigen Kosten künstlerisch Befriedigendes zu erreichen«.

Da ist er für die kargen, armen, sparsam bis geizigen Preußen genau der richtige Mann. Auf ihn geht der gesamte preußische Klassizismus zurück, der Einfachheit und Schlichtheit mit gutem Geschmack verbindet. Über seinen Schüler Schinkel, einen engen Freund seines früh verstorbenen Sohns Friedrich, bestimmt er noch das klassizistische Gesicht, das Berlin in Kürze annehmen wird und das es trotz aller Kriegszerstörungen bis heute bewahren konnte.

Denn Gilly tut ein übriges. Ein geregeltes Architekturstudium gibt es noch nicht. Zwar lehrt die Akademie der Künste Architektur, aber da handelt es sich, wie der zuständige Minister, Freiherr von Schroetter, schrieb, um »eine Lehr-Anstalt für Pracht-Bauten, wie aber eine Scheune, ein Viehstall, ein Brand-, Brau- und Wohnhaus – und endlich Schleusen und Brücken gebaut, Pakwerke (Anlagen zur Wasserregulierung) und Canäle nivellirt und gegraben werden sollen, hierüber existirt nicht der geringste Unterricht.« Schroetter befürwortet dann auch die Errichtung einer »Bau-Unterrichts-Anstalt« durch Gilly, aus der später die berühmte Bauakademie Berlins hervorgehen wird (erster Direktor: Schinkel). Gilly schreibt selbst die ersten Lehrbücher und sorgt dafür, daß die Ausbildung praxisnah bleibt. Allerdings trägt er ebenfalls Sorge, daß alles bis herunter zum einfachsten Zweckbau ein gewisses Maß an ästhetischer Schönheit bekommt.

Gedankt hat der Staat es ihm nicht. Man sieht Preußen gern als streng verwaltet und nahezu überkorrekt, aber die Verwaltung muß schlampiger gewesen sein, als man sie sich gemeinhin vorstellt. Wer keine oder nur wenig Ellenbogen besitzt (wie Gilly, wie Kleist, wie Eichendorff, um nur einige Beispiele zu nennen), wird oft übergangen, sogar in seinen verbrieften Rechten. Als David Gilly am 5. Mai 1805 erst 57jährig in bitterer Armut stirbt, stellt sich heraus, daß man ihm ein volles Jahr lang das Gehalt nicht ausgezahlt hat.

Es kennzeichnet den preußischsten aller Baumeister, daß er seine guten Beziehungen zu König und Hof nicht nutzt oder doch erst in letzter Minute (da bittet er den König um Geld für seine zweite Frau). Zurückgelegt hat der Vielbeschäftigte so gut wie nichts. Mit seinen Honoraren hielt er es, anscheinend, wie mit den Mitteln seiner Bauherrn: sparsam. Fast kann man – um hier zwei oder sogar drei Jahrzehnte vorzugreifen – verstehen, warum Friedrich Wilhelm III. nur grollend mit Gillys Schüler Schinkel auskam. Er ließ ihn zwar trotzdem gewähren, zumeist wenigstens, aber wer an Gilly gewöhnt war, mochte den Nachfolger unausstehlich finden, dem für Berlin und für seine Bauten nichts gut genug war und der im Bewußtsein unvermeidlicher Streichungen durch den König dennoch die höchsten und gewagtesten Kalkulationen vorlegte.

Das zwischen 1790 und 1795 angelegte Massowsche Gut Steinhöfel geriet Gilly zu einem kleinen Meisterwerk. Man erinnere sich an den Hofmarschall Valentin von Massow, der mit dem Grafen Brühl die Einrichtung des Kronprinzenpalais Unter den Linden besorgt hat. Sein Geschmack entspricht dem des jungen Paares. Wann immer sich die Gelegenheit ergibt, auf Reisen nach Mecklenburg oder Pyrmont, während der Frühjahrsmanöver in Potsdam und sogar auf dem Weg nach Polen, in den Krieg, haben Friedrich Wilhelm und Luise bei den Massows auf ihrem Gut Steinhöfel – damals auch Steinhövel geschrieben – Station gemacht. Steinhöfel liegt bei Fürstenwalde, östlich von Berlin, nicht weit von Frankfurt an der Oder. Mit diesem Gut und dem Dorf – beides völlige Neugründungen – hat sich David Gilly besonders verdient gemacht. Er dachte nicht, wie die Hersteller der erwähnten »Pracht-

Bauten«, in Fassaden, nicht einmal in einzelnen Gebäuden, sondern in Ensembles. Bei ihm beginnt die wohlausgewogene Dörfer- und Städteplanung in Preußen. Was er den Massows in die Landschaft setzt, Schloß mit Gartenhaus, Amtsgebäude und Dorfhäuser, bildet geradezu ein Musterbeispiel ländlicher Gesamtarchitektur.

Massow hat übrigens den vorhandenen Park schon während der Bauarbeiten in einen der ersten Landschaftsgärten englischen Stils in der Mark Brandenburg umgestalten lassen. Der unermüdliche Alleskönner Gilly entwirft auch dafür eine Reihe stilistisch unterschiedlicher Gebäude, die unvermeidliche künstliche Ruine, auch ein Weingärtnerhaus in gotisierenden Formen. Erhalten davon ist – wie überhaupt vom Gesamtwerk Gillys – wenig. Schon Ende des 19. Jahrhunderts hat man das Schloß Steinhöfel durch Umbauten bis zur Unkenntlichkeit verschandelt.

Das Kronprinzenpaar lernt die harmonische Einheit von Schloß, Musterdorf und englischem Landschaftspark zum erstenmal im Sommer 1794 anläßlich eines Gartenfestes kennen. Englische Anlagen setzen sich in dieser Zeit immer mehr durch. Friedrich Wilhelm II., seiner Zeit wie gewöhnlich konform, ließ schon vier Jahre vorher einen Teil des Charlottenburger Schloßgartens in Berlin in englischem Stil neu anlegen.

Dem Kronprinzenpaar dürfte die Art der Landschaftsgestaltung entgegengekommen sein. Die Gärten des Barock, auch in Berlin, sind noch »französisch« gestaltet, mit schnurgerade gezogenen Beeten und elegant verschnörkelten Buchsbaumeinfassungen – die komplett in ein Korsett gezwängte Natur als äußeres Kennzeichen für den unterworfenen und unterjochten Menschen im Absolutismus. Bezeichnenderweise hat die »Gartenrevolution« in England stattgefunden, schon vor zwei Generationen, um 1720. Dort sind inzwischen vielbewunderte Parks entstanden, die wie eine gepflegte – und mit einigem gärtnerischen Aufwand gepflegte – natürliche Landschaft aussehen, mit Seen, Bachläufen, Baumgruppen, Hainen, Wiesen, veschlungenen, waldartigen Wegen und jenem »Pleasure-ground«, auf dem die Schafe oder Heidschnucken grasen, eine bukolische Szenerie, die gleichzeitig den Übergang von der Natur in den Schloßbereich markiert. Getragen von Adel und Bürgertum, die den alten Untertanengeist abzustreifen gewillt sind, hat man diesen Stil als Symbol eines veränderten politischen und sozialen Gefüges genommen. Das scheinbar ungehinderte Wachstum, die Freiheit der Natur als Zeichen einer neuen Zeit. In Preußen werden in den nächsten Jahrzehnten die größten und schönsten englischen Landschaftsgestaltungen auf dem Kontinent entstehen, durch Lenné und Schinkel unter anderem in Berlin, durch den bedeutendsten Gartenkünstler Europas, den exzentrischen Fürsten Pückler, in Muskau und Branitz.

Steinhöfel geht dieser Entwicklung voran. Es gefällt dem Kronprinzenpaar so gut, daß es beschließt, etwas Ähnliches für sich zu suchen, und da ist die Gelegenheit günstig. Massow kann für Friedrich Wilhelm in unmittelbarer Nähe von Steinhöfel ein altes Gut erwerben, Paretz, und wiederum erhält Gilly den Auftrag zum Um-, Aus- und größtenteils Neubau. »Bedenken Sie immer«, schärft ihm der Kronprinz ein, »daß Sie für einen armen Gutsherrn bauen!«

Gilly vergißt es nicht. Paretz gelingt ihm noch besser als Steinhöfel, obwohl sich die Gelehrten von rechts und links bis heute darüber streiten. »In Paretz zum Beispiel«, findet Wolf Jobst Siedler, »dem Lieblingssitz Friedrich Wilhelms und Luises, die Havel schimmert durch die Bäume herauf, wird ein barockes Gutshaus in ein klassizistisches Landhaus von einer so biederen Nüchternheit verwandelt, daß es selbst Fontane zu weit ging. Die Feldsteinkirche aus der Ordenszeit gleich nebenan brachte der ältere Gilly mit ein paar Handgriffen aus dem Gotischen ins Griechische, wenn auch im Spielzeugformat. Die Königsloge, ›Köngigsstuhl‹ genannt, mißt dreimal vier Meter, das Maß einer Leutestube.« Demgegenüber moniert die DDR-Autorin Marlies Lammert, »daß an dies Schaudorf gleichzeitig wirtschaftliche Forderungen gestellt wurden«. Gilly die Nüchternheit und dem Kronprinzen die Sparsamkeit im Geldausgeben vorwerfen, heißt Preußen vorwerfen, daß es aus Brandenburg hervorgegangen ist und nicht aus Arkadien.

Ein kleines Arkadien, zumindest auf Zeit, hat Gilly geschaffen. Das langgestreckte Schloß, streng symmetrisch gebaut, eineinhalbstöckig mit flachem Walmdach, erscheint mit einfachsten Mitteln, weiten Rundbogenfenstern und sparsamen Ornamenten, harmonisch gegliedert. Pferdestall, Hofgebäude, Gesindehäuser, eine gotische Schmiede, Kuhstall, Schüttboden und Kirche bilden inmitten eines weiten englischen Landschaftsparks eine natürliche Einheit. Die Inneneinrichtung des Schlosses gleicht der eines englischen Landhauses (nimmt stilistisch also den halben Muthesius und den ganzen Schultze-Naumburg vorweg); an das Gasthaus ist, auf Wunsch des Kronprinzen, eine überdachte Kegelbahn angebaut, und im Park finden sich ein romantischer »Grottenberg« sowie als obligate künstliche Ruine ein »Belvedereturm«. Nur die Kirche sieht tatsächlich etwas merkwürdig aus mit ihrem kurzen, viereckigen überdicken Turm und den gotischen Fenstern zwischen weißgetünchten Außenmauern. Aber denkt man sich die Proportionen nur ein bißchen verändert, entdeckt man die Urform der schönen Luisenkirche, die Schinkel zum Andenken an die jetzige Kronprinzessin und spätere Königin an den Charlottenburger Gierkeplatz gesetzt hat, übrigens auch ein Umbau.

Nein, geht man vom ursprünglichen Zustand aus und nicht dem heutigen, bedenkt man ferner, mit wie einfachen Mitteln hier etwas Rundes, Volles, Ganzes entstanden ist, kommt man nicht umhin, Paretz ein Meisterwerk zu nennen, das Steinhöfel noch übertrifft. Für Friedrich Wilhelm und Luise ein Wirklichkeit gewordener Traum. Kein phantastischer, märchenhafter, pompöser Feudaltraum, sondern ein simpler von preußischer Redlichkeit. Wer die Auswahl hätte zwischen Versailles, Neuschwanstein und Paretz, wäre schlecht beraten, wenn er nicht letzteres wählen würde.

Anfang September 1797 können Friedrich Wihelm und Luise zunächst für ein paar Wochen einziehen. Mit von der Partie sind die Oberhofmeisterin und der dicke Köckeritz, des Kronprinzen Adjutant. Gräfin Voß ist zutiefst enttäuscht. Sie findet Paretz »nicht im geringsten hübsch«, viel zu bäuerisch, primitiv und schmucklos. Major Köckeritz klingt schon eher angetan, wenn er berichtet: »Die guten Menschen genossen zum ersten Mal in ihrem Leben so ganz das Einfache der Natur, entfernt von allem Zwang nahmen sie so herzlich Anteil an den naiven Äußerungen der Freude des Landvolks, besonders bei dem Erndtefeste, vergaßen ihre Hoheit, mischten sich in ihre Tänze, und hier war im eigentlichen, aber wahren Verstande Freiheit und Gleichheit. Ich selbst dachte nicht daran, daß ich 54 Jahre zurückgelegt, und tanzte gleichfalls mit, desgleichen« – siehe da! – »die Frau Oberhofmeisterin von Voß, Excellenz.«

Seine eigenen Eindrücke von Paretz verschweigt Köckeritz, der freilich selten oder nie eine eigene Meinung hat. Geradezu überwältigt zeigt sich Bruder Georg, der vom »kindlichen Frohsinn« des Kronprinzenpaares schwärmt.

Tatsächlich scheint Friedrich Wilhelm wie ausgewechselt, sobald er in Paretz ist. Beim Abendessen schnappen er und Luise sich die besten Bissen gegenseitig vom Teller, man vergnügt sich ausgelassen im Park oder mischt sich unter die Dorfbewohner. Der Kronprinz läßt sich gern als »Dorfschulze« anreden, Luise als »gnädige Frau von Paretz«, ein vielleicht sogar reichlich lächerliches Spielchen mit dem »Volk«. Aber kein Zweifel, »mehr brauchen sie nicht, um zufrieden zu sein«, wie Georg es ausdrückt, und Schulze von Paretz ist Friedrich Wilhelm tatsächlich lieber als Kronprinz und bald König von Preußen. Es paßt auch besser zu ihm. Er hat dann ja auch Preußen wie ein Gutsherr regiert – und das hat seine negativen, aber auch seine positiven Seiten.

Diesmal müssen Friedrich Wilhelm und Luise Paretz bald schon verlassen, am 22. September. Die Herbstmanöver rufen, auch geht es dem König nicht gut. Seine Leiden haben sich verschlimmert, die Kräfte schwinden, der Atem stockt, er stirbt einen schweren Tod. Die Gräfin Lichtenau weicht ihm im Potsdamer Marmorpalais nicht von der Seite. Sie pflegt ihn rührend und hingebungsvoll, ohne seine Qualen mildern zu können. Schlimmes Omen: Friedrich Wilhelm II. bittet um ein Glas Sekt, und ausgerechnet er, der Tausende von Sektflaschen geöffnet hat, fällt beim Knall des Korkens vor Schreck in Ohnmacht.

Der König ist 53 Jahre alt, früh verbraucht. Als er am 15. November noch einmal seine Frau und den Kronprinzen sprechen will, übermannt ihn wiederum eine Ohnmacht. Seine Hauptberater, Graf Haugwitz und General Bischoffwerder, der Generaladjutant, denken an die Errichtung einer Regentschaft.

Am nächsten Tag erreicht den Kronprinzen eine Eilstaffette mit der Nachricht, der König liege im Sterben. Auf dem Weg nach Potsdam kommt ihm Bischoffwerder schon entgegengefahren und meldet ihm das Ableben des Vaters.

Im Kronprinzenpalais wartet Luise. Ihre Namensschwester Radziwill ist bei ihr, als man den stämmigen Bischoffwerder aus der Kutsche steigen und auf das Tor zugehen sieht. Kurz darauf tritt Frau von Voß ins Zimmer mit den Worten: »Monsieur de Bischoffwerder demande à parler à Votre Majesté.«

»Mein lieber Vater!«, schreibt Luise am nächsten Tag. »Ach! Der König ist nicht mehr seit gestern abend 9 Uhr, und wir armen Kinder, wir beweinen ihn und bärmen uns. Obgleich es im Grunde ein Glück ist, daß sein schweres, schmerzliches Leben zu Ende ist. Die letzten Tage waren schwer, denn man fürchtete, er könne vor Schmerz den Verstand verlieren. Gott sei seiner Seele gnädig und helfe meinem Mann in seinen schweren Arbeiten, die schrecklicher sind als man glaubt.«

Der zynische Massenbach hat es anders ausgedrückt. »Bei seinem Tode«, schreibt er, »hieß es: Wohl ihm! Wohl uns, daß er nicht mehr ist! Der Staat war seiner Auflösung nahe.«

10.

König und Königin

Der Tod Friedrich Wilhelms II. kommt nicht überraschend. Sein ältester Sohn mußte sich zwar seit seiner Kindheit bereithalten, eines Tages König zu werden. Und auch Luise weiß, daß sie eine Krone tragen wird. Trotzdem wird das lang Vorhersehbare beide wie ein Schock getroffen haben.

Es ist nicht überliefert, wie das Paar während der ersten Amtshandlungen gewirkt hat. Da sonst die Zeitgenossen ausführlich und exakt besonders über Äußerlichkeiten zu berichten pflegen, darf man annehmen, daß nichts Auffälliges zu verzeichnen war, weder im Positiven noch im Negativen.

Thronfolger, könnte man meinen, ersehnten nichts mehr, als endlich den Thron zu besteigen: Beispiele dafür finden sich genug in der Geschichte. Hier trifft eher das Gegenteil zu. Innerlich müssen Friedrich Wilhelm und Luise wie erschreckte Kinder reagiert haben. Sie wissen beide, wie unvollkommen sie auf diese Aufgabe vorbereitet sind und wie wenig den Problemen gewachsen, die sie noch nicht einmal genau kennen.

Friedrich Wilhelm reagiert noch zaghafter, als er ohnehin zu sein pflegt. »Sie haben Ihren besten Freund verloren«, tritt er den Ministern seines Vaters – nun den seinen – gegenüber, »wollen Sie mich annehmen?« Auf das nicht sehr überraschende allgemeine »Ja« der Versammelten gibt er jedem Anwesenden brav die Hand.

Sogar die selbstbewußte Luise äußert sich zurückhaltend, beinahe ängstlich. Ihrem Bruder Georg hat sie kurz zuvor geschrieben: »Ich bin nicht zur Königin geboren, das glaube mir...«. Es gibt keinen Anlaß, an der Ehrlichkeit ihres Ausspruchs – oder Aufschreis – zu zweifeln. Der 28jährige und seine 21jährige Frau wissen, daß sie zumindest für diesen Staat nicht geschaffen sind, einen Staat, den der rasch verwelkte Kriegsruhm Friedrichs des Großen und die pompöse Leichtsinnigkeit Friedrich Wilhelms II. kennzeichnen, Aggression und Rokoko, das eine ihnen so fremd wie das andere. Das Schicksal hat sie zugleich erhoben und ausgesetzt. Es bleibt ihnen nichts anderes übrig, als sich aneinander zu klammern. Das tun sie, Hänsel und Gretel im dunklen Walde, auf beinahe rührende Weise. Wer beschreibt das Erstaunen der Berliner, die im Tiergarten flanieren, als ihnen ein eingehaktes Ehepaar in tiefer Trauer begegnet, in dem sie König und Königin erkennen. Und diese ungewohnte Freundlichkeit in der Erwiderung des ehrfurchtsvollen Grußes! Die Legende von der volkstümlichen, so gar nicht hoheitsvoll-fürstlichen Königin Luise nimmt ihren Fortgang.

»Wir sind wirklich unbeschreiblich glücklich in allem Betracht...«, jubelt Friedrich Nicolai, das heimliche Oberhaupt der Berliner Aufklärung, damals 64 Jahre alt. »Wir bekommen alle neues Leben«, fügt er hoffnungsfroh hinzu. Dem jungen Königspaar schlägt eine Welle von Sympathie entgegen, aber auch eine Fülle von Erwartungen, die es zusätzlich belastet. »Ein Regiment der Gerechtigkeit, der Ordnung und der Sparsamkeit beginnt«, so die Prophezeiung des französischen Gesandten.

Die erste Staatshandlung Friedrich Wilhelms III. gereicht ihm freilich wenig zur Ehre und steht keinesfalls im Zeichen der Gerechtigkeitsliebe, obwohl auch sie vom Beifall der Mißgünstigen begleitet wird, die es in jedem Volk gibt. Sie ähnelt eher der Trotzreaktion eines störrischen und erbitterten Jünglings, der billige Rache nimmt. Schon am Abend vor dem Tod des Vaters hat er sowohl das Potsdamer Marmorpalais als auch sämtliche Besitztümer der Gräfin Lichtenau umstellen lassen. Ganz allgemein scheint man anzunehmen, die gehaßte Vertraute König Friedrich Wilhelms II. würde nach dem Ableben ihres langjährigen Geliebten und So-gut-wie-Ehemanns schleunigst Reißaus nehmen.

Da kennt man Wilhelmine Enke allerdings schlecht. Sie denkt keinen Augenblick an Flucht. Ihrem dicken Wilhelm hat sie, eine treue Seele, bis zuletzt die Qualen des Sterbens zu erleichtern versucht, auch wenn sie, selbst erkrankt, die letzten Stunden nicht bei ihm gewesen ist. Und was ihren gewiß großen Besitz betrifft, so handelt es sich um rechtmäßige Geschenke des rechtmäßigen Königs, für die sie sogar Leistungen erbracht hat. Sie hat ihm Kinder geboren, eine Familie geschenkt, ein Haus geführt und ihm geholfen, wo immer sie konnte. Beim Bau des Brandenburger Friedenstors, das Friedrich Wilhelm seinen Berlinern errichtet hat, zum Beispiel, führte sie die Bauaufsicht. Irgendeiner Schuld ist sie sich nicht bewußt, und so tritt sie dann auch auf: tief in Trauer, verzweifelt weinend, aber hoch erhobenen Hauptes.

Der junge König läßt die Kranke – vielleicht die einzige, die wirklich um seinen Vater trauert – trotzdem sofort verhaften, dazu ihre Mutter, ihren Sohn (seinen Halbbruder, den der Vater ihm stets vorgezogen hat) sowie dessen Hofmeister Dampmartin. Ein törichter Racheakt, der eigentlich wenig zum eher ehrpusseligen Charakter des neuen Köngis paßt. Da man der Gräfin nicht vorwerfen kann, sie habe in Staatsgeschäfte eingegriffen (was sie grundsätzlich niemals tat und was ein Herrscher wie Friedrich Wilhelm II. auch nie gestattet hätte), wirft man ihr Erpressung und Unterschlagung von Wertsachen vor, vor allem der Krondiamanten. Auch von wichtigen Staatspapieren ist die Rede, die über Nacht verschwunden sein sollen.

Die Krondiamanten finden sich bald, und die übrigen Anschuldigungen stellen sich ebenfalls als haltlos heraus, aber aus der kärglichen Dreizimmerwohnung in Potsdam, in der man die Lichtenau mit ihren Angehörigen unter Arrest gestellt hat, wird sie im nächsten Jahr, wiederum auf Befehl des Königs, auf die schlesische Festung Glogau gebracht. Auch dies ein Unrecht, selbst wenn das Wort »Festungshaft« Schlimmeres vermuten läßt, als es der Realität entspricht. Der Gräfin wird das immerhin staatliche Jahresgehalt von 4000 Talern zugesprochen, und sie darf sich auf dem Festungsgelände ungehindert bewegen. Ihre Güter und Gelder bleiben allerdings konfisziert.

Auch an der Beisetzung Friedrich Wilhelms II. kann sie nicht teilnehmen. Sie findet am 11. Dezember 1797 im Berliner Dom unter Beteiligung all der großen und kleinen, befreundeten und verfeindeten Potentaten der Nachbarländer statt; der joviale Preußenkönig war beliebt gewesen – wenn auch nicht überall. Das Zeremoniell wird freilich als ungemein schlicht empfunden. Dies liegt aber keinesfalls an der Abneigung des neuen Königs gegenüber solchem, wie er sich auszudrücken pflegt, »Brimborium«, sondern beruht auf einer Anordnung des Verstorbenen. Er selbst hatte angesicht der vielen familiären Todesfälle im vergangenen Jahr schlichtere (und preiswertere) Begräbnisse angeordnet, was nun unvermutet auf sein eigenes zurückfällt.

Acht Generalmajore tragen den Sarg in den Dom. Es wird eine einfache Kantate gesungen, während Bischoffwerder, der Generaladjutant, die Hand auf den Sarg legt. Der Sarg gleitet anschließend unter Böllerschüssen in die Gruft – zu jedermanns Erstaunen mitsamt Bischoffwerder, der ihn nicht losläßt. Seine pathetische Geste wird hinter vorgehaltener Hand viel beschmunzelt, und man kann sich Friedrich Wilhelms Gesicht während dieser »fatalen« Peinlichkeit vorstellen. Sie hat aber doch auch etwas Ergreifendes. Der lebenslustige, herrschsüchtige, großgewachsene, rosenkreuzerische Kavalier alter Schule, der aussieht und sich benimmt wie sein verstorbener Herr, dokumentiert so, daß seine Zeit vorbei ist. Er nimmt seinen Abschied gleichsam symbolisch vorweg.

Der erfolgt prompt im Januar des folgenden Jahres. Bis zu seinem Tod im Oktober 1803 wird Bischoffwerder zurückgezogen auf seinem Landsitz Marquardt bei Potsdam leben. Das gleiche Schicksal trifft den Justizminister Johann Christoph von Wöllner, unter dessen Zensuredikten Nicolai so sehr gelitten hat und die auch Kant getroffen haben, dessen Rationalismus uns heute so erzpreußisch dünkt.

Die übrigen Minister bleiben (was man Friedrich Wilhelm später sehr verübelt hat), auch jener zwielichtige, erst 1786 geadelte Graf von Haugwitz, Preußens Außenminister, auf den offenbar manche Anschuldigungen gegen die Gräfin Lichtenau zurückgehen. Er hat sich mit seinen mystisch-religiösen Neigungen einst Friedrich Wilhelm II. empfohlen und dabei sogar das besondere Vertrauen Wilhelmines gewonnen, als deren Intimus er eine Zeitlang galt. Jetzt empfiehlt er sich Friedrich Wilhelm III., indem er seine ehemalige Gönnerin anschwärzt.

Aber man sollte auch Haugwitz nicht verteufeln, wie es die Preußen später – ständig auf der Suche nach geeigneten Sündenböcken – getan haben. Ein ungewöhnlich geschickter Verhandlungsführer, verdankt man ihm den Baseler Friedensschluß, und einige Jahre später wird er auf Napoleon besänftigend Einfluß nehmen. Sein taktisches Geschick und seine große politische Erfahrung scheinen dem friedenswilligen jungen König unentbehrlich.

Tatsächlich ist es sogar Haugwitz, der jetzt schon seine warnende Stimme vor Bonapartes Eroberungswillen erhebt; den hat er ganz offensichtlich früher erkannt als sonst jemand unter den verantwortlichen Ministern Preußens. Daß er in den Ruf eines Kollaborateurs kommt, stellvertretend für Tausende von »Kollaborateuren« in Preußen, ist ebenso ungerecht wie das, was er mit der Lichtenau geschehen läßt. Zwielicht erzeugt Zwielicht: Haugwitz wird die letzten zwölf Jahre seines Lebens in einer Art freiwilliger Emigration in Italien verbringen müssen, um sich den Verleumdungen seiner Landsleute zu entziehen.

Der Lichtenau steht da in Preußen ein wirksameres Rechtsmittel zur Verfügung. Sie verklagt den König auf Herausgabe ihrer beschlagnahmten Ländereien und ihres Vermögens beim Kammergericht. Um es vorwegzunehmen: Es gibt noch Richter in Berlin. Nach dreijährigem Prozeß bekommt sie Recht und erhält ihr Eigentum zurück. Dafür rückt sie die angeblichen Staatspapiere heraus, die sich als Korrespondenz mit dem König über 28 Jahre hinweg entpuppen. Die Briefe läßt Friedrich Wilhelm III. ungelesen verbrennen. Die Gräfin, freigesprochen und aus Glogau entlassen, darf in die Freiheit zurückkehren, ein eindrucksvolles Beispiel preußischer Rechtsordnung. Der König muß zugeben, daß er voreilig gehandelt hat. Er gibt es sogar unumwunden zu, wenn auch ein bißchen spät und sicher mit einem scheelen Blick auf den Grafen Haugwitz.

Führen wir die Geschichte hier gleich zu Ende. Die rehabilitierte Gräfin läßt sich, zum Schrecken der Gesellschaft, sogar in Berlin nieder, der Stätte ihres Aufstiegs, ihrer Triumphe und ihres Niedergangs. Dort lebt sie zwar zurückgezogen, hat jedoch erstaunlich viel Erfolg – immerhin hat sie die 50 schon überschritten. 23 Heiratsanträge soll sie erhalten haben, ob ihrer angeblich unverblaßten Schönheit oder ihres Reichtums wegen, steht dahin; sie hat jedenfalls alle zurückgewiesen.

Volle Gerechtigkeit wird ihr dann ironischerweise erst nach Preußens Niederlage während der französischen Besetzung Berlins zuteil. Napoleon imponiert die Gastwirtstochter mit ihrer seltsamen, ihm jedoch höchst vertrauten Mischung aus Eigennutz und Treue, List und Gutmütigkeit, praktischem Verstand und Familiensinn. Weshalb er Friedrich Wilhelm, wohl auch zu dessen Demütigung, zwingt, der Exgeliebten seines Vaters eine Entschädigung für erlittene Unbill und entgangene Zinsen zu zahlen. Die erstaunliche Karriere dieser erstaunlichen Frau endet erst mit ihrem Tod in Berlin im Jahre 1820, mit 66 Jahren.

Der junge König zeigt sich zunächst bemüht, bestehende Mißstände abzustellen, aber noch nicht oder doch erst in Ansätzen jene Reformen anzupacken, die man von ihm erwartet. Von einer Initiative Friedrich Wilhelms hat auch die Gräfin Lichtenau profitiert. Friedrich Wilhelm sorgt nämlich persönlich dafür, daß die bei den Gerichtsverhandlungen in Preußen üblich gewordene, für alle Rechtspfleger ungemein profitträchtige Verschleppungstaktik ein Ende hat.

Luises sonst so reger Briefwechsel mit Großmutter, Vater, Schwestern und Brüdern gerät zeitweilig ins Stocken. Sie hat genug zu tun mit den Kindern und mit ihrem Mann, der ihr allein vertraut, wenn es gilt, Sorgen und Zweifeln zuzuhören und auch wohl vorsichtige Ratschläge zu geben. Wie man den Sprung vom absolutistischen ins aufgeklärte Zeitalter bewältigen soll, dürfte beiden nicht klar sein. Vielleicht übersehen sie nicht einmal die Grenzen und die Konsequenzen, aber instinktiv ist ihnen zweifellos bewußt, daß sich die Zeiten gewandelt haben und mit ihnen die Erfordernisse, die man an einen König und eine Königin stellt. Es läßt sich weder das Vorbild des unmittelbaren Vorgängers nutzen, falls der Vater das für Friedrich Wilhelm überhaupt sein kann, noch das anderer Fürstenhäuser. Man bleibt auf sich gestellt.

Da ist, als enger Vertrauter, nur der biedere, anständige, aber ungebildete Köckeritz, den Friedrich Wilhelm wohl aus Anhänglichkeit noch am Tag seines Regierungsantritts zum Oberstleutnant befördert hat. Dreimal wöchentlich soll er seinem Herrn »stets und ständig die Wahrheit sagen«, eine ungewöhnliche Order. Daß der 53jährige verknöcherte Junggeselle sie gar nicht erfüllen kann, dürfte dem König selbst bald aufgegangen sein.

Zur Seite steht ihm in dieser Beziehung nur ein einziger Mensch:

seine Frau, Königin Luise. In den Memoiren der Zeitgenossen wird sie viel bedauert, weil sie stundenlang den Nöten, Sorgen, Nörgeleien und auch reichlich von »humeurs«, schlechter Laune, durchsetzen abgehackten Monologen ihres Mannes lauschen muß. Kein Zweifel aber, daß sie das gern getan hat. Friedrich Wilhelm kann ihr keinen größeren Vertrauensbeweis erbringen als diesen.

Das zeigt sich, als ein in der Öffentlichkeit vielbeachteter Artikel von Friedrich Gentz erscheint, dem Bruder des Baumeistes und damals einem der begabtesten politischen Schriftsteller Berlins. Er faßt prägnant zusammen, was man im aufgeklärten Bürgertum vom neuen König erwartet. Obwohl beamtet, wagt Gentz es, dem jungen Monarchen vorzüglich formulierte Ratschläge zu geben. Er möge, heißt es da, Reformen anstreben, die wirtschaftliche und geistige Freiheit befördern, vor allem anderen jedoch seinem Land den Frieden erhalten.

So etwas gilt damals noch als ein ungeheures Wagnis, und man erwartet in Berlin eine strenge Bestrafung des Verfassers, womöglich sogar dessen Ausweisung aus der Hauptstadt. Wie Gentz selbst überliefert, ist es Luise, die ihrem Mann diesen offenen Brief, einen der ersten der modernen Zeitungsgeschichte, ans Herz legt. Goethe empfindet ihn, wie er Schiller mitteilt, als »liberalste Zudringlichkeit«, aber der Preußenkönig geht liberal auf ihn ein, liberaler und moderner jedenfalls als der Dichterfürst und Minister in Weimar (der eben am »Wilhelm Meister« arbeitet).

Friedrich Wilhelm trägt dem Journalisten, statt ihn zu bestrafen, einen Platz an in seinem Kabinett. Gentz lehnt ab, weil er aus Überzeugung jegliche Machtausübung verabscheue. Ein paar Jahre nach diesem Kredo tritt er jedoch in österreichische Staatsdienste und wird später, als enger Vertrauter Metternichs, so ziemlich das Gegenteil von dem praktizieren, was er in seiner Jugend Friedrich Wilhelm III. auf den Weg gibt. Aber zwischen Theorie und Praxis klafft seit jeher ein gähnender Abgrund, in den schon so mancher mit zunehmendem Alter hineingefallen ist.

Die Presse betrachtet der junge König, auch darin höchst fortschrittlich, überhaupt als ein Korrektiv für die Herrschenden. Ihr gewährt er bald größere Freiheiten, als sie sie jemals in Preußen besessen hat. Er gibt ihr die Funktion eines Wachhunds, der fremde

Übeltäter verbellt, den eigenen Herrn sich allerdings nicht zu beißen unterfängt.

Was Gentz betrifft, so stimmt der König mit ihm durchaus überein. Die Vorschläge hat er schon vorweggenommen, theoretisch niedergelegt in einer Art »Regierungsprogramm«. Im vorigen Sommer, als die Krankheit des Vaters lebensbedrohlich wurde, ist eine längere Niederschrift entstanden, die wohl bis jetzt nur Luise zu Gesicht bekommen hat. In etwas veränderter – vielleicht aufgrund häuslicher Gespräche modifizierter – Form gelangt sie jetzt über Köckeritz an die Öffentlichkeit.

Das Schriftstück mag noch heute alle Freunde und Gegner Preußens erstaunen, widerspricht es doch so ziemlich allem, was sich an positiven und negativen Vorurteilen über diesen Staat angesammelt hat. Hier legt ein künftiger König Preußens nieder, wie er sich die Rechte und Pflichten eines preußischen Königs vorstellt. Es handelt sich da wohl auch um eine Auseinandersetzung mit dem Vater, nicht weniger entscheidend als die berühmte und oft dramatisierte zwischen Friedrich Wilhelm I. (der von der Voß die Ohrfeige bekam) und dem späteren Friedrich dem Großen.

Der Kronprinz läßt wissen, daß er nahezu alles anders zu machen gedenkt als sein Vater und Vorgänger. Die Einkünfte des Landes werden nicht, wie bisher, dem König gehören, sondern dem Lande, und sie sollen diesem zugutekommen. Luxus beim Militär und bei Hofe gehört abgeschafft, ebenso die herrschende Günstlingswirtschaft. Der König solle statt dessen den Rat »rechtschaffener, biederer, einsichtsvoller und interessierter« Männer einholen. Nicht nur »den reicheren und angeseheneren« Kreisen muß die »Gnade und Aufmerksamkeit« des Monarchen zuteil werden, sondern auch dem »nützlicheren (!) und arbeitsameren gemeineren Teil des Volkes«. Für einen patriarchalisch erzogenen Fürsten dieser Zeit ist es allerdings ungewöhnlich, daß er seine eigene Kaste ganz offensichtlich für unnützer hält als die Arbeitenden im Volke.

Der Kern des programmatischen Bekenntnisses besteht jedoch in der unmißverständlichen Formulierung einer grundsätzlichen und unbedingten pazifistischen Gesinnung. »Das größte Glück eines Landes«, lesen wir, »besteht zuverlässig in einem fortdauernden Frieden.«

Dabei handelt es sich nicht um eine Taktik, eine rein theoretische Überlegung oder gar eine jugendliche Laune, sondern um so etwas wie einen Glaubensartikel. Es dürfte kaum ein König auf irgendeinem Thron, geschweige denn dem Preußens gesessen haben, der so aus tiefstem Herzen überzeugt den Segen des Friedens verkündet, geradezu gepredigt hat. »Alle Welt weiß«, heißt es in einem Brief an seinen Großonkel Prinz Heinrich, »daß ich den Krieg verabscheue und daß ich kein größeres Gut auf Erden kenne als die Erhaltung von Frieden und Ruhe als das einzige für das Glück des Menschengeschlechts geeignete Mittel.«

Sogar über die Durchführbarkeit einer solchen Politik hat Friedrich Wilhelm gründlich nachgedacht. »Man mische sich nie in fremde Händel, die einen nichts angehen«, heißt es weiter in seiner Quasi-Regierungserklärung, »und unterscheide sehr wohl das wahre vom falschen Interesse und lasse sich nicht durch einen vermeinten zu erlangenden Ruhm verblenden.« Das wendet sich selbstredend gegen den Vater und dessen Kriege. Aus eigener, in Frankreich und Polen gewonnener Erfahrung dürfte der weitere Satz stammen: »Um aber nicht wider seinen Willen in fremde Händel gemischt zu werden, so hüte man sich vor Allianzen, die uns früh oder spät in solche verwickeln können.«

Das sind also die Grundlagen jener strikten Neutralitätspolitik, an die sich der neue König von Preußen bis zuletzt halten, ja, verzweifelt klammern wird. Rümpfe die Nase, wer mag. Generationen machtpolitisch orientierter Historiker haben das reichlich, überreichlich getan. Das Zaudern und Zögern, die Entschlußlosigkeit und Kleingläubigkeit, die man Friedrich Wilhelm III. bisweilen noch heute ankreidet, erhalten durch solche Grundsatzbekenntnisse zweifellos eine andere, geistigere Dimension. Nur Kriegslüsterne zaudern und zögern nicht, nur der Leichtsinn verführt zu schnellen Entschlüssen. Dieser Monarch nimmt seine Stellung vor sich selbst, seinem Volk und auch wohl vor Gott ernst, vielleicht zu ernst. Andererseits: Gibt es etwas, das man weniger ernst nehmen sollte als die Entscheidung über Leben und Tod von Mitmenschen, die einem auf diese oder jene Weise anvertraut worden sind?

Der grundlegende Pazifismus Friedrich Wilhelms III. geht auf einen seiner Lehrer zurück, den gewiß bedeutendsten, den er gehabt hat, auf Carl Gottlieb Svarez.

Svarez, den die Berliner merkwürdigerweise vielfach »Suarez« buchstabiert haben (unter diesem Namen haben sie ihm sogar eine Straße gewidmet), gehört in die erste Reihe jener herausragenden, humanitär gesinnten Juristen, die Preußen im Laufe seiner Geschichte gefunden hat. Neben seinem Lehrer, dem Grafen Carmer, dem Großkanzler des Berliner Kammergerichts, ist er der Schöpfer des vielgerühmten preußischen Landrechts, das, von eben diesem Gericht entworfen, 1794 in Kraft trat. Das »Allgemeine Landrecht für die preußischen Staaten« sollte eigentlich nur das gesamte Preußische Recht kodifizieren und die Gesetze der unterschiedlichen Landesteile zusammenfassend auf einen Nenner bringen. Carmer und Svarez nutzten jedoch die Gelegenheit, auch die Pflichten des Königs im Sinn einer aufgeklärten Monarchie neu zu formulieren. Obwohl Friedrich Wilhelm II. zunächst Einspruch erhob und das Landrecht erst nach einigen Veränderungen, den königlichen Machtanspruch betreffend, erlassen werden konnte, handelte es sich um einen ersten und darin mustergültigen Schritt auf dem Weg zum heutigen bürgerlichen Rechtsstaat.

Einen Anstoß zur Neuformulierung der rechtlichen Rolle des Königs gab übrigens ein weit zurückliegender Prozeß. Als Lesebuchanekdote hat der Vorgang sozusagen umgekehrte Vorzeichen bekommen: Der Alte Fritz fühlte sich durch das Klappern der Sanssouci unmittelbar benachbarten Mühle des Pächters Johann Arnold gestört. Sie beeinträchtigte seinen Schlaf, lautete die Beschwerde des Königs, der damit drohte, dem Müller seine Tätigkeit zu verbieten und die Mühle womöglich abreißen zu lassen. »Tja, Majestät«, soll ihm Arnold geantwortet haben, »wenn nicht das Kammergericht zu Berlin wäre...!« Ein Gesetzesvertrauen, das Ihre Majestät, der Anekdote zufolge, dazu bewog, nichts weiter gegen den Müller zu unternehmen und das Klappern zu dulden.

Die Wirklichkeit belehrt uns eines Schlechteren; sie ist denn auch viel weniger als Kalendergeschichte geeignet. Friedrich der Große entschied den gegen ihn angestrengten Prozeß über die Köpfe der Richter hinweg mit einem Federstrich rechtswidrig zuungunsten Arnolds. Die Mühle mußte weichen.

Trotzdem sollte sich das Vertrauen, das der wackere Johann Arnold ins Kammergericht, Preußens höchste Rechtsinstanz, gesetzt hatte, als durchaus lohnend erweisen. Denn die Neufixierung königlicher Rechte in der erwähnten Gesetzessammlung bezog sich nicht zuletzt auf diesen Präzedenzfall, wie man im gewiß nicht anekdotenfreudigen »Preußen-Ploetz« nachlesen kann.

Svarez, maßgeblich auch an der preußischen Justizreform seiner Tage beteiligt, war von der Gedankenwelt der französischen Aufklärung geprägt. Seine Ideale entsprachen sowohl denen der Französischen Revolution vor ihrer Ausartung als auch den Vorstellungen der Berliner bürgerlichen Aufklärung, also Mendelssohns, Lessings, Nicolais. Beim Regierungsantritt Friedrich Wilhelms III. war Svarez 51 Jahre alt, aber schon lange krank; ein Jahr später ist er gestorben. Man darf vermuten, daß der König sonst den »größten preußischen Gesetzgeber«, wie der Staatsrechtler Erik Wolf ihn genannt hat, auch für seine künftigen Reformen herangezogen hätte.

Von Svarez ist jedenfalls der tiefverwurzelte Pazifismus ausgegangen, der für Friedrich Wilhelm Ausgangs- und Endpunkt allen Denkens und Handelns bleibt. Er entspricht im übrigen auch seinem evangelisch-reformierten religiösen Glaubensbekenntnis, das er dem lutherischen Glauben (dem Luise angehört) vorzieht. Sie sei »mit der Heiligen Schrift am einstimmigsten«, findet er. Friedrich Wilhelms absolute Friedensliebe hat rationale und religiöse Wurzeln. Schon der erste Friedrich Wilhelm, also ausgerechnet der »Soldatenkönig«, hat als getreuer Kalvinist keine Angriffskriege geführt. Ihm gleicht der dritte dieses Namens insofern, als er das Soldatenleben liebt und trotzdem Pazifist ist.

Um der Wahrheit die Ehre zu geben: Das Land hat mit der Politik strikter Neutralität auch schon schlechte Erfahrungen gemacht, die ganz ähnlich denjenigen verlaufen sind, die Friedrich Wilhelm III. in Zukunft machen wird. Ein anderer Vorfahr, Kurfürst Georg Wilhelm, der Vater des Großen Kurfürsten, war beim Versuch, sein Brandenburger Land aus allen Welthändeln herauszuhalten, nur desto tiefer in sie verstrickt worden. Am Ende kann der Frömmste nicht im Frieden leben, wenn es dem Nachbarn nicht gefällt: Georg Wilhelm mußte hilflos von Küstrin aus zusehen, wie sein Brandenburg im Dreißigjährigen Krieg zum Teufel ging.

Hätte sein Beispiel Friedrich Wilhelm und Luise ersparen können, ihrerseits von Ostpreußen aus dem totalen Zusammenbruch ihres Landes zusehen zu müssen? Man muß es bezweifeln, und im Zweifelsfall bleibt Frieden doch die vorteilhaftere und aussichtsreichere Lösung.

Nein, gegen die aufrechte und begründete ethische Haltung dieses jungen – sicher auch zögernden, zaudernden, wortkargen, mürrischen und sogar spießigen – Monarchen ist beim besten Willen nichts zu sagen. Nicht einmal der später so häufig erhobene Vorwurf verfängt, die Reorganisation des Heeres, dessen Zustand dem Herrscher bekannt war, hätte energischer in Angriff genommen werden müssen. Erstens hat Friedrich Wilhelm schon im ersten Jahr seiner Regentschaft Scharnhorst zu diesem Zweck nach Berlin zu holen versucht (er kommt erst vier Jahre später, 1801), und zweitens erhebt sich die Frage, wozu man ein Heer reformieren sollte und schlagkräftig machen, wenn man doch keinen Krieg führen will.

Das übernommene Erbe ist unerfreulich genug. Anzupacken gibt es vieles und, unter ausschließlich friedlichen Aspekten, sicherlich Dringenderes. Der Staatssäckel ist leer, das Land überschuldet, die Wirtschaft gründlich zerrüttet. Äußerste Sparsamkeit ist das Gebot der Stunde.

Das Königspaar selbst geht mit gutem Beispiel voran. Man bleibt im Kronprinzenpalais wohnen, weder erhöht der König seine eigenen Einkünfte noch die Luises. Auch die königliche Tafel zeigt keinerlei Änderungen gegenüber der kronprinzlichen. Er würde nicht, so bemerkt der König trocken auf eine Anfrage, nach seiner Thronbesteigung einen größeren Appetit verspüren als vorher. Und als Köckeritz ihn darauf aufmerksam macht, daß seine Uniform erneuerungsbedürftig und eines Königs unwürdig sei, erhält er die entrüstete Antwort: »Weiß nicht, was Sie wollen. Alte Sachen in Ehren halten. Ist noch ganz gut. Ihn noch manches Jahr tragen.« Streng verbietet er sich »alle äußeren Ehrenbezeigungen« seiner Person, »die mit Kosten verknüpft wären«.

Für die leidige Politik besitzt Friedrich Wilhelm wenig Neigung. Bailleu hat seine Methode in zwei lapidaren Sätzen zusammengefaßt: »Während im Westen und Süden das Völkermeer wie in einem Wirbelsturm schäumte und brandete, ging des Königs unablässiges

Bemühen dahin, die Gegensätze auszugleichen, unruhige Nachbarn durch vermittelnde Worte zu beschwichtigen und den Zustand Mitteleuropas, wie er aus den Revolutionskriegen hervorgegangen, möglichst unveränderlich festzulegen. ›Konservieren, apaisieren, kalmieren‹ waren ihm Lieblingsworte und Lieblingsgrundsätze.«

Die Fremdwörter wird man erklären müssen, sie bedeuten im Grunde alle das gleiche: »Konservieren« ist klar, »kalmieren« heißt beruhigen, besänftigen (»to calm« im Englischen), »apaisieren« kommt vom französischen »paix«, Frieden und gleicht unserem deutschen beschwichtigen. Die Methode, so einfach sie sein mag, scheint ganz so schlecht nicht. Was soll man mit aufgeregten Nachbarn tun, außer sie nach Möglichkeit zu beruhigen und zu besänftigen? In der Politik erweisen sich oft die simpelsten Programme als die besten. Eine Generation vorher hat Sir Robert Walpole, der erste »Premierminister« Großbritanniens, England mit Maximen groß und mächtig gemacht, die ähnlich laienhaft erscheinen: Vermeidung von Kriegen, kräftige Förderung der Handelsbeziehungen, kontinuierliche Senkung der Steuern und ansonsten keine Experimente.

Freilich ist Preußen kein prosperierender Inselstaat. Weit auseinanderstrebend, mitten im völker- und staatenreichen Europa gelegen, ergeben sich beinahe von selbst unlösbare Probleme. Mag eine reine Beschwichtigungspolitik im Westen zu einigen Erfolgen führen, bei der Eingliederung der vom Vorgänger eroberten polnischen Gebiete nützen sie wenig. Der »Ostfrage« steht der unerfahrene junge Monarch völlig hilflos gegenüber. Um so mehr als er sich auf nichts und niemanden verlassen kann, am wenigsten auf seine Beamten. Das Beamtentum dürfte in Preußen nie vorher und niemals nachher so korrupt gewesen sein wie zur Zeit der Thronbesteigung Friedrich Wilhelms. Zu seinen nächstliegenden Aufgaben gehört es zweifellos, hier mit einer gewissen eisernen Hand die notwendige Disziplin wiederherzustellen. Aber Pazifisten wie Friedrich Wilhelm, dazu derart gutmütige, verfügen nur selten über eiserne Hände.

Überhaupt scheint es ein Hohn, daß derzeit Preußen und vor allem Berlin als Hochburg jeder nur denkbaren Immoralität in ganz Europa gelten. Der Ruf Berlins stellt damals selbst den von Paris um die Wende zum 20. Jahrhundert weit in den Schatten. Die Preußen und sogar die Berliner beginnt das zu stören. Das grundbürgerliche, beinahe schon kleinbürgerliche Königspaar im Kronprinzenpalais, das den Sommer in Paretz verbringt und dessen ausschweifendstes Vergnügen dort im Topfschlagen und Blindekuhspiel besteht, muß sich vor diesem Hintergrund seltsam deplaziert ausgenommen haben.

Es gibt jedoch bald auch positive Resonanz. In den »Jahrbüchern der preußischen Monarchie«, die zeitweilig von Friedrich Schlegel herausgegeben werden, erscheinen unter dem Titel »Blumen« Lobpreisungen des Königspaars aus der Feder des Novalis-Hardenberg.

Unter dem Titel »An den König« kann man dort etwa lesen:

»Mehr als ein Königreich gab der Himmel Dir in Luisen,
Aber Du brachtest Ihr auch mehr als die Krone, Dein Herz.«

Im Epigramm »Land« wird Luise sogar mit Noahs Taube verglichen:

»Jenes himmlische Paar schwimmt hoch auf der Flut, wie die Taube
Und der Ölzweig; es bringt Hoffnung des Landes, wie dort.«

In Prosa faßt Novalis, was manchem Zeitgenossen aus dem Herzen gesprochen sein wird: »Der Königin Beispiel wird unendlich viel wirken. Die glücklichen Ehen werden immer häufiger, die Häuslichkeit wird immer mehr Mode werden. Jede gebildete Frau und jede sorgfältige Mutter sollte das Bildnis der Königin in ihrem oder der Töchter Wohnzimmer haben ... Verwandelt sich nicht der Hof in eine Familie, ein Thron in ein Heiligtum, eine königliche Vermählung in einen Herzensbund? Wer den ewigen Frieden jetzt sehen und liebgewinnen will, der reise nach Berlin und sehe die Königin.«

Friedrich Wilhelm empfindet solche Überschwenglichkeiten als »fatal« und bedeutet den Herausgebern jener Jahrbücher, »solchen Unsinn nicht wieder zu drucken«. Immerhin zeigen die schwärmerischen Zeilen, daß das junge Königspaar als Zeichen einer kulturhistorischen Wende begriffen wird.

Natürlich gibt es Gegenstimmen aus dem anderen Lager. Schlagen wir noch einmal die »Vertrauten Briefe« auf, die so ungeschminkt aus Preußens Nähkästchen plaudern. »Die Nation ist schon sehr verdorben«, lesen wir da. »Die Schlemmer in Berlin spotten über die Nüchternheit des Königs; sie haschen und suchen nach irgendeiner Äußerung des königlichen Ehepaars, ob nicht ein Funken von Unregelmäßigkeit in ihnen ist, ob der König und seine Gemahlin eine geheime Liebe nähren; sie möchten vor Bosheit bersten, daß sie auf diesem Spiegel keinen Flecken finden können.«

Weiter: »Die große Popularität Friedrich Wilhelms ist ihnen zuwider; er soll sich mit einer Glorie umgeben, er soll einen brillanten Hof halten, wo es etwas zu brudern, wo es Intrigen und Kabalen gibt, wo man etwas Neues erfährt. Das ist der langweiligste Hof, der Berliner, sagen sie, da fließt ein Tag wie der andere dahin, man möchte vor Langeweile sterben.«

Etwas später über die Landeshauptstadt: »Da Berlin der Zentralpunkt der preußischen Monarchie ist, von wo alles Böse und Gute über die Provinzen sich ausgießt, so hat sich jene Verdorbenheit auch dort nach und nach ausgebreitet. (...)

Die Herbstmanöver und die Revüen (Paraden) ziehen aus allen Garnisonen viele Offiziere nach Berlin; vom Zivil kommen die Referendarien (Referendare) zum großen Examen hierher; die Ärzte müssen hier, so wie die Baubedienten ihren Kursus machen; mancher reiche Jüngling eilt des Vergnügens wegen hierher, so daß eine Sammlung vieler Provinzialisten sich hier befindet, die sich nur zu leicht in die Geheimnisse der Berliner Freuden einweihen lassen, darin teils untergehen, teils das Gift nach Hause mitnehmen und es hier ihren Umgebungen einimpfen. Das Verderben der Sitten hat sich auch auf diese Weise allen Ständen mitgeteilt. (...)

Der Offiziersstand, der, schon früher ganz dem Müßiggang hingegeben, den Wissenschaften entfremdet war, hat es am weitesten unter allen in der Genußfertigkeit gebracht. Sie treten alles mit Füßen, diese privilegierten Störenfriede, was sonst heilig genannt wurde: Religion, eheliche Treue, alle Tugenden der Häuslichkeit der Alten. Ihre Weiber sind unter ihnen Gemeingut geworden, die sie verkaufen und vertauschen und sich wechselweise verführen. (...)

Kein ehrlicher Bürgersmann, und diese Menschenklasse, die das andere Gesindel Spießbürger nennt, ist mehr rechtlich, kein solider Zivilist kann ein Weib mehr bekommen, was jene Schmeißlinge nicht schon verunreinigt hätten oder, wenn sie unschuldig in den Ehestand trat, nicht zu beflecken versuchten. Diese entnervten, an Seele und Leib befleckten jungen Greise, wie wollen sie die Strapazen des Kriegs aushalten, die Leute, mit den erschlafften Muskeln, denen man durch angezwängte knappe Kleidung, durch wattierte Hosen und falsche Waden ein Ansehen zu geben wußte. Ich kenne ehrenvolle Ausnahmen: es ist die Minorität. (...)

Der Landrat Baron von Nareth im Peyßernschen Kreise ist der Brandstiftung und des Straßenraubs beschuldigt; der Landrat Wargorsky, Kalischer Kreis, des Totschlags, da man den Abt Lipsky bei ihm ermordet gefunden hat. Der Präsident von Appeln in Petrikau hat sich erschossen, weil seine Betrügereien sind entdeckt worden. Der Kriegsrat Denso ist kassiert, weil er unregelmäßige Sporteln (Gebühren) eingezogen hat, der Kammerfiskal (Vertreter der Staatskasse) Schnakenburg und der Jagdfiskal Heyne sind wegen ähnlicher Verbrechen kassiert. (...)

Selbst der Bauernstand ist verdorben, allen Lastern ergeben. Er achtet keine Sittenlehren seiner Pfarrer mehr, die Gesetze sind ihm zum Gelächter geworden, alle Bande, die das Volk fesselten, sind aufgelöst.«

Die Quintessenz: »Einer so verdorbenen Nation (ist) der sanfte, gutmütige, rechtliche Friedrich Wilhelm III. nicht zum König geschaffen. Ein Despot ohne Gleichen mußte auf Friedrich Wilhelm II. folgen, um dies Geschmeiß zu regieren.«

Gewiß darf man diese wütende Philippika wie auch den Lobpreis des Novalis nicht wörtlich nehmen. Beide schießen wahrscheinlich weit über jedes Ziel hinaus, beide müssen jedoch auf ihre Weise einen Kern Wahrheit enthalten haben. Unzählige zeitgenössische Äußerungen weisen in die gleiche Richtung.

Noch drastischer äußert sich allerdings der cholerische Freiherr vom Stein: »Ich verehre den König wegen seiner religiösen Sittlichkeit, seiner reinen Liebe zum Guten, ich liebe ihn wegen seines wohlwollenden Charakters und beklage ihn, da er in einem Zeitalter lebt, wo diese Milde, diese Rechtschaffenheit nur seinen Fall befördern und in welcher nur eins nottut: ein überwiegendes Feldherrntalent, verbunden mit rücksichtslosem Egoismus, der alles beugt und niedertritt, um auf Leichnamen zu thronen.«

Starker Tobak. Der langen Rede kurzer Sinn: Preußen ist ein schwer zu regierendes Land geworden, vielleicht sogar immer gewesen. Und es mag sein, daß ein – dazu relativ phantasieloser – Pazifist wenig geeignet ist, es am langen Zügel zu führen. Daß er eine Frau zur Seite hat, die nahezu charismatisch wirkt, die alles das kann und ist und darstellt, was ihm verschlossen bleibt, muß man unter diesen Umständen noch als großes Glück bezeichnen. Luise wird ihr Charisma bewußt ausspielen, wie wir schon bei der ersten großen Reise in die Ostgebiete sehen werden – es ist ihr Triumphzug.

So sparsam, fast geizig Friedrich Wilhelm mit dem Geld umgeht, das seiner Vorstellung nach nicht ihm gehört, sondern dem Land, so wenig knickerig gibt er sich gegenüber Luise. Ihm ist die Pracht, die Friederike entfaltet, ein Dorn im Auge: Die jüngere Schwester seiner Frau glänzt, von einem Schwarm wohlsituierter Liebhaber umgeben, in den modernsten und teuersten Toiletten. Da darf die Königin nicht zurückstehen, wahrscheinlich verspürt Friedrich Wilhelm sogar so etwas wie Eifersucht. Luises zweifellos vorhandene kleine und große Eitelkeiten werden von ihm, dem späten Spartaner, geradezu intensiv gefördert. Das läßt sich Luise nicht zweimal sagen. In den drei Karnevalsmonaten, die der sechswöchigen Trauerzeit um den alten König folgen, tritt sie, bildschön und in den teuersten Garderoben, zum erstenmal als wahrhafte First Lady auf. Der Ruhm ihrer Hoffeste dringt bis England und Rußland, und sogar Friedrich Wilhelm genießt sie an ihrer Seite, immer darauf bedacht, seine Frau – und nicht sich selbst – ins Rampenlicht zu stellen. Eigentlich müßten sowohl diejenigen auf ihre Kosten kommen, die auf das Vorbild glücklicher Ehen bauen, als auch die Liebhaber repräsentativer Festivitäten. Eine Königin an der Seite eines Königs hat Preußen zuletzt in den Zeiten vor Friedrich II. erlebt. Seither haben die erlauchten Paare nebeneinander hergelebt, sogar in getrennten Haushalten.

Am meisten verübelt wird dem König, daß er – mit Ausnahme Bischoffwerders und Wöllners – das Kabinett seines Vaters übernimmt. Vor allem das Triumvirat Haugwitz, Lombard und Lucchesini, die – mit den »Vertrauten Briefen« zu reden – »hinterlistigen aalglatten Heuchler, die bleichen Ausschweiflinge von ausgeschwächtem, ganz haltungslosen Charakter und die feilen und niedrigen Habsüchtigen und Lungerer, welche nach der Stimme der öffentlichen Meinung selbst keinen Verrat scheuten, der bezahlt wurde«.

Polemik benutzt zur Verdeutlichung komplizierter Sachlagen die vereinfachenden Mittel von Übertreibung und Entstellung, genau wie eine gute Karikatur. Auf jeden Fall dürfte so oder ähnlich bei Hofe, in der Hauptstadt und den preußischen Dörfern über die derzeitige Regierung hergezogen worden sein. Haugwitz, Lombard und Lucchesini gelten in Preußen noch lange als gewissenlose Höflinge, die »sich gegenseitig durch Intriguen unterstützten« und, »so weit es ihren gemeinsamen Vorteil betraf«, miteinander emporschoben.

Neben Haugwitz, dem wir, wie auch Lucchesini, bereits begegnet sind, konzentriert sich die Abneigung, ja der Haß von Zeitgenossen und späteren Chronisten auf Lombard. Johann Wilhelm Lombard entstammt einer Berliner Hugenottenfamilie. Im Unterschied zu den anderen preußischen Staatsmännern, die aus dem Hochadel kommen, ist er bürgerlicher Herkunft. Friedrich der Große hat ihn mit 19 Jahren zum Kabinettssekretär berufen, auf einen untergeordneten Posten, den Lombard als Ausgangspunkt für eine steile Karriere nimmt. Mit 33 wird er von Friedrich Wilhelm III. zum Kabinettsrat der auswärtigen Angelegenheiten ernannt.

Wann immer der Name Lombard fällt, pflegt unmittelbar darauf das Attribut »aalglatt« zu folgen. Glatt ist sein Auftreten tatsächlich, glatt ist vor allem sein Französisch; als hervorragender Stilist verfaßt er die wichtigsten Briefe in jener umständlichen und floskelreichen Sprache, die man damals in Staatsangelegenheiten pflegte. Auch läßt er sich vortrefflich als Diplomat in kniffligen Unterhandlungen einsetzen.

Die Berliner stört die Gewandtheit des schwarzhaarigen und scharfzüngigen Mannes, und da kommt ihnen sein anzüglicher

Familienname gerade recht. »Lombard« wird damals in Berlin ganz allgemein das Leihhaus genannt, woraus sich, wie zu denken, allerlei Wortspiele und Witze drechseln lassen, die nicht einmal alle aus der Luft gegriffen sein müssen.

Aber hier ist wiederum Vorsicht am Platze. Auch Lombard dürfte von den notorischen Ehrabschneidern, an denen in Preußen leider nie ein Mangel geherrscht hat, so manches Unrecht angetan worden sein. Bedenklicher stimmen seine Kungeleien mit dem französischen Gesandten in Berlin, Laforest, schon, der ihn »le vrai ministre«, den wirklichen Minister, also so etwas wie eine »graue Eminenz« nennt. Lombard gilt als ausgesprochen franzosenfreundlich, was man in einem neutralen Staat am Ende auch sein darf. Aber immer wieder finden wir ihn in zwielichtige Affären und Geschäfte mit den Franzosen verstrickt, die tatsächlich die Vermutung nahelegen, daß er, vorsichtig gesprochen, die preußische Politik sehr einseitig beeinflußt hat. Da er im Ministerrat nur eine Stimme besitzt, dürfte aber auch das hinzunehmen sein.

In eine der merkwürdigsten Affären wird ein paar Jahre später sogar Luise verstrickt, die aus ihrer Abneigung gegenüber Lombard kein Hehl macht. Vielleicht ist sie dabei von Louis Ferdinand beeinflußt, der Lombard für einen Verräter hält, den man aufhängen müsse, wie er sich einmal, wohl in bezechtem Zustand, äußert. Um so merkwürdiger, daß dieser, in seinem Reisewagen aus Paris kommend, mehrere voluminöse Kartons mitbringt, die für Luise bestimmt sind. Sie stammen angeblich von Napoleons Gemahlin Joséphine und enthalten nicht weniger als zwölf Hüte und »Bonnets« (Kappen), eine umfangreiche Auswahl künstlicher Blumen sowie zwei ungewöhnlich kostbare Ballkleider. Geschenke, die die Königin offensichtlich eher in Verlegenheit setzen als erfreuen und deren Geheimnis nie ganz enträtselt worden ist – ein Bestechungsversuch Napoleons oder Lombards oder gar beider? Anscheinend hat sich Luise für die sonderbare Sendung nicht einmal bedankt.

Was Lombard sympathisch macht, ist eben das, was die Falken am Berliner Hof ihm besonders verübeln und was sie seine »feige, kriegsscheue Haltung« nennen. Es scheint so, als baue man früh eine Art von Sündenbock für Friedrich Wilhelm III. auf, dessen Abneigung gegen alle Kriege er vorbehaltlos teilt. Lassen wir dahingestellt sein, ob er aus bloßer Unterwürfigkeit (oder aus Pflichtbewußtsein) der Meinung seines Königs ist und sie diplomatisch unterstützt oder ob seine französische Herkunft ihn mit Napoleon sympathisieren läßt (was auf einen Großteil der Hugenotten in Berlin zutrifft). Den vom König praktizierten Pazifismus wird er jedenfalls büßen müssen, was in Preußen nicht unüblich ist. Luise, die sich im Laufe ihres Lebens nur selten etwas vergeben hat, läßt sich nach dem Zusammenbruch des Staates sogar dazu hinreißen, den Überbringer der undurchsichtigen Geschenke kurzerhand verhaften zu lassen. Auf Befehl des Königs freigelassen, wird Lombard als ständiger Sekretär der Berliner Akademie der Wissenschaften gute Dienste leisten. Gestorben ist er, in Preußen als Hauptschuldiger am Niedergang des Landes verachtet und verfemt, 1812 in Nizza, nicht ohne ein Buch zu seiner Verteidigung zu hinterlassen, die »Materialien zur Geschichte der Jahre 1805, 1806, 1807«, geschrieben in makellosem Französisch.

Ein weiterer Kabinettsrat, ebenfalls aus dem Bürgerstand, wird von Friedrich Wilhelm im Februar 1798 berufen, der Jurist Karl Friedrich Beyme, Gerichtsrat am Kammergericht und empfohlen von keinem Geringeren als Carl Gottlieb Svarez. Er hat dem König schon mehrfach imponiert. Auf ihn gehen erhebliche Milderungen im preußischen Strafrecht zurück, darunter die Abschaffung der grundsätzlichen Todesstrafe für Kindesmörderinnen. Er hat als Vorsitzender der Untersuchungskommission den für Friedrich Wilhelm glimpflichen Kompromiß mit der Gräfin Lichtenau zustande gebracht. Äußerlich unscheinbar, klein und gedrungen mit groben Gesichtszügen, dürfte Beyme der erste sein, den der König ganz bewußt als Reformer in seine Nähe holt.

Bis heute steht er jedoch im Schatten der gewiß bedeutenderen Gestalten Hardenberg und Stein. Aber man sollte nicht vergessen, daß er und Friedrich Wilhelm notwendige Staatsreformen in Preußen schon vor Stein und Hardenberg vorbereitet und angepackt haben. Und daß es nicht zuletzt Beyme war, der sowohl Steins als auch Hardenbergs Berufung veranlaßt hat. Daß sie beide dann zu Beyme in schroffen Gegensatz gerieten, steht auf einem anderen Blatt.

Beyme gilt in Berlin als »Jakobiner«. Metternich, Luises einstiger

Tanzpartner, inzwischen von den Revolutionstruppen der Franzosen aus seinen rheinischen Besitzungen verjagt und als kaiserlicher Gesandter in Berlin tätig, hat einmal Lombard als den französischen, Beyme als den deutschen Jakobiner, als suspekten Revolutionär im Umkreis des preußischen Königs bezeichnet. Ganz so gehemmt und zaghaft, wie oft beschrieben, geht Friedrich Wilhelm also doch nicht vor. Auch seine Verdienste um die preußischen Reformen sind später – wie die Beymes – erheblich unterschätzt worden. Er sucht zielstrebig und auch erfolgreich nach ideenreichen Geistern.

Aber wir müssen uns jetzt das Kabinett des Königs näher ansehen. Mit einem Ministerrat unter einem Ministerpräsidenten oder Kanzler nach heutigem Maß läßt es sich nicht vergleichen. Selbstständige Fachminister hat überhaupt erst die Französische Revolution eingeführt. Ein Minister in Preußen beaufsichtigt inzwischen zwar ein bestimmtes Ressort, ist aber wenig mehr als ein oberflächlicher, nur zuweilen hinzugezogener Berater des Königs. Viel wichtiger und weitaus einflußreicher ist der Kabinettsrat.

Einen solchen gibt es in Preußen seit Friedrich dem Großen, der, eine bewunderswerte Arbeitsleistung, noch alle Entscheidungen, sogar die kleinsten, selbst traf. Dazu bedurfte er gewandter und geschulter, jedoch subalterner Sekretäre, denen er diktieren konnte. Schon unter den mißtrauischen Augen Friedrichs sollen sich diese zuweilen unkontrollierte Eigenmächtigkeiten erlaubt haben.

Was beim Alten Fritz die Ausnahme, wurde unter seinen lässigeren und weniger arbeitsamen Nachfolgern zur Regel. Zunehmend mehr setzten sich die Räte an die Stelle der Minister. Bald bildeten sie das eigentliche, tagtägliche Beratergremium des Monarchen. Hatten die Minister bislang zweimal wöchentlich dem König persönlich vortragen müssen, verkehrte dieser am Ende nur noch schriftlich mit ihnen. Es wurde sogar Usus, die Ministerposten an möglichst schwache Persönlichkeiten ohne großen politischen Ehrgeiz zu verteilen, mehr oder weniger Ehrenstellen für verdiente Mitglieder des Hochadels. Daß sie trotz allem die alleinige Verantwortung trugen, schuf dem Kabinett eine angenehme und höchst bequeme Grauzone. Die Minister konnten nicht einmal sicher sein, ob die jeweiligen Räte beim König ihre Angelegenheiten tatsächlich so vertraten, wie sie es wünschten.

Das war, wie gesagt, organisch oder doch zumindest historisch gewachsen, wenn auch denkbar unpraktisch. Wer nach dem Grund eines derartig komplizierten Gefüges fragt, stößt auf die bis zu Friedrich Wilhelm III. nahezu unüberwindlichen Klassenschranken im preußischen Staat. Als Minister vorstellbar war eben nur ein Angehöriger des Hochadels, möglichst einer aus altpreußischer Familie. Im Kabinett, das sich quasi zwischen König und Minister geschoben hatte, gewann dagegen das aufstrebende Bürgertum eine erhebliche Machtposition. Das entsprach zwar den tatsächlichen Verhältnissen im Lande durchaus, jedoch waren die Kabinettsräte unter sich meist zerstritten und ihre Kompetenzen gegeneinander kaum fest abgegrenzt. Das preußische Staatswesen lief keineswegs, wie man es sich vorstellt, akkurat und auf streng rechtlicher Grundlage. Im Gegenteil, schon Graf Mirabeau hat es mit einer Maschine verglichen, der die Kraft fehlt, die eigenen Reibungen zu überwinden.

Dem Kabinett stand zunächst der kränkliche Geheimrat Menkken vor, Bismarcks Großvater mütterlicherseits, nach dessen Tod 1801 der junge Beyme, dem Friedrich Wilhelm besonderes Vertrauen entgegenbringt, weil er bürgerlich, für Reformen aufgeschlossen, aber kein Heißsporn ist.

Daß der neue König den Staatsgeschäften, der Verwaltung und den auswärtigen Angelegenheiten keinerlei Enthusiasmus entgegenbringt, kann man beinahe verstehen. Alles, aber auch alles läuft durch das engmaschige Netz der Kabinettsräte, langwierig, dann wieder überhastet, unter dauerndem Zank und Streit zwischen Ministern, Räten und nicht zuletzt dem grollenden Staatsoberhaupt. Auch intern muß Friedrich Wilhelm allerhand konservieren, kalmieren und apaisieren.

In der Biographie seines Vorfahren schildert Werner Beyme, daß in manchen Jahren zwischen Januar und September bis zu 6000 Verfügungen erlassen wurden, also rund 30 bis 40 am Tag, und daß Kabinettsrat Beyme, dem Justiz, Polizei, Finanzen, Kirchen und Schulen unterstehen, diese Arbeit mit nur zwei oder drei Hilfssekretären zu bewältigen hat. Allzu effizient kann das System nicht gewesen sein; da bleibt zwangsläufig manches liegen, kann nur oberflächlich angepackt werden oder wird, schlimmer noch, überverwaltet.

Trotzdem kommt dem Kabinettsrat zu Zeiten Friedrich Wilhelms III. historische Bedeutung zu. Er bereitet jene Reformen vor, die das Leben in Preußen freier und erträglicher machen sollen. Sie beruhen deutlich auf Errungenschaften der so heftig bekämpften Französischen Revolution, an der sich die Geister scheiden. Werner Beyme: »Die Kabinettsräte bildeten ... bewußt eine reformfreudige Avantgarde, die das allgemeine Staatswohl gegen die Standesinteressen des Adels vertrat. Sie wurden daher von der altpreußischen Oberschicht als Bedrohung empfunden.«

Friedrich Gentz, der eben seine Wetterfahne gedreht hat und ins konservativ-reaktionäre Lager eingeschwenkt ist, zieht über Beyme her: »Alles, was nach sogenannter Aufklärung strebt, was die Staaten reformieren will, was den Schild einer philosophischen Denkart aushängt, findet an ihm einen erklärten Freund und Protektor. Er liebt die französische Revolution und haßt alles, was dieser Revolution zuwider ist... Berlin ist der Sammelplatz aller unruhigen Köpfe, aller gefährlichen Neuerer von Deutschland geworden. Was alle anderen Staaten von sich stoßen (die Fichte, die Erhard, die Merkel, die Woltmann, die Schlegel und hunderte ihres Gleichen) finden hier nicht nur Zuflucht, sondern Protektion. Die ausgelassensten Revolutionsprediger ziehen frei und frech in den Caffeehäusern, auf den Promenaden, in den Freymaurerlogen, in den Humanitäts-Gesellschaften, in hundert Clubs und sogenannten Ressourcen (Vereinigungen zur Sammlung von Geldmitteln) herum.«

Carl von Clausewitz, ebenfalls ein Konservativer, beurteilt das Kabinett sachlicher. Nachdem er als blutjunger Fähnrich den Rheinfeldzug mitgemacht hat und zum Leutnant befördert worden ist, befindet er sich zur Zeit des Regierungsantritts Friedrich Wilhelms III. noch auf der Kriegsschule. In seinen »Nachrichten über Preußen in seiner großen Katastrophe« wird er sich erinnern: »Nur in einer Beziehung zeichnete diese Kabinetts-Regierung sich durch eine allgemeine und konstante Richtung aus, nämlich in einem gewissen Liberalismus: Freiheit und Aufklärung, in dem Sinne, wie sie damals genommen zu werden pflegten, schien den verschiedenen Kabinettsräten, welche für die Angelegenheiten des Innern einander folgten, die hauptsächlichste Pflicht ihrer Stelle, und sie sahen sich daher als eine Art von Volks-Tribunen an, die, neben den Thron gestellt, den aristokratischen Sinn des adligen Ministeriums im Zaum halten und die Regierungsgewalt in diesem Sinne der Zeit fortschreiten lassen müßten. Diese Rolle wurde ihnen nicht schwer, denn auf der einen Seite waren sie selbst Leute, die nicht zu großen Familien gehörten... und die vor der Hand von der demokratisierenden Aufklärung auch für sich nur Vortheil und keinen Nachtheil zu erwarten hatten; von der anderen Seite glaubten sie durch dieses Schwimmen mit dem Strom am besten dem Drucke dieses Stroms zu entgehen. Sie glaubten dadurch das Ungewitter zu beschwören, was sich seit 1789 in Paris auftürmte.«

Mit anderen Worten: Preußen versucht, der Französischen Revolution, die von unten gekommen ist, eine Revolution von oben, zumindest eine Reformation, entgegenzustellen. Friedrich Wilhelm kommt diese Tendenz entgegen. Sie entspricht seiner eigenen Einstellung, die sich erstaunlich offen gegen althergebrachte Privilegien richtet, wenn auch selten gegen Althergebrachtes grundsätzlich. Auch er fühlt konservativ, möchte Bestehendes erhalten, sieht aber ein, daß es ohne Zugeständnisse an den Zeitgeist sich nicht wird erhalten lassen.

Im Wege steht im sein Widerwillen, sich für eine Methode zu entscheiden. Entschlüsse schiebt er gern hinaus, überdenkt alles nicht zweimal, sondern drei-, vier-, fünfmal und noch öfter. »Das Kategorische« formuliert der vorsichtige Bailleu, »fehlte ihm ganz, obschon er hartnäckig sein konnte bis zum Eigensinn. Das ›Ich will‹ fiel ihm schwer, leichter wurde ihm ein ›Ich will nicht‹.«

Das Kabinettsprinzip kommt ihm insofern entgegen, als er, im Grunde menschenscheu, sich nur schwer an neue Gesichter gewöhnt. Bei ihm muß alles seine Ordnung haben, zu Hause und im Staate. So streng geregelt wie die Stunden, an denen die Mahlzeiten eingenommen werden, oder wie die Anzahl der Pferde vor seinem Wagen oder dem der Königin, so pünktlich verlangt er zur festgesetzten Zeit den Vortrag eines ihm vertrauten Kabinettrats. Wohl fühlt er sich nur bei Luise, den Kindern, als Dorfschulze von Paretz oder, wenn schon in Berlin, dann wenigstens unter Leuten, die er kennt. Das hat den Vorteil einer gewissen Kontinuität. »Die Welt hat nur durch das Außerordentliche Wert«, liest man bei Valéry, »jedoch nur durch das Ordentliche Bestand.« Es hat allerdings den Nachteil eingefahrener und bald fest verankerter Routine, denn auch weniger Begabte oder Hervorragende – wie zum Beispiel der gemütliche Köckeritz – bleiben auf diese Weise am König kleben wie die Kletten.

Kein ganz leichter Beginn. Friedrich Wilhelm muß, zunächst wenigstens, vielen vertrauen, denen er mißtraut, ihm bleibt gar nichts anderes übrig. Aber da er jede Veränderung scheut, ist auch auf lange Sicht an personelle Verbesserungen oder Umbesetzungen nicht zu denken. Wenn man dem König etwas vorwerfen kann, dann nicht seine Prinzipientreue, seine Scheu vor dem Krieg und seine hartnäckige Bedächtigkeit, die er in allem an den Tag legt, sondern die Tatsache, daß er ein Gewohnheitsmensch ist. Aber so und nicht anders ist er geboren. Auch bemerkt er den Widerstand des Adels, der sich, wie fast immer, wenn es um Privilegien geht, patriotisch kostümiert. Das Volk starrt ohnedies mehr auf Luise. Sie nimmt im Fluge für sich ein und für ihren Mann mit. Das zeigt sich, als man endlich auf die lange aufgeschobene Reise in die Provinzen geht. Der Zeitpunkt scheint ungünstig: Die Königin, im siebten Monat schwanger, sollte besser daheim bleiben, denn die Huldigungsfahrt wird sechs Wochen dauern. Aber ohne seine Frau unternimmt Friedrich Wilhelm nichts mehr. Luise freut sich sogar darauf. Ihrem beunruhigten Bruder Georg schreibt sie:

»Ich werde reisen. Wohin, warum, wann und wie, dieses sind Ursachen, die vermutlich diesen Bogen einnehmen werden. Ich reise also mit meinem Mann zu der Huldigung nach Ost- und wirklich Preußen, komme vorher durch Danzig und nachher begleite ich ihn nach Warschau und Breslau, eile mich, daß ich nach Berlin zurückkomme, und halte meine Wochen und bin Ende August fix und fertig. Nun die Frage, wann und wie, die ich geschwinde beantworten werde, um Deine Besorgnisse, die Du wegen mir hast, zu stillen. Der 24. Mai (1798) ist zu meiner Abreise bestimmt; den ersten Tag mache ich nur 6 Meilen, um mich allmählich ans Fahren zu gewöhnen, und das stärkste ist 12 Meilen des Tages. Mein Mann und ich kommen immer an den Hauptorten zusammen an, reisen aber verschieden; da er 20, 25 Meilen des Tages macht, welches zu fatigant (ermüdend) für mich wäre, so hat man es so eingerichtet, daß ich kleine Tagesreisen mache; dieweil er Revue hält, die ihn öfters drei oder vier Tage an kleinen Orten aufhalten, wie z. B. Stargard, Posen usw., so gewinne ich Zeit und gehe meinen langsamen, bedächtigen Weg und komme immer zur rechten Zeit an. Außerdem noch werden alle Wege meiner teuren Person wegen ausgebessert, ich habe meinen eigenen Kutscher und Vorreiter, die mich fahren, und die kleine Frau Schultzen mit, die mich warten und pflegen soll, wenn ich des Tages Last und Hitze getragen werden habe.«

Soweit, ein bißchen beschönigend, die Umstände der aufregenden Reise. Vor Einführung der Eisenbahnen sind Reisen, selbst für gekrönte Häupter, die sich einigen Luxus leisten können, anstrengend, beschwerlich und sogar gefährlich. Die Straßen in Ostpreußen und Polen, ungepflastert und holprig, mögen ihrer eigentlichen Bestimmung, dem Transport von Erntewagen und Ochsenkarren ganz gut dienen; Kutschen, vor allem gefederte, sind auf ihnen fehl am Platze. Vor Hitze, Staub, Kälte und Regen bieten sie nur ungenügend Schutz, und Achsen- und Radbrüche können die Insassen das Leben kosten, abgesehen davon, daß zur Reparatur bestenfalls der nächste Dorfschmied herangezogen werden kann. Bruder Georg hat schon recht, wenn er andeutet, daß derartige Strapazen nicht das Richtige für eine Hochschwangere sein dürften.

Aber Luise ist eines nicht und nie gewesen: wehleidig. Der Rest ihres Briefes gerät ihr, wie fast immer in solchen Fällen, zur Liebeserklärung: »Nun, warum reise ich? Dieses läßt sich leicht erraten, weil mein Mann es wünscht; dieser Wunsch, ich möchte ihn begleiten, machte mich sehr glücklich, ein neuer Beweis seiner Liebe kann mir nicht gleichgültig sein; eine so große Reise zu machen unter den bewandten Umständen, ist höchst angenehm; sonst reiste ich nach Frankfurt, um Krönungen zu sehen, jetzt lasse ich mich beinahe nun doch selbst krönen. Alsdann weiß ich mit Zuverlässigkeit, daß ich meinem Mann von Nutzen bin. Du weißt, er liebt nicht Cour, Gêne, Etiquette, und wie die Dinger alle heißen, und diese Reise ist eine Kette von solchen Dingerchen; ich werde also diese Last ehrlich mit ihm teilen, und die Gêne (Zwang, Unbehagen, Unbequemlichkeit) fällt größtenteils auf mich zurück, die ich aber nicht achten werde. Ich werde alles anwenden, um ohne Zwang die Liebe der Untertanen durch Höflichkeit, zuvorkommendes Wesen, Dankbarkeit da, wo man mir Beweise der Liebe und Anhänglichkeit geben wird, zu gewinnen und zu verdienen, und so, glaube ich, werde ich mit Nutzen reisen.«

Das wird sie tatsächlich.

Wenn »wirklich Preußen« jemals eine Königin umjubelt hat, dann Luise. Sie beginnt, das wirkliche Preußen zu verkörpern.

Oder macht sie sich da, machen wir uns noch im nachhinein etwas vor? Der Staat, das steht außer Frage, befindet sich in keinem guten Zustand, König und Königin stehen vor Aufgaben, die von ihnen kaum zu bewältigen sind. Vielleicht verkörpert Luise das unwirkliche, das Traum-Preußen, das Preußen, wie es sein sollte. Keine preußische Realität, aber doch wirklich und vorhanden, ein preußisches Märchen.

11.

Die stillen Jahre

Was Luise so schlicht als Reise bezeichnet, basiert auf einer alten Tradition. Neue Herrscher haben sich ihrem Land zu zeigen, erst wenn ihnen vor und nach der Krönung von den Landständen »gehuldigt« worden ist, gelten sie als vollends gekrönt. Auch das Volk drängt eifrig darauf, bei solcher Gelegenheit den neuen König – und diesmal sogar eine junge, liebenswürdige, für ihre Schönheit berühmte Königin – zu Gesicht zu bekommen.

Luise blüht bei derartigen Huldigungen auf. Friedrich Wilhelm mag so etwas gar nicht. Er hält es wie später der ähnlich schüchterne Georg IV. von England: Die Königin dient ihm als willkommenes Schutzschild. Sie lenkt die Aufmerksamkeit, wo immer sie auftaucht, auf sich – und weg von ihm.

»Der König ein bißchen übler Laune von dem unaufhörlichen Vivat-Schreien«, lesen wir im Tagebuch der braven Voß, die ihrer Herrin natürlich – zusätzlich zu »Frau Schultzen«, über die leider nichts näheres überliefert ist – zur Seite steht. Oder: »Der König nicht gerade sehr glänzender Laune nach all dem Spektakel« und in Oliva, wo Luise und sie sich lange bei der Illumination des Hafens aufgehalten haben: »Wir kamen sehr spät zurück, worüber der König ganz ungehalten war.«

Man kann sich vorstellen, mit welchem Gesicht er im Königsberger Schloß zur eigentlichen Krönungszeremonie unterm Thronhimmel steht, Luise strahlend neben ihm. Vier Reden müssen sie über sich ergehen lassen, Haugwitz liest eine lateinische (für die Geistlichkeit) vor, sodann eine deutsche. Nach der Zeremonie folgen zwei weitere, eine polnische, die einer wiederum deutschen vorangeht. Das Lächeln der Königin und ihre zärtlichen Seitenblicke auf ihren mürrisch-verkniffenen Mann bleiben allen Beteiligten unvergessen. »Ein ideales Paar«, heißt es allgemein, »besonders sie.«

Friedrich Wilhelm hat, was Luise betrifft, vorgesorgt. Solange man sich in der Nähe Berlins befindet, wird nach jeder Meile ein Relais eingelegt, Station gemacht, an der es Blumen, Früchte und Erfrischungen gibt. Und schon bei der ersten Übernachtung, in Stargard, hält er es nicht ohne sie aus. Der Bequemlichkeit halber sind König und Königin in zwei verschiedenen Bürgerhäusern untergebracht, aber Friedrich Wilhelm zuliebe zieht Luise mit in sein Haus.

Die »Reise« entwickelt sich zu einem Triumphzug, der alles bisher Dagewesene in den Schatten stellt. Das Wetter ist herrlich, sommerlich heiß. Das macht die Fahrten zwar beschwerlich, aber wohin man auch kommt, überall wird dem Königspaar eine Herzlichkeit entgegengebracht, die für seine Popularität spricht.

Das gilt sogar für die polnischen Gebiete, die Friedrich Wilhelm II. Preußen einverleibt hat und die sich diesem Staat keineswegs zugehörig fühlen. Vor Warschau jubelt man dem jungen Königspaar nicht weniger zu als vor Danzig. Überall ist geflaggt, ertönt Kanonendonner beim Einzug. Manöver, Paraden, Feuerwerk, »Cours«, Bälle, Reden, Geschenkadressen, Konzerte, Einladungen – Luise genießt in vollen Zügen. Sie läßt es sich nicht nehmen, beim Tanz mitzumachen, wenn auch nur bei würdig geschrittenen Polonäsen, zwei davon in Breslau, immerhin 18 Tage vor ihrer Entbindung.

Wenn der König Truppen besichtigt und, entfernt von der Königin, noch schlechterer Laune zu sein pflegt als ohnehin schon, macht sie Unternehmungen mit, auf die sie sonst ihm zuliebe verzichtet. Kaum zu beschreiben, wie begeistert sie von einer Fahrt mit einer Schaluppe auf die – gottlob ruhige – Ostsee zurückkehrt. Das Meer ist ihr, der Mecklenburgerin, so gut wie unbekannt; sie hat es selten gesehen, einmal in Holland und ein andermal bei Lübeck. Jetzt stellt es eine kleine Sensation dar, auch für die sonst so gesetzte Gräfin Voß.

Von Warschau aus besucht Luise Arkadien (oder auch: Arkadia), heute noch einer der bedeutendsten Landschaftsgärten in Polen. Die Fürstin Helena Radziwill, ihr aus Berlin wohlbekannt, hat ihn erst jüngst durch den Hofarchitekten Szymon Bogumił Zug anlegen lassen. Die preußische Königin gehört zu den ersten Besuchern, die den englischen Park mit der gotischen Cottage, dem klassizistischen Dianatempel und dem »Grab Rousseaus« auf einer künstlichen Insel zu sehen bekommen. Alles ist nach dem Vorbild des ersten und größten deutschen Landschaftsparks in Wörlitz bei Dessau gestaltet. Luise begreift ihn als überdimensionales Paretz.

Es gibt aber auch, wie befürchtet, Zwischenfälle. Sie sind jedoch nicht politischer Natur, etwa durch polnische Unabhängigkeitskämpfer verursacht. Die für damalige Begriffe ungewöhnlich umfangreiche Eskorte von 30 Mann hat während der gesamten sechswöchigen Reise nichts anderes zu tun, als die Begeisterung der versammelten Menge zurückzuhalten. Es passiert, was häufig auf den unwegsamen Landstraßen passiert: Der Wagen der Königin wirft um.

Luise beeilt sich, ihrer Großmutter aus dem kleinen Ort Brogatte vor Warschau Nachricht zukommen zu lassen, »denn ich fürchte sehr, daß das Gerücht, ich sei mit meinem Wagen gestürzt, sich schon bei Ihnen verbreitet hat, da Nachrichten dieser Art immer früher ihren Weg nehmen als die guten.« Sie bittet die Prinzessin George, die ja jetzt in Strelitz lebt, auch Vater, Onkel und Bruder zu beruhigen.

»Allerdings bin ich gestürzt, und das tüchtig, denn das Wagenverdeck lag viel tiefer als die Räder; aber dabei habe ich doch Glück gehabt, denn die Sache ging so langsam vor sich, daß ich Zeit hatte, zu denken: Wir werden fallen, wir fallen, wir sind gefallen. Die göttliche Vorsehung und die Sorgfalt, mit der man mich so umsichtig wie möglich aus der Karosse zog, bewirkten, daß ich bei meinem Zustand keine verderblichen Folgen verspürt habe; aber ich muß gestehen, ich habe viel Glück, und der liebe Gott beschützt mich sichtbar.«

Kurz darauf wirft noch ein zweiter Wagen um, wieder wird niemand verletzt.

»Die Königin war heute wieder ganz erholt, wir reisten um 9 Uhr weiter«, heißt es im Tagebuch der Gräfin Voß, sowie: »Blumenspenden erfreuten uns allerwärts ohne Ende.« Trotzdem läßt ein Postscriptum, noch kurz vor Abgang des Kuriers in Warschau unter den Brief an die Großmutter gesetzt, durchblicken, daß auch Luise am Ende ihrer Kräfte sein dürfte. »Morgen verlasse ich diese Stadt, wo es mir so gut wie nirgends noch gefallen hat. Meine Gesundheit hält wunderbarerweise den zahl- und namenlosen Anstrengungen stand, die ich durchmache. Am 29. bin ich in Charlottenburg, und der Gedanke daran ist mehr wert, als alle Beruhigungsmittel der Welt.«

Die aufmerksame Fürsorge ihres Mannes zeigt sich daran, daß er schon vor der Reise das von Luise besonders geliebte Schloß Charlottenburg für die Entbindung hat herrichten lassen. Zuvor muß allerdings noch einiges überstanden werden. In Breslau warten schon eine Meile vor der Stadt ein Empfangskomitee und eine vivatschreiende Menge auf die königlichen Gäste. Wieder gibt es Ehrenpforten, Empfänge, Bälle. Nach einem Besuch beim Fürstbischof kann Luise endlich die Heimreise über Polkwitz und Frankfurt an der Oder antreten. Sie übernachtet bei den Massows auf Steinhöfel. Dort trifft auch der König wieder mit ihr zusammen. Nach Berlin geht es dann über Pankow, um jedem weiteren Vivat zu entgehen; unvermeidlich begrüßt es sie aber vor dem Charlottenburger Schloß, weil sich die Nachricht von der Ruckkehr rasch in Berlin herumgesprochen hat. Und selbst hier endet die Einstandstour des Königspaars noch nicht. Im Stadtschloß findet eine weitere, eine märkische Huldigungsfeier statt mit großem Ball am folgenden Tag. Diesmal führen Luise und Friedrich Wilhelm keine Polonäse an. Man schreibt den 7. Juli.

Am 13. Juli 1798 bringt Luise in Charlottenburg ihr viertes Kind, das dritte überlebende, eine Tochter, zur Welt. Sie wird am 28. Geburtstag des Vaters auf den Namen Charlotte getauft und einst als Alexandra Fjodorowna Zarin von Rußland werden. Ihr Urenkel, Nikolaus II., wird Thron und Leben verlieren, wenn das Riesenreich im Osten nach der Oktoberrevolution seine Struktur wandelt, letztlich immer noch die Auswirkung jener weltgeschichtlichen Veränderungen, mit denen das Preußen Luises konfrontiert war und die es auf seine Weise – vergeblich – zu beschwichtigen versuchte.

Eine weitreichende Erschütterung, die von der Französischen Revolution ausgegangen ist. Sie hat Wind gesät; den Sturm erntet der gesamte Kontinent. Zwischen 1792 und 97 hatte das revolutionäre Frankreich im Ersten Koalitionskrieg versucht, seine Ideen missionarisch mit Waffengewalt auszubreiten. Bei wechselndem Kriegsglück war man in die Niederlande, in die Pfalz eingedrungen und an den Rhein gelangt. Aber nachdem die Preußen in Basel, die erschöpften Österreicher in Campofornio Frieden geschlossen hatten, blieben nur die Engländer als erbitterte Feinde zurück. Sie siegten zur See, konnten den Franzosen zu Lande aber wenig anhaben. Als sie in Toulon landen, zeichnet sich Napoleon Buonaparte zum erstenmal aus. Aber unter Paul I. formiert sich bereits, mit Hilfe Englands, eine zweite, gegen Frankreich gerichtete Koalition, fest entschlossen, nicht locker zu lassen, die Revolution zu vernichten. Frankreich steht erneut gegen viele Feinde, gegen England, Rußland, Österreich, Neapel, Portugal und die Türkei.

Trotzdem bleiben Kriegsglück und, wie es scheint, sogar die Übermacht, zumindest die intellektuelle, auf Seiten Frankreichs. Der erfolgreichste der französischen Generale, Napoleon Bonaparte, ist eben nach seinem Sieg über die Türken bei Abukir aus Ägypten zurückgekommen und auf zehn Jahre zum Ersten Konsul gewählt worden, der Beginn seiner »persönlichen Monarchie«, wie er es, erstaunlich offen, selbst nennt. Bei einer Volksabstimmung im vor kurzem noch so revolutionären Frankreich stimmen von drei Millionen Wählern nur 1500 gegen ihn. Er gründet die Bank von Frankreich, um das Land zu sanieren, reformiert Verwaltung und Justiz, verspricht dem Volk, sogar den Völkern Frieden und überschreitet an der Spitze seiner Truppen den St.-Bernhard-Paß. Italien und Österreich verwandeln unter seinen gewaltigen Schlägen ihr Gesicht, die europäische Landkarte mit ihnen.

Preußen bleibt im Windschatten, immer noch eine friedliche Oase in der aufgeregten Welt ringsumher. Die Zeit bis zum Jahre 1802 hat Paul Bailleu die stillen Jahre genannt, eine jener Bezeichnungen, die so schlagend sind, daß es seither keinem Biographen der Luise einfallen konnte, eine andere zu wählen. Still waren sie freilich vor allem im Verhältnis zu den großen außenpolitischen Verwicklungen, und die schlagen am Strand der idyllischen Insel dann doch auch hohe Wellen.

Während Luise sich von der Entbindung erholt, hat Friedrich Wilhelm seine liebe Not mit der Diplomatie, die er so gar nicht beherrscht. In Berlin ist ein neuer französischer Gesandter eingetroffen, der ehemalige Geistliche Emmanuel Joseph Sieyès. Ihn hat André Maurois den »Pontifex maximus der Revolution« genannt; wenig später wird er in Paris jene Verfassung schaffen, die Napoleon eine legale Basis für seine Herrschaft ermöglicht. Den Berlinern ist er nicht gerade willkommen, verhaßt beim Adel, denn er gilt als der eigentliche Mörder Ludwigs XVI. Er hat bei der Abstimmung im Nationalkonvent angeblich den viel kolportierten Ausspruch getan »La mort sans phrase«, »Tod – ohne Zweifel!« Friederike schreibt ihren Schwestern nach Regensburg und Hildburghausen: »Unser diplomatisches Korps hat sich um einen Teufel vermehrt, nämlich Sieyès. Unter tausend Personen würde ich, ohne ihn zu kennen, sagen: das ist ein Verbrecher.«

Er versucht, den König auf die Seite Frankreichs zu ziehen, wahrscheinlich seine eigentliche und einzige Aufgabe in Berlin, denn er kehrt schon kurz darauf nach Paris zurück. Friedrich Wilhelm hat er nicht zu überzeugen vermocht. Von Sieyès ist die ebenso scharf kalkulierende wie politisch folgenreiche Frage angesichts der schwierigen innen- und außenpolitischen Lage Frankreichs überliefert: »Ich brauche ein Schwert – wer soll es tragen?« und beantwortet sie mit der Schaffung eben der Rangstellung eines Ersten Konsuls für Napoleon.

Noch lästiger wird dem König allerdings die Gegenseite, die Koalition. Auch sie bietet prominente Abgesandte auf, denen es sogar gelingt, in die Abgeschiedenheit Charlottenburgs einzudringen. Denn dem König gefällt es in der Nähe seiner rekonvaleszierenden Gattin. Er bleibt den ganzen Sommer an ihrer Seite, zu seinem Bedauern mitsamt einem Teil des Hofes, der zwangsläufig folgt.

Es geht ihm entschieden zu weit, wenn man nun auch schon diese impertinenten Fremden hierher vorläßt, die ihn in Kriege zerren wollen, welche ihn, wie er glaubt oder hofft, nichts angehen. Aus Rußland erscheint in solcher Mission Fürst Repnin, aus Österreich Graf Ludwig von Cobenzl, beide überdies gemeinsam, und halten ihn stundenlang von Wichtigerem ab. Besonders Cobenzl erweist sich als äußerst beredt, und obwohl Friedrich Wilhelm beredte Leute liebt, verabschiedet er ihn wie auch Repnin am Ende abrupt und für so hohe Emissionäre kränkend unhöflich.

Vielleicht hat er nicht einmal ganz Unrecht mit seinem Ärger. Man kennt doch seine Einstellung und die strikte Neutralitätspolitik, die er verfolgt. Glaubt man, beides sei nichts als Gerede? Auszubaden hat es Luise.

Georg, der zu einem schlanken, hübschen und sehr sensiblen jungen Mann herangewachsen ist, begeht zur Freude der Schwestern seinen 19. Geburtstag in Charlottenburg. Seinen beiden anderen Schwestern teilt er seine Eindrücke mit, und die sind keineswegs eindeutig. Luise scheint als Mutter und Frau vollkommen glücklich. Aber er bemerkt auch, daß sie sich dieses Glück unablässig erkämpfen muß. Er deutet häusliche Szenen an, in denen es seiner Schwester immer wieder gelingt, den König aufzumuntern und aus seiner »schlechten Laune«, die wohl in der Hauptsache auf seine Melancholie zurückzuführen ist, zu vertreiben.

Man kann sich das Leben im Charlottenburger Schloß während dieses strahlenden Sommers gut vorstellen. Morgens sind die Geschwister allein, spielen mit den Kindern, reden, schwatzen, promenieren im schönen Schloßgarten. Aus Schönhausen kommt beinahe täglich Friederike herüber, »durch anderthalb Meilen arabischer Sandwüste«, und, wie sie sich ausdrückt, »durch die Sandwüste bis zum Elysium«. Eine fröhliche und geruhsame Zeit, bis gegen Mittag Friedrich Wilhelm erscheint, entweder vom Exerzierplatz oder von einer Kabinettsitzung, mitunter auch, wenn alle Pech haben, von einem Zusammentreffen mit einem der außerordentlichen Botschafter, die Woche für Woche in Berlin eintreffen.

Man hofft immer noch, den unverbesserlichen Friedenskönig zum Krieg oder doch wenigstens zum Beitritt in die Allianz wider Frankreich bekehren zu können. Aus London trifft der besondere Vertraute des Ministerpräsidenten Pitt ein. Im Gegensatz zu seinem Vorgänger Walpole setzt Pitt auf Krieg mit Napoleon. Lord Grenville wird sogar im nächsten Jahr englischer Außenminister. Er erreicht bei Friedrich Wilhelm, dem stursten Verhandlungspartner, der sich denken läßt, ebensowenig wie der österreichische Fürst Dietrichstein und jener General Kinkel, der die Interessen des mit den Hohenzollern verwandten niederländischen Hauses Oranien vertritt. Zu schweigen von dem pausenlosen Bemühen des ständigen russischen Gesandten Graf Nikita Panin.

Da regnen schier endlos Argumente für einen Kriegseintritt Preußens auf den König herab. Sie betreffen die europäische Wirtschaftslage (Lord Grenville), Preußens linksrheinische Besitzungen (Kinkel) und münden gewöhnlich in düsteren Prophezeiungen der Art: »Als nächstes Opfer werden Sie dran sein.« Solche Sätze führen auch viele Preußen im Munde, Louis Ferdinand zum Beispiel, selbst Gräfin Voß, die diese Befürchtung ihrem Tagebuch anvertraut. Friedrich Wilhelm läßt, mehr zur eigenen Beruhigung als zur Veröffentlichung bestimmt, von Beyme ein Schriftstück mit Gegenargumenten aufsetzen. Luise schreibt es ihm fein säuberlich ab, ihre zunächst einzige politisch relevante Tat.

Aber kehren wir nach Charlottenburg zurück. In den Kreis der frohgelaunten Mecklenburg-Darmstädter Geschwister kehrt der nach solchen Sitzungen sorgenvoll-mürrische König wie ein Spielverderber zurück. Kein Wunder, daß ihn die Familienangehörigen der »humeurs« zeihen, der schlechten Laune. Erstaunlicher schon, daß auch die Nachwelt ihm solches vorgeworfen hat. Als ob einen friedliebenden Monarchen die Gewitterwolken nicht beunruhigen dürften, die sich rings um ihn und sein Land zusammenziehen. Friedrich Wilhelms »schlechte Laune« beruht wohl, abgesehen von der ihm angeborenen Melancholie, auf berechtigter Sorge.

Nur Luise kann ihn dann aufheitern, mit übrigens, wie Georg berichtet, den harmlosesten Mitteln, Küßchen auf die Stirn, einigen freundlichen Worten, einem geträllerten Lied und dergleichen. Friedrich Wilhelm ist nicht anspruchsvoll, und er vergöttert seine Frau, läßt sich aber gleichwohl nicht um den Finger wickeln. Sie kann repräsentieren und Herzen gewinnen für zwei, nämlich für ihn mit, aber, was wichtiger ist, sie kann es ihm zugleich häuslich und gemütlich machen, eigentlich das einzige, was er verlangt und braucht; viel ist das ja wirklich nicht. Jetzt ist Luises Familie da, in der er sich zwar wohler fühlt als in der eigenen, für die er aber nun einmal die Rolle des alten Brummbären spielt; was ihn stört, was die Familie stört, was es am schwersten für Luise macht. Hören wir Georg.

»Aber wenn ich die Liebe sah, mit der sie ihn bewillkommnete, wenn es so echt durchleuchtete, wie ihr Morgenkuß ihm nach der Arbeit schmeckte und wie sie das beseligte, dann verschwand alles eigene Interesse, und ich war in dem Glück einer so guten edlen Schwester glücklicher noch als vorher. Schwer würde es mir aber auch werden, Dir zu beweisen, wie sehr sie's verdient; Dir zu sagen, wie sie so unermüdet fortschreitet auf der Bahn des Guten, so unablässig ihre Pflichten vor Augen hat, nichts sieht als ihren Mann, nichts sucht, nichts wünscht, als ihm zu gefallen, ihn glücklich zu machen, dabei der reine Sinn, der reine Wille, immer besser zu werden, die Gefälligkeit, das liebliche Wesen, so vollkommen das alte Betragen, ohne auch nur die Spur der Königin, und doch dabei die hohe Würde, die feste Treue und Wärme gegen ihre Freunde... Willst Du wohl glauben, daß sie jetzt sanfter wie die Ika (Friederike) ist?«

Die Lobeshymnen auf den »Engel« der Familie gehen weiter. Auch Georg liebt seine Schwester geradezu schwärmerisch, formuliert jedoch Vorbehalte gegenüber ihrer Art, die häusliche Harmonie bedingungslos über alles andere zu stellen. Aber »wer das unendlich große Wort Selbstbeherrschung kennt, der wird ihr deswegen weder seine Liebe noch seine Bewunderung um das geringste entziehen können«, schreibt Georg weiter. »Ich wenigstens, der ihre Lage so unverschleiert sah, wie's nur immer möglich ist, kann das in Wahrheit beteuern, denn so gänzlich willenlos zu sein, sobald der König den kleinsten Wunsch äußert, und täglich mit dem Bewußtsein, den größten Dank zu verdienen, *humeurs* mit Lächeln ertragen zu müssen, ist und bleibt hart, und wenn auch der Mann, von dem ich sie ertrage, ein verehrungswürdiger Mann und ein Mann ist, der mich wieder mit Liebe überhäuft und sein ganzes Glück in mir findet, wie dies alles der Fall ist. Daher fließt denn manche Träne im stillen, die nicht gesehen oder deren Ursache nicht klar wird, und ich wiederhole es darum nochmals: wenn auch alles dies nicht hinlänglich ist, sie zu Fehlern zu berechtigen, so gehört doch eine sehr hohe Kraft des Herzens sowohl als des Geistes dazu, sich in dem Maße der Vortrefflichkeit zu erhalten, und stets sich so getreu zu bleiben...«

Andere Gäste, die die Charlottenburger Zurückgezogenheit aufmuntern, konstatieren ähnliches. Karl August von Weimar zum Beispiel oder der lustige Onkel Georg, der wie ehedem übersprudelt vor Einfällen, die selbst den griesgrämigen König zum Lachen bringen. Die Voß befürchtet zwar, dieser Schnell- und Vielredner, der ihr die Schau stiehlt, sei nur gekommen, um seine Nichte oder deren Mann anzupumpen, aber darüber ist nichts bekannt geworden. Es dürfte auch unwahrscheinlich sein, daß Luise ihm damals etwas hätte leihen können und Friedrich Wilhelm ihm etwas geliehen hätte. So wird er unverrichteter Dinge, aber bester Laune wieder abgefahren sein.

Georg bewundert vor allem Luises Selbstbeherrschung. Er ist noch jung und unerfahren; deshalb ahnt er nicht, daß die Selbstbeherrschung, die er selbst so hoch ansetzt, nur auf eines zurückzuführen ist: auf Liebe. In diesem Fall auf gegenseitige. Friederike erkennt das deutlich. Sie schreibt an die Schwestern in Regensburg und Hildburghausen: »Luise sieht so frisch aus und ist immer schön wie ein Engel. Ihr Charakter und ihr Herz entsprechen ihrem himmlischen Äußern, das macht sie in meinen Augen noch schöner. Gott erhalte sie und störe nie ihr Glück, das jetzt vollkommen ist und von Seite ihres Gatten noch nie die mindeste Trübung erfahren hat.«

Friedrich Wilhelm, hat man das Gefühl, lebt wie ein biederer Handwerksmeister. Die Arbeit über Tage ist anstrengend, verlangt scinc ganze Konzentration; sie liegt ihm nicht, das macht ihn müde und mürrisch. Um so lieber kehrt er zu seiner Frau in die vertrauten vier Wände zurück, wo er langsam – und von ihr wie ein rohes Ei behandelt – auftaut und sogar ganz fröhlich, oft regelrecht übermütig werden kann. Da schadet es nichts, wenn die Kinder ein bißchen zu sehr ins Kraut geschossen sind, weil die Mutter ihnen viel zu viel durchgehen läßt. Er selbst hat eine harte und lieblose Jugend hinter sich, wie die meisten, die aus den guten alten Zeiten stammen. So ist er im Grunde des Herzens durchaus zufrieden, daß die Kinder es jetzt besser haben.

Luise bringt sehr viel mehr Zeit mit den Kindern zu, als dies sonst an Höfen oder sogar auf Gütern der Fall ist. Die königliche Familie ist, absolut ungewöhnlich in ihren Kreisen, eine feste, kleine, weiterwachsende und intakte Gemeinschaft. Selbst die Oberhofmeisterin gehört längst dazu; stillschweigend duldet sie sogar, wenn die Prinzen herumtoben wie die Gassenbuben. Tatsächlich: eine Kleinbürgerfamilie. Der Vater ist endlich aufgemuntert, man kann entspannen, sich vorlesen lassen – wie man sich heutzutage vor die Fernsehkiste setzt –, Tee trinken, den Tag gemütlich ausklingen lassen. Wenn nicht ein repräsentativer Ball droht, ein Empfang oder sonst eine offizielle Veranstaltung. Da freut es ihn zumindest, daß sie sich darauf freut, sich, wie immer, viel zu lange anzieht, um dann eine Figur zu machen, auf die er zu Recht stolz ist. Aus dem hochherrschaftlichen Rokoko ist ein bürgerliches, vielleicht ein bißchen spießiges, aber anheimelndes Biedermeier geworden, worin Friedrich Wilhelm und Luise ihrem Volk vorangegangen sind. Mag einer die Nase rümpfen und Friedrich Wilhelm als biederen Hausvater, als zögernden, zaudernden Schwächling bezeichnen, wahr ist, daß er Krieg und Blutvergießen haßt, daß er jeden Strohhalm ergreift, der Frieden verspricht, gerade weil er sich seiner Verantwortung bewußt ist.

Die stillen Jahre – in dieser Zeit rundet sich die Luisen-Legende; das Königspaar wie ein Ehepaar aus dem Volke. Das Schloß ist nicht mehr exklusiver Ort, Stil und Geschmack in ihm entsprechen vielmehr dem der durchschnittlichen Bürgerhäuser. Was Frau Schultze aus Moabit und Herrn Meier aus Treuenbrietzen Spaß macht, der Weihnachtsmarkt in Berlin oder der Stralauer Fischzug, machen auch der Königin Luise und dem König Friedrich Wilhelm Freude.

Das liest sich, in den »50 Bildern für Jung und Alt« über »Die Königin Luise«, so: »Die Königin pflegte mit ihrem Gemahl in jedem Jahr auch den Berliner Weihnachtsmarkt zu besuchen. Eines Tages bemerkte sie, an einen Tisch herantretend, wie eine Bürgersfrau, die Ankunft der hohen Herrschaften bemerkend, ehrerbietig von demselben zurücktreten will. ›Stehen bleiben, liebe Frau!‹ rief ihr die Königin freundlich zu, ›was würden die Verkäufer sagen, wollten wir ihnen die Käufer verscheuchen?‹ Dann, als die Frau sich mit mütterlichem Stolze eines Sohnes rühmte, der mit dem Kronprinzen in einem Alter sei, kaufte die Königin mehrere Spielsachen für den Knaben und legte dieselben mit den Worten in den Korb der jungen Mutter: ›Nehmen Sie, liebe Frau, und bescheren Sie das Spielzeug Ihrem Kronprinzen im Namen des meinigen‹.«

Vor der Huldigungs- und Krönungsreise erzählt man sich eine ähnlich rührende Geschichte: »Gelegentlich einer Parade auf dem

Exerzierplatz bei Stargard im Mai des Jahres 1798, wurde die Königin, wie dies auf ihren Reisen öfter der Fall war, von einer großen Menge Volkes umdrängt. Da gewahrte sie einen alten, pommerschen Landmann, der vergeblich versuchte, sich durch den dichten Menschenknäuel hindurchzuarbeiten; sie giebt dem Diener den Befehl, den Alten näher an den Wagen heranzuführen. ›Gelt, ihr möchtet wohl auch gern die Königin sehen?‹ redet ihn der Diener an und führt den Hochbeglückten dicht vor den Wagenschlag der Königin. Hier stand der Greis, lange Zeit mit entblößtem Haupte und mit strahlenden Blicken in das holde Antlitz der jungen Landesmutter schauend, als wollte er sich ihre edlen Züge für immer tief ins Herz prägen.«

Es sei dahingestellt, was an diesen Anekdoten wahr ist. Ein höherer Wahrheitsgehalt dürfte ihnen nicht abzusprechen sein. Liebende, sagt man, werden geliebt, und das Volk akzeptiert keinesfalls alle ihm angetragenen Heroen oder Märchenfiguren; es sucht sich seine Lieblinge selbst aus.

Das Königspaar entzückt nicht nur durch eine leutselige Haltung; vielmehr ist es wirklich auch dort zu finden, wo sonst kein Hochgestellter hinzugehen pflegt und sich noch nie ein preußischer König hat blicken lassen. Auch damit befinden sich Luise und Friedrich Wilhelm instinktiv im Sog der veränderten Zeiten: Soeben beginnt die Romantik, sich der außerhöfischen Kultur zu besinnen; Volkslieder, Volksmärchen, Volksbräuche werden gesammelt und plötzlich wieder modern. Außer während ihrer Exilzeit haben König und Königin zum Beispiel keinen der alljährlichen Stralauer Fischzüge ausgelassen, über die man in ihren Kreisen ansonsten wahrscheinlich die Nase rümpft: Amüsement für den Pöbel!

Dabei hat der Brauch eine lange Tradition, er stammt aus dem 16. Jahrhundert. Traditionsgemäß gibt am Bartholomäustag, am 24. Juli, mit dem Ende der Laichzeit ein kurfürstlicher Erlaß die Flußfischerei wieder frei. In aller Herrgottsfrühe brechen die Fischer in drei großen Festkähnen auf und fahren von Stralau nach Treptow. Im ersten Kahn sitzen Musikanten, im zweiten befinden sich die riesigen Netze, der dritte ist voller Fischkübel. Dann wird ein Netz quer durch die Spree gezogen, und es finden drei Fischzüge statt, deren enorme Beute zu gleichen Teilen dem Berliner Magistrat, dem Prediger von Stralau und den Fischern zugute kommt. Nachmittags strömen die Menschenmassen aus Berlin heraus, zu Fuß, in Kutschen oder angemieteten Kremserkarren, zum großen Volksfest, dem einzigen, das die im Grunde traditionslose und neuerungssüchtige Stadt Berlin zu bieten hat.

Die Kirmes auf der Festwiese muß Anfang des vorigen Jahrhunderts all die derben leiblichen Genüsse geboten haben, die die Berliner seit jeher lieben, von der eingelegten Salzgurke bis zu den in weithin riechendem Fett gebratenen Buletten. Es gibt auch einen Festzug, bei dem ein großer Krebs durch das Dorf getragen wird. Die frechen Berliner Gassenjungen laufen neben ihm her und jubeln ihm ihr Vivat zu, das eigentlich nur dem König und der Königin zusteht, aber die säumen, freudig erregt wie ihre Untertanen, mit diesen die Dorfstraße und klatschen Beifall. Oft nehmen sie ihre Kinder mit; noch Friedrich Wilhelm IV., der sich viel höhergeboren und gottgesandter empfand als sein Vater, wird später, von Potsdam aus, oft und gern am Stralauer Fischzug teilnehmen.

Potsdam – da ist man im Herbst wieder zum Manöver. Jetzt blüht Friedrich Wilhelm auf, weniger Luise, deren immer etwas schwächliche Gesundheit die feuchten Räume im Marmorpalais schlecht verträgt. Trotzdem ist sie zur Freude ihres Mannes bei vielen militärischen Anlässen dabei, weiht Gardefahnen und sieht beim Exerzieren zu, höchstwahrscheinlich gelangweilt oder mit geheucheltem Interesse.

Gäste empfängt sie dann auch lieber zum Tee in Sanssouci, wie zum Beispiel Jean Paul, das heimliche Oberhaupt des kleinen Musenhofes ihrer Schwester Lolo in Hildburghausen. »Ich sprach und aß mit der gekrönten Aphrodite«, schreibt er, »deren Sprache und Umgang ebenso reizend ist, als ihre edle Musengestalt.« Die Sympathie beruht übrigens nicht auf Gegenseitigkeit. Luise tadelt einer Freundin gegenüber die Grobheit und sogar gelegentliche Taktlosigkeit des vielgerühmten Schriftstellers, der sich eben in Berlin verlobt hat. Auch mit seinem Werk kann sie offenbar nicht viel anfangen: »Ich liebe nicht dies Amalgam von Trivialem und erhabenen Ideen, diese Mischung von Heiligem und Profanem.« Noch zieht sie Lafontaine vor, in Kürze wird ihr Dichterfavorit Schiller heißen.

Bei gutem Wetter macht man von Potsdam aus kleine Landpartien, mit und ohne den König, häufig aber mit Gästen und den Kindern. Sie enden meist auf der Pfaueninsel, einem neuentdeckten Lieblingsort Luises, oder in Paretz. Die Insel mit den von Friedrich Wilhelm II. angeschafften dekorativen Vögeln und der sanften, an die Vergänglichkeit mahnenden Ruinenseligkeit dient freilich eher als hübscher Picknickplatz: Der Geist Wilhelmine Enckes ist hier noch zu nahe. Und die Baulichkeiten, »wo kein Schloß und kein Riegel vor Einbruch bewahrt, wo bekanntlich die Mauern von Papier sind und jeden Seufzer verräterisch seinen Nachbarn hören läßt«, sind viel zu altmodisch und unbequem. Übernachtet wird dann doch lieber im nahen Paretz, wo man am dörflichen Leben teilnehmen und Gäste einigermaßen kommod unterbringen kann. »Schloß Still-im-Land«, wie es allgemein genannt wird, bleibt Luises und Friedrich Wilhelms Lieblingsdomizil. Sogar die Gräfin Voß hat sich mit ihm ausgesöhnt. Wie in Potsdam wird auch in Paretz keine Pforte über Tage oder nachts abgeschlossen, nicht einmal ein Wachtposten aufgestellt. Fürst Dietrichstein, der österreichische Sonderbotschafter, der so unfreundlich verabschiedet worden ist, berichtet in Wien mißbilligend, er habe den König mit dem Kronprinzen und die Königin mit der Schwester am Arm unter den Potsdamer Bürgern herumspazieren sehen.

Es wäre verwunderlich, wenn sich nicht auch um Paretz die eine oder andere Anekdote ranken würde. Luise »hatte bemerkt, daß der Generaladjutant Oberst von Köckeritz, der Vertraute ihres Gemahls, während seines Aufenthalts in Paretz sich fast jedesmal unmittelbar nach Aufhebung der Tafel entfernte, ohne erst den Kaffee abzuwarten. In liebenswürdiger Fürsoge nach dem Grunde dieses Umstands forschend, hatte sie erfahren, daß der alte Herr gewöhnt war, nach Tisch seine Pfeife zu rauchen. Als der Oberst eines Tages nach Beendigung der Tafel eben wieder im Begriff war, aufzustehen und sich zu empfehlen, trat ihm (Luise) rasch und entschieden mit folgenden liebenswürdigen Worten in den Weg: ›Nein, lieber Köckeritz, heute dürfen Sie uns nicht wieder desertieren; heute sollen Sie hier bei uns Kaffee trinken und Ihre gewohnte

Pfeife rauchen.‹ Bei diesen Worten brachte auf ihren Wink die Dienerschaft Pfeife, Licht und Fidibus (gefalteter Papierstreifen zum Tabakanzünden) herbei, während (Friedrich Wilhelm), seiner Gemahlin die Hand reichend, die Worte sagte: ›Das hat Du gut gemacht, liebe Luise‹.«

Auf der dazugehörigen hübschen Zeichnung Karl Röchlings im Bilderbuch sieht man rechts am Tisch einen schnauzbärtigen Griesgram in Husarenuniform sitzen, wahrscheinlich Blücher, den späteren Generalfeldmarschall. Er blickt, die Rechte am Champagnerglas, finster auf den überraschten, schmeichelhaft schlank dargestellten Adjutanten.

Besonders häufiger Gast auf Paretz ist Marie von Kleist, deren Mann im Potsdamer Regiment Hauptmann ist, die angeheiratete Kusine Heinrich von Kleists. Ihr Bruder, Peter von Gualtieri, verkehrt im intellektuellen Salon der Rahel (er wird als junger preußischer Diplomat bald in Madrid sterben), ihre Schwester Amalie ist mit jenem Oberst von Massenbach verheiratet, der es noch zum General bringen wird und dem man später seine »Galerie preußischer Charaktere«, aus der wir schon häufig zitiert haben, so übelnehmen wird.

Mit Frau von Kleist verkehrt Luise auch während der Frühlings- und Herbstmanöver in Potsdam, sie muß sich allerdings mit der Freundin in einem Zimmer einschließen, weil weder ihr Mann noch die Gräfin Voß solche Bekanntschaft goutieren. Beide sind extrem eifersüchtig, Friedrich Wilhelm sogar auf den erklärten Ehrgeiz seiner Frau, ihrer geradezu erbärmlichen Bildung auf die Sprünge zu helfen. Bildung hält der König bei Frauen im allgemeinen, seiner Luise im besonderen für überflüssig. Klugheit schätzt er an Frauen zu allerletzt; sie sollten andere Qualitäten besitzen und diese pflegen. Aber, wie gesagt, es spielt eine gehörige Portion Eifersucht mit. Die wird sich später ebenso gegen eine weitere Freundin richten, Caroline von Berg, eine Vertraute Steins, die in Berlin einen der zwölf Salons unterhält, in denen Preußens große Geister verkehren.

Luises Bildungshunger wird vielleicht von allen Biographen überschätzt. Schon die eigene Familie hat ihn überschätzt, vor allem Georg, der die Geschwister über einen gewissen geistigen Notstand der Schwester informiert haben muß. Luise scheint sich bei ihm während seines Charlottenburger Aufenthalts über ihre entschwundene Schulbildung beklagt zu haben; sie wisse kaum noch, ob London in England oder Deutschland liege.

Da allen Friedrich Wilhelms Abneigungen bekannt sind, überlegt man hin und her, was ihr zu raten sei und was von ihrem Mann akzeptiert werden könnte. Man kommt zunächst auf das Studium der englischen Sprache, was bei den engen Beziehungen zum Hof Georgs III. naheliegt und wogegen der König eigentlich nichts haben kann. Auch durch geschichtliche Werke soll sich die Königin weiterbilden.

Das spricht sich, wie es damals an Höfen zu sein pflegt, wie ein Lauffeuer herum, und ehe Luise es sich versieht, sind unzählige Ratgeber zur Stelle. Prinz Heinrich, miesepeterig wie immer, empfiehlt – schon um seinen Neffen zu ärgern, dessen mangelnde klassische Bildung er oft genug kritisiert hat – Epiktet, Marc Aurel, Horaz, Homer, Vergil, Plutarch sowie eine Biographie Ludwigs XIV. von Frankreich. Auch Massenbach läßt, vorlaut und ein bißchen anmaßend, nicht lange mit einer eigenen Liste auf sich warten, die wiederum ausschließlich englische Literatur enthält, Robertson, Gibbon, Hume, deren Werke allerdings in deutscher Übersetzung vorliegen. Therese schickt aus Regensburg geographische und sonstige gelehrte Bücher, die in Großbritannien erschienen sind. Luise liest, daß ihr bald, wie sie zugibt, »Hören und Sehen vergeht«. Sie ist, auch im Studium der englischen Sprache, gründlich überfordert und versteht von allem bestenfalls die Hälfte.

Sonderbarerweise empfiehlt ihr keiner der gefragten und ungefragten Ratgeber ein deutsches Buch. Dabei ist doch die deutsche Literatur im Vormarsch begriffen; wir befinden uns schließlich mitten in der Goethezeit. Schriften von Herder hat Luise vor Jahren schon einmal selbst in die Hand genommen, aber wohl rasch wieder weggelegt, Jean Paul war natürlich eine Empfehlung der Schwester Charlotte, deren Hausdichter er ja ist. Frau von Kleist erst gelingt so etwas wie eine zaghafte geistige Anregung. Neben den Potsdamer Damen-Tees mit den Gattinnen der Offiziere besucht Luise Konzertabende bei den Kleists, deren Sohn Karl sie bei der Taufe hält. Und die Bücher, die ihr Marie – mehr oder weniger heimlich – zusteckt, liest sie sogar; wir wissen leider nicht, um welche es sich gehandelt hat. Als Friedrich Wilhelm wieder einmal seinen Unmut über die »Tugendrätin« äußert, muß Luise ihm dem Sinne nach geantwortet haben, was ihm der Adjutant Köckeritz sei, der mit der Tabakspfeife, sei ihr die Frau von Kleist, so etwas wie ein zweites Gewissen.

Das geht jedenfalls aus gewissen brieflichen Äußerungen an Georg und die Schwestern hervor. »Tugendrätin« nennt Friedrich Wilhelm, der einen Hang zum Zynismus hat, die Kleist. Wie damals viele Damen begeistert sie sich nämlich für »die Tugend«, worunter man, reichlich vage, so etwas wie (Luises eigener Ausdruck) »die Liebe zum Guten« versteht. Schon beim Wort »Tugend« zeigt sich die Königin »zu Tränen gerührt«. »Sie geben mir so gute und so solide Gedanken. Sie sagen mir die Wahrheit! Sie lieben mich aufrichtig! Und ich sollte Sie verlassen?« schreibt sie der Freundin, als diese, beunruhigt wohl über unfreundliche Äußerungen des Königs oder der Voß, ihr Unbehagen äußert.

Gleichsam hinter den Kulissen entwickelt sich so etwas wie ein Tauziehen um Luises Seele. Auf der einen Seite ziehen der König und Gräfin Voß, auf der anderen Frau von Kleist und Luises Mecklenburger Familie, deren weibliche Angehörige, man denke nur an die Großmutter Prinzessin George, alle weitaus emanzipierter sind, als man es in Berlin bei Hofe gewohnt ist oder es der König, zumindest in seinem Fall, wünscht. Darmstadt wirft lange Schatten. So stolz man auf eine Königin in den eigenen Reihen sein mag, ganz so häuslich-unterwürfig sähe man sie lieber nicht. »Es hat mich oft so unglücklich gemacht, daß ich hätte blutige Tränen vergießen können«, schreibt der unermüdliche Georg einmal an Therese – eine kleine Verschwörung hinter dem Rücken des »Engels« und seines Gatten.

Der Zusammenhalt der verstreuten Mecklenburger Familie ist anrührend und zeugt von einer inneren Bindung, wie sie beim Hochadel keinesfalls selbstverständlich ist, bezieht sie sich doch keineswegs auf die Dynastie, sondern auf das Individuum, das Glück des einzelnen Familienmitglieds. Andererseits kann man auch Friedrich Wilhelm verstehen, dem »all das Getue«, wie er sich drastisch ausdrückt, auf die Nerven geht, besonders wenn die Kleist anfängt, von der Tugend zu schwärmen, die am Ende er wie kein anderer praktiziert. Und das ohne große Worte zu machen.

Die Familie hat bald andere Sorgen, vor denen Luises zweiter Bildungsweg zwangsläufig zurücktreten muß. Ihre stillen Jahre – im einzelnen betrachtet bleiben sie aufregend genug. Etwas in der Zeit und für ihre soziale Klasse Fürchterliches, Unausdenkliches, Schändliches passiert: Friederike erwartet ein Kind, ein uneheliches. Sie befindet sich bereits im siebten Monat, und Luise erfährt es nicht einmal von ihr selbst, der Lieblingsschwester, sondern von Mimi, der Schwägerin, die ebenfalls – wie Friederike – im Schloß Schönhausen wohnt. Mimi, eigentlich Wilhelmine, Frau des Prinzen Wilhelm von Oranien, ist keine hämische Klatschbase, sondern, ganz im Gegensatz zu ihrem ältesten Bruder Friedrich Wilhelm III., eine Person, die nur zu gerne fünfe gerade sein läßt.

Aber verheimlichen kann man den Zustand Friederikes nicht mehr. Es fragt sich nur, ob Mimi gut beraten ist, für ihr intimes Gespräch mit Luise ausgerechnet die unmittelbare Vorweihnachtszeit auszusuchen. Das Weihnachtsfest wird allen gründlich verdorben. Wer soll, wer kann dem König die Tatsache, daß eine Königliche Hoheit illegitimen Mutterfreuden entgegensieht, mitteilen? Dafür kommt nur Luise in Frage. Sie muß, obwohl selbst tief gekränkt, auch die Familie und sogar ihren englischen Vetter, den Herzog von Cambridge, der um Friederikes Hand angehalten hat, unterrichten. Es zeugt für die Toleranz Friedrich Wilhelms, daß er nichts eigenmächtig entscheidet, sondern so etwas wie einen Familienrat einberuft.

Insgeheim dürfte er mit der nun wirklich bedauernswerten Friederike sympathisieren. Sein Bruder Louis, Gott hab' ihn selig, hat die hübsche, vertrauensselige und anschmiegsame Schwägerin schändlich behandelt. Als junge Witwe, zudem in einem Schloß, in dem sie – ihre eigenen Worte – »nicht ausspioniert« werden kann, fehlt es ihr keineswegs an hochchargierten Verehrern, die nur zu bereit sind, ihr Trost zu spenden. »Jeder will sie haben«, wie es die Voß in ihrem Tagebuch unmißverständlich ausdrückt. Die kleine Schwester, die stets und ständig im Schatten ihrer vielgerühmten großen Schwester steht, nimmt sich kurzerhand das ihr bisher vom Schicksal (und von Preußen) Vorenthaltene: Zärtlichkeit und Liebe. Was Luise auf legale Weise am häuslichen Herd genießt, findet sie sozusagen à la carte.

Ihre Pflicht und Schuldigkeit hat sie zur Genüge getan: einem Mann, der sie »versteinert kalt« behandelt, drei Kinder geboren und dessen Demütigungen, täglich mit dem Glück der älteren Schwester konfrontiert, klaglos ertragen. Luise mag trotzdem mit einem gewissen Recht empört sein. Sie fühlt sich hintergangen und enttäuscht, daß Friederike ihr so wenig Vertrauen entgegengebracht, sie nicht einmal rechtzeitig über das Geschehene informiert hat.

Aber wenn nicht alles täuscht, schwingt in Luises Reaktion auch ein bißchen schlechtes Gewissen mit. Hat sie, mit der eigenen Familie und einem schwierigen Mann beschäftigt, ihrer Schwester in deren schweren Zeiten genügend beigestanden? Merkwürdigerweise gibt es im umfangreichen Briefwechsel der Kronprinzessin und Königin nicht einen einzigen Hinweis auf den Kummer und wohl sogar die Verzweiflung der jüngeren Schwester. Nicht einmal eine Andeutung davon erfahren wir. Friederike weint sich bei Georg aus anstatt bei Luise, die ihr doch eigentlich sehr viel näher steht und ihr auch räumlich sehr viel näher ist. »Unterlasse es nicht, für die arme Ika zu bitten«, heißt es in einem Brief Friederikes an den Bruder. »Die besten Jahren, worin sie jetzt lebt, wo Mädchen sonst am lustigsten und am tollsten sind, verlebt sie in Schwermut und Traurigkeit.«

Das muß Luise bewußt gewesen sein und Friedrich Wilhelm auch. Es kann sie auch nicht überrascht haben, daß die Liebesbedürftige die »besten Jahre« bei erster Gelegenheit nachholt. Sie hat sich in Schönhausen, im schönen Abseits von der »verteufelten Stadt«, wie sie Berlin einmal nennt, nicht gerade jedem in die Arme geworfen, wohl aber, wie die ganze verteufelte Stadt weiß, einer erklecklichen Anzahl. Wahrscheinlich rächt sie sich damit zugleich an der Familie, die sie so allein gelassen hat, an Berlin, Preußen und vielleicht sogar der verehrten Schwester Luise.

Die Amouren Friederikes sind durch ihre Schwangerschaft zur Affäre geworden. Die Familie scheint peinlich berührt, so sehr, daß sie alles hinter einer Mauer von Schweigen verbirgt. Bis heute haften der Angelegenheit viele Rätsel an, über die Zeitgenossen und Nachfahren denn auch eifrig spekuliert haben.

Warum hat die schon festbeschlossene Hochzeit mit dem ekstatisch entflammten Prinzen Louis Ferdinand nicht stattgefunden? Man munkelt, der König habe sie kurzerhand verboten. Bailleu, dem als hohenzollerschem Hofarchivar manche anderen verborgen gebliebenen Quellen zur Verfügung gestanden haben mögen, behauptet, Prinz Louis Ferdinands »rohe Trinksitten« hätten Friederike im letzten Moment abgestoßen, während Vehse in seinen »Berliner Hof-Geschichten« eine weitere, nicht weniger plausible Version anbietet. Luise, deutet er an, sei die »Hauptflamme« Louis Ferdinands gewesen, Friederike nur ein Ersatz für den ihm bei der Königin entgangenen Triumph.

Weiter: Warum verlangt der englische Vetter Adolphus v. Cambridge, daß bei einer eventuellen Heirat Friederikes Kinder »auf dem Kontinent« zu verbleiben hätten? Das ist höchst ungewöhnlich und legt den Verdacht eines Eingriffs von Berliner Seite nahe. Fast könnte man versucht sein, auch den traurigen Tod ihres jüngsten Kindes, Karl, im April 1798 im Zwielicht zu sehen. Friederike nimmt ihn, Angaben der Familie zufolge, zum Anlaß, den englischen Antrag vorerst hintanzustellen. Der Tod des kleinen Karl sei ihr als eine Strafe des Himmels erschienen, weil sie ihre Kinder habe verlassen wollen. Aber warum läßt sie sich dann sofort darauf mit Prinz Friedrich von Solms-Braunfels ein, den Friedrich Wilhelm eben aus Ansbach zur Berliner Garde geholt hat, einem Berufsoffizier, der während der Abwesenheit des Königspaars zur Huldigungsreise täglicher und auch wohl nächtlicher Gast in Schönhausen gewesen sein muß? »Aus den Briefen Friederikes im Sommer 1798, obwohl sie den Prinzen nie erwähnt, spricht verschwiegenes Liebesglück«, konstatiert der Kenner Bailleu.

Das interne Familiengericht beschließt – was anderes? – die sofortige Heirat der beiden, das Urteil wird alsbald durch den Prediger des Invalidenhauses – auch dies eigentlich eine Kränkung – vollstreckt. Strafverschärfend befiehlt der König zudem, daß der Prinz vom Garde du Corps nach Ansbach zurückversetzt wird und daß Friederike auf das preußische Wappen, den Titel Königliche Hoheit und den Hofstaat verzichten muß. Beide haben zudem Berlin am nächsten Tag zu verlassen, getrennt, erst in Potsdam dürfen sie zusammentreffen, Friederike ohne ihre Kinder Friedrich Ludwig (»Fritz Louis«) und Friederike, die in der Königsfamilie miterzogen werden sollen.

Unklar bleibt, ob Friederike auf inständige Bitten Luises hin zunächst wenigstens ihre Tochter behält und sie erst später wieder nach Berlin schickt oder ob die kleine Friederike gleich von der Mutter getrennt wird. Die Quellen sind ungenau; man spricht am preußischen Hofe ungern über diesen unliebsamen Vorfall, an dem so vieles dubios ist, an dem so viele mitschuldig geworden sind oder sich fühlen müssen.

Noch mehr Geheimnisse ranken sich um das Schicksal des um Weihnachten noch ungeborenen Kindes. In der Neuausgabe der Luisen-Briefe liest man den lapidaren Satz: »Eine Anfang März 1799 geborene Tochter lebte wohl nur kurz.« Tatsächlich hat Luise in einem Brief ihrem Bruder Georg Mitteilung gemacht von »Friederikes glücklicher und schleuniger Entbindung«. Danach ist jedoch von diesem Kind nie mehr die Rede. Luise Radziwill behauptet in ihren Memoiren, es sei schon wenige Tage nach der Abfahrt und noch ganz in der Nähe Berlins zur Welt gekommen.

Eine abenteuerliche, beinahe unglaubliche Geschichte. »Am 17. Januar«, so Luise Radziwill, »fuhr ich nach Rheinsberg, um dort den Geburtstag des Prinzen Heinrich zu feiern. Da Anton (ihr Mann, der Graf Radziwill) unterwegs zu jagen wünschte, sollte ich erst nachkommen. Als nun unsere Leute über den Wilhelmsplatz gingen, um die Koffer aufzuladen, hörten sie mehrfach wiederholtes Kindergeschrei. Eine von meinen Kammerfrauen begab sich daher mit einer Laterne auf die Suche und fand an einer Straßenecke einen mit Wachstuch bedeckten Kasten, den sie mir brachte. Anton, der eben aufbrechen wollte, öffnete den Kasten und fand darin ein neugeborenes kleines Mädchen. Man sah, daß in keiner Weise für das Kind gesorgt worden war, denn die Windeln, in die es gehüllt war, bestanden aus Kleiderresten, die wohl kaum einer Frau aus dem Volke angehört hatten. Unter dem Köpfchen fanden wir drei in Papier gewickelte Doppel-Louisdors (französische Goldmünzen), doch ohne ein Wort, aus dem man irgendwelche Aufklärung über die Herkunft hätte entnehmen können. Wäre nicht der glückliche Zufall unserer Abreise gewesen, so hätte das Kind bei der Kälte umkommen können. Es hingen noch Stricke an dem Kasten, die darauf schließen lassen, daß man genötigt war, ihn aus dem Fenster herabzulassen. Das Schicksal dieses Kindes interessierte uns so lebhaft, daß wir beschlossen, es ... aufzuziehen.«

Die Radziwills taufen es Malwina mit dem Zusatz S. v. B., weil sich diese Initialen in den erwähnten vornehmen Kleiderresten gefunden haben sollen. S. v. B. könnte natürlich Solms von Braunfels heißen, obwohl deren Initialen v. S. B. sein müßten und man kaum annehmen kann, daß Friederike unter den gegebenen Umständen so rasch ihre Kleider mit dem neuen Familiennamen versehen hat. Bei Luise Radziwill ist dann auch nur noch einmal von dem Findelkind die Rede, als sie 1806 mit ihren eigenen Kindern Berlin auf der Flucht vor den napoleonischen Truppen verläßt: »Meine arme, kleine Malwina blieb bei ihrer Bonne«. Das Schicksal der armen, kleinen Malwina ist so ungeklärt wie die angebliche Geburt, von der Luise wissen will. Friederike muß sie ihr mitgeteilt haben. Im Stammbaum der Solms-Braunfels findet sie sich, Merete von Taack zufolge, allerdings nicht verzeichnet. Ihr weiterhin zufolge gibt es dagegen Hinweise auf ein Patenkind Luises, das unter dem Namen Kleinecke in Silkerode im Harz aufwächst.

Den König greift die ganze Geschichte so an, daß er krank wird – und Luise auch. Bruder Georg gegenüber öffnet Luise jetzt, da es zu spät ist, die Schleusen: »Sie ist fort! ja, sie ist auf ewig von mir getrennt. Sie wird nun nicht mehr die Gefährtin meines Lebens sein. Dieser Gedanke, diese Gewißheit umhüllen dermaßen meine Sinne, daß ich auch gar nichts anderes denke und fühle. Ach Gott! helfe mir diese schwere Trennung tragen sowie auch die Ursachen, die sie veranlaßten ... Wenn ich mir vorstelle, daß Friederike unglücklich werden könnte, so recht elend und gequält, so kann ich Augenblicke haben, wo ich ganz verzweifelt und trostlos bin. Ach, gütige Vorsehung, verhindere dies. Es wäre mein Tod, das fühl' ich, so wahr ich lebe. O lieber Georg, ich kann nicht mehr.«

Der Brief, impulsiv und darum von A bis Z deutsch geschrieben, was bei Luise selten vorkommt, wird am 11. Januar begonnen, am 12. fortgesetzt und am 14. erst beendet. Da hat Luise sich schon merklich gefaßt, sieht sich auch genötigt, die eigene Position zu verteidigen: »Ich habe meine Pflichten treu und redlich gegen sie erfüllt und habe mir nicht den geringsten Vorwurf zu machen, weshalb ich auch eine Art Ruhe genieße, die ich einem jeden wünsche. Mein Trost ist, daß sie den Prinz Solm über alles liebt, daß sie in ihrer neuen Karriere, wenn sie will, glücklich werden kann. Daß sie ihn liebt, beweist ja wohl die heimliche Verbindung, die sie einging, aus Furcht, von ihm getrennt zu werden; wenn sich diese erhält, so ist alles gewonnen...«

Das mag nicht ganz logisch sein. Aber wer bleibt schon logisch zwischen heimlicher Selbstanklage und gewiß auch echter Besorgnis um eine, wie es scheint, auf ewig verlorene Schwester? Luise wird diese eher wiedersehen, als sie ahnt, schon in wenigen Monaten, im Juni desselben Jahres, denn der König kann seiner Frau nichts abschlagen, auch keine unausgesprochene Bitte.

Zunächst aber gibt es auch wieder vergnügliche Aufregungen: den Karneval. Die beiden Luises, die Königin und die von Radziwill, haben sich, zusätzlich zu den üblichen pausenlosen Vergnügungen, etwas einfallen lassen, was dann auch in den noch folgenden Jahren End- und Höhepunkt der alljährlichen Karnevalsfeste bleiben wird: einen Kostümball zur Fastnacht im Opernhaus mit dem Höhepunkt einer musikalischen Pantomime. Luise, die Frau von Kleists Bücher längst wieder zur Seite gelegt hat, ist mit Feuereifer bei der Sache. Inmitten ihrer Damen und der Ballettmädchen näht sie selbst an den Kostümen, bastelt mit an dem Bühnenentwurf, bespricht die Musik, die Friedrich Heinrich Himmel aus Treuenbrietzen, königlicher Kammerkomponist, eigens zu diesem Anlaß geschaffen hat.

Die Vorbereitungen stellen schon ein Hauptvergnügen dar. Jeden Morgen trifft man sich im Opernhaus, es geht unkonventionell zu; um halb elf wird Tee gereicht, der gemeinsam, ohne Rücksicht auf Standesunterschiede, genossen werden darf. Hin und wieder erscheinen bei den Proben auch Herren, diejenigen, die an der Pantomime mitwirken, sowie Berater, die man, der historischen Korrektheit halber, hinzuzieht. Da ist der Kunsthistoriker Aloys Hirt, ein glänzender Archäologe, dem man längst verziehen hat, daß er ausgerechnet von der Gräfin Lichtenau nach Berlin geholt worden ist, und nicht zuletzt Professor Johann Gottfried Kiesewetter, der Philosoph Kantscher Schule und Prinzenerzieher, der die künstlerische Oberleitung übernehmen soll. Einmal taucht unversehens sogar der König auf und stört den munteren Kreis erheblich, indem er kurzerhand und grundsätzlich den Gebrauch königlicher Insignien, den Hirt vorgesehen hat, verbietet.

Die erste Pantomime wird ein überwältigender Erfolg. Das Thema ist die Vermählung der katholischen Königin Maria I. von England (der »Blutigen«) mit König Philipp II. von Spanien. Die Maria wird von Luise dargestellt, Philipp vom Vetter Cambridge (der sich nach dem Korb, den er von Friederike bekommen hat, weiter in Berlin umsieht). Mit einem Gefolge von 50 Paaren in Kostümen der Tudor-Zeit tanzen Königin und Herzog zusammen ein Menuett und im Ensemble eine Quadrille sowie einen Contredanse im Dreivierteltakt. Im Parkett klatscht man sich die Hände wund.

Nur die Gräfin Voß dürfte ein säuerliches Gesicht gezogen haben. Es ist in diesen Tagen fröhlichen Treibens, daß sie die prophetischen und vielzitierten Sätze in ihr Tagebuch schreibt: »Man denkt an nichts als an die Redoute (den Maskenball), während die Könige von Sardinien und Neapel auf der Flucht sind und Ehrenbreitstein genommen wird. Gott weiß, wie das alles gehen wird; gebe der Himmel, daß die Reihe nicht an uns kommt.«

Noch ist der Lauf des Jahres von den Saisonereignissen bestimmt. Kaum ist der Karneval vorbei, geht es Ende März nach Potsdam. Es ist ungewöhnlich kalt in diesem Jahr und der Gegensatz zu Berlin selbst für Luise unerträglich. Der Voß, mit der sie sich inzwischen glänzend versteht, die aber in der Hauptstadt geblieben ist, klagt sie in einem Brief: »Dank einem Berg glühender Kohlen und einem fürchterlichen Feuer ist es mir gelungen, mich zu erwärmen. Gestern aber bin ich fast der heftigen Kälte erlegen, die das Blut in meinen Adern erstarren ließ. Im Augenblick schneit es ... Potsdam ist entsetzlich traurig, alles ist so kalt, alles ist so still ...« Obwohl mit ihren Kindern und, wie sie schreibt, mit Büchern beschäftigt, erinnert sie sich wohl an den Potsdamer Aufenthalt mit Friederike. Diesmal wird sie ernsthafter krank. Frau von Voß eilt herbei. »Die verwünschten Zimmer«, klagt diese in ihrem Tagebuch, »in denen sie wohnt und die Kälte, die dort herrscht, müssen sie schließlich töten. Ich bin ganz verzweifelt.« Blut, das Luise speit, deutet auf eine angegriffene Lunge.

Bei den Revuebällen zum Abschluß der Potsdamer Manöver ist sie freilich schon wieder obenauf und bezaubert, wie ein Augenzeuge, Graf Lehndorff, verlauten läßt, durch »den göttlichen Ton ihrer Stimme..., der nur diesem Engel von Frau eigen ist.« Die Worte Luise und Engel beginnen in Preußen, zu Synonymen zu werden.

Im preußischen Jahreskreislauf folgt auf Potsdam die Sommerreise. Für sie hat sich Friedrich Wilhelm in diesem Jahr etwas Besonderes ausgedacht – so phantasielos, wie man ihn später gern dargestellt hat, kann er kaum gewesen sein. Er hat beschlossen, daß die ganze Familie seiner Frau zusammentrifft und anschließend alle Schwestern – auch Friederike, wie er ausdrücklich betont – eine Reise zu den Stätten ihrer Kindheit antreten, nach Frankfurt und Darmstadt. Luise kann er nichts Schöneres schenken, wohl auch der Hauptgrund für ihn, dieses nostalgische Wiedersehen zu arrangieren, übrigens hinter ihrem Rücken und zu ihrer größten (freudigen) Überraschung, wie sie dem Bruder Georg gesteht.

Friedrich Wilhelm muß zunächst in Westfalen einige Pflichten erledigen, hauptsächlich »Revüen«, Paraden abhalten, wohin ihn Luise begleitet. In Hildburghausen im Schloß der Singeschwester Charlotte, bei »Lolo«, hat sich bereits die Familie zur ersten Zusammenkunft nach der großen Verlobungsfeier versammelt, Therese und Friederike, Georg und Karl, auch die inzwischen 70jährige Großmama. Erwartet werden inbrünstig die beiden Familienhäupter, der Vater und Luise, die Königin.

Ein sentimentales Fest der Wiedervereinigung. Alles bricht dauernd in Tränen aus, so jedenfalls wollen es die zeitgenössischen Quellen wissen. Zuerst erscheint der Vater, Herzog Karl. »Jedes seiner fünf Kinder und neun Enkelkinder verlangte nach einem Blick, nach einem Kuß, wenigstens nach einem Händedruck. Er konnte nicht allen genügen. Wir zerflossen sämtlich in Tränen«, berichtet Therese einer Freundin.

Am 2. Juni folgt – endlich – der Star der Familie, Luise, aus Westfalen herangereist. Therese: »Heute kommt die Königin, es ist zu viel auf einmal. Was habe ich getan, so viel Glück zu verdienen?« Und Luise – tatsächlich ein Star – zieht nicht nur die Familienmitglieder an. Jean Paul erscheint als geladener Ehrengast – er wird den »vier schönen und edeln Schwestern auf dem Throne« ein paar Jahre später eines seiner Hauptwerke widmen, den »Titan«, der zwischen 1800 und 1803 erscheint (einen Teil des voluminösen

Romans dediziert er zusätzlich einem Ballonfahrer). Es erscheinen aber auch Fremde von überallher im Städtchen. »Man hat kaum Zeit Atem zu holen«, klagt Therese jetzt, denn die Leute beobachten die Schwestern auf Schritt und Tritt, wenn sie im Park spazieren gehen.

Am 7. Juni fährt Luise zusammen mit Therese und Georg weiter, über Eisenach bis Kassel, wo sie mit dem König zusammentrifft, der sie wiederum nach Bayreuth und Hanau begleitet, von wo aus die Schwestern allein ihre Exkursion nach Darmstadt unternehmen sollen. Offenbar trägt man dafür Sorge, daß Friederike und Friedrich Wilhelm einander nicht begegnen. Ansonsten verläuft alles harmonisch, wenn auch unter ungewöhnlich aufsehenerregenden Umständen.

Die Königin Luise scheint, wie sich herausstellt, außerhalb Preußens nicht weniger populär als innerhalb. Das ist insofern erstaunlich, als Preußen sich im »Reich« keines allzu guten Rufes erfreut und eher unbeliebt sein dürfte. Luise huldigt man wie einer Kaiserin. Die Göttinger Universität muß geschlossen bleiben, weil fast alle Studenten durch Hitze und Staub, die meisten zu Fuß, nach Kassel wandern, um einen Blick auf sie zu erhaschen. »Die Landstraße war von Kutschen, Reitern, Menschen und Karren so bedeckt, daß man hier einer Völkerwanderung oder Emigration beizuwohnen schien.« Luise zeigt sich dem Volk mehrfach auf dem Weißenstein, der späteren Wilhelmshöhe. »Ihre Gestalt«, so einer der Studenten, »hat etwas Aetherisches, welches durch die sehr dünne Kleidung sehr unterstützt wird; o des schönen Weibes, der Königin – ... wie sie mit einem holden Blick alle Herzen fesselte.« Bailleu hat diesem Zitat hinzugefügt: »Aber auch Therese fand ihre Bewunderer. Ein Berichterstatter meint, daß, wer das Pikante dem Feinen vorziehe, ihr den Apfel reichen würde‹.«

Das ist galant, aber der eigentliche »Magnet« – dieses Wort fällt in vielen zeitgenössischen Berichten – bleibt Luise. Auch »ganz Darmstadt« strömt zusammen, um die Schwestern, hauptsächlich aber sie mit Vivat zu empfangen. Nicht anders in Frankfurt, wo Luise Frau Rat Goethe ins Palais der Thurn und Taxis rufen läßt, um mit ihr von »vorigen Zeiten« zu plaudern.

Was macht die Beliebtheit der jungen Preußenkönigin aus? Sie mag ungewöhnlich schön sei, aber das alleine kann es nicht erklären. Sie hat, heißt es, »Charisma« – ein allzu unbestimmter Ausdruck und vielleicht doch etwas hoch gegriffen bei einer 23jährigen. Sie gilt als liebenswürdig und leutselig – aber das sind andere auch. Mit der allgemeinen Zuneigung zu ihr hat es zweifellos noch eine besondere Bewandtnis. Auf ihre Schultern hebt eine Zeit gewöhnlich nur Persönlichkeiten, die ihr entsprechen, die sie verkörpern. Wahrscheinlich entspricht die schöne Luise einem solchen Typ der Zeit. Sie kommt noch, nach Wesen und Erziehung, aus dem Rokoko, das sich langsam ins Märchenhafte verflüchtigt. Aber in ihr scheint zugleich ein neues Ideal angelegt, das der Volksnähe, der Natürlichkeit. Sie hat, feudal wie sie lebt, etwas Familiäres, und beides zusammen macht sie zur romantischen Figur; das Volk liebt entrückte Gestalten, die ihm dennoch nahestehen oder nahezustehen scheinen. Luise und Friedrich Wilhelm wären überhaupt das ideale Paar für eine konstitutionelle Monarchie gewesen, mehr wahrscheinlich als in diesen Zeiten noch unumschränkter Fürstengewalt. Irgendwo scheinen sie ihrer Zeit voraus, die in ihnen, vor allem aber in ihr die Inkarnation ihrer Wünsche sieht, die sich zwischen Liebe zum Vergangenen und Hoffnung auf die Zukunft spannen. Popularität ist wie Liebe. Sie bleibt letztlich unerklärbar.

Es spielt natürlich auch mit, daß Preußen damals als ein Hort, mehr als das, ein Bollwerk des Friedens erscheint. Wohin man blickt, steht die Welt in Flammen. Diesen Staat aber verkörpert ein »Engel«, eine irdische Schönheit, schlicht, einfach in der Lebensführung und von Idyllik umfangen wie Dornröschen von wilden Rosen.

Es handelt sich sogar um einen deutschen Staat. Die Studenten, die in Göttingen »nur Kranke oder griesgrame Antiken« zurücklassen, treibt ganz sicher auch politische Hoffnung: Sie jubeln Luise zu und meinen Deutschland, ein Land, das es noch gar nicht gibt, das Luise jedoch – wer sonst? – für sie verkörpert.

Die Studentenschaft ist überall so etwas wie ein Schrittmacher des Fortschritts, mitunter auch nur des Fortschreitens gewesen, das sollten die kommenden Jahre deutlich zeigen. Noch gibt es zwar keine »Burschenschaften« – »Bursche« hieß früher jeder Student –, wohl aber haben sich neben den alten »Landsmannschaften«, die sich nach der jeweiligen engeren Heimat der Studenten zusammensetzen, auch »Orden« nach dem Vorbild der Freimaurerei gebildet, die nationale und freiheitliche Bestrebungen im Banner tragen. Mit »Deutschland« verbindet sich für sie nicht nur die nationale Einigung, sondern auch die Modifizierung der Feudalherrschaft, eine Republik, zumindest eine konstitutionelle Monarchie nach englischem Vorbild, wie der Freiherr vom Stein es vorschlägt. Aus den »Orden« werden sich während der Freiheitskriege die »Corps« entwickeln und 1817 ihren großen Burschentag auf der Wartburg abhalten, um sich alsbald wütender Verfolgung durch die alten Mächte ausgesetzt zu sehen.

Jetzt darf man noch von einem Deutschland träumen, dessen Inkarnation, eine friedliche, freundliche, bildschöne junge Germania, Luise darstellt, wahrscheinlich ohne daß es ihr bewußt wird. Erst viel später machte man sie zur Gallionsfigur eines streng konservativen Nationalismus, fälschlicherweise, denn zu ihren Lebzeiten ranken sich um ihre Erscheinung Hoffnungen anderer Art, für die sie freilich ebensowenig kann.

Luise kehrt nach einem erneuten Triumphzug – nach einem preußischen diesmal einem deutschen – zurück in ihr eigenes, festumzirkeltes Leben. Auf die Sommerreise folgt wiederum Potsdam, Herbstmanöver. Die gestalten sich jedoch viel weniger enervierend als die Frühjahrsmanöver, weil anschließend der Rest des Herbstes geruhsam und gemütlich in Paretz zugebracht wird. Dort fällt von Luise alles ab, was zu ihrer öffentlichen Erscheinung gehört, Königin, Modepuppe, Star, Symbolfigur. In Paretz ist sie durch keine Etikette verstellt, ist sie Frau und Mutter, bisweilen, sicher zu Friedrich Wilhelms Genugtuung, das alberne kleine Mädchen von einst.

Unter den Bittschriften, die ihm täglich aus Berlin per Kurier nach Paretz gesandt werden, findet er unter dem Datum vom 19. September 1799 zu seinem Erstaunen die folgende:

»Allerdurchlauchtigster, Großmächtiger König und Herr!
Unter den vielen Bittschriften, die Ihre Königliche Majestäten täglich bekommen, möge doch der Herr wollen, daß diese mit einem gnädigen Blick beleuchtet werde, damit meine allerunter-

tänigste, demütigste, wehmütigste Bitte nicht unbefriedigt bleibe. Hierbei liegende Strümpfe sollen als Probe meiner Geschicklichkeit in der Strickerkunst zum Beweise dienen und mir hoffentlich mein Gesuch zu erlangen helfen, es besteht nämlich darin: daß Ihro Majestäten die Gnade für mich hätten und mir zukünftig alle dero Strümpfe stricken ließen und mir dabei den Titel als wirkliche Hofstrickerin allergnädigst erteilen würden.

Diese hohe Gnade würde ich all mein Leben mit tiefster Untertänigkeit erkennen und mit dankbarem Herzen ersterben. Ew. Königl. Majestät als aller untertänigste Magd und Untertanin

Luise.

Untertäntigstes Postskriptum: Ist noch zu bemerken, daß jede Masche, so ich knütten werden, von Dankbarkeit durchdrungen wäre.«

Ein solch gelöster Umgang ist wohl nur in Paretz möglich, wo man leben, reden, tun und lassen kann, was man will. Trotzdem gibt diese lustige Bittschrift einigen Aufschluß über den Standpunkt des Königspaars. Die alleruntertänigsten Sitten in Gehabe und schriftlichem Stil müssen zwischen den beiden Ursache mancher Parodie gewesen sein; sie wirkten wohl auf Friedrich Wilhelm und Luise ähnlich lächerlich wie auf uns.

Aber Luise führt, listig genug, dabei wohl noch etwas im Schilde. Sie kommt, wie auch manche bürgerliche Hausfrau, nie mit ihrem Geld aus und hat ihrem Mann tatsächlich bereits bittschriftähnliche Vorschläge zur Verbesserung ihrer – und seiner – finanziellen Situation gemacht. Ohne jemals eine Anwort von ihrem Herrn und Gebieter zu bekommen, jedenfalls keine schriftliche, die uns überliefert worden wäre. Auf dem Umweg über die Parodie des üblichen Kotau-Rituals vor Seiner Majestät parodiert sie sich nun selbst, nicht ohne als arme Strumpfstrickerin auf eine gewisse Geldnot hinzuweisen. Luise besitzt erstaunlicherweise erheblichen ökonomischen Verstand, wenn auch ihre kaufmännischen Kenntnisse kaum größer sein dürften als ihre allgemeine Bildung. Auf jeden Fall aber kann sie rechnen, besser meist als der König, der sie in wirtschaftlichen Fragen öfter zu Rate zieht, als nach außen bekannt wird.

Auf Paretz folgt wieder Berlin. Weihnachten rückt heran, und schon wieder dräuen in der Ferne die Karnevalstage. Es heißt diesmal etwas früher Abschied nehmen vom kleinen Schlößchen an der Havel. Am 14. Oktober bringt Luise, komplikationslos, wie es scheint, eine Tochter zur Welt, die sie bezeichnenderweise Friederike nennt. Sie wird nur knapp ein halbes Jahr alt, stirbt im nächsten Frühjahr wohl an der gleichen Influenza, die auch den König aufs Krankenlager wirft.

Die sogenannten stillen Jahre – eine Aufregung löst die andere ab, ganz wie später, in den erregten Jahren, die allerdings großen, kriegerischen, politischen Ereignisse. Weiterhin vernachlässigt Luise zwangsläufig die Bildung, allen Bemühungen von Frau von Kleist, die ihr bestes zu tun versucht, zum Trotz. Woher sollte sie die Zeit nehmen, nachzuholen, was man einst an ihr versäumt hat?

Sehr groß kann ihr Interesse allerdings auch nicht sein. Auf der letzten Sommerreise haben ihr eben einige Geistesgrößen eine Aufwartung gemacht, in Weimar, der letzten Station. Schiller, der eigens von Jena herüberreist, Wieland und sogar Goethe sind ihr vorgestellt worden, ohne daß ihr das nachhaltigen Eindruck gemacht haben zu scheint. Schiller, dessen »Wallensteins Tod« sie im Weimarer Theater besucht (die »Piccolomini« hat sie schon im März in Berlin gesehen), findet sie »sehr graziös und von verbindlichstem Betragen«, auch nicht eben eine Lobeshymne auf einen Dichter. Herders Frau umschreibt ihren Eindruck von Luise als den einer »Hebe«, der griechischen Göttin der Jugend, »ein Wesen von der glücklichsten Natur, die Naivetät und Grazie selbst«. Ihrer erstaunlichen Breitenwirkung im Volke entspricht keine, die höher reicht, in die Spitzen des aufblühenden deutschen Geisteslebens. Vielleicht daß eben dies ihre Breitenwirkung noch verstärkt. Luise ist eine Königin für das Volk, nicht für die oberen Zehntausend.

Sie macht – erstaunlich, wie früh das anfängt – inzwischen sogar Mode. Hat man ihr schon zu Beginn der Berliner Zeit das seltsame Halsband nachgemacht, beginnt man jetzt, ihre klassizistische Kleidung nachzuahmen, was nicht immer zugunsten der Berliner Damenwelt ausfällt. Zur Besteigung der Schneekoppe bei der nächsten Sommerreise trägt sie ein grünes Gewand, beinahe schon sportlich geschnitten, samt einer langen violetten Stola mit silbernen Fransen. In Zukunft tragen Berlinerinnen, die en vogue sein wollen, selbst bei der Besteigung des Kreuzbergs, der ganze 36 Meter über den niedrigsten Punkt der Stadt emporragt, ein Empire-Kleid im Stil der Königin Luise und, unvermeidlich, ihre Stola.

Auch darauf ist Friedrich Wilhelm stolz. Obwohl er meist die Uniform seines Regiments trägt, mit dem Adlerorden als einzigem Schmuck an der linken Brust, hat er eine Ader für die Mode. Er unterstützt Luises »Vorliebe für Eleganz« und sogar jene von ihr bevorzugten Stoffe, die ihre Körperformen sichtbar machen. Auch gegen gewagte und tiefe Ausschnitte des Oberteils hat er nichts einzuwenden. In der Jugend, als Kronprinz, ist Friedrich Wilhelm äußerst modebewußt aufgetreten und hat sogar eine Mode kreiert, als er in Pyrmont »amerikanisch« erschien, das heißt mit Hosen und Stiefeln, statt, wie bis dahin üblich, die Strümpfe eng anliegend über den Hosen zu tragen. Der Stil der Männerkleidung, den er einführte, ist im Grunde noch der heutige.

Trotzdem, als er einmal gefragt wird, was ihm an seiner Frau am meisten gefiel, antwortet er in seiner wortkargen Art: »Ganz Natur, nie Verstellung.« Das dürfte, auf einen knappen Nenner gebracht, ebenfalls ein Geheimnis des Erfolgs sein, den Luise überall findet. Wo sie auftaucht, ist sie »la reine de la fête«, »ein Fest ohne Königin ist kein Fest«, heißt es bald in Diplomatenkreisen. Dennoch bleibt sie anscheinend immer ein bißchen Darmstädterin, unkompliziert, für große Intrigen ebenso wenig geeignet wie – siehe Louis Ferdinand! – große Leidenschaften. Der König hat auch gern, wenn sie »schäkert und kälbert«. Er redet ihr überhaupt nicht viel in ihr persönliches Leben hinein. Daß die rasche Versöhnung mit der Schwester Friederike in Berlin einigen Unwillen erregt, stört ihn ganz und gar nicht. Mehr schon stört ihn Frau von Berg, die irgendwann im Jahre 1800 im Umkreise Luises auftaucht. Karoline Friederike von Berg aus dem alten preußischen Soldaten- und Diplomatengeschlecht der Häseler ist 17 Jahre älter als die Königin und beginnt bald, Marie von Kleist in ihrer Eigenschaft als beste Freundin zu verdrängen. Sie wird es bis zuletzt, ja, bis zu allerletzt bleiben.

Wer die Bekanntschaft vermittelt, ist unbekannt. Marie von Kleist kann es gewesen sein, der Freiherr vom Stein, aber auch Frau von Voß, deren Enkel August eine Tochter der Frau von Berg-Häseler, wie sie sich meist nennt, geheiratet hat. Die Bergs führen in ihrem Haus am Tiergarten einen kleinen Salon, in dem Angehörige des Adels, der Beamtenschaft, aber auch Wissenschaftler und Schriftsteller verkehren. Frau von Berg ist mit den Größen der neuen Zeit intim vertraut, mit Goethe, Herder, Jacobi, Stolberg, Gleim und Voß persönlich bekannt, die allerdings nicht immer nur gut über sie reden. Der lebenslange Freund vom Stein findet ihre Lektüre »überhäuft und unzusammenhängend«, Jean Paul nennt sie eine »geistige Amazone«, Friedrich Wilhelm jedenfalls klagt lauthals, daß »unberufene Personen ihr (Luise) unverständliche Schriften deutscher Modeliteratoren, exzentrischer Modeschriftsteller« in die Hände spielten, vor allem jene Frau von Berg in ihrem »Gemisch von Enthusiasmus und hoher Poesie mit Trivialität, exzentrischem Wesen mit Natürlichkeit und Austerität (Strenge) mit Leichtsinn und Adulation (Schmeichelei) gepaart«. Das ist trotz der vielen damals gebräuchlichen Fremdwörter hervorragend gedacht und formuliert, ergibt wohl sogar insgesamt ein ziemlich stimmendes Charakterbild der Porträtierten. Einige Eifersucht wird da allerdings beteiligt sein. Friedrich Wilhelm will seine Frau ganz für sich und sie auch nicht mit Modeautoren teilen, die ihn »amusos (wenig unterhaltend), skeptisch und bitter« stimmen. Gemeint sind Goethe, Jean Paul, Shakespeare, Herder sowie Schiller, der bei Luise jetzt jene Stellung einnimmt, die früher Lafontaine innehatte. Sie schätzt vor allem »Die Jungfrau von Orleans« und – ihr neues Lieblingsstück – »Maria Stuart.«

Aber der König kann sich trösten. »Die Tageseinteilung und die ganze Lebensweise ließen ihr wenig Muße zu stiller Beschäftigung und geistiger Sammlung«, versichert Bailleu. Zudem erfordert – die stillen Jahre! – wieder einmal Familiäres ihre Aufmerksamkeit. Jetzt macht Bruder Georg Sorgen.

Er muckt auf, wie wohl alle intelligenten Jugendlichen. Sein »Gouverneur«, Oberst von Graefe, wird entlassen, weil er Widerworte hat, als ihm Herzog Karl Vorwürfe macht. »Ich tadle den Oberst hierin«, kommentiert Luise, wie immer sehr familienbewußt, »da er weiß, welchen Einfluß Ärger auf Papas Gesundheit hat.« Man beschließt in eifriger Korrespondenz, dem renitenten

Rostocker Studenten eine andere Universität zu suchen, die sich möglichst in der Nähe einer seiner Schwestern befindet. Er möchte nach Regensburg, zur Schwester Therese, Luise schlägt Weimar vor (»Denke Dir einmal die herrlichen Erholungsstunden in Wielands und Goethes Gesellschaft«). Es wird dann Berlin.

Georg scheint nicht sehr begeistert, hat auch wohl über den anmaßenden Ton eines Briefes gemault. Luise, so etwas gewohnt, greift zum Hilfsmittel vertrauter geschwisterlicher Schnoddrigkeit. »Euer hochfürstliche Durchlaucht sind ein wahrer Einfaltspinsel aus meinem Briefe allerhand Dinge zu sehen..., die gar nicht darin enthalten sind«, schreibt sie. »Geruhen Erlaucht doch nur zu beherzigen, daß das so allgemein bekannte Stinkloch die Frau Reichsgräfin zu Castell mir gegenübersaß, in dem ich dir französische Zeilen niederschrieb, meine Sinne von dem Dunst so umnebelt waren, daß ich glaubte, griechisch und arabisch zu schreiben und kaum das Notwendigste zusammenbringen konnte. Nun aber jetzt, da ich alle meine Sinne zusammenhabe und ihrer mächtig bin, so brülle ich mit vollem Halse: ich freue mich halb tot, Dich hier, und das bald, zu sehen. Du wirst in des seeligen Prinzen seinen Stuben wohnen.«

Die anscheinend stark parfümierte Dame läßt sich als Reichsgräfin zu Castell-Rüdenhausen identifzieren, die einzige inzwischen 44jährige Tochter der Gräfin Voß. »Des seeligen Prinzen« Stuben ist jene Wohnung, in denen Friederike und ihr verstorbener Mann, Prinz Louis, gelebt haben. Sie grenzt unmittelbar an die des Königspaars. Georg gibt Veranlassung zu scharfer Überwachung, wie aus der gleich darauf folgenden Vorwarnung Luises hervorgeht:

> »Aber eins, lieber Georg, und dies lege ich Dir sehr am Herzen, hoffe und fordere ich von Dir, daß Du keine Ausschweifung keiner Art begehest; dieses wäre das sicherste Mittel, uns auf ewig zu entzweien, und Du würdest in mir die kälteste, fremdeste Person finden, so wie Du jetzt keine wärmere Freundin hast; Du würdest Dir meines Mannes ganze Verachtung zuziehen und die übelste Lage Dir bereiten. Im Monat Januar kommen gerade die Geburtstage der Könige und des Prinzen August von Enge-

land vor, die mit großen Diners und entsetzlichem Saufen begleitet sind, wodurch danach andere horreurs entstehen; wenn ich so etwas an Dir erlebte, ich heulte und schämte mich tot.«

Nun, Prinz Georg benimmt sich höchst anständig, nicht nur am 18. Januar, dem Jahrestag der Krönung des Kurfürsten Friedrich III. zum ersten König in Preußen, und am Geburtstag des englischen Vetters, sondern solange er in Berlin ist. Brav hört er seine Vorlesungen in diversen Schulen und Hochschulen – eine Universität gibt es noch nicht –, so bei Johann Peter Ancillon, dem Prediger der Hugenottengemeinde und Historiker, bei Kiesewetter, der die Regie bei der Fastnachtspantomime geführt hat, wohl auch bei Friedrich Schlegel. Es wird trotzdem kein Akademiker aus ihm. Ein Ohrenleiden soll ihn angeblich daran gehindert haben, die Vorlesungen der Rechtswissenschaft und Finanzwirtschaft zu besuchen, die er außerdem belegt hat. Trotz dieses Leidens, das im Alter zu fast völliger Taubheit führen wird, versäumt Georg jedoch keine der Opernaufführungen. Er ist vorwiegend musisch begabt und interessiert, hat, wie seine Hildburghausener Schwester, die Musikalität geerbt, die in der Familie liegt.

Wenn nicht in die Oper, begibt er sich über den für Friederike geschaffenen Übergang ins Kronprinzenpalais und bringt den Abend, mitunter auch schon die – bisweilen durch Friedrich Wilhelms »humeurs« bedrohten – Teenachmittage beim Königspaar zu. Ein gern gesehener Gast, den auch die Voß rasch ins Herz schließt, der sich mit Frau von Berg versteht und selbst den König mit seiner Lebendigkeit aufzuheitern versteht.

Trotzdem bleibt sein Aufenthalt nicht ganz ohne Probleme. Georg hat in Rostock eine Jugendliebe zurückgelassen, ein Fräulein Grebe, älter als er. In Berlin bekommt er plötzlich Sehnsucht nach ihr und beschließt sogar, sie zu heiraten. Das würde den Verzicht auf seine Nachfolge auf den Fürstenthron seines Vaters bedeuten.

»Ich bitte Dich um Gottes willen, ermanne Dich und spreche mit Dir, wie es einem Manne geziemt, der Festigkeit hat und lasse Dich nicht gehen wie ein Romanheld«, schreibt Luise ihm nach Strelitz, wohin er gefahren ist, um mit seinem Vater zu sprechen. »Wenn jedermann nach seinem Gang handeln wollte, jeder seinen Neigungen folgen; was würde da aus uns allen werden.« Der Vater reagiert heftiger. Er wäscht seinem Sohn gründlich den Kopf und dieser gehorcht – »das Vorurteil war stärker als die Natur«, wie Georg nicht der Schwester, wohl aber Frau von Berg gesteht. Den ebenso verständnis- wie liebevollen Abschiedsbrief an Fräulein Grebe schreibt aber wiederum Luise.

Georg verläßt Berlin 1802 und lebt dann lange in Italien, wo er beim dortigen preußischen Botschafter Wilhelm von Humboldt in der Villa Malta nahe den Spanischen Treppen verkehrt und sogar für die Berliner Residenz Kunstwerke ankauft. Von Kunst versteht Georg etwas, von Frauen auch. Und jetzt, wo er in der Ferne weilt, zeigt sich seine Schwester Luise sogar stolz auf die vielen Affären ihres schönen Bruders. 1804 schreibt sie ihm nach Rom, er habe im letzten Brief »eines Sirokkos« erwähnt, »der aus der Mitte Afrikas blies, und mich wehete ein Nordostwind an, der mit 10 Grad Kälte begleitet war und grad von Spitzbergen kam. Ach, du himmlisches Klima, ich bin für Dich geboren, aber die Kälte, Gott bewahre, die erstarrt alles, alles. Aber die Prinzeß Borghese, nicht wahr, die erwärmt noch den Sirokko?«

Georgs Liebschaft mit der leichtsinnigen Pauline Borghese, Napoleons lebensfroher Schwester, hat sich da schon bis in den hohen Norden herumgesprochen. Trotzdem – oder eben deswegen – heiratet er erst mit 38, standesgemäß, wie es sich gehört. 1816 wird er Großherzog werden, der wohl fortschrittlichste Fürst, den Mecklenburg je gehabt hat, denn vier Jahre später sorgt er nach preußischem Vorbild für die endgültige Bauernbefreiung in seinem Land; aber das wird Luise nicht mehr erleben.

Die Vielgeliebte, Vielgeplagte geht auf in der Familie, der, in die sie hineingeboren wurde und ihrer eigenen. Das »Kleeblättchen«, wie Friedrich Wilhelm und Luise ihr ältesten Kinder – Fritz, Wilhelm und Charlotte – nennen, erhält im Juni 1801 Zuwachs durch einen kleinen Karl und im Februar 1803 durch eine Alexandrine Helene. In den Gärten von Potsdam und Charlottenburg, in der freien Landschaft von Paretz und der Pfaueninsel wachsen sie so frei auf wie Luise in Darmstadt, nämlich lärmend und tobend. »Mein Töchterchen Helene«, schildert Luise ihrem fernen Bruder Georg 1803 ihre muntere Schar, »ist so hübsch, so fett, so rund, als ich es nur wünschen kann... Karl ist das schönste meiner Kinder. Charlotte ist sehr groß, sanft und gut und ihre Erziehung wird nicht schwer, Wilhelm ist ein sehr kluges, komisches Kind, possierlich und witzig, Fritz über alle Maßen lebhaft, oft unbändig, aber sehr gescheut und ein gutes Herz. Er verspricht viel und Gott wird meine heißen Gebete nicht unerfüllt lassen.«

Für Fritz holt man aus Magdeburg, vom dortigen Pädagogium, den Superintendenten Johann Friedrich Gottlieb Delbrück, einen sanften, etwas schwärmerischen und weltfremden Mann, der es nicht leicht hat mit seinem Schüler, dessen Lebhaftigkeit rasch in Trotz und Übermut umschlägt. Zudem wird ihm auch noch die Erziehung Wilhelms übertragen. Bailleu rügt die sonst so verehrte Königin: »Eine besondere Instruktion für Erziehung und Unterricht, wie es sonst im Hohenzollernhaus üblich gewesen war, erhielt Delbrück nicht; Königin Luise begnügte sich ihm zu sagen, er möge den Kronprinzen ›zu einem guten Menschen und Fürsten‹ erziehen.«

Luise tut ein übriges. Immer bemüht, sich selbst ein Häppchen Bildung anzueignen und dies möglichst so, daß ihr Mann wenig oder nichts davon merkt, zieht sie den Lehrer zu ihren Teestunden heran und verwickelt ihn in literarische und wissenschaftliche Gespräche, von denen sie zu profitieren hofft. »Delbrück erzieht Mutter und Kind«, sagt sie einmal selbstironisch.

Aber ob sie Klopstocks »Frühlingsfeier«, wie er ihr dringend rät, wirklich gelesen hat? Er empfiehlt ihr zum allgemeinen Entsetzen auch Wielands »Agathon«, den ersten großen deutschen Bildungsroman, eine nach damaligen Begriffen denkbar frivole Lek türe. Den »Agathon« liest Luise in der Abgeschiedenheit der Pfaueninsel sogar noch ein zweites Mal. Sonst jedoch nehmen die Ablenkungen überhand. Gesellen sich doch zu den Spielen der Kinder und oft auch ihren Unterrichtsstunden zusätzlich Prinz Friedrich, der Sohn Friederikes, und Prinz Wilhelm von Oranien (der einzige Wohlerzogene unter ihnen). Da muß die Bildung zwangsläufig zurückstehen – ganz wie die Erziehung der Kinder. Pestalozzi würde sich freuen. In Preußen ist Luise wegen ihrer Nachsichtigkeit viel getadelt worden, obwohl sie auch darin Mode oder vielmehr Schule gemacht hat. In Berlin sind ganze Generationen von ganz besonders frechen Rasselbanden aufgewachsen, die sich zur Verteidigung ihrer Freiheit getrost auf das königliche Vorbild hätten berufen können. Man hat auch den angeblich so stocksteifen König dabei überrascht, wie er mit seiner Kinderschar auf dem Fußboden herumkugelt.

Ansonsten haßt er – dies die einzige Gemeinsamkeit mit seinem späteren Erzgegner Napoleon – nichts so wie Unordnung. Pünktlichkeit (die Höflichkeit der Könige) und Regelmäßigkeit sind ihm die hauptsächlichsten Tugenden, deren strenge Einhaltung er von seiner gesamten Umgebung verlangt. Der Tageslauf muß abschnurren wie ein Uhrwerk.

Selbst Luise, die unpünktliche Langschläferin, darf sich davon nicht ausnehmen. Sie tut es trotzdem, wenn auch mit Maßen. Hier der authentische, von Bailleu überlieferte Verlauf eines durchschnittlichen Tages in den »stillen Jahren«:

> »Zwischen acht und neun erwachte die Königin; die Kammerfrau Schadow, die Schwester des großen Bildhauers, kam und stellte quer über das Bett ein niedriges Tischchen, von dem Luise das Frühstück nahm, meist einige Tassen Schokolade mit Sahne und Zwieback. Dann erschien die Gräfin Voß, der Küchenzettel wurde besprochen, wobei auf die einfachen Lieblingsspeisen des Königs Rücksicht genommen werden mußte. Putz wurde vorgelegt und die Toiletten für den Tag ausgewählt. Die jüngsten Kinder, die Luise immer gern in ihrer nächsten Nähe hatte, wurden herbeigerufen, die Mutter herzte und küßte sie im Bett und ließ sie dann im Zimmer herumspielen. Luise hatte einen Hang zur Gemächlichkeit, wie sie auch trotz der Mahnungen des Königs sich wenig Bewegung machte. Noch im Bett las sie die Zeitungen, besonders die Hamburger, auch wohl Bücher. Gegen elf Uhr genoß sie häufig etwas Gerstenschleim, den sie eine Zeitlang wie eine Kur gebrauchte, um stärker zu werden. Gewöhnlich erst nach elf Uhr erhob sie sich und blieb in einem weißen Morgenkleid mit einem Morgenmützchen die älteren Kinder empfangend, den Arzt, auch einen oder anderen ihrer Lehrer im Englischen und in der Musik. Um zwölf Uhr etwa kam der König und mit Luisens Freiheit war es aus. Rasch kleidete sie sich

an, um im Tiergarten mit ihm spazieren zu fahren; bei ungünstigem Wetter leistete sie ihm daheim plaudernd Gesellschaft. Pünktlich um zwei Uhr ging es zur Mittagstafel, zu der Luise erst Toilette machen mußte, nicht immer rechtzeitig erschien, was der König schmollend zu rügen pflegte. Bei der Mahlzeit trank sie gern Stettiner Bier; von Speisen liebte sie besonders rohen Schinken und Kartoffeln. Nach der Tafel, die eine gute Stunde dauerte, machte sie es sich wohl auf der Chaiselongue bequem, wobei sie ein Buch las oder auch ein wenig schlummerte. Dann empfing sie Besuche, die Komponisten Himmel oder Reichardt, mit denen musiziert und gesungen wurde. Die kleinen Lieder, die Luise zur Gitarre mit einer angenehmen Stimme vortrug, erfreuten auch den sonst so amusischen König. Luise selbst scherzte darüber, daß sie zuweilen deutsch und französisch las, englische Stunde hatte und italienisch sang. Ging die Königin nicht ins Theater, das sie seltener besuchte als der König, so versammelte man sich um sieben zur Teestunde, wobei sie selbst fast niemals Tee nahm. Sie suchte dabei die Unterhaltung in Gang zu bringen, was ihr freilich nicht immer gelang. Meist saßen die Damen über ihren Handarbeiten, während die Herren sich mit Schach oder Kriegsspiel beschäftigten. Häufig wurde auch Karten gespielt, namentlich Rabuge (eigentlich: Rapuse – ›Wirrwarr‹). Zuweilen las Buch vor, Memoirenliteratur; zuweilen zogen sich auch König und Königin zu einer gemeinsamen Lektüre in ein Nebenzimmer zurück. Um neun schloß sich ein Abendessen an, bei dem es ... nicht lebhafter herging als während der Teestunde.«

Sehr viel anders dürften auch die Tage im gehobenen Bürgertum Preußens und Berlins nicht verlaufen sein. Die Dame des Hauses widmet sich der Familie und pflegt milde musische Neigungen, der Herr geht seiner Arbeit nach und abends ins Theater, wie man später ins Kino geht, um sich zu unterhalten.

Ganz so »amusisch«, wie er so gern dargestellt worden ist – wohl um die geistig strebsame Luise desto wirkungsvoller hervortreten zu lassen –, kann Friedrich Wilhelm jedoch nicht gewesen sein. Wer, möchte man fragen, hat die Berliner Universität gegründet, wer die großen öffentlichen Kunstsammlungen angekauft, das erste

Museum eingerichtet, zu dem jedermann Zutritt hatte? Unter wem hat Schinkel gebaut und Berlin sein neoklassizistisches Gesicht gegeben? Gewiß trägt sich dies alles, mit Ausnahme der Universitätsgründung, erst nach Luises Tod zu. Viele führen des Königs plötzlich erwachendes Kunstinteresse gar auf seine Beschäftigung mit den Porträts Luises zurück, aber so ganz aus dem Blauen kann das alles auch wieder nicht gekommen sein. Stille Wasser sind tief oder, wie Friedrich Wilhelm es einmal in seiner unnachahmlich trockenen Weise formuliert hat: »Durch Schweigen niemand sich verrät.«

Die Königin empfängt im übrigen nicht nur Komponisten nach dem Mittagessen, sondern auch Künstler wie Gottfried Schadow oder den Dänen Janus Genelli, einen wegen seines frechen Mundwerks gefürchteten Landschaftsmaler, bei dem sie zeitweilig Zeichenunterricht nimmt, übrigens auf Empfehlung Schadows. Luise wiederum empfiehlt Schadow einen ihrer Kammerdiener, der bildhauerisch begabt scheint und dessen Ausbildung das Königspaar finanzieren will. Bei vielen Besuchen im Atelier Schadows hat der junge Mann als Lakai hinten auf dem Wagentritt gestanden. Es handelt sich um Christian Daniel Rauch, der seinen ersten Lehrer schon bald übertrumpfen wird. »Mein Ruhm ist in Rauch aufgegangen« – das Wort Schadows findet sich in allen Kulturgeschichten.

Der Leibarzt, der nach elf Uhr erscheint, ist Christoph Wilhelm Hufeland, Thüringer wie Rauch und Verfasser eines Buches, das in alle europäischen Sprachen und sogar ins Chinesische übersetzt werden wird. Es ist 1796 erschienen und heißt »Makrobiotik, oder die Kunst, sein Leben zu verlängern«. Lange vor den Wasserheilern Prießnitz und Kneipp hat Hufeland seine Lehren über die Heilkraft der Natur entwickelt. Er will, ein Homöopath, die Heilkraft des Körpers mit abgestuften therapeutischen Reizen anregen. Auch da also ist Preußens Königspaar seiner Zeit voraus. Der Mensch, so Hufeland, kann durchaus 200 Jahre alt werden, wenn er das Schädliche (Alkohol, Rauchen, unmäßiges Essen und Trinken, unreine Luft, ausschweifende Liebe, üble Laune, Untätigkeit, Langeweile) meidet und dafür kräftig die »Verlängerungsmittel des Lebens« anwendet (glücklicher Ehestand, gesunder Schlaf, körperliche Bewegung, frische Luft, vegetarische Ernährung). Ein Lebensreformer, den Luise auch als Seelenarzt konsultiert, obwohl Hufeland überzeugter Republikaner ist und bleibt. Das höfische Leben kritisiert er heftig und lehnt, stolz auf seine bürgerliche Herkunft, eine Erhebung in den Adelsstand ab. Bezeichnenderweise hält er dem Königspaar selbst in schwersten Tagen die absolute Treue, als weit monarchistischer Gesinnte von ihm abfallen.

Krank ist man viel in jenen stillen Jahren. In Luises Briefen ist oft von Zahnschmerzen, Migräne und nervöser Anspannung die Rede. »Ich bin etwas leidend gewesen«, schreibt sie Georg einmal, in Klammern hinzufügend: »und dieses zwar an Nerven, ich und Nerven, ich Großmagd, wie der König mich nennt.«

Eine liebevolle Großmagd. Friedrich Wilhelm selbst hat später gestanden: »War ich krank, so war sie meine Pflegerin und was für eine teilnehmende Pflegerin, wenn sie mich für bedeutend krank hielt! In diesem Fall verließ sie fast nie mein Bett und suchte mich durch ihre wahre, nie lästig werdende, ich möchte sagen himmlische Zärtlichkeit und Teilnehme zuzusprechen, zu beruhigen und meinen Schmerz zu erleichtern und erträglicher zu machen. Da war keine Art von Dienst, die sie sich nicht unterzog, um mir Hilfe zu leisten und für mich etwas Angenehmes zu tun. Ja, ich möchte fast sagen, daß in solchen Fällen ihre Liebe zu mir einen noch weit innigeren Charakter erhielt als gewöhnlich. Ja, ich sagte ihr wohl selbst bisweilen, daß ich manchmal gern krank würde, um mich von ihr pflegen zu lassen, da sie alsdann gar zu gut gegen mich wäre.«

»Sie lieben sich täglich mehr«, schreibt die sonst so skeptische Gräfin Voß an einem Neujahrstag in ihr Tagebuch. Eine lapidare Quintessenz der »stillen Jahre.«

12.

Napoleon und Alexander

Eine düstere Szene. In der Nacht vom 20. auf den 21. März 1804 steht in den Festungswällen von Vincennes ein junger Mann vor dem Erschießungskommando. Es ist so dunkel, daß man ein Windlicht auf seiner Schulter befestigen muß, damit die Soldaten wissen, wohin sie zu zielen haben.

In ihrem flackernden Schein endet das Leben des 31jährigen Louis Antoine Henri Herzog von Enghien. Er ist ein Enkel des »großen Condé«, des Feldherrn Ludwigs XIV., und gehört, ein Vetter des rechtmäßigen Königs von Frankreich, einer Seitenlinie des Hauses der Bourbonen an, das seit 1589 auf dem Thron sitzt. Sein Tod, ein mehrfacher Rechtsbruch, ein regelrechter politischer Mord, empört ganz Europa. Der mutige und charmante junge Herzog hatte zurückgezogen in Ettenheim, auf badischem Territorium, gelebt. Ein französisches Militärkommando ergreift ihn dort unter Bruch des Völkerrechts. Der Vorwurf, er habe die Ermordung des Ersten Konsuls Napoleon Bonaparte geplant, wird in einer kurzen Gerichtsverhandlung kaum überprüft. Napoleons Hinrichtungsbefehl ist schon vor der Urteilsverkündung unterschrieben, das Grab in Vincennes bereits am Tag zuvor geschaufelt worden.

Der Herzog stirbt wie ein Held. Geistlichen Trost weist er ebenso zurück wie die Augenbinde. Napoleon begeht eine unrühmliche Tat. »C'est pis qu'un crime, c'est une faute« (Das ist schlimmer als ein Verbrechen, das ist ein Fehler), lautet der zynische Kommentar des Polizeiministers Fouché. Ganz Europa empfindet Abscheu vor dieser Untat. Zar Alexander I., erst vor drei Jahren seinem ermordeten Vater auf dem Thron gefolgt, verlangt sogar energisch Aufklärung und Rechenschaft von Paris. Er erhält die beleidigende Antwort, man habe ja auch keine Aufklärung über den Tod des vorigen Zaren, Pauls I., verlangt. Der gesamte russische Hof legt Trauer an, was man zunächst auch in Berlin beschließt, dann aber, der Neutralitätspolitik zuliebe, unterläßt. Nur Prinz Louis Ferdinand zeigt sich ostentativ mit Trauerflor.

Keine acht Wochen später, am 18. Mai, wird dem Ersten Konsul Bonaparte als Napoleon I. durch Senatsbeschluß die Kaiserwürde verliehen. Eines der ersten Glückwunschschreiben, die bei ihm eintreffen, stammt von Friedrich Wilhelm III. Er erhält vom neuernannten Monarchen eine merkwürdige, wenngleich freundliche Antwort. Oder schwingen da ironische Untertöne mit: Napoleon läßt wissen, daß er nichts dagegen hätte, wenn sich auch Preußen zum Kaiserreich erklären würde. Friedrich Wilhelm, dem nichts ferner liegt, teilt dem französischen Sonderbeauftragten in Berlin befremdet mit, er sei an einer Rangerhöhung nicht interessiert.

Wer ist überhaupt dieser etwas zu klein geratene Emporkömmling, der sich da so plötzlich als gekrönter Revolutionär in die Reihen des europäischen Uradels drängt? Erst beseitigt Frankreich das herkömmliche Königtum, und plötzlich hat es einen Kaiser mit eigenem Hof, eigenem Zeremoniell, eigenem Adel. Der Außenminister Talleyrand ist auf einmal Fürst von Benevent, der Polizeiminister Fouché Herzog von Otranto, die Frau Napoleons, eine Kreolin, wird Prinzessin wie auch die drei Schwestern des Kaisers, Karoline, Elisa und Pauline. Aber damit begnügt sich Napoleon noch lange nicht: Seinen älteren Bruder Joseph macht er zum König von Neapel, seinen jüngeren Bruder Louis zum König von Holland, ein weiterer Bruder – Napoleon besitzt acht Geschwister –, Jérôme, heiratet die Prinzessin Katharina von Württemberg, und sein Stiefsohn, Eugène de Beauharnais, wird Schwiegersohn des Königs von Bayern. Mit allen Mitteln, vom Schwert bis zum Traualtar, versucht dieser Mensch, Europa ein anderes Gesicht zu geben. Oder will er nur sich und seine korsische Familie nach oben boxen?

Dagegen spricht allerdings seine Skepsis gegenüber solcher Macht. »Ein Thron«, hat er gesagt, »ist nur ein mit Samt garniertes Brett«, ein Satz, der Friedrich Wilhelm III. eigentlich aus dem Herzen gesprochen sein sollte. Mit List und Tücke hat Bonaparte jedenfalls, mal gestützt von Jakobinern wie Robespierre, dann wieder realpolitisch mit der Gegenseite sich verbündend, aus dem revolutionären Elan und der nachfolgenden Schreckensherrschaft eine geordnete – wie man zugeben muß: bewundernswert geordnete – Macht geschaffen; genauso wie der »kleine General«, der Plutarch und Corneille auswendig zitiert, aus einer desolaten Armee von 40 000 Mann – die meisten ohne Schuhe und Strümpfe – eine schlagkräftige Truppe zu formen verstand, die die 80 000 Piemonteser und Österreicher unter so berühmten Feldherrn wie Alvinczy, Wurmser und Erzherzog Karl im ersten Anlauf besiegen konnte.

Seine Arbeitskraft, sagt man, sei unermeßlich. Ohne Spuren der Ermüdung arbeitet er bis zu 20 Stunden am Tag. Sein militärisches Genie setzt selbst alterfahrene Schlachtenlenker in Erstaunen. Wo er mit seinen wohlorganisierten Truppen auftaucht, läßt er sich den Sieg nicht nehmen. Stets zielt das, was man bald »napoleonische Taktik« nennt, auf den wunden Punkt des Feindes.

Der untersetzte ehemalige Artillerieoffiziert mit der ungesund gelben Gesichtsfarbe und den stechend dunklen italienischen Augen wird den Feinden Frankreichs bald unheimlich. Dabei beruht seine Taktik in erster Linie darauf, daß er sorgfältiger zu Werke geht, als es im Zeitalter der weitgehend aufs Geratewohl entworfenen Schlachtpläne üblich ist. Was unter Friedrich dem Großen noch erfolgversprechend gewesen sein mag, das sture Aufeinanderzumarschieren der starren Formationen (mit strategischen Reiterattacken und Artilleriegedonner dazwischen), hat längst einer moderneren Art der Kriegsführung Platz gemacht. Napoleon hat sie aus den Schriften des Grafen François Apollini Guibert gelernt: Man muß sich auf einen bestimmten Punkt konzentrieren und an ihm die absolute Übermacht erzielen, dann von ihm aus mit allen verfügbaren Kräften angreifen und die feindliche Linie aufbrechen. Dazu gehören freilich eine genaue Kenntnis der topographischen Gegebenheiten des Geländes, blitzschnelles Reagieren bei der Nutzung des Überraschungseffekts und eine sehr mobile Art der Truppenbewegung.

Das alles beherrscht Napoleon auf vollkommene, beinahe mathematisch exakte Weise. Die meisten seiner Schlachten gewinnt er weder durch die zahlenmäßige Überlegenheit noch durch die

Kampfstärke seiner Truppen, sondern durch deren Schnelligkeit, also mit dem Kopf (seinem eigenen) und den Füßen (denen seiner Soldaten, die ihn bald abgöttisch lieben). Mag er äußerlich nicht viel hermachen, dieser Kaiser aus dem Nichts, der sich, im Angesicht des aus Rom herbeizitierten Papstes, selbst die Kaiserkrone in Notre-Dame aufs Haupt gesetzt hat, er besitzt so etwas wie absolute Autorität.

Ein seltsamer Mann, ein unvergleichlicher Aufstieg, wie man ihn noch nie erlebt hat. Den Fürsten Europas ist er doppelt unheimlich, weil dieser Kriegsheros trotz seiner Siegeszüge auch in ihren Ländern als Friedensbringer angesehen und demgemäß hochgeschätzt wird.

Das dürfte nur zu begreiflich sein, obwohl es den Herrschenden überall schwer fällt, die Zusammenhänge dieser überraschenden Entwicklung zu verstehen. Aber die Intellektuellen Europas haben noch vor kurzem mit der Französischen Revolution und ihren humanistischen Ideen sympathisiert. Erst die Ausschreitungen der Jakobiner haben sie dann abgestoßen. Jetzt trägt das geniale Energiebündel aus Korsika die besseren Errungenschaften eben jener Revolution in seinem Banner und verknüpft sie eng mit den Fäden der Tradition. Nur so ist es zu verstehen, daß ihm Hölderlin 1798 ein enthusiastisches Gedicht »Buonaparte« widmet und Beethoven ursprünglich seine dritte Symphonie (er hat die Widmung später widerrufen). Man erwartet von diesem Wundergeneral, der jetzt sogar Kaiser geworden ist, ein neues, gerechteres Europa ohne quälende Feudalherrschaft und, dies vor allem, endlich den Frieden.

Die Hoffnungen sind nicht unberechtigt. Am 21. März 1804 wird der neue französische »Code Civil« verkündet, der als »Code Napoleon« in die Geschichte eingegangen ist. In ihm finden sich jene modernen Gesetze, die auf dem Grundsatz der Gleichberechtigung aller Menschen beruhen – ein revolutionäres Gesetzeswerk. Napoleon strebt an, was von der französischen und deutschen Aufklärung begründet, von der englischen Magna Charta im britischen Inselreich längst praktiziert wird und von der Amerikanischen und der Französischen Revolution als Menschenrecht ein und für allemal verkündet worden ist. Man könnte es als einen autoritären Liberalismus bezeichnen, denn die Gewalt von oben bleibt, jedenfalls unter Napoleon, absolut, aber sie wird rational und nicht, wie bisher, irrational mit »Gottesgnadentum« begründet. Und vor dem Gesetz ist jeder unterschiedslos gleich, sei er adlig oder nicht, Bürger, Bauer, Bettelmann, Jude, Katholik oder was immer, ihm stehen alle Chance offen, auch in Staatsdienst oder Militär. Er kann und darf sein Leben frei gestalten, wie er will.

Kein Wunder, daß die Resonanz in Europa groß ist. Kein wohlmeinender Philosoph verkündet da seine idealistischen Sentenzen, sondern einer, der alle Macht besitzt, sie auch durchzusetzen. Kein Ideologe gibt seinem Fanatismus Gesetzeskraft, sondern ein kühl berechnender Realist setzt neue und wiederum machbare Maßstäbe. »Es scheint mir«, schreibt Kierkegaard in sein Tagebuch, »daß Napoleon sehr viel mehr Mohammed gleicht als irgendeinem der großen Feldherrn der Vergangenheit. Napoleon fühlte sich oder trat zumindest auf als Missionar, als einer, welcher verkündigte und mitbrachte und kämpfte für bestimmte Ideen (das Evangelium der Freiheit, das nun klar und deutlich in seinem Geburtslande gehört wurde); das zeigen z. B. viele seiner Proklomationen in Italien – und zudem ging Napoleons Zug in entgegengesetzter Richtung zur Ausbreitung Mohammeds, aber durch die gleichen Länder. Mohammed von Ost nach West, Napoleon von West nach Ost.« Grillparzer, nach eigenem Eingeständnis »Franzosenfeind« und »zu aller Zeit kein Liebhaber von militärischem Schaugepränge«, versäumt keine Kaiserparade, wie sie Napoleon später gern von der großen Freitreppe des Schlosses Schönbrunn abnimmt – »er bezauberte mich wie die Schlange den Vogel«.

Die Welt hatte sich durch die Französische Revolution entscheidend verändert; sie würde nie mehr so sein, wie sie gewesen war. Nur wurde das den meisten nicht bewußt, weil sie ihr konservatives Gesicht noch eine Weile zu wahren verstanden hat. In Napoleon steht der alten Welt nun ein gewichtigerer Feind gegenüber. Er will verändern, von innen und außen, der Vertreter einer notwendig gewordenen historischen Entwicklung, an der keiner vorbeikommt. Auch Friedrich Wilhelm und Luise nicht in ihrem Dornröschen-Preußen.

Man kann ihn hassen, wie Kleist, der preußische, der königstreue Patriot ihn gehaßt hat. Wofür hat man Napoleon zu halten nach

Wortlaut seines »Katechismus der Deutschen«? »Für einen verabscheuungswürdigen Menschen; für den Anfang alles Bösen und das Ende alles Guten; für einen Sünder, den anzuklagen die Sprache der Menschen nicht hinreicht, und den Engeln einst, am jüngsten Tage, der Odem vergehen wird.«

Aber selbst ein deutscher – und das heißt damals unter anderem auch republikanischer – Patriot wie Ernst Moritz Arndt kann Napoleon den Respekt nicht ganz versagen. Arndt ist ebenso franzosenfeindlich eingestellt wie Kleist. Trotzdem: »Man darf den Fürchterlichen so leicht nicht richten, als es die meisten tun in Haß und Liebe«, schreibt er 1806 in seinem »Geist der Zeiten«. »Die Natur, die ihn geschaffen hat, die ihn so schrecklich wirken läßt, muß eine Arbeit mit ihm vorhaben, die kein anderer so tun kann.«

Die Arbeit besteht zweifellos in der endgültigen Verbreitung der Ideen der Französischen Revolution. Napoleon zwingt Europa den neuen Humanismus durch Krieg, ja Imperialismus auf. Die Ideen haben bis heute überdauert wie so manches von ihm vollbrachte, die Rosette der Ehrenlegion zum Beispiel, selbst der von ihm geschaffene neue Adel. Auch das Reformwerk, das wenig später unter Friedrich Wilhelm in Preußen in Angriff genommen wird, ist durch ihn und sein Vorbild vorangetrieben worden. Denn wohin er nicht selbst den Code Napoleon trägt, die Staatsvernunft der Französischen Revolution, die er praktisch mit nicht-ideologischen Mitteln fortsetzt, dort müssen die großen und kleinen Fürsten auf ihn mit eigenen Reformen reagieren.

Gewiß, Europa ist nahe daran, »unter die französische Knute« zu geraten, wie es die Erzpatrioten um Louis Ferdinand ausdrücken. Aber angesichts der hoffnungslosen Anhäufung praktisch unregierbarer Kleinstaaten, wäre da ein Europa unter französischer Hegemonie so schlimm gewesen? Die Sprache Europas ist ohnedies damals Französisch. Und hat das Heilige Römische Reich nicht auch jahrhundertelang unter deutscher Hegemonie gestanden? Die meisten Staaten, auch die des später heftig verleumdeten Rheinbunds, sind unter Napoleon besser regiert worden als vorher. Er war kein Tyrann wie Hitler, sondern gleicht eher Hitlers Widerpart Churchill, der einmal eine Unterlassungssünde mit den Worten eingestand: »I did not know. I was not told. I should have asked«

(Ich habe es nicht gewußt. Man hat es mir nicht gesagt. Ich hätte fragen sollen). Das Geheimnis wirkungsvoll ausgeübter Macht liegt nicht zuletzt im rechtzeitigen Fragenstellen. Napoleon war dafür berühmt, sich vor jeder Entscheidung durch Hunderte von exakten Fragen zu informieren.

Arndt schließt an die eben zitierten Sätze noch die folgenden an: »Er trägt das Gepräge eines außerordentlichen Menschen, eines erhabenen Ungeheuers... Bewunderung und Furcht zeugt der Vulkan und das Donnerwetter und jede seltene Naturkraft, und sie kann man auch Bonaparten nicht versagen.« Geschrieben von einem erbitterten Feind, ist dies ein Zeugnis dafür, daß auch ein aufrechter Deutscher seinen Gegener weder verherrlichen noch verteufeln muß. Wie Napoleon kein Hitler war, war Arndt kein Goebbels. Preußische und deutsche Tradition ist anders. Sie hat wenig mit dem zu tun, was die Braunen als deutsch und preußisch ausgaben.

Napoleon ist eine facettenreiche Persönlichkeit. Sein größter Fehler: Er kann nicht maßhalten im Sieg. Er besitzt zuviel Phantasie und will immer mehr, als er bewältigen kann. So human er sich mitunter gibt, etwa während der Kämpfe in Italien, so skrupellos und sogar grausam, unnötig grausam geht er manchmal zuwege. Den Herzog von Enghien läßt er ohne Wimpernzucken erschießen, wenn es politisch opportun ist. Sein Finanzminister Barbé de Marbois kommt glimpflicher davon. Er hat während Napoleons Abwesenheit Spekulanten unrechtmäßig Gelder der Bank von Frankreich geliehen und diese, da die Spekulation daneben ging, nahezu ruiniert. Kleinlaut bietet er Napoleon seinen Kopf an. »Was glaubst du, daß ich damit tun soll, du Scheißkerl?« brüllt der Kaiser ihn an, der sein Leben lang einen Abscheu vor allem Geschäftlichen und Kaufmännischen behält. Seine einfache Drohung, alle Spekulanten, die Geld genommen haben, auf die Festung Vincennes zu schicken, genügt. Er bekommt postwendend die verspekulierten Millionen zurück. Seine brutale Seite: Als er 1799 im Heiligen Land die türkische Festung Akkon nicht erobern kann, verbrennt er die gesamte Ernte des Landes, das daraufhin eine Hungersnot erleidet, und läßt alle Gefangenen massakrieren, die er nicht mitnehmen kann. Zorn und Wut über Josephine, die ihm in Paris kräftig Hörner aufsetzt, sind keine Entschuldigung für derartige Unmenschlichkeiten.

Sicherheit geht Napoleon über alles, auch über Menschenleben. So ist es nicht ungefährlich, hinter seinen Linien herumzuwandern, wie es beispielsweise Kleist 1803 bei Boulogne tut, dazu noch ohne Paß und Visum. Er wäre um ein Haar füsiliert worden wie kurz zuvor unter ähnlichen Umständen ein anderer Edelmann aus dem immerhin neutralen Preußen. »Der Staatsmann«, auch dies ein Wort des großen Friedens- und Freiheitsbringers, »hat nicht das Recht, sentimental zu sein.«

Mit dem Grundrecht der Meinungsfreiheit steht Napoleon auf Kriegsfuß. Die Zeitungen läßt er streng überwachen, duldet in ganz Frankreich überhaupt nur dreizehn Blätter. Die Öffentlichkeit wird einzig und allein durch das von ihm geschaffene Staatsorgan informiert, den »Moniteur«. Er wird dadurch zur meistgelesenen Zeitung Europas, deren Artikel und Nachrichten überall nachgedruckt werden.

Fleckenlos rein bietet Napoleon sich ganz gewiß nicht dar. Aber er ist doch auch nicht der Finsterling, den die deutsche Geschichtsschrcibung aus ihm gemacht hat. Anzukreiden als politische Dummheit wäre ihm wohl auch sein Haß, eine Art von Urhaß, gegen England. Der Gerechtigkeit halber muß man allerdings hinzufügen, daß er zumindest versucht hat, mit dem jüngeren Pitt ins Reine zu kommen.

William Pitt, ursprünglich ein konservativer Reformer, ist 1783, erst 24 Jahre alt, Premierminister geworden, zehn Jahre später auch Kriegsminister. Da Georg III., Luises angeheirateter Onkel und der erste in England geborene und erzogene hannoversche König, schon in den achtziger Jahren Spuren von Geisteskrankheit zeigt, bleibt Pitt die Führung des Landes praktisch allein überlassen. Ein arroganter, ehrgeiziger und machthungriger Mann, der aber – mit Ausnahme des Feldherrngenies – fast alle Vorzüge aufweist, die auch Napoleon auszeichnen. Innenpolitisch ein hervorragender Verwaltungsmann, laviert er England außenpolitisch mit überlegener Strategie durch Krieg und Frieden. Er ist Napoleon ein ebenbürtiger Gegner.

Pitt hat Napoleon sogar eines voraus: Er berücksichtigt bei seinen

Vorhaben die Ökonomie des Landes. »Ein Volk von Ladenbesitzern (boutiquiers)« nennt der Kaiser abschätzig die Engländer. Aber Pitt weiß, wie man wirtschaftliche Vorteile erreicht und sie nutzt. Er wird der eigentliche Drahtzieher aller weiteren Koalitionen, die gegen Frankreich geschlossen werden. Sein Ziel bleibt, die französischen Annektionen etwa Hollands und Belgiens nicht anzuerkennen und den übermächtig gewordenen Koloß auf die alten Grenzen zurückzutreiben. Er ist nicht nur ein ebenbürtiger, sondern auch ein unversöhnlicher Gegner Napoleons.

Die Situation gleicht in Zukunft dem Patt beim Schach. Napoleon erfreut sich auf dem europäischen Festland inzwischen einer nahezu uneingeschränkten Macht. Die fast noch uneingeschränktere Seeherrschaft hat Lord Nelson freilich England gesichert, bei Abukir, als Napoleon versucht, von Ägypten aus mit seinem Heer Wien zu erreichen, und endgültig durch den vernichtenden Sieg am 21. Oktober 1805 über die vereinigte spanische und französische Flotte bei Trafalgar. Nelson findet zwar den Tod durch die Kugel eines französischen Scharfschützen, aber Frankreich bleibt – endgültig – auf den Kontinent beschränkt. Die geplante Invasion mit amphibischen Spezialfahrzeugen (von denen Napoleon nicht weniger als 2000 bereits hat bauen lassen) erweist sich als undurchführbar.

Pitts Hauptgesprächs- und Bündnispartner sind Österreich und Rußland, an Friedrich Wilhelms Neutralitätswillen beißt selbst er sich die Zähne aus. Nicht so bei Alexander I., dem jungen Zaren.

Ihn hat Luise am 10. Juni 1802 in Memel kennengelernt. Die Reise, die das Königspaar dazu Ende Mai von Berlin aus antritt, ist, wie bei Regierenden üblich, sowohl politischer als auch persönlicher Natur.

Von Ende Januar bis Mitte März ist der Erbprinz Friedrich Ludwig von Mecklenburg-Schwerin, dem anderen Mecklenburg, in Berlin gewesen. Er hat sich so lang aufgehalten, weil es seiner Frau, Helena Pawlowna, dort überaus gut gefallen hat. Helena Pawlowna, erst 16 Jahre alt und seit 15 Monaten verheiratet, ist die Tochter des damaligen Zaren Paul I. Gilt Luise ihren Zeitgenossen als schön, so benutzen diese für die Erbprinzessin das Attribut »blendend schön«. Luise freundet sich rasch mit ihr an und – siehe da! – Friedrich Wilhelm, für weibliche Schönheit empfänglich, gerät mit ihr in einen heftigen Flirt; er scheint sogar ein bißchen in sie verliebt. Luise zieht ihren Mann oft und gern damit auf. Der König, dessen eigenbrötlerische Art offensichtlich auf Frauen eine größere Wirkung hat als auf Männer, dürfte ohnehin, wiederum einer der wenigen Eigenschaften, die er mit Napoleon gemeinsam hat, ein homme à femme sein.

Das Erbprinzenpaar macht jedenfalls auf den glänzenden Festen, die für die beiden gegeben werden, Furore. Auf ihnen erscheint sogar Napoleons jüngerer Bruder Louis, übrigens neben vielen Emigranten, die in Berlin Unterschlupf gefunden haben. In der inzwischen traditionellen Fastnachtspantomime entzückt die kleine Helena den König in der Rolle einer gütigen Fee, Luise wird von ihr, falls so etwas notwendig ist, durch reiche Geschenke zum Geburtstag versöhnt. Man ist ein Herz und eine Seele, der Schweriner und seine russische Prinzessin gehören schon fast zum Berliner Hof.

Kurz nach ihrer Abreise, in der Nacht zum 21. März, wird Zar Paul, der Vater Helenas, unter zunächst ungeklärten Umständen ermordet. Ihm folgt sein 23jähriger Sohn Alexander, von dessen Krönungsfeierlichkeiten in Moskau zurückkehrend des neuen Zaren Schwester und ihr Mann gern wieder, Anfang Oktober, in Berlin Station machen. Vom Königspaar werden sie als alte Freunde herzlich empfangen, um so mehr, als sie Grüße von Alexander überbringen, der in einem Handschreiben seinen Wunsch nach einer Aussprache mit dem preußischen König zum Ausdruck bringt.

So ungern Friedrich Wilhelm III. sich in die Welthändel mischt, die ihn – man kann es verstehen – anekeln, so sehr kommt ihm dieser Wunsch entgegen. Mit seiner Neutralitätspolitik ist er, nicht zuletzt durch den unberechenbaren Zaren Paul, in eine unangenehme Zwickmühle geraten. Jetzt wäre es gut, die Sache mit Pauls Sohn und Nachfolger zu klären, am besten durch eine persönliche Begegnung. Und wer könnte am besten eine solche vermitteln, als sein großer Schwarm (außer Luise, selbstredend)?

Tatsächlich hat sich Preußen zwischen zwei und eigentlich zwischen alle Stühle gesetzt. Seit seiner Thronbesteigung ist Friedrich

Wilhelm nicht nur bemüht, mit dem guten Beispiel absoluter Neutralität voranzugehen, sondern auch als Friedensvermittler. Von den befeindeten Mächten wird das eifrig genutzt, freilich eher in taktischer Hinsicht als für einen dauerhaften Frieden. Der französische Sondergesandte Michel Duroc, von Napoleon zum Herzog von Friaul ernannt, ist eigens dazu in Berlin erschienen. Und Zar Paul, hochbeglückt über den freundlichen Empfang seiner Tochter am preußischen Hof, hat nicht nur Luise mit dem Katharinenorden ausgezeichnet, sondern sich auch Berliner Vermittlungen gegenüber als durchaus zugänglich erwiesen.

Konnte Friedrich Wilhelm ahnen, daß er mit seinen redlichen Bemühungen um Aussöhnung zwischen Frankreich und Rußland einen totalen Schwenk auslösen würde? Noch kurz vor seinem gewaltsamen Tode hat Paul zu aller Überraschung mit England ganz gebrochen und sich den Franzosen zugewendet. Haugwitz und Beyme, die Hauptverantwortlichen in politischen Angelegenheiten, mögen das als einen Erfolg Preußens im internationalen Ränkespiel betrachtet haben, als eine Möglichkeit, die beiden Mächte von fern am Zügel lenken zu können. Aber das stellt sich bald als Illusion heraus. Preußen ist eher zum Spielball zwischen den Mächten geworden und muß auf jeweilige Wetteränderungen wie ein Barometer reagieren. Neutralität ist schwerer zu verwirklichen als Parteinahme. Und die Zügel hält ein ganz anderer, Schlauerer, in Händen: Napoleon.

So hat sich Preußen im Frühjahr 1801 plötzlich einer französisch-russischen Allianz gegenüber gesehen, die gegen England gerichtet ist. Mehr als das: Die beiden Mächte haben Preußen mit sanfter Gewalt und weniger sanften Drohungen gezwungen, das England gehörende Hannover zu besetzen. Abgesandte ihrer Geburtsstadt Hannover erscheinen, wie man sich denken kann, alsbald bei Luise, um Protest anzumelden. Es dürfte nicht einmal eine Lüge sein, wenn diese erklärt, der König sei zu einer vorläufigen Besetzung genötigt worden, um den Franzosen zuvorzukommen. Er denke nicht daran, sich Hannover einzuverleiben, empfinde sich vielmehr als eine Art von Treuhänder des englischen Königs.

Auf die Welt und vor allem auf die Engländer machen derartige Entschuldigungen den Eindruck von Ausflüchten. Friedrich Wilhelms Politik ist ins Zwielicht geraten: Der, ach, so friedensliebende Pazifist hat, wie es scheint, ein Land annektiert, das Preußen schon lange ins Auge stach.

Aber die Peinlichkeiten sind damit nicht zu Ende. Sofort nach seiner Thronbesteigung hat Zar Alexander sich mit England ausgesöhnt, also eine erneute Kehrtwendung vollzogen. Ohne englische Industriegüter und ohne ständigen Handelsaustausch mit London sind in St. Peterburg schon eine ganze Reihe von Handelshäusern zusammengebrochen oder stehen kurz vor dem Ruin. Im »Moniteur« äußert Napoleon den Verdacht, bei der Ermordung Pauls könne Pitt seine Hände im Spiel gehabt haben und vielleicht sogar sein Sohn Alexander, der neue Zar. Daß bei den Verschwörern wirtschaftliche Gründe mitspielten, steht wohl außer Frage.

Preußen blieb nun nichts anderes übrig, als – eine Farce sondersgleichen – seine Truppen stillschweigend aus Hannover wieder zurückzuziehen. Friedrich Wilhelms Friedenspolitik ist nicht nur ins Zwielicht geraten, er selbst hat sich obendrein vor aller Welt lächerlich und unglaubhaft gemacht. Nicht zuletzt bei seinem Schwiegervater Karl. Der Herzog ist sofort nach der Besetzung aus Neustrelitz herbeigeeilt, um mit seinen Wünschen bedauernd abgewiesen zu werden. Durch die bloße Veränderung der politischen Sachlage sieht er sie kurz darauf trotzdem erfüllt. Friedrich Wilhelm muß ihm wie eine Marionette erschienen sein, an deren Fäden die großen Mächte ziehen. Kein angenehmes Image für einen überzeugten Pazifisten, der es mit seinem Land – und allen anderen Ländern – von Herzen gut meint.

Friedrich Wilhelms »schöner Helena« gelingt es unter diesen Umständen leicht, den König von der Notwendigkeit einer Begegnung mit ihrem Bruder zu überzeugen. Es gelingt ihr sogar, ihn zu versöhnen, als er ihr anbietet, ihn »Fritz« zu nennen und sie sich, wohl Luise zuliebe, weigert. Er schmollt sichtlich, woraufhin sie, wie man erzählt, ihn liebevoll in die Arme genommen und gesagt haben soll: »Fritze, maulst du noch?«, was für eine Weile sprichwörtlich wird in Berlin.

Die Reise geht – mit den Brüdern des Königs sowie den Gräfinnen Voß und Moltke als Begleitung – nach Stargard und Schlobitten, wo Luise im Schloß der Dohnas in einem prunkvollen Himmelbett schläft und Friedrich Wilhelm, wie er es gewohnt ist, in seinem eigenen, stets mitgeführten Feldbett. Es werden die üblichen Manöver und Revuen abgehalten, der König findet den Zustand der Truppen »superb«, man hält sich kurz in Königsberg auf und trifft endlich am 10. Juni in Memel mit Alexander zusammen. Obwohl von seinen Ministern und Adjutanten begleitet, ist dieser als »Comte de Russie« inkognito auf preußisches Staatsgebiet übergetreten.

Man bleibt bis zum 16. Juni, also sechs Tage, zusammen, eine ungewöhnlich lange Zeit. Und sollte Luise ihrem Friedrich Wilhelm etwas wegen seiner schönen Helena heimzuzahlen haben, so mag das in diesen Tagen geschehen sein. Man lese nur, mit welchen Worten sie in ihren »Aufzeichnungen über die Zusammenkunft in Memel 1802« Alexander – oder vielmehr ihren Eindruck von Alexander – beschreibt:

»Alle lieben den Kaiser, vor allem auch der König. Er ist garnicht schwächlich und von Grund auf so gut und anständig, daß ich es nur mit der Denkweise des Königs vergleichen kann. Ich habe mich überzeugt, daß er mit seinen echten Vorzügen alle Liebenswürdigkeit verbindet, die für einen Mann Liebe erweckt.«

An dieser Stelle ist von den Interpreten viel herumgerätselt worden: Bekenntnis, Wunschtraum oder nur mißverständliche Formulierung? Ein Spezialist für die Geschichte der napoleonischen Zeit an der Berliner Universität schlug in Neuerscheinungen über sein Gebiet als erstes nach (dies seine eigenen Worte:) »Was meint der Verfasser? Hat sie es mit Alexander gehabt oder nicht?« Er wisse dann, wie er behauptete, sofort über Tendenz, Standard und Interpretationsvermögen des jeweiligen Autors Bescheid. Aber hören wir vor eiligen und womöglich waghalsigen Schlüssen weiter Luise:

»Der Kaiser ist einer der seltenen Menschen, die alle liebenswürdigen Eigenschaften mit allen echten Vorzügen vereinigen. Er hat die loyalsten, edelsten und gerechtesten Grundsätze und gleicht in allen wesentlichen Punkten dem König. Zwanglose Höflichkeit, große Liebenswürdigkeit, viel Geist (vor allem Rechtssinn) und Festigkeit, vereint mit seltener Volkstümlichkeit, die indessen niemals gewöhnlich wird, denn er bewahrt immer viel Würde – das ist eine leichte, unvollkommene Skizze seines Charakters und seiner Wesensart. Er hat eine Engelsgüte, die sich in allen seinen Handlungen ausprägt, und der Eindruck davon verbreitet sich über seine ganze Erscheinung. Vor allem durch diesen Ausdruck gefällt er, denn er ist nicht von regelmäßiger Schönheit. Der Mund ist regelmäßig schön. Er ist wunderbar gut gebaut und von sehr stattlicher Erscheinung. Er sieht aus wie ein junger Herkules.«

Was noch sollte Luise schreiben, um zu zeigen, wie verliebt sie in Alexander ist? Etwa was sie ihrem Bruder Georg über den »einzigen Alexander«, von ihr später gern (zur Tarnung?) »lieber Vetter« tituliert, in einem Brief anvertraut?

»Ich sah zwar keine Alpen, aber ich sah Menschen, oder vielmehr einen Menschen (die beiden letzten Worte unterstrichen), im ganzen Sinn des Worts, der durch einen Alpenbewohner ist erzogen worden und dessen Bekanntschaft mehr wert ist als alle Alpen der Welt.« Eine Anspielung an Alexanders liberalen Schweizer Erzieher Frédéric César de La Harpe.

Weiter: »Denn diese (die Alpen) wirken nicht, aber jener wirkt, verbreitet Glück und Segen mit jedem Entschluß, mit jedem Blick macht er Glückliche und Zufriedene durch seine Huld (»Huld« unterstrichen) und himmlische Güte.«

Liebe? Zweifellos. Wohl sogar Liebe auf den ersten Blick, was sogar auf Friedrich Wilhelm zutrifft. Am 10. Juni zwischen zwölf und ein Uhr reitet der preußische König seinem Gast entgegen. Mit sich führt er ein gesatteltes Pferd und einen achtspännigen Wagen, da er nicht weiß, was der Zar zu seinem Einzug durch das blumengeschmückte Stadttor von Memel bevorzugt. Eine Viertelstunde vor der Stadt trifft Friedrich Wilhelm auf die kaiserliche Kutsche, Alexander springt heraus, wirft sich ihm in die Arme, schwingt sich auf das Pferd und reitet neben dem König einher »wie ein Bruder«. Sie verstehen sich auf Anhieb, sind und bleiben Freunde. Alexander wird sogar der wertvollste und letztlich – über manche Mißverständnisse hinaus – treueste Freund sein, den der kontaktscheue Friedrich Wilhelm je gefunden hat.

»Das kann ich Dir versichern«, sagt er kurz darauf zu Luise, »die Russen haben nie einen Kaiser gehabt wie diesen.« Bailleu fügt diesem Zitat beziehungsvoll hinzu: »Für Luise vollends war die

Begegnung mit Alexander ein Erlebnis, das Erlebnis ihrer Frauenjahre.«

Was das betrifft, so deutet zwar vieles auf impulsive, aber doch unerfüllt gebliebene Liebe hin. Ebensowenig wie Friedrich Wilhelm mit der russischen Helena, wird es Luise mit ihrem russischen Alexander, um den Ausdruck des Berliner Historikers zu benutzen, »gehabt« haben. Eine unerfüllte Liebe kann nachhaltiger, intensiver und sogar für den Partner gefährlicher sein als eine vollzogene. Für Luise bedeutet es auf jeden Fall mehr als einen Flirt, Alexander aber – auch dafür gibt es Hinweise – erwidert ihre Gefühle nicht.

Friedrich Wilhelm befindet sich jedenfalls in der glücklicheren Position. Er gewinnt einen Freund, ohne den er und sein Land die nächsten Jahre wahrscheinlich nicht durchgestanden hätten. Für Luise wird die schwärmerische Ergebenheit – Liebe? Freundschaft? beides? – auf die Dauer, wie es scheint, zu einer psychischen Belastung. Aber lassen wir alle weiteren Spekulationen. Auch Luise bewahrt Alexander eine dauerhafte Anhänglichkeit, die zuweilen fast mütterliche Züge annimmt.

Wer ist dieser junge Herkules, der so viele Tugenden auf sich vereint, der so viel Glück und Segen spendet durch seine bloße Huld? Keine Idealgestalt, wenn auch, merkwürdigerweise, im Äußeren »schöner«, als ihn Luise schildert. Er gilt sogar allgemein als Bild eines Mannes, der Schwarm fast aller Damen des Zeitalters, die ihn kennenlernten. Hochgewachsen, blond (mit einem deutlichen Stich ins Rötliche) und gewandt beim Tanzen und Plaudern, scheint er das Muster eines Kavaliers. Wie Luises Bruder Georg leidet er an einer leichten Schwerhörigkeit, was seinem Charme noch zugutekommt. Alles, was er nicht versteht (oder was ihn nicht interessiert), weiß er hinter einem leisen Lächeln zu verbergen.

Nur wenige Näherstehende ahnen, daß seine Selbstsicherheit mühsam errungen ist, daß er sich auf dem Parkett nicht als Kavalier bewegt, sondern wie ein Schauspieler, der sich bemüht, seine Rolle gut zu spielen. Wegen seines Erfolgs bei Frauen hält man ihn für einen Don Juan, eine weitere Rolle, die er gezwungenermaßen übernimmt und vortrefflich ausfüllt. Bis der Vorhang fällt und mit ihm Gehabe und Kostüm: Alexander – wir besitzen eine ganze Anzahl von Zeugnissen darüber – ist absolut kein Don Juan, im

Gegenteil, er ist eher scheu gegenüber Frauen, denen er vor aller Öffentlichkeit so überlegen entgegentritt. Im Grunde gehemmt und introvertiert, verzweifelt er oft, wobei ihm die Tränen reichlich fließen. Natürlich und frei gibt er sich eigentlich nur im engsten (männlichen) Freundeskreis. Frauen spielen kaum eine Rolle, nicht einmal die eigene Frau. Nur zu seiner stupsnasigen Schwester Katharina Pawlowna hat er ein intimeres Verhältnis, das die Grenzen zum Inzest streift – wenn es diese nicht, wie man am russischen Hofe munkelt, sogar überschreitet.

Die Ursache für seinen komplizierten, schwer durchschaubaren Charakter liegt ähnlich wie bei Friedrich Wilhelm in einer nicht eben glücklichen Jugend und einer gründlichen Überforderung schon als Kind. Eine Gemeinsamkeit, die beide Männer instinktiv gespürt haben müssen; dies dürfte der Hauptgrund für ihre bald tief verankerte Freundschaft sein. Mit Friedrich Wilhelm hat Alexander sehr viel mehr gemeinsam als mit Luise, obwohl er nach außen so selbstsicher auftritt.

Wie Luise ist auch er von der Großmutter erzogen worden. Allerdings läßt sich Katharina die Große in keiner Weise mit Großmama George in Darmstadt vergleichen. Die resolute Stettinerin auf dem Zarenthron, eine geborene Prinzessin Anhalt-Zerbst, gehört zu den rücksichtslosesten Machtpolitikern ihrer Zeit. Auf sie gehen die drei Teilungen Polens in der Hauptsache zurück, sie hat, durch zwei Kriege gegen die Türken, die Krim erobert und das russische Reich wieder zur Großmacht gemacht, die beachtet wird in Europa. Bekannt ist ihre Günstlingswirtschaft, verbunden mit einer, wie man sich damals ausdrückt, »zügellosen Sinnlichkeit«. Andererseits gehen auf sie auch viele innere Reformen im Sinne der französischen Aufklärung zurück, mit deren Urhebern sie eifrig korrespondiert. Nicht davon betroffen bleiben die Bauern, die von ihr in strenger Leibeigenschaft gehalten werden. Eine Frau mit zwei oder noch mehr Seelen in ihrer Brust, dabei skrupellos. Der Verdacht, sie habe an der Ermordung ihres Mannes, Peters III., Anteil gehabt, scheint nicht ganz unbegründet zu sein. Durch den Mord ist sie auf den Thron gelangt.

Zu ihrem Nachfolger hat sie Alexander, ihren Lieblingsenkel, erkoren, unter Ausschluß seines Vaters, ihres Sohns, dem sie nicht traut. Das Recht der freien Wahl unter den Anwärtern steht damals allen Zaren zu. So beruft sie einen Schweizer Erzieher für den Enkel an ihren Hof, La Harpe, der eigentlich nach Schließung seiner gutgehenden Anwaltskanzlei in Bern nach Amerika auswandern wollte. Katharina nennt La Harpe scherzhaft ihren »Hof-Jakobiner«. Und das ist nicht ganz falsch. Mag La Harpe auch kein jakobinischer Radikaler sein, so erzieht er Alexander doch im Sinne seines Landsmanns Rousseau und der Freiheits- und Gleichheitsideale der Französischen Revolution. Das Rätsel, warum eine im Grunde erzkonservative Kaiserin ausgerechnet einen derart aufgeklärten Schweizer Erzieher holt, ist leicht gelöst: aus Zufall. La Harpe hat den Bruder eines ihrer Liebhaber, Lanskoi, als Reisemarschall durch Italien begleitet. Verbindungen sind alles, damals wie heute.

Alexander verehrt diesen Lehrer sein Leben lang. Beim ihr lernt er Französisch – wichtig genug damals – wie eine zweite Muttersprache. Zugleich impft La Harpe seinem Zögling Ideale ein, die ihm später, bei der Auseinandersetzung mit Napoleon zugutekommen. Den Weg des Fortschritts kennen beide, der russische und der französische Kaiser; sie entstammen gewissermaßen der gleichen Geistesrichtung, die sie beide, mit Maßen allerdings, vertreten. Am einen hängt das anscheinend unüberwindliche Machtstreben, am anderen das retardierende Gewicht eines unübersichtlichen Riesenreichs.

Aber La Harpe tut mehr. Er schult bewußt die natürliche Intelligenz schon des Knaben und bekämpft die Lethargie, die diesen bisweilen in erschreckender Weise befällt. Seine bedeutendste pädagogische Tat dürfte aber wohl darin bestehen, daß er dem jungen Thronfolger systematisch beibringt, zwischen den beiden Machtpolen zu lavieren, die diesen einkreisen, bedrängen, einander hassend und gegeneinander intrigierend. Im Niemandsland eines heimlichen Schlachtfelds, auf dem sich die Großmutter und die Eltern bekriegen, muß er schon in jungen Jahren nahezu übermenschliche diplomatische Fähigkeiten entwickeln. Sein Vater Paul ist ein unsteter, düsterer Charakter, in zweiter Ehe mit jener Dorothea Auguste von Württemberg verheiratet, die von Friedrich dem

Großen und Katharina sozusagen zwangsweise ihrem Verlobten, dem Prinzen Ludwig, entrissen worden ist.

Ihr Sohn Alexander ist ihr ebenso rasch entrissen worden. Katharina überwacht eifersüchtig seine Erziehung. Sie schreibt für ihn eine Fibel und Märchen, die Nicolai in seinem Berliner Verlag 1782 sogar veröffentlicht. Das Verhältnis des Jungen zum Vater und zur Mutter – sie hat die Namen Maria Fjodorowna angenommen – ist getrübt, mehr als das. Es ist lebensgefährlich, denn drohende Erbauseinandersetzungen sind am russischen Hof schon häufig durch Gift oder Dolch gelöst worden. Es scheint unwahrscheinlich, daß der von der Großmutter erkorene Nachfolger überlebt hätte, wenn ihm La Harpe nicht zur Seite gestanden und die hohe Kunst notwendiger Verstellung bis in alle Einzelheiten beigebracht hätte.

Die beherrscht Alexander, als er heranwächst, dann auch schon vollendet. Mit ihr überzeugt er skeptische Gemüter wie Vater und Mutter, erst recht natürlich eher naive – wie Königin Luise.

»Man täuscht sich in Alexander«, schreibt der Marquis de Caulaincourt, damals französischer Gesandter in St. Petersburg (er wird dereinst als einziger Napoleon auf seiner Flucht aus Moskau im Schlitten bis Paris begleiten), »wenn man ihn für schwach hält..., er ist von Eisen.«

Von sehr heißem, biegsamem freilich. Denn als Katharina am 17. November 1796 stirbt, gelingt es der Hofkamarilla, die Verfügung der Verstorbenen, die ausdrücklich Alexander zum Nachfolger bestimmt hat, zu verbrennen. Die vier Jahre, die sein Vater, Zar Paul I., regiert, werden für Alexander zur Hölle.

Zar Paul, kleingewachsen, feingliedrig und von schmaler Statur, ist klug, gebildet, belesen und kann, bei guter Laune, liebenswürdig und sogar charmant wirken. Allerdings ist er grundhäßlich, so häßlich, daß manche vor seinem Gesicht mit der aufgestülpten Sattelnase, der zurückfliehenden Stirn, den weit auseinanderstehenden, dabei etwas schräggestellten Augen und dem breiten Froschmund mit den wulstigen Lippen unwillkürlich erschrecken. Nicht ohne Grund. Denn obwohl er sich mitunter als geschickter Diplomat erweist – vernünftigerweise beendet er Kriegshandlungen in Persien, schließt dafür einen russisch-englischen Handelsvertrag ab und verkündet, als Friedenskaiser in die Geschichte eingehen zu wollen –, kann er auch seinen Launen unterworfen sein. Dann bricht aus, was sich in seinem Gesicht widerspiegelt: eine Unberechenbarkeit, die alle Anzeichen von Geisteskrankheit trägt.

Der von einem Augenblick zum anderen verdüsterte Zar verbietet, zum Beispiel, in seinem Reich sämtliche Zeitungen, auch die Einfuhr ausländischer Gazetten. Er spricht grausame Strafen aus, korrespondiert heimlich mit Napoleon, dem er vorschlägt, England in Indien anzugreifen, und läßt einmal alle Schriftsteller verhaften, weil er sie für Jakobiner hält. Kotzebue hat in seinem Buch »Das merkwürdigste Jahr meines Lebens« beschrieben, wie er zu jener Zeit nach Rußland einreist, schon an der Grenze verhaftet und als Schriftsteller sogleich nach Sibirien transportiert, auf halbem Wege jedoch nach St. Petersburg zurückgeschafft und von Zar Paul zum Direktor des dortigen Deutschen Theaters ernannt wird.

Besonderes Mißtrauen bringt der launische Zar seinem Sohn entgegen. Ihn läßt er streng überwachen, befürchtet ständig einen Staatsstreich von dieser Seite, denn die Unrechtmäßigkeit seiner Thronbesteigung bleibt ihm bewußt. Alexander muß sich von allen Freunden zurückziehen, um diese nicht zu gefährden. Auch er lebt in Angst, denn Pauls Verfolgungs- und Größenwahn wächst immer weiter. Durch seine plötzliche Wendung gegen England zerstört er die blühende Wirtschaft seines Landes, das von Importen aus dem einzigen europäischen Industrieland abhängig ist. Auch schafft er ein raffiniertes System von Spitzeln und Geheimpolizei, ein Erzübel Rußlands bis in nachrevolutionäre Zeiten, das sein von La Harpe erzogener liberaler Sohn sogar noch erheblich ausbauen und erweitern wird.

Es kommt zu einer Verschwörung, den offensichtlich wahnsinnigen Zaren abzusetzen. Alexander stimmt ihr in aller gebotenen Heimlichkeit zu; angesichts des Zustands, in dem sich Rußland befindet, bleibt ihm auch wohl nichts anderes übrig. Seine Bedingung ist eindeutig: Der Vater soll zwar verbannt, aber auf keinen Fall getötet werden. Daß man längst plant, Paul I. zu ermorden, und dies in der Nacht zum 21. März 1801 auf wahrhaft bestialische Weise in die Tat umsetzt, scheint Alexander nicht gewußt zu haben. Ein Leben lang leidet er an der Mitschuld am Tod seines Vaters; die schroffe Antwort Napoleons auf die Anfrage, den Herzog von

Enghien und dessen Erschießung betreffend, kränkt ihn zutiefst. Man hat oft gemutmaßt, daß dadurch der verbissene Haß gegen Napoleon in ihm ausgelöst wurde. Als dieser vier Jahre später, 1805, das russische Heer bei Austerlitz besiegt, in einer Vernichtungsschlacht, die ebenfalls durch Alexanders Mitschuld verlorengeht (was wiederum zu lebenslangen Selbstvorwürfen führt), scheint der junge Zar psychisch am Ende.

Die strahlende Erscheinung, die Luise so enthusiasmiert schildert, täuscht. Hinter ihr verbirgt sich ein äußerst unsicherer, schwankender, von Selbstzerfleischungen heimgesuchter, zutiefst introvertierter Charakter. Mit der Rolle des Don Juan, die ihm mit zunehmendem Alter immer lästiger wird, steht es ähnlich. Er bezaubert überall die Damenwelt, besitzt auch, ganz wie einst Friedrich Wilhelm II., mit seiner Geliebten, Maria Antonia Naryschkina, eine eigene Familie neben der offiziellen. Aber den meisten Damen, die er bezirzt, wird es gegangen sein wie jener Lady Jersey, in die er sich 1814 während der Siegesfeiern in London verliebt. Er bittet sie auf einem Ball, ihn nach Mitternacht noch aufzusuchen. Beeindruckt von der geradezu hemmungslosen Begeisterung, mit der London den Zaren empfangen hat und angesichts seiner hohen Stellung, beratschlagt sie mit einigen Freundinnen, ob sie einer derart prekären Einladung Folge leisten könne, dürfe, solle. Nach eingehender Diskussion beschließt man, daß der Wunsch eines derart erlauchten Gastes Befehl zu sein habe. Lady Jersey, so etwas wie eine Ballkönigin der englischen Hauptstadt, begibt sich zu nachtschlafender Stunde mit Herzklopfen zum russischen Kaiser. Sie bleibt bis drei Uhr, gesteht aber den Freundinnen am nächsten Tag, Alexander habe nur gebeten, ihren Arm oberhalb des Ellenbogens küssen zu dürfen.

Alexander ist – arme Luise! – alles andere als ein feuriger Liebhaber oder gar Verführer. Karl Graf von Nostitz, ein genauer Beobachter, versichert: »Sein Hang für Frauen spricht sich sehr deutlich aus«, fügt aber im gleichen Atemzug hinzu: »Doch bleiben seine Gunstbezeigungen, so weit man weiß, in den Schranken des öffentlich-gesellschaftlichen Lebens.« Völlig entfremdet von ihm lebt auch seine Frau, ebenfalls eine deutsche Prinzessin, ebenfalls eine Luise (von Baden). Sie wird an seiner Seite die merkwürdige Reise antreten, mit der ein knappes Vierteljahrhundert später Zar Alexander buchstäblich entschwindet, aus dem Gesichtsfeld der Menschen, aus der Geschichte, wenn auch noch nicht unbedingt aus dem Leben.

Ein zwiegespaltener Mann mit vielen undurchsichtigen Zügen. Konstant bleibt seine Liebe zu Polen – fast sein ganzes Ministerium besteht aus Polen, und er versucht später, das Land zu erhalten, indem er sich selbst zum König von Kongreß-Polen macht –, konstant auch seine brüderliche Liebe zu Friedrich Wilhelm III., der seine Hemmungen nicht so verbergen kann wie er. Insgeheim dürfte Alexander die eigene Schauspielerei verachtet haben, mit der er zeitweilig sogar den wachsamen Napoleon umgarnt. Der redliche, brave, stocksteife Friedrich Wilhelm III. entspricht mehr seinem Ideal, wie es scheint. Mit ihm bleibt er in ständiger Korrespondenz, selbst in Zeiten zeitweiliger Entfremdung. Es ist jedoch kaum endgültig zu entscheiden, ob nicht auch diese Entfremdung, zu einem Teil wenigstens, zum abgekarteten politischen Spiel der beiden gehört haben mag.

Nicht Luise rettet Preußen aus Napoleons Klauen, wie es Preußens Barden so gern gesehen hätten, sondern Alexander. Dabei kommt Alexanders Freundschaft für Friedrich Wilhelm zweifellos eine größere Bedeutung zu als die zur Königin, die ihn so schwärmerisch verehrt. Nicht der agile Pitt, nicht der großmächtige Kaiser Franz und keineswegs der pazifistisch gesinnte Preußenkönig werden Napoleon besiegen, sondern er, der Undurchsichtige, In-sich-Gekehrte, der schauspielernde Pseudo-Don-Juan.

Zunächst allerdings geht das Duell Napoleon–Alexander zuungunsten Alexanders aus.

13.

Wetterwolken

Die politische Lage Preußens ist zunehmend schwieriger geworden. Friedrich Wilhelms Neutralität wird zwar von seinem Volk nach wie vor begrüßt und vom restlichen Europa bewundert. Aber sie zahlt sich nicht aus. Im Gegenteil, sie sät Mißtrauen und Neid.

So strikt und, wie es seine Art ist, geradezu pedantisch sich der König an die selbstgesetzten Regeln der Nichteinmischung hält, desto begehrlichere Blicke werden auf ihn geworfen. Sowohl Napoleon als auch Freund Alexander beschwören, umschmeicheln, bedrohen, umwerben ihn. 1804 enden die »stillen Jahre«. Den politischen Turbulenzen kann sich Preußen nicht länger entziehen. Unter Donnergrollen bildet sich, angeführt von Pitt, eine neue Koalition, die nunmehr dritte gegen Frankreich. Und beiden Seiten scheint eine Beteiligung – und zwar eine kriegerische Beteiligung – Preußens an der kommenden Auseinandersetzung unerläßlich. Der Friedensstaat ist zum Zünglein an der Waage der kriegsversessenen Mächte geworden.

Noch gilt die Armee des Landes – fälschlich, wie sich herausstellen wird – als diejenige, die Friedrich der Große von Sieg zu Sieg geführt hat, als schlagkräftig und im Felde praktisch unüberwindlich. Friedensliebe wird einem ohnedies nie ganz geglaubt oder als Unentschlossenheit, sogar Feigheit ausgelegt. Der barbarische Grundsatz, daß, wer nicht zur Bruderschaft bereit ist, den Schädel eingeschlagen bekommt, gilt auch in Zeiten, die sich für aufgeklärt halten.

Für einen Pazifisten ein deprimierendes Fazit. Die milde Sonne über der letzten Staatenidylle, Preußen, verfinstert sich zusehends. Beim Aufmarsch der dritten Koalition 1804/05, bekommt Friedrich Wilhelm zu spüren, was es heißt, zwischen die Fronten zu geraten. Der französische General Bernadotte, der eines Tages König von Schweden werden soll – in jenen Tagen trägt jeder napoleonische Stabsoffizier so etwas wie eine Krone im Tornister –, zieht ohne zu fragen durch das preußische, daher neutrale Ansbach, um sich bessere Ausgangsstellungen gegen die Russen und Österreicher zu sichern. Es kommt dabei zu erheblichen Ausschreitungen gegen die Bevölkerung und sogar zu Plünderungen. Zur Rede gestellt äußert sich Bernadotte, er sei der Meinung, Preußen werde sich ohnehin klugerweise der siegreichen Großen Armee, wie sie sich jetzt nennt, anschließen.

Umgekehrt nimmt Alexander ganz selbstverständlich an, daß sein Freund, der preußische König, ihm zur Seite steht. Er bittet gleichfalls um ein Recht zum Durchzug, ein Ansinnen, das Bernadottes Übergriff vielleicht erst veranlaßt hat, erhält aber eine Absage und ist verärgert. Die Mißverständnisse häufen sich. Alle Welt scheint verärgert über den zögerlichen Preußenkönig, der sein Land auf einmal zwischen zwei Mühlsteinen plaziert sieht, die es zu zermalmen drohen.

Da wäre es an der Zeit, einige Biegsamkeit zu zeigen. Aber über sie verfügt Friedrich Wilhelm nicht. Starr wie eine Eiche steht er im aufziehenden Unwetter, eindrucksvoll, aber auf die Dauer wenig erfolgverheißend. Das sieht er sogar selber ein. »Mehr als ein König ist untergegangen, weil er den Krieg liebte«, äußert er sich damals gegenüber seinem Vertrauten Köckeritz, »ich werde untergehen, weil ich den Frieden liebe.«

Diese ungewisse und verhängnisvolle Zeit, so kritisieren viele Geschichtsschreiber, habe Luise mit ihrer Lieblingsbeschäftigung verbracht, der Repräsentation, dem Karneval und der Ballsaison. Aber das ist nur die halbe Wahrheit. Tatsächlich schreibt sie am 5. April 1804 ihrem Bruder Georg, der sich über ihr langes Schweigen mokiert hat, nach Rom: »Die Zeit gebrach mir wahrlich, und wenn Du Dir das nicht denken kannst und Dir die göttlichen Südwinde und die Reize der Prinzessin Borghese das Gedächtnis nicht ganz geschwächt haben, – so bitte ich recht sehr, an die verlebten Berliner Karnevals zu denken und Dir dazu noch eine Hochzeit (ganz pompös) zu denken, die die Kartons der Nitzen,

Quittels, Michelets, Vorasts und Vibeaus so anhäuften, daß knapp der König durch seine Zimmer einen engen Fußsteig finden konnte... Dann die Bälle, Konzerte, Courses (Hofempfänge), Opern, Assembléen (Gesellschaften), die erinnerst Du Dich doch auch noch und weißt, daß sie Kräfte nehmen, und daß man Kräfte herbeischlafen muß.«

Nitze, Quittel, Michelet, Vorast und Vibeau sind Berliner Modegeschäfte, und Kräfte sammeln und herbeischlafen muß eine Königin wohl tatsächlich in friedlichen Zeiten um ihrer gesellschaftlichen Pflichten willen. In erster Linie ist das Luises Aufgabe, und daß ihr deren Erfüllung Spaß macht, wird man ihr nicht verübeln dürfen. Sie beschränkt sich im übrigen keineswegs mehr auf das reine Amüsement wie in Kronprinzessinnentagen. Im Mai kommt Schiller, ihr Lieblingsdichter, nach Berlin. Iffland inszeniert aus diesem Grund im Nationaltheater »Die Braut von Messina«, »Die Jungfrau von Orleans« und »Wallensteins Tod«. Der Dichter wird gefeiert wie kaum je zuvor irgendwo, denn Iffland und Luise möchten ihn, zur Hebung des kulturellen Ansehens der preußischen Hauptstadt, ganz nach Berlin holen. Keine schlechte Idee – die gleiche Stadt wird noch über ein Jahrhundert später bedeutende Persönlichkeit ähnlich anlocken und festhalten. Schiller scheint nicht einmal abgeneigt, Weimar und die bedrängende Nähe Goethes zu verlassen. Er wohnt – genau wie sein Freund Goethe bei seinem einzigen Berliner Aufenthalt 1778 – Unter den Linden 23 im fashionablen »Hôtel de Russie«, vor dem enthusiastische Berliner dem Dichter zujubeln, was noch keinem Geistesheros mißfallen hat. Das Zögern des Königs, der wohl eine ihm unliebsame neuerliche intellektuelle Einwirkung auf seine Luise befürchtet, dann der frühe Tod des Dichters schon im nächsten Frühjahr machen jedoch alle diesbezüglichen Pläne zunichte.

Zweifellos haben sie Luise beschäftigt und in Atem gehalten, wie auch die im Brief erwähnte Hochzeit, die sie ausrichtet. Ihr Schwager Wilhelm heiratet die 18jährige Prinzessin Marianne von Hessen-Homburg (die während der Zeremonie vor Aufregung in Ohnmacht fällt). Ihr eigener Geburtstag wird, wie gewohnt, wiederum im Schauspielhaus mit einem Maskenball begangen, auf dem sie diesmal als Stateira, die Tochter des persischen Königs Darius, erscheint. An gesellschaftlichen Ereignissen und Aufregungen herrscht im Umkreis Luises auch 1804 kein Mangel. Aus Petersburg kommt Großfürstin Anna, eine geborene Prinzessin von Sachsen-Coburg. Sie ist mit Konstantin, einem Bruder Alexanders, verheiratet, sehr unglücklich, und hat diesen kurzerhand verlassen, wovor Luise einesteils schaudert, was ihr andererseits ungeheuer imponiert (die Scheidung wird erst 1820 ausgesprochen werden).

Umgekehrt verläuft ein Besuch der berühmten Madame de Staël, die, von Napoleon ausgewiesen, in Berlin Material für ihr Buch über Deutschland sammelt. Sie staunt die Königin Luise an, wie sie selbst beschrieben hat, ohne Worte zu finden, die über eine konventionelle Fühlungnahme hinausgehen.

Das scheint, als verlaufe alles wie früher, ein bißchen intellektueller vielleicht, aber doch hauptsächlich als angenehmer Zeitvertreib. Aber es täuscht. Irgendwann im Laufe dieses Jahres 1804 muß die Königin, vorsichtig bestärkt durch Frau von Berg, auch wohl ihren Vater und manche Familienmitglieder, die dem Kreis um Louis Ferdinand nahestehen, aus ihrem Rokokotraum erwacht sein. Zum erstenmal tauchen in ihrer Korrespondenz Hinweise darauf auf, daß sie sich für die politischen Verhältnisse zu interessieren beginnt.

Ohne Zweifel hat ihr Mann sie verstärkt ins Vertrauen gezogen, als er bemerkt, in welche Zwickmühle zwischen West und Ost er geraten ist. Er schätzt Luises gewisse Bauernschläue, die ihm in kleinen Dingen so oft geholfen hat, auch in den größeren, entscheidenderen Dingen (die er so sehr haßt). Langsam, fast unmerklich für ihre Umgebung, gleitet die Königin in eine aktivere Rolle. Sie begreift, daß ihr andere, schwerere Dinge bevorstehen als Maskenbälle und leutselige Auftritte in der Öffentlichkeit.

Luise mag ungebildet sein, dumm ist sie nicht. »Ich habe nur eine Hoffnung und Hauptwunsch«, schreibt sie ihrem Vater aus Potsdam, »das ist die Alliance mit England.« Die Briefstelle bezieht sich zwar auf ihren Wunsch, den Bruder Georg mit einer englischen Prinzessin zu verheiraten, eine der jüngeren Töchter ihrer Tante Charlotte Sophia von England, Marie, Sophie oder Amalie. Aber der Vater versteht schon, was gemeint ist, was zwischen den Zeilen mitschwingt an Kritik und politischer Aktivität, die sich ein bißchen sogar im Widerspruch befindet zum strikten Neutralitätsstreben ihres Mannes. Sich mit England zu verbinden, heißt gegen Napoleon zu sein.

Luise fängt an, Fäden zu ziehen, behutsam und ohne noch irgendeine Aufmerksamkeit auf sich zu lenken. Mag sie äußerlich erscheinen wie immer, das Zimmer übersät mit Hut- und Kleiderschachteln, den Sinn auf das nächste Hoffest gerichtet oder auf das ländlich-stille Paretz, wohin man auch 1804 vor den herandrohenden Wetterwolken flieht. Fast erscheint die tändelnde Repräsentation, die sie so gut beherrscht, wie eine Tarnung, unter der sie vorsichtig tastend, dabei hellwach in die Geschicke des Staates einzugreifen beginnt.

Merkwürdigerweise erkennen das die romantischen Dichter Preußens eher als ihre Umgebung. Tieck vergleicht Luise mit Thusnelda, der Frau Hermanns, der Germanien von den Römern befreite. Dabei ist sie mit ihren ersten politisch-staatsmännischen Testversuchen keinesfalls immer erfolgreich, wie sich gleich beim Besuch des Zaren Alexander, kurz vor dessen vernichtender Niederlage bei Austerlitz, erweisen wird. Aber aus ihrer Lethargie scheint sie erwacht. Auf jeden Fall bleibt ihr Rat in Zukunft nicht auf Friedrich Wilhelm allein bezogen. Luise gewinnt in den beiden letzten friedlichen Jahren eigene politische Kontur. Behutsam versucht sie, so etwas wie ein Gegengewicht zu bilden auch im Hinblick auf die Staatsgeschäfte, die Friedrich Wilhelm bedrücken.

Der ungalante, wenn auch aufrechte Freiherr vom Stein fand, Friedrich Wilhelms Regentschaft sei »etwas gelähmt« gewesen »durch Leerheit, Trägheit und einen Mangel an Erhabenheit und Größe in den Gesinnungen«. Sein Urteil über Luise fällt nicht eben charmant aus. »Die Königin hat liebenswürdige, angenehme Formen, ein gefälliges Betragen«, gibt er zu, »aber wenige, nur oberflächliche Bildung, vorübergehende Gefühle für das Gute; sie ist gefallsüchtig, ihr fehlt die Zartheit des Gefühls für Würde und Anstand und sie erfüllt sehr unvollkommen und nachlässig ihre Pflichten als Mutter.«

Diese Ansicht des alten, knorrigen Reichsritters enthält vielleicht ein Körnchen Wahrheit. Der große Mann übersieht jedoch, ganz und gar auf sich bezogen, sowohl bei Friedrich Wilhelm als auch

Luise Qualitäten, die ihm abgehen. Was Luise betrifft, so besteht eines ihrer Hauptverdienste unter anderem darin, entscheidend zur Berufung des Freiherrn vom Stein zum »Wirklichen Geheimen-Staats-Kriegs-und-dirigierenden Minister des Accise- und Zoll-auch Fabriken- und Kommerzialdeparments«, zu einer Art Finanz- und Wirtschaftsminister also, beigetragen zu haben. Dabei hilft ihr Beyme (bald wird er es bitter bereuen).

Noch mehr beeinflußt sie den weiteren Gang der preußischen Geschicke durch ihr stetes und beharrliches Einwirken zugunsten Hardenbergs, den sie, allen widrigen Umständen, die sich ergeben sollen, zum Trotz, ihrem Mann im Laufe weniger Jahre politisch geradezu an die Seite schiebt, bis er fast, nein, bis er tatsächlich mächtiger ist im Lande als der zweifellos entscheidungsschwache König. Man kann Luises Rolle dabei als die einer gerissenen Kulissenintrigantin betrachten oder als die einer guten Fee, die sanft aber bestimmt im Hintergrund wirkt, zum Wohle des Ganzen.

Stein und Hardenberg. Mit ihnen betreten die beiden entscheidenden Staatsmänner Preußens die Szene. Im Wechselspiel, einander die Stafette in die Hand gebend, aber oft auch gegeneinander agierend, werden sie jene Reformen durchführen, die für Preußens Bestand wichtiger sind als verlorene oder gewonnene Kriege. Stein und Hardenberg, in dieser Reihenfolge werden sie meist genannt. Aber auch die umgekehrte Reihenfolge wäre gerecht. Schwer zu entscheiden, wem die größeren Verdienste gebühren, Hardenberg (dem sieben Jahre Älteren) oder Stein, wobei man nicht, wie die meisten Historiker, die Rolle Friedrich Wilhelms unterschätzen sollte, der zumindest ein ebenso überzeugter Reformer ist wie seine beiden bedeutendsten Minister. Vieles geht noch auf den Einfluß des unvergessenen Svarez zurück.

Zwei sehr unterschiedliche Männer, im meisten einander geradezu entgegengesetzt. Beiden gemeinsam ist nur, daß sie keine gebürtigen Preußen sind und sich ihre Sporen nicht in der Hauptstadt Berlin und der Hofkamarilla verdient haben, sondern in der Provinz. So alles überragend ihre Persönlichkeiten im nachhinein scheinen, ihre Stellung haben sie sich erst einmal mühsam erkämpfen müssen.

Der Reichsfreiherr Karl vom und zum Stein ist ein hochgewachsener, breitschultriger Mann mit gewaltigem Kopf, aus dem zwei blitzblaue Augen und die kräftige, gebogene Nase hervorstechen. Er entstammt einem alten Nassauischen Raubrittergeschlecht, das später zu Reichsrittern erhoben wurde, aber als Helmzier im Wappenschild (wilde Rosen) einen Esel trägt, der die Zunge herausstreckt.

Demgemäß benimmt sich Stein dann auch. Er ist streitsüchtig, angriffslustig und unkonziliant. Von ihm wird alles angepackt wie daheim, in seinem Grundbesitz von ein paar tausend Morgen, rund acht Quadratkilometern, die sich in nicht weniger als 24 verschieden große Güter links und rechts des Rheins aufteilen. Ein glänzender Verwaltungsfachmann ist er geworden, weil er weiß, daß so ein Gut nicht allein durch Aktenstudium am Schreibtisch bewältigt werden kann, sondern vor allem auch Praxis fordert, gleichsam die schweren Stiefel an den Füßen. Die Kanzleiräume betritt er wie ein Rittergutsbesitzer seinen Stall, über den er besser und genauer Bescheid weiß als alle Knechte, geschweige denn studierte Gutsverwalter.

Obwohl das neunte von zehn Geschwistern, hat man ihn unter Umgehung seiner älteren Brüder schon mit 22 Jahren zum Stammhalter und Alleinerben ernannt. So poltert er, keinem Fürsten untertan, sondern aufgrund seines Erbes nur dem Kaiser unmittelbar verantwortlich, standesbewußt und mit herabgezogenen Mundwinkeln durch seine Zeit, gewohnt, allen und jedem »die Wahrheit zu sagen«, was im deutschen Sprachgebrauch ja meist einer Beleidigung gleichkommt. Umgekehrt ist er sich aber auch nie zu schade gewesen, von der Pike auf zu dienen, in Göttingen auf der Universität, in Wetzlar beim Reichskammergericht (an dem die Untertanen gegen die Landesherren klagen können, aber selten Recht bekommen in Prozessen, die sich oft über Jahrzehnte hinziehen), in Regensburg als »Volontär in Reichsangelegenheiten«, endlich in Berlin. Seine resolute Mutter, eine Herzensfreundin Lavaters, hatte kurzerhand an Friedrich den Großen geschrieben mit der Adresse: »An den größten Monarchen des Universums«, was diesem gefallen haben muß, denn er bestellte den ihm empfohlenen Sohn zu sich.

Friedrich brauchte Bergwerksbeamte und schickte den Reichsfreiherrn auf die von ihm gegründete Bergakademie nach Freiberg in Sachsen, wo dieser ein Jahr lang Chemie, Physik, Mathematik und Mineralogie studierte. Auch als Oberbergrat und später Oberpräsident der westlichen Provinzen Preußens, also ein preußischer Beamter, bleibt er Reichsfreiherr, ein unerbittlicher Arbeiter, ein erzkonservativer Geist, der jedoch aus reichhaltiger Erfahrung weiß, daß die Welt von einst, der er Bestand wünscht, nur unter gerechteren und liberaleren Bedingungen überdauern kann.

Dabei beruft sich Stein in seinem Reformwillen nicht, wie sonst in Europa üblich, auf die Französische Revolution und ihren Testamentsvollstrecker Napoleon, sondern auf ein Land, das ihm näher liegt: England. Englische Verhältnisse mit freien Bürgern und, vor allem, Bauern, einem doppelten Parlament und einer nur gemäßigten Vorrangstellung des Adels, der trotzdem den Ton angibt, möchte der vierschrötige Idealist auch in deutschen Landen einführen. Zum Entsetzen der herkömmlichen Konservativen, die nicht erkennen, daß zwischen konservativ und reaktionär ein himmelweiter Unterschied besteht, beruft er sich überdies auf die alte westfälische Ständefreiheit, die er als preußischer Oberkammerpräsident in Münster und Minden kennen- und schätzengelernt hat. Als Berlin die westfälischen Stände ganz beseitigt, geschieht es gegen Steins Empfehlung – wenige Jahre später werden die Münsterländer dann auch die französischen Truppen als Befreier vom Preußenjoch begrüßen.

England hat schon den Knaben fasziniert, und dieses Land wird Steins Ideal bleiben bis zum Tod. Staatswirtschaftlich ist Adam Smiths «Wealth of Nations« seine Bibel, derzufolge die Arbeit aller den Wohlstand der Nationen schafft. Stein gefällt an den Engländern, daß sie Neues nur anpacken, um das Alte zu sichern, denn, wie er es ausdrückt, »dem Strom der Neuerungen widerstand die Besonnenheit und der gesunde Menschenverstand der Bewohner der glücklichen Insel, deren lebendige Teilnahme am praktischen Leben sie von hohlen Spekulationen abhielt«.

1786 hat er sich die glückliche Insel als Bergamtsdirektor in offiziellem Auftrag, wenngleich auf eigene Kosten, selbst angesehen. Die 5000 Gulden waren ihm nicht zu schade, denn »it will enlarge the circle of my ideas«, wie er, der sonst fließend Französisch parliert, in einem Brief auf Englisch bekennt. Der geborene Puritaner Stein gerät in ein absolut nicht puritanisches Land, denn König Georg gleicht eher Friedrich Wilhelm II. als dem III. Freilich: Da ist die »industrielle Revolution«, in der England vorangeht mit Dampf- und Spinnmaschinen, »die einzige Revolution, die Stein gutheißt«, seinem Biographen Franz Herre zufolge, »denn sie verspricht Fortschritt ohne Rückfall in die Barbarei, Wohlstand für die Nation im allgemeinen und die staatstragenden Schichten im besonderen«.

Freilich verstehen die Engländer, so stolz sie auf alle ihre Errungenschaften sind, keinen Spaß, wenn man ihnen diese stiehlt. Dabei steht Preußen von vornherein im Verdacht, denn man hat schon zweimal offizielle Abgesandte dieses Staates beim Kopieren von Maschinenzeichnungen und Modellen erwischt. Stein mag ein vorzüglicher Verwaltungsmann sein, zum Spion eignet er sich ebensowenig wie der brave Obersteiger Friedrich, den er mit auf die Reise genommen hat und für den er ebenfalls bezahlen muß.

Ungeschickter kann man es kaum anfangen: Die beiden wollen durch Bestechung an die Konstruktionszeichnung einer bestimmten Dampfmaschine herankommen, die preußischer Industriespionage bislang entgangen war. Als sie endlich an einen bestechlichen Werkmeister geraten, bieten sie ihm die preußisch-kärgliche Summe von ganzen 2 Guineas, 2 Pfund 20, woraufhin der sie prompt seinem Chef Boulton meldet, dem ungekrönten König der Dampf- oder, wie man sie damals nennt: Feuermaschinenhersteller. Da sich zu allem Überfluß Stein bei ihm als »Graf Vidi« vorgestellt hat, was er Cäsars berühmten Ausspruch »Veni, vidi, vici« entnommen haben dürfte (Ich kam, ich sah, ich siegte), findet sich der Reichsfreiherr in einer peinlichen Verlierersituation.

Zum ersten und wahrscheinlich einzigen Mal in seinem Leben wirkt er schüchtern, als er den Briten gegenüber auf seine Standesehre pocht, »who is not sprung from nothing, and who has a character to loose« (der nicht aus dem Ungefähren kommt und einen Ruf zu verlieren hat). Schlechtem Benehmen auch noch schlechtes Englisch folgen zu lassen ist Boulton und seinem Kompagnon Watt, dem Erfinder der Feuermaschine, dann doch zuviel. Da auch die Ausrede Steins, er habe die Zeichnungen nur haben wollen, um bei

Boulton derartige Maschinen käuflich zu erwerben, nicht verfängt, warnen sie ihre Kollegen in Cornwall vor dem »gefährlichsten aller Spione« und seinem »schurkischen Charakter«. Cornwalls Kupfer- und Zinnminen, die schon seit vorchristlichen Zeiten als vorbildlich und stets nach dem neuesten Stand organisiert gelten, bleiben Stein und Friedrich verschlossen.

Preußen hat aus dieser nicht eben ruhmvollen Episode übrigens gelernt. Als Friedrich Wilhelm III. 1826 Peter Beuth, den Förderer preußischer Industrialisierung, und seinen Baumeister Karl Friedrich Schinkel wiederum über den Kanal schickt, angeblich zur Besichtigung der dortigen Museen, gibt er ihnen für Besichtigungen anderer Art, die sie ebenfalls verdächtig oft unternehmen, nämlich der von Webstühlen, Fabriken und Fertigungshallen, 1800 Taler mit auf den Weg. Die Warnung nach Cornwall bleibt trotzdem nicht aus, wenn man dann auch Beuth und Schinkel »patriotische Absichten« zugute hält.

Nicht so Stein. Er wird mißtrauisch beäugt, wohin er seine Schritte auch lenkt, und verläßt das geliebte England nach einem halben Jahr, um 5000 Gulden ärmer, erfolglos und gedemütigt. Im Alter, in seinem neugotischen Turm in Nassau, hat der Reichsfreiherr äußerst freimütig Rechenschaft abgelegt über sein Leben. Keine Zeile jedoch verrät etwas über seinen Englandaufenthalt. Seine Vorliebe für englische Lebensart, die englische Staatsverfassung und englische Industrieerzeugnisse, zu schweigen von Shakespeares Dramen, hat Stein sich trotzdem bis ans Lebensende erhalten.

Wie auch die eigene, herrisch-unverblümte Wesensart. Wären wir auf ihn als einzigen Zeugen angewiesen, Preußen würde uns wie ein wahrer Augiasstall erscheinen. Gegenüber Haugwitz, Friedrich Wilhelms Hauptminister, äußert er zum Beispiel »eine große Verachtung, er ist leichtsinnig, wankelmütig, kleinlich, nachlässig und unordentlich im Bereich seiner Geschäfte, mit zwei Worten: charakterlos und faul«. Seine Meinung über König und Königin haben wir bereits zitiert; außer an seinen Jugendfreunden pflegt Stein an niemandem ein gutes Haar zu lassen. Dabei legt er nicht selten Finger auf offene oder verborgene Wunden. Seinen Mitstreiter und Widersacher Karl August von Hardenberg umreißt er einmal als

»halb Fuchs, halb Bock«, eine denkbar einseitige, wenn auch keineswegs unzutreffende Zusammenfassung der diplomatischen und amourösen Talente, die Hardenberg auszeichnen. Steins Rivale hat übrigens ebenfalls England bereist und ist auch nach Cornwall vorgedrungen, ohne daß von Spionage etwas bekannt geworden wäre. Was nicht heißt, daß Hardenberg keine betrieben hätte. Er wird sie, wenn überhaupt, jedenfalls geschickter angepackt haben, als Fuchs eben und nicht wie Stein als Elefant im Porzellanladen.

Kein Wunder, wenn Friedrich Wilhelm lange mit einer Berufung Steins nach Berlin und in seine unmittelbare Nähe gezögert hat. Noch vor einem Jahr war seine entschiedene Antwort auf eine derartige Zumutung, die ihm wohl Beyme nahelegte, ein schroffes: Nein! Was soll jemand in seinem Friedenskabinett, der aus seinem Abscheu vor der preußischen Neutralitätspolitik kein Hehl macht, den Basler Sonderfrieden – der sogar die Unterschrift Hardenbergs trägt – offen als schändlich bezeichnet und überdies, wie der König es ausdrückt, ein »schädliches Vorurteil für die westfälische Verfassung« besitzt?

Nur die Beharrlichkeit Beymes, vor allem jedoch Luises, kann bei Friedrich Wilhelm eine langsame Sinnesänderung erreicht haben. Denn leicht ist er in seinen Überzeugungen, Vorbehalten und Vorurteilen nicht umzustimmen.

Minister oder Berater Friedrich Wilhelms zu sein war unter diesen Umständen gewiß kein Zuckerschlecken. Man muß dem allerdings immer wieder entgegenhalten, daß es sich bei diesen Verzögerungen wohl auch um eine Taktik gehandelt hat, auf Biegen und Brechen den Frieden zu erhalten und sich auf keine aggressive Koalition einzulassen. Jedenfalls: Mit den preußischen Finanzen steht es schlecht, mit der Disziplin der Beamtenschaft ebenfalls, alle Kassen sind in Unordnung, und wenn Friedrich Wilhelm dem schon abhelfen, dazu die von ihm geplanten Reformen ein Stück voranbringen will, bedarf es knorziger Gesellen wie Stein, die ebenso unbequem wie wirkungskräftig sind.

Der zögert übrigens auch. Die Berufung mag zwar ehrenvoll sein, aber der Reichsritter hat nun einmal seine eigenen Grundsätze und Vorurteile. Von letzteren richtet sich eines gegen große Städte im allgemeinen, Berlin ganz im besonderen. Er kennt es aus der Zeit, als er von der Bergakademie zurückkam, und haßt seitdem die »französisierende Stadt« mit den vielen Huren und den Offizieren, die, den Hut unordentlich schief auf dem Kopf, gestelzten Schritts und mit schnarrender Stimme den Ton angeben, Stein zufolge »eine Einöde, wo alles vernünftelt, tadelt und Quadrille spielt«. Letzteres ist ein Kontertanz, bei dem vier Personen im Karree aufeinander zu- und dann wieder auseinandertanzen.

Keineswegs eilt Stein mit Freuden in dieses von ihm verabscheute Berlin. Die Berufung erfolgt zwei Tage nach seinem 47. Geburtstag; trotzdem wäre er lieber nach nun schon 25 Beamtenjahren in Pension gegangen, auf die Gutsbesitzungen in Birnbaum, Provinz Posen, wo er sich nach dem Verlust seiner linksrheinischen Besitzungen angekauft hat. Ironischerweise kommt er unter anderem dann doch wegen des Königspaars: »Berlin hat sich vorteilhaft geändert, das Beispiel der Sittlichkeit, Ordnungsliebe, Häuslichkeit, welches die königliche Familie gibt, wirkt günstig auf das Publikum.«

Dieses Publikum spaltet sich, wie gesagt, in Falken und Tauben. Zu den Falken, die eine allgemeine Waffenerhebung gegen die Übermacht Frankreichs fordern, gehören Prinz Louis Ferdinand, Friedrich Gentz und Johannes von Müller, der preußische Historiograph, ein gebürtiger Schweizer. Der Eidgenosse ist von Napoleon später so angetan, daß er zeitweilig dessen Bruder als Minister im Königreich Westfalen dienen wird. Die antinapoleonische Fronde ist klein und steht, wie man sieht, auf tönernen Füßen. Sie erhält mit Stein – von Friedrich Wilhelm vielleicht sogar gewollt – einen erheblichen Zuwachs an Einfluß und Energie.

Denn des Königs im Volke durchaus populäre Neutralitätspolitik zeitigt auch von ihm ungewollte Früchte: Die öffentliche Meinung steht in der Auseinandersetzung zwischen England und Frankreich – schon unter dem Einfluß der zahlreichen Hugenottennachfahren – bedingungslos auf der Seite Frankreichs. Der vielgelesene politische Schriftsteller Paul Friedrich Ferdinand Buchholz tritt sogar ganz offen für die Notwendigkeit einer napoleonischen Weltherrschaft ein, weil nur sie imstande sei, die Kulturgüter des Abendlandes zu sichern. So absurd, wie Patrioten dieser Gedanke im nachherein scheint, ist er nicht, denn innerhalb des in sich zerspaltenen Europa gibt es damals nur eine einzige Ordnungsmacht. Auch Militärschriftsteller wie der bereits erwähnte Massenbach oder Hans von Bülow, Karl Ludwig Woltmann in seiner einflußreichen »Zeitschrift für Geschichte und Politik« sowie beide Berliner Zeitungen, die fast ihren gesamten Inhalt Pariser Blättern entnehmen, sind ausgesprochen franzosenfreundlich.

Keinesfalls handelt es sich bei den Parteigängern Frankreichs um schlechte Patrioten. Friedrich Wilhelms Friedensliebe hat Schule gemacht und das Ideal der Französischen Revolution, eine Art von Weltbürgerschaft, auch. Buchholz zum Beispiel gehört zu jenen Leuten, die, als Napoleon die Weltherrschaft beinahe erlangt hat, neben Iffland und Schleiermacher vom französischen Kommandanten Berlins als erste verwarnt werden, »sich in Wort und Schrift nicht so keck zu äußern, wie sie es bisher bei mancher Gelegenheit gethan hätten«, berichtet Schadow. Friedrich Wilhelm zeigt sich in dieser Hinsicht weitaus liberaler – Napoleon läßt der freien Meinungsäußerung wenig Spielraum.

Auf einen noch wichtigeren Posten wird 1804 Karl August von Hardenberg berufen. Er tritt – zeitweilig – die Nachfolge von Haugwitz an, der freilich schon ein Jahr später, nach Austerlitz, zurückberufen und seitdem von allen wirklichen oder angeblichen Patrioten, im Gegensatz zu Hardenberg, als »Werkzeug des französischen Kaisers« wütend gehaßt wird. Aber Hardenberg bleibt als offener oder heimlicher Berater auch in Zukunft immer in der Nähe des Königs, sein Hauptberater und, nach dem Tod Luises, als Staatskanzler mit einer selbst den König übertreffenden Macht ausgestattet.

Man sollte meinen, daß Friedrich Wilhelm, wenn er schon den Falken Stein zu sich holt, als Gegengewicht eine Taube wählen würde. Aber das ist nicht der Fall. Vielleicht sollte man Steins sarkastische Bemerkung, Hardenberg sei halb Fuchs, halb Bock, modifizieren. Hardenberg ist in Wirklichkeit, zumindest in der Politik, halb Falke, halb Taube, ein Kunststück, das nur er fertigbringt, allerdings auch nicht immer mit vollem Erfolg.

Welch ein Unterschied zu Stein! Eine schlanke Erscheinung, mit einer wohlklingenden, angenehmen Stimme, gewandt auf jedem Parkett, macht Hardenberg überall eine hervorragende Figur. Er

Luise mit ihrer Schwester Friederike
(Marmorgruppe von Gottfried Schadow, 1794)

Die Familie: Luises Bruder Georg (oben links: Ölbild von Anton Zeller), ihr Vater (oben rechts: Gemälde von Anton Zeller), die Großmutter, Prinzessin George (links: Pastell von Johann Philipp Bach, 1792)

Schloß Paretz (aus dem Skizzenbuch von David Gilly)

Kritzelzeichnungen Luises aus einem ihrer Schreibhefte

Luise zieht im Dezember 1793 als Braut in Berlin ein und wird von blumengeschmückten Mädchen begrüßt (Zeichnung von Woldemar Friedrich)

Parade auf dem Exerzierplatz in Stargard im Mai 1798 (Zeichnung von Richard Knötel)

Friedrich Wilhelm III.
(Gemälde von François Gérard)

Links: Hermann von Boyen (Gemälde von François Gérard), rechts: Karl Leopold von Köckeritz, Flügeladjutant des Königs

Links: Karl August Fürst von Hardenberg (zeitgenössischer Stich), rechts: Freiherr vom Stein (Zeichnung von Ludwig Schnorr von Carolsfeld, 1821)

Die königliche Familie 1807
(Gemälde von Heinrich Anton Dähling)

Das Kronprinzen-Palais in Berlin
(Stahlstich von Georg Michael Kurz)

Königin Luise im Jagdkleid
(Pastell von Wilhelm Ternite, dem mecklenburgischen Hofmaler)

Links: Prinz Louis Ferdinand (Stahlstich), rechts: Zar Alexander I. (Stich nach einer Büste von Johann Friedrich Bolt)

Luise trifft Napoleon in Tilsit – »Empfang zum Abendessen am 6. Juli 1807« nannte Nicolas Louis François Gosse sein Bild, das die Königin mit drei Monarchen zeigt

Einzug Napoleons in Berlin
(zeitgenössischer Stich)

Links: Christoph Wilhelm von Hufeland, rechts: Gerhard von Scharnhorst (zeitgenössischer Stich)

Links: August Graf Neidhardt von Gneisenau (zeitgenössischer Stich), rechts: Heinrich von Kleist (Kreidezeichnung nach einer Miniatur von Peter Friedel)

Im Manöver: Friedrich Wilhelm III. und seine Söhne Friedrich Wilhelm (IV.) und Wilhelm (I.), der spätere Deutsche Kaiser

Königin Luise im Jahr 1800
(Gemälde von Alexander Macco)

Links: Prinz Heinrich von Preußen, rechts: Ludwig Graf Yorck von Wartenburg

Links: August Wilhelm Iffland, rechts: General Gebhard Leberecht Fürst Blücher

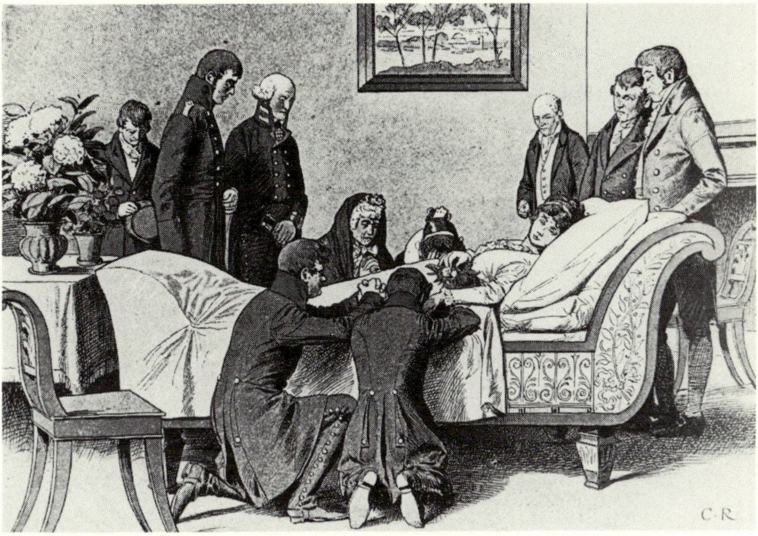

Der Tod der Königin Luise am 19. Juli 1810
(Zeichnung von Karl Röchling)

Der Vorplatz des Mausoleums vom Schloßgarten Charlottenburg kurz nach seiner Entstehung

Im Krieg geköpfte Büste der Königin Luise aus dem ehemaligen Teetempel in Hohenzieritz; fotografiert 1986 auf dem Dachboden der Kirche in Hohenzieritz

Königin Luise auf dem Sarkophag von Christian Daniel Rauch im Mausoleum, Schloßgarten Charlottenburg

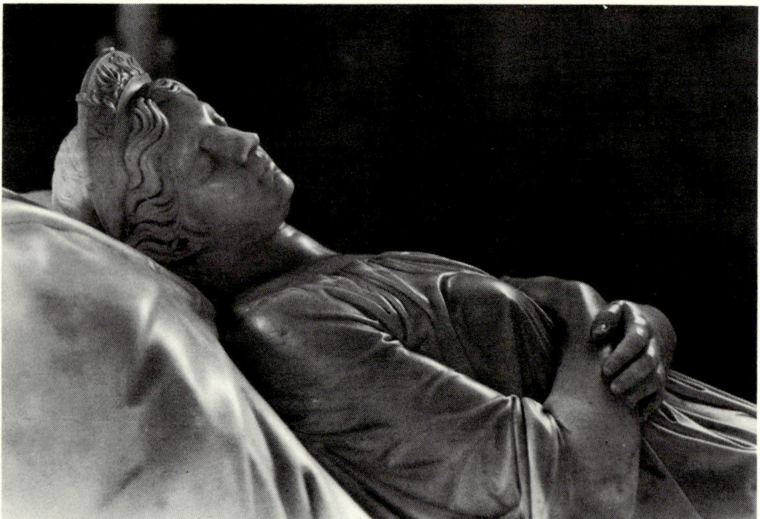

sieht blendend aus: Die Augen strahlend blau, das Profil kühn geschnitten (»bedeutend«, wie man damals sagt), mit schöner, ganz leicht (»aristokratisch«) gebogener Nase, wirkt er schmal, fast überzüchtet. Elegant, ein »alter Sünder«, aus Eitelkeit stets etwas jugendlicher gekleidet als bekömmlich, gehört er zum Typ des Homme à femme. Mit den beiden anderen Frauenlieblingen dieser Zeit, Friedrich Wilhelm und dem Zaren Alexander, hat er ein Gebrechen gemein, eine – in seinem Fall allerdings schon frühzeitig hochgradige – Schwerhörigkeit, die die Damenwelt jedoch offenbar keineswegs abstößt.

Stein dagegen hat mit Frauen wenig im Sinn. »Er ist der Liebe eben nicht hold und verdammt so gern ihre süßen Gefühle«, wie es Gneisenau, der Militärreformer, in Worte faßt. Eher der Typus eines verknöcherten Junggesellen, heiratet Stein erst als Mittdreißiger, und das auch nur, weil ihn der Familienvertrag »zum Heiraten ernennet«. Seine Auserwählte – übrigens von Luises Freundin Frau von Berg empfohlen – ist die hübsche und hausfrauliche Gräfin von Wallmoden, wie es seinem anglophilen Herzen entspricht, eine illegitime Enkelin des Königs Georg II. von England und seiner Mätresse Gräfin Yarmouth. Mit der etwas steifleinernen Niedersächsin hat Stein zwei weibliche Nachfahren, eine dritte Tochter stirbt ein Jahr nach der Geburt.

Hardenbergs Amouren hingegen sind kaum zu zählen. Er pflegt auch, wie man es damals ausdrückt, »intimen Umgang mit Frauen niederen Ranges«, häufig zusammen mit einem Freund, dem man diese Vorliebe für käufliche Mädchen schon gar nicht zutrauen würde, nämlich mit Wilhelm von Humboldt, dem Gründer der Berliner Universität. Daß es Hardenberg und Humboldt oft schwerfällt, die betreffenden Mädchen wieder loszuwerden, darüber sind in Berlin unzählige Anekdoten im Schwange. Mit seinen Ehen hat Hardenberg wenig Glück, zwei sind schon schief gegangen, der dritten droht kaum besseres.

Viel belacht, auch von Hardenberg selbst, wurde der Brief, den er eines Tages in seinem aufwendigen Palais am Dönhoffplatz zugestellt bekommt. Er stammt von einem Händler, der mitteilt, er werde die von Seiner Exzellenz bestellten zwölf nackten Jungfrauen eiligst und in guter Beschaffenheit liefern. Hardenberg ist empört über diese unverhohlene Anspielung, bis sich herausstellt, daß eine Sorte von Weingläsern gemeint ist, die in Berlin so genannt wird und die von seinem Haushofmeister tatsächlich bestellt worden war.

Leichtsinnig geht der kommissarische und nun höchste Außenpolitiker Preußens mit dem Geld um. Im Gegensatz zu Stein plagen ihn ständig hohe Schulden. Trotzdem pflegt er einen aufwendigen Lebensstil. General Boyen, der Mitreformer, schreibt, für Hardenberg habe Geld immer nur dann einen Wert, wenn es ihm fehlt. Und es fehlt ihm immer.

Eine solche problematische, schillernde, unausgeglichene und keineswegs sehr charakterfeste Persönlichkeit soll für Preußen zu einem Glücksfall werden. Auf dem Gebiet der Diplomatie besitzt er die Biegsamkeit einer Schlange. Er kann lavieren, nach links und rechts, in jede Richtung, ohne sich etwas zu vergeben, ein Können, das Preußen (und das Friedrich Wilhelm) bitter nötig haben werden.

Zu den Preußen geraten ist der Sohn eines hannoverschen Feldmarschalls auf ungewöhnliche Weise. Der junge Staatswissenschaftler hat im heimatlichen Hannover Dienst getan in Justiz und Verwaltung, war dann als Minister in Braunschweig tätig, wo er, ungemein fortschrittlich, schon für eine strenge Trennung zwischen Kirche und Schule eingetreten ist und wurde endlich als Minister von Markgraf Karl Alexander, einem aufgeklärten Monarchen nach dem Vorbild Friedrichs des Großen, an seinen Hof in Ansbach berufen. Karl Alexander tut schließlich etwas für feudale Zeiten höchst Ungewöhnliches, aber keinesfalls Unkluges: Er tritt zurück, überläßt sein Land dem größeren, benachbarten Preußen. Freilich läßt er sich dafür bezahlen, wie man ja auch für jeden anderen Grundbesitz in klingender Münze bezahlt bekommt. Ein Schelm, wer schlecht darüber denkt: Am Ende handelt es sich um eine sehr humane Art der Landabtretung, die sonst fast immer mit Krieg und Leid verbunden ist.

Hardenberg führt die Eingliederung von Ansbach-Bayreuth in die preußischen Provinzen mit so viel Geschick durch, daß man ihn dort seitdem als Autorität, so etwas wie eine letzte Instanz, betrachtet. Man zieht ihn zur Lösung von Problemen noch hinzu, als das Land später an Bayern, dann an Frankreich und endlich wiederum an Bayern fällt. Hardenberg ist und bleibt, was Preußen in Beuteländern selten sind: populär.

Großes Geschick beweist er auch als Steuermann des neutralen preußischen Schiffleins durch die hochschlagenden Wogen, die von den Großmächten aufgerührt werden. Der grollende Haugwitz überläßt ihm nur ungern das Ruder, und das auch nur, weil Friedrich Wilhelm es nach langem Überlegen so wünscht.

Luise hat Hardenberg, der übrigens zu Lebzeiten ihrer Mutter bereits im Haus ihrer Eltern in Hannover verkehrte, auf ihrer Triumphreise 1799 in Ansbach kennengelernt, wie man sich denken kann, ein Mann nach ihrem Geschmack. Ihn wird sie unermüdlich fördern, in aller Öffentlichkeit wie auch im privaten Rahmen, so wenn sich Friedrich Wilhelm Rat holt. Tatsächlich kann sie ihrem kerzengeraden, unbeugsamen und langsamen Mann keinen Besseren und Gewandteren zur Seite stellen als Hardenberg. Er besitzt alle Eigenschaften, die Friedrich Wilhelm fehlen, darunter ein paar weniger schöne, deren es jedoch bedarf, wenn man politisch erfolgreich sein will in dieser besten aller Welten.

Aus Liebe zu ihrem Mann entwickelt Luise einen untrüglichen Instinkt für die Persönlichkeiten, die Friedrich Wilhelm braucht. Ihre erste Wahl ist in Zukunft immer Hardenberg, von dem sie oft Wunderdinge erwartet. Die kann er nicht liefern, aber mit Witz, Einfallsreichtum, Charme, List und mitunter auch Tücke die notwendigen krummen Wege einzuschlagen, um wieder auf den geraden zu geraten, das versteht niemand besser als er. Durch Luises beschwörende Worte noch auf dem Totenbett wird Hardenberg für Friedrich Wilhelm zur Institution, zum Vermächtnis, unabsetzbar.

Mit den Kabinettsräten Lombard und Beyme setzt Hardenberg zunächst die von Friedrich Wilhelm bestimmte Neutralitätspolitik fort, ganz wie es auch Haugwitz getan hat. Hardenberg ist kein Franzosenfresser wie Stein, obwohl Napoleon ihn aus unerfindlichen Gründen für seinen Hauptgegner in Preußen hält. Vielleicht meint er dies aber auch in einem weniger direkten Sinn: Wenn in Preußen ein Geist ähnlich funkelt wie der Napoleons, dann ist es am ehesten der Hardenbergs, dem man – ganz wie Napoleon selbst – alles zutrauen kann und darf. Reformer im Sinne einer gemäßigten Französischen Revolution sind sie beide.

Hardenberg tritt ein undankbares Erbe an. Nicht einmal der sogenannte Reichsdeputationshauptschluß hat Preußen viel eingebracht. Ein kompliziertes Wort für eine einfache Tatsache: Im Frieden von Luneville wurde 1801 das gesamte linke Rheinufer an Frankreich abgetreten. Wie die deutschen Fürsten entschädigen, die dort ihre Besitzungen hatten? Unter dem Einfluß der Franzosen, aber auch der Russen kommt die Reichsdeputation, ein Ausschuß des Reichstags, auf den Gedanken, die geistlichen Fürstentümer im Reich aufzuheben und die reichsunmittelbaren Städte dazu (bis auf sechs). Sie wurden »mediatisiert«, wie man es nannte, »mittelbar gemacht«, also den größeren Ländern und Staaten zugeschlagen. »Die ›Säkularisierten‹ mußten ihre Klöster verlassen, die nun verödeten, verfielen oder in Privatbesitz übernommen wurden«, erzählt Golo Mann. »Kirchen wurden geschlossen, auch wohl geplündert, Kunstgegenstände verschleudert oder in Landesmuseen zusammengetragen. Das war Geist der Zeit – unreligiös, antikirchlich; und melancholisch gering oft die Zahl der Mönche, die aus ihren alten Mauern traurigen Auszug hielten.«

Für die europäische und die deutsche Landkarte bedeutete dies so etwas wie eine Flurbereinigung. Der komplizierte Flickenteppich all der geistlichen Kleinstaaten, Grafschaften, Kurfürsten- und Fürstbischofstümer wird übersichtlicher, rückt zusammen. »Das Ergebnis«, so Golo Mann, »waren die deutschen Staaten, wie sie uns vertraut geblieben sind und, bei einigen Veränderungen, noch heute bestehen, Bayern, Württemberg, Baden, Hessen.«

Der Name Preußen fällt nicht; es existiert heute nicht mehr. Vom »Reichsdeputationshauptschluß« am 25. Februar 1803 hat Preußen zwar ebenfalls profitiert, wenn auch unerheblich: Erfurt, kleinere Gebiete in Thüringen, Nordhausen und Goslar im Harz, Teile der Fürstbistümer Hildesheim, Paderborn, Quedlinburg und Essen.

Immerhin kann Stein sich verwaltungstechnisch an die Arbeit machen. Obwohl der Landgewinn über ein Jahr her ist, gelingt es ihm, die Eingliederung mit ersten Reformen zu verbinden, die er durchsetzt, ehe es sich der zaudernde König versieht. Die Reformen sind in Friedrich Wilhelms Sinn, wären aber wohl ohne die verweltlichten neuen Ländereien kaum so rasch in Angriff genommen worden. Stein erleichtert das staatliche Salzmonopol, hebt die Binnenzölle auf, gründet ein statistisches Büro, das bessere Übersicht ermöglicht, und führt im übrigen auch das erste Papiergeld – »Tresorscheine« genannt – ein. Weittragende Neuerungen sind dies, die die kommenden Reformen schon ankündigen – Stein ahnt wohl, daß ihm nicht viel Zeit bleibt. Er beginnt, übrigens mit Luises unverhohlener Sympathie, den preußischen Staat umzukrempeln oder, wie er sich ausdrückt, »den Augiasstall auszumisten«.

Hardenberg ist zunächst nicht imstande, es ihm gleichzutun. Außenpolitisch bleibt die Lage prekär, durch die drohende Haltung der Franzosen und Zar Alexanders Forderung, preußische Gebiete zum Aufmarsch nutzen zu dürfen, sogar angespannter denn je.

Alexanders letztes Ultimatum hat König Friedrich Wilhelm empört, denn er scheint finster entschlossen, den Freund an seiner Seite in den Krieg gegen Napoleon zu zwingen. Der neue Gesandte Österreichs in Berlin, ein alter Bekannter, nämlich Graf Klemens Wenzel Lothar von Metternich, mit dem Luise einst in Frankfurt den Krönungsball eröffnen durfte, hat das klar erkannt. »Die Maßregeln sind ergriffen, um das zu nehmen, was nicht zugestanden wird«, berichtet er nach Wien. »Preußen wird in jedem Fall überrumpelt werden wie Napoleon.« Denn: »... nur in St. Petersburg läßt sich der Hof von Preußen gewinnen.«

Das mag zutreffen, aber sowohl Alexander als auch Metternich unterschätzen die Beharrlichkeit, um nicht zu sagen Sturheit Friedrich Wilhelms. Seinem Minister Hardenberg erklärt er, er werde lieber untergehen, als sich von Rußland Vorschriften diktieren zu lassen. »Aber ist es denn nur möglich, daß der Kaiser, den ich als meinen ersten Freund betrachtet habe, dem ich, Gott ist mein Zeuge, ein unbegrenztes Vertrauen geschenkt habe, das mißbrauchen könnte? Wenn er sich in Gefahr befunden hätte, wenn ihm bei dem bevorstehenden großen Kampfe ein Mißgeschick begegnet wäre, so wäre ich ihm zu Hilfe geflogen. Daß er aber mich zu etwas zwingen will, daß ich die Lage der Dinge unter dem nämlichen Gesichtspunkte wie er selbst betrachten soll, das verletzt doch meine Unabhängigkeit... Nein, mag ich untergehen, aber mit Ruhm. Ich werde dann als Opfer meines Vertrauens zu einem Fürsten fallen, der mein Herz zu gewinnen verstanden hat.«

Es ist wenig wahrscheinlich, daß dies die authentischen Worte

Friedrich Wilhelms sind; sie entsprechen jedoch seiner Haltung. Überliefert hat sie ein Diplomat, der in Rußland ähnlich zu Hause ist wie in Preußen und anderen deutschen Ländern, Maximilian Baron von Alopeus (mitunter auch Alopäus geschrieben), ein Finne. Ihm dürfte mit zu verdanken sein, daß es zwischen Alexander und Friedrich Wilhelm, zwischen Rußland und Preußen zum Äußersten nicht kommt. Alopeus hat in Turku und Göttingen studiert, ist als russischer Gesandter in Eutin, am Hofe des Fürstbischofs von Lübeck, tätig gewesen, später in Berlin. Er hat Friedrich Wilhelm II. auf dem Feldzug in die Champagne begleitet und ist 1802 als Botschafter in die preußische Hauptstadt zurückgekehrt, nachdem er hohe Posten in St. Petersburg und in Regensburg beim Reichstag bekleidet hat. Ein Mann von Welt und weitgereist, ganz wie sein enger Freund Hardenberg, hegt er, der Finne, für zwei Länder vaterländische Gefühle, für Rußland und für Preußen.

Er ist es, der Hardenberg verrät, Zar Alexander habe den Befehl zum Durchmarsch seiner Truppen durch Preußen bereits gegeben, und das entspricht den Tatsachen. Er ist es, der umgekehrt Alexander versichert, Volk, Hof, Minister und Generäle Preußens seien einmütig entschlossen, ihre Neutralität unter Umständen mit Waffengewalt zu verteidigen und die Mobilmachung von 80 000 Mann, die Friedrich Wilhelm vorsorglich befohlen habe, richte sich nicht nur, wie offiziell verlautet, gegen die Abwehr französischer Übergriffe, sondern auch gegen Rußland, was ebenfalls der Wahrheit entspricht.

Was den Umschwung in St. Petersburg hervorruft – die Freundschaft zwischen Kaiser und König, das schlaue Freundespaar Hardenberg – Alopeus oder ein ebenso plötzlicher wie seltener Sieg der Vernunft –, wird wohl immer verborgen bleiben. Jedenfalls widerruft Alexander am 15. September seine Befehle, zum Unwillen der Falken im eigenen Land, besonders seines Außenministers Czartoryskis. Der, ein patriotischer Pole, möchte am liebsten zunächst Preußen und dann Frankreich angreifen. Am 4. Oktober beschließt der Zar sogar Hals über Kopf, sich selbst nach Berlin zu begeben. Eine Zeit hektischer Tätigkeit der Sonderbotschafter und eines verwirrenden Hin und Her der Befehle. Bernadottes Grenzverletzung empört Friedrich Wilhelm so sehr, daß Hardenberg ihn –

unterstützt übrigens von Haugwitz, der wegen der kritischen Lage auf Wunsch des Königs doch in Berlin geblieben ist – nur mühsam davon abhalten kann, den französischen Gesandten Laforest auszuweisen; dies nämlich würde Krieg bedeuten. Statt dessen gestattet er auf einmal Alexander nun doch den Durchmarsch durch sein Gebiet.

Hektische und verwirrte Reaktionen. Am Ende stellt sich heraus, daß zwischen dem Zaren von Rußland und dem König von Preußen engere Bande bestehen als sonst zwischen Monarchen üblich. Beide haben sie sich an den Rand eines Krieges manövriert. Beide geben sie im letzten Augenblick nach, widerrufen – was sonst gar nicht ihre Art ist – den gefaßten Entschluß und sinken sich in die Arme. Am 25. Oktober zieht Alexander unter dem Donner aller Geschütze in Berlin ein.

Jubeln, das sagten wir schon, können die Berliner. Jetzt übertreffen sie sich selbst. Nicht nur vom Königspaar wird der Zar als Freund empfangen, sondern von der gesamten Stadt, dem ganzen Land. Die Häuser sind geflaggt, auch die Schiffe im Hafen. Russische Fahnen flattern neben den preußischen. Die repräsentativen Veranstaltungen übertreffen an Pracht und Aufwand alles bisher Dagewesene.

Falken und Tauben sind gleich begeistert vom jungen Zaren, der hier zum erstenmal sein staatsmännisches Geschick unter Beweis stellen kann. Den einen ist er der Friedenspartner, den anderen der Feind Napoleons. Aus vielen deutschen Landen sind Fürstlichkeiten nach Berlin gekommen, um ihre Sympathie für Alexander zu dokumentieren. Bei den allabendlichen Festen und Bällen ist das Berliner Schloß von Tausenden von Kerzen erleuchtet. Selbst der kühle Bailleu nennt »diese Oktober- und Novembertage ... vielleicht die Tage größten äußeren Glanzes in der Geschichte Preußens«.

Alexander macht in seiner übermäßig engen Uniform (die ihm nicht einmal gestattet, sich bei offiziellen Veranstaltungen hinzusetzen) eine glänzende Figur. Die Damenwelt ist wiederum entzückt, allen voran Gräfin Voß, die in geradezu schwärmerische Verehrung zum Zaren fällt. Sogar Stein, dessen Hochachtung so leicht niemand erringt, äußert sich zustimmend.

Der Zar wohnt im Berliner Schloß. Zu den Verhandlungen über ein Schutzbündnis gegen Napoleon, die in Potsdam geführt werden, gelangt er jeden Morgen durch ein Spalier begeisterter Berliner. Wichtig ist dabei weniger der Potsdamer Vertrag selbst, der am 5. November unterzeichnet wird, als der Umschwung, den die persönliche Anwesenheit Alexanders erreicht. Berlin wird, fast über Nacht, antifranzösisch, antinapoleonisch. Plötzlich weht ein deutlich anderer Wind. Nach der Aufführung von »Wallensteins Lager« in Ifflands Theater erhebt sich Prinz Louis Ferdinand und stimmt Knesebecks »Loblied auf den Krieg« an. Auch »Heil Dir im Siegerkranz« wird gesungen sowie, merkwürdigerweise, die Marsellaise, wenn auch mit einem anderen, von einem gewissen Herklots verfaßten Text, der eine Hymne auf Friedrich Wilhelm darstellt:

Einen seltenen König preise,
preis' ihn hoch, o Festgesang!
Schon als Jüngling brav und weise
giebt sein Herz ihm Königsrang:
In der Laufbahn rascher Jugend,
die er festen Schritts betrat,
ward er früh am Scheidepfad
Der Gefährte strenger Tugend.

Erhalt uns Ihn, o Gott! – Erhalt ihn groß und gut!
Für Ihn, für ihn giebt gern sein Volk dann Leben hin und Blut.

Nicht dem Purpur, nicht der Krone
räumt er eitlen Vorteil ein.
Er ist Bürger auf dem Throne,
und Sein Stolz ists, Mensch zu seyn.
Zu dem Flehn bedrängter Brüder
neigt er liebreich gern sein Ohr.
Wer die Hoffnung schon verlor,
O dem giebt Sein Blick sie wieder

Erhalt uns Ihn, o Gott! Erhalt ihn Deutsch gesinnt:
Durch ihn, durch ihn sieht dann die Welt, was Deutsche Kraft beginnt.

In dem ganzen Trubel gibt es nur wenige Menschen, die nicht in Überschwang verfallen und, was Deutsche gern tun, glauben, durch Geschrei und Begeisterung Schlachtensiege heranbrüllen zu können. Zu ihnen gehören Friedrich Wilhelm und Luise.

Friedrich Wilhelm ist gewiß nicht über Nacht von den Tauben zu den Falken umgeschwenkt und will auch keineswegs Leben und Blut seines Volkes für sich ausgegossen haben, wie das Lied suggeriert. Er hat sich noch kurz vor Alexanders Ankunft beharrlich geweigert, von Paretz, seinem Einsiedler-Gutsherrensitz, Abschied zu nehmen, um den Kaiserfreund zu treffen, den einzigen, von dem er befürchten muß, umgestimmt zu werden. Selbst sein getreuer Adjutant Köckeritz weigert sich, Alexander bis Frankfurt an der Oder entgegenzufahren (er kann die Russen nicht leiden). »Stur wie ein Maulesel«, wie es die Voß in ihrem Tagebuch ausdrückt, beharrt der König auf strikter Neutralität.

Luise scheint am Ende ihrer Nerven, nicht zuletzt wegen dieser Haltung Friedrich Wilhelms, der erst im letzten Augenblick grollend von Paretz abreist. Die »stillen Jahre«, die jetzt zu Ende gehen, hielten für Luise auch immer Anstrengung und Mühe bereit. Zwei Kinder hat sie in den beiden vergangenen Jahren geboren, eine kleine Alexandrine (die einmal Großherzogin von Mecklenburg-Schwerin werden wird), und, erst im Dezember 1804, einen Ferdinand, der schon zwei Jahre später stirbt. Der Älteste, Friedrich Wilhelm, macht Sorgen. Er ist eben zehn und, wie es die hohenzollernsche Sitte ist, Chef eines Regiments geworden, aber der ungebärdige und unberechenbare Außenseiter geblieben, ein störrischer Querkopf.

Den Jahreslauf hat sie auch an der Seite des Königs mitgemacht, Berlin, Potsdam, Paretz, wieder Berlin, als Unterbrechung dazwischen eine Reise durch die neuen preußischen Gebiete am Harz, bei der das Paar sogar den Brocken bestiegen hat. Und als Höhepunkt aller Freuden: Georg hat sich endlich von Rom und Paolina Borghese losgerissen, und mit dem 35. Geburtstag des Königs wird (am 12. August 1805) der 26. des mecklenburgischen Erbprinzen von

Luise in Charlottenburg arrangiert. Auf der Schloßterrasse stehen in Kübeln Orangenbäume und getanzt wird in Kostümen italienischer Bauern und Bäuerinnen aus den Albaner Bergen, damit Georg sich ganz zu Hause fühlen kann.

Das alles hat Luise mehr erschöpft als in früheren Jahren, denn neben Familie, Repräsentation des Hofes und Karneval ist, wie gesagt, die Politik getreten, in die sie einzugreifen beginnt: die Berufung Steins und Hardenbergs vor dem Hintergrund eines englischen Sieges über Napoleon (bei Trafalgar), einer österreichischen Niederlage (bei Ulm), des Einzugs Napoleons in München und Wien. Der Zwist mit dem Zaren, der plötzliche Umschwung – nicht einmal zum 64. Geburtstag des Vaters hat sie fahren können, der von allen Geschwistern gemeinsam in Neustrelitz gefeiert werden sollte. Was auf sie eindrängt, ist wohl mehr, als sie zunächst verkraften kann.

Auf Alexander hat sie große Hoffnungen gesetzt, politische, auch wohl persönliche. Aber wie dieser beinahe schlafwandlerisch bei den Verhandlungen sich stets an Hardenberg wendet und Haugwitz schneidet, so hält er sich fast ausschließlich an Friedrich Wilhelm. Luise erkennt wohl, daß eine Männerfreundschaft Frauen ausschließt. Es mag sogar zu einer Art von Aussprache, einer Szene, einer Zurückweisung gekommen sein. Luise, die sonst auf Hoffesten mehr als andere zu glänzen pflegt, bricht bei einem Ball, den Prinz Ferdinand zu Ehren des Zaren im Schloß Bellevue veranstaltet, in Tränen aus. Sie erleidet eine Art von Nervenzusammenbruch, muß aus dem Saal geführt werden.

Über diesen Vorfall im allgemeinen Festes- und allzu frühen Siegestaumel ist viel spekuliert worden. Die Frage nach der Beziehung zwischen Alexander und Luise haben wir schon angeschnitten – auf jeden Fall bedeutet er ihr mehr als sie ihm.

Aber lassen wir dahingestellt, wie weit dieser Tränenausbruch ins Persönliche reicht. Auf unheimliche Weise scheint es bezeichnend, daß Preußens Idol in einem Augenblick zusammenbricht, in dem Preußen in einer Art von Siegestaumel ertrinkt. Schlechte Nerven? Überarbeitung und Überforderung? Enttäuschte Liebe? Eine tiefere Beziehung zur Aufgabe, als alle anderen sie haben, eine Art von siebtem Sinn, das Land, die Familie, sie selbst betreffend? Es hat sich kein Chronist gefunden, der uns Luises Gefühle authentisch interpretiert hätte.

Im Mittelpunkt der Aufmerksamkeit steht Alexander. Er besichtigt, was man nur besichtigen kann in Berlin, das Zeughaus, die Militärakademie, Kadettenhaus, Porzellanmanufaktur, Denkmäler am Wilhelmsplatz. Das dankbare Berlin benennt einen ehemaligen Exerzierplatz nach ihm. Noch heute erinnert der Name an seinen Besuch der preußischen Hauptstadt, bezeichnet sogar so etwas wie das Zentrum des heutigen Ostteils Berlin: der Alexanderplatz.

Der Bündnisvertrag wird von Friedrich Wilhelm in Potsdam mit einem lachenden und einem weinenden Auge unterschrieben. Zwar fühlt er sich an der Seite seines anscheinend so starken Freundes am richtigen Platz, aber er ist viel zu sehr Pessimist – man könnte auch sagen: Realist –, um nicht auch die Risiken zu sehen, die er eingeht. Preußen soll so etwas wie eine bewaffnete Vermittlung zwischen den Gegnern, Napoleon und der Koalition (Rußland, Österreich, England), betreiben. Ein preußischer Staatsmann, und zwar der vom französischen Kaiser geschätzte Graf Haugwitz, wird nach Paris gesandt werden, wo er von Napoleon eine Unabhängigkeitsgarantie für die Schweiz, Neapel, Holland und alle deutschen Staaten verlangen soll. Die Drohung: Bei einer Ablehnung würde Preußen am Krieg gegen Frankreich teilnehmen. Alexander verspricht, zur Belohnung den König von England zu einer endgültigen Abtretung Hannovers »zu bestimmen«, wie er es vorsichtig ausdrückt. Ohne näher zu erläutern, auf welche Weise er so etwas bewerkstelligen will; handelt es sich doch immerhin um das Ursprungsland der englischen Könige.

Alles in allem bedeutet ein solcher Schritt noch keine Kriegserklärung Preußens an Frankreich, aber doch schon so etwas wie ein Ultimatum, das einer Kriegserklärung nahekommt, vor allem, wenn man Napoleons Temperament bedenkt. Berlin klatscht hörbar Beifall, ein neuer patriotischer Geist ist erwacht, aber Friedrich Wilhelm, der überzeugte Pazifist, bleibt skeptisch gestimmt. Tatsächlich zögert er die Abreise von Haugwitz so lange hinaus, daß sich die Sachlage durch Austerlitz inzwischen gründlich geändert hat.

Am letzten Abend kommt es zu einer pathetischen Szene, die in preußischen Geschichtsbüchern immer wieder beschrieben worden ist, wenn auch meist genauso falsch, wie die Historienmaler sie gemalt haben. Es kann nämlich gut sein, daß sie weniger patriotisch gemeint war als persönlich, ein Nachspiel gleichsam zu Luises verzweifeltem Tränenausbruch.

Beim Abschiedsessen in Potsdam äußert Zar Alexander plötzlich den Wunsch, die Gruft Friedrichs des Großen zu sehen. In aller Eile lassen die Gastgeber die historische Garnisonskirche, in der sie sich befindet, notdürftig erleuchten. Es ist kurz nach Mitternacht, als Zar, König und Königin in flackerndem Kerzenschein das enge Gewölbe betreten.

Aber die Szene spielt sich nicht ab, wie in einem später berühmten Stich dargestellt, auf dem sich die beiden Monarchen über dem schlichten Sarg des großen Königs die Hände zur Waffenbrüderschaft reichen. Friedrich Wilhelm bleibt vielmehr am Eingang der Gruft stehen. Es ist Luise, die Alexander, nachdem dieser den Sarkophag geküßt hat, ihre Hand reicht, ob zur Versöhnung oder zum Abschied oder tatsächlich als nationale Geste, sei dahingestellt. Vielleicht enthält die makabre Szene etwas von allem.

Als der Zar am anderen Morgen abreist, bleibt das Königspaar wie verwaist zurück. Bei Friedrich Wilhelm melden sich Zweifel, ob er im freundschaftlichen Impuls richtig gehandelt hat. Luise (»mir gehet es miserable«, schreibt sie ihrem Bruder Georg) rettet sich in eine Krankheit, die lange anhält. Trotzdem agiert sie eifrig und offenbar sogar hin und wieder hinter dem Rücken des Königs für die sogenannte »Kriegspartei«, die sich in Berlin gebildet hat. Inkognito überbringt sie geheime Briefe ihres Vaters, die an Beyme gerichtet sind, ihrem Mann gegenüber kämpft sie »voll heiligen Eifers, mit Bitten und mit Tränen« für Alexander und den Kampf gegen Napoleon: »Gewalt gegen Gewalt, das ist meiner Meinung nach das einzige; wir haben einen guten Bundesgenossen«, schreibt sie ihm aus Berlin nach Potsdam, übrigens im selben Brief, in dem sie ihm den Tod des kleinen Ferdinand mitteilt, wegen dessen Krankheit sie diesmal den König nicht zu den Manövern begleitet hat.

Angespannt verfolgt man am preußischen Hofe den Waffengang,

zu dem Alexander gegen Napoleon antritt; man ist jetzt treurussisch gesinnt. Die Hofdamen fiebern allen Nachrichten entgegen und lauern den Kurieren auf, die unablässig eintreffen. Das Empfangszimmer im Schloß hat die auf einmal äußerst kriegerische Oberhofmarschallin in ein Kartenzimmer verwandelt. Der Frontverlauf wird dort den jeweils neuesten Nachrichten zufolge nach Feldherrnart mit Nadeln und bunten Kordeln abgesteckt, was der Voß einen neuen Spitznamen einbringt: »Hauptmann Voß«. Ihr wäre nichts willkommener als ein baldiger Kriegsausbruch. »Köckeritz ist kindisch, unausstehlich; er ist unser Unglück«, vertraut sie ihrem Tagebuch an, denn Friedrich Wilhelms getreuer Adjutant tritt nach wie vor, höchst unsoldatisch, wie ihr scheint, für ein weiteres Lavieren zwischen den Fronten ein. Alexanders Erscheinung hat bei ihm keine nachhaltige Wirkung hinterlassen. Er fürchtet sich vor einem erneuten Waffengang mit den Franzosen. Der zweite entschiedene Gegner der Potsdamer Vereinbarungen im Umkreis des Königs ist Lombard.

Nun gilt zwar Köckeritz nicht eben als der Klügste und Lombard als ausgesprochener Franzosenfreund, aber gewiß sind sie besser informiert als die enthusiasmierten Hofdamen. Schon der erste Brief des Zaren an Freund Friedrich Wilhelm klingt alles andere als optimistisch: »Unsere Lage ist mehr als kritisch; wir stehen gegen die Franzosen ganz allein ... Was die österreichische Armee angeht, so existiert sie nicht.« Es folgt ein Satz, bei dem sich dem preußischen König die Haare gesträubt haben müssen: »Wenn Ihre Armeen vorrücken, wird sich die ganze Lage ändern, und die Meinigen werden wieder zum Angriff schreiten können.«

Da ist Friedrich Wilhelm schon wieder mit List und Tücke an den Rand eines Krieges gestoßen worden, statt gegen die Russen nun gegen die Franzosen. Weniger wankelmütig als der Großteil der Öffentlichkeit, auch wesentlich langsamer reagierend als diese, überlegt er lange und gründlich. Luise führt weiterhin verbissen ihre Argumente für Alexander und gegen Napoleon ins Feld. Einer endgültigen Entscheidung wird Friedrich Wilhelm gnädiger- oder ungnädigerweise enthoben.

Bei Austerlitz, einer kleinen Stadt in Südmähren (heute: Slavkov u Brna), begehen die Österreicher unter Franz II. und die Russen unter Alexander am 2. Dezember 1805 einen Fehler, den schon so mancher Feldherr oder Möchtegern-Feldherr bereut hat. Die beiden Kaiser aus altem Geblüt greifen den selbsternannten neuen Kaiser auf einem Gelände an, das dieser – im Gegensatz zu ihnen – vorher bis in alle Einzelheiten studiert hat. Die Große Armee macht ihrem Namen Ehre. Sie zersprengt die Soldaten der Koalition und damit die Koalition selbst.

Napoleon nennt Austerlitz später seine »schönste Schlacht«, ein Musterbeispiel an präziser Taktik und vollendeter Reaktion auf alle gegnerischen Züge. Für ihn läuft sie ab wie auf dem Schachbrett, nur daß wirkliches Blut fließt. Vor allem die Russen erleiden entsetzliche Verluste, indes sich die der Franzosen in Grenzen halten.

Der Franzosenkaiser reitet bis spät in die Nacht über das Schlachtfeld, um es auch nachträglich noch einmal zu studieren und sich einzuprägen, wobei er seinem Gefolge äußerste Schweigsamkeit befielt, damit er die Hilferufe der Verwundeten hören kann. Er selbst steigt dann vom Pferd und reicht ihnen Branntwein aus einem Wagen, der hinter ihm herfährt. Dabei macht er keinen Unterschied zwischen Freund und Feind, eine mitleidige Geste, ein Bild humaner Nächstenliebe in der Pose des absoluten Siegers.

Alexander flieht, begleitet nur von einem Adjutanten, seinem Arzt und dem Stallmeister, in Richtung Ungarn. Bei einem Halt unter einem Baum wirft er sich auf den Schlammboden und schluchzt hemmungslos. Nicht einmal ein erster Unterschlupf ist zu finden, die Dörfer sind voller Verwundeter. So flieht er durch den eisigen Schneeregen weiter, bis er in einer Bauernhütte auf einem Strohlager zusammenbricht. Zur Beruhigung seiner Magenkrämpfe reicht ihm sein Arzt Wylie einen rasch zusammengemixten Opiumtrank mit Kamille und Wein. Ein Bild des Jammers.

Napoleon übernachtet im luxuriös eingerichteten Schloß der Kaunitz, kleidet sich am nächsten Morgen in seine schönste Uniform und begibt sich zu einem Treffen, das Kaiser Franz erbeten hat. Es findet an einer Chausseekreuzung statt, an einem starken Feuer, das in einer Erdmulde entfacht wird. Als Sitzbank dient ein einfaches Brett über zwei Baumstümpfen. Als Kaiser Franz in seinem Wagen erscheint, ertönt Trommelwirbel und Fanfarenklang der Großen Armee, als handele es sich um eine Manöverparade.

Nach der einstündigen Unterredung umarmen sich die Monarchen zum kaiserlichen Bruderkuß, was Napoleon nicht hindern wird, Kaiser Franz drei Wochen später im Frieden von Preßburg die härtesten Bedingungen zu diktieren.

Österreich verliert Venedig, Friaul, Dalmatien und Istrien, lauter Provinzen, die Napoleon dem von ihm beherrschten Königreich Italien zuschlägt. Tirol und Vorarlberg fallen an Bayern, die in Deutschland verstreuten österreichischen Gebiete werden zwischen Württemberg und Bayern verteilt. Daß Kaiser Franz dafür Salzburg und Berchtesgaden erhält, ist kaum ein Ersatz für den Verlust von zweieinhalb Millionen Menschen und – Napoleons Reparationsforderungen – 40 Millionen Francs. Die große Neuordnung Europas beginnt. Alexander befindet sich noch auf der Flucht, Hals über Kopf bis nach St. Petersburg. Die Vormachtstellung Österreichs in Deutschland ist beendet. »Auch ich bin in Austerlitz besiegt worden«, bekennt William Pitt noch auf seinem Totenbett. Ihm folgt 1806 Lord Grenville, auch kein Freund Napoleons, wie sich herausstellen wird.

Napoleon aber befindet sich auf der Höhe seiner Macht. Später, beim Blättern in alten Almanachen auf St. Helena, wird er sich erinnern: »Es war ein schönes Reich! Ich hatte 83 Millionen menschlicher Wesen zu regieren, mehr als die Hälfte der Bevölkerung von ganz Europa!«

Die Landkarte hat wieder einige ihrer bunten Flicken verloren und Napoleon dadurch neue Bundesgenossen gewonnen. Preußen gehört zu den Verlierern. Im Grunde ohne Not hat sich Friedrich Wilhelm in letzter Minute auf die falsche Seite geschlagen, auf die der Verlierer.

Haugwitz ist nicht zu beneiden, als er nun dem Sieger im Schloß Schönbrunn unter die Augen treten muß. Klugerweise verschweigt er das Ultimatum, das er mit sich trägt. Der erboste Kaiser der Franzosen, der natürlich längst von diesem Ultimatum erfahren hat, wirft dem preußischen Abgesandten trotzdem den Hut ins Gesicht und diktiert ihm seinerseits einen Vertrag. Daß Haugwitz ihn sofort und ohne Zögern unterzeichnet, wird ihm von den neunmalklugen Zeitgenossen und der späteren Geschichtsschreibung als Feigheit oder Dummheit vorgeworfen. Es war aber wohl das Gescheiteste, was er tun konnte. Napoleons Bedingungen wären bei taktischen Verzögerungsversuchen, wie bei ihm üblich, nur noch härter ausgefallen.

Bezeichnend ist, wie Friedrich Wilhelm die Niederlage von Austerlitz aufnimmt. Er reagiert, zum Erstaunen des Hofes, der ihn immer noch nicht zu kennen scheint, geradezu erleichtert: »Im Grund ein Glück für die Welt, daß Napoleon siegte. Nun wird Friede.«

Dieser fällt für Preußen allerdings bitter genug aus. Im Vertrag von Schönbrunn zwingt Napoleon das Land, mit ihm ein Bündnis einzugehen, seine Gebietsforderungen zu billigen und überdies auf Ansbach, Bayreuth, Wesel und Neuchâtel, die kleine Exklave in der Schweiz, zu verzichten. Als Kompensation erhält es Hannover zugesprochen, das von französischen Truppen besetzt ist. Eine weitere Belastung, ein Danaergeschenk, denn Hannover gehört England, und die Reaktion Englands läßt sich denken. Friedrich Wilhelm, der keine Partei ergreifen wollte, findet sich mitsamt Luise, die freimütig Partei ergriffen hat, plötzlich an der Seite dessen wieder, den er bekämpfen sollte und erneut in die Rolle eines Angreifers gedrängt, der fremden Landbesitz okkupiert. Preußen hat versucht, den Teufel mit dem Belzebub auszutreiben. Man kann dem König nicht verdenken, daß er seine Neutralitätspolitik, die er leider nicht durchgehalten hat, bestätigt findet.

Aber was nützt jedes: »Das habe ich doch gleich gesagt«? Wenig im Alltag und gar nichts in der Politik. Die eben noch von Alexanders Besuch begeisterte Bevölkerung begreift kaum, daß und warum der gute König plötzlich Arm in Arm mit dem Unhold Napoleon marschiert, nur weil die Russen und die Österreicher eine Schlacht verloren haben. Man schiebt es, wie so häufig, den Beratern in die Schuhe. Haugwitz wird in Berlin wie ein Verräter empfangen (der er nicht ist), und Lombard wirft man zum erstenmal, wie später noch öfter, die Fensterscheiben ein, was er ebenfalls nicht verdient hat. Der Geheime Kabinettsrat, der ein Jahr später das Kriegsmanifest verfassen wird, muß zeitweilig zum besten Kunden der Glasermeister Berlins geworden sein. Auf Haugwitz und ihn entlädt sich der Volkszorn, und Friedrich Wilhelm hat es – was sogar den Tatsachen entspricht – ja »gleich gesagt«.

Das ist alles sehr traurig und zugleich ein bißchen lächerlich. Als der leidenschaftliche Pazifist seine strikte Neutralitätspolitik nur um ein weniges lockert, wird eine Kehrtwendung von 180 Grad daraus. Ausgerechnet Friedrich Wilhelm ist zum Bundesgenossen des größten Eroberers seit Alexander dem Großen geworden und sieht sich gezwungen, selbst die Stiefel eines Eroberers anzuziehen. Für Luise folgen schwere Zeiten. Mit ihr beredet und diskutiert er nächtelang die neue Situation, die er ebensowenig begreift wie der Rest der Welt, vielleicht mit Ausnahme Alexanders, der sich klugerweise zustimmend zum neuen Bündnis äußert. Er weiß seit seiner Jugend, daß man Feinde am besten von innen aushöhlt, indem man sich mit ihnen verbündet.

Solche Klugheit liegt dem Preußen meilenfern. Sie ist auch die Sache des Freiherrn vom Stein nicht. »Hätte eine große moralische und intellektuelle Kraft unseren Staat gelenkt«, urteilt er, »so würde sie die Koalition, ehe sie den Stoß, der sie bei Austerlitz traf, erlitten, zu dem großen Zweck der Befreiung Europas von der französischen Übermacht geleitet und nach ihm wieder aufgerichtet haben.« Seine Kritik richtet sich eindeutig gegen den König, den er im gleichen Atemzug verteidigt: »Ich kann dem, dem sie die Natur versagte, so wenig Vorwürfe machen, wie Sie mich anklagen können, nicht Newton zu sein.«

Der erste Satz ist anzweifelbar, denn die preußische Armee befindet sich, wie wir bald sehen werden, in einem geradezu erbärmlichen Zustand. Aber der zweite Satz stimmt, wenn auch anders, als Stein ihn meint. Moralische Kraft kann man dem preußischen König gewiß nicht absprechen. Intellektuell freilich ist Friedrich Wilhelm sowohl Napoleon als auch Alexander deutlich unterlegen. Alexander zuliebe hat er seine ethisch-politischen Grundsätze wenn nicht aufgegeben, so doch gemildert. In die Absurdität eines Bündnisses mit Napoleon hat ihn nicht die Neutralitätspolitik getrieben, sondern das Abrücken von ihr. Er hätte von seinem Standpunkt aus nicht, wie Stein meint, früher in die Weltgeschicke eingreifen sollen, sondern – zunächst wenigstens – überhaupt nicht.

Jetzt haben sich die Wetterwolken zusammengezogen, was, wie immer in solchen Fällen, für Friedrich Wilhelm und Luise ein Anlaß ist, noch enger zusammenzurücken. Wo zaudern ebenso verkehrt scheint wie eine definitive Entscheidung, der Krieg sich durch offensichtlichen Friedenswillen allein nicht abwenden läßt, wo unversehens aus rechts links und aus links rechts wird, kann man sich nur noch auf den Allernächsten verlassen. Dabei wird Luises Position immer stärker. An ihren Bruder Georg schreibt sie lapidar: »Ich verlebe harte Augenblicke, aber mein Häußliches leidet nicht darunter im Ganzen. Verschiedene Meinungen ziehen Wortwechsel nach sich, und das ist alles.«

Daß Luise gegen ihren Mann opponiert, ist neu und ist viel. Sie gestattet sich in Zukunft eine eigene Meinung, die sie dem König gegenüber in den vier eigenen Wänden, die er über alles liebt, selbstbewußt vertritt. Wortwechsel können bei einem derart introvertierten Charakter wie dem Friedrich Wilhelms nur nützlich sein. Er kann ohnedies nur bei Luise richtig aus sich herausgehen. So wird ihr Rat ihm immer wichtiger. Hat er sich einst, als junger Ehemann, jede Einmischung in Staatsangelegenheiten – ein ganzer Preuße – definitiv verbeten, bespricht er jetzt so gut wie alles mit ihr. Das nahende Unwetter wird man, wenn überhaupt, nur gemeinsam durchstehen können.

Luise ist bald überfordert, wenn nicht psychisch, so doch physisch. Sie kränkelt, leidet an Migräne, der alte fatale Zahnschmerz setzt wieder ein. Die Ärzte, Hufeland vor allem, aber auch der englische Hofarzt Dr. Brown, empfehlen eine längere Kur, selbstredend in Pyrmont. Aber der König braucht seine Frau dringender denn je zuvor und ist nicht von der Notwendigkeit einer Trennung – fünf oder sechs Wochen! – zu überzeugen. Erst ein Argument stimmt ihn um, das Luise ihm brieflich mitteilt, als er zu den Frühjahrsmanövern in Potsdam residiert, wohin Luise ihn wieder nicht begleiten konnte. »Bester Freund!«, schreibt sie ihm. »Die Ärzte wünschen ernstlich mit Dir zu reden wegen meiner miserablen Gesundheit, die, ich kann es nicht leugnen, wirklich durch Seelenkummer, der seit dem September unaufhörlich an meiner Lebenskraft nagte, sehr herunter ist. Du kennst meine Gesinnungen, meine Liebe für Dich, Du kannst Dir also leicht denken, daß eine Trennung... grade in einer Zeit, wo Du meiner bedarfst, mir viel kostet, aber ich glaube, um eine längere zu verhüten, bin ich Dir und unseren Kindern schuldig, alles zu tun, um mich zu erhalten …« Wenig später folgt der entscheidende Satz: »… es ist besser, daß wir uns auf einige Zeit trennen, als bald auf immer.«

Die Ärzte, die am Morgen nach Erhalt des Briefes beim König in Potsdam erscheinen, müssen diese ernsten Worte bekräftigt haben. Friedrich Wilhelm gibt seine Zustimmung.

Es ist nicht nur die Trennung von Mann und Kindern, die ihr bevorsteht. Zwei Monate vor Antritt der Kur gesteht sie ihrem Vater: »Ich fürchte mich ordentlich, in der Nähe von Hannover zu sein, denn jetzt werden mich die Menschen hassen, die mich sonst mit Freuden wiedersähen.« Preußen hat ihre Geburtsstadt besetzt und demgemäß ist diese jetzt definitiv gegen Friedrich Wilhelm eingestellt. Und gegen sie.

Dem König steht in ihrer Abwesenheit ebenfalls einiges bevor. Er, der den Frieden wollte, muß am 11. Juni 1806 die Kriegserklärung Englands entgegennehmen. Als er, getreu dem Schönbrunner Vertrag, auch das Herzogtum Lauenburg in Besitz nimmt, ergibt sich ein weiterer Konflikt. Lauenburg gehört zwar zu Hannover, wird aber vom schwedischen König Gustav IV. zu seinem Einflußgebiet gerechnet. Er antwortet mit der Blockade aller preußischen Ostseehäfen.

Jetzt ist die Berliner Kaufmannschaft an der Reihe, nicht nur den Kopf zu schütteln über den merkwürdigen Gesinnungswandel der preußischen Außenpolitk, sondern offen aufzubegehren. »Eine trostlose Zeit«, heißt es in einem Brief Luises an Friedrich Wilhelm aus Pyrmont.

14.

Die wirre Zeit

Trostlos scheint die Zeit noch nicht, sie ist eher wirr. Man hat dem Land die feste Grundlage entzogen, die Basis, die so haltbar schien, seine Neutralität. Angst vor der nahen Zukunft greift um sich, lähmt Adel und Bürgertum, Hof und Militär. Haugwitz – man muß seine Kaltblütigkeit bewundern – fährt noch einmal zu Napoleon, diesmal nach Paris, weil man den Schönbrunner Vertrag in Berlin nur mit Vorbehalten ratifizieren will. Und Haugwitz behält recht: Napoleon verschärft sofort seine Bedingungen. Preußen muß mit England brechen, was für Preußens Handel den endgültigen Niedergang bedeutet.

Von einer »Flucht in die Krankheit« weiß man damals noch nichts, darum handelt es sich wohl bei Luise, mögen die Symptome tatsächlich vorhanden und sogar lebensbedrohend sein. Erstmals nämlich tritt die Politik zwischen König und Königin. Dabei ist Luise aber viel zu sensibel und viel zu sehr auf ihren Mann eingestellt, um eine wenn auch nur verhaltene Opposition gegen ihn ernsthaft durchhalten zu können. Während all der politischen Wirrnisse hat sich in Berlin eine Fronde gegen Friedrich Wilhelm gebildet, der alle Enttäuschten angehören, die wiedererwachten Patrioten, die Preußens Ehre in den Staub gezogen, und die Kaufmannschaft, die ihre Geschäfte in den Bankrott treiben sehen.

Luise, gegen oder mit ihrem Willen an dieser Fronde beteiligt, ist so etwas wie die Schutzheilige der Unzufriedenen geworden. Um sie als heimliche Schutzpatronin formiert sich der Widerstand gegen das Bündnis mit Frankreich. Schon spricht Prinz Louis Ferdinand offen von einer »Partei der Königin«, die es in vagen Umrissen wohl tatsächlich gibt. Beim Militär scheint die Königin auf einmal weit populärer als der König – auf sie wird der Toast ausgebracht, als eine Schar uniformierter Offiziere Haugwitz die Fensterscheiben einschlägt, indes man Hardenberg unter Vivatrufen verabschiedet. Der König hat Haugwitz zurückberufen und Hardenberg, wie von Napoleon befohlen, als »Freund Englands« entlassen.

Zu Hardenberg, zu Prinz Louis Ferdinand, zu den Patrioten unterhält Luise zum Teil lockere, zum Teil engere Beziehungen. Schon zu Lebzeiten eine Art von Mythos, spielt man sie oder das Idealbild, das man sich von ihr gemacht hat, gegen den König, seine Außenpolitik, seine Friedensliebe, gegen die Korsenknechte im Lande aus.

Von einer Entfremdung zwischen ihr und Friedrich Wilhelm kann zwar keine Rede sein, im Gegenteil. Aber hartnäckige Gerüchte gehen um in Preußen, die wohl auf dem beruhen, was Luise in ihrem Brief an den Bruder »Wortwechsel« genannt hat und die von tiefen Meinungsverschiedenheiten des Königspaars wissen wollen. Sie scheinen weit verbreitet und beunruhigen Luise, denn sie fühlt sich veranlaßt, sie brieflich zu dementieren, unter anderem an die Adresse des Zaren von Rußland.

Sie ist keine Kämpfernatur, keine zweite Jeanne d'Arc, wie die Kriegspartei in Preußen sie sich herbeisehnt. Auch wenn sie ihrer Meinung treu bleibt – so stark ist sie inzwischen geworden –, wenn sie wählen muß zwischen ihrem Mann und dem Rest der Welt, fällt ihre Wahl ganz selbstverständlich auf Friedrich Wilhelm. Ihr bleiben Ehe, Familie, Thron, in dieser Reihenfolge, das Wichtigste auf Erden, vor dem alles andere zurücktreten muß. Ihren Mann und ihre Familie liebt sie, den Thron betrachtet sie als ihre Aufgabe. Das ist ihr Naturell und entspricht ihrer Erziehung. Als die andere Rolle, die einer preußischen Schutzgöttin, zu überwiegen beginnt, woraus ein Gegensatz zu ihrem Mann, womöglich ein Bruch in ihrer Ehe entstehen könnte, wird sie krank. Pyrmont bedeutet einen Rückzieher, ob es Luise bewußt ist oder nicht.

Bezeichnenderweise hat eine solche Haltung die Hochachtung des Volkes und selbst der Höchsten im Staate nicht gemindert, sondern sogar noch verstärkt. Nach wie vor gilt sie als diejenige, die, unbeugsamer als der König, innerhalb Preußens gegen Napoleon steht. Tatsächlich dient sie oft als Zwischenträger derartiger

Bestrebungen, informiert den König, wo andere es nicht wagen oder nicht wagen dürfen, wird eine Art von Schirmherrin jenes inneren Widerstands, der sich immer offener äußert. Trotzdem läßt sie keinen Zweifel an ihrer Loyalität gegenüber Friedrich Wilhelm aufkommen. An ihrer absoluten Ehrlichkeit in diesen Dingen zweifelt sowieso keiner. Aus Liebe zu ihrem Mann macht Luise preußische Geschichte, nicht als gewiefte Politikerin. Da wäre sie gewiß lange vergessen.

Die wegen klimatischer Bedingungen auf Hufelands Ratschlag erst zwei Monate später, Mitte Juni, angetretene Reise nach Pyrmont wird anstrengend. Es ist ungewöhnlich heiß, und die sandigen Wege lassen sich nur langsam passieren. Die Befürchtungen, die Luise vor den hannoverschen Landen hegt, erfüllen sich nur in Hameln, wo die Bevölkerung bewußt keine Notiz von ihr nimmt. Ansonsten entwickelt sich alles wieder einmal zu einem kleinen Triumphzug.

Sosehr dies Balsam auf ihre Seele gewesen sein mag, für die marode Luise bedeutet es zusätzliche Strapazen. Ab Brandenburg wachsen ihr all die Begrüßungen am Straßenrand, Reden der Bürgermeister und Einladungen zum Frühstück oder zum Tee über den Kopf. Trotzdem mag sie die Leute nicht enttäuschen. Am ersten Tag kommt die Königin abends völlig erschöpft in Magdeburg an, wo die »Honorazioren« (ihre eigene Rechtschreibung) sie derart umdrängen, daß sie buchstäblich in ihr Zimmer geschoben wird. Sie vermißt Friedrich Wilhelm, der bei solchen Gelegenheiten unvermittelt grob zu werden pflegt.

Am nächsten Tag geht es durch Staub und Hitze weiter über Halberstadt nach Braunschweig. Vor den Toren erwartet sie schon der alte Herzog Karl Wilhelm Ferdinand, der zaudernde Feldherr des Frankreichfeldzugs. Daß sich ihre Rolle im Staate gewandelt hat, zeigt die Tatsache, daß der Siebzigjährige ihr gleichsam Rapport gibt über die europäische Lage. Er ist eben in besonderer Mission in St. Petersburg gewesen, um Zar Alexander zu beruhigen, der unter dem Einfluß seiner traditionell preußenfeindlichen Berater doch wieder Zweifel hegt an Preußens Doppelspiel, äußerlich an der Seite Frankreichs, mit dem Herzen auf der anderen Seite. Das Bündnis mit Napoleon, von ihm zunächst verständnisvoll begrüßt, scheint ihm am Ende doch eine Bedrohung. Man hat zwar ganz offiziell auf die in Potsdam vereinbarten Beschlüsse verzichtet, aber so ganz geheuer kommt ihm – man kann's verstehen – Friedrich Wilhelm Arm in Arm mit Napoleon nun doch nicht vor.

Der Herzog von Braunschweig gilt, ganz wie Friedrich Wilhelm III., als übervorsichtig, überhöflich und überaus umständlich. Luise erlebt ihn jetzt kompromißlos und offen. An ein paar weitere Friedensjahre, die sie erhofft, sei nicht zu denken, wie er unverhohlen erklärt. »Das ist eine Chimäre. Der König muß sich entscheiden, wen er in diesem Kampfe unterstützen will.« Auch warnt er eindringlich vor einer Einverleibung Hannovers. »Jeder gute Preuße muß dem König Hannover wünschen, aber es ist unmöglich, daß er es behält, das würde ihn ins größte Unglück stürzen, und uns sicher mit unseren wahren Verbündeten und Freunden entzweien, und das ist der wahre Vorteil, den Frankreich davon erwartet.«

Noch vor wenigen Jahren hätte der Herzog von Braunschweig, der merkwürdigerweise als einer der führenden Feldherren seiner Zeit gilt, nicht im Traum daran gedacht, dem charmanten Flatterwesen von Königin derart ernsthafte Staatssachen zu unterbreiten, und sie hätte es gewiß auch nicht interessiert. Jetzt wählt man gern den Umweg über Luise, wenn man Friedrich Wilhelms Ohr erreichen möchte. Karl Wilhelm, der große Zögerer, warnt also vor weiterem Zögern. Preußen hat nur noch die Wahl zwischen den Fronten. Eine Wahl zwischen Krieg und Frieden hat es nicht mehr. Luise horcht auf. Ihre Korrespondenz mit Friedrich Wilhelm, die sie kurz darauf von Pyrmont aus führt, scheint von diesem Gespräch beeinflußt. Übrigens will der Herzog von Braunschweig in Petersburg auch gehört haben, Napoleon wolle ein jüdisches Königreich neu errichten, und nun mahnt sie Friedrich Wilhelm, ja darauf zu achten, daß niemand daran geht, »reiche Juden in Berlin Deinem Staate abspenstig zu machen«.

Zunächst geht es weiter nach Hildesheim. Die Stadt gehört zwar erst seit wenigen Jahren, seit dem Reichsdeputationshauptschluß, zu Preußen, bereitet der Königin jedoch einen besonders herzlichen Empfang mit – etwas verspäteten – Maibäumen, blumenstreuenden Jungfrauen und geschmückten Häusern. Am 19. Juni trifft sie in Pyrmont ein, übrigens inkognito, als Gräfin von Hohenstein; nur als »einfache« Gräfin kann sie im Badehaus wohnen. Es spricht sich trotzdem rasch herum, daß die Königin von Preußen dort kurt, und obwohl es zunächst regnet und kühl ist, strömt man bald von überallher herbei – das Bad erlebt eine glanzvolle Saison.

Hufeland, dem Luises Vater noch seinen eigenen Strelitzer Hofarzt Hieronymi beigegeben hat, sorgt im übrigen dafür, daß Luise, zunächst wenigstens, brav ihren gesundheitlichen Pflichten nachkommt. Das Wasser der Stahlquelle wird von ihm mit Eselsmilch vermischt; trinken muß sie es auf langen Spaziergängen unter den Linden der weltberühmten Allee. Als die Kur anschlägt und sie sichtlich kräftigt, darf sie zunächst kurze, dann längere Reitausflüge unternehmen. Es dauert nicht lange, da herrscht um die gesundende junge Königin ein wahrhaft Darmstädter Jubel und Trubel. Ihr Vater, der Pyrmont-Stammgast, trifft ein, der lustige Onkel, auch Bruder Georg, ihr Liebling. Maria Pawlowna, die Erbprinzessin von Weimar, eine Schwester Zar Alexanders, mit der sich Luise im letzten Winter angefreundet hat, stößt hinzu, Fürsten, Prinzessinnen, adlige Familien, nicht zuletzt Militärs, darunter der 64jährige General Leberecht Fürst Blücher aus Münster, der die Königin geradezu schwärmerisch verehrt, machen bald eine buntgescheckte Gesellschaft aus, in die sich, typisch für Luise, auch Bürgerliche mischen, etwa Friedrich Heinrich Himmel, der Klaviervirtuose und königliche Kammerkomponist, und Johann Heinrich Schröder, ein Schüler Tischbeins, der aus Meiningen heranreist und dem sie für ein Pastellporträt Modell sitzt.

Ahnt Luise, die Mahnungen des Herzogs von Braunschweig noch im Ohr, daß mit diesen teils geruhsamen, teils fröhlich in fröhlicher Gesellschaft verbrachten Pyrmonter Tagen die Friedensidylle, in der sie bisher gelebt hat, endgültig zu Ende geht? Sie genießt sie jedenfalls in vollen Zügen. Ihre vielen Briefe an den einsamen Friedrich Wilhelm in Berlin sprechen eine deutliche Sprache.

Für eine kurze Weile hat sich die Welt entwirrt. Ein Bild wie aus dem Rokoko, dem Luise entstammt. Man erhebt sich frühmorgens zu den Klängen eines Chorals. Zum ersten Schluck Brunnenwasser erscheinen alle Damen, auch die Königin, in einfachen weißen Gewändern. Luise hält einen besonderen Becher in der Hand, den ihr Friedrich Wilhelm, hübsch graviert, mitgegeben hat (mitsamt einer Weckuhr – er kennt ihre Unpünktlichkeit). Anhaltende Bewegung hat Hufeland empfohlen; wie im Reigen durchschreitet man die Kuranlagen, indes in der Lindenallee schon die langen Tische gedeckt werden, an denen man um zehn Uhr zum Frühstück Platz nimmt.

»Dann badete die Königin«, berichtet Bailleu, »und nach kurzer Ruhe unternahm sie, meist zu Pferde, wieder in größerer Gesellschaft, einen Ausflug in Pyrmonts Umgegend, nach dem Friedenstale, auf den Königsberg, zum Waldeckschen Schloß, oder wohin sonst das schöne Wetter lockte... Nach der Rückkehr wurde zu Mittag gespeist. Gegen Abend vereinigte man sich im Kursaal zum Tee, wobei auch kleinere Hazardspiele nicht ausgeschlossen waren; zeitig wurde zu Abend gegessen und zeitig die Ruhe gesucht. Zuweilen aber gab es auch Konzerte und Bälle; und die Königin selbst, nachdem Hufeland es gestattet, hat sich am Tanze beteiligt.«

Dies freilich, wie sie ihrem Mann mitzuteilen sich beeilt, ausschließlich bei Quadrillen und Polonäsen, Tänzen also ohne Körperberührung. Ihre langen Briefe an den König in Berlin strotzen überhaupt vor Details. Auf sie kommt es an im Gespräch mit einem Vertrauten; sie kennzeichnen dann auch die neue Stellung der Königin. Die speziell für Friedrich Wilhelm gesetzten scharf umrissenen Einzelheiten sind es, die Luise, etwas mehr Bildung und Sinn für Grammatik und Orthographie vorausgesetzt, zu einer vorzüglichen Briefstellerin gemacht hätten. Beobachten kann sie und präzisieren auch.

Da sind die alten kleinen Eitelkeiten: Bei einem Konzert vor geladener Gesellschaft tritt sie – wie auch anschließend Frau von Berg – mit einigen Liedern auf. Genau verzeichnet sie, wer Wichtiges im Publikum war, Rußlands Botschafter Alopeus zum Beispiel, der die engen Beziehungen zum Zaren nicht abreißen läßt, und der Kurfürst Wilhelm von Hessen-Kassel, der trotz plagender Gicht erschienen ist. Ihm hat Luise (um »Dir einen Freund mit 25 000 Mann zu erhalten«, wie sie schreibt) sogar eine persönliche Einladung geschickt, was sie mit nicht geringem Stolz ob solcher diplomatischer Geste erfüllt. »Ich glaube«, lobt sie sich selbst, »ich habe die gute Meinung von meinem Verstand, die Du in Deinem letzten Brief äußerst, nicht Lügen gestraft.«

Sie berichtet dem König alles, setzt aber höchst geschickte Akzente. Sie kennt seine strenge Liebe zur Religion – eigentlich: zur Religiosität – und seine Passion für das Theater. So beschreibt sie den Besuch einer Kirche der Quäker und den Besuch einer Komödie namens »Schneider Fips«, obwohl beides sie gelangweilt hat. Gelegentlich zieht sie ihn mit seinen weiteren Vorlieben auf, wenn sie etwa die Frau eines Grafen beschreibt, die als besonders schön gilt, »die Dir aber nicht gefallen würde, weil sie mager ist«. Eine Anspielung auf die schöne Helena, deren Reize er seinerzeit sichtlich goutiert hat.

Friedrich Wilhelm, der ebenfalls beinahe täglich Briefe nach Pyrmont gehen läßt, ist auch auf Einzelheiten bedacht, wie es seine Art ist, in pedantisch aufzählender Weise. Im Vordergrund stehen die häuslichen Dinge, wie: »... Wilhelm hat etwas geschwollene Mandeln gehabt, aber es ist nichts. Die anderen Kinder befinden sich alle miteinander wohl, Gott sei Dank. Ich sagte der Bock (der Kinderfrau), daß sie auf den (fünften) Geburtstag des kleinen Carl achten möge. Er wünscht sich eine Taschenuhr, sie wird einige kommen lassen und ich werde eine davon auswählen ...«

Was früher nie der Fall war: Es kommt auch die Politik zur Sprache. Zwischen den Zeilen bemerkt man, daß der König die Aussprachen mit Luise, wahrscheinlich auch die »Wortwechsel« fehlen, die ihr so verhaßt sind. Die Abwesenheit seiner Frau hat Friedrich Wilhelm dazu benutzt, seine Gedanken über die augenblickliche europäische Lage in einer Art Denkschrift niederzulegen. Sie wendet sich vor allem an zwei Menschen: Alexander von Rußland und Luise von Preußen.

Dem Zaren wird das Schriftstück mit einem persönlichen Anschreiben des Königs vom preußischen Gesandten in St. Petersburg, Friedrich Wilhelm von Krusemarck, überreicht. Luise nutzt die Gelegenheit, um den in seiner Berliner Einsamkeit äußerst deprimierten König aufzurichten. Ausgehend von seiner Denkschrift – in der er neuerliches Abwarten und Hinauszögern empfiehlt, jetzt aber bei verstärkter Rüstung auf einen kommenden und unvermeidlichen Krieg gegen Napoleon – lobt sie seine Initiative und spricht ihm Mut zu: »Überhaupt ist mehr Selbstvertrauen das einzige, was dir fehlt; hast Du es einmal gewonnen, wirst Du viel schneller einen

Entschluß fassen, und hast Du einen Entschluß gefaßt, so wirst Du viel strenger darauf halten, daß man Deine Befehle befolgt. Gott hat Dir alles gegeben, richtigen Blick und eine einzigartige Überlegung, denn die wird immer von Kaltblütigkeit beherrscht, und Deine Leidenschaften verblenden Dich nicht oder doch selten, welch ein Vorzug! Benutze ihn und laß Deine Diener Deine Überlegenheit fühlen!«

Dies dürfte ein vorsichtiger Hinweis auf die Stellung der Kabinettsräte sein, denn immer noch sind die eigentlichen Minister, die verantwortlich die Politik bestimmen, von einem persönlichen Vortrag beim König, der diese Politik letztlich lenkt, ausgeschlossen. Immer noch will Friedrich Wilhelm es nur mit den alten und ihm vertrauten Kabinettsräten, vor allem Beyme und Lombard, zu tun haben. Die Minister sind zwar vom Hochadel, aber der König besitzt in dieser Hinsicht keinerlei Vorurteile. Die bürgerlichen Kabinettsräte stehen ihm – wie dem Gutsbesitzer die verläßlichen Stallburschen – näher. Starke Persönlichkeiten wie Stein und Hardenberg können, im Gegensatz zum wiedereingesetzten Haugwitz, auf diese Art aber nur unvollkommen arbeiten. Mit dem Unwillen über die gesamte Politik, die Preußen im Augenblick betreibt, ist aber auch der Unwille über die Regierungsform Friedrich Wilhelms gewachsen.

Stein hat schon bald nach seiner Einsetzung eine recht unverhüllte Denkschrift gegen die Kabinettsregierung verfaßt und diese Luise gezeigt. Ihr dringender Rat, sie zu modifizieren, ehe man sie dem König schicke, mag richtig gewesen sein. Sie hat diesen jedoch nie erreicht, und jetzt ist Hardenberg dran, der inoffiziell Preußen, dem König, der Königin weiterhin verbunden und als Berater tätig ist.

In Pyrmont befindet sich zur Zeit auch der derzeitige preußische Gesandte in Kassel, Fürst Wittgenstein (der später beim 34. Geburtstag Luises eine so ausschlaggebende Rolle als Finanzexperte spielen soll). Hardenberg klagt Wittgenstein, der König sehe die »traurige, schimpfliche und gefährliche« Lage nicht, weil seine engsten Ratgeber sie ihm bewußt verschleierten. Allein in der »richtigen Einsicht, dem Patriotismus und dem Ehrgefühl« der Königin bestehe eine Art von Gegengewicht. Er bittet Wittgenstein um Rat, wie man dem König die wahren Sachverhalte am besten nahebringen könne.

Wittgensteins Antwort, wahrscheinlich mit Luise abgesprochen, vielleicht sogar von ihr initiiert, lautet: Hardenberg möge eine neue, gemäßigtere Denkschrift aufsetzen und diese von führenden Persönlichkeiten unterzeichnen lassen, die der König schätze, vor allem »Männer von Gewicht beim Militär« und möglichst auch von Haugwitz. Die Königin müsse man dann bitten, Friedrich Wilhelm das Schriftstück in einem ihr geeignet scheinenden Augenblick zu überreichen.

Das wird später geschehen, wenn auch durch andere Personen. Hardenberg zuckt zurück: Gemeinsam mit Haugwitz will und kann er, der bei den Tauben als Taube, bei den Falken als Falke gilt, nicht in die Arena treten. So wird auch aus dieser Note nichts. Bezeichnend bleibt jedoch, daß inzwischen derartige Fäden grundsätzlich über Luise laufen, und das nicht ohne ihr Zutun.

Man hat ihre Aktivität später sehr unterschiedlich bewertet. Die einen, wie Wittgenstein, haben in Luise den aktiveren, mutigeren, dazu patriotischeren Geist gesehen, die anderen ein Dummerchen, dem man mit viel Überredungskunst Dinge aufhalste, die man dem König nicht frei und offen zu unterbreiten wagte. Menschen sind jedoch nicht ein für alle Mal festgeprägte Persönlichkeiten, sie besitzen Schwächen, die zu überwinden sie manchmal imstande sind, sie können sich wandeln, über sich hinauswachsen oder sich unter Wert verkaufen, sogar von einem Tag auf den anderen.

Es wäre verkehrt, in Luise die entschlossene Preußin zu sehen, die versucht, ihren zaudernden Mann mit allen Mitteln in den Krieg gegen Napoleon zu treiben. Sie ist nicht einmal grundsätzlich antifranzösisch eingestellt, wie wir gesehen haben. Ebenso falsch wäre es, ihren Intellekt zu unterschätzen, der zwar unausgebildet, aber doch deutlich vorhanden ist, eine intuitive Klugheit, mit der sie dem Zeitgeist zweifellos dichter auf den Fersen bleibt als ihr ziemlich unbeweglicher Mann.

Es spricht jedoch einiges dafür, daß Friedrich Wilhelm die Zusammenhänge besser überblickt als Luise und nicht weniger realistisch als Stein und Hardenberg. Sein Pessimismus lähmt ihn aber, macht ihn hilfloser, weil er überzeugt ist, daß nichts die kommende

Katastrophe aufhalten kann. Er kennt seine Schwächen, insbesondere die, Entscheidungen zu lange aufzuschieben (auf ein derartiges Wissen spielt Luise ja auch in ihrem aufmunternden Brief an). Es bedarf auch keines Hinweises auf seinen Patriotismus. Friedrich Wilhelm ist preußischer Patriot durch und durch, aber im Gegensatz zu seinem verehrten Ahnherrn Friedrich dem Großen, der sich in ihm eine Art von Inkarnation erhoffte, ist er unter keinen Umständen bereit, die Zerstörung seiner Heimat zu riskieren, vielmehr sucht er sie mit allen Mitteln zu verhindern. Für diese Aufgabe nimmt er, ganz bewußt, sogar Vorwürfe in Kauf, die ihn, den zwar pazifistisch gesinnten, aber doch eigentlich militärischen Menschen zutiefst treffen, etwa den der Feigheit.

Feige ist er nicht. Wo immer er in kriegerische Handlungen geraten ist und noch geraten wird, erweist er sich persönlich als ungemein tapfer. Wie es sich für einen preußischen Offizier gehört, sieht er dem Tod sozusagen ohne Wimpernzucken ins Auge. Seine Hemmungen anderen Menschen gegenüber stehen auf einem anderen Blatt, obwohl man auch da mitunter den Eindruck gewinnt, er übertreibe seine Menschenscheu, seine Langsamkeit und Entschlußlosigkeit, um sich desto besser hinter ihnen verschanzen zu können.

Zweifellos handelt es sich bei solch passiver Hinhaltetaktik um so etwas wie Vogel-Strauß-Politik. Aber mit ihr hat er gute Erfahrungen gemacht, bessere auf jeden Fall als mit dem aggressiven Vorgehen seines Vaters, das selbst bei äußeren Erfolgen schließlich immer nur zu Niederlagen geführt hat. Den Kopf steckt er nur zu gern in den Sand, nicht aus Feigheit, wohl aber weil es ihm unter den gegebenen Umständen als das Klügste vorkommt, was er tun kann. Und wahrscheinlich hat er damit sogar recht.

Luise agiert mehr oder weniger als sein anderes Ich. Ein geborener Skeptiker, der weiß, daß selbst die Klügsten oft Irrtümern erliegen, hat Friedrich Wilhelm sich wahrscheinlich dieses Gegengewicht selbst aufgebaut, denn ohne seine Billigung, mehr als das, ohne sein Zutun, seine Förderung ihres weiblichen Widerstandsgeistes, hätte die Königin, die zunächst fest entschlossen war, absolut unpolitisch zu wirken und niemals in Staatsangelegenheiten einzugreifen, vermutlich nie eine derartige Initiative ergriffen. Es stört ihn keineswegs, daß die Klatschblätter wie der »Beobachter der Spree«, »Der Freimütige« oder der früher von Kotzebue geleitete »Scherz und Ernst« schon vom »König Luise« reden. Es könnte ebensogut von »Königin Friedrich Wilhelm« die Rede sein, denn aus dem idealen Ehepaar ist ein – jedenfalls für preußische Verhältnisse – ideales Königspaar gewachsen.

Trotz des Donnergrollens ringsumher empfindet der König, allein, ohne seine Luise, ausgesprochene Langweile. Die Empörung über die Gründung des sogenannten »Rheinbunds« schlägt in der Pyrmonter Gesellschaft weit höhere Wellen als im Umkreis des Königs, der Briefe Friedrichs des Großen studiert und für Luise Passagen daraus exzerpiert, lange einsame Spazierritte unternimmt, ins Theater geht, wo er das Luther-Stück »Weihe der Kraft« des Erfolgsdramatikers Zacharias Werner sieht oder auch hübsche junge Tänzerinnen in neuen Ballett-Choreographien bewundert. Zwar haben sich die Verwicklungen mit England – trotz formeller Kriegserklärung! – und Schweden bisher nicht als so brisant erwiesen, wie zunächst erwartet. Die Weltlage ist jedoch so angespannt, daß man dem preußischen König kaum glauben kann, wenn er behauptet, er fühle sich »ennuiert«.

Taktik? Phlegma? Interpretationen gehen immer von den Ergebnissen aus, die erst im nachhinein bekannt geworden sind. Es ist im übrigen eine dritte Erklärung möglich: Ohne sein anderes Ich, sein Gegenüber und Gegengewicht, wird ihm ein Sondieren der Lage doppelt schwer. Ihm fehlt Luise. »Du bist und bleibst doch das liebste, was ich auf Erden habe«, schreibt er ihr, um dem Satz Nachdruck zu verleihen, sogar auf deutsch. Das gibt den Ausschlag. Obwohl die Königin bei fortschreitender Gesundung liebend gern noch länger in Pyrmont geblieben wäre, entschließt sie sich zur Rückkehr nach Berlin. »Hufeland will«, schreibt sie, »daß ich im nächsten Jahr wiederkomme. Gott weiß, ob das geht.«

Am 29. Juli bricht sie auf, rechtzeitig zum 3. August, Friedrich Wilhelms 36. Geburtstag. Obwohl er sich vorher schriftlich jederlei »Theaterszene« strikt verbeten hat – öffentliche Gefühlsausbrüche, die Luise nicht zurückhält, sind ihm über die Maßen peinlich –, ist er ungeduldig genug, um ihr noch bis vor Potsdam entgegenzukommen. Gemeinsam fahren sie im königlichen Reisewagen nach Berlin zurück, ins Schloß Charlottenburg. Dort wartet die große Überraschung auf Luise. Während ihrer Abwesenheit hat Friedrich Wilhelm den sandigen Vorplatz, der sie so sehr gestört hat, binnen 18 Tagen von seinem »Lustgärtner« – und wahrscheinlich sogar Halbbruder – Steiner in einen englischen Garten umwandeln lassen mit einem sprießenden Rasen. Die vorgesehenen 200 Platanen und 200 lombardischen Pappeln muß sie sich einstweilen allerdings noch dazudenken; sie können von der Baumschule der Pfaueninsel erst im nächsten Jahr geliefert werden. Da will sie wieder in Pyrmont sein, wird jedoch in die entgegengesetzte Richtung getrieben werden.

Als Steiner seine Entwurfszeichnungen für das neue Gartenstück einreicht (aus denen Friedrich Wilhelm der Sparsamkeit halber die vorgeschlagenen Granitpfosten mit gußeisernen Ketten ersatzlos streicht), fügt er hinzu, er werde sich bemühen, auf keinen Fall »Ew. Königlichen Majestät mit Nachforderungen zu behelligen«. Eine Nachforderung hat er dann doch, beziehungsweise einen Vorschlag, der sofort genehmigt wird. Am 9. August bestätigt der Lustgärtner, »des Königs Majestät hat zu erlauben geruht, daß ich den Platz Luisenplatz nennen dürfte.«

So heißt er heute noch, über alle wirren Zeiten, die damaligen und die späteren, hinweg.

15.

Mobilmachung

Den Zeitgenossen muß der Kopf geschwirrt haben, so schnell änderte sich alles auf der Landkarte, in den politischen Verhältnissen zwischen den Staaten, werden aus Freunden Feinde und umgekehrt. Am 12. Juli 1806 haben die Abgesandten von 16 süd- und westdeutschen Staatsoberhäuptern im Pariser Außenministerium in der Rue du Bac die Urkunde der Confédération du Rhin, des Rheinbundes, unterzeichnet. Talleyrand, Napoleons Außenminister, hat sie ausgearbeitet und verlesen – damit vollziehen Bayern, Württemberg, Baden, Hessen-Darmstadt, Nassau und andere kleinere Fürstentümer das, was einflußreiche politische Geister – in Berlin etwa Buchholz – längst gefordert oder vorgeschlagen haben. Sie schließen sich unter Frankreich als Schutzmacht zusammen.

Napoleon und Talleyrand können da sogar auf ein historisches Beispiel verweisen. Einen Rheinbund hat es Mitte des 17. Jahrhunderts schon einmal gegeben – den westlichen Ländern liegt Frankreich genauso nahe, wenn nicht näher als Österreich, der andere große Kontinentalstaat. Auch bildet die Sprache kein trennendes Element – an den Höfen, wo die Politik gemacht wird, wird Französisch gesprochen, genauso gut und genauso fließend wie in Paris.

Deutsche Fürsten als Satelliten Frankreichs – das ist ihnen später oft als purer Verrat vorgeworfen worden. Andererseits entsprach aber die Anerkennung Frankreichs als Europas Führungsmacht durchaus der Realität. Um so mehr, als man dadurch immerhin der langersehnten Einheit Deutschland näherkam, wenn auch unter Schutz und Schild des mächtigen Nachbarn.

Napoleon sah natürlich eher die Gefahr eines deutschen Nationalstaats. Er hat später gesagt, die Deutschen seien reif für eine gesamtnationale Organisation gewesen und jeder starke Mann, der es gewollt hätte, würde augenblicklich 30 Millionen Deutsche hinter sich gehabt haben.

So schafft er statt dessen, Golo Mann zufolge, »eine kleine Zahl deutscher Monarchien, künstlich genug, um schwach zu sein, aber bodenständig und würdig genug, um den deutschen Stolz zu befriedigen.« Am 1. August, Luise ist soeben aus Pyrmont zurückgekehrt, erklären die 16 Rheinbund-Fürsten in Regensburg ihren Austritt aus dem Reichsverband. Und am 6. August legt Kaiser Franz II. stillschweigend die römisch-deutsche Kaiserwürde nieder und regiert fortan als Kaiser Franz I. nur noch Österreich. Das Heilige Römische Reich Deutscher Nation löst sich sang- und klanglos auf, eine achthundertjährige Tradition zerplatzt wie eine Seifenblase. Außer den unmittelbar Beteiligten bemerkt es kaum jemand.

In Berlin weint dem vermorschten überstaatlichen Gebilde keiner eine Träne nach, höchstens Luise, die aus dem »Reich« stammt, für die der Kaiser Deutschland ist – ein wenn auch vager Begriff – und die an zwei Kaiserkrönungen in Frankfurt teilgenommen hat, eine unvergeßliche Jugenderinnerung. Napoleon, flink bei der Hand, beseitigt alsbald die verzopften und absurden Relikte deutscher Kleinstaaterei, indem er etwa Hohenlohesche, Fürstenbergische oder Leiningensche Lande den großen »Mittelstaaten«, wie sie genannt werden, zuschlägt, hauptsächlich dem neuen Königreich Bayern, das den größten bildet, aber auch Württemberg, Baden und Hessen. Das wird von allen außer den betreffenden Fürstlichkeiten, den Hohenlohes, Fürstenbergs oder Leiningens, allgemein begrüßt und hat sich sogar trotz mancher willkürlicher Grenzziehung bewährt. Die rechtsrheinische Pfalz gehört noch heute zu Baden wie Franken zu Bayern, obwohl es keine diesbezüglichen historischen Bindungen gibt. Die deutschen Staaten aus der Retorte sind ein bleibendes Verdienst Napoleons, setzen sie sich doch von vornherein über Stammes- und Dialektgrenzen hinweg als übersichtliche Verwaltungseinheiten und Zentren provinzieller Kulturpflege.

Auch Friedrich Wilhelms Reaktion auf den Rheinbund ist zunächst durchaus positiv. Schon keimen in ihm wieder Hoffnungen auf einen dauerhaften Frieden. Um so mehr als Napoleon mit ihm einiges vorhat. Er versichert dem preußischen König sein Wohlwollen sowie den endgültigen Besitz Hannovers und legt ihm den Gedanken eines Norddeutschen Bundes nahe. Nach dem Vorbild des Rheinbundes gebildet, soll ihm Preußen als bedeutendster Partner vorstehen.

Das kommt Friedrich Wilhelm entgegen, der ja mit Napoleon verbündet ist, vor allem aber Graf Haugwitz, dem alten und neuen Leiter der Außenpolitik. Er hat schon immer mit den Gedanken eines engeren Zusammenschlusses der norddeutschen Staaten geliebäugelt.

So unvernünftig scheint das nicht. Einigkeit macht stark, das sieht man an den plötzlich selbstbewußt gewordenen Rheinbundstaaten. Schon tritt Haugwitz in Verhandlungen mit Kurhessen und Kursachsen ein. Schon läßt sich Friedrich Wilhelm vernehmen: »Der neue Bund soll nach meinen Ideen kein anderes Ziel haben, als Verteidigung und gemeinsame Sicherheit. Alle sollen für alle einstehen.«

Die Worte finden sich in einem Brief an den Herzog von Braunschweig. Sie sind vielleicht auch als Antwort auf die Warnungen gedacht, die dieser der Königin Luise mit auf den Weg nach Pyrmont gegeben hat. Sie sollen sich als richtig erweisen, denn Friedrich Wilhelms Hoffnungen auf Frieden und Eintracht gehen nicht in Erfüllung, an eine Fortsetzung der Neutralitätspolitik durch einen geschlossenen agierenden Bund der norddeutschen Staaten ist nicht zu denken. Als er bemerkt, daß Napoleon ein Doppelspiel betreibt, platzt ihm – manche sagen: endlich – der Kragen, und es kommt, wozu es bei Friedrich Wilhelm selten oder nie gekommen ist, zu einem schnellen, sogar übereilten Entschluß.

Zu verstehen ist dies schon. Luise, wieder einmal mit Vorbereitungen zum 27. Geburtstag ihres Bruders Georg am 12. August beschäftigt, läßt eines Tages bei den Proben lange auf sich warten. Als sie endlich erscheint, ist sie, laut Luise Radziwill, »so erregt und zerstreut, daß ich sie ganz leise fragte: ›Was ist geschehen?‹ Worauf sie mit Tränen in den Augen erwiderte: ›Der König hat sehr schlimme Nachrichten aus Paris erhalten…‹«

Eine Überraschung sind sie wohl nur für Friedrich Wilhelm und sein friedliebendes Wunschdenken. Angekündigt haben sie sich lange, denn Napoleon verstärkt seine Truppen durch Rekrutierungen in den Rheinbundstaaten auf verdächtige Weise und massiert sie an strategischen Ausgangspunkten wie zu einem neuerlichen Aufmarsch. General Blücher meldet die Zusammenziehung eines französischen Armeekorps von 40 000 Mann bei Lippe; noch auffallender ist die Massierung der Besatzungstruppen im süddeutschen Raum, die offensichtlich weniger gegen Napoleons kontinentalen Erzfeind Österreich gerichtet ist als gegen Sachsen und Preußen. Auch die Bayern scheinen einen Überfall vorzubereiten, wahrscheinlich, um sich zusätzlich zu Ansbach auch noch Bayreuth einzuverleiben. Das sieht alles sehr bedrohlich aus. Es liegt genügend Zündstoff bereit, ein Funken genügt, ihn zur Explosion zu bringen. Ausgelöst wird er vom Marquis Lucchesini, der nun schon dem dritten preußischen König auf internationalem Parkett dient.

Friedrich Wilhelm hat den listigen Italiener vor sechs Jahren in geheimer Mission nach Paris geschickt, wo er neben dem preußischen Botschafter gleichsam als Auge und Ohr des Königs tätig sein soll. Mit Talleyrand befreundet, erfüllt er diese Aufgabe glänzend, denn wie der französische Außenminister hört er die Flöhe husten und das Gras wachsen, ist in alle Intrigen eingeweiht – wenn nicht direkt an ihnen beteiligt – und spannt Fäden in jede nur denkbare Richtung. In Berlin bleibt man durch ihn vortrefflich eingeweiht in alle Interna der französischen Hauptstadt, besser wahrscheinlich als anderswo, obwohl Lucchesini zumindest zeitweilig auch für St. Petersburg gearbeitet zu haben scheint.

Im Gegensatz zu Talleyrand ist Napoleon von diesem Marquis wenig begeistert. Er kennt ihn schon seit seiner Zeit als Erster Konsul, 1797 in Bologna, und erst kürzlich hat ihm Lucchesini, wiederum in Italien, in Mailand, am 12. Mai 1805 in feierlicher Audienz den preußischen Schwarzen Adlerorden überreicht.

Napoleon schätzt ihn trotzdem nicht; man könnte auch sagen, er schätzt ihn – Italiener unter sich – wahrscheinlich richtig ein. Die Vorwürfe des Kaisers basieren auf Briefen, die die Zensur geöffnet hat: Lucchesini unterhalte Verbindungen zu oppositionellen Gruppen, darunter zur Madame de Staël, sowie, schlimmer noch, zu England. Das entspricht selbstredend den Tatsachen, und Napoleon hat sogar schon die Abberufung des lästigen Diplomaten verlangt, aber da diesem etwas Handgreifliches nicht vorzuwerfen ist, wurde solch Ansinnen vom streng rechtlich denkenden Friedrich Wilhelm schlichtweg abgelehnt.

Napoleons Forderung muß dem König von Preußen um so unverständlicher vorgekommen sein, als Lucchesini schon lange für eine Allianz mit Frankreich plädiert und, als diese erfolgt, alles getan hat, um sie zu erhalten. Höchstpersönlich sind die von Haugwitz geschlossenen Verträge von Schönbrunn und Paris durch ihn nach Berlin transportiert worden, um die Ratifizierung zu beschleunigen. Seiner Frau Charlotte schrieb er damals noch von Berlin aus nach Paris: »Sage Talleyrand, Seine Kaiserliche Majestät werde sehen, daß ich ein besserer Franzose bin, als er denkt.«

Napoleon weiß jedoch, daß Lucchesini kein guter Franzose ist, eher schon ein guter Preuße. Er mißtraut ihm, aus seiner Sicht sogar zu Recht, denn bei aller Vorliebe für Frankreich hält der stets gut Informierte doch Augen und Ohren offen, denen – auch das weiß Napoleon – so leicht nichts entgeht.

So warnt er seinen engen Freund Haugwitz rechtzeitig vor Napoleons heimlichen Plänen – da dürfte der listenreiche Talleyrand seine Finger im Spiel gehabt haben. Er meldet Murats Absichten auf die preußischen Besitzungen in Westfalen nach Berlin sowie, aufgrund seiner englischen Verbindungen, die Ergebnisse der Geheimverhandlungen des Kaisers mit England. Das schlägt in Berlin wie eine Bombe ein: Trotz allen Zusicherungen Preußen gegenüber hat Napoleon dem englischen König Hannover sozusagen zurückversprochen, ein Treuebruch, über den Friedrich Wilhelm außer sich gerät. Am 9. August befiehlt er die Mobilmachung seiner Truppen. Da es nun schon die zweite innerhalb eines Jahres ist – die erste war kurz vor Austerlitz erfolgt und hatte sich eher nach Osten als nach Westen gerichtet –, erregt sie großes Aufsehen.

Napoleon nimmt dann auch diese preußische Bewaffnung für eine Kriegserklärung, der sich die Fürsten des Rheinbundes, die Preußen ohnehin nicht grün sind, scheinbar vollen Herzens anschließen. Lucchesini wird bereits Anfang September aus Paris ausgewiesen, weil kritische Briefe an Haugwitz abgefangen worden sind. Vielleicht ist dies mit ein Grund, warum der sonst ganz im Sinne seines Herrn so vorsichtige Minister diesem plötzlich harte Maßnahmen empfiehlt. Sie kommen entweder zu spät oder zu früh, auf jeden Fall allzu unvorbereitet. Aber nun ist der Wagen ins Rollen gekommen. Friedrich Wilhelm hat den Boden der selbstgesetzten Neuralitätspolitik endgültig verlassen und schliddert mit seinem Land in einen Krieg, den man, zumindest in diesem Augenblick, selbst wenn man ein »Falke« ist, nur als unzeitig und leichtfertig bezeichnen kann. Es schließt sich ihm auch nur, sehr ungern, der Kurfürst von Sachsen an, mit dem er verbündet ist, indes ein anderer Bündnispartner, der Kurfürst von Hessen, sich durch die Rheinbundfürsten einschüchtern läßt und Neutralität verlangt, die er auch anstandslos erhält.

Hermann von Boyen, Schüler Scharnhorsts und 1806 im Generalquartiermeisterstab tätig, Verfasser unzähliger Denkschriften für eine Militärreform auf der Grundlage allgemeiner Wehrpflicht, dürfte einer der besten Beobachter des Königs gewesen sein. In seinen Erinnerungen beschreibt er, wie der König mit einer »im ruhigen Zustande scharfsinnigen Urteilskraft« seine tagtäglichen Pflichten erledigte, »sobald aber der zu beurteilende Gegenstand ernste Entschlüsse forderte, die Verwicklungen herbeiführen konnten, verwirrte sich seine Urteilskraft.« Alle »strategischen Ansichten, bei denen seine Phantasie entfernte Gegenstände hätte verbinden müssen, waren ihm verhaßt.« Boyen vergleicht den Standpunkt Friedrich Wilhelms mit dem eines Regimentskommandeurs.

Da trifft er sicherlich ins Schwarze. Einer der Hauptvorwürfe, die Zeitgenossen wie auch spätere Kommentatoren gegen den König vorgebracht haben, ist nur schwer zurückzuweisen. Vom Militär verstand Friedrich Wilhelm wahrhaftig etwas, in der Armee war er von Jugend an zu Hause, ein durch und durch soldatisch bestimmter Charakter. Mußte ihm da der Zustand nicht bekannt sein, in dem sich sein Heer befand? Warum hat er, der Reformer, nicht rechtzeitig auf eine Heeresreform gedrängt? Um so mehr als in seiner Umgebung Leute wie Gneisenau, Scharnhorst und Boyen bereit und willig waren, ihm zur Seite zu stehen, in Theorie wie Praxis. Ein Versäumnis, das nur durch die hinhaltende Verzögerungstaktik und seinen überzeugten, auf religiöser Grundlage beruhenden Pazifismus erklärbar ist. Mußte aber ein derart nüchterner und scharfer Beobachter nicht trotzdem sehen, wie hoffnungslos veraltet das preußische Söldnerheer mit seinen überheblichen Offizieren aus dem Hochadel gegenüber der französischen Volksarmee wirkte? Stimmt es, daß auch auf dem Gebiet seiner besonderen Neigung, dem Militärischen, »sein Interesse am Kleinen und Gewöhnlichen hängen« blieb, »mit einer fast kindlichen Liebhaberei für Parade- und Uniformwesen«, wie der erste Herausgeber des Briefwechsels zwischen den königlichen Ehepartnern, Karl Griewank, meint?

Aber die Situation ist komplex, durch mehr als nur die Persönlichkeit des Königs bestimmt. Napoleon profitiert von Reformen, die längst stattgefunden haben. Er selbst hat es so ausgedrückt: »Die Revolution ist trotz all ihrer Scheußlichkeiten doch der Grund zur Läuterung der öffentlichen Moral und unserer sittlichen Zustände geworden. Ein Rückfall ist unmöglich; es ist die Revolution dem Düngerhaufen zu vergleichen, der eine bessere Vegetation hervorruft.« Das schlägt sich in der Folgezeit sogar in den Rheinbundstaaten nieder, deren innere Reformen schneller und oft effektiver vonstatten gehen als später die preußischen.

Der Dünger der Revolution fehlt in Preußen. Friedrich Wilhelm hat nicht zuletzt deshalb auf Frieden gesetzt, denn wie sein Ahnherr Friedrich Wilhelm, der erste dieses Namens, sieht er das Militär als innere Ordnungsmacht an und im Äußeren ausschließlich als Verteidigungsinstrument. Unter der doppelten Voraussetzung der Friedfertigkeit und der mehr oder minder polizeilichen Aufgaben mag sogar Exerzieren und penible Beachtung von Marschtritt und Uniform eine gewisse Berechtigung besitzen. Allerdings scheint das preußische Heer gründlich demoralisiert. Man wird unwillkürlich an Mirabeaus Worte erinnert: »Preußen ist die Fäulnis vor der Reife.«

Schon ehe es überhaupt zu einer Feindberührung kommt, zeigen sich Desorganisation und Disziplinlosigkeit, der Herzog Karl Wilhelm Ferdinand von Braunschweig nicht Herr wird. Er hat schon 1792 versagt, jetzt ernennt Friedrich Wilhelm den inzwischen 72jährigen erneut zum Oberkommandierenden (statt, wie die Truppe erwartet, selbst den Oberbefehl zu übernehmen). Aber was hat Napoleon kurz zuvor Talleyrand anvertraut? »Der Gedanke, Preußen könnte sich allein mit mir einlassen, erscheint so lächerlich, daß er gar nicht in Betracht genommen zu werden verdient.«

Preußen hat sich, nur von Sachsen unterstützt, mit ihm eingelassen, und das vielgerühmte Heer gerät bereits in Panik, als vom Vorrücken der Franzosen auch nur die Rede ist. Ungeordnet strömen die Truppen aus Jena ins Feld, finden aber keinen Feind. Ein Augenzeuge: »War dieser ganze Auftritt für eine disziplinierte und im Rufe des Muts und der Besonnenheit stehende Armee schon verdrießlich und beschämend genug an sich, so zeigten sich doch erst alsdann, nachdem Ruhe und Ordnung wiederhergestellt worden waren, die verderblichen und niederschlagenden Wirkungen desselben in einem höchst traurigen Lichte. Hinter allen Gebüschen und Hecken krochen einzelne Soldaten von allen Truppengattungen hervor; alle Wege und Felder waren mit weggeworfenen Gewehren, Bajonetten, Kürassen (Kavalleriewesten) und Montierungsstücken (Ausrüstungsgegenständen) besät; leere Futtersäcke und Patronenhülsen lagen umher; in den Gräben steckten drei bis vier umgeworfene demontierte und von ihren Leuten verlassene Kanonen und Munitionswagen. Preußen hatten sächsische, Sachsen preußische Bagage (Nachschubwagen) geplündert, die Stränge abgehauen und die Wagen zerschlagen, der größere Teil des Gepäkkes, der sich der Plünderung von Freundeshand entzogen hatte, war auf das Geschrei, daß der Feind von Weimar her anrücke, nach der entgegengesetzten Seite davongejagt, hatte sich verirrt und geriet am folgenden Tage den feindlichen Streifparteien (Stoßtrupps) in die Hände.«

Wenn Soldaten, gut die Hälfte von ihnen im freilich deutschen »Ausland« rekrutiert, schon vor der Schlacht derart planlos agieren – wie werden sie sich erst im Ernstfall benehmen? Preußen, der Hort des Militarismus (und deswegen von den Alliierten 1947 von der Landkarte gestrichen), ist 1806 kein ernstzunehmender Gegner. Friedrich Wilhelms Armee ist nicht mehr als ein irgendwie zusammengewürfelter Haufen: Die Rekrutierungen finden unter zweifelhaften Umständen statt, die Soldaten werden in ihren Kasernen wie Gefangene gehalten, und die Offiziere, 90 Prozent Adlige, erfreuen sich dafür allzu großer Freiheit; ein Kontakt zu den Mannschaften ist so gut wie nicht vorhanden.

Weiß das der König? Bemerkt er nicht das völlig überalterte, geradezu vergreiste Offizierskorps? Entgeht ihm die Stimmung der Truppe, wo doch die ständigen Desertionen eine deutliche Sprache sprechen? Wie immer die Antwort ausfallen mag, die Haltung der preußischen Falken, die zum Krieg gegen Napoleon gedrängt haben, scheint nun unhaltbar, geradezu absurd. Macht sich nicht, umgekehrt, auch Prinz Louis Ferdinand etwas vor, als er seinen Vetter, den König, wegen dessen Friedenspolitik zur Rede stellt? Er ist Truppenkommandeur in Magdeburg und sollte es besser wissen. Friedrich Wilhelm wirft ihm – zu Recht – »unangemessene Kriegslust« vor und erhält – ebenfalls nicht ganz zu Unrecht – die folgende Antwort: »Aus Liebe zum Frieden nimmt Preußen gegen alle Mächte eine feindliche Stellung an und wird einmal in derselben von einer Macht schonungslos überstürzt werden, wenn dieser der Krieg gerade recht ist. Dann fallen wir ohne Hilfe und vielleicht auch ohne Ehre.«

Prophetische Worte, wie es im nachhinein den Anschein hat. Aber wie soll man mit einer Truppe Ehre einlegen, wenn diese unwillig, schlecht ausgerüstet und dazu noch hungrig ist? Daß bei Jena Sachsen und Preußen einander gegenseitig die Verpflegung wegnehmen, muß niemanden wundern, der die Rationen kennt, die die Soldaten erhalten: Zwei Pfund schlecht gebackenes und häufig bereits verschimmeltes Kommißbrot am Tag und ein halbes Pfund Fleisch in der Woche. Auch Ausbildung und Ausrüstung liegen im Argen. Auf dem Kasernenhof übt man fleißig Strammstehen und Formationsschwenk, aber keine moderne Gefechtstaktik (wie sie Napoleon seiner Armee eingedrillt hat); in den Manövern werden hauptsächlich Schlachten des Siebenjährigen Kriegs nachgestellt, und der liegt 50 Jahre zurück.

Wichtig sind den Militärs, auch Friedrich Wilhelm und seinem kriegerischen Widerpart Louis Ferdinand, propere Uniformen sowie Sauberkeit von Waffen und Gerät. Ein Potsdamer Regimentskommandeur meldet im August 1806, die Flintenläufe seien durch ständiges Putzen und Polieren für Paraden und Appelle derart abgenutzt, daß sie das Abfeuern einer Kugel zweifelsohne nicht mehr aushalten würden.

Napoleons »Große Armee« mag einen weniger schmucken Anblick bieten. Sie besteht aus Dienstpflichtigen; alle Franzosen zwischen 20 und 25 müssen dienen. Ihre Hüte pflegen sie schief und schräg auf ihre wilden Frisuren zu setzen – indes die Preußen noch

Zöpfe tragen –, die Uniformen sind schlampig gehalten und nicht penibel sauber. Dafür kann jeder, und sei er noch so niederer Herkunft, Offizier werden. Auch marschiert man nicht stur im Gleichschritt und rückt in friderizianischer Linientaktik vor wie Friedrich Wilhelms Truppen, sondern in aufgelockerten Schützenreihen, von Deckung zu Deckung springend. Das macht sie für die an das altmodische In-die-Schlacht-Marschieren gewöhnten Preußen nahezu unsichtbar und verbreitet, wie man sieht, großen Schrecken unter ihnen.

Je höher man die preußische Hierarchie emporklettert, desto mehr ähnelt alles verzweifelt einer Militärposse. Der General Rüchel besteht darauf, seiner Truppe voranzureiten, auch im Felde – »ein preußischer Edelmann geht nicht zu Fuß«. Clausewitz verspottet ihn als eine »aus lauter Altpreußentum konzentrierte Säure«, eine Charakterisierung, die leider auf den gesamten Generalstab, Männer zwischen 60 und 70 Jahren, zutrifft.

Der Herzog von Braunschweig führt trotz seines fortgeschrittenen Alters, wie er es von Friedrich Wilhelm II. gewohnt ist, im Troß seine Mätresse mit sich. Dafür vergißt der hochgradig kurzsichtige General Friedrich Ludwig Fürst zu Hohenlohe-Ingelfingen daheim sein Fernglas.

Nicht gegen diese Zustände, die ihnen bekannt gewesen sein müssen, haben Preußens Falken erst kürzlich protestiert, sondern gegen Friedrich Wilhelms Innen- und Außenpolitik. »Der Geist der Armee ist trefflich«, schreibt Prinz Louis Ferdinand in seinem letzten Brief an Rahel Varnhagen, »und würde es noch mehr sein, wenn mehr Bestimmtheit und erregende Kraft in der Politik wäre und mehr fester Wille die schwachen und schwankenden Menschen bestimmte!«

Was Stein mit grober, Hardenberg mit eleganter Sprache versucht haben, hat Prinz Louis Ferdinand, der langsam zum Mittelpunkt der Opposition geworden ist, kurz vor der Mobilmachung noch einmal versucht, nämlich Reformen durchzusetzen und die Entlassung der unliebsamen Minister und Kabinettsräte Haugwitz, Beyme und Lombard, die als »franzosenfreundlich« gelten. Louis Ferdinand hat diesmal den Schweizer Historiker Johannes von Müller aufgefordert, das Schriftstück in höflich-höfischem Stil abzufassen (den gleichen von Müller, der bald darauf Minister im napoleonischen Königreich Westfalen wird). Unterschrieben haben außer Louis Ferdinand und Stein zwei Brüder des Königs, sein Schwager sowie eine Reihe weiterer hoher Offiziere.

Der König ist trotzdem hell empört. Erstens weiß er, daß Haugwitz bei ihm Härte gegenüber Napoleon gefordert und durchgesetzt hat. Er weiß auch, daß dies den Oppositionellen bekannt ist, und nichts verabscheut er mehr als Ungerechtigkeit. Zweitens gelangt die Eingabe auf höchst merkwürdige Weise in seine Hände. Ein Adjutant des Generals Rüchel überbringt der Königin das Schreiben – sie soll es wohl noch korrigieren, zumindest vorher lesen – gerade in einem Moment, als bei ihr der König weilt. Luises Reaktion fällt deshalb nicht, wie Stein und Louis Ferdinand gehofft haben mögen, zugunsten ihrer Eingabe aus. Im Gegenteil, Luise bleibt nichts anderes übrig, als ähnlich erbost zu sein (oder so zu tun) wie der zutiefst gekränkte Friedrich Wilhelm. Am Ende rettet sie sich in reichlichen Fluß der Tränen.

Ob dem König bewußt wird, daß er Luise bei etwas ertappt hat, was hinter seinem Rücken arrangiert worden ist, steht dahin. Am meisten ärgert ihn, daß sich unter dem Dokument die Unterschriften seiner Brüder Heinrich und Wilhelm sowie seines Schwagers Wilhelm von Oranien finden, preußischer Offiziere also, denen jeglicher Eingriff in die Politik seit jeher grundsätzlich untersagt ist.

Es setzt ein fürchterliches Donnerwetter. Louis Ferdinand läßt der König wissen, es seien auch schon Prinzen auf die Festung gekommen. Die Familienmitglieder erleben einen wütenden Zornesausbruch und werden ungnädig mit dem Befehl entlassen, sich sofort zu ihrer Truppe zu begeben. Auch der Familiensegen hängt schief, als Preußen in den Krieg zieht.

Ehe sich zur Mobilmachung auch Prinz Louis Ferdinand auf seinen Posten verfügt, erbittet er die Erlaubnis, vom König, auf jeden Fall aber von der Königin Abschied nehmen zu dürfen. Das wird nicht gestattet; beider Türen bleiben ihm verschlossen. Sein letzter Brief, im Schloß Bellevue kurz vor seiner Abreise geschrieben, richtet sich an Luise, Frau von Berg wird ihn überbringen. »Ich scheide«, heißt es in ihm, »mit dem festen Entschluß, mein

Blut für den König und das Vaterland zu vergießen, doch ohne die Hoffnung, es retten zu können.«

Die beiden haben sich nicht wiedergesehen

Haugwitz bleibt im Amt. Hardenberg, der die Bittschrift wohlweislich nicht mit unterzeichnet hat, hält sich weiter in Wartestellung, Napoleon teilt Friedrich Wilhelm in einem versöhnlichen Schreiben mit, er würde einen Krieg zwischen ihnen als Bürgerkrieg betrachten und halte auch weiterhin am Bündnis mit Preußen fest.

Aber der König, man erkennt ihm kaum wieder, scheint auf einmal unversöhnlich geworden. Er läßt Lombard, den angeblichen Franzosenfreund, mit einer wie immer stilistisch vorzüglichen, jedoch allzu langatmigen und bitteren Anklage antworten, die alle Schachzüge napoleonischer Politik der vergangen Jahre aufzählt, in einer Sprache, die, wie Hardenberg später in seinen »Denkwürdigkeiten 1805–1807« schreibt, nur »der Sieger führen konnte«.

Von einem Sieg fühlt sich Friedrich Wilhelm allerdings weit entfernt. Er stimmt in diesem Punkt mit Louis Ferdinand überein, der Preußen unrettbar verloren sieht. In dessen Satz, er sei fest entschlossen, für Vaterland und König zu sterben, ist viel hineingeheimnist worden. Er läßt sich sogar mit dem desolaten Zustand der preußischen Armee, der Vernachlässigung rechtzeitiger Reformen und Friedrich Wilhelms plötzlicher Schroffheit dem übermächtigen Napoleon gegenüber in Verbindung bringen. Wie der Prinz von Homburg, dessen Charakterzüge Kleist zu einem großen Teil denen Louis Ferdinands nachgebildet hat, sieht sich der Prinz am Rand eines letztlich selbstgeschaufelten Grabes. Und den Prinzen kann man – wie außer ihm nur noch Königin Luise – mit Preußen gleichsetzen. In ihm, in ihr sieht das Land sich verkörpert.

Nun, o Unsterblichkeit, bist du ganz mein!

heißt es im »Prinzen von Homburg«, den Kleist der Königin Luise widmen wollte, was nur ihr früher Tod verhindert hat. Und weiter:

Du strahlst mir durch die Binde meiner Augen,
Mit Glanz der tausendfachen Sonne zu!
Es wachsen Flügel mir an beiden Schultern,

Durch stille Ätherräume schwingt mein Geist;
Und wie ein Schiff, vom Hauch des Winds entführt,
Die muntre Hafenstadt versinken sieht,
So geht mir dämmernd alles Leben unter:
Jetzt unterscheid ich Farben noch und Formen,
Und jetzt liegt Nebel alles unter mir.

Preußen und der Tod – das ist ein eigenes, selten behandeltes Thema. Es spannt sich zwischen dem menschenverachtenden Ausruf Friedrichs des Großen: »Kerls, wollt ihr denn ewig leben« (der, wenn er nicht wahr sein sollte, doch gut erfunden ist) und jenes Verdämmern in die tausendfache Sonne der Unsterblichkeit, die Kleist seinem Helden in den Mund legt.

Da ist Dekadenz beteiligt, Mirabeaus »Fäulnis vor der Reife« und, auch das, Todessehnsucht, die dem Opfergeist entspricht, den der Staat – jedenfalls in idealiter – von einem echten Preußen fordert. Die nackte Wirklichkeit ist gewiß anders, weniger ideal, menschlicher, tragikomischer, aber in sie verflochten bleibt das andere Preußen, in dessen Lorbeer sich seit jeher Moderduft mischt. Wer am Abgrund steht – und wann hätte das Land nicht am Abgrund gestanden? –, den zieht es am Ende hinunter. Das äußert sich bei einem nüchternen Menschen wie Friedrich Wilhelm anders als bei einem Heros wie Louis Ferdinand, und selbst die Gräfin Voß ist der Meinung, »daß alles gar keinen Zweck hat« – preußischer Fatalismus.

Den König verlangt nach »Normalität« bis zuletzt. Auf sein Geheiß gehen Hofleben, Bälle, Diners, Festlichkeiten weiter, als wäre nichts geschehen. Mit Luise fährt er auf die Pfaueninsel zum Picknicken, beide nehmen am Stralauer Fischzug teil, wie gewohnt.

Und als er sich endlich entschließt, Berlin zu verlassen, um sich ins Hauptquartier zu begeben, besteht er darauf, die Königin mitzunehmen. Das ist beileibe nicht neu: Schon Luise Henriette, die erste Frau des Großen Kurfürsten, hat, trotz schwächlicher Konstitution, ihren Mann – dessen enge Beraterin sie war – auf allen Feldzügen begleitet. Sie war zu ihrer Zeit nicht weniger populär als ihre Namensschwester am Anfang des 19. Jahrhunderts, sauber, blond, hübsch, immer etwas kränklich, als Landesmutter ein Vorbild für alle. Aber inzwischen ist viel Wasser die Spree hinuntergeflossen: Den großen Friedrich hat überhaupt keine Frau begleitet und dessen Nachfolger, Friedrich Wilhelm II., gleich ein ganzer Harem. Die Offiziere schütteln den Kopf über den Troß des Königs, der auch die Hofdamen der Königin enthält. Aber die Soldaten und das Volk sind begeistert, nehmen die Anwesenheit ihres Lieblings als günstiges Omen und umjubeln Luise wie eh und je.

Der Aufbruch erfolgt am 20. September 1806 vom Schloß Charlottenburg aus. In Potsdam verabschiedet man sich von den Kindern. »Einen langen, starken Kuß« vom Vater verzeichnet voller Stolz der fünfjährige kleine Karl. Weiter geht es nach Magdeburg, wo der König die Befestigungen besichtigt, die wenig später, am 8. November, kampflos den Franzosen in die Hände fallen werden. Luise erhält Gelegenheit, an ihre Schwester Friederike zu schreiben, die Prinzessin von Solms-Braunfels. Aus Süddeutschland geflüchtet, war sie wenige Augenblicke vor dem Aufbruch des Königspaars mit ihren Kindern in Charlottenburg eingetroffen und dort geblieben. »Der Schmerz, den ich empfunden habe, als ich Dich sah, um Dich im gleichen Augenblick wieder zu verlieren, läßt sich nicht beschreiben ... Erst als ich mich Brandenburg näherte, habe ich die Sprache wiedergefunden und mich von meiner Bestürzung ein wenig erholt. Nun fühle ich mich hundeelend, ich habe schreckliche Kopfschmerzen. Reißen im Kopf, vermischt mit Zahnschmerzen. So habe ich die Nacht verbracht und den Tag, mit dem Unterschied, daß die Nacht wirklich unerträglich war.«

Friedrich Wilhelms Entschluß muß – wie vieles, was er in letzter Zeit unternimmt – überstürzt getroffen worden sein, denn Luise schreibt ihrer Schwester weiter: »Nun nehme ich von Dir Abschied und bitte Dich, wenn möglich, mir einen oder zwei Näpfe Salbe für den Teint, von Thime, und eine Flasche (Kölnisch) Wasser zu schicken. Und wenn Du Wiener Waschwasser hast, auch ein Fläschchen, ich habe davon nichts.«

Am 23. September trifft man über Halle in Naumburg ein, dem Sitz des preußischen Hauptquartiers, der König mit Köckeritz, »der nicht aufhörte, seiner Unzufriedenheit Ausdruck zu geben«, wie wir von Bailleu wissen, die Königin mit der Gräfin Voß zur Seite. Sie empfängt, obwohl sie weiterhin kränkelt, in Naumburg Fürsten,

Generäle und alte Bekannte, darunter die Fürstin Maria Naryschkina, mit der Alexander I. ein Kind hat, macht bei strahlendem Herbstwetter Ausflüge in die Umgebung und versucht, abends am Teetisch es dem König so heimisch zu machen wie in Berlin, Charlottenburg, Potsdam oder Paretz.

Und das gelingt ihr sogar. Luise besitzt eine Affinität zur Idylle. Wo immer sie ist, scheinen sich Frieden auszubreiten und Gemütlichkeit. Wäre nicht der martialische Hintergrund mit Kurieren, die fast jede Minute eintreffen, und pausenloser hektischer Tätigkeit, man könnte den Eindruck haben, es handle sich um eine der vielen Sommerreisen, die das Königspaar durch die alten und neuen Lande geführt hat. Überall versammeln sich Neugierige, wenn die Königin auftaucht. Sie leidet an »schmerzhaftem Kopfreißen«, das nur an der frischen Luft nachläßt, »Was staunt ihr mich so an?« soll sie einmal gefragt haben, »ich bin doch auch weiter nichts als eine Soldatenfrau.«

Auch Napoleon hat seine Frau bei seinem Aufbruch aus Paris am 24. September mitgenommen, freilich nicht bis ins Hauptquartier. Josephine bleibt mit ihrem Gefolge im sicheren Mainz. Napoleon reist gut gelaunt weiter. Den Aufmarschplan hat er längst im Kopf, seine Rheinbundtruppen – neben Bayern, Württembergern, Badenern, Hessen und Würzburgern sind auch 100 Mann aus Hohenzollern darunter – stehen bereits seit August an der Thüringer Grenze. Die Große Armee selbst bewegt sich in fest eingeteilten Tagesmärschen in Richtung Würzburg, wohlorganisiert, begleitet von Trommelwirbel und aufmunternden Liedern, insgesamt 208 563 Mann, denen die Preußen nur 142 800 gegenüberstellen können. Napoleon an Joséphine: »Meine Geschäfte gehen gut. Mit Gottes Hilfe wird das in wenigen Tagen einen ziemlich schrecklichen Ausgang, glaube ich, für den armen König von Preußen nehmen. Er tut mir persönlich leid, weil er ein guter Kerl ist.«

Indes verkündet General von Rüchel seinen Offizieren hochtrabend: »Meine Herren, Generale wie der Herr von Bonaparte einer ist, hat die Armee Sr. Majestät mehrere aufzuweisen.«

Er meint damit wohl auch sich, aber dem widerspricht selbst sein Feldmarschall, der Herzog von Braunschweig, wie wir von dessen Adjutanten wissen, einem Hauptmann von Müffling. »Er hatte«, berichtet Müffling, »das Kommando angenommen, um dem Krieg auszuweichen, ich darf das mit einer solchen Bestimmtheit sagen, weil ich es aus seinem Munde mehr als einmal gehört habe ... Wenn ich dann im Vortrag bei geschlossener Türe die Mittel angab, den Gehorsam zu erzwingen und zu erhalten, so stieg sein Unwille bis zu dem Grade, daß er die Charakteristik dieser nächsten Umgebungen in die einfachsten, auch bittersten Worte kleidete.«

Deutliche Worte eines gründlichen Sachkenners: »Er nannte dann den Fürsten von Hohenlohe einen schwachen und eitlen Mann, der sich von Massenbach regieren ließ, den General von Rüchel einen Fanfaron (Prahlhans), den Feldmarschall Möllendorf» – bekannt, wie wir hinzufügen müssen, für seinen Spaß an brutalen Körperstrafen, die er an seinen Untergebenen vollstrecken ließ – »einen abgestumpften Greis, den General von Kalckreuth einen listigen Ränkeschmied und die Generale en second ordre (im zweiten Glied) talentlose Routiniers, worauf er dann jederzeit schloß: Und mit solchen Leuten soll man den Krieg führen, den Krieg gegen Napoleon ...!«

Man kann den Stoßseufzer verstehen und Friedrich Wilhelms Vorliebe für den Frieden dazu. Unbeantwortet bleibt die Frage, warum letzterer nicht rechtzeitig Abhilfe geschaffen hat. Schwäche, Pazifismus, Lasses-faire, Fatalismus, preußische Todessehnsucht? Was auch immer: Den König scheint – vielleicht gar unter Luises Einfluß – der Teufel zu reiten, als er am 1. Oktober Napoleon auch noch ein Drei-Punkte-Ultimatum stellt, das am 8. Oktober abläuft. »Man hat uns für den 8. Oktober ein Rendezvous der Ehre gegeben«, schreibt Napoleon seinem Generalstabschef Berthier. »Kein Franzose hat so etwas jemals versäumt.«

Die Zeit bis zum Rendezvous läßt der Stratege nicht ungenutzt verstreichen. Im Gegensatz zu seinen Kontrahenten studiert er das von ihm in Aussicht genommene Schlachtfeld und läßt seine Truppen noch günstigere Ausgangspositionen einnehmen. Er plant bis zum letzten Augenblick, so daß alles ablaufen kann wie am Schnürchen. »Napoleon atmete Preußen an, und Preußen hörte auf zu bestehen«, liest man bei Heinrich Heine.

Mit dem bloßen Anatmen war es aber wohl doch nicht getan. Während Napoleon durch seine zahlreichen Spione vortrefflich über alles unterrichtet ist, was im preußischen Lager geschieht und die Schlacht, seine Schlacht, gründlich vorbereitet, wartet Friedrich Wilhelm nicht einmal das Eintreffen der von Alexander zusammengestellten russischen Ersatztruppen ab, sondern hält Kriegsrat in Erfurt und Naumburg und läßt Friedrich Gentz, der aus Wien zu ihm geflohen ist, das etwas lahme, von Lombard entworfene »Kriegsmanifest« überarbeiten. Gentz am 4. Oktober in seinem Tagebuch: »Der Weg nach Auerstedt bot eines der feierlichsten Schauspiele, die ich in meinem Leben gesehen. Der König und die Königin saßen in einem verschlossenen Wagen, von zwanzig anderen gefolgt und waren von Truppen, Kanonen und Geschützwagen umringt. Großartig war der Anblick . . ., der Gedanke aber, daß die Herrscher einer Schlacht zueilten, machte diesen Marsch zugleich imponierend und trauererregend.«

Am 10. Oktober wird das Hauptquartier nach Blankenhain bei Erfurt verlegt, wo man bereits die Geschütze donnern hört, immer noch mit allen Damen und Herren des Hofstaats in ihren zwanzig Wagen. Hier treffen erste Nachrichten von den Kampfhandlungen ein, wenig verheißungsvolle, die die Königin ängstigen. Die Armeespitze, die Prinz Louis Ferdinand kommandiert, ist bei Saalfeld auf den Feind gestoßen und hat ihm ein Gefecht mit offensichtlich unglücklichem Ausgang geliefert.

Daß Louis Ferdinand gefallen ist, weiß Luise schon, als der König gegen neun Uhr abends bei ihr erscheint. Die Nachricht verbreitet sich wie ein Lauffeuer. »Ich verzichte wiederzugeben, welchen Eindruck dieser grausame Tod auf mich machte«, schreibt sie ihrem ältesten Sohn, dem Kronprinzen Friedrich Wilhelm, »von diesem Augenblick an hatte ich die schlimmsten Vorahnungen über diesen Krieg . . .«

Ein schlimmeres Omen für die Zukunft Preußens ist tatsächlich kaum denkbar. Der Abgott der Armee, den diese geradezu als Inkarnation preußischer Kraft und Kampfwillens ansieht, gehört zu den ersten Toten. Lassen wir dahingestellt, ob er, eben noch von der Tür des Königs und der Königin gewiesen, den Tod gesucht hat. Gefallen ist er, wie es einem Heros gebührt: im Kampf Mann gegen Mann.

Am 9. Oktober hatten Einheiten des 5. Armeekorps unter Marschall Lannes die preußische Avantgarde unter Prinz Louis Ferdinand angegriffen. Die Franzosen waren zwar der aus Preußen und Sachsen bestehenden Einheit zahlenmäßig unterlegen, aber weit überlegen in ihrer neuen, flexibleren Gefechtstechnik. Es gelingt ihnen, den Gegner von zwei Seiten unter Feuer zu nehmen, eine überraschende, den noch altmodisch gedrillten Sachsen und Preußen unbekannte Taktik, die enorme Verluste zur Folge hat.

Die Sachsen blasen als erste zum Rückzug und reißen auch die preußischen Schwadronen mit in die Flucht. Als Louis Ferdinand die Gefahr einer drohenden Niederlage sieht, setzt er sich mit seinem Pferd an die Spitze der Fliehenden, wendet und kann sogar einige von ihnen aufhalten. Um sich herum formiert er so etwas wie ein Widerstandszentrum, bis die Masse der Sachsen und Preußen, durchmischt schon mit französischen Verfolgern, in breiter Front heranstampft und alle Übersicht verlorengeht. Ein fürchterliches Gemetzel beginnt, mitten in ihm, seine Adjutanten um sich geschart, Prinz Louis Ferdinand.

Im Durcheinander der Einzelkämpfe entdeckt ihn der französische Wachtmeister Guindey vom 10. Husarenregiment, der ihn zwar nicht erkennt, jedoch für den kommandierenden preußischen General hält. »Ich ritt im Galopp, mit dem Säbel in der Hand, auf ihn zu«, lautet später sein Bericht, »indem ich ihm zurief: ›Rendez-vous Général, ou je vous tue!‹ (Ergeben Sie sich, General, oder ich töte Sie). Er antwortete mit fester Stimme: ›Non, coquin!‹ (Nein, Schuft) und versetzte mir dabei einen Hieb mit dem Säbel ins Gesicht. Da ich sah, daß er sich tapfer verteidigte und sich durchaus nicht ergeben wollte, griff ich ihn mutig an, fest entschlossen, ihn nicht aus meinen Händen zu lassen, versetzte ihm mehrere Hiebe, die er mit Fertigkeit abwandte, nur einen Stich mit dem Säbel in die Brust sowie einen Säbelhieb hinten am Kopfe vermochte er nicht abzuwehren.«

Zur Hilfe eilt ihm sein Adjutant Karl von Nostitz. »Plötzlich bemerkte ich, daß der Prinz taumelt und daß der Zügel seiner schwachen Hand zu entgleiten droht. Er hatte eine Verwundung im Nacken, fast unmittelbar gefolgt von einem Säbelhieb mitten auf die Brust erhalten. Mit einer schnellen Bewegung hebe ich ihn vom Pferd und lege ihn quer über meinen Sattelbaum; dann kehre ich um und bemühe mich, mich aus dem Wirrwarr der Kämpfenden loszulösen.«

Das gelingt ihm zunächst, obwohl »Menschen- und Tierkadaver... den Weg versperren.« Aber Guindey verfolgt Nostiz hartnäckig weiter, bei einem Schußwechsel verwunden sie sich gegenseitig. Der französische Wachtmeister stürzt schließlich vom Pferd; der Adjutant mit seinem sterbenden Prinzen ist am Rande seiner Kräfte.

»Da bemerkte ich nicht weit von mir einen Husaren, der, vom Pferde gestiegen, seine Sattelgurte befestigte. Sein Tschako war zerfetzt, sein Dolman (geschnürte Jacke) mit Staub bedeckt... Es war unmöglich, die ursprüngliche Form seines Tschako zu erkennen, aber durch die braune Farbe seines Dolman glaubte ich, in ihm einen unserer Husaren zu sehen. Ich verlangsamte den Gang meines Pferdes und wandte mich nach seiner Seite. ›Der Prinz ist verwundet‹, rief ich ihm zu, ›komm zu seiner Hilfe, mich verläßt die Kraft, ihn zu halten‹... aber in diesem Augenblick springt er flink in den Sattel, stürzt sich auf mich los und schreit mir in elsässischer Mundart zu: ›Warte, warte, ich werde dir helfen!‹«

Der nun folgende Kampf auf Leben und Tod endet mit der dritten Verwundung des Adjutanten von Nostitz, der von einer Pistolenkugel im Arm getroffen wird. Der verfolgende Elsässer, der Nostitz überdies noch eine Kopfwunde beibringt, endet mit seinem Pferd, das er nicht mehr zügeln kann, in der Saale. Nostitz sinkt, den Prinzen immer noch umschlungen, ohnmächtig zu Boden.

Die Herzogin Auguste von Sachsen-Coburg schreibt am 12. Oktober in ihr Tagebuch: »Gestern früh verließ uns der Marschall Lannes mit einer lärmenden Suite. Mitten im Geräusch von wegreitenden und ankommenden Offizieren lockte mich ein militärisches Schauspiel ans Fenster: ein Detachement (französischer) Infanterie, mit ihren Adlern und bärtigen Zimmerleuten voraus, marschierte in den Hof; in ihrer Mitte trugen sie etwas auf Stangen. Erst als sie es niederlegten, konnte ich die Leiche des Prinzen Louis Ferdinand erkennen. Nackt, in ein großes Tuch gehüllt, lag der große königliche Mann da, den schönen Kopf entblößt; keine Wunde hatte das prächtige Gesicht entstellt, in dem Hinterkopfe hatte er einige gefährliche Hiebwunden, und in der halbentblößten Brust gähnte die breite Wunde eines Stiches, der sein Leben geendet hatte. So schnell, wie sie gekommen waren, eilten die Weißkittel wieder davon, und wie von Räubern ermordet, lag der Enkel eines Königs auf dem Pflaster. Ich konnte vor Tränen kaum mehr sehen, wie Mensdorff aus dem Hause gestürzt kam, um den Freund in die Fürstengruft zu begleiten. ›Geben Sie dem Helden die letzte Ehre!‹ rief er den Ordonnanz-Husaren des Marschall Lannes zu, und sie gaben ihre Pferde ab und trugen in feierlichem Ernst die schöne Leiche in die kühle Wohnung, die der ungestüme feurige Mann wohl da zum ersten Male fand.«

Am nächsten Tag wird die bereits einbalsamierte Leiche Louis Ferdinands vor dem Altar der Saalfelder Johanniskirche aufgebahrt. Eine weitere Augenzeugin und Verehrerin Louis Ferdinands, Amalie von Uttenhoven, in ihrem Tagebuch: »Mit unaussprechlichen Gefühlen trat ich zu dem noch offenen Sarg und bekränzte das schöne Haupt des Prinzen mit einer Lorbeerkrone, einer Krone, die er so wohl verdient hatte. Sein reizender Mund schien zu lächeln, er war durch den Tod nicht entstellt, der Adel seiner Züge war geblieben. Indem ich eine Locke seines Haares abschnitt, erblickte ich plötzlich die tödlichen Wunden, die er auf der Brust erhalten hatte, und die Schere entsank meiner Hand.«

Die Locke, die Amalie von Uttenhoven ihm trotzdem abgeschnitten haben muß, war noch 1981 in der Preußen-Jubiläumsausstellung »Le Musée Sentimental de Prusse« zu sehen.

Das Fazit: Die preußisch-sächsischen Truppen verlieren bei Saalfeld 1800 Mann sowie 34 von insgesamt 40 Kanonen. Vor allem verlieren sie mit Louis Ferdinand die Personifizierung ihres Selbstvertrauens. Sogar König und Königin haben fluchtartig das Hauptquartier verlassen und Unterschlupf in Weimar gesucht. Gentz berichtet, daß sich dort seinen Augen »eine Verwirrung« bot, »wie ich ihr noch nie begegnet war; die Straßen mit Truppen, Pferden, Bagagewagen vollgestopft; mittendrin Offiziere jeder Waffengattung, Generale, Personen aus dem Gefolge des Königs, die ich hier nicht erwartet hatte. Die Wagen stauen sich; ich sehe den Kabinettsrat Lombard herankommen, der, bleich und erschöpft, mich fragt, ob sein Bruder mit mir gefahren ist, dann ganz herantritt und mir sagt: ›Wissen Sie denn, was hier vorgeht? Wir haben eine Schlacht verloren; Prinz Ludwig (Louis Ferdinand) ist gefallen.‹«

Der Verlust des Prinzen mag einer verlorenen Schlacht gleichkommen, die wirkliche, die richtige Schlacht wird erst noch verloren werden. Napoleon, der nur 172 Tote und Verwundete zu beklagen hat, erweist sich als ein großzügiger Sieger. Er gibt Friedrich Wilhelm, dem »guten Kerl«, eine letzte Chance. Aus Gera schreibt er ihm am 12. Oktober einen Brief, in dem er Preußen den Bruch des Bündnisses vorwirft und den König noch einmal beschwört, weiteres Blutvergießen zu vermeiden: »... Sire, Eure Majestät werden besiegt werden ... Heute noch können Sie mit mir auf eine Ihres Ranges würdige Weise unterhandeln, aber noch ehe ein Monat vergeht, wird Ihre Lage eine andere sein.«

Das Friedensangebot eines der größten Heerführer aller Zeiten wird von einem der wenigen Pazifisten, die je auf einem Königsthron gesessen haben, in den Wind geschlagen. Die Eigenschaft des preußischen Königs, an einem einmal gefaßten Entschluß nicht mehr zu rütteln, gewinnt zerstörerische Züge. Es soll keinen Monat mehr dauern, bis die Katastrophe eintritt. Louis Ferdinands Ahnungen haben nicht getrogen. Er hat sein Leben eingesetzt und verloren, ohne Preußen retten zu können.

Was das Land danach noch – als Symbol, aber auch de facto – zusammenhält, ist eine Frau, die Königin Luise. Sie hat den Krieg gewollt und befindet sich nun auf der Flucht.

16.

Die Niederlage

Schlagen wir noch einmal das bunte Bilderbuch mit den Zeichnungen auf, die das Leben Luises zur Legende verklären. Generationen von Kindern haben im wilhelminischen Kaiserreich und gewiß auch noch später angesichts der »Ersten Begegnung der Königin mit ihren Kindern nach der Schlacht bei Jena im Schlosse zu Schwedt am Abend des 18. Oktober 1806« heiße Tränen vergossen.

Luise steht in Plaid und Reisekleid oben an einer engen Treppe, die ein traurig blickender Lakai mit drei flackernden Kerzen erleuchtet. Im Halbdunkel des Flurs ist ihr der kleine Prinz Wilhelm schluchzend in die Arme gefallen, indes sein älterer Bruder, Prinz Friedrich Wilhelm, verzweifelt die Hände ringt. Charlotte und Alexandrine werden im Hintergrund von einem würdigen Erzieher, Hut unterm Arm, noch zurückgehalten. Große Schatten tanzen über den steinernen Fußboden. Ein Bild wohlfrisierten Jammers, denn Luise trägt einen modisch-eleganten Hut, Charlotte ein hübsches Empire-Nachthemdchen, die Jungen sind in makellose weißblaue preußische Uniformen mit roten Stulpen und Litzen gekleidet.

Der Text unter dem rührenden Bild legt Luise starke Worte des nationalen Appells in den Mund: »Im namenlosen Weh über das Unglück des Vaterlandes sagt sie zu den Söhnen: Ihr seht mich in Thränen; ich beweine den Untergang meines Hauses und den Verlust des Ruhmes, mit dem Euch Eure Ahnen und ihre Generale den Stamm Hohenzollern gekrönt haben. Das Schicksal zerstörte in einem Tag das Gebäude, an dessen Erhöhung große Männer zwei Jahrhunderte hindurch gearbeitet haben. Es giebt keinen preußischen Staat, keine preußische Armee, keinen Nationalruhm mehr.

Ruft künftig, wenn Eure Mutter und Königin nicht mehr lebt, diese unglückliche Stunde in Euer Gedächtnis zurück und weint über meinem Andenken Thränen, wie ich sie jetzt dem Umsturze des Vaterlandes weine! Aber begnügt Euch nicht mit den Thränen allein, handelt, entwickelt Eure Kräfte! Laßt Euch nicht von der Entartung dieses Zeitalters hinreißen, werdet Männer und geizet nach dem Ruhm großer Feldherren und Helden. Wenn Euch dieser Ehrgeiz fehlte, so würdet Ihr des Namens von Prinzen, von Enkeln des großen Friedrich unwürdig sein. Könnt Ihr aber mit aller Anstrengung den niedergebeugten Staat nicht wieder aufrichten, so sucht den Tod, wie ihn Ludwig Ferdinand gesucht hat.«

Es ist sehr unwahrscheinlich, daß Luise tatsächlich so gesprochen hat. Patriotisch gesinnt war sie wohl, aber, wie ihre Briefe beweisen, in Sprache und Sinn durchaus unpathetisch. Wäre sie derart schulmeisterlich hochgestelzt gewesen wie die Legende behauptet, hätte sie sich wohl kaum solch einer Popularität erfreut. Ihre Reaktion ist so hilflos, kopflos und panisch wie die irgendeines Menschen in einer verzweifelten Situation.

Am 14. Oktober 1806 wird die einst so ruhmreiche preußische Armee vernichtend geschlagen. Bei Jena kommandiert Napoleon, gegen den im Augenblick ohnehin kein Kraut gewachsen scheint. Bei Auerstedt allerdings – es handelt sich um zwei getrennte und nicht, wie oft zu lesen, um eine Doppelschlacht – siegt der alsbald zum »Duc d'Auerstaedt« erhobene Marschall Davout, obwohl er gegen eine mehr als doppelte Übermacht antritt. Was die Kanonen angeht, ist diese sogar noch größer; die Preußen führen 230, er nur 44 ins Feld. Boyen hat dann auch in seinen Erinnerungen bitter vermerkt: »Bei Auerstedt war es von preußischer Seite eine Kunst, die Schlacht zu verlieren.«

Luise gerät mitten ins Rückzugsgetümmel, denn der König glaubt, es sei am sichersten, wenn seine Frau den Truppen nach Auerstedt in einigem Abstand folgt. »Als ich Auerstedt fast erreicht hatte, angesichts des Schlosses Eckartsberga, kam der Herzog von Braunschweig, der mit dem König den Kolonnen gefolgt war, mit sehr ernster Miene an meinen Wagen (der König ging äußerst niedergedrückt, mit traurigem, sorgenvollem Ausdruck vorbei) und sagte mit sehr entschiedener Stimme (es war das einzige Mal, daß ich ihn seine Meinung positiv und energisch in dem Momente aussprechen hörte, wo es zu handeln galt): ›Was tun Sie hier, Madame? Um Gottes willen, was tun Sie hier?‹ Ich sagte ihm: ›Der König glaubt, daß ich nirgends sicherer bin als hier hinter der Armee, da der Weg, den ich nach Berlin einschlagen mußte, schon nicht mehr sicher ist...‹ ›Aber, mein Gott!‹, sagte er, ›sehen Ew. Majestät das Schloß Eckartsberga vor sich? Dort sind die Franzosen... Sie können hier nicht bleiben, das ist gänzlich ausgeschlossen.‹«

Auf die Frage, welchen Weg sie einschlagen solle, erwidert er: »Sie werden über den Harz, Blankenburg, Braunschweig und Magdeburg nach Berlin reisen. Übrigens ist General Rüchel in Weimar, wo Sie die Nacht verbringen müssen, der wird Ihnen den Reiseweg angeben.«

Der König verabschiedet sich stumm von ihr – »er drückte meine Hand zweimal und konnte kein Wort hervorbringen«. Unterwegs rufen ihr neue Truppen, die in den Kampf geworfen werden zu: »Es lebe die Königin!« Im Weimarer Schloß übernachtet sie bei ihrer Tante, der Herzogin Luise von Sachsen-Weimar. General Rüchel ist so aufgeregt, daß er mit seinen zitternden Händen unfähig ist, die weitere Reiseroute aufzuschreiben. Das besorgt ein Hauptmann von Kleist, ehemals Adjutant beim gefallenen Prinzen Louis Ferdinand.

Kurz nachdem er die Königin vom Schlachtfeld gewiesen hat, fällt auch der alte Herzog von Braunschweig. Ein Kartätschensplitter reißt ihm beide Augen weg, blind und blutüberströmt sinkt er zusammen. »Der Kanonendonner«, berichtet Leutnant von Borcke vom Korps Rüchel, »hatte dem alten Kriegshelden wieder seine Feldherrenhaltung gegeben.«

Ein trauriger Anblick: Die Preußen haben es zwar versäumt, auch nur die Stellungen der gegnerischen Truppen zu erkunden, aber in der Schlacht versuchen sie verzweifelt, die alte Ordnung aufrechtzuerhalten. Der 80jährige Feldmarschall Möllendorf reitet ungerührt im Feuer der Franzosen vor der Division Schmettau einher, um friderizianisch exakt »die Linie zu richten«, was, wie von Borcke schreibt, »allerdings einen geringen Feldherrenwert« hat, aber doch »für die Todesverachtung dieses Greises« spricht,

»der wenigstens hier auf diesem Punkte den jungen Soldaten ein ehrenwertes Beispiel gab«.

15 000 Gefangene machen die Franzosen bei Jena, 3000 bei Auerstedt, je 10 000 Preußen sterben auf den beiden Schlachtfeldern. Napoleons Verluste: 5000 Tote und Verwundete bei Jena, 7052 bei Auerstedt. Wieder läßt der Kaiser es sich nicht nehmen, wie bei Austerlitz das Schlachtfeld abzureiten, Verwundeten Branntwein zu reichen und ab und zu vom Pferd zu steigen. »Mehrere Male sah ich ihn seine Hand auf die Brust eines niedergestürzten Soldaten legen, um sich zu versichern, ob sein Herz noch schlüge; wenn er glaubte, durch einen Rest von Farbe in seinem Gesicht erkannt zu haben, daß er noch lebe... Er empfand darüber eine Freude, welche man nicht beschreiben kann«, berichtet Jean Savary, General und Chef der Geheimpolizei.

Die preußische Armee befindet sich in wilder Flucht. Jegliche Übersicht ist Friedrich Wilhelm, seinen Generälen und Ministern verloren gegangen. Der Wagen der Königin Luise bricht vor Weimar zusammen; sie steigt in den Wagen des Kammerherrn von Buch, der auf dem Kutschbock Platz nimmt und fährt bis Braunschweig, wo der Hof Trauer trägt wegen Louis Ferdinand und wo sie die Kunde von der Katastrophe aus authentischer Quelle erreicht. Die Depesche ist kurz und stammt von Köckeritz: »Der König lebt, die Schlacht ist verloren.«

Köckeritz, der den Krieg nicht gewollt hat, verschwindet übrigens für kurze Zeit aus dem Gesichtsfeld seines Herrn. Er wird von einer Suchpatrouille des Königs überrascht, wie er in einem nahen Bauernhof genüßlich einen lang entbehrten Gänsebraten verzehrt. Dafür taucht Lucchesini, der über Nordhausen und Wernigerode flüchten konnte, beim König in Magdeburg auf und wird von diesem mit einer Sendung an Napoleon zur Einleitung erster Friedensverhandlungen beauftragt.

Napoleons Triumph ist vollkommen. »Ich habe hübsche Manöver gegen die Preußen durchgeführt«, schreibt er seiner Josephine nach Mainz. »Gestern habe ich einen großen Sieg errungen. Ich stand dem König von Preußen ganz nahe gegenüber; um ein Haar hätte ich ihn und die Königin gefangen genommen... Es geht mir großartig.«

Am 17. Oktober trifft Luise in Berlin ein. Die Nachricht von der verlorenen Schlacht ist ihr vorausgeeilt. Die Stadt befindet sich in heller Aufregung. Begüterte Familien packen ihre Sachen und machen sich zur Flucht bereit. Ihre Wagen werden von den Gassenjungen mit Steinen und Kot beworfen. Es herrscht eine allgemeine Ratlosigkeit, um so mehr als der Gouverneur von Berlin, Graf Schulenburg, die Bevölkerung mit seiner vielzitierten Proklamation mehr beunruhigt als aufklärt: »Der König hat eine Bateille verloren. Jetzt ist Ruhe die erste Bürgerpflicht. Ich fordere die Einwohner von Berlin dazu auf. Der König und seine Brüder leben.«

Als bekannt wird, daß Königin Luise am späten Abend zurückgekehrt ist, versammelt sich halb Berlin vor dem Kronprinzenpalais. Immer wieder ruft man nach ihr, in der Hoffnung auf ein ermunterndes Wort oder um seinen Unwillen zum Ausdruck bringen zu können; die Stimmung scheint zwiegespalten. Die meisten verstehen, zeitgenössischen Kommentaren zufolge, ihre Anwesenheit wohl als Bekenntnis zur Krone. Aber immer wieder läßt Luise den Wartenden mitteilen, sei sei außerstande, auf dem Balkon zu erscheinen.

Statt dessen packt sie in fliegender Hast Koffer um Koffer und empfängt zwischendurch Rittmeister von Dorville, der eben als Kurier von der Front eingetroffen ist. Die Gräfin Schwerin, Tochter des Gouverneurs Schulenburg, hat den Wortlaut des Gesprächs überliefert.

»›Wo ist der König?‹ fragte sie ganz außer sich. ›Das weiß ich nicht, Eure Majestät.‹ ›Aber mein Gott ist der König nicht bei der Armee?‹ ›Die Armee? Sie existiert nicht mehr.‹«

In der Fensternische stehen Luise Radziwill, Mimi und Marianne, die Schwägerinnen, und blicken traurig auf die Menschenmenge draußen, die immer größer wird. Ihr Eindruck ist zwiespältig wie die Stimmung der wartenden Leute. »Man konnte beim Laternenschein diese übelgestimmten Leute unterscheiden«, schreibt Luise von Radziwill, »man vernahm Ausrufe des Schmerzes und dumpfes Murren und bemerkte mehr von Wißbegierde als von Teilnahme. Auf uns drei machte alles dies einen unheimlichen Eindruck, der uns mit Schrecken erfüllte. Die Königin war von ganz anderen Gedanken eingenommen ...«

Sie vermißt wohl auch ihre Kinder, die Schulenburg mit den

Erziehern am Nachmittag vor ihrem Eintreffen nach Schwedt geschickt hat. Luise ist verwirrt und verzweifelt. Zum erstenmal zeigen sich Enttäuschung und Erbitterung bei den Berlinern, die Luise so lieben. Hufeland findet die Königin am nächsten Morgen um sechs Uhr früh »mit verweinten Augen, aufgelösten Haaren, in voller Verzweiflung. Sie kam mir mit den Worten entgegen: ›Alles ist verloren. Ich muß fliehen mit meinen Kindern und Sie müssen uns begleiten‹«. Hufeland kann nur in aller Eile das Notwendigste zusammenpacken; bereits um zehn sitzt er mit Luise im Reisewagen. Er betreut sie während des ganzen Exils (woran seine Ehe zerbricht – er wird Berlin erst in drei Jahren wiedersehen).

Ganz anders benimmt sich ihre Tante, Luise von Sachsen-Weimar. Der Großherzog, ihr Mann, preußischer General, ist geflohen. Aber obwohl Weimar zur Plünderung freigegeben und an vier Ecken angezündet wird, bleibt sie allein im Schloß zurück. Sie veranlaßt sogar die ihr verbliebenen Bediensteten, das Feuer zu löschen, was die Franzosen verhindern. Eine fürchterliche Nacht. Johanna Schopenhauer berichtet ihrem Sohn Arthur: »Viele Häuser sind rein ausgeplündert; zuerst natürlich alle Läden; Wäsche, Silberzeug, Geld wird weggebracht, die Möbel und was sich nicht transportieren ließ, verdorben; dazu der gräßliche Witz dieser Nation, ihre wilden Lieder: ›Mangeons, buvons, jouon, brûlons tout les maisons!‹ (Laßt uns essen, trinken, spielen, alle Häuser verbrennen) hörte man an allen Ecken.«

50 000 Soldaten außer Rand und Band ziehen durch die Stadt. »Am besten kamen diejenigen weg«, so Johanna Schopenhauer weiter, »die wie wir Mut genug hatten, keine Angst zu zeigen, der Sprache und der französischen Sitte mächtig waren, darunter gehört Goethe, der die ganze Nacht in seinem Hause die Rolle spielen mußte, die bei mir Sophie und Conta spielten ... Wieland hat, als Mitglied des National-Instituts, gleich vom General Denon eine Sauvegarde (Schutzwache) bekommen. Die Witwe Herder, deren Logis ich jetzt bewohne, mußte ins Schloß flüchten; bei ihr ist alles zerstört, und, was unersetzlich ist, alle nachgelassenen Manuskripte des großen Herder, die sie mitzunehmen vergaß, sind zerrissen und zerstreut.«

Im Schloß nimmt Herzogin Luise von Sachsen-Weimar nicht nur

Herders Witwe und andere alleinstehende Flüchtlinge auf. Sie tritt auch Napoleon entgegen, der sich nach der Schlacht hier einquartiert. Ihm imponiert die Frau, deren gesamte Familie geflohen ist, ungeheuer, weil sie selbst auf seine heftigen Vorwürfe und Drohungen unerschrocken reagiert. Ausdrücklich »mit Rücksicht auf die tapfere Herzogin« beläßt er dem Land Sachsen-Weimar die staatliche Existenz. Es muß allerdings, mit der Herzogin an der Spitze, dem Rheinbund beitreten.

Ob Luise wohl, hätte sie den gleichen Mut gezeigt wie die Herzogin von Weimar, ihrem Lande, sich selbst und ihrer Familie manches hätte ersparen können? Ein Jahr später wagt der bayerische Gesandte von Bray in Dresden, Napoleon genau diese Frage zu stellen. »Ich fragte den Kaiser, ob die Königin nicht mehr ausgerichtet hätte, wenn sie unmittelbar nach der Schlacht von Jena bei ihm erschienen wäre. ›Ja‹, erwiderte der Kaiser, ›in diesem Falle hätte ich alles bis zur Elbe wiedergegeben. Danzig und Graudenz hätte ich behalten, weil ich ihrer Rußland gegenüber bedurfte!«

Siegern, derart strahlenden dazu, fällt es leicht, den Kavalier zu spielen. Luise hat keinen an ihrer Seite. Ihre Kinder trifft sie in Schwedt, eine Begegnung, die gewiß anders verläuft, als im Bilderbuch zu lesen. Immer noch weiß sie nicht, wo sich ihr Mann befindet. So fährt sie nach Stettin, wohin ihr sowohl Friederike mit ihren Kindern als auch Mimi, Marianne sowie Luise Radziwill folgen.

Durch sie und durch die Gerüchte, die überall im erregten Land herumschwirren, wird sie erfahren haben, was Jena und Auerstedt alles verursacht hat. Der schon erwähnte François Gabriel von Bray in seinen Memoiren »Aus dem Leben eines Diplomaten alter Schule«: »Im Staate wie in der Armee herrscht eine Verwirrung, deren Einzelheiten allen Glauben übersteigen. Berlin ist preisgegeben und erhält weder vom Könige noch von der Armee Anweisungen; die Stadt bildet eine Art Republik und sorgt selbst für ihre Sicherheit.«

Es ist tatsächlich haarsträubend, was geschieht und fast noch haarsträubender, was nicht geschieht. Da die Berliner Beamtenschaft keinerlei Instruktion besitzt, was sie in diesem Fall zu tun oder zu lassen hat, legt sie ganz einfach die Hände in den Schoß.

Fast alle Vorgesetzten, auch Gouverneuer von Schulenburg, haben die Stadt verlassen. Kein Wunder, daß der gesamte Staatsapparat wenig später mit den siegreichen Franzosen kollaboriert und die Beamten Napoleon sogar eine Art von Treueeid leisten. Obwohl die preußische Armee noch keineswegs total geschlagen ist, kapituliert ein Regiment nach dem anderen, ohne daß es dazu genötigt worden wäre. Ebenfalls die Festungen: Nacheinander geben Erfurt, Magdeburg und Hameln auf. Auch die beiden zersprengten Armeekorps Hohenlohe und Blücher haben keine Fortune, obwohl sie vom moralischen Zusammenbruch Preußens, der dem militärischen gefolgt ist, noch am wenigsten angekränkelt scheinen. Hohenlohe kapituliert bei Prenzlau, Blücher, der sich mit schwedischen Schiffen von Wismar absetzen wollte, bei Lübeck, »weil ich kein Brot und keine Muhnitsion nicht mehr Habe«, wie der alte Haudegen, der seit jeher auch mit der deutschen Sprache auf Kriegsfuß steht, mitteilt.

Blücher hat vorher die neutrale Hansestadt Lübeck besetzt und reißt sie, weil die französischen Truppen sie wie eine eroberte Feindstadt behandeln, in ein entsetzliches Unglück. Kinder werden mehrfach vergewaltigt, in einem Irrenhaus werden Orgien gefeiert, überall Brände gelegt und die Bürger auf unglaubliche Weise geschunden. Französische Offiziere, die solche Ausschreitungen zu verhindern suchen, sind machtlos; einige kommen bei ihrem Eingreifen ums Leben. So großzügig sich die Franzosen und ihre Verbündeten sonst zu benehmen pflegen, das neutrale Lübeck, ein gänzlich unkriegerischer Ostseehandelsplatz, der die Preußen nicht herbeigerufen hat, erleidet ein entsetzliches Kriegsschicksal, schwerer als viele andere Städte der am Krieg beteiligten Staaten und weitaus schwerer als das Berlins.

Berlin hat unter diesen Umständen vielleicht sogar Glück, allein gelassen zu werden. König und Königin, Hofstaat und höhere Beamtenschaft, sogar die Haupthandelsherren und Bankiers, alles, was Rang und Namen hat, ist geflohen. Schulenburg sogar unter Zurücklassung des gesamten preußischen Waffenarsenals im Zeughaus und anderswo. Wenn schon der Staatsapparat sich auf und davon gemacht und dem Feind sogar Kanonen und Gewehre kampflos überlassen hat, warum soll man dann nicht zur Besänftigung des berühmt-berüchtigten Napoleon diesen bei seinem Einzug durchs Brandenburger Tor mit kräftigen »Vive l'empereur!«-Rufen begrüßen? Das mag zwar nicht allzu ehrenhaft sein, aber es besänftigt Napoleon tatsächlich. Das Joch der Besatzung, Einquartierungen, Sonderabgaben und -steuern bleibt schwer genug zu tragen.

Die Nerven behält anscheinend nur der Unerschütterlichste von allen, der Reichsfreiherr vom und zum Stein. Er leidet zwar schwer an Podagra, der Gicht, aber er versäumt es nicht, die gefüllten Staatskassen mitsamt dem kostbaren Königlichen Porzellan einpacken, auf Wagen verladen und am 20. Oktober mit auf die Flucht nach Stettin nehmen zu lassen. Am 23. Oktober meldet er sich in Küstrin beim König und retiriert auftragsgemäß samt Geldern, Archiv und Personal teils zu Schiff, teils auf Wagen weiter bis in die neuerkorene Hauptstadt: Königsberg.

Bei Luise, die zunächst allein in Stettin ist, meldet sich auch Lombard. Er hat aus Berlin fliehen müssen, weniger vor der Großen Armee als vor dem Volkszorn, der sich auf ihn entlädt. Irgendwann hat jemand das Gerücht aufgebracht, er habe den Franzosen die preußischen Aufmarschpläne verkauft, eine glatte Unmöglichkeit, da solche nicht einmal im Kopf des unglücklichen Herzogs von Braunschweig existiert haben dürften. Die Königin, jetzt wohltuend von ihren Kindern, einem Teil des Hofstaats sowie Freundinnen und Schwägerinnen umgeben, fügt der Reihe ihrer schwer verständlichen Fehler einen weiteren hinzu. Bestärkt von Prinzessin Wilhelmine (»Mimi«) von Oranien läßt sie den Kabinettsrat »in Schutzhaft« nehmen.

Eine merkwürdige, niemals ganz aufgeklärte Episode, paßt doch ein solcher Akt der Anmaßung weder zu ihrem früher so sanften Wesen noch zum tränenzerflossenen Unglück der jüngsten Vergangenheit. Schutzhaft – Wort und Inhalt spätestens von den Nazis diskreditiert und in ihr Gegenteil verkehrt – soll ja eigentlich dem Schutz des Festgenommenen vor Übergriffen der Öffentlichkeit dienen. Lombard mag einen solchen Schutz nötig haben, aber warum übergibt Luise ihn dann ausgerechnet dem Militär, das Lombard für einen Verräter hält und ihn demgemäß ruppig und roh behandelt? Ihre eigene Ausrede, man habe solch einen Menschen nicht bei dem Kronprinzen und den anderen königlichen Kindern lassen können, klingt konstruiert und unglaubwürdig. Lombard gehört lange genug zum engsten Umgang der Königsfamilie. Hat die preußische Untugend, bei jedem Mißlingen und jeder Niederlage nach Sündenböcken zu suchen, auch schon auf Luise übergegriffen? Oder möchte sie auf populäre Weise wiedergutmachen, was sie in Berlin unerklärlicherweise versäumt hat?

Ihrem Mann, den sie endlich in Küstrin wiedersieht, wagt sie erst drei Tage später die Festsetzung des altvertrauten Mitarbeiters zu beichten. Friedrich Wilhelm verfügt dann auch stillschweigend und sofort die Freilassung Lombards. Ob er Luise eine Standpauke gehalten hat, ist nicht bekannt. Die Wiedersehensfreude kann seine verständliche Depressionen nur wenig mildern. Er denkt an Rücktritt, wünscht sich nach Paretz und führt zynische Reden über den Krieg im allgemeinen, den seinigen im besonderen.

Ist Friedrich Wilhelm bisher als Zögerer, Zauderer, Pessimist und Pazifist in Erscheinung getreten, zeigt er sich jetzt von einer unvermuteten Seite. Ironie und Zynismus liegen ihm nahe; hat er doch bei Svarez nicht zuletzt gelernt, zu abstrahieren. Seine Niederlage bei Jena und Auerstedt faßt er wie nur selten ein Verlierer in erstaunlich objektive Worte, er seziert nüchtern sein Versagen, ohne allerdings ernsthaftere Konsequenzen daraus zu ziehen. Luise muß erkennen, daß er sich ihrem Einfluß seit dem schlimmen Erlebnis des 14. Oktober wieder entzogen hat. Er umgibt sich mit seinen alten Beratern, denen er doch mehr vertraut als den neuen, die ihn, wie er es sieht, ins Unglück gerissen haben.

Trotzdem verhindert er nicht, daß sich der gekränkte Lombard zurück nach Berlin begibt. Von den Franzosen ebenso unbehelligt wie von seinen kollaborierenden Landsleuten, ist er dort bis 1809 als Sekretär der Akademie der Wissenschaften tätig. Seine Verteidigungsschrift »Materialien zur Geschichte« wird von Friedrich Wilhelm und Luise in Königsberg aufmerksam studiert. Aber bis zu seinem Tode 1812 findet Lombard in der offiziellen Politik keine Verwendung mehr. Er ist nicht der einzige Preuße, der stirbt, ohne offiziell rehabilitiert zu sein.

Etwas glimpflicher kommt wenig später der verdienstvolle Lucchesini weg; er wird mit 1000 Talern Pension aus dem Dienst verabschiedet. Seine Friedensverhandlungen scheitern immer wieder, weil seine Vorschläge entweder von Napoleon oder von preußischer Seite nicht angenommen werden. Er zieht sich aus Ostpreußen über Wien in seine italienische Heimat zurück, wo er vorwiegend literarisch tätig wird (Hauptthema: Friedrich der Große). Drei Jahre vor seinem Tode, 1822, darf er noch einmal dem König seine Aufwartung machen, als dieser Italien bereist. Warum er ebenso sang- und klanglos abserviert wird wie Lombard, ist nicht mehr herauszufinden.

Scheint Friedrich Wilhelm, geschlagen und mutlos, zu resignieren, hat sich Luise erstaunlich schnell gefangen. Schon auf dem Weg zu ihrem Mann, zwischen Stettin und Küstrin, ordnet sie die ihr aus der Hand geglittenen Fäden. Sie begegnet überraschend, wie es heißt – aber das dürfte Tarnung sein –, dem Grafen Hardenberg, der sich ebenfalls auf der Flucht befindet. Kurzerhand nimmt sie ihn mit sich ins Küstriner Hauptquartier, denn sie hofft, daß der König jetzt auf den Rat eines Mannes hören wird, der weiter blickt – und gerissener agiert – als alle anderen Vertrauten.

Luise gewinnt offenbar ihre Handlungsfähigkeit zurück; wo Friedrich Wilhelm keine mehr besitzt, verfügt sie über das doppelte Maß. Unermüdlich aufgemuntert hat sie ihren Mann sogar in der Zeit, als ihr noch nicht einmal sein Aufenthaltsort bekannt war. Getreue Kuriere haben dafür gesorgt, daß anscheinend alle ihre Briefe den Adressaten erreicht haben. Psychologisch außerordentlich geschickt versucht sie in ihnen, Friedrich Wilhelms Schuldgefühle zu vertreiben. »Der Herzog (von Braunschweig) ist die einzige Ursache unseres Unglücks, er konnte das Heer nicht führen, wie man überall sagt.« Ein andermal war es Blücher, der mit seiner Kavallerie übereilt vorgegangen sei, »wobei gleich viel Menschen durch Kartätschenfeuer verloren gingen«. Außerdem stärkt sie sein Selbstbewußtsein: »Du hast noch Truppen, das Volk verehrt Dich und ist bereit, alles zu tun«, ja, sie macht sogar schon Vorschläge praktischer Art, etwa den, nach dem Tode des Braunschweigers dem Fürsten Hohenlohe den Oberbefehl anzuvertrauen (»Er ist wohl der Beste von allen«) und in Zukunft doch mehr Spione zu beschäftigen, »daß Du was erfährst vom Feind«.

Ihre Vorschläge haben Hand und Fuß. Hohenlohe ist der einzige herkömmliche Feldmarschall, den Friedrich Wilhelm anerkennen würde. Preußen hat tatsächlich, obwohl man des Königs Abscheu vor aller Geheimdienstelei verstehen kann, zu wenig getan, um hinter die Kulissen von Freund und Feind zu sehen, und Hardenberg könnte der Mann der Stunde sein.

Das heißt: Wenn Napoleon ihn dulden würde. Der König sieht alles ein bißchen anders als die Königin. Aus dem Falken ist wieder die Taube geworden. Hat er nicht immer den Frieden gepredigt, und hat die Entwicklung ihn nicht auf bittere Weise darin bestätigt? In Küstrin verschanzt er sich wieder hinter dem Wall der eng und lang Vertrauten, der altgewohnten Gesichter: Haugwitz, Beyme, Köckeritz, Zastrow. Zastrow schickt er mit Lucchesini – dessen letzte preußische Aufgabe – noch einmal zu Napoleon, den Friedensschluß voranzutreiben. Graf Hardenberg wird von ihm und den Seinen betont reserviert empfangen, Hardenberg spürt die ablehnende Kühle, nimmt höflichen Abschied und begibt sich, eine bekümmerte, dennoch unerschütterliche Luise zurücklassend, weiter nach Stargard.

Zastrow und Lucchesini haben bei Napoleon keinen Erfolg. Er läßt sie antichambrieren. Stets hat er sich das Land zum Bündnispartner gewünscht, nicht zum Gegner. Zugleich dürfte er sich Preußens Armee stärker und schlagkräftiger vorgestellt haben, so wie zu Friedrich des Großen Zeiten. So läßt er die Geschlagenen zappeln und rückt weiter vor, fast schon bis an die Oder. General Zastrow, ganz und gar und immerfort Friedrich Wilhelms Meinung, tut, ehe er sich mit Lucchesini zu Napoleon begibt, sein Bestes, die Königin von der Notwendigkeit eines raschen – und sei es verlustreichen – Friedensschlusses zu überzeugen. Überzeugen läßt sie sich ganz sicher nicht. »Nur um Gottes willen keinen schändlichen Frieden!« hat sie ihrem Mann erst kürzlich, noch von Stettin aus, geschrieben.

Aber sie muß sich wohl zurückhalten. Hohenlohe wird zwar von Friedrich Wilhelm – noch kurz bevor das Armeekorps kapituliert – der Armeeoberbefehl übertragen, aber ein russischer Diplomat vermerkt: »Sie wagt es nicht mehr, mit dem Könige von Geschäften zu reden.« Denen, »die die Königin in Küstrin sahen«, berichtet Bailleu, »erschien sie gebeugt, wie sie auf den Wällen der Festung, die auch bald auf so glimpfliche Weise den Franzosen übergeben werden sollte, neben dem Könige einherschritt, gesenkten Hauptes, ohne Blick für ihre Umgebung.« Aber auch Resignation bedeutet für Luise zweifellos etwas anderes als für den Pessimisten Friedrich Wilhelm, nämlich eine Art von Wartestellung, bis wieder Optimismus angebracht, geradezu gefordert sein wird.

Zunächst ist man weiter auf der Flucht vor den gefährlich herannahenden Franzosen. Als Napoleon am 27. Oktober glanzvoll in Berlin einzieht, eilt das Königspaar über Schneidemühl und Bromberg immer weiter nach Osten, in den Schutz der Festung Graudenz, die es am 3. November erreicht. Dort findet man zwar Sicherheit für ein paar Tage, dort warten jedoch auch weitere Hiobsbotschaften auf sie: Napoleon befindet sich in Berlin, Stettin, Küstrin und Spandau sind kampflos dem Feind übergeben worden; in Königsberg ist die kleine Alexandrine ernsthaft an Ruhr erkrankt.

»Meine liebe Voto!«, schreibt Luise der Gräfin Voß aus Graudenz. »Heute morgen erhielt ich Ihren Brief…, der mir die tröstliche Nachricht von der dauernden Besserung Alexandrines bringt. Ich danke Ihnen millionenmal, daß Sie die Freundlichkeit für mich gehabt haben, meine Tochter zu begleiten, und seien Sie überzeugt davon, dieses neue Pfand Ihrer Freundschaft und Anhänglichkeit für den König und mich erfüllt uns mit großer Dankbarkeit. Es tut mir sehr leid, daß Ihre Gesundheit gestört ist, das Wetter ist seit einigen Tagen so schlecht, daß man sich auf alles gefaßt machen kann. Bitte, sorgen Sie gut für sich; Sie wissen, wie teuer uns Ihre Gesundheit ist.«

Das dürfte nicht gelogen sein. Von der Etikette- und Tugendwächterin der Kronzprinzessinnenzeit ist die Voß, inzwischen 77 Jahre alt, zur treuen Freundin geworden, für König und Königin eine zuverlässige Hilfe, den Kindern längst wie eine zweite Mutter vertraut. Ihrem fortgeschrittenen Alter zum Trotz erträgt sie mit und für Luise alle Strapazen von Flucht und Exil.

»Ich umarme meine lieben Kinder und grüße herzlich meine Damen und alle, die für meine Kinder sorgen«, liest man weiter. »Ich schmeichle mir, daß der Durchfall von Charlotte keine Folgen haben wird. Mir geht es gesundheitlich gut, und seitdem die Unglücksbotschaften nicht mehr so niederschlagend sind, wird es wieder ruhig in meiner Seele. Ich bin sehr abgemagert und finde mein Aussehen schlecht, eine Folge der Tränen, der in Aufregung und Unruhe jeder Art verbrachten Nächte und des verzehrenden Kummers. Liebe Voß, wer hätte uns das vor 6 Wochen gesagt! Und was müssen Sie leiden, so innig wie Sie dem königlichen Hause zugetan sind.«

Zwei Tage später befinden sich König und Königin wieder auf der Flucht, nahe bei Graudenz sind die ersten französischen Spähtrupps gesichtet worden. Die Königin hat den Wunsch, nach Königsberg auszuweichen, wo nun auch der kleine Karl schwer erkrankt ist, an Typhus. Aber es geht zunächst einmal nach Osterode.

Napoleons Truppen dringen nahezu kampflos bis an die Weichsel vor, das ganze morsche Preußen fällt ihnen gleichsam in den Schoß. Berlin fängt mittlerweile an, sich unter den Franzosen einzurichten. Im fernen Ostpreußen muß Beyme, reichlich spät, eine Anordnung an die Berliner Beamten erlassen, die es ihnen verbietet, Napoleon den Treueeid zu leisten (aber das ist längst geschehen). Napoleon selbst schläft in Sanssouci, wo er, ungemein ehrfurchtsvoll, die Räume Friedrichs des Großen besucht und einige Souvenirs mitgehen läßt, er stöbert wohl auch im Schloß Charlottenburg in den Hinterlassenschaften der Königin, wo er sogar fündig wird, zieht unter Glockengeläute und Hurrarufen durchs Brandenburger Tor in die Hauptstadt ein und gibt sich, eine seiner Lieblingsposen, großzügig.

Wie in der Affäre Hatzfeldt, die sich in Windeseile herumspricht und noch heute gern in Geschichtsbüchern als hübsche Anekdote verzeichnet wird. Fürst Hatzfeldt ist der Schwiegersohn des Gouverneurs Schulenburg, der Berlin, wie wir gehört haben, nachdem er Ruhe zur ersten Bürgerpflicht erklärte, verlassen hat. Schulenburg ist ein erklärter Gegner der Franzosen, Hatzfeldt gilt als franzosenfreundlich, weshalb er den Gouverneursposten aus der Hand seines Schwiegervaters auch bereitwillig übernimmt.

Ein derartiger Wechsel ist natürlich nicht ganz legal, aber in Preußen dürfte zu der Zeit nichts unmöglich gewesen sein. Jedenfalls teilt Hatzfeldt dem König diese Tatsache mit und macht auch einige – unerhebliche – Angaben über die in Berlin eingerückte französische Armee. Da die Franzosen die Post kontrollieren, werten sie diese Zeilen als Spionage. Napoleon selbst gibt den Befehl,

Hatzfeldt zu verhaften, vor ein Kriegsgericht zu stellen und zu erschießen.

Der Frau Hatzfeldts gelingt es jedoch, mit Hilfe des Großmarschalls Duroc bis zum Kaiser vorzudringen, der ihr das diskriminierende Blatt Papier zeigt und in die Hand gibt. In den »Erinnerungen« des Generals Grafen Paul Philippe von Ségur liest sich die folgende Szene so: »Als er... die furchtbare Verzweiflung der Unglücklichen bemerkte, sagte er gerührt, indem er auf den Kamin wies: ›Gut, da Sie den Beweis des Verbrechens in Ihrer Hand halten, vernichten Sie ihn und entwaffnen Sie so die Strenge unserer Kriegsgesetze!‹ Er hatte noch nicht geendet, als die glückliche Fürstin auch schon das verhängnisvolle Schriftstück in die Flammen warf. Nun schickte sie der Kaiser, indem er sie seines Schutzes versicherte, sogleich zu ihrem Mann, den er mit eigener Hand durch eine solch geschickte Gnade errettet hatte.«

Die Franzosen benehmen sich in Berlin, anders als in Jena oder Lübeck, außerordentlich gesittet. Die Abkömmlinge der Hugenotten, die jüdischen Bürger und den Großteil der Berliner nehmen sie auf diese Weise für sich ein, wobei sie ihre Milde geschickt propagandistisch zu nutzen wissen. Die Elitetruppe der »Gensdarmes«, die in der Armee Hohenlohe kapituliert hat, wird zu Fuß, ohne Stiefel oder Hüte, wie eine Herde Vieh durch Berlin getrieben. Kinder und Frauen folgen ihr laut weinend nach bis zur Porzellanmanufaktur, in deren Hof die Leute für die Nacht eingesperrt bleiben. In der Frühe allerdings öffnen sich die Tore, und man läßt die Gefangenen ganz einfach gehen. Es sind ihrer viel zu viele, um sie internieren zu können, wie die Franzosen es auch bald aufgeben, Trophäen ihres Sieges zu sammeln – davon gibt es mehr, als sie mit sich schleppen können.

Den Säbel Friedrichs des Großen, die wertvollsten Kunstwerke, darunter Schadows Siegesgöttin in der Quadriga auf dem Brandenburger Tor, werden sehr wohl nach Paris verbracht. Im Louvre entsteht zeitweilig Europas imponierendste und umfassendste Kunstsammlung. Sonst aber geben sich Clarke, der neue französische Gouverneur der Stadt, und der Kommandant Hulin leutselig, sind für jedermann zu sprechen, befehlen den einquartierten Soldaten und Offizieren, sich mit Berliner Bier statt, wie sie gewohnt sind, mit Wein zufrieden zu geben und suchen den Bürgern zu gefallen. Der greise General von Möllendorf erhält eine Ehrengarde als ritterliche Geste.

Man darf sich die Besatzungszeit ohnedies nicht nach den Maßstäben des 20. Jahrhunderts und seiner Kriege vorstellen. Es geht zugleich härter und milder zu – härter, weil die einquartierten Truppen von den betroffenen Bürgern, Bauern, Kaufleuten, Handwerkern der besetzten Länder verpflegt werden müssen, Frühstück, Mittagessen, Nachmittagstee und Abendbrot, was ärmere Familien an den Rand des Ruins oder sogar des eigenen Verhungerns bringt. Andererseits betrachtet man sich nicht als unerbittliche Feinde – man schließt Freundschaften, die oft sogar den Krieg überdauern. Fürst Pückler auf Muskau in der Lausitz erzählt von einem General, der sich bei ihm wie zu Hause fühlt. »Er trieb«, so Pückler, »die Humanität so weit, mich regelmäßig zum Diner in meinem eigenen Hause einzuladen.« Nach dem Zusammenbruch der Großen Armee begibt der französische General sich, humpelnd und zerlumpt, wie selbstverständlich wiederum nach Muskau (»Der letzte Feldzug«, sagt er, »war verdammt kühl!«), wo Pückler, in den Freiheitskriegen Adjutant des Herzogs von Weimar auf preußisch-russischer Seite, ihn lachend neu einkleidet.

Arg zerrupft wird von Berlin aus merkwürdigerweise nur Luise, die sich doch weit weg von der Hauptstadt befindet. Napoleon hat in Charlottenburg Briefe an und von Zar Alexander gefunden, auch wohl Briefentwürfe, die er, mit bissigen Kommentaren versehen, im »Moniteur«, den inzwischen ganz Europa liest, veröffentlichen läßt. Wie er die Königin später in seinen Memoiren eine »böse Intrigantin, kriegslüsterne Amazone« nennt, »die zu Pferde ihre Truppen antreibt«, läßt er jetzt ihre Schönheit mit der Helenas vergleichen, die den Trojanern Unheil bringt, und mit Tassos Armida, die im Wahnsinn ihren eigenen Palast anzündet: »Sie wollte Blut.« Das mag noch hingehen; am Ende ist auch Luise nicht eben zimperlich in ihren Ausdrücken, sie hat Napoleon schon »un monstre« genannt, »den Nöppel« (was wahrscheinlich darmstädterisch ist), einen »korsischen Parvenu« und »frechen welschen Roturier (Kleinbürger).« Peinlicher sind schon die Rückschlüsse, die, wenn auch nur gleichsam durch die Blume, aus gewissen Briefstellen an Alexander gezogen werden. Das geschieht wiederholt und wird am Ende ziemlich deutlich ausgesprochen: Daher rührt das Gerücht einer intimen Bindung zwischen dem Zaren und der Königin.

Das Echo dürfte freilich wenig nach Napoleons Geschmack gewesen sein. Selbst Franzosen, die den Berliner Hof aus Friedenszeiten kennen, widersprechen, was die angebliche Blutgier und Franzosenfeindlichkeit Luises betrifft. In Preußen verursachen die Anschuldigungen sogar das Gegenteil von dem, was sie beabsichtigen. Die Königin, vom Kaiser beschmäht und bespuckt, wächst noch in ihrem patriotischen Ansehen, was wiederum sie bestärkt, aus ihrer antinapoleonischen Einstellung kein Hehl zu machen: »Nur Widerstand und feste Ausdauer kann uns retten!« Ein Augenzeuge berichtet, sie habe in Graudenz »mit strömenden Augen« ausgerufen: »Ist es diesem boshaften Menschen nicht genug, dem Könige seine Staaten zu rauben, soll auch noch die Ehre seiner Gemahlin geraubt werden?«

Irgendeiner in der Umgebung des Königs, wahrscheinlich Zastrow, tut überdies das psychologisch Verkehrteste, was er tun kann. Er beruft sich vor Friedrich Wilhelm auf den vom »Moniteur« geäußerten Verdacht, wahrscheinlich um den Einfluß Luises ein und für allemal auszuschalten. Daß es Zastrow war, könnte man aus der Tatsache schließen, daß Luise ihn später mit inbrünstigem Haß verfolgt. Aber wer auch immer es war, er kennt den König schlecht, der auf seine Luise und auf seinen Freund Alexander unter keinen Umständen etwas kommen läßt. Die Intrige schlägt, wie Napoleons Verleumdungen, zur anderen Seite aus.

Zastrow und Lucchesini haben in Charlottenburg einen vorläufigen Friedensvertrag unterschrieben mit sehr harten, wie Talleyrand später kritisiert, viel zu harten Bedingungen, die unter anderem den Anschluß Preußens an den Rheinbund vorsehen sowie die völlige Abkehr von Rußland. Sollten russische Truppen die preußische Grenze bereits überschritten haben, so müssen sie wieder hinter die Grenze zurückgehen.

Der vorläufige Friedensvertrag spaltet die Umgebung des Königs wiederum in zwei Parteien. Die eine, schwächere, hält die Bedingungen für unannehmbar, die andere, stärkere, der Haugwitz und auch viele Generäle angehören, sieht keine andere Möglichkeit, als auf sie einzugehen. Keine Frage, welcher Partei die Königin angehört.

Sie beklagt sich, daß Friedrich Wilhelm »da nachgibt, wo er nicht sollte, und oft den Ratschlägen Wohlgesinnter eine unangebrachte und unerschütterliche Hartnäckigkeit entgegensetzt«. Tatsächlich scheint der König hin- und hergerissen. »Er hat«, wie man in seiner Umgebung spottet, »scheint es, noch zehn Königreiche zu verlieren; er verdient kein besseres Los.«

Erschwert wird ihm allerdings die Entscheidung, weil aus St. Petersburg keine klaren Nachrichten zu erhalten sind. Der König hat dem Zaren geschrieben, die Königin auch, als Sonderbotschafter ist General Phull zu Alexander gesandt worden. Aber als nach langem Warten endlich eine Antwort eintrifft, ist sie verschlüsselt, bleibt unklar. Immerhin liest man aus dem Schreiben heraus, der russische General Bennigsen sei mit 140 000 Mann in Eilmärschen zur preußischen Grenze unterwegs. Bennigsen ist von Alexander zum Oberbefehlshaber ernannt worden, weil er zweifellos der begabteste Feldherr ist. Für den Zaren hat der eiskalte und berechnende Hannoveraner in russischen Diensten allerdings einen entscheidenden Makel. Er ist erwiesenermaßen an der Ermordung seines Vaters Paul I. beteiligt gewesen.

Kommt Bennigsen, kommt er nicht? Der König versinkt wieder einmal in tiefe Apathie. Die ungeduldigen Offiziere verstehen das natürlich nicht. In Osterode treffen um diese Zeit diejenigen Mitglieder des Gardedukorps ein, die der Gefangenschaft entrinnen konnten. Sie erschrecken über den Ton, in dem der König von der jüngsten Vergangenheit spricht, »wie von einer fremden Geschichte, nicht wie von der seinigen«. Er, der entschiedene Gegner allen Blutvergießens, auch des sonst an Königshöfen so geschätzten edlen Waidwerks, veranstaltet in Osterode zum allgemeinen Entsetzen eine Elchjagd.

Zweierlei dürfte ihn schließlich aus seiner Lethargie herausgerissen haben: der vorsichtige, aber hartnäckige Einfluß, den Luise auf ihn ausübt, und ein Brief des Zaren Alexander, der endlich alle Unklarheiten beseitigt und Beistand zusichert. Bennigsen befindet sich tatsächlich auf dem Marsch, sogar noch eine weitere, eilig zusammengestellte Armee.

Am 21. November 1806 ruft Friedrich Wilhelm alle seine Ratgeber zu einer Konferenz zusammen. Sie soll über die Zukunft entscheiden. Auch Stein wird aus Königsberg herbeizitiert, nicht aber Hardenberg, der mit Stein jedoch ständig korrespondiert. Ganz demokratisch wird nach Klärung der Standpunkte sogar abgestimmt. Die Mehrheit ist dafür, den Friedensvertrag zu unterzeichnen und die schweren Bedingungen in Kauf zu nehmen. Nur Stein, Beyme und, erstaunlicherweise, Köckeritz stimmen dagegen. Zur allgemeinen Überraschung entscheidet sich der König für die Minderheit. Zugespitzt formuliert hieß die Entscheidung: Napoleon oder Alexander. Natürlich entscheidet sich Friedrich Wilhelm für Alexander, der ihm geschrieben hat, jetzt unverschlüsselt: »Vereinigen wir uns inniger als je und bleiben wir treu den Grundsätzen der Ehre und des Ruhmes.«

Fast gleichzeitig mit dieser Konferenz hat man in Berlin eine Order erlassen, die wie diese die Zukunft Europas entscheidend mitbestimmen wird. Napoleon verhängt über die britischen Inseln die endgültige Kontinentalsperre, das heißt ein absolutes Handelsverbot mit England.

Die Folgen sind unabsehbar, auch für Napoleon selbst. England versorgt die gesamte westliche Welt mit Industriegütern und Ersatzteilen für die – bislang fast ausnahmslos englischen – Maschinen, die auf dem Festland fabrizieren, auch Kriegsmaterial, auch französisches. Für die Kaufleute vor allem Preußens bleibt das Ex- und Importverbot ein harter Schlag. Es kommt zu unzähligen Konkursen in Berlin, vor allem jedoch in Stettin. Über Skandinavien verlaufen alsbald lukrative, wenngleich illegale Schmugglerwege, und selbst Napoleon muß Ausnahmen gestatten – er ist auf englische Waren nicht weniger angewiesen als seine Verbündeten und seine Feinde. Im Endeffekt stärkt die Kontinentalsperre Englands Vormachtstellung in Industrie und Handel sogar noch – Napoleon ist ein großer Feldherr und kein schlechter Politiker, aber von Ökonomie versteht er so gut wie nichts.

Er hat Berlin inzwischen verlassen und ist an der Spitze seiner Truppen bis Posen vorgedrungen. Warschau und das sogenannte Südpreußen fallen ihm, das ist er inzwischen gewohnt, wie reife Früchte in den Schoß. Die Polen empfangen ihn mit unverhohlenem

Jubel, denn sie erhoffen sich die Wiedererrichtung des polnischen Königreichs. Die Preußen werden aus Warschau vertrieben und begeben sich ans andere Weichselufer, an dem inzwischen Bennigsen aufmarschiert ist. Ihm flieht entgegen das preußische Königspaar, von Osterode nach Ortelsburg. Die Königin bleibt auf einem Landgut in der Nähe, indes Friedrich Wilhelm nach Pultusk weiterreist, ins Hauptquartier der Russen. Seine Gespräche mit Bennigsen verstärken den Durchhaltewillen, den er plötzlich besitzt. Er scheint wie umgewandelt. Seit seinem Entschluß, sich der Kriegspartei anzuschließen, hat er, gewiß nicht ohne Zutun Luises, seinen Tiefpunkt und seine Apathie überwunden.

Ausdruck dieses Kurswechsel ist der Rücktritt von Haugwitz, der lange genug vor Napoleon gewarnt, aber trotzdem getreulich Friedrich Wilhelms Neutralitätspolitik betrieben hat. Preußens Falken jubeln. Er wird vorübergehend von Beyme und von Zastrow ersetzt, aber im Hintergrund hält Luise schon zwei bedeutendere Staatsmänner bereit: Stein und Hardenberg. Über Luise schreibt Heinrich von Kleist aus Königsberg an seine Schwester: »In diesem Kriege, den sie einen unglücklichen nennt, macht sie einen größeren Gewinn, als sie in einem ganzen Leben voll Frieden und Freuden gemacht haben würde. Man sieht sie einen wahrhaft königlichen Charakter entwickeln. Sie hat den ganzen großen Gegenstand, auf den es jetzt ankommt, umfaßt; sie, deren Seele noch vor kurzem mit nichts beschäftigt schien, als wie sie beim Tanzen oder beim Reiten gefalle. Sie versammelt alle unseren großen Männer, die der König vernachlässigt, und von denen uns doch nur allein Rettung kommen kann, um sich; ja, sie ist es, die das, was noch nicht zusammengestürzt ist, hält.«

Kleist urteilt von außen, ein kleiner Student, der mit einem Stipendium Hardenbergs seit einem Jahr in Königsberg studiert. Erfolglos als Offizier, erfolglos als Dichter (er schreibt trotzdem am »Zerbrochnen Krug«, hat eben »Amphitryon« fertiggestellt und »Penthesilea« begonnen), versucht er es jetzt mit den Kameralwissenschaften, also Volkswirtschaft. Da durch die Flucht des Hofes die Zahlungen aus Luises Schatulle (oder auch der seiner Kusine Marie von Kleist) ebenso ausbleiben wie das Stipendium, muß er aber bald auch dieses Studium aufgeben.

Kleist urteilt von außen, aber er ist ein scharfer Beobachter und hat seine Verbindungen zum königlichen Hofstaat, die er nie ganz abreißen läßt. Sogar Köckeritz kennt ihn, denn er war es, auf den Kleist vor ein paar Jahren stieß, als er wegen einer Wiedereinstellung in die Armee vorstellig wurde. Was er so getan und getrieben habe, fragte ihn damals der dicke Adjutant, gutmütig wie immer, und staunte, als der junge Mann aus der uralten Offiziersfamilie ihm etwas von literarischer Tätigkeit erzählte: »Was haben Sie gemacht? Verschen?« Kleist soll in Tränen ausgebrochen sein, vor aller Augen im Vorzimmer des Königs im Schloß Charlottenburg. Köckeritz, peinlich berührt, soll seitdem dem ungeschickten und gehemmten Dichter besonders zugetan gewesen sein, so jedenfalls die Überlieferung.

Kleist mag eine Randfigur sein im Leben der Königin Luise. Kaum jemand hat sie jedoch aus der Ferne und, wenn es ging, in der Nähe so genau und so persönlich attachiert verfolgt wie er. Auch die Beobachtung stimmt, daß die Königin unmerklich Männer in den Vordergrund schiebt, die Friedrich Wilhelm ohne solches Zutun gewiß nicht gewählt hätte. Stein, zum Beispiel, ist ihm zu unkonziliant, Hardenberg zu windig. Luise, moralisch weniger streng, dafür stärker realpolitisch denkend, nutzt geschickt, sich selbst im Hintergrund haltend, jede Chance.

Erheblichen Anteil hat sie ganz gewiß auch an der Wandlung des Königs. Die Zügel des Staates sind Friedrich Wilhelm seit Jena und Auerstedt aus der Hand geglitten. Jetzt ergreift er sie wieder. Endlich, es wird höchste Zeit, erläßt er einen Aufruf an sein Volk, einen Appell zum Ausharren, der mit den Worten schließt: »Nur für Unabhängigkeit und Selbständigkeit hat der König die Waffen ergriffen. Das weiß die Nation, das weiß die ganze Welt.«

In einem »Publikandum« vollzieht er die dringend notwendige Abrechnung mit der preußischen Armee, die auf degradierende Weise versagt, mehr als das: sich als feige erwiesen hat. Des Königs Maßnahmen sind strikt. Offiziere, die verantwortlich bei der unnötigen Kapitulation von Truppenteilen und Festungen mitwirkten, werden ohne Abschied – und das heißt auch ohne Pension – unehrenhaft entlassen. Ein eigens eingesetzter Untersuchungsausschuß entscheidet in Zweifelsfällen. Oberst von Ingersleben, der

Küstrin kampflos übergeben hat, wird mit dem Tode bestraft. Dies droht in Zukunft jedem, Soldat oder Offizier, der seine Pflicht nicht bis zum Äußeren erfüllt.

Das »Publikandum« verrät auch die Hand Gneisenaus und Scharnhorsts, die ebenfalls zu jenen »großen Männern« zählen, die Kleist um Luise versammelt sieht. Solange der Krieg dauert, wird verfügt, kann jeder einfache Soldat, der sich auf dem Schlachtfeld auszeichnet, zum Offizier befördert werden, nicht nur, wie bisher, Adlige. Damit wird eine der dringend anstehenden preußischen Reformen vorweggenommen. Daß sie bei den Franzosen, beim Feind, längst Selbstverständlichkeit ist, haben wir schon erwähnt. Sie dürfte, auf dem Dunghaufen der Revolution gewachsen, sogar die Hauptvoraussetzung für Napoleons Aufstieg – und damit für Preußens tiefen Fall – gewesen sein.

So ist der Stoßseufzer verständlich, den Kammerherr von Schladen ausstößt, der seinem König von Jena bis Ortelsburg getreulich gefolgt ist: »Warum nicht einige Wochen früher?« Das hätte, vermutlich, wenig genützt. Die vorwurfsvolle Frage muß wohl lauten: Warum nicht einige Jahre früher? Müßig sind beide Fragestellungen. Preußens Reform beginnt, zaghaft zunächst, in Ortelsburg in Masuren. Die kleine Kreisstadt ist heute polnisch und heißt seit 1945 Szczytno.

Spät, aber doch wohl nicht zu spät, scheint Friedrich Wilhelm einzusehen, daß der Krieg andere Energien fordert als der Frieden. Gegen seinen Willen nimmt er am Krieg teil, aber jetzt gibt es kein Zurück mehr. Eine Erkenntnis, die seine Einstellung nun doch verändert. Plötzlich zeigt der König Rückgrat, trägt, von gelegentlichen Rückfällen abgesehen, ein Korsett wie aus Eisen.

Kunststück, daß alles noch ein bißchen knirscht; aus der mürrisch-eigensinnigen Taube wird langsam ein Falke von ebenso mürrischem Eigensinn. Luise drängt es, der kranken Kinder wegen, nach Königsberg, der neuen Hauptstadt. »Eine mausade (fade) Stadt« nennt Niebuhr sie, einer der neuen Leute; Stein hat ihn kürzlich aus dänischen Diensten geholt zur Reorganisation des preußischen Bankwesens, das ähnlich darniederliegt wie Armee und Staat. Aber ob fade oder nicht – etwas Imposanteres an Stadt als Königsberg, zumal eine mit königlichem Schloß, ist Preußen nun einmal nicht verblieben. Nach gehöriger Denkpause, wie sie für Friedrich Wilhelms Autoritätsgefühl unerläßlich ist, darf Luise am 9. Dezember endlich aufbrechen. Er folgt ihr am nächsten Tag.

Für das Königspaar hat man eine hübsche kleine Wohnung im Schloß mit dem Blick auf den efeuumrankten Hof eingerichtet. Die Räume sind zugig, aber – der Winter hat mit klirrendem Frost eingesetzt – sie lassen sich schön warm heizen. Das Wiedersehen mit den Kindern ist erfreulich; die Voß hat gut für sie gesorgt. Der Jüngste, Karl, liegt zwar noch zu Bett, aber es geht ihm schon wesentlich besser. Doch dann muß Luise ihre Schwägerin besuchen, die Prinzessin Wilhelm, Marie Anna, allgemein Marianne genannt. Sie hat in Danzig, wo Hufeland bei ihr zurückgeblieben war, beide Kinder verloren, ein Mädchen von nur neun Tagen, der gleich darauf ihre an der Ruhr erkrankte zweieinhalbjährige Tochter gefolgt ist. Marianne und Luise haben sich nie sehr gemocht. Jetzt schließt sich, völlig gebrochen, die neun Jahre jüngere Schwägerin eng an die Königin an, die sie zu trösten versucht. »Es gibt Momente, wo man alles vergißt«, hat Luise ihr schon aus Ortelsburg geschrieben, »nur das Unglück nicht...«

Wie immer spornt Unglück jedoch die Energien der Königin an. Schon am Morgen nach ihrem Eintreffen bittet sie Hardenberg zu sich, in Staatsgeschäften. Hardenberg und Stein haben vom König die Entfernung Beymes verlangt, des letzten Pfeilers der alten Regierung, den zu beseitigen Friedrich Wilhelm sich beharrlich weigert. Luise tritt für Beyme ein, verspricht aber, beim König zu vermitteln. Als wäre es selbstverständlich, daß man sich in solchen Angelegenheiten an sie wendet, erscheint wenig später Baron von Krüdener bei ihr, der lange Jahre russischer Gesandter in Berlin gewesen war und der nun auch im Namen Alexanders die Absetzung des Geheimen Kabinettsrats fordert. Alexanders Favorit ist Stein.

Stein jedoch weigert sich zu Friedrich Wilhelms Erstaunen und Ärger, den Posten anzutreten. Für die Außenpolitik sei er ungeeignet, läßt er den König wissen, da kein »Diplomatiker«. Die Außenpolitik sei bei Hardenberg in besseren Händen, was auch zutrifft. Zugleich aber fordert er größere Vollmachten, die Schaffung von Ministerien, die neben der des Königs freie Stimme haben in allen wichtigen Angelegenheiten. Das aber kann Friedrich Wilhelm in seinem neugewonnenen Selbstbewußtsein nun doch nicht dulden: Die Falken formieren sich gegen den Oberfalken und stellen Forderungen. Der König findet das unerhört, hat er doch schon Haugwitz und Lucchesini abserviert sowie – halbwegs – Zastrow folgen lassen.

Ein König mit seinen Getreuen im Exil – das stellt man sich vor wie im Nibelungenlied, als eng verschworene Gemeinde, da alle sich im gleichen Boot befinden. Aber das Gegenteil ist der Fall. Streit und Gezänk herrschen vor, fast mehr noch als in Berlin, und am Ende reist der Dickkopf Stein ab, zurück nach Nassau, reicht Hardenberg seinen Rücktritt ein, und wer bleibt, ist Beyme, zunächst wenigstens, sowie Zastrow, der die Außenpolitik übernimmt.

Luise, die bei allem kräftig mitgemischt hat, immer auf Seiten Steins und Hardenbergs, kann an den Auseinandersetzungen bald nicht mehr teilnehmen. Während ihr Sohn gesundet, erkrankt sie selbst am Nervenfieber, wie man damals den Typhus nennt. Hufeland, wieder aus Danzig zur Stelle, schreibt in seiner »Selbstbiographie«: »Sie lag sehr gefährlich darnieder, und nie werde ich die Nacht des 22. Dezember vergessen, wo sie in Todesgefahr lag, ich bei ihr wachte und zugleich ein so fürchterlicher Sturm wüthete, daß er einen Giebel des alten Schlosses herabriss…«

Immerhin dürfen sich die Kinder am Heiligen Abend kurz um ihr Bett versammeln, und am Neujahrstag kann der König der Rekonvaleszentin den neunjährigen Wilhelm in der Uniform eines Fähnrichs der Garde vorführen. Der Tradition entsprechend hat der König den kleinen Prinzen am ersten Tag des Jahres, in dem er zehn wird, in die preußische Armee aufgenommen. Er wird sich auf seine Weise bewähren: als »Kartätschenprinz« in der Revolution 1848, vor der er nach England fliehen muß, und als Sieger über Frankreich, der 1871 erster deutscher Kaiser wird.

Abends findet im Königsberger Schloß so etwas wie eine Familienfeier statt. Anwesend sind neben dem Königspaar Friederike und ihr Mann, Prinz Solms, wie auch die beiden Radziwills. Da man eben erfahren hat, daß die Russen unter Bennigsen erste Erfolge gegen die Große Armee errungen haben, verläuft das Diner sogar, den Umständen entsprechend, höchst vergnüglich und angeregt.

Die Nachrichten täuschen freilich. Es war Napoleon, der am

26. Dezember bei unfreundlichem Winterwetter die Russen angegriffen hat, was eigentlich nicht seine Art ist; er pflegt seine Soldaten in der kalten Jahreszeit sonst zu schonen. Aber in Warschau, seinem Winterquartier, gibt es eine schöne, junge, etwas pummelige Gräfin Maria Walewska. Talleyrand oder Murat oder beide haben sie dem Kaiser zugeführt. Sie wird ihn bald nach Paris begleiten, ihm dort einen Sohn gebären und damit aller Welt beweisen, daß der bislang kinderlose Napoleon zeugungsfähig ist. Dies führt letztlich zur Scheidung von Joséphine. Zunächst einmal will der Kaiser seiner neuen Geliebten aber auch auf dem Schlachtfeld imponieren, also begibt er sich an die Front und bereitet den Angriff vor. Manchmal hat die Geschichte Züge eines Kitschromans.

Napoleon versteht sein Handwerk, besser jedenfalls als Bennigsen und Generalleutnant Anton Wilhelm von L'Estocq, ein Hugenottenabkömmling, der die preußischen Truppen kommandiert. Der eine muß sich bis zur masurischen Seenplatte zurückziehen, der andere nach Angerburg. Nichts hindert Napoleon mehr, mit seinen Truppen direkt nach Königsberg zu marschieren, und keiner zweifelt daran, daß er es tun wird.

Wieder heißt es flüchten. Eiligst packt der Hofstaat erneut seine Sachen. Es ist bitter kalt, und es schneit. Als Fluchtziel bietet sich nur noch Memel an, der äußerste Gipfel preußischer Länder hoch im Nordosten. Hufeland warnt die Königin, die noch nicht völlig genesen ist, und bietet sich an, mit ihr in Königsberg zu bleiben. Aber: »Ich will lieber in die Hände Gottes als dieser Menschen fallen«, erklärt sie. Die Kinder werden vorausgeschickt. Am »26. Tag meiner Krankheit«, wie sie dem Vater nach Neustrelitz schreibt, wird auch sie am frühen Morgen in den Wagen getragen. Wieder friert es. Von der Ostsee her weht ein schneidender Wind.

Das Bilderbuch, das wir schon am Anfang des Kapitels aufgeschlagen haben, faßt sich diesmal kurz. Es zeigt die bleiche Luise, tief in Kissen und Decken gebettet. Den Platz ihr gegenüber hat Gräfin Voß bereits verlassen. Jetzt wartet sie, bis zwei fürsorgliche Soldaten Bretter auf den Schnee gelegt haben, der, so weit man sieht, alles bedeckt. Hufeland macht sich daran, seiner Patientin zu helfen. Im Hintergrund nähert sich ein weiterer Wagen des Hofstaats. Der Himmel ist grau verhangen.

»Die schwerkranke Königin«, lesen wir unter dem Bild, »wird, begleitet von ihrem Leibarzt Dr. Hufeland, bei heftigem Schneegestöber über die Kurische Nehrung transportiert. Sie sucht vor dem fürchterlichen Unwetter Zuflucht in einem ärmlichen Bauernhause.«

17.

Memel und Tilsit

Die Kurische Nehrung ist eine schmale Landzunge, die sich über 96 Kilometer vor dem Kurischen Haff erstreckt. Sie reicht vom Kernland Ostpreußens, dem Samland, in dem auch Königsberg liegt, bis südlich von Memel, wo das Memeler Tief einen Auslauf zur Ostsee bildet. Zu Beginn des 19. Jahrhunderts sind die Dünen der Nehrung noch weitgehend unbefestigt; sie erreichen immerhin eine Höhe von 80 Metern. Für Wagen sind sie unpassierbar.

Eine schöne und rauhe Landschaft, unwegsam – heute wie damals, vor allem im Winter. Drei Tage und drei Nächte dauert die Fahrt. Immer wieder droht der Wagen umzuwerfen oder im Sand steckenzubleiben. Da die Landzunge stellenweise nur zwei Kilometer breit ist, muß man oft so dicht am Wasser fahren, daß die vom Sturm aufgepeitschten Wellen die Wagenräder erreichen. Die erste Nacht wird in einer Kate verbracht, deren Fensterscheiben zerbrochen sind. Auf das Bett der kranken Königin weht Schnee in dicken Flocken. Die Verpflegungswagen sind nicht angekommen, man bleibt ohne einen Bissen Nahrung. Hufeland, der bei Luise wacht, fürchtet einen Schlagfluß, so der damalige Ausdruck für Schlaganfall, aber die Königin hat eine ruhige Nacht.

In aller Frühe geht es weiter, der Sturm hat noch aufgefrischt, die Küste ist stellenweise vereist. »Man kam an einem Wrack vorbei, über dem die Wellen zusammenschlugen«, berichtet ein Augenzeuge und fügt hinzu: »es schien wie ein Bild des preußischen Staates«. Ein anderer Augenzeuge fühlt sich im Toben der Elemente an die Nacht erinnert, in der König Lear seine Töchter verfluchte.

Hufeland stellt erstaunt fest, daß Luise, wie oft in Notsituationen, trotz ihres erbärmlichen Gesundheitszustands die anderen sogar noch aufmuntert. Noch mehr staunt er über ein weiteres Phänomen. In seinen eigenen Worten: »Selbst die freie Luft wirkte wohltätig, statt sich zu verschlimmern, besserte sie sich auf der schlimmen Reise. Wir erblickten endlich Memel am jenseitigen Ufer, zum ersten Mal brach die Sonne durch und beleuchtete mild und schön die Stadt, die unser Ruhe- und Wendepunkt werden sollte. Wir nahmen es als ein gutes Omen an.« Ein Diener trägt Luise in das Haus des Kaufmanns Consentius. Es ist dasselbe Haus, in dem sie vor fünf Jahren gewohnt hat, als sie Zar Alexander kennenlernte.

Später ist es übrigens von der Stadt erworben und als Rathaus genutzt worden, während man die Räume, in denen die königliche Familie unterkam, mit allem Inventar als kleines Museum erhalten hat. Die Räume sollen noch heute in Klaipeda, der Hauptstadt der Litauischen SSR, zu sehen sein, obwohl die Stadt, das ehemalige Memel, im Zweiten Weltkrieg zu zwei Dritteln zerstört wurde.

Damals war der hübsche kleine Ort tief verschneit. Eine geruhsame Zeit bahnt sich an. Luise, die sich trotz oder wegen der erlittenen Strapazen glänzend erholt hat, richtet den provisorischen Hof in einer Art ein, die sowohl an die Potsdamer Manöveraufenthalte erinnert als auch an die Paretzer Idylle. Man macht Ausflüge im Schlitten, läßt sich vom Kammerherrn mit dem treffenden Namen Buch Schundromane vorlesen; die Damen zupfen Scharpie, Hufeland hält religiöse Erbauungsvorträge, und mitunter singt Luise abends wieder zur Harfe, sogar vor einem zahlreicher werdenden Publikum. Denn bald strömen aus Rußland, England und Schweden die Diplomaten, Abgesandten, Kuriere herbei; es ergibt sich dadurch ein bescheidenes, aber reges geselliges Leben.

So kommen zum Beispiel aus Großbritannien George Jackson, der ehemalige englische Gesandte in Berlin, und seine Petersburger Kollegen. Großbritannien befindet sich ja immer noch offiziell mit Preußen im Krieg; nach Friedrich Wilhelms Schwenk muß jetzt Frieden geschlossen werden. Am 18. Januar wird der Friedensvertrag unterzeichnet – Friedrich Wilhelm gibt Hannover, das er von Napoleon »erhalten« hat, an England zurück. Es steht freilich wiederum nicht zur freien Verfügung, denn inzwischen hält es Napoleon besetzt.

Zur britischen Equipe gehört ein junger Oberstleutnant, Robert Thomas Wilson, ein glühender Feind Napoleons, der soeben ein Buch über dessen Ägyptenfeldzug veröffentlicht hat. Seit er dies nebst Widmung der Königin überreichen durfte, ist er zu einem ebenso glühenden Verehrer Luises geworden. »Ich würde den Preußen verachten, der nicht freudig sein Leben für eine solche Königin hingeben würde«, schreibt er in sein Heimatland.

Wie gut es dieser Königin in Memel wieder geht, zeigt die Tatsache, daß sie einem derartigen Flirt nicht abgeneigt scheint. Mehrfach werden kleine Bootspartien veranstaltet (Wilson ist ein vorzüglicher Ruderer), und obwohl Luise bei einem Ausflug zu Schiff auf der Ostsee einmal seekrank wird, kommt man sich näher. Eines Tages fragt Luise in einem Brief, halb deutsch, halb französisch, bei der neugewonnenen Freundin Marianne in Königsberg an, was sie ihrem englischen Verehrer »als Erwiderung dessen, was ich nicht erwidern kann« geben oder schenken dürfe. Ein Bild von ihr, das er sich wünscht, »damit er es immer tragen könnte«? Oder doch besser nur ein kleines Gipsmedaillon von Posch (den sie fälschlich »Poch« schreibt)? »Wie sonderbar es mir übrigens mit ihm geht, kannst Du nicht glauben. Seine Kindlichkeit ist so groß und ist so gut, so sanft, so anspruchslos, daß man es ihm nicht übel nehmen kann...«

Wilson, hat es den Anschein, ist für die leicht entflammbare und impulsive Darmstädterin nach Louis Ferdinand und Alexander von Rußland die dritte Versuchung. Der merkwürdig verschlüsselte Brief jedenfalls läßt so etwas vermuten. »Noch etwas«, berichtet Luise. »Er hat mir ein Buch geschickt, wo englische Verse darin waren, die sehr hübsch sind, sie sprechen von der Macht der Liebe im allgemeinen und hören auf mit den Worten: ›Denn Liebe ist der Himmel, und der Himmel ist die Liebe.‹ Er kömmt alle Abend... Ich sage, es ist ein einziges (einmaliges) Verhältnis.«

Das Zitat – »for love is heaven and heaven is love« – findet sich übrigens in der englischen zeitgenössischen Literatur zweimal, bei Sir Walter Scott (in »The Lay of the Last Minstrel«) und Lord Byron (im »Don Juan«, was etwas verfänglicher wäre). Auf jeden Fall scheint das Exil nun ganz erträglich.

Aber es hat auch seine beschwerlichen Seiten. Noch im Mai klagt

Luise ihrem Bruder: »Das Klima Preußens ist... abscheulicher, als sich ausdrücken läßt. Noch blüht kein Flieder; Friederike geht mit mir in wattierten Mänteln spazieren, und 2 schöne Tage haben wir mit 10 und 15 Grad Kälte mit Nordwind.« Weitere Klagen betreffen die mangelnden Postverbindungen. Von Therese hat sie seit ihrer Flucht überhaupt noch nichts gehört. Außerdem macht auch die Politik wieder Ärger.

Ihn hat Friedrich Wilhelm voll auszubaden. Da Stein auf direktem Vortrag und Entlassung Beymes bestanden hat, wurde der Freiherr seinerseits vom König ungnädig entlassen. Er sei, heißt es »auf gut deutsch« in einem königlichen Handschreiben, »ein widerspenstiger, trotziger, hartnäckiger und ungehorsamer Staatsdiener«, der »auf sein Genie und seine Talente pochend, weit entfernt, das Beste des Staates vor Augen zu haben, nur durch Kapricen (Launen) geleitet« werde. Der also Gemaßregelte begibt sich nach gebührend patziger Antwort zurück in die preußische Hauptstadt, wo er dem französischen Gouverneur Clarke seine Aufwartung macht, denn er möchte sich ins heimische Nassau begeben, in den Machtbereich Napoleons.

Das ist die Chance Luises und damit Hardenbergs. Hardenberg läßt dem grollenden Stein zwar eine milde Sympathieerklärung zugehen, aber als der König, nicht ohne Zutun Luises, seinen Rat sucht, eilt er herbei, obwohl er doch eigentlich noch auf Antwort wartet, sein Rücktrittsgesuch betreffend. Beyme ist zwar an Haugwitz' Stelle leitender Minister, und Zastrow verwaltet die äußeren Angelegenheiten, ein gutwilliger Verwaltungsmann und armseliger Dilettant. Aber für Friedrich Wilhelm, mehr noch für Luise ist Hardenberg der einzige, der imstande sein könnte, Napoleon auch diplomatisch Paroli zu bieten.

Auf dem Schlachtfeld ist das erstaunlicherweise beinahe schon gelungen. Das Kriegsglück hat auch Napoleon nicht gepachtet. Nachdem er der Maria Walewska wohl bei Pultusk genügend imponiert haben mag, ist er nicht, wie erwartet und befürchtet, nach Königsberg marschiert, sondern mit seinen Truppen ins ersehnte Winterquartier gegangen. Das nutzte wiederum Bennigsen, der nun quer durch Ostpreußen zieht, um die preußischen Festungen Danzig und Graudenz von der Belagerung zu befreien, der sie – Preußen hat sich am Ende nun doch gefangen – bislang tapfer standgehalten haben.

Bei Preußisch-Eylau, südlich von Königsberg, stößt Bennigsen am 7. Februar 1807 auf den Feind. Zwei Tage dauert die Schlacht, die vor allem von russischer Seite verbissen geführt wird und sich immer mehr zu einem mörderischen Gemetzel auswächst, tatsächlich eine der blutigsten Schlachten der jüngeren Geschichte. Am Ende sind auf russischer Seite 26 000 Tote und Verwundete zu beklagen, auf französischer 28 500, was Talleyrand als »halbe Niederlage« definiert. Zwar behaupten sich die Russen auf dem blutgetränkten Schlachtfeld, hauptsächlich weil Scharnhorst im richtigen Augenblick mit seinen Grenadieren anrückt (der erste preußische Erfolg seit langem), aber dann muß sich Bennigsen doch zurückziehen. »Welch ein Massaker!«, ruft General Murat, Napoleons Schwager, aus, »und kein Ergebnis!«

Ein Ergebnis hat Preußisch-Eylau immerhin: Beide Seiten sind ausgelaugt und am Rande ihrer Kräfte. Als besonders schwierig erweist sich die Verpflegungslage. Auf Anraten Talleyrands schickt daher Napoleon seinen Adjutanten, den Grafen Henri Gratien Bertrand, nach Memel, einen seiner Treuesten, der ihn bis nach St. Helena begleiten wird. Bertrand ist ein geschickter Unterhändler. Er bietet Friedrich Wilhelm einen Sonderfrieden an auf der Grundlage der Charlottenburger Vereinbarungen und ersucht gleich anschließend um eine Audienz auch bei der Königin.

Die empfängt ihn kühl, obwohl Napoleon die bösartigen Zeitungsartikel bedauert und sich durch Bertrand ausdrücklich nach ihrem Befinden erkundigt. Napoleon hoffe, sie werde ihrem Gatten den Friedensschluß nahelegen, damit er ihr in zwei Wochen in ihrem Schloß zu Charlottenburg eine erste Aufwartung machen könne. »Sie wissen, daß Frauen nicht Krieg führen und sich nicht um Politik kümmern«, versetzt sie Bertrand auf Anraten Hardenbergs, dem wiederum Luise, kurz ehe er sich zur abschließenden Besprechung zum König begibt, ein anfeuerndes: »Beharrlichkeit!« zuflüstern kann.

Hardenberg, weitaus konzilianter als Stein, hat stillschweigend die auswärtigen Angelegenheiten Preußens in die Hand genommen, obwohl Zastrow von ihnen noch keineswegs offiziell entbunden worden ist. Eine Annäherung an Napoleon würde eine endgültige Abkehr von Alexander bedeuten, faßt Hardenberg dem König gegenüber die Sachlage zusammen. Oberst Friedrich Wilhelm von Kleist überbringt Napoleon die abschlägige Antwort. Luise und Hardenberg haben leichtes Spiel. Von Rußland läßt Friedrich Wilhelm nicht, so sehr ihn auch die Anhänger der Friedenspartei in seinem Kabinett, vor allem Zastrow und Otto von Voß, der Neffe der Gräfin, dazu drängen, Napoleons Friedensangebot anzunehmen.

Um so weniger, als Alexander plötzlich seinen Besuch in Memel für den 2. April ankündigt. Er scheint zu ahnen, daß seine Anwesenheit notwendig ist, um auf lange Sicht die Freundschaft zu erhalten. Denn es gibt genug Probleme zwischen den Bundesgenossen. Häufig geraten preußische und russische Verbände aneinander, weil die Preußen Plünderungen bei ihren Landsleuten verhindern und die Russen nicht einsehen, warum sie sich für ein fremdes und bis vor kurzem noch feindliches Land blutige Köpfe holen sollen.

Friedrich Wilhelm fährt dem Zaren in großer Vorfreude schon am Tag vor dem Treffen bis zum Grenzort Polangen entgegen, und auch Alexander zeigt jugendliches Ungestüm. Er verläßt seine Kutsche und läuft dem König ohne Hut und Mantel über eine Strecke von 300 Schritten entgegen. Dann sinken sich beide in die Arme und ziehen am nächsten Tag gegen elf Uhr morgens unter dem Donner der Kanonen gemeinsam in Memel ein.

Für Luise ist es eine anscheinend schmerzhafte Wiederbegegnung. Sie will dem Zaren für sein Erscheinen danken, aber Tränen ersticken ihre Stimme. Dafür umarmt Alexander »mit warmem Gefühl und voller Rührung« die Gräfin Voß, deren Liebling er ist, und wendet sich betont den jüngeren Hofdamen zu. Wiederum spielt er vollendet die Rolle des Retters aus letzter Not; er erobert die Herzen im Sturm. Friedrich Wilhelm erzählt seiner Frau später, Alexander habe schon unterwegs jedes hübsche Mädchen »lorgnettiert«, das heißt durch eine Handbrille genau betrachtet; vielleicht will er Luise dadurch eifersüchtig machen.

Hat Stein eine Reform des preußischen Kabinetts gleichsam im Frontalangriff nicht erreicht, fängt Hardenberg es nun schlauer an. Er steckt sich hinter Alexander, auf den Friedrich Wilhelm sogar noch mehr hört als auf Luise. In einer langen Unterredung unter vier Augen legt Hardenberg dem Zaren die Gründe für eine solche Reform in aller Offenheit dar. Dem Zaren sind die Schwächen seines königlichen Freundes nur zu bekannt, und er zeigt sich zur Vermittlung bereit. Die preußischen Reformen verdanken auch dem Kaiser von Rußland einiges.

Daß nach Haugwitz und Lucchesini auch Zastrow in Ungnaden entlassen wird, verdankt er sich selber, wenn man auch vermuten muß, daß Hardenberg und Luise da psychologisch nachgeholfen haben. Alexander verläßt Memel am 4. April in aller Morgenfrühe, einige Stunden später folgen Friedrich Wilhelm und Luise, um an einer russischen Truppenrevue in Kydullen teilzunehmen. Auch Hardenberg und Zastrow sind geladen, in dieser Reihenfolge, und das veranlaßt Zastrow abzulehnen. Gekränkt erklärt er, nicht als Hardenbergs Sekretär fungieren zu wollen.

Sosehr man ihm das nachfühlen kann, so unklug ist es. Friedrich Wilhelm, der Alexander einen Tort angetan sieht, entbindet ihn sofort von seinem Ministerposten und schickt ihn, allerdings unter Beförderung zum Generalmajor, zurück in die Armee, wo er unter General L'Estocq ein Infanteriekorps übernehmen soll. Zastrow weigert sich nun auch noch, diesen Posten anzutreten. Zastrow mag kein großes Kirchenlicht sein, ein starrer Reformgegner, aber er hat seinem König in dessen Sinn treu gedient; jetzt ist er so gereizt, daß er nur noch Fehler macht. Schadenfreude, in der sich Preußen und seine Historiker ihm gegenüber gefallen haben, ist ungerecht.

Friedrich Wilhelm entläßt den alten Vertrauten im Juni ganz aus seinen Diensten; es weht jetzt ein anderer Wind. Ob man hinter den Kulissen dafür sorgt, daß der geschaßte General nicht zur Ruhe kommt, steht dahin. Jedenfalls muß er Berlin, wohin er sich zurückzieht, bald wieder verlassen, weil die Regierung des Großherzogtums Warschau ihn nötigt, innerhalb der Grenzen eben des Großherzogtums zu wohnen, in dem sich ein Großteil seiner Besitzungen befindet. Diese sind zwar enteignet und dem Vorbesitzer zurückgegeben, aber er kann sie, nach einigen weiteren Kalamitäten, wenigstens an diesen verkaufen.

Luise fordert noch mehr. Haben wir ihre freundlichen Charakterzüge alle verzeichnet, so dürfen wir doch auch ihre weniger schönen nicht verschweigen. Sie ist nachtragend und rachsüchtig. Beleidigungen vergißt sie nie. Wie sie Napoleon die Artikel im »Moniteur« nicht verzeiht, verzeiht sie Zastrow nicht, daß er diese Friedrich Wilhelm gegenüber ins Feld geführt hat. Von Königsberg aus noch bekniet sie den König in mehreren Briefen, »daß Du mit seiner Entlassung, die er sehr verdient hat (alle sind gegen ihn und sein unwürdiges Betragen aufgebracht), die Haft gegen ihn verwirklichen muß, für die er sich gegen Pfull ausgesprochen hat, damit er so bestraft wird, wie er es verdient und unschädlich gemacht wird. Sei etwas fest hier, denn es muß einiger Schrecken in die Leute fahren, wenn sie ihre Pflicht tun sollen.«

Der Generalmajor Karl von Phull war mit einem Sonderauftrag nach St. Petersburg geschickt worden und hatte im November 1806 den Übertritt in russische Dienste vollzogen, was Zastrow dann als Landesverrat ansah und für eine Haftstrafe plädierte. Der gutmütige Friedrich Wilhelm tut jedoch nichts nur der Abschreckung halber. Phull wird 1812 den russischen Angriffsplan entwerfen und damit die Freiheitskriege beginnen, Zastrow wird den Schwarzen Adlerorden und später immerhin noch den ruhigen Posten eines preußischen Gouverneurs in Neuchâtel bekommen. Wäre es nach Luise gegangen, die Sache hätte einen weniger guten Ausgang genommen. Boyen über Zastrow: »Ein kluger, dem Geschäfte wol gewachsener Mann; wenn die öffentliche Meinung ihn auch beschuldigte, daß seine Neigung, mit dem Winde zu segeln, etwas stark sei ...« Courage vor dem Königsthron hat er immerhin bewiesen.

Luise ist von Kydullen am 10. April abgefahren, nach Königsberg, von wo sie dann weiter nach Memel zu fahren gedenkt. Es wird, wie sie der Oberhofmeisterin von Voß schreibt, bis Königsberg »die abscheulichste Reise meines Lebens«, schlimmer wohl noch als die Flucht über die Kurische Nehrung. »Ich bin mit Lebensgefahr durch ausgetretene Flüsse gefahren, und mein Wagen ist mitten auf der Landstraße im Schmutz steckengeblieben; zwei Pferde sind im Kot verschwunden. Nur mit kräftigen Armen hat man Menschen und Vieh (die letzten drei Worte sind die einzigen deutschen im Brief) aus dem Schlunde des Schmutzes hervorgezogen. Mehr tot als lebendig bin ich hier in drei Tagen angekommen, mitgenommen von dem Wege, von den Beschwerden der Reise und der scharfen Luft eines offenen Wagens – den ich in Kydullen nehmen mußte, da mein großer Wagen zertrümmert war –, vom schlechten Wetter, von dem Regen und dem Wind von vorn, und so brauchte ich einige Tage Ruhe, um mich ein wenig zu erholen.«

Aus einigen Tagen werden zwei Monate. Luise wohnt nicht im Schloß, das ihr seit ihrer Krankheit verleidet ist, sondern im Haus eines Großkaufmanns bei ihrer Schwester Friederike, die kurz zuvor einen Sohn geboren hat. Dort machen es sich die beiden Langschläferinnen gemütlich. Eine neue Erfahrung: Zum erstenmal in ihrer Ehe und vielleicht in ihrem Leben kann Luise schalten und walten, wie es ihr gefällt. Der König kommt nur einmal kurz drei Tage zu Besuch, sonst hält er sich im Hauptquartier Alexanders oder Bennigsens auf. Auch die wackere Voß ist weit, nämlich in Memel bei den Kindern, und kann Luise nicht ständig auf die Finger sehen.

Schalten und walten – nichts kann Luise besser. Hier in dieser vielleicht »mausaden« Stadt ganz auf sich allein gestellt, erfüllt sie die Pflichten einer Königin – noch dazu unter derart ungünstigen Umständen – fast besser als an der Seite des Königs. Natürlich ist sie sofort der Star der Abendgesellschaften, zu denen regelmäßig auch ihr englischer Verehrer Wilson erscheint, selten ohne ein Buch (auf die Anthologie von Liebesgedichten folgt eine Lebensbeschreibung der Maria Stuart).

Aber sie versteht es auch, den Staat zu repräsentieren, mit Freundlichkeit und Würde. So besucht sie die Holzbaracken und Hospitäler, die durch Verwundete aus der Schlacht bei Preußisch-Eylau überfüllt sind, zeichnet den Generalarzt Goercke aus und sorgt für dessen – verdiente – Beförderung. Sie empfängt die »Ranzionierten«, die von überallher eintreffen, das sind Offiziere und Mannschaften, die sich der französischen Gefangenschaft entziehen und nach Ostpreußen durchschlagen konnten. Sie bilden, abenteuerlich uniformiert, eigene Freikorps, die Luise besichtigt und deren Fahnen sie weiht. Sie nimmt sich sogar gefangener polnischer Freischärler an, »die sehr, sehr schlecht gehalten sind«, wie sie Friedrich Wilhelm berichtet. »Sie kommen ganz um vor Elend...

denn sie bekommen faules Wasser, und dann Stroh, denn sie liegen im Modder. Du glaubst nicht, wie sie aussehen, wie ihr Wimmern fürchterlich war. Man gehet unmenschlich mit ihnen um in Deinem Namen, indem Du der menschlichste Mensch bist, den es gibt.«

Friedrich Wilhelm, der, pedantisch, wie es seine Art ist, alle Briefe sorgsam numeriert (der oben zitierte trägt die Nr. 8), befiehlt dem Hauptmann von Tiesenhausen, der für dieses Elend verantwortlich ist, für frisches Wasser, Verpflegung und ärztliche Hilfe zu sorgen. Auch Luise erhält Aufträge, etwa dem Lieutenant Helvig vom Blücherschen Korps, der in einem Handstreich 8000 preußische Gefangene auf dem Transport von Erfurt nach Eisenach befreit hat, den Orden Pour le mérite zu überreichen (»Hätten alle ebenso ihre Schuldigkeit gethan, wir wären nicht hier«, lauten ihre Worte im Bilderbuch) oder dem König einen Tschako zu besorgen.

Das fällt nicht leicht und verursacht einige Lauferei; am Ende erwirbt Luise eine wenigstens ähnliche Kopfbedeckung und richtet sie selbst notdürftig her. Zum Dank erhält sie den Offizierszopf zurück, den Friedrich Wilhelm nach preußischer Tradition immer noch getragen und jetzt abgeschnitten hat. Denn der König gibt und kleidet sich inzwischen wie sein kaiserlicher Freund Alexander, daher der Tschako und der Schnurrbart, den er sich wachsen läßt und der ihm zunächst nicht recht steht; er soll wenig später vor allem Napoleon äußerst mißfallen haben.

Die beiden Schwestern genießen ihre Freiheit in vollen Zügen. Sie laden zum Tee, wen sie wollen, ohne auf die Etikette achten zu müssen, deren Beachtung die Gräfin Voß verlangen würde. Es kommen Wilson, zwei junge Dichter, die sich ranzioniert haben, Max von Schenkendorf (»Freiheit, die ich meine ...«) und Achim von Arnim, der einst als Page an Luises Krönung teilgenommen hat. Jetzt wird er Mitarbeiter der »Hartungsschen Zeitung«, die sich in jenen Tagen von einem Provinzblatt zum führenden Organ Preußens mausert. Kein Wunder: Redakteur ist Fichte, Mitarbeiter sind unter anderem Scharnhorst und Kleist. Freundlich empfangen wird von den Schwestern aber auch jener Bauer namens Johann Adolf Müller, der sich zu Fuß von Heidelberg nach Königsberg aufgemacht hat, um, wie vom lieben Gott befohlen, dem König dort zu sagen, er möge ausharren.

Eines Tages erscheint auch der »herrliche Hardenberg«. Ihm kann man gratulieren, was Luise auch schriftlich bereits getan hat: »Der König konnte gewiß nie eine bessere Wahl treffen, und ich betrachte Ihre Rückkehr ins Ministerium als eine neue Epoche für die Monarchie.« Da hat sie nicht ganz unrecht. Unter Alexanders Einfluß ist seine Ernennung zum ersten Kabinettsminister endlich erfolgt, für die Dauer das Krieges zunächst soll Hardenberg alle Staatsgeschäfte verantwortlich übernehmen, mit Ausnahme der militärischen. Die Engländer nennen ihn bereits »den Premierminister«.

Aber es gibt auch Sorgen. Königsberg, schreibt Luise ihrem Vater, sei »fürchterlich ... wegen der leidenden Menschen, die überall nicht gehen, sondern kriechen«. Aber »diesen unwürdigen Starrsinn dieses elenden Bennigsen« beklagt sie noch mehr. Der russische Oberbefehlshaber weigert sich, das von General Kalckreuth hartnäckig verteidigte Danzig zu entlasten, ihn haben vermutlich die bei Preußisch-Eylau erlittenen Verluste abgeschreckt. Eine ehrenvolle Übergabe der Festung setzt immerhin ein Zeichen, daß sich die Zeiten gebessert haben. Aber die Plünderungen durch russische Truppen nehmen überhand, und in Memel erkrankt Alexandrine an Masern, wie Friedrich Wilhelm in seinem Brief Nr. 18 mitteilt.

Trotzdem glaubt Luise Grund zum Optimismus zu haben: »Doch die gute Jahreszeit, der Patriotismus, der sich mit der erwachenden Natur in jedes Preußens Brust wieder einfindet, die Aktivität, die man wahrnimmt, die Sendung des vortrefflichen Blüchers nach Pommern, alle die Reservebataillone, die erst seit Monaten organisiert sind, und jetzt teils vorgehen, teils schon gefochten haben, alles dies belebt mit neuen Hoffnungen«, läßt sie ihren Vater wissen. »Mehr als alles dies, die herrliche, ja wirklich göttliche Freundschaft des Kaisers und Königs, der feste Gang in der Politik, die Wiedereinsetzung des guten Hardenbergs wird uns Freunde, Vertrauen und hohe Achtung verschaffen.«

So erscheint ihr Königsberg, mag es noch so angefüllt sein von Blessierten, die nicht gehen, sondern nur noch kriechen können, doch zugleich als ein romantischer Ort. Wo immer Luise ist, da taucht ein letztes Zipfelchen Rokoko auf, einer, wie es jetzt scheint, besseren und friedvolleren Zeit. Die Engländer und Russen, die sie abends um sich versammelt, sind tief beeindruckt von ihrer Erscheinung, einer Königin wie im Märchen. Man liest Schillers »Maria Stuart« mit verteilten Rollen. Wilson rudert die Schwestern an schönen Maitagen auf dem Schloßteich spazieren. Friederike singt weithin hörbar zur Laute aus »Des Knaben Wunderhorn«, der eben erschienenen Volksliedersammlung Arnims und Brentanos: »Es ritten drei Reiter zum Tore hinaus.«

Die Idylle trügt, wie wahrscheinlich alle Idyllen. Wer sich im Krieg mit Napoleon befindet, sollte sich keinen falschen Hoffnungen hingeben. Luise verläßt Königsberg am 10. Juni schweren Herzens; sie braucht zwölf Stunden für die wiederum mühsame Fahrt. Diesmal ist es »so heiß, daß ich manchmal glaubte zu sterben. Nicht ein bißchen Wind, das Meer sah aus wie ein kleines Bächlein, ganz klar und rein, der Sand war so heiß wie die Sonne.«

Am selben Tag hat Bennigsen bei Heilsberg unter entscheidender Mitwirkung preußischer Kavallerie die Franzosen geschlagen. Luise benachrichtigt sofort die Voß und läuft triumphierend höchstselbst zu Köckeritz, dem griesgrämigen Schwarzseher. »Meine Kinder sind nach und nach... gekommen, um mich zu beglückwünschen; um zehn Uhr kamen die Gardeoffiziere, Musik und die Einwohner brachten mir ein Hurra«, schreibt sie dem König, der erst zwei Tage später erwartet wird. »Gott wolle nur jede Hiobsbotschaft verhüten«, fügt sie zaghaft hinzu, »es wäre zu grausam. Ich muß Dir freilich gestehen, nach dem allzu großen Unglück kann mein Herz sich nicht mehr völlig und mit ganzer Sicherheit der Glückshoffnung hingeben. Ich bin gar zu hoch von meinem Himmel gestürzt.«

Das Grausame ist längst Wirklichkeit. Am 13. und 14. Juni sind Bennigsen und die preußischen Truppen bei Friedland, ganz in der Nähe von Königsberg, geschlagen worden. Königsberg wird von den Franzosen schon drei Tage später besetzt. Eine erneute Katastrophe, der Zar soll bei der Nachricht ohnmächtig zu Boden gesunken sein. Luise läßt wieder einmal in aller Eile packen – »wir stehen auf dem Punkt, das Königreich zu verlassen – vielleicht auf immer«, teilt sie ihrem Vater mit. Als erster Zufluchtsort ist Riga vorgesehen. Wohin anders kann man sich begeben, als in den Schutz des Zaren von Rußland?

In Memel herrscht ein fürchterliches Durcheinander. Nur schwer gelingt es Luise Radziwill und der Prinzessin Marianne, sich im Wagen zur Königin durchzuschlagen. Sie sind ratlos und wissen nicht, was mit ihnen geschehen soll. An Hardenberg, der immer Rat weiß, haben sie sich nicht wenden können. An seiner Wohnung sind sie eben vorübergefahren; sie war, zu ihrem großen Erstaunen, hell erleuchtet, festliche Musik ertönt aus ihr bis auf die Straße.

»Unsere Leute sagten uns: ›Graf Hardenberg heiratet‹«, erzählt Luise Radziwill in ihren Memoiren. »›Der Pastor, der ihn trauen soll, ist eben geholt worden‹. Die Königin wußte davon. Der Graf hatte an den König geschrieben: Im Augenblick, in welchem er Preußen verlassen müsse, halte er sich für verpflichtet, einer Frau, die er liebe, einen Namen zu geben, der ihr in der Fremde die Achtung verschaffen werde, mit der er sie umgeben zu sehen wünscht...«

Es ist Hardenbergs dritte Ehe. Er heiratet Charlotte Schöneknecht, seine langjährige Lebensgefährtin. Und er tut recht daran, denn er muß tatsächlich ins Exil, nach Riga. Napoleon, der ihn für seinen Erzfeind in Preußen hält, wird seine Entlassung verlangen (aber Hardenbergs Vorschlag für seine Nachfolge zustimmen: Stein, den er ebenso merkwürdigerweise für keinen Gegner seiner Person hält).

Luises Packen und die Ratlosigkeit der Prinzessinnen stellen sich jedoch als übereilt heraus. Napoleon schlägt sein Hauptquartier in Tilsit auf, unmittelbar an der russischen Grenze. Aber er setzt nicht über den Njemen, die Memel, denn er weiß, daß ein Feldzug nach Rußland hinein ihm, zumindest im Augenblick, unmöglich ist. Trotz aller Siege über das halbe Europa sind seine Truppen erschöpft. Die Franzosen haben Heimweh nach Frankreich, und den Soldaten der Rheinbundstaaten ist nicht vollends zu trauen.

Napoleon marschiert nicht einmal nach Memel. Er verzichtet bewußt darauf, dem König von Preußen auch noch den letzten Streifen seines Landes abzunehmen, obwohl ihm das jederzeit möglich wäre. Warum? Wir sind auf Vermutungen angewiesen. So sorgfältig Napoleon seine strategischen Unternehmungen plant, so planlos scheint er im Politischen vorzugehen. Da verläßt er sich auf pure Intuition. Vielleicht ist das der Grund, warum sein Reich keinen Bestand haben konnte. Er hat seinen Brüdern Königreiche geschenkt, seine Freunde zu Fürsten und mitunter ebenfalls zu Königen erhoben. Hätte man ihn damals aber gefragt, was er mit Preußen beabsichtige – nach Friedland wäre es mit einem Federstrich zu beseitigen gewesen, aufgeteilt an die deutschen Bundesgenossen –, er hätte gewiß antworten müssen, daß er schwanke. Er will zunächst den Zaren sprechen, »ohne Mittelsmänner«, wie er betont. Er will ihn von Preußen trennen, ihn als Bundesgenossen gegen England gewinnen, weshalb er ihm auch schon ankündigt, keine Gebietsabtrennungen zu fordern – im Gegenteil: Preußen soll seine östlichen Provinzen an Rußland abtreten. Ein unklares Zukunftsbild formt sich in ihm, dessen Gefahren er nicht recht erkennt.

Hier findet Alexander ein ideales Betätigungsfeld. Der Zar weiß, was er tun muß und tun kann. Die öffentliche Meinung daheim ist gegen ihn, und das Schicksal, das sein Vater gefunden hat, ist ihm eine immerwährende Warnung. Er läßt seinen Freund und Bundesgenossen Friedrich Wilhelm also fallen und schließt am 21. Juni einen vorläufigen Friedensvertrag mit Napoleon. Die endgültigen Verhandlungen sollen zwischen den beiden Kaisern demnächst in Tilsit stattfinden. Preußen wird ausdrücklich ausgeschlossen. Napoleon weiß nicht, ein welch grandioser Schauspieler der Zar sein kann. Ehe er es sich versieht, ist der agile Alexander bei ihm als Freund eingeführt (»Ich habe noch nie jemand so geliebt wie Sie«) und Preußen ebenso unversehens durch die Hintertür wieder eingeschleust. Im Übertölpeln selbst Überlegener ist Alexander Meister. Man muß Napoleon bescheinigen, daß er immer mit offenem Visier kämpft. Alexander hat nur durch stete Tarnung überlebt, und die gelingt ihm so überzeugend, daß ihr selbst der große Feldherr ausgeliefert scheint.

Wir wissen nicht, wie weit Friedrich Wilhelm und Alexander ein abgekartetes Spiel betrieben haben. Manches deutet darauf hin. Schon während der Zar die ersten Schriftstücke mit Napoleon wechselt, trifft er mit dem Preußenkönig zusammen in einem Jagdschloß bei Schaulen (Szawl), einem düsteren Ort wie aus einem Schauerroman, der dem Fürsten Subow gehört hat, einem der Günstlinge der Zarin Katharina. Auch Hardenberg und Kalckreuth sind mit von der Partie. Man schmiedet offensichtlich heimliche Pläne. Der Zar begibt sich anschließend nach Tauroggen, wohin ihm Friedrich Wilhelm folgt. Und in Piktupöhnen, am rechten Ufer der Memel, ganz nahe am Hauptquartier Napoleons in Tilsit, das gegenüber am linken Ufer liegt, finden wir die beiden Monarchen schon wieder vertraut-verschwörerisch zusammen.

Mit Erstaunen ist immer wieder festgestellt worden, daß ein so leicht verletzlicher Mann wie Friedrich Wilhelm nie ein kränkendes oder anklagendes Wort über den anscheinend so ungetreuen Freund verloren hat. Das dürfte jedoch weniger an der Selbstdisziplin des Königs gelegen haben als daran, daß dieser über die taktischen Finessen des Freundes zumindest im großen und ganzen informiert gewesen sein muß. Die Freundschaft zwischen dem Gehemmten, der aus seinem Herzen keine Mördergrube machen, und dem Gehemmten, der fast zu gut Theater spielen kann, ist tief und echt. Alexander scheint fest entschlossen, Napoleon zu umgarnen und Friedrich Wilhelm mit sich zu ziehen.

Luise scheint aus diesem Männerbündnis ausgeschlossen. Sie sitzt in Memel, Friederike und deren Mann haben sie verlassen, sind in ein Bad gefahren, das Prinz Solms nötig zu haben glaubt, obwohl er es sich kaum noch leisten kann bei seinen durch den Krieg zerrütteten Finanzen, Köckeritz geht ihr auf die Nerven mit seinem ewigen, auf Hardenberg und Bennigsen gemünzten: »Das hätte Zastrow auch gekonnt!« Sie hat Herzbeschwerden, macht sich Sorgen um die Zukunft Preußens ohne Hardenberg und erschrickt furchtbar, als sie erfährt, daß ihr Mann demnächst in Tilsit auf Wunsch Alexanders dem »unreinen Wesen«, dem »Höllenhund« Napoleon begegnen soll. »Halte Dich nur dicht an den Zaren«, rät sie ihm und: »Opfere weder Hardenberg noch Rüchel, das wäre der erste Schritt in die Sklaverei.« Sie muß warten. Abends erscheinen Luise Radziwill und die Schwägerin Marianne zu einem Ringspiel, wahrscheinlich ähnlich dem Hufeisenwerfen, mit dem sie sich die Zeit vertreiben.

Als Napoleon später auf St. Helena gefragt wird, wo er am glücklichsten gewesen sei, antwortet er nach einigem Überlegen: »Vielleicht in Tilsit... Ich war dort siegreich, diktierte Gesetze, Könige und Kaiser machten mir den Hof.« Das erste Zusammentreffen mit dem um Frieden bittenden Zaren läßt er höchst zeremoniell gestalten, ohne zu ahnen, daß er sich dadurch in seiner eigenen Falle fängt. Alexander erhält eine unvergleichliche Plattform für einen wohleinstudierten Auftritt.

Napoleons Einfall: Er hat in der Mitte des Grenzflusses, der Memel, also in einer Art von Niemandsland, auf verankerten Flößen ein Holzhaus errichten lassen. Es ist mit Leinwand bedeckt und innen geschmückt. Laubbekränzte Boote schaukeln an beiden Seiten. Sie holen die Kaiser unter Böllerschüssen von den entgegengesetzten Flußufern, wobei Napoleons Boot fünf Minuten vor dem Alexanders auf dem Floß eintrifft. So kann er, als Gastgeber, dem Zaren entgegengehen.

Der übertrumpft Napoleon geistesgegenwärtig, indem er ihn mit überschäumender Geste in die Arme nimmt. Während die Begleitung, französische Marschälle und russische Großwürdenträger, außerhalb des Holzhauses unter einer Zeltplane bewirtet wird, konferieren die Majestäten allein miteinander, fast zwei Stunden. Dabei freundet sich Alexanders Bruder, der Großfürst Konstantin, mit Napoleons Schwager, dem General Murat, an. Es herrscht nach außen fast freundschaftliche Übereinstimmung.

Friedrich Wilhelm ist nicht zugelassen. Er hat zwar den Zaren, auf dessen Bitte hin, bis ans Flußufer begleitet, aber nun steht der König, in einen russischen Militärmantel gehüllt, im strömenden Regen. »Welch ein Augenblick in Preußens ruhmreicher Geschichte!« – mit diesem Ausruf kommentiert Bailleu die Situation. Friedrich Wilhelm, von Haus aus Stoiker, wird sie gelassener hingenommen haben, obwohl es ihm bitter genug angekommen sein mag. Er beobachtet die Szene der Umarmung genau. Vielleicht hat er über Alexanders vollendet gespielte Emphase ein Lächeln unterdrücken müssen.

Auch die Verabschiedung verläuft unter vielerlei Freundschaftsbezeigungen. Napoleon hilft dem Zaren ins Boot, ehe er seines besteigt. Die Schiffe fahren eine Weile nebeneinander her und schwenken dann ab, das eine nach rechts, das andere nach links. Franzosen am einen, Russen am anderen Ufer brechen in laute Hochrufe aus. Und als gehöre auch das zur kaiserlichen Regie, hat der Regen aufgehört. Als die Boote am Ufer landen, scheint zum erstenmal die Sonne.

Das Schauspiel wiederholt sich am nächsten Tag. Da ist das Haus auf dem Floß noch schöner hergerichtet, ausgemalt und mit Laubgirlanden geschmückt. Über der Tür auf der französischen Seite prangt ein großes, eichenlaubumkränztes »N«, auf der russischen Seite ein »A«. Und obwohl die Junisonne an der Memel gewiß nicht als stechend zu bezeichnen ist, wird das Haus jetzt von schlanken grünen Bäumen beschattet.

Diesmal darf Friedrich Wilhelm teilnehmen; Alexander wird darauf bestanden haben. Preußische Überlieferung will wissen, daß er »mehr zugelassen als eingeladen« war, das »N« und »A« (ohne ein »FW«) als Kränkung empfand und von Napoleon »mit höflicher Kälte« behandelt worden sei. Ein französischer Augenzeuge, der Chefchirurg Pierre François Percy, berichtet in seinem »Journal de campagnes« das Gegenteil. Percy ist übrigens korrespondierendes Mitglied der Berliner Akademie der Wissenschaften und hat von dieser für die Pflege, die er auch preußischen Verwundeten in Ostpreußen hat angedeihen lassen, eine Goldmedaille verliehen bekommen. »Man sagt, daß der König von Preußen mit Alexander gekommen war und daß unser Kaiser ihn umarmt und geküßt hätte. Letzter (Napoleon) hatte den preußischen Ordensstern angelegt, ebenso diejenigen unserer Marschälle, welche diese Dekoration besitzen.«

Auf jeden Fall benimmt Friedrich Wilhelm sich weniger geschickt als Alexander. Er läßt Napoleon spüren, daß er ihn als Feind betrachtet. Eine Maske aufsetzen wie der Zar kann er nicht. Über Preußens Zukunft wird auch zunächst nur am Rande gesprochen; die wirklichen Verhandlungen führen Hardenberg und Kalckreuth, und sie gestalten sich unerfreulich genug.

Friedrich Wilhelm sieht nun Napoleon fast täglich, stets im Beisein Alexanders, der offenbar versucht, Zusammenstöße zwischen den beiden zu verhindern. Alexander hat das ihm zugewiesene Haus in Tilsit bezogen und füllt es bald mit Pomp und Festlichkeit – die Stadt ist für die Dauer der Friedensverhandlungen zur neutralen Zone erklärt worden. Auch dem König von Preußen hat man ein Haus zugeteilt, aber er benutzt es nur sporadisch zum Umkleiden. Abends begibt er sich nach Piktupöhnen zurück, bespricht sich mit Hardenberg und Kalckreuth, schreibt an Luise und liest deren

Briefe, wie ein Augenzeuge berichtet, immer wieder und Wort für Wort.

Luise hat gehört, daß der Generalfeldmarschall Friedrich Karl Graf Kalckreuth zum Friedensunterhändler ernannt werden soll. Sie warnt den König vor ihm: »Er hat sich sehr schlecht gegen Dich aufgeführt und war einer der lautesten und gemeinsten Schreier Zastrows.« Dann fügt sie mit Ironie hinzu: »Würde S. M. Napoleon, um das Fest in Tilsit vollzählig zu machen, nicht so aufmerksam sein, auch mich einzuladen, um an der intimen ›Liaison‹ teilzunehmen? Da ich ihn so sehr liebe, wäre mir das äußerst angenehm.« Sie ahnt nicht, wie bald tatsächlich eine derartige Einladung erfolgen soll.

Die Verhandlungen gestalten sich zäh. Napoleon und Alexander jedoch kommen, so scheint es wenigstens, einander immer näher, sie »verstehen, achten und lieben« sich, wie Percy glaubt. Der unflexible und demgemäß brummige, erstaunlicherweise oft auch sichtlich gelangweilte Friedrich Wilhelm stört nur bei diesem Spiel. Häufig ziehen sich die beiden Kaiser dann unter irgendeinem Vorwand zurück, um den Griesgram, der auch Alexanders Pläne gefährdet, loszuwerden. Einmal platzt allerdings Napoleon der Kragen. Er brüllt Friedrich Wilhelm seinen Unmut über Preußens und vor allem Hardenbergs Haltung, von dem er »mehr als eine Ohrfeige erhalten« haben will, unbeherrscht ins Gesicht. Weder der König noch Alexander wagen es, sich für Hardenberg einzusetzen, obwohl Luise doch beide so oft und so eindringlich darum gebeten hat. Hardenberg muß weichen, Rüchel übrigens auch, die Landverluste, die Preußen hinnehmen soll, wachsen immer weiter, ganz wie die Retributionsforderungen – daß der König bedrückt ist, nimmt nicht wunder, und vielleicht hilft seine Wortkargheit auch, das heikelste Thema zu vermeiden: die Zukunft Preußens mit einem eventuellen Beitritt zum Rheinbund.

Preußischen Quellen zufolge soll Friedrich Wilhelm III. in Tilsit durch (Originalton Luise:) »den Teufel, der sich aus dem Kot emporgeschwungen hat«, eine weitere Demütigung zugefügt worden sein. Napoleon habe ihn, heißt es, »von der Tafel ausgeschlossen« und nicht – wie den Zaren – zum Diner gebeten. Das kann aber auch nicht so ganz stimmen, denn es geschieht an der kaiserlichen Tafel und unter den Augen Alexanders, daß Napoleon sich beim König nach dem Befinden seiner Gemahlin Luise erkundigt und sogar auf deren Wohl sein Glas erhebt.

Der Toast bringt Murat und Kalckreuth, die gut miteinander können, auf eine Idee, die eigentlich schon lange in der Luft liegt und sich längst angeboten hätte. Sie wird dann auch sofort von Hardenberg unterstützt. Luise hat mit ihrem Charme schon so viele Menschen bezaubert. Warum nicht auch den für weibliche Reize durchaus empfänglichen Napoleon? Friedrich Wilhelm ist zwar dagegen – er ist wieder einmal, in realistischer Einschätzung seiner Lage, gegen alles –, aber er überläßt die endgültige Entscheidung – auch dies ein Akt weiser Selbsterkenntnis – der Betroffenen, der Königin. Napoleon unterstützt im übrigen den Plan, zum mindesten hat er nichts gegen ihn einzuwenden. Er dürfte neugierig sein auf die Vielgerühmte und von ihm Vielgeschmähte.

Luise hat eben am 29. Juni im Kreis ihrer Kinder und bei »fürchterlichem Lärm derselben«, wie Gräfin Voß mißbilligend ihrem Tagebuch anvertraut, den sechsten Geburtstag des kleinen Prinzen Karl gefeiert. Da erhält sie am nächsten Morgen in der Frühe einen Brief ihres Mannes mit Eilkurier. Dem Brief liegt ein Handschreiben Kalckreuths bei. Ein namentlich nicht genannter hochgestellter Franzose, liest sie (es handelt sich um Murat), rate dringend zu einer Reise nach Tilsit. Auch Napoleon habe bereits den Wunsch geäußert, die Königin kennenzulernen.

Obwohl sie – wenn auch im Spott – eine derartige Reise vorgeschlagen hat, fällt sie aus allen Wolken. Es ist die eine Sache, aus der Ferne über Napoleon herzuziehen, und eine andere, bei ihm quasi als Bittstellerin zu erscheinen. Für Preußen steht jedoch eine ganze Menge auf dem Spiel. Den Versuch, »Gutes zu stifen«, wie sie sich ausdrückt, muß sie schon unternehmen; er ist ihr in der Vergangenheit nur zu oft gelungen, wenn auch unter harmloseren Umständen.

Gesundheitlich geht es ihr zwar nicht gut. Sie befindet sich im zweiten Monat ihrer inzwischen achten Schwangerschaft: »Ich habe heftige Kopfschmerzen ... Das Blut steigt mir in den Kopf, und ich befürchte eine Blutung«, hat sie erst gestern dem besorgten König in einem Brief mitteilen müssen. Trotzdem steht ihr Entschluß sofort fest. »Ich komme, ich fliege nach Tilsit, wenn Du es wünschst«, schreibt sie jetzt, verlangt aber, daß auch jemand »aus der gekrönten Gesellschaft« die Einladung »irgendwie geziemend« ausspricht. Es klingt ein bißchen bitter, wenn sie das näher erklärt: »Der Kaiser von Rußland hat genugsam bezeugt, er wolle aus den Dir bekannten Gründen kein Zusammensein mit mir.« Also kann sie »nur hinkommen, wenn Napoleon in sehr höflichen Worten Dich darum bittet oder Dir wenigstens seine Wünsche darüber persönlich zu erkennen gibt.«

Alexander bekommt noch einen zweiten, gleichsam feministischen Hieb, der auch ein bißchen Friedrich Wilhelm trifft. Der Zar sage dauernd, »bei der Abhandlung von Geschäften dürften Frauen nicht zugegen sein«, aber »soviel ich weiß, habt ihr alle nur mit Geschäften, und zwar mit den allerfolgenreichsten zu tun.«

Eine solche höfliche und bestimmte Einladung, wie Luise sie erwartet und auch wohl erwarten kann, erfolgt nicht. Mehr als er – über Murat – getan hat, kann Kalckreuth nicht tun. Es ist vielleicht auch ein bißchen viel von Napoleon verlangt, unter solchen Umständen der Etikette zu genügen: Er ist der Sieger.

Friedrich Wilhelm kennt seine Frau und führt einen Namen ins Feld, auf den diese unweigerlich hört. »Hardenberg bittet mich«, schreibt er ihr, »keinen Augenblick zu verlieren, um Deine Reise zu beschleunigen, da die Augenblicke kostbar sind und, was für das Gute geschehen kann, schnell geschehen muß...«

Luises verärgerter Antwort merkt man eine gewisse Nervosität an. Sie hat – neben ihren gesundheitlichen Sorgen – wohl auch so etwas wie Lampenfieber. »Ich habe Deinen Brief erhalten«, schreibt sie, »und bin, offen gestanden, erschreckt über die Art, in der ich kommen soll, nicht eingeladen von dem Herrn der Welt, ungewiß, ob meine Ankunft dem Kaiser Alexander angenehm sein wird; aber ich komme schließlich, weil *Du* es für gut befindest und weil Ihr, *Du und Hardenberg,* es zu wünschen scheint. Ich fahre morgen fort, und werde am Ende des Tages in Piktupöhnen sein, in Angst, daß ich dem Kaiser Alexander mißfallen könnte. Im übrigen schmeichle ich mir nichts.«

Luises Ton ist bitterer, aber auch selbstbewußter als je zuvor. Alexander hat sie sich, wie es scheint, gründlich abgewöhnt. Ob sie sein Spiel, ehrlich oder nicht, durchschaut, steht dahin. Aber auch

Friedrich Wilhelm kann ihren Brief nicht als überaus herzlich empfinden. Er endet: »Leb wohl... Ich kann Dir keinen größeren Beweis meiner Liebe und meiner Hingabe für das Land zeigen, zu dem ich halte, als wenn ich dorthin fahre, wo ich nicht begraben sein möchte.«

18.

Die Begegnung

Die Fahrt von Memel nach Piktupöhnen dauert immerhin zehn Stunden, eine Strapaze für sich, selbst in dem nach damaligen Begriffen komfortablen Wagen der Königin. Er ist schlecht gefedert, man spürt jeden Stein, jede Vertiefung in der Fahrbahn, und die Wege sind holprig, kaum auch nur als Feldwege zu bezeichnen. Jede Reise, die über eine Stadt hinausführt, bedeutet damals ein Abenteuer. Man kann sich vorstellen, welch eine Revolution wenig später die Einführung der Eisenbahn gewesen sein muß.

Luise, krank und gekränkt, wirkt, nach dem Zeugnis der Gräfin Voß, in sich gekehrt und bedrückt. Wie wird man sie in Tilsit aufnehmen? Wegen der Verdächtigungen, die Napoleon über ihre Beziehungen zum Zaren erhoben hat, fürchtet sie sich vor einem Zusammentreffen mit Alexander – und vor dem Treffen mit Napoleon. Was soll sie ihm sagen, welche Haltung ihm gegenüber einnehmen? Wird er sie überhaupt empfangen?

Etwas, das einer Einladung nahekommt, hat der »Herr der Welt« nur Kalckreuth gegenüber ausgesprochen, und der ist nicht gerade ihr Freund; eben erst hat sie den König vor ihm gewarnt. Da Kalckreuth in allem Folgenden eine ausschlaggebende Rolle spielt, sollten wir uns die Zeit nehmen und ihn etwas näher ansehen. Die Königin wird mit gemischten Gefühlen an ihn denken.

Kalckreuth kommt, ganz wie Luise, aus einer Welt, die langsam Vergangenheit zu werden beginnt, aus dem französierenden Preußen Friedrichs des Großen und der Rokokoseligkeit des leichtsinnigen Friedrich Wilhelm II. Friedrich Adolf Graf Kalckreuth, soeben zum Generalfeldmarschall ernannt, ist 70 Jahre alt, und so etwas wie eine preußische Institution. Aus altem schlesischen Adel stammend, hat er den Siebenjährigen Krieg als Adjutant an der Seite des Prinzen Heinrich, Friedrichs des Großen Bruder, mitgemacht und ist diesem auch nach Rheinsberg gefolgt. In Rheinsberg hatte Friedrich in jungen Jahren einen Musenhof unterhalten, das schöne Knobelsdorff-Schloß am romantischen See dann aber dem ungeliebten Bruder Heinrich geschenkt. Der nutzt es als eine Art von Gegenentwurf zu Sanssouci, einen Klein-Hofstaat, der noch stärker französisch geprägt war als der des großen Friedrich.

Kalckreuth, ein Gesellschaftslöwe, frivol und witzig, wird aber bald von Rheinsberg strafweise nach Königsberg versetzt, weil sich seinetwegen Prinz Heinrich von seiner Frau trennt. Wir sind dem Prinzen ja auf seinem Ausflug zum »Freischütz« nach Berlin begegnet, als Luise und Friederike befürchteten, er könne sie in Potsdam aufsuchen. Tatsächlich hat Heinrich – er ist 1802 gestorben –, wenn er in Berlin war, im gleichen Palais wie seine Frau gewohnt, aber 35 Jahre lang kein Wort mit ihr gesprochen.

Ein geistreich französisch parlierender Hallodri wie Kalckreuth paßte dann auch zu Friedrich Wilhelm II., der ihn aus Ostpreußen zurückholte und zum Grafen erhob. Er hat die Belagerung von Mainz geleitet, die zur Verlobungszeit Luises eine so große Rolle gespielt hat, und sich eben erst als Gouverneur von Danzig ausgezeichnet. 76 Tage lang konnte er die Festung gegen eine Übermacht halten und mußte nur aufgeben, weil ihm das Pulver ausging.

Ein solcher Haudegen und Kavalier dazu wird auch von Napoleon geschätzt, der sich gern Anekdoten aus friderizianischen Tagen erzählen läßt. Friedrich Wilhelm mag daher nicht schlecht beraten gewesen sein, als er ihn gegen Luises Einwände ins französische Hauptquartier schickt, schon gleich nach der unglücklichen Schlacht von Friedland für einen Waffenstillstand und jetzt wieder, um einen endgültigen Frieden auszuhandeln. Kalckreuth gilt als Franzosenfreund und dennoch als ganzer Preuße, ist überdies in Ostpreußen noch von seiner Zwangsversetzung her sehr beliebt und kennt auf allen Seiten, sogar der russischen, Gott und die Welt. Ob ihn freilich seine Devise: »Vertrauen, nur Vertrauen gegenüber Napoleon, damit kommt man am weitesten!« so unbedingt zu einer derartigen Aufgabe legitimiert, darf man bezweifeln. Friedrich Wilhelm hat ihm deswegen den Grafen Goltz an die Seite gegeben, den preußischen Gesandten in St. Petersburg, aber den drängt Kalckreuth spielend in den Hintergrund.

Dieser Mann ist also Luises einziger Garant für eine Quasieinladung der Monarchen, keine allzu solide Basis. Als sie am frühen Abend mit ihrer Begleitung – der Voß, ihrer Hofdame Gräfin Tauentzien und George von Buch, dem Kammerherrn und Vorleser – in Piktupöhnen eintrifft, befindet sich ihr Mann überdies in Tilsit und wird erst um Mitternacht zurückerwartet. Sie richtet sich im Schulhaus, das Friedrich Wilhelm bewohnt, notdürftig ein; die anderen kommen im Pfarrhaus unter, das gegenüber liegt. Mit einigem Herzklopfen erwartet sie die ersten Besucher: Es sind beruhigenderweise der König selbst und derjenige, von dessen Rat sie sich abhängig fühlt: Hardenberg.

Luise hat selbst »Aufzeichnungen über die Zusammenkunft in Tilsit am 6. Juli 1807« hinterlassen, aber davon ist weder das Original noch eine verläßliche Abschrift aufzufinden; Kürzungen, Auslassungen und Veränderungen sind also möglich und sogar wahrscheinlich. Die spätere nationalistische und chauvinistische Geschichtsschreibung im wilhelminischen Deutschland hat viel in Luises Aussagen hineingepfuscht und einiges – so etwa den vielzitierten Ausspruch: »Wir sind auf den Lorbeeren Friedrichs des Großen eingeschlafen« (der in dieser Form nie gefallen ist) – glatt gefälscht. Jetzt lesen wir, noch unter dem gleichen Abend ihrer Ankunft: »Eine lange Unterhaltung mit dem edlen Minister Hardenberg (er hatte an demselben Tage seinen Abschied genommen, da Napoleon sie mit aller Entschiedenheit verlangte) unterrichtete mich über die Lage, über unsere Befürchtungen und Hoffnungen, klärte meine Ideen sehr und gab mir die Grundlage für mein Gespräch mit Napoleon.«

Dabei muß der Exminister ihr das meiste geradezu wortwörtlich eingetrichtet haben. Napoleon hat später gestanden, zeitweilig den Eindruck gehabt zu haben, er lausche »Hardenbergs Papagei«. Luise fühlte sich jedenfalls gerüstet. Sie sieht den kommenden Tagen trotzdem mit Unbehagen entgegen, um so mehr als Hardenberg seinen Aufbruch nach Riga vorbereitet.

Noch ehe er übrigens die russische Grenze überschreiten kann, schickt Friedrich Wilhelm schon zwei Boten hinter ihm her, prominente sogar, nämlich Rüchel und Beyme. Sie sollen Hardenberg fragen, was in der nächsten Zukunft mit den von ihm begonnenen inneren Reformen Preußens geschehen soll, die der König trotz allem vorangetrieben haben möchte. Aber da hat Hardenberg vorgesorgt. Bis zum Eintreffen Steins ist eine sogenannte »Immediatkommission« bestallt, der auch sein enger Mitarbeiter schon aus Ansbacher Zeiten, Karl Freiherr von Stein zum Altenstein, in Preußen kurz Altenstein genannt, angehört. Altenstein wird im September in Riga Hardenbergs Denkschrift »Über die Reorganisation des preußischen Staates« in Empfang nehmen und Friedrich Wilhelm nach Memel bringen.

Luise empfängt am nächsten Morgen den Zaren zum Frühstück, dem es gut im Schulhaus gefallen muß, denn er verläßt es erst wieder gegen vier Uhr. Da erscheint als erster Abgesandter Napoleons der Graf Coulaincourt, der den Titel eines Hofstallmeisters (Grand écuyer) führt; dies entspricht dem Rang eines Hofmarschalls. Er übermittelt Grüße des Kaisers und Fragen, die werte Gesundheit betreffend. Obwohl er doch endlich die ersehnte offizielle Einladung ausspricht, wird er ungemein frostig empfangen. In Luises eigenen Worten: »Ein Kompliment, das dem seinen entsprach, und unsere Unterhaltung war zu Ende.«

Abends verabschiedet sich der unermüdliche Hardenberg, nicht ohne Luise erneut wegen der bevorstehenden Begegnung mit Napoleon ins Gebet zu nehmen. Besonders prägt er ihr ein, dem Kaiser nicht allzu feindselig gegenüberzutreten – »ich solle das Vergangene ganz vergessen, nicht an das denken, was er persönlich von mir gesagt hatte, das Böse vergessen, es ihm sogar verzeihen, und nur an den König, an die Rettung des Königreichs und an meine Kinder denken«.

Wie ein Kind, hat man den Eindruck, behandelt man die Königin selber ein bißchen, wobei man zugestehen muß, daß sie sich in jüngster Zeit auch häufig so benommen hat: ungezügelt, launisch und vor allem äußerst undiplomatisch in ihrer Rede. Sie scheint das sogar einzusehen und sich bessern zu wollen, denn am nächsten Morgen macht ihr schon wieder jemand die Aufwartung, den sie seit jüngstem glühend haßt, weil sie ihn für einen Verräter, Saboteur, Feigling, böswilligen Nichtskönner und wer weiß noch alles hält, nämlich Bennigsen. Statt ihm also ins Gesicht zu sagen, »daß er der niederträchtigste Lügner ... und ein Auswurf von Mensch ist«, was sie am liebsten täte, plaudert sie mit ihm nur »von seinen roten Backen, von dem embonpoint (Bäuchlein), das er gewonnen und von seinem gesunden Aussehen«, was bei einem Feldherrn allerdings auch nicht allzu höflich sein mag.

Nachmittags um vier Uhr ist es dann soweit. Es geht nach Tilsit. Der ganze Weg scheint »mit Franzosen bedeckt«. Luise wirkt angespannt und deprimiert: »Ich kann es nicht ausdrücken, wie widerlich mir der Anblick dieser Menschen war, die der ganzen Welt und zuletzt besonders Preußen soviel Übles getan haben«, wobei sie vergißt, daß sich unter den Männern in den französischen Uniformen viele Landsleute befinden, denen man keine Wahl gelassen hat, Hessen vor allem, auch Mecklenburger.

An der Fähre empfängt sie überdies – ausgerechnet – Kalckreuth und gibt ihr weitere kluge Ratschläge, Napoleon betreffend. »Ach, jetzt bitte ich, schweigen Sie«, herrscht sie ihn an, »daß ich zur Ruhe komme und meine Gedanken sammeln kann!«

Ihre Nervosität ist verständlich; im Haus des Königs hat ihr Alexander noch rasch zugeflüstert: »Die Dinge stehen nicht gut, alle unsere Hoffnung ruht auf Ihnen ... nehmen Sie es auf sich und retten Sie den Staat.« Auch Graf Goltz, der neue Außenminister der Immediatkommission, scheint niedergeschlagen. Friedrich Wilhelm schweigt verbissen in sich hinein. So faßt Luise »den festen Entschluß, zu reden, und versuchen, Napoleon zu rühren«.

Der erscheint kurz darauf mit gewohntem Pomp und offensichtlich begierig, die berühmte Königin von Preußen in Augenschein zu nehmen. Aber wie der Ritter in der Sage stößt er, ehe er zur Prinzessin gelangt, zunächst einmal auf den Drachen: Gräfin Voß. Napoleon hat ihr eine tiefe Abneigung bis ans Ende seines Lebens bewahrt.

Von der Gräfin Voß stammt die wohl abstoßendste Beschreibung, die es vom Kaiser der Franzosen gibt, ausgenommen einige englische Karikaturen der Zeit: »Ich empfing ihn mit der Gräfin Tauentzien am Fuß der Treppe«, vermerkt sie in ihrem Tagebuch. »Er ist auffallend häßlich, ein dickes, aufgedunsenes braunes Gesicht, dabei ist er korpulent, klein und ganz ohne Figur, seine großen runden Augen rollen unheimlich umher, der Ausdruck seiner Züge ist Härte, er sieht aus wie die Inkarnation des Erfolges. Nur der Mund ist schön geschnitten, und auch die Zähne sind schön.«

Der Eindruck der Gräfin Tauentzien fällt etwas günstiger aus. »Wenn seine totenähnliche Färbung nicht gewesen (wäre), mußte sein Kopf für Züge und Ausdruck angenehm erscheinen«, lesen wir in ihren Aufzeichnungen. Von ihr erfahren wir auch, daß Napoleon ungestüm an den beiden Hofdamen sowie am König und seinen Adjutanten, die oben auf der Treppe stehen, vorbeidrängt und ausdrücklich nach der Königin verlangt. Sie will er sehen und sprechen und keinen anderen. Er besteht auch auf einer Unterredung unter vier Augen. Friedrich Wilhelm führt ihn in das Zimmer, in dem Luise wartet, und verläßt es anschließend wieder. Die Königin und der Kaiser bleiben allein.

Wiederum von der Gräfin Tauentzien (genauer gesagt: aus den Aufzeichnungen ihrer Kusine) werden wir informiert, wie Luise ausgesehen hat. »Die Königin trug einen weißen Crèpe mit Silber gestickt, ihren Perlenschmuck und ein Diadem von Perlen im Haar. Sie war in der ängstlichsten Spannung, aber trotz aller Gemütsbewegungen dieser Zeit erinnere ich mich kaum daran, sie schöner gesehen zu haben als gerade in diesen, für sie so schweren Tagen.«

Auch Napoleon muß erstaunt gewesen sein. »Er war äußerst höflich, sprach sehr lange Zeit allein mit der Königin, und dann fuhr er fort«, berichtet Gräfin Voß. Eine Stunde dauert die Unterredung. Luises »große« Stunde und auch für Napoleon keine bloße Episode. Zwei charismatische Persönlichkeiten des Zeitalters stehen einander gegenüber.

Vom Inhalt des Gesprächs wissen wir alles und zugleich nichts. Der schwedische Gesandte Carl Gustaf von Brinkman hat den Dialog zwar nach Aussagen Luises für seinen König aufgezeichnet, sogar mit Rede und Antwort. Aber das geschah erst vier Tage später, und obwohl diese Aufzeichnung immer wieder als authentisches Protokoll zitiert worden ist, fehlt in ihr das Wichtigste: die Nuancierung.

Den Verlauf des Gesprächs können wir nicht rekonstruieren, wohl aber – nach späteren Äußerungen der Gesprächspartner – die

Atmosphäre und den gegenseitigen Eindruck. Für Luise wird die erste Begegnung mit dem von ihr so oft und so heftig Beschimpften zu einer Überraschung, die ihr eigentlich die Lehre hätte erteilen müssen, daß man niemals von außen und aufgrund der Erfahrungen anderer urteilen sollte. Friedrich Wilhelm hat Napoleon stets als ungemein häßlich beschrieben, wahrscheinlich ähnlich wie die Voß. Der Kaiser hat allerdings in den vorangegangenen Verhandlungen sowohl Alexander als auch Friedrich Wilhelm aus gewiß taktischen Gründen bis aufs Blut zu reizen versucht. Alexander muß sich nach der Situation in Rußland ausfragen lassen wie ein Schuljunge, während auf den König ganze Kübel von Spott ausgeschüttet werden, über sein linkisches Benehmen, seinen neugesprossenen Schnurrbart, sogar über die in Preußen üblichen unzähligen Gamaschenknöpfe. Alexander erträgt so etwas, wie er es erlernt hat: ohne Wimpernzucken. Friedrich Wilhelm zeigt sich – sicher zu Napoleons Befriedigung – höchst erbost. Der französische Kaiser habe »etwas Gemeines im Aussehen«, hat er Luise erzählt.

Sie findet das zu ihrem Erstaunen ganz und gar nicht. Ihren Freundinnen verriet sie später, sie habe Napoleons Kopf sofort ansprechend, sogar auf dämonische Weise schön gefunden. Der Ausdruck seines Gesichts sei, was sie noch mehr in Erstaunen versetzt habe, durchaus der eines Denkers. Man fühle sich an die römischen Cäsaren erinnert. Imponiert hat ihr auch die breitgeformte, klare Stirn und sein prüfender Blick, der von einem unvergleichlichen Lächeln gleichermaßen verstärkt und hinweggewischt werde. Ihre anfängliche Scheu sei sofort dem Gefühl gewichen, einem genialen Menschen gegenüberzustehen. Mit anderen Worten: Die »Geißel der Menschheit« gefällt ihr.

Das scheint auch umgekehrt der Fall. Von der Schönheit und sogar Liebenswürdigkeit Luises berichtet Napoleon seiner Frau Josephine in geradezu schwärmerischer Weise. Und – bei aller Erkenntnis, daß in politischer Hinsicht Hardenberg aus ihr plappert – lobt er ihren klaren und zielsicheren Verstand. Luise scheint nicht nur Hardenbergs und Kalckreuths Ratschläge befolgt, sondern auch zu eigenen Formulierungen gefunden zu haben. »Ich mußte mich tüchtig wehren«, gesteht Napoleon in seinem Brief an

Josephine, ein Kompliment, mit dem er nur sehr wenige Gesprächspartner in seinem Leben bedacht hat.

Kein Wunder, wenn sich unter solchen Umständen ein Netz von Interpretationen um diese Zusammenkunft gelegt hat, an dem Historiker wie Belletristen gleichermaßen gesponnen haben. Die Urteile schwanken. Sehen die einen in Luise die Retterin Preußens, so halten die anderen (sie sind zur Zeit in der Überzahl) diese Begegnung für ein belangloses Ereignis am Rande. Tatsächlich hat nicht Luise durch ihr zweifellos mutiges Auftreten Preußen gerettet – das blieb dem Zaren Alexander überlassen. Aber ganz folgenlos ist das Gespräch, wie wir sehen werden, doch auch nicht geblieben. Im Leben der Königin Luise stellt es jedenfalls einen Höhepunkt dar, denn damit hat der Mächtigste seiner Zeit sie als politische Instanz anerkannt. Wenn man so will, auch ein Sieg der Frau.

Luise versucht – halb Hardenberg, halb sie selbst –, Napoleon Zugeständnisse abzuringen, besonders was die ostelbischen Gebiete und Magdeburg angeht. Napoleon verweist darauf, daß Preußen nach Jena und Auerstedt jedes freundschaftliche Entgegenkommen zurückgewiesen habe. Seine Hochachtung vor dieser Frau wächst (nie wieder ist ein Angriff gegen sie im »Moniteur« erschienen), »aber ich war galant«, schreibt er Josephine, »– und hielt mich an meine Politik«.

Sein politisches Kalkül verliert Napoleon nicht aus den Augen. Unbewiesen bleibt jedenfalls eine Version von diesem Treffen, nach der, gerade als Napoleon sich anschickte, der schönen Königin konkrete Zugeständnisse zu machen, Friedrich Wilhelm besorgt und auch ein bißchen eifersüchtig, ins Zimmer geplatzt sei und mit seinem Erscheinen alles verdorben habe. Napoleon wiederum habe die Gelegenheit beim Schopf ergriffen und die Flucht vor seiner eigenen Schwäche antreten können.

Zuzutrauen wäre es Friedrich Wilhelm schon – man versetze sich nur in seine Lage – die geliebte Frau allein mit dem »Ungeheuer«, und das schon über eine Stunde! Aber vielleicht ist auch das nur eine Anekdote wie die von der Rose, die Napoleon der Königin abends beim Bankett – Luise saß zwischen beiden Kaisern – überreicht haben soll. »Aber nur mit Magdeburg«, so habe ihre schlagfertige Antwort gelautet. Und beim – ziemlich frostigen – Abschiedsessen der Scherz Napoleons, Luises modischer Turban werde dem Zaren von Rußland wenig gefallen, da er im Krieg mit der Türkei sei. Luises Antwort: »Doch Roustan wird er gefallen!« Roustan ist der Mameluck, der, gleichsam als orientalisches Zeichen kaiserlicher Würde, stets hinter dem Stuhl Napoleons steht. Anekdoten erhellen und verzerren zugleich.

Die Gräfin Tauentzien, die sofort, nachdem der Kaiser den Raum der Unterredung verlassen hat, hineinstürzt, findet Luise »in gänzlich veränderter Stimmung, wahrhaft beglückt durch die Hoffnung, die Napoleon ihr gegeben. Sie hatte im Verlauf der Unterhaltung Magdeburg, sie hatte Schlesien und Westfalen zurückgefordert. ›Vous demandez beaucoup‹ (Sie verlangen viel) hatte er geantwortet, ›mais je Vous promets d'y songer‹ (aber ich verspreche Ihnen, darüber nachzudenken).«

Hat vielleicht doch Friedrich Wilhelm es ihm ermöglicht, den Kopf noch rechtzeitig aus der Schlinge zu ziehen? Napoleon selbst schreibt an Josephine: »Die Königin von Preußen ist wirklich bezaubernd, sie ist voller Koketterie zu mir. Aber sei ja nicht eifersüchtig, ich bin eine Wachsleinwand, an der alles nur abgleiten kann. Es käme mich teuer zu stehen, den Galanten zu spielen.«

Die großen Hoffnungen, die Zar Alexander, Friedrich Wilhelm und Hardenberg auf die Konfrontation mit Preußens überragender Persönlichkeit gesetzt haben, erfüllen sich nicht. Schon am 7. Juli, dem Tag des Abschiedsessens, läßt Napoleon Goltz zu sich rufen und übergibt ihm den Friedensvertrag, der ohne jede Änderung zu übernehmen ist. Bei der Abfahrt zum Diner findet Gräfin Tauentzien Luise tränenüberströmt im Wagen, ein Billett des Königs in der Hand. »Die Bedingungen«, steht darin, »sind erschreckend.« Man muß trotzdem zum Diner fahren. Es verläuft unerfreulich, die Gräfin Voß spricht kein einziges Wort, der König hat Mühe, seinerseits die Tränen zurückzuhalten. Napoleon bringt, galant wie immer, Luise zum Wagen. »Sire, vous m'avez cruellement trompée!«, sagt sie ihm zum Abschied, »Majestät, Sie haben mich grausam getäuscht!«, worauf, der Gräfin Tauentzien zufolge, »ein Lächeln, das ihr wahrhaft satanisch erschien, seine Antwort war.«

Die Friedensbedingungen gleichen einem Diktat. Preußen verliert alle Provinzen westlich der Elbe, die dem neugebildeten Königreich

Westfalen zugschlagen werden. König wird Jérôme, Napoleons jüngerer Bruder. Preußen hat dieses Königreich ebenso anzuerkennen wie die Königreiche Holland (König: Louis Bonaparte) und Neapel (König: Joseph Bonaparte) sowie den Rheinbund. Auch die polnischen Erwerbungen gehen verloren: Bialystok und das die Stadt umgebende Land fallen an Rußland (das auch Finnland erhält), das übrige Gebiet wird als Herzogtum Warschau Sachsen einverleibt. Preußen muß sofort der Kontinentalsperre beitreten, was dem Staat die handelswirtschaftliche Basis entzieht, und zudem eine Entschädigungssumme zahlen, die noch festgesetzt werden soll. Bis dahin bleibt der Rest des Landes besetzt, und das bedeutet immer auch, es muß für den Unterhalt der Besatzungstruppen aufkommen. Der Rest des Landes – das sind nur noch die Provinzen Preußen, Pommern, Schlesien und Brandenburg. Überdies verbleiben die Festungen Stettin, Küstrin und Glogau als eine Art Faustpfand in französischer Hand. Preußen hat auf einen Schlag mehr als die Hälfte seines Territoriums verloren und nur noch 5,2 Millionen Einwohner. Sein Heer bleibt auf 42 000 Mann beschränkt.

Das ist sehr hart, zweifellos, und hat nationaldeutsche Historiker immer wieder zur Weißglut und zu Haßtiraden gegen den rachsüchtigen Kaiser getrieben. Andererseits: Es hätte auch noch härter kommen können. Napoleon selbst brüllt es Goltz ins Gesicht, als dieser Widerworte hat: Der König verdanke die Erhaltung seines Thrones nur dem Zaren Alexander, ohne ihn wäre die Dynastie verjagt und Jérôme König von ganz Preußen geworden. Und was die Königin betrifft: »Sie ist nie meine Freundin gewesen, ich weiß es wohl, aber ich vergebe es ihr leicht. Als Frau hatte sie es nicht nötig, die politischen Interessen genau abzuwägen. Sie ist für ihre Impetuosität (Heftigkeit) bestraft, aber schließlich, sie hat Charakter im Unglück bewiesen. Sie hat mir über ihre Stellung mit vielem Interesse gesprochen, ohne irgend einen Schritt zu tun, der ihre Würde beeinträchtigen könnte. Man muß ihr die Gerechtigkeit wiederfahren lassen, daß sie sehr verständige Dinge gesagt hat, und welches auch ihre Vorurteile sein mögen, sie hat mir wenigstens mehr Vertrauen bewiesen als der König, der es nicht für angemessen gehalten hat, mir das seine zu schenken.«

Das sind Worte der Hochachtung. Vielleicht wäre es Luise wirklich um ein Haar gelungen, den Kaiser, ganz nach ihrer Absicht, zu rühren. Auf selbstbewußt-feminine Art kann sie vorzüglich schauspielern. Friedrich Wilhelm ist dafür zu unbeherrscht, man könnte auch sagen: zu ehrlich, und seine Zornesausbrüche erfolgen vorwiegend zum falschen Zeitpunkt. Als die Rede auf die Verleihung des Herzogtums Warschau an den neuen König von Sachsen kommt, brüllt er Napoleon wütend an: »Das ist wohl die Belohnung für den Verrat, den er an mir geübt!« Alexander hört Napoleon zurückbrüllen und eilt aus dem Nebenzimmer herbei, um die beiden Monarchen zu beruhigen. Er findet den König »ganz rot vor Zorn«, den Kaiser hingegen »grün vor Wut«. Napoleons letztes Wort: »Das Werk von Tilsit wird das Schicksal der Welt bestimmen!«

Sein eigenes auch, denn langer Bestand wird dem Werk nicht beschieden sein. Überliefert ist der Kommentar von Letizia, Napoleons weltkluger Mutter, auf diese großen Worte ihres Sohnes: »Wenn das nur gut geht auf die Dauer!«

Luise wiederum gesteht ihrem Bruder in einem Brief, daß sie auch das Verhalten des Königs nicht immer billige. Sie schreibt hinter dessen Rücken, mit der dringenden Bitte, den Brief sofort nach der Lektüre zu verbrennen (er ist, bezeichnenderweise, bis auf den heutigen Tag erhalten geblieben): »Und schon jetzt bin ich trostlos über die Ungeschicklichkeiten, die überall in dem Moment begangen werden, wo mit etwas Takt und weniger Starrsinn alles gewonnen werden könnte. So will z. B. der König bei Nacht und Nebel nach Berlin einschleichen, sich nicht zeigen, weil er sich schämt und so mit dem ersten Schritt alles wieder verderben. Dann, denke Dir nur, hatte er die Idee, zu abdiquieren (abzudanken)!, die ich dann mit aller Indignation (Entrüstung) zurückwies.«

Sie fügt hinzu: »Über den Verlust von Hardenberg heule ich Tag und Nacht.«

Trotzdem behält sie, wie es scheint, als eine der wenigen im Staate das rechte Maß. Sie erkennt, daß die Schuld am Zusammenbruch auch auf der eigenen Seite liegt, zu einem Teil sogar bei ihrem Mann, und bleibt doch hundertprozentig auf seiner Seite. »Nein, was dieser Mann gelitten«, verteidigt sie ihn, ebenfalls Georg gegenüber. »Es sind Partikularitäten (Einzelheiten) geschehen..., die zugleich die höchste Verderbtheit, Kälte, Infamie der einen Partei verrät, und die Schwäche der anderen, die dann freilich die Oberhand stark hatte«, gibt sie zu. Jedoch: »14 Tage in der Folter gespannt, um sich die ärgsten Sachen sagen zu lassen, wenn er alles aufbot aus reiner Vaterlandsliebe, um seine ältesten Provinzen wenigstens aus Teufelsklauen zu reißen.«

Sie weiß – vielleicht eine zusätzliche Bitterkeit – auch, daß Alexander Preußen noch einmal gerettet hat, nicht sie oder gar ihr im Augenblick so hilfloser Mann. Daß Alexanders Eintreten nicht ganz selbstlos ist, steht außer Frage. Ein französischer Vasallenstaat als vortreffliches Aufmarschgebiet an Rußlands Westgrenze konnte gewiß nicht in seinem Interesse liegen. Er braucht den Pufferstaat zwischen sich und Napoleon. Immerhin hat Alexander während der Verhandlungen einmal wirklich Rückgrat bewiesen, und das war Preußens wegen.

Mag das auch im eigenen Interesse geschehen sein, die Freundschaft zum König, auch zur Königin, dürfte mitgespielt haben. Es war Alexander, der den König von Preußen, gegen Napoleons Willen, überhaupt erst hinzugezogen hat. Er war bei kniffligen Situationen stets bei der Hand, um ausgleichend zu wirken. Ohne Napoleons Wissen hat er den Freund gleichsam unter seine Fittiche genommen – Alexanders Verdienste um die Erhaltung Preußens werden nicht dadurch geschmälert, daß auch er von ihr profitiert.

Jetzt wäre – Luise erkennt das erstaunlich klar – Hardenberg vonnöten, vor allem auch, weil Stein erkrankt ist. Daß Napoleon sich mit ihm als Nachfolger Hardenbergs einverstanden erklärt hat, dürfte einen Grund haben, den wohl auch Luise kennt und fürchtet: Er gönnt dem König von Preußen den Unbequemsten aller unbequemen Staatsmänner von Herzen und lacht sich wahrscheinlich ins Fäustchen.

Napoleon ist eiligst abgereist. Er mußt die ersten Risse flicken, die sich in seinem gigantischen Kaiserreich abzuzeichnen beginnen, die Folgen der Kontinentalsperre. Zwar leidet England empfindlich an ihr; die Arbeitslosenzahlen steigen, und man sieht die Goldreserven schwinden. Aber mehr noch leidet das restliche Europa. Die russischen Bojaren bleiben auf ihrem Holz und ihrem Hanf sitzen, den sie gewöhnlich nach Großbritannien verkaufen. Schweden weigert sich, englischen Schiffen seine Häfen zu sperren und wird zur Hochburg kontinentalen Schmuggels. Portugal zögert wegen seines ausgedehnten Weinhandels mit England. Mit nichts hat sich Napoleon unbeliebter gemacht als mit diesem Boykott englischer Waren. Für sein eigenes Land muß er für bestimmte Güter, ohne die Frankreich nicht auskommt, Lizenzen einführen. Napoleon schickt deshalb kurzerhand seinen ehemaligen Adjutanten Junot, jetzt Herzog von Abrantès, mit einer Armee nach Portugal, die Lissabon besetzt und die königliche Familie vertreibt; sie flieht bis Brasilien. Auch der Kirchenstaat zeigt sich widerspenstig, was der Kaiser wiederum auf seine Weise löst – er läßt Rom besetzen. Am meisten Sorgen machen die Spanier. Sie mucken auf, weil Junot durch ihr Land zieht und General Murat, Napoleons Schwager, vorgibt, es vor den Engländern beschützen zu wollen. Die beiden Könige, die um den spanischen Thron streiten, Karl IV. und Ferdinand VII., Vater und Sohn, kann man zwar in eine Falle locken und gefangensetzen, aber das Volk bleibt unversöhnlich. Die »Guerilleros« machen Bruder Joseph das Leben schwer; 20 000 Soldaten der Grande armée werden sich ihnen demnächst ergeben. Napoleon hält, nicht zu Unrecht, seine persönliche Anwesenheit auf der Iberischen Halbinsel für erforderlich. Die Ostgrenze scheint ihm mit dem Fall Preußens und durch den Frieden mit Rußland gesichert.

Das Königspaar kehrt nach Memel zurück, ins gewohnte Exil. Eine deprimierende Fahrt. Der Krieg hat das Land auf weite Strekken verwüstet, die meisten Dörfer sind niedergebrannt oder verlassen. Unterwegs begegnet man Bettlern, die Geld zurückweisen und flehentlich um Brot bitten.

Aber immerhin: Es herrscht kein Krieg mehr, sondern Frieden. Am 12. August, dem Geburtstag des Lieblingsbruders Georg, nimmt Memel sich schon wieder aus wie eine Idylle. Morgens überraschen die Kinder Luise mit einer großen Girlande, die ein »G« trägt. Sie ist über den Platz gespannt, an dem Luise zum Frühstück zunächst ein Glas Pyrmonter Wasser und dann ihren Kaffee einzunehmen pflegt. Später geht es zum Ausflugslokal Teuerlaken, wohin Luise Radziwill halbgefrorene Leckereien und der König eine Überraschungsmusik bestellt haben. »Im Schatten göttlicher Eichen« wird gepicknickt, »und als wir auf das Gras gelagert... Deine Gesundheit tranken, war eine göttliche Hitze und alle Gemüter so heiter, so froh, daß der Gram verscheucht, alle Trauer aus den Gemütern gewischt war. Der König war auch einmal recht heiter.«

Anschließend, beim Topfschlagen, ist er sogar der einzige, der – Blinde Kuh! – den Topf trifft, am Ende wenigstens ein Erfolgserlebnis.

19.
Stein

Zu wünschen übrig läßt das Klima. »Die Blätter sprießen hier erst im Juni, und die Früchte reifen nie«, klagt Luise. Ungewohnt sind ihr auch die schweren Seestürme, unter denen die Holzhäuser erbeben. Und dann die Kälte! Man muß noch im Sommer heizen, aber dann folgen unvermittelt glühend heiße Tage, vor denen man sich in Zelte retten muß, die am Strand aufgeschlagen werden. Friedrich Wilhelm badet dann sogar in der Ostsee. Luise zieht die lauschigen Gärten vor, in denen sie englische, russische, schwedische Diplomaten und Fürstlichkeiten empfängt. Es bürgert sich ein, auf dem Weg nach St. Petersbrug diesem seltsamen Sommerfrischen-Hof in Memel einen Besuch abzustatten.

Der gescheiterte Bittgang von Tilsit hat dem Ansehen der Königin nicht geschadet, im Gegenteil. Gerade die Nutzlosigkeit ihres mutigen Versuchs steigert den Respekt der Außenstehenden und die Liebe, die ihr von den Preußen entgegengebracht wird. Nicht der stolze Sieger, die Würde der abgewiesenen Bittstellerin imponiert der Welt und dem Land. Letztlich bleibt Luise die Siegerin von Tilsit, nicht Napoleon. Die Legende wächst unter diesem Eindruck zum Mythos. Von jetzt an ist sie die Symbolfigur für das unterdrückte Preußen, das verloren wäre oder sich verloren wähnte ohne sie. Der Stern fängt an, durch die Wetterwolken zu glitzern.

Das ist die eine Seite. Auf der anderen beginnt man eben, sich in deutschen Landen mit den überlegenen und insgeheim bewunderten Franzosen einzurichten, so gut es geht. Vor allem die Große Armee läßt so manches deutsche Herz höher schlagen. »Nein, so was hat die Welt noch nie gesehen«, schwärmt selbst Mutter Goethe in einem Brief an ihren berühmten Sohn, »alle wie aus einem

Glasschrank, kein Schmützchen und kein Fleckchen und die prächtige Musik!« Canvas George, der dem Kreis um Varnhagen angehört, berichtet über den Einzug der napoleonischen Gardetruppen in Berlin: »Die schönen Soldaten, in einem nicht prangenden, aber geschmackvollen Anzuge, fanden Beifall, ungeachtet sie Feinde, und zwar siegende Feinde waren, und erregten in vielen Müßiggängern Begierde, sich ihnen einzuverleiben«. Seit aus dem Revolutionsheer ein kaiserliches geworden ist, hat sich bei ihm einiges verändert. Die Elitetruppen tragen wieder schmucke Uniformen, und auch die normalen Regimenter sehen nicht mehr wie eine Räuberbande aus.

Daß die Rheinbundstaaten nicht schlecht verwaltet werden, haben wir schon festgestellt. Selbst Jérôme, der König von Westfalen, dem sein Bruder Napoleon eine eigens für sein neues Land entworfene, sehr fortschrittliche Verfassung mit auf den Weg gegeben hat, entpuppt sich als ein leutseliger und gutwilliger Mann. »Nur zu lange wurden eure Fluren durch Familienansprüche und Kabinettsintrigen gedrückt«, heißt es in seiner Proklamation. Die neuen Untertanen können da nur zustimmen, auch wenn er in Zukunft »das Eigentum gesichert und befestigt«, erhalten will. »Das Gesetz ist von nun an euer Herr, euer Beschützer, der Monarch, verpflichtet, es in Ansehen zu halten. Andere Obere werdet ihr in Zukunft nicht kennen.«

Das klingt nicht schlecht in den Ohren der Bürger. Lehnswesen und Leibeigenschaft werden beseitigt, allgemeine Freizügigkeit eingeführt, den Juden völlige Gleichberechtigung gewährt, die degradierende Heiratserlaubnis, die Bauern bisher noch von ihrer Herrschaft einholen mußten, abgeschafft. Ein Bäcker hängt beim Einzug des Monarchen in Kassel das Bild eines großen Kuchens als Transparent an sein Haus mit der Inschrift:

Wer den König Jérôme nicht will lieben,
Den tu' ich in den Ofen schieben.

Nun ja, ein bißchen merkwürdig findet man schon, daß sich der König auf Schloß Wilhelmshöhe, das in »Napoleonshöhe« umbenannt worden ist, gleich einen ganzen Harem einrichtet und daß er bei jedem Ein- oder Auszug die braven Bürger mit jeweils 21 Kanonenschüssen erschreckt. Seinen Spitznamen hat er bei seinen Untertanen bald weg: Er ist kein Kind von Traurigkeit und feuert auch andere ständig in mangelhaftem, wenngleich bemühtem Deutsch dazu an, ja recht »lustik, lustik« zu sein; als »König Lustik« ist er ins Gedächtnis der Westfalen und Hessen eingegangen.

Einmal läßt er von seinem Großkanzler die Honoratioren des Landes einladen, »dem Mahl ihrer Majestäten am 2. Juli beizuwohnen«. Die meisten verstehen dies als eine Einladung zum Essen, also erscheinen sie zu gegebener Zeit in ihren besten Kleidern und in Erwartung eines hervorragenden Mahles. Aber als unter dem Donnern der 21 Kanonenschüsse und lautem »Vive le Roi!«-Rufen König und Königin im größten Saal des Palastes ihren Einzug halten, stellt sich heraus, daß nur für zwei gedeckt ist. Die Honoratioren sollen also bloß zuschauen, wie König und Königin, von ihren Großwürdenträgern bedient, zu Abend speisen. Eine Sitte, die Jérôme, wie so vieles andere, seinem Bruder abgesehen haben muß. Auch Wieland berichtet von einer Einladung Napoleons, ihn um halb zehn Uhr morgens frühstücken zu sehen. Das Frühstück dauert eineinhalb Stunden.

Wieland: »Hastiger kann wohl kein getulischer Löwe, der seit drei Tagen gefastet hat, sein déjeuner verzehren. Dazwischen wurden ebenso hastig ein halb Dutzend Gläser Wein, halb mit Wasser vermischt, ausgeleert. Wir anderen homunciones (Menschlein), etwa sechs an der Zahl, standen im Kreise um die Tafel herum, und der Kaiser, der (entre nous – unter uns gesagt) ganz andere Dinge im Kopf zu haben und nicht ganz bei sonderlicher Laune zu sein schien, adressierte von Zeit zu Zeit bald an diesen, bald an jenen, an mich vier- oder fünfmal, eine unbedeutende kurze Frage.« Er habe es schwer gefunden, berichtet Wieland weiter, sich »Stimmung und Unbefangenheit« zu erhalten – »zumal da der gesegnete Appetit des Kaisers auch den meinigen nicht wenig stimuliert hatte.«

Dem Rheinbund gehören inzwischen immerhin 39 deutsche Staaten an, so gut wie alle mit Ausnahme von Österreich, Preußen, dem dänischen Holstein und dem schwedischen Hinterpommern. Vom Rhein bis an Bug und Weichsel, von Nord- und Ostsee bis an die Etsch, nach Bozen und Meran, reicht dieser dritte deutsche Staat. Wenn man so will, bildet er das eigentliche Deutschland, einen »Rhein-Elbe-Donau-Bund« unter französischer Hegemonie. Er ist größer als die einstige Bundesrepublik, die allerdings auf seinem Territorium lag (während Preußen, mit Ausnahme der Ostgebiete, der einstigen DDR entspricht). Die 14,6 Millionen Einwohner dieses neben Österreich und Preußen dritten Deutschland kommen alle in den Genuß des »Code Napoleon« und dadurch bürgerlicher Rechte, die ein Preuße (noch) nicht besitzt.

Bei der Einschätzung der preußischen Reformen, die bald in Angriff genommen werden, sollte dieser Tatbestand nicht übersehen werden. So verdienstvoll sie sind, sie hinken der Entwicklung erheblich hinterher, sind nicht nur, aber doch auch eine Reaktion auf den französischen Feind, der darin Maßstäbe gesetzt hat.

Die Stimmung in Memel ist demgemäß schlecht. Scharnhorst schreibt, sie kämen sich vor »wie Schiffbrüchige auf einer öden Insel«. Seit der französische Bevollmächtigte, Graf Pierre Bruno Daru, Preußens Kriegsschulden an Frankreich auf 150 Millionen Francs berechnet hat, herrscht Ratlosigkeit; die Summe ist von dem ausgepowerten Land nicht aufzubringen. Friedrich Wilhelm trägt sich erneut mit Abdankungsplänen – er will Napoleon bitten, als Privatmann in Berlin leben zu dürfen. Goltz und Beyme leiten ohne Elan die Immediatkommission, die im Sinne Hardenbergs die Reformen voranbringen soll, wie ein steuerloses Schiff. Kalckreuth, der selbst gern Minister werden würde, antichambriert bei beiden Seiten. Luise überlegt ihrerseits, ob sie nicht noch einmal einen Vorstoß bei Napoleon versuchen sollte, diesmal allein und in Paris. Der Kaiser hat sich, wie ihr die Schwester, Therese von Thurn und Taxis, mitteilt, höchst schmeichelhaft über sie ausgesprochen. Der Plan dürfte nur wegen der mühsamen Reise fallengelassen worden sein. Die depressive Stimmung in Memel macht auch vor ihr nicht Halt. An ihre Freundin Frau von Berg schreibt sie: »Der Kaiser von Rußland schläft... Wo bleibt denn Stein? das ist noch mein letzter Trost. Großer Kopf, umfassenden Geistes, weiß er vielleicht Auswege, die uns jetzt verborgen liegen. Wenn er nur käme!«

Er ist auf dem Weg, aber er läßt sich Zeit. Nach endlich überstandener hartnäckiger Fieberkrankheit verfaßt der 50jährige in Nassau, wo er seine Familie vorsichtshalber zurückläßt, eine Denkschrift über die von ihm geplanten Reformen sowie sein Testament. Letzteres gibt er in Eisenach seiner Schwester in Verwahrung. In Weimar informiert er sich beim Großherzog über die politische Lage, auch Goethe ist zum Tee dabei. Hauptthema aller Gespräche, die Stein unterwegs führt: Wie werden die Friedensbedingungen von Tilsit aussehen?

In Berlin betrachtet er mit zusammengekniffen Augen eine große Illumination, die von den Besatzungstruppen aus Anlaß des Friedensschlusses angeordnet worden ist. Der alte Möllendorf fährt an der Seite des französischen Stadtkommandanten Clarke an ihm vorbei. Ein Kaufmann in der Friedrichstraße hat den folgenden Spruch in sein Schaufenster gestellt:

> Ich kenne zwar den Frieden nicht,
> Doch aus Gehorsam und befohlener Pflicht
> Verbrenn' ich auch mein letztes Licht.

Berliner Humor. Stein sieht nur die allgemeine Desorganisation und Anbiederung bei den Franzosen, die preußische Hauptstadt hat er ja nie gemocht. Aber er macht auch gleich Nägel mit Köpfen. Beim Generalintendanten Daru spricht er vor, handelt die Reparationssumme herunter und erzielt Einigung mit ihm über die unumgänglichen Ratenzahlungen. Er wird es tatsächlich beinahe immer schaffen, diese Ratenzahlungen einzuhalten. Die pünktliche Zahlung der Kontribution bildet für ihn sozusagen die Grundlage für alles andere: Der Sieger ist zu befriedigen, er hat ein Recht darauf, dann kann man weitersehen.

Jenseits der Weichsel stößt er auf verbrannte Erde und vom Elend gezeichnete Menschen. Ostpreußens Viehbestand beläuft sich auf nur zwei bis fünf Prozent der Vorkriegszahlen. In einem Amt, das er auf dem Hinweg besucht, findet er allein über 500 Kinder, deren Eltern verarmt, verschollen oder an einer der grassierenden Seuchen gestorben sind und die nahezu unversorgt bleiben. Die Verbitterung der Bevölkerung ist um so größer, als nicht nur die Krankheit und die Franzosen hier gehaust haben, sondern ebenso die

Verbündeten. Gneisenau: »Preußen ist gänzlich verheert von unseren russischen Alliierten.«

Am 30. September trifft Stein, nicht eben frohgemut, in Memel ein. Er wird empfangen wie der verlorene Sohn, selbst vom König, der ihn doch erst jüngst bei seiner Entlassung abgekanzelt hat wie einen Schuljungen. Wenn dieser jedoch glaubt, nun auf einen konzilianteren Berater zu stoßen, irrt er sich. Stein kommt mit gleichsam hochgekrempelten Ärmeln; unbeugsam wie immer verlangt er, ehe er das Amt antritt, die Entfernung des bisherigen Ministeriums und alle Vollmacht für sich. Wenn er schon versuchen soll, den Karren aus dem Dreck zu ziehen, dann möchte er auch das Kommando führen.

Der König zuckt nun doch zurück, und es ist wieder an Luise, um Gutwetter zu bitten. Beyme läßt der König inzwischen nicht ungern gehen; er hat sich in dieser Position als zu weich erwiesen und wird zum Berliner Kammergerichtspräsidenten ernannt; der bisherige, Freiherr von Steinitz, ist eben verstorben. Aber so altvertraute Gesichter verliert Friedrich Wilhelm doch auch nur ungern. Als Mann des Kompromisses beschließt er, daß Beyme jedenfalls fürs erste in seiner Nähe bleiben und an den Ministerialkonferenzen weiterhin teilnehmen möge. Stein, ganz und gar kein Mann auch nur irgendeines Kompromisses, schmollt. Luise läßt ihm vor der entscheidenden Besprechung ein dringendes Billett zukommen: »Ich beschwöre Sie, haben Sie nur Geduld mit den ersten Monaten. Der König hält gewiß sein Wort. Beyme kömmt weg, aber erst in Berlin. So lange geben Sie nach. Daß um Gottes willen das Gute nicht um drei Monate Geduld und Zeit über den Haufen falle. Ich beschwöre Sie um König, Vaterland, meiner Kinder, meiner selbst willen darum. Geduld. Luise.«

Luises Worte verfehlen ihre Wirkung nicht. Am nächsten Tag, dem 5. Oktober, findet die programmatische Zusammenkunft zwischen dem starrsinnigen Friedrich Wilhelm III. und dem möglicherweise noch starrsinnigeren Freiherrn vom und zum Stein in erstaunlich harmonischem Klima statt. Da hat höchstwahrscheinlich schon wieder Luise hinter den Kulissen mitgewirkt.

»Du kannst außer Sorge sein...«, beruhigt sie ihren Bruder Georg, »ich ermüde gewiß nicht..., aber es hat denn auch schon böse Stöße gekostet wegen Beyme. Dieser hat sich sehr edel benommen und den König um seinen Abschied ... gebeten.« Außerdem hat Beyme, noch edler, Stein eine Loyalitätserklärung zukommen lassen. So bleibt ein zurückgetretener Kabinettsrat fürs erste an Steins Seite. Der behandelt ihn zwar wie Luft, undankbarerweise, denn Beyme war es ja gewesen, der Stein 1804 aus Westfalen nach Berlin geholt und ihm das Wirtschafts- und Finanzressort anvertraut hat. Aber die Konstellation ist insofern außerordentlich günstig, als Stein schon im Januar zu weiteren Kontributionsverhandlungen nach Berlin reisen muß und dort monatelang aufgehalten wird. Beyme, der letztlich große Erfahrung besitzt und das Vertrauen des Königs – »Sie sind der Mann, der sich meines Vertrauens stets würdig gezeigt hat«, versichert er ihm –, führt so lange die Geschäfte weiter, übrigens ganz im Sinne des bärbeißigen leitenden Ministers. Das bisherige Kabinett wird jedoch aufgelöst, die Beamten in andere Ministerien versetzt. Stein erhält das absolute Sagen.

Der Gleichklang vom 5. Oktober beruht aber auch auf einer weiteren Entscheidung. Endlich und endgültig übergibt der König Stein die Aufgabe, eine allgemeine und gründliche Staatsreform in Preußen durchzuführen. Neben der Erfüllung der Zahlungen an Napoleon sieht Stein sie als vorrangig an. Ihr widmet er den Großteil seiner Kräfte, auf sie hat er am Ende lange hingearbeitet.

Grundlage dieser Reformen sind zwei Denkschriften, diejenige Hardenbergs, die Altenstein aus Riga nach Memel holt, und die von Stein schon in Nassau verfaßte. Hardenbergs Entwurf ist ausführlicher, weil er auch auf Wirtschaftsfragen und das Militär eingeht (welch letzteres Stein für ein »nichtsnutziges Gewerbe« hält). Doch stellt Stein in einem höflich-zurückhaltenden Schreiben an den Exminister in Riga grundsätzlich Übereinstimmung fest. Denn Vorrang haben in der Rigaer Denkschrift ohnehin die außenpolitischen, in der Nassauer Denkschrift die innenpolitischen Fragen. Hardenbergs Quintessenz: »Demokratische Grundsätze in einer monarchischen Regierung, dieses scheint mir die angemessene Form für den gegenwärtigen Zeitgeist«. Stein spricht dagegen von einer »Erziehung zu bürgerlicher Selbstständigkeit und Mitverantwortung«.

Sie verwirklicht er hauptsächlich in der neuen »Städteordnung«, die eine kommunale Selbstverwaltung einführt (19. November 1808). Fontane nennt sie »ein wahrhaft königliches Geschenk« in »Jahren der Erniedrigung«. Aber schon vorher, am 9. Oktober, sechs Tage nach Steins Dienstantritt, ist sein Edikt über die Agrarreform verkündet worden (»Edikt über den erleichterten Besitz und den freien Gebrauch des Grundeigentums so wie die persönlichen Verhältnisse der Land-Bewohner betreffend«). Die Agrarreform wird mit der entschädigungslosen Abschaffung der Gutsuntertänigkeit der Bauern eingeleitet. »Nach dem Martini-Tage 1810«, liest man, »giebt es nur freie Leute, so wie solches auf Domainen in allen Unsern Provinzen schon der Fall ist...« Das heißt: die Bauern, die als Guts-Untertanen nicht einmal Freizügigkeit besaßen, können in Zukunft Land, Dorf wie Herren wechseln und sind berechtigt, eigene Ländereien zu kaufen oder zu pachten, auf jeden Fall selbst zu führen.

Gleichzeitig rufen der König und Stein eine »Militärorganisationskommission« zusammen, die unter Scharnhorst die Heeresreform vorbereitet, die notwendig ist, wenn man mit den Franzosen gleichziehen und den alten Ruf Preußens wiederherstellen will. Am Ende löst Stein auch durch das »Organisationsedikt« die bisherige Form der Kabinettsregierung auf. Der Posten eines Kabinettsrats, der an Stelle des Ministers dem König vorträgt (und daher einflußreicher ist als jeder Minister, ohne jedoch unmittelbar Verantwortung zu tragen), wird aufgelöst. An ihre Stelle treten eigenverantwortliche Minister der Ressorts Inneres, Auswärtiges, Justiz, Finanzen und Krieg, die unmittelbar dem König unterstehen. Ein horrendes Pensum, schlagartig und wie unter Zeitdruck absolviert.

Unter Zeitdruck steht man tatsächlich, unter einem äußeren (Napoleon), aber auch einem inneren. So notwendig diese Reformen sind und so sehr sie denen der Französischen Revolution, Napoleons und sogar der Rheinbundstaaten hinterherhinken, so umstürzlerisch neu scheinen sie für Preußen. Eine »Reformpartei« ohne festes Programm gibt es auch in diesem Staat seit langem, aber sie besteht fast ausschließlich aus wenigen einsichtigen Politikern und Beamten. Und sie ist, wie Reinhart Koselleck es sehr plastisch ausgedrückt hat, allein »von der Flut des Zusammenbruchs nach oben getragen« worden. Jetzt hat sie keine Zeit zu verlieren. Auch die Gegner jeglicher Reform melden sich zu Wort. Friedrich Wilhelm möchte vor allem »das Chaotische unseres jetzigen Zustandes baldigst« in Ordnung gebracht haben. Die Reformpartei will mehr: einen modernen Staat nach französischem oder englischem Vorbild. Diese »Revolution von oben« geht zwangsläufig oft auch am König vorbei oder über seinen Kopf hinweg. Einmal ins Rollen gebracht, läßt ein Stein sich kaum mehr aufhalten.

Stein und Hardenberg sind die treibenden Kräfte, aber die nach ihnen benannten Reformen wären ohne die tätige Hilfe weiterer reformfreudiger Experten nicht möglich gewesen. So hat an der Städteordnung Johann Gottfried Frey, der von Kant beeinflußte Königsberger Polizeidirektor, entscheidenden Anteil. Namen anderer wichtiger Reformer wie Humboldt, Scharnhorst, Gneisenau, Boyen sind bereits gefallen. Neben Frey finden sich auch in Ostpreußen selbst engagierte Mitarbeiter, so Theodor von Schön, Oberpräsident Ostpreußens (und Wiedererbauer der Marienburg), der alte Reichsfreiherr von Schrötter, der aus ostpreußischem Gutsadel stammt und schon den Siebenjährigen Krieg mitgemacht hat, oder Stägemann – Namen, die in diesem Zusammenhang nur selten erwähnt werden, obwohl ohne sie alles nicht so rasch über die Bühne gehen könnte, wie es zunächst noch unter dem Schock des verlorenen Kriegs den Anschein hat.

Welcher Staat hat es schon fertiggebracht, sich in Zeiten äußerster Not und Unterdrückung gleichsam umzukrempeln und dadurch zu erneuern? Aber eine gründliche Entrümpelung ist vielleicht nur dann möglich, wenn ohnehin das Alte zerschlagen scheint. Übrigens wird auch die Rolle des Königs zugunsten der Steins häufig unterschätzt. Die Idee einer derartigen Reform stammte schon von Svarez, Friedrich Wilhelm fördert die Reformen nach Kräften und beteiligt sich auch an Details – allerdings werden manche von ihnen, immer noch unter seiner Ägide, in den reaktionären Zeiten nach den Befreiungskriegen auch wieder zurückgenommen; da hat sich der von Hardenberg beschworene Zeitgeist gewandelt.

Wie sich in den Jahren oder sogar Jahrzehnten vorher in Preußen eine vage »Reformpartei« herauszubilden begann, formiert sich jetzt ähnlich eine Art Gegenpartei der »Altständischen«. Ihr gehören unter anderen der General Yorck von Wartenburg an, der später in Tauroggen durch sein Bündnis mit den Russen die Befreiung Preußens ermöglichen wird, die Grafen Dohna und Marwitz und der Großteil der ostelbischen Großgrundbesitzer. Stein, selbst Großgrundbesitzer, läßt zwar in der Agrarordnung adligem Grundbesitz die bisherige Steuerfreiheit, aber gegen das ostelbische Junkertum ist er seit jeher eingestellt und beschneidet es empfindlich in seinen beinahe noch mittelalterlichen Rechten. Gefährlicher als der aktive und offene Widerstand der »Altständischen« gegen die Reformen erweist sich aber der passive Widerstand untergeordneter Organe, die sie ausführen müssen. Oft nur halbherzig und widerwillig tun sie ihre Pflicht; die neuen Verordnungen werden mitunter monatelang liegen gelassen.

Erhebliche Wirkung zeigt nur die Militärreform, steht doch der Reorganisationskommission ein Energiebündel wie Scharnhorst vor. Der niedersächsische Bauernsohn hat sich von ganz unten hinaufgedient, ist erst seit 1801 in preußischen Diensten und seit 1802 geadelt, ein schlichter, nüchterner und einsilbiger Mann, ganz wie sein König. »Wenn er so dastand«, schildert ihn Ernst Moritz Arndt, »auf seinen Stock gelehnt, sinnend und überschauend, gesenkten Haupts und halbverschlossenen Auges und doch kühnster Stirn, hätte man meinen mögen, er sei der Todesgenius, der, über dem Sarkophag der preußischen Glorie gelehnt, den Gedanken verklärte: wie herrlich waren wir einst. Dabei trauert er nicht Friedrichs des Großen Lorbeeren nach, sondern sinnt... nach Wegen, eine neue stärkere Armee zu schaffen.«

Er will ein Volksheer mit Ausbildung der Soldaten zu Einzelkämpfern nach französischem Vorbild und einen humaner gehandhabten Drill. Noch radikaler ist die Haltung des Generals August Neidhardt von Gneisenau, ebenfalls kein Preuße; er stammt aus altösterreichischem Geschlecht und hat sich eben als Verteidiger Kolbergs ausgezeichnet, eine der wenigen Festungen, die nach Jena und Auerstedt nicht kapituliert haben. Man merkt ihm an, daß er als junger Leutnant aus Amerika mit einem, wie er sich ausdrückt, »Stück amerikanischer Freiheit unterm Hut« zurückgekehrt ist. »Die Geburt gibt kein Monopol für Verdienste... Die neue Zeit braucht mehr als alte Titel und Pergamente, sie braucht frische Tat und Kraft«, eine Überzeugung, die er lautstark verkündet und die sich auch in der »Freiheit der Rücken«, einer »Verordnung wegen der Militärstrafen« niederschlägt.

Sie wird am 5. August 1808 erlassen, das zunächst einzige spektakuläre Ergebnis der Kommission. Aber damit haben die entwürdigenden Körperstrafen ein Ende, für die – dies die Formulierung Niehbuhrs – »das verfaulte und verdorbene Heer von Offizieren« Preußens berüchtigt war, allen voran der sadistische General von Möllendorf, der so auffällig in Berlin mit den Franzosen fraternisiert. Die allgemeine Wehrpflicht kommt zunächst nicht durch. Sie erscheint dem König allzu revolutionär, mit ihr würden die Vorrechte des Adels im Militär endgültig beseitigt, außerdem steht ihr die beschränkte Anzahl von Soldaten entgegen, die Napoleon erlaubt hat. Scharnhorst wird sie später durch sein »Krümpersystem« unterwandern, das heißt, durch fortlaufende Ausbildung von Gezogenen, die nach vier Monaten wieder entlassen und durch andere ersetzt werden, aber eine ständige Reserve in Bereitschaft bilden.

Scharnhorst und Gneisenau sind, ähnlich dem Gespann Stein und Hardenberg, grundverschieden in Habitus und Herkunft. Scharnhorst, auch wenn er noch so auf die Freiheitsrechte des einzelnen pocht, ist wie Stein ein Typ, mit dem sich Preußen und seine Historiker identifizieren konnten und können, gerade, aufrecht, wenn auch etwas schwierig. Mit Gneisenau haben und hatten sie ihre Schwierigkeiten – wie mit Hardenberg. Ein schöner Mann, »stattlich mit breiter Brust und löwenartigen Gliedern«, wie ihn wiederum Arndt beschreibt. »Ihn krönte ein prächtiger Kopf: offene heitere Stirn mit länglicher Narbe, volles dunkles Haupthaar, schönste große blaue Augen, eine gerade Nase, voller Mund, rundes Kinn, Ausdruck von Männlichkeit und Harmonie in allen Zügen.« Die Schöngeister der Berliner Künstler- und Literatensalons, in denen er verkehrt, verehren ihn freilich mehr als die Politiker. Auch Kleist sieht in ihm einen »herrlichen Mann«. Er hat Kant studiert und sich mit Schiller beschäftigt und dürfte selbst philosophische und poetische Ambitionen haben. Friedrich Wilhelm setzt dann auch an den Rand einer Denkschrift Gneisenaus über den Landsturm: »Als Poesie gut.« Die Antwort des Generals und »Pour le mérite«-Trägers kann sich sehen lassen: »Religion, Gebet,

Liebe zum Regenten, zum Vaterland, zur Tugend sind nichts anderes als Poesie. Keine Herzenserhebung ohne sie.« 1825, also 17 Jahre später, zum 10. Jahrstag der Schlacht bei Belle-Alliance, wird Friedrich Wilhelm Gneisenau den Marschallstab mit den Worten überreichen: »Habe Sie oft verkannt.«

Das liegt noch in weiter Ferne. Zur Militärreorganisationskommission gehören neben Scharnhorst und Gneisenau Clausewitz, Boyen, Grolman und Stein. Sie unterziehen auch das verrottete Offizierskorps einer strengen Prüfung. Von den 143 Generalen, die es 1806 in Preußen gibt, werden 1813, nach Abschluß der Reformen und Einführung der allgemeinen Wehrpflicht, nur noch zwei im Dienst sein: Blücher und Tauentzien, die beiden Unverwüstlichen.

Die beiden Antireformer sind Yorck und Marwitz. Hans David Ludwig von Yorck stammt aus mittellosem kaschubischem Kleinadel und wurde von Friedrich dem Großen als Leutnant aus der preußischen Armee ausgestoßen (wegen »Subordination«, also Ungehorsams). Nach einjähriger Festungshaft hat er Fremdenlegionärsdienste bei der Ostindischen Handelskompanie getan, was alles er nach seiner Reaktivierung durch verdoppeltes Friderizianertum zu kompensieren sucht. Ein »Superpreuße«, redlich, offen, tapfer, aber auch, Clausewitz zufolge, »finster, gallsüchtig und versteckt«. Die Aufhebung des Adelsprivilegs auf Offiziersstellen (die auch Friedrich Wilhelm zu weit geht) ist ihm ein Dorn im Auge, wie er überhaupt in Königsberg – dort ist er als Nachfolger Rüchels Stadtkommandant – und ganz Preußen gegen die umstürzlerischen Ideen der Reformer zu Felde zieht. Vor allem verspottet er Gneisenaus »demokratische Vorliebe«, die unter jedem Bauernkittel ein Talent wittere, und »weil Papst Sixtus V. in seiner Jugend ein Schweinehirt gewesen, um jedes derartige Subjekt sorgsam bemüht sei, aus Furcht, daß irgendein göttlicher Sauhirt unbeachtet verkommen könne«. Über Stein lamentiert er: »Der Mann ist zu unserem Unglück in England gewesen und hat von dort seine Staatsweisheit hergeholt.«

Auch Friedrich August Ludwig von der Marwitz, dessen Unmut über Luises allzu dünne Bekleidung wir schon zitiert haben, kritisiert von seinem Gut Friedersdorf bei Küstrin aus, wohin er sich zurückgezogen hat, Steins »krassen Materialismus« und beharrt auf einer angeblich »von Gott eingeführten Ordnung«.

Luise ist an den Reformen wenig oder gar nicht beteiligt. Sie ordnet im Hintergrund die Dinge zum Wohle Friedrich Wilhelms und Preußens (in dieser Reihenfolge), wobei sie sicher auch beiläufig einiges zum großen Werk beigetragen haben dürfte. Gneisenau berichtet, Luise habe einmal »mit hinreißendem Enthusiasmus von einer besseren Ordnung der Dinge« gesprochen. Aber ganz und gar einsichtig und überzeugt von der Notwendigkeit einer gründlichen Reorganisation scheint sie nur, wenn Hardenberg es ihr in wohlgesetzten Worten erklärt und nahebringt. Die Auseinandersetzungen um die Reformen werden bis weit über ihren Tod hinaus dauern.

Luises Verhältnis zu Stein, anfangs vorzüglich und auf gegenseitiger Sympathie beruhend, hat sich rasch abgekühlt. Er besitzt nicht die Konzilianz Hardenbergs, braust leicht auf und macht sich überhaupt viele Feinde. Den Superpatrioten scheint er ebenso verhaßt wie der Satansbraten Napoleon, aber er sucht auch, wie es scheint, Streit mit seinen engen Mitarbeitern. »Glauben Sie denn, ich weiß nicht, daß ich übereilt und heftig bin?« herrscht er Scharnhorst an. »Aber wenn ich das ablegen könnte, wäre ich ein altes Weib.«

Was er sich vorgenommen hat, geht eigentlich über die Kräfte einer Einzelperson hinaus. Zudem leidet er wieder an der Gicht, die von Hufeland erfolglos bekämpft wird. Die Reformen stocken oder gehen nur quälend langsam voran. Sie bedürfen ständig neuen Antriebs, während nebenher die Verhandlungen wegen des Friedensvertrages und der Reparationszahlungen laufen. Die lange Abwesenheit vom Hof vergrößert außerdem die Schwierigkeiten. Sowohl in Berlin als auch in Ostpreußen steht für ihn die Zukunft Preußens auf dem Spiel, und er kann sich nicht zweiteilen. Wird Beyme die richtigen Entscheidungen treffen? Oder Hardenberg, der alte Rivale, vom nahen Riga aus ihm ins Handwerk pfuschen? Nervös und überarbeitet, dazu erschöpft von der weiten Reise, trifft er in Berlin ein. Zum mindesten versteht er sich mit Daru, seinem Verhandlungspartner, glänzend. Der Franzose ist kein aggressiver Militär, sondern ein kultivierter Mann, der den Horaz übersetzt hat und selbst dichtet.

Die beiden arbeiten sogar einen Kompromiß aus, der beiden Seiten entgegenkommt: Ein Drittel der Summe von 154 Millionen Francs, die Daru errechnet hat, gilt durch die Einkünfte, die die Franzosen direkt aus dem besetzten Land gezogen haben, als getilgt. Die restlichen 101 Millionen sollen je zur Hälfte in Pfandbriefen und Wechseln entrichtet werden. Dreißig Tage nach Unterzeichnung der Vereinbarung beginnen die französischen Truppen ihren Rückzug aus Preußen; nur drei Oderfestungen bleiben, als Faustpfand sozusagen, okkupiert.

Das läßt sich hören, muß aber noch von Napoleon beglaubigt werden. Eine Weile wartet Stein vergeblich in Berlin auf diese Beglaubigung, bis er sich, vom ungeduldigen König zurückgerufen, wieder auf die beschwerliche Reise macht. Ein vielgeplagter Mann, dem man manche Rauheit und Unbeherrschtheit verzeihen sollte.

Der Hof, an den er zurückkehrt, befindet sich inzwischen in Königsberg. Nachdem Preußen jede Verbindung zu England hat einstellen müssen, ist auch der Schiffsverkehr abgebrochen. Die Vertreter Englands und Hannovers haben den Hof verlassen. Als diplomatisches Korps sind nur der holländische Gesandte, der österreichische Geschäftsträger und der französische Konsul zurückgeblieben. Im abgelegenen Memel ist es immer einsamer geworden. Berlin scheint fern wie eine Fata Morgana.

Noch aus Memel hat Luise einen weinerlichen und recht peinlichen Brief an Napoleon geschrieben, der preußische Patrioten seit jeher unangenehm berührt hat. Aber wo schon ein Kraftmensch wie Stein Spuren von Ermüdung und Nervosität zeigt, wieviel mehr eine kränkliche, dazu schwangere Frau? Auch an ihren Nerven zerrt die Ungewißheit. Sie beklagt sich über die immer noch nicht ganz ausgehandelten Friedensbedingungen, die unzureichenden Bildungsmöglichkeiten ihrer Kinder und Ostpreußen im allgemeinen. »Meine Gesundheit ist völlig zerstört, da ich das feuchte und kalte nordische Klima nicht vertragen kann.« Sie appelliert sozusagen an ihn als Kavalier: »Ich wage dies als einen der Gründe bei Ew. Majestät geltend zu machen, denn ich weiß aus eigener Erfahrung und aus allen Ihren Äußerungen über mich, daß Sie sich für meine Person interessieren. Eure Majestät kennen mein Vertrauen zu Ihnen; ich habe Ihnen darüber in Tilsit gesprochen, und ich schmeichle mir, daß Sie diesmal der Stimme Ihres Herzens folgen...« Sie unterzeichnet als »Ew. Kaiserlichen Majestät gute Schwester.«

Napoleon läßt sich davon nicht rühren, ebensowenig wie von Prinz Wilhelm, des Königs jüngstem Bruder, den man zur endgültigen Aushandlung der Friedensbedingungen nach Paris geschickt – und mit dieser Mission völlig überfordert hat. Der forsche 25jährige bietet sich dem Kaiser mit gleichsam entblößter Brust als Geisel an, was dieser brüsk zurückweist – Geiseln werden bei Nichterfüllung einer Forderung erschossen, und an die Erschießung des Herzogs von Enghien läßt sich Napoleon nur ungern erinnern. Luise erhält auf ihren Brief erst viel später eine bewußt kurze Antwort, aber daß Napoleon sich für die preußische Königin weiterhin interessiert, scheint tatsächlich der Fall. Wenigstens gestattet er angesichts der neuerlich bevorstehenden Entbindung Luises die Übersiedlung des preußischen Resthofes nach Königsberg. Dort wird am 1. Februar 1808 das Töchterchen Luise geboren, nach der Mutter benannt. Im Jahr 1825 wird sie den Prinzen Friedrich der Niederlande heiraten.

Königsberg – das ist immer noch nicht Berlin, wie es sich Luise erhofft hat, aber doch wenigstens eine größere Stadt mit einem gewissen gesellschaftlichen Leben. In ihr wimmelt es geradezu von entlassenen Offizieren, die eine Wiedereinstellung erhoffen, Arbeitslosen und Bettlern, aber auch Adligen, die die Nähe des Königshofs suchen. In der Zuckergasse finden sich die Anti-Reformer in einem eigenen Club zusammen, aus dem Friedrich Wilhelm Sentenzen entgegenschallen wie: »Lieber drei Schlachten von Auerstedt als ein Oktoberedikt!« Prompt stellt er – sehr zum Ärger Steins – das Oktoberedikt, die Agrarreform, eine Zeitlang zurück.

Stein ist unleidlicher denn je und offensichtlich überfordert. Seine Nerven scheinen endgültig am Ende, so schwankt er plötzlich zwischen reiner Erfüllungspolitik und heftigen Ausbrüchen übersteigerter patriotischer Gefühle hin und her. Auf der einen Seite sieht er auf strikte Loyalität Napoleon gegenüber. Da geht er so weit, daß er sogar den Zensurstift an Fichtes »Reden an die deutsche Nation« ansetzen läßt und vorschlägt, man möge Napoleon bitten, die Patenschaft der kleinen Luise zu übernehmen. Der lehnt ab, und für ihn springen die ostpreußischen Landstände ein.

Auch kehrt Stein mit eisernem Besen die Gelder für die Zahlungen zusammen, die er mit Daru abgemacht hat, die aber immer noch nicht vom Kaiser bestätigt worden sind. Er selbst empfängt seit seinem Amtsantritt auf eigenen Wunsch nur die Hälfte seines Gehalts. Jetzt kürzt er rigoros die Gehälter sämtlicher Beamten bis zu fünfzig Prozent. Mit Ausnahme des Schmucks der Königin sollen die Kronjuwelen Friedrichs des Großen verkauft und das von ihm persönlich gerettete Tafelservice eingeschmolzen werden. Kaufleute werden mit nahezu erpresserischen Methoden um Kredite angegangen, die Domänen des Königs verpfändet und sogar der Hofstaat empfindlich eingeschränkt. Das paßt selbst dem knauserigen Friedrich Wilhelm nicht, der eben beschlossen hat, den tristen Alltag nun doch ein bißchen aufzuhellen. Zu seinem Geburtstag gibt er – aus Trotz – ein pompöses Diner, zu dem auch die drei verbliebenen Diplomaten eingeladen sind; die Stadt läßt er taghell illuminieren.

Die Sparmaßnahmen treffen auch und wohl sogar vor allem Luise. Zu ihrer großen Freude und geistigen Anregung kommt zwar ihre Freundin Frau von Berg, die Memel gemieden hat, gleich zweimal im Jahr für einige Monate nach Königsberg zu Besuch, aber die kleinen Luxusgegenstände, die sie doch auch so gerne hat, die »schönen Sächelchen«, wie sie es nennt, muß sie in Zukunft vom Bruder Georg erbitten, der sich – wie Prinz Wilhelm – in Paris aufhält. »Hier kriege ich nichts, und das infame Zeug kostet hier Friedrichsdors, was in Berlin und Paris Taler kostet«, schreibt sie ihm (ein Friedrichsdor entspricht etwa fünf Silbertalern). So wünscht sie sich zwei »recht hübsche Nachtmützen«, »schicke sie mir, auch wenn es drei sind, aber bald!« Georg schickt vier.

Der Dankesbrief wirkt anrührend, vielleicht gerade wegen seiner Überspanntheit. »Deine lieben Briefe mit allen Beweisen Deiner neueren Freundschaft und Deines himmlischen Andenkens, hab' ich dankbar empfangen. Der Ring, der mich nicht verläßt, Deine vier Nachtmützen, die mich immer schmücken, alles, alles, was mir Deine neue Bruderhand zudachte, ist bei mir und um mich. Dein letzter göttlicher Brief... hat mir Tränen der wehmütigen Freude ausgepreßt; solche, die nur von Augen geweint werden können, die wie mein Herz von dem heiligen Hauch der Freundschaft ganz durchschauert in herrlichstem Einklang mit Freude und Melankolie sich dem seegnenden Gefühl hingab, solch einen Bruder zu besitzen! Die gute Berg half mir treu die bösen Nachrichten aus Paris zu ertragen, denn das nicht Fortrücken ist Verderben. Ihr Hiersein ist Wonne für mich. Mit Schweiß bedeckt schließe ich – Deine Luise.«

Ein gut Teil Schweiß dürfte vergossen worden sein, weil sich die Königin bemüht hat, den Brief von A bis Z in deutscher Sprache zu verfassen, daher auch wohl die ungelenk-pathetischen Formulierungen. Das Französische liegt Luise immer noch näher. Aber es wird langsam Mode, die Sprache der Sieger abzustreifen und die eigene zu benutzen. Der Freiherr vom Stein tadelt die schlesischen Landstände, weil sie dem König zum Geburtstag französisch gratuliert haben: »Seine Majestät erwarten, daß Deutsche an ihren König deutsch schreiben.« Dabei haben Ihre Majestät erst vor drei Tagen den kompletten Immediatbericht in Französisch aufgesetzt.

»Nicht-Fortrücken ist Verderben.« Die letzten Zeilen in Luises Brief deuten an, daß Stein immer noch auf einen endgültigen Entscheid von Napoleon wartet. Das mag Absicht sein, kann aber auch mit den Spaniern zusammenhängen, die sich leidenschaftlicher und hingebender zur Wehr setzen als der Rest Europas. Sie geben sich, wie wir gesehen haben, selbst nach Niederlagen nicht geschlagen. Die entsetzlichen Greueltaten beider Seiten stehen uns noch heute in Goyas 82 Blättern der »Desastres de la guerra« (Schrecken des Krieges) vor Augen. »Euer Ruhm wird in Spanien Schiffbruch erleiden!« warnt Joseph Bonaparte den Bruder.

Die Erfolge der Aufständischen geben wiederum Stein neue Kraft. Haben wir ihn bei Daru in Berlin als Erfüllungspolitiker erlebt, so gibt er sich plötzlich in Königsberg, allem Kontributionswillen zum Trotz, als cholerischer Freiheitsprediger. Er träumt von einem Volksaufstand wie in Spanien, und ins gleiche Horn stößt auch Gneisenau. Der König wehrt kopfschüttelnd ab und versteht seine Ratgeber nicht mehr. Wieder einmal behält er recht mit seinem Hang zur Mäßigung. Für einen Volksaufstand ist man zweifelsohne noch nicht gerüstet. Stein aber, an dem man sich bislang orientiert hat, scheint zur Wetterfahne geworden.

Napoleon hat beschlossen, seine spanischen Mißerfolge durch ein glanzvolles neues Kaisertreffen zu vertuschen oder zu überspielen. Er weiß, daß unter dem Eindruck der Kapitulation von 8000 Franzosen bei Bailéu auch Österreich wieder eine bedrohliche Haltung einnimmt und selbst im niedergeworfenen Preußen sich Widerstand regt. Jetzt soll ein glanzvoller Akt der Welt die Macht und Beständigkeit der französisch-russischen Freundschaft vor Augen führen. Zum Ort der Zusammenkunft wird, auf Wunsch Alexanders, Erfurt bestimmt.

Der Weg von St. Petersburg nach Erfurt führt über Königsberg. Mit Spannung sieht man der Ankunft des Zaren entgegen, zu der man sich ins Schloß begeben muß. Seit ihrer Krankheit hat Luise eine heftige Abneigung gegen das Schloß entwickelt. Ab Anfang Juni, dem frühest möglichen Termin, wohnen König und Königin daher außerhalb der Stadt, auf dem Lande, in Hippels Garten »Auf dem Huben«, einer Art von Ersatz-Paretz. Hippel, 1796 verstorben, war Stadtpräsident von Königsberg und Schriftsteller, dessen philosphisch-humoristische Romane einst viel gelesen und mit Jean Paul verglichen worden sind, mitunter sogar zu Hippels Vorteil. Das Häuschen hat nur wenige Zimmer, zwei für das Königspaar, je eines für Kammerdiener und Hofdamen, der Wind dringt durch alle Ritzen der leichten Fenster.

»Sie verstand zu entbehren«, hat Friedrich Wilhelm in der Erinnerung über Luise gesagt. Was sie noch besser konnte: sich einrichten. Ganz von selbst entsteht um sie herum eine Idylle. Morgens kommen die Kinder aus Königsberg, spielen im Garten und üben Bogenschießen. Man musiziert, liest (besonders wenn Frau von Berg anwesend ist) und falls man abends nicht Vorträge in Königsberg besucht, sitzt man mit Stein, Scharnhorst, Gneisenau zusammen und diskutiert über Dinge, von denen Luise, wie sie zugibt, nicht alles versteht. Der König liest angelegentlich Lombards Verteidigungsschrift und mag sich dabei manchmal gedacht haben, wie recht er und Lombard doch gelegen hatten mit ihrer Neutralitätspolitik. Luise bildet sich vor allem historisch, unter anderem durch die Lektüre von Schillers »Dreißigjährigem Krieg«.

Es gibt einen Brief an Johann George Scheffner aus diesen Tagen, zu dem Luise besonderes Vertrauen gefaßt hat. Scheffner, preußischer Kriegs- und Steuerrat a. D. noch aus den Tagen Friedrichs des Großen, lebt als 72jähriger Rentner in Königsberg und gilt dort als

»Dichter«. Ihm stellt die Königin Fragen, die sie keinem anderen zu stellen wagt. Sie betreffen meist historische Ereignisse, von denen in Vorträgen oder Gesprächen die Rede war. Etwa: »Welche Kriege nennt man die punischen Kriege? Gingen diese alle gegen Karthago? Die Gracchischen Unruhen, welche sind die? ... Haben Sie die Güte und sagen mir, was Hierarchie eigentlich ist, ich habe keinen deutlichen Begriff davon.« Sie entschuldigt sich für diese und eine lange Reihe weiterer Fragen, aber: »Frägt man ... nicht, und schämt sich seiner Einfalt gegen jeden, so bleibt man immer dumm.«

Es geht in diesem Fall um Vorlesungen des Königsberger Philologen und Historikers Johann Wilhem Süvern über die politische Geschichte Europas, von denen Luise sich auf Anraten Steins Abschriften besorgt hat. Stein ist übrigens trotz allem in gewissen Dingen ihr enger Vertrauer geblieben. Ihn bittet sie um Rat wegen der Kinder, vor allem des ältesten Sohnes wegen, der Sorgen macht. Über nichts hat sich Stein später mehr mokiert als über Luises Kindererziehung. Jetzt empfiehlt er dringend, den Erzieher Delbrück abzulösen. Zum erstenmal kommt Ancillon ins Gespräch, der Berliner Oberkonsistorialrat.

Das ist der Hintergrund, vor dem sich eine erneute Tragödie abspielt: Ein abgeschieden-ländliches Dasein wie auf einer Insel, das doch ständig von Sturmgewalten bedroht wird, die alles, buchstäblich alles zu zerstören drohen. Kein Wunder, daß die Inselbewohner dem nächsten Kurier aus Berlin, St. Petersburg, Paris entgegenzittern, mit viel zu großen Hoffnungen, die rasch von viel zu großer Verzweiflung abgelöst zu werden pflegt – wie Stein sind sie im Grunde alle am Rande ihrer psychischen und physischen Kräfte.

Als erster trifft auf dem Weg nach Erfurt der russische Außenminister Rumjanzew ein. Er wird warm empfangen, entpuppt sich als überzeugter Franzosenfreund und wird kühl wieder verabschiedet. Dann folgt Alexanders Bruder, Großfürst Konstantin, den man noch wärmer empfängt und, da er sich angewöhnt hat, Napoleon in Getue und Gehabe zu kopieren, noch kühler wieder verabschiedet. Endlich erscheint er selbst, der große Freund, ganz sicher der einzige, auf den Napoleon noch hört. Wie immer wird Alexander schon vor den Toren der Stadt empfangen. Er läuft diesmal allerdings Friedrich Wilhelm nicht freudig entgegen (es ist auch schon dunkle Nacht), sondern wirkt merkwürdig verlegen. Die Königin, liest man in Augenzeugenberichten, sei »ernst und bewegt« geblieben. An den politischen Beratungen nehmen außer den Monarchen auch Stein und Goltz teil. Stein schlägt einen Bund Preußens mit Österreich und Rußland gegen Napoleon vor, aber Alexander lehnt ab: »Was sollen wir machen? Er rennt uns alle über.« Immerhin verspricht er, »in Erfurt für Preußen nach besten Kräften wirken« zu wollen, ein Versprechen, das er dann auch gehalten hat. Man redet bis spät in die Nacht. Über die Gespräche des Königs mit dem Zaren ist nichts überliefert, Luise selbst schildert ihrem Vater nur ausführlich den enttäuschenden Besuch Rumjanzews, verliert aber kein Wort über den Alexanders. In ihrem Nachlaß finden sich ein paar recht verquaste Briefentwürfe an den Zaren; wir wissen nicht, ob sie einen Brief abgeschickt hat. Vielleicht ist die Vermutung Franz Herres, des Stein-Biographen, richtig, Alexander sei auffallend eilig nach Erfurt weitergaloppiert.

Den König hat der Besuch über die Maßen angestrengt. Am frühen Morgen des 21. September 1808 wird er durch einen Eilkurier aus dem Schlaf gerissen – eine Schreckensnachricht aus Paris! Prinz Wilhelm berichtet, er habe den deutsch-französischen Vertrag in der ursprünglichen Form – ohne die von Stein bei Daru erreichten Milderungen – unterschreiben müssen, und das bereits am 8. September.

Was ist geschehen? Nach seinem Eintreffen ist Wilhelm von Napoleon selbst nicht unfreundlich empfangen worden. Bei der Szene, in der der jugendliche Heißsporn sich als Geisel zur Verfügung stellen wollte, war, merkwürdig genug, Alexander von Humboldt anwesend und konnte begütigend eingreifen. Unberührt vom kontinentalen Zwist lebt der große Naturforscher, ein wirklicher Weltbürger, seit der Kaiserkrönung Napoleons in Paris. Napoleon nämlich umgibt sich gern mit deutschen Geistesgrößen. Alexander von Humboldt faßt in aller Ruhe in der französischen Hauptstadt die Ergebnisse seiner Südamerikareise zusammen, indes sein Bruder Wilhelm von seinem Gesandtenposten in Rom nach Königsberg geeilt ist, der neu-preußischen Hauptstadt, wo er als Wissenschafts- und Bildungsminister die Reformen auf dem kulturellen Sektor in Angriff nimmt.

Am 8. September aber hat dem Prinzen Wilhelm kein Humboldt beigestanden. Er sah sich allein mit dem Außenminister Jean Baptiste de Champagny, dem Herzog von Cadore, konfrontiert. Und im entscheidenden Augenblick hat dieser ein Schreiben des Freiherrn vom Stein hervorgezogen, aus Königsberg datiert vom 15. August und an den Fürsten Wittgenstein in Doberan/Mecklenburg gerichtet. Stein hat ihn einem Kurier namens Koppe anvertraut, der mit seiner Extrapost leichtsinnigerweise durch das französisch besetzte Preußen gefahren, in Tegel bei Berlin von zwei Gendarmen abgefangen und auf die Feste Spandau gebracht worden war. Seine Papiere wurden beschlagnahmt. Der Hofpostmeister Breese, der diesen Vorfall gehorsam nach Königsberg meldet: »Gott gebe nur, daß keine Briefe von Wichtigkeit in fremde Hände kommen, die Folgen haben können.«

Steins Brief hat verheerende Folgen. In ihm wird der Fürst Wittgenstein, das Allround-Finanzgenie des Hochadels, gebeten, als Makler für preußische Staatsanleihen tätig zu werden. Das mag noch angehen, aber dann setzt Stein ihn auch noch zum Zwischenhändler für konspirative Umtriebe hauptsächlich mit Westfalen und Hessen ein – der Traum von einer gesamtdeutschen Erhebung hatte sich inzwischen beim leitenden Minister so festgesetzt, daß er fast schon zur fixen Idee geworden ist.

Der Fall des Ministers erfolgt plötzlich, fast über Nacht. Patrioten haben ihn verständlicherweise später gepriesen. Aber im Augenblick handelt es sich doch um nichts weiter als eine Riesendummheit, denn erstens ist Hochverrat, einem zynischen Wort Talleyrands zufolge, eine Frage des Datums, und zweitens würde niemand einen derartigen Text unverschlüsselt durch Feindesland schicken. Die Empörung Napoleons, der am Tag darauf den fraglichen Brief im »Moniteur« veröffentlichen läßt (Kommentar: »Man kann den König von Preußen nur beklagen, daß er solche ebenso ungeschickte wie verderbte Minister hat«), ist verständlich. Um so mehr als der Kaiser eben erst von Stein ein neues Allianzangebot erhalten hat mit dem Versprechen, eventuell dem Rheinbund beitreten zu wollen.

Champagny benutzt den Brief wie eine Waffe. Prinz Wilhelm, durch und durch ritterlich gesinnt und erzogen, fühlt sich wie ein

»Duellant, dem die Waffe aus der Hand geschlagen worden ist«. Es bleibt ihm nichts anders übrig, als den Vertrag mit den schlechteren Bedingungen sofort zu unterschreiben, ohne in Königsberg noch Rat einholen zu können, denn Champagny droht mit weiteren Nachteilen. Es bleibt bei den 140 Millionen Francs Kriegsschuld. Von der erlaubten 42 000 Mann muß das preußische Heer jedoch bei einem Krieg gegen Österreich 10 000 Mann auf Seiten Frankreichs marschieren lassen. Stettin, Küstrin und Glogau bleiben bis zur endgültigen Zahlung besetzt. Damit scheint, wie Luise es ausdrückt, wiederum »alles verlohren«.

Stein ist uneinsichtig. Er verdächtigt Wittgenstein, den er, nun wieder auf gut Französisch, einen »Höfling sans humeur et sans honneur« (ohne Charakter und ohne Ehre) nennt, sowie den Kurier Koppe und dessen Frau, die einen französischen Spitzel auf die Fersen ihres Mannes gehetzt haben müsse – absurde Anschuldigungen, die ihn selbst nur noch mehr belasten: Wenn es sich bei Adressaten und Boten um derart unverläßliche Subjekte handelt – wie kann er solchen Leuten Staatsgeheimnisse anvertrauen? Am Hof munkelt man, der Brief sei nach Tisch unkontrolliert in Weinlaune geschrieben und expediert worden. Der Leichtsinn des doch so argwöhnischen Ministers läßt sich sonst kaum erklären.

Die Affäre schlägt überall wie eine Bombe ein. Friedrich Wilhelm, dem Stein ja ironischerweise von Napoleon aufgedrängt worden ist, fühlt sich zutiefst kompromittiert und wird krank. Luise, die ihn pflegt, erkältet sich ebenfalls und muß das Bett hüten. Sie fühlt sich »gepeitscht von Angst, Verdruß, Verachtung«. Trotz aller Unritterlichkeit, die er ihr gegenüber in letzter Zeit an den Tag gelegt hat, fungiert Stein bei ihr doch als eine Art Vaterfigur. Was soll man ohne ihn machen, ohne seine Energie, seinen Reformwillen, seine Finanzreiterei und seinen wenn nicht preußischen, so doch deutschen Patriotismus und Befreiungswillen?

In den Kommentaren spiegelt sich diese zwiespältige Persönlichkeit des unbequemen Freiherrn. Die Reaktionäre triumphieren. Yorck sieht schon die »Giftnatter« der Reformen insgesamt zertreten. In der »Königsberger Zeitung«, dem Blatt der Reformer, veröffentlicht Süvern dagegen ein Gedicht »An den, dem es gilt«. Wir zitieren den ersten Vers:

»Fest, Edler, steh! Ein Fels, an dem in grauen Wettern
Des Sturmes Grimm vertobt, der Wogen Drang sich bricht.
Empörtes Element umschlang ihn rings – zerschmettern,
Verrücken mag es ihn, den Ur-Granit-Stein nicht!«

Stein selbst erblickt darin eine »ziemlich flache Allegorie auf meinen Namen«, aber das weltweite Echo ist doch weit unerfreulicher. Nicht nur französische Offiziere, auch preußische Beamte fordern lautstark die Entlassung des Ministers, der sich selbst in Reformerkreisen allzu viele Feinde gemacht hat. Lapidar wie immer wirkt der Kommentar des Königs. Er lautet, schlicht und einfach: »Ich habe ihn nie geliebt.«

Trotzdem zögert er, den Unbotmäßigen zu entlassen. Auch Napoleon scheint in Erfurt, zunächst einmal, nichts derartiges gefordert zu haben. Es muß Luise gewesen sei, die wieder einmal eingreift, ohne daß man es bemerkt und ohne daß man es selbst heute sicher behaupten könnte. Aber es ist schon merkwürdig, daß in diesem Augenblick, in dem alles ratlos scheint, wer auftaucht? Hardenberg.

Am 10. November fährt er auf der Reise nach Marienwerder zufällig durch Königsberg. So zufällig, daß der König, die Königin und Frau von Voß gerade zum Fenster hinaussehen. »Unser geliebter Hardenberg kam heute hier durch ...«, schreibt letztere in ihr Tagebuch. »Als er beim Haus der Majestäten vorbeifuhr und nach den Fenstern hinaufsah, weinte er und der König, der ihn vom Fenster aus erblickte, weinte auch noch lange in seinem Zimmer ...«

Er muß nicht lange weinen, denn schon am darauffolgenden Tag trifft das Königspaar, wiederum ganz zufällig, in Kalgen, einem winzigen Ort bei Königsberg, mit Hardenberg zusammen, wie es scheint auf offenem Feld, wenn auch wohl im Reisewagen. Es ist praktisch Hardenberg, der die Entlassung Steins veranlaßt, weil er – noch eine flache Allegorie auf den Namen – zum »Stolperstein« geworden sei. Man müsse jetzt klug vorgehen, Napoleon in Sicherheit wiegen und wiederum gute Beziehungen zu Rußland suchen. Das doppelte Spiel Hardenbergs gegenüber Stein mag nicht von der feinsten Art sein, aber es ist klug durchdacht. Luise gesteht nach der Unterredung ihrer Freundin Radziwill, daß sie jetzt fester denn je entschlossen sei, Hardenberg wieder an die Stelle eines leitenden Ministers in Preußen zu schieben, koste es, was es wolle und Napoleon zum Trotz.

Stein erhält seinen – im übrigen schon von ihm selbst erbetenen – Abschied am 24. November. Der König widmet ihm ein paar freundliche Worte und setzt ihm eine Pension aus, die Stein bitter nötig haben wird, auf die er auch gleich einen Vorschuß erhält. Luise weint, Stein seinerseits weist noch rasch die erste Kontributionszahlung an und übergibt sein Amt, da er keinen eigentlichen Nachfolger findet, dem »Kabinett Dohna-Altenstein«. Das sind Altenstein (Finanzen), Beyme, der Unvermeidliche (Justiz), Dohna (Inneres) und Goltz (Auswärtiges). Den Schwarzen Adlerorden, Preußens höchste Auszeichnung, erhält der scheidende Reformer nicht. Er wird zwar vier Jahre später an der Seite Alexanders als Befreier in Königsberg einziehen, aber nie wieder in preußische Dienste treten. Zunächst einmal muß er fliehen, über Berlin nach Brünn und Prag, denn Napoleon hat ihm die Ehre angetan, ihn noch nachträglich zu ächten. »Erstens: Le nommé Stein, welcher Unruhen in Deutschland zu erregen sucht, ist zum Feinde Frankreichs und des Rheinbundes erklärt. Zweitens: Die Güter, welche besagter Stein, sei es in Frankreich, sei es in den Ländern des Rheinbundes, besitzt, werden beschlagnahmt. Der besagte Stein wird überall, wo er durch Unsere oder Unserer Verbündeten Truppen ergriffen werden kann, verhaftet.«

Gneisenau zu Stein: »Aller edlen Herzen sind durch ihre Proskription (Ächtung) noch fester an Sie geschlossen. Napoleon hätte für Ihre erweiterte Celebrität (Berühmtheit) nichts Zweckmäßigeres tun können. Sie gehörten ehedem nur unserem Staat an, nun der ganzen zivilisierten Welt.«

Diese von Napoleon Stein zum Abschied überreichte Märtyrerkrone erweist sich zwar als dauerhafter und ehrenvoller denn alle Orden und Reden, ändert aber nichts daran, daß ihm in Preußen kaum jemand eine Träne nachweint, wohl auch Gneisenau nicht. Preußen ist kein Staat großer Dankbarkeit, und vielleicht kann man auch Stein als ein Opfer jener Sündenbocksuche ansehen, die für das Land kennzeichnend war. Immerhin hat auch schon der König selbst heimliche Fäden zu den Österreichern gesponnen, über Schlesien, und Gneisenau sogar schon eine gemeinsame preußisch-österreichische Kokarde (schwarz-rot-gelb) entworfen. Aber sie haben sich eben nicht erwischen lassen. Stein muß als »Herr von Voigt« mit Frau und Kindern durch den Böhmerwald schleichen, krank, todmüde, verängstigt. Und es ist Luise, die dem französischen Konsul die Mitteilung macht, sie habe Steins Entlassung durchgesetzt – er möge das bitte nach Paris melden.

Steins Methode einer Mischung aus Loyalität und Frontalangriff hat versagt, versagen müssen. Die Methode Hardenbergs – auch eines Geächteten – scheint erfolgverheißender. Sie lautet: Erst einmal kuschen und dann weitersehen. Er verhält sich Stein gegenüber bei weitem loyaler als die anderen, denn als er 1810 wieder in Amt und Würden ist, trifft er sich heimlich mit dem Vorgänger und bespricht mit ihm den Fortgang der Reformen – im Grunde arbeiten sich beide in die Hand und das, zweifellos, sehr preußisch, nämlich zum Wohle des Staates. Auch das Kabinett Dohna-Altenstein, ganz sicher kein sehr erleuchtetes, hat dabei seine Verdienste. Unter seiner Ägide kann Wilhelm von Humboldt die langersehnte Berliner Universität gründen und damit zur geistigen Erneuerung des zerrütteten Staates beitragen. Nach ihm heißt sie dann auch seit 1945.

Die Methode Hardenbergs mag nicht sehr preußisch sein, besteht sie doch zum größten Teil aus Täuschung und Versteckspiel. Sie hat jedoch einen großen Vorteil: sie funktioniert. Die Franzosen machen nach der Unterzeichnung des Vertrages durch Prinz Wilhelm und der Entfernung Steins Anstalten zur Räumung des Landes. In Berlin sind den preußischen Behörden sogar schon wieder die Kassen übergeben worden, der alte Prinz Ferdinand und General L'Estocq haben wieder die Verwaltung übernommen, und am 10. Dezember 1808 ziehen unter dem Jubel der Bevölkerung auch wieder die ersten preußischen Truppen in die Hauptstadt ein. »Die ganze Stadt ist hin, um sie zu sehen«, schreibt Rahel Varnhagen, »ich nicht... Ich kann aus losgelassenem Schmerz nicht hingehen, jeder Reitknecht mit preußischen Pferden, der vorbei geht, pumpt mir einen Strom von Tränen ab.« Vor allem mit einem Satz aus diesem Brief dürfte die Berliner Jüdin die Gefühle vieler treffen, denen es – Juden, Christen, Brandenburgern, Hugenotten – ähnlich geht: »O! Ich habe es nie gewußt, daß ich mein Land so liebe!« Niederlagen können da wirksamer sein als Siege.

Luise denkt jetzt auch daran, Hardenbergs zweitem Vorschlag zu entsprechen. Die etwas fadenscheinig gewordenen Beziehungen zu den Russen müssen verbessert werden. Alexander hat auf dem Heimweg von Erfurt wiederum in Königsberg Station gemacht, diesmal in strahlender Siegerlaune. Es ist ihm gelungen, Preußens Kriegsschuld um 20 Millionen Franc herunterzuhandeln und außerdem eine Verlängerung der Zahlungsfristen zu erreichen. Das erleichtert vieles, auch wenn der Zar verschweigt, daß er dafür im Namen Preußens bezahlt hat, nämlich mit dem Verzicht auf eine Entschädigung für Hannover, wie sie im Frieden von Tilsit abgemacht war. Die alte Herzlichkeit scheint zwar trotzdem noch nicht wiederhergestellt, aber Alexander spricht eine Einladung an das Königspaar zu einem Besuch St. Petersburgs aus, die überzeugend klingt. Soll man die Gelegenheit beim Schopfe packen?

Stein, der noch von der Einladung erfuhr, hat ab-, Hardenberg zugeraten. Luises Empfindungen scheinen zwiespältig. Immer noch steht Vergangenes zwischen ihr und dem Zaren. Lange überlegt sie mit der Schwägerin Marianne und Frau von Berg, ob ihre »Beteiligung an der Reise passend« sei oder nicht. Sie wünsche sich die Reise glühend, gibt sie zu, als Entschädigung für zweieinhalb Jahre Unglück. »Allein wenn die Ehre des Königs und das öffentliche Wohl der Reise widersprechen«, wolle sie, so Frau von Berg, »in aller Offenheit, ohne Hintergedanken, und mit allem dem guten Willen, dessen mein Herz und mein Charakter fähig sind«, darauf verzichten.

Alexander jedenfalls muß die Einladung mehrere Male – und immer ungeduldiger – wiederholen, ehe der König sich entschließt, sie endlich anzunehmen.

20.

Erfurt und St. Petersburg

Auf den Erfurter Kongreß hat Napoleon sich vorbereitet wie sonst nur auf seine Schlachten. Alles wird von ihm selbst bestimmt und nach seinem Willen organisiert. Sogar den Spielplan der Comédie-Française, die mit ihm zieht, setzt er fest.

»Wird man Lustspiele oder Trauerspiele geben, Sire?« fragt der nicht sehr von der Idee begeisterte Direktor der Truppe, Dazincourt – den Dialog hat Talleyrand überliefert.

»Trauerspiele natürlich; unsere Lustspiele würden in Deutschland gar keinen Erfolg haben; auf der anderen Seite des Rheins versteht kein Mensch etwas von unseren Lustspielen.«

»Majestät wünschen doch gewiß sehr schöne Vorstellungen?«

»Natürlich, die besten Stücke.«

»Sire, da wäre vielleicht ›Athalie‹.« (Eine biblische Tragödie von Racine.)

»›Athalie‹! Was fällt Ihnen ein, Dazincourt? Sie sind wohl nicht bei Trost... Schon wieder einer, der mich nicht versteht. ›Athalie‹! Gott, wie dumm! Sagen Sie Ihren besten tragischen Schauspielern, daß sie sich bereithalten... Schrecklich, daß es so viele dumme Menschen gibt. Aber es ist meine eigene Schuld, was habe ich nötig, sie um Rat zu fragen! Keinen Menschen sollte ich befragen. Ja, wenn er mir noch ›Cinna‹ angeraten hätte! ›Cinna‹, da handelt es sich um große politische Interessen, und dann die Gnadenszene mit Augustus, das wirkt! Ich habe früher den ganzen ›Cinna‹ auswendig gewußt, aber ich kann nur nicht gut deklamieren. Rémusat (er ist Generalintendant der kaiserlichen Theater), wie heißt es doch im fünften Akt:

›Die Staatsverbrechen, die der Krone gelten,
Verzeiht der Himmel, wenn sie uns gelingen.‹

Und wie geht es dann weiter? Holen Sie doch mal den Corneille!«

Aber das ist nicht nötig, denn Graf Rémusat kann seinen »Cinna« ebenfalls auswendig:

»Und auf dem hohen Platz, den er uns gab,
Wird, was geschah, gerecht, was kommen wird,
Erlaubt. Der, dem's gelingt, ist schuldlos stets,
Und unantastbar bleibt das, was er tat.«

Napoleon: »Vortrefflich! So etwas ist für die Deutschen, die mir immer noch den Tod des Herzogs von Enghien vorwerfen, eine kleinliche Moral! Man muß den Deutschen höhere Begriffe von Moral beibringen. Für Alexander paßt das freilich nicht; die Russen verstehen so etwas überhaupt nicht. Aber für die Deutschen mit ihren transzendentalen Ideen ist das so recht was. Also ›Cinna‹ wird aufgeführt, und zwar gleich am ersten Abend. Rémusat, suchen Sie noch andere Stücke aus, aber teilen Sie mir dieselben vorher mit, ehe Sie darüber beschließen!«

Rémusat, besorgt: »Sire, Ew. Majestät wollen doch einige Schauspieler in Paris lassen?«

»Natürlich, aber nur die mittelmäßigen; die guten nehmen Sie alle mit, wenn wir auch zuviel haben; das schadet nichts.«

Dem gesamteuropäischen Publikum, das sich in Erfurt zusammenfindet, macht das alles großen Eindruck; selbst Talma, der gefeierte Heldenspieler, Star seiner Zeit und Schöpfer einer neuen, verinnerlichten Rollenauffassung, ist samt seiner Frau mit von der Partie. Abend für Abend werden in Erfurt Frankreichs Klassiker lebendig. Alexander und Napoleon sitzen in der ersten Reihe auf erhöhten Sesseln, neben dem französischen Kaiser Roustan in Seidengewand und mit Turban; alle Blicke richten sich auf sie, wenn Talma Voltaires Verse (aus dem »Mahomet«) spricht:

Die Sterblichen sind gleich! Nicht die Geburt,
Die Tugend nur macht allen Unterschied;

Doch Geister gibt's, begünstigter vom Himmel,
Die durch sich selbst sind, alles sind, und nichts
Dem Ahnherrn schuldig, nichts der Welt. So ist
Der Mann, den ich zum Herren mir erwählte.
Er in der Welt allein verdient's zu sein...

Den »Mahomet« hat Goethe ins Deutsche übersetzt, der seinen Großherzog nach Erfurt begleitet und mehrfach von Napoleon ausgezeichnet wird, unter anderem dadurch, daß die Comédie Française ein Gastspiel auch im Weimarer Theater gibt, dem Goethe als Intendant vorsteht; gespielt wird wiederum Voltaire, »Le Mort de César«.

Aber nicht nur Schauspieler begleiten Napoleon. Marschälle, Minister, Fürsten, alles was Rang und Namen hat, dazu fünf Garderegimenter ziehen mit und hinter ihrem Kaiser in Erfurt ein, das solchen Glanz nie vorher gesehen hat und niemals wieder erleben wird. Unter solchen Umständen klingt es etwas merkwürdig, daß Napoleon sich von der Stadt jeglichen Aufwand verbittet und man die bereits aufgebauten Ehrenpforten wieder abreißen muß.

Es strömen aber nicht nur die Höchsten Frankreichs und Rußlands mitsamt ihren Verbündeten heran, sondern auch eine unermeßliche Menge Schaulustiger von überallher, die den Mächtigsten der Welt, der Kronen und Throne verteilen kann, sehen und ihn feiern wollen. »Die Huldigungen, die man ihm darbrachte«, berichtet Talleyrand, »sowohl die aufrichtigen als auch die gezwungenen und die erheuchelten, gingen –ich finde kein anderes Wort dafür – ins Ungeheuerliche. Schmeichelei, die an Vergötterung, und niedere Gesinnung, die an Ekel grenzte, schienen sich gegenseitig überbieten zu wollen... Wie oft habe ich in jenen Tagen bemerkt, daß gerade diejenigen, die am meisten unter Napoleon gelitten und deshalb innerlich von Haß und Erbitterung gegen ihn erfüllt sein mußten, die eifrigsten waren, ihm zuzujubeln und sein Glück zu preisen, das die Vorsehung, wie sie sagten, ihm in so überreichem Maße gespendet!« Talleyrands Quintessenz: »Ich habe damals in ganz Erfurt nicht einen Mann gesehen, nicht einen! der es gewagt hätte, furchtlos und frei die Hand auf die Mähne des Löwen zu legen.«

Was, wie wir hinzufügen müssen, auch für Talleyrand selbst gilt. Als Abgesandter Preußens war übrigens kein anderer als Stein vorgesehen, aber den kann man inzwischen ja nicht mehr unter Napoleons Augen treten lassen. Also wird rasch der Außenminister Graf Goltz geschickt, auch keiner, der Löwen unbedingt die Hand auf die Mähne legt.

Erfurt versinkt jedenfalls in einen Taumel der Begeisterung, und Napoleon reitet oder fährt nur zu gerne, huldvoll nach allen Seiten grüßend, durch die aufgeregte Stadt. Ignaz Ferdinand Arnold schreibt in seiner kurz danach erschienenen zweibändigen Schrift »Erfurt in seinem höchsten Glanze«: »Selten spricht ein Gesicht mehr Majestät, Würde, Erhabenheit, wahre Seelengröße und tiefdenkende Weisheit so rein aus, als das in allen seinen Zügen ehrfurchtgebietende dieses größten Monarchen seiner Zeit; vielleicht aller Zeiten.«

Napoleon und neben ihm auch Alexander können sich über das Echo nicht beklagen. Beide nehmen übrigens die Gelegenheit wahr, um zwei deutsche Dichter zu ehren (ein Gedanke, der, wie man leider sagen muß, den Preußen noch nicht gekommen ist). Goethe und Wieland werden mit dem Kreuz der Ehrenlegion ausgezeichnet, Goethe außerdem mit dem russischen Sankt-Annen-Orden. Auf Goethe macht das einen unauslöschlichen Eindruck. Er bekennt, »daß mich noch niemals ein Höherer dergestalt aufgenommen«, und zum Verdruß deutscher Patrioten wird er das Bändchen der Ehrenlegion stets im Knopfloch tragen, wie er auch, zum Ärger Wilhelm von Humboldts, bis zu seinem Tode von Napoleon als »meinem Kaiser« sprechen wird. Mit anderen Worten: Es sind nicht nur die Speichellecker oder die »kleinen Leute«, bei denen Napoleon in Deutschland einen vorzüglichen Eindruck hinterläßt, unter ihnen befinden sich auch Geister, an die selbst im Lande der Dichter und Denker so leicht keiner heranreicht.

Politisch bringt das ganze Brimborium überhaupt nichts ein. Zwar benennen die dankbaren Erfurter den Windknollen, einen Hügel, auf dem der Kaiser von Frankreich die letzte Nacht verbringt, in Napoleonsberg um, aber als alles verrauscht ist, stellt sich heraus, daß damit weder die spanischen Rebellen noch gar die Engländer besiegt sind. Ein Friedensangebot beider Kaiser lehnen sie ab. Auf Pomp und Fest und höchsten Glanz folgt, auch bei Napoleon, ein Katergefühl.

Alexander hat zwar verstanden, die preußischen Kontributionen auf 120 Millionen Francs herunterzuhandeln, die erst in 35 Monaten zu zahlen sind, sich selbst aber zu keinerlei eigenen Zugeständnissen bereit gefunden. Während Napoleon Mühe hat, allen Schmeicheleien gerecht zu werden, die ihm besonders von den Rheinbundfürsten entgegengebracht werden, ist ihm der Zar elegant ausgewichen oder hat ihn mit ebenso elegantem Geplauder hingehalten. Seinem Bruder Jérôme gesteht er: »Dieser Phrasenmacher von Zar langweilt mich.« Am 14. Oktober verlassen die beiden Kaiser Erfurt. Der Abschied fällt höflich, aber nicht herzlich aus. Alexander und Napoleon haben sich nie wiedergesehen.

Wie die pro-napoleonische Begeisterung unvermutete Blüten treibt in Deutschland, so auch eine Steigerung des Selbstbewußtseins, die jedoch rasch in anti-napoleonische Gereiztheit umschlägt. In Berlin äußert sich das zunächst durch Lappalien: Die Herren Offiziere, bisher kleinlaut wegen ihres Versagens im jüngsten Krieg, treten wieder stolzer auf, »indem sie sagen, man hätte sie getäuscht, aber nicht besiegt. Sie sind im allgemeinen höflich, aber nicht bescheiden«, wie sich ein französischer Gewährsmann ausdrückt. Außerdem: »Keine Schildwache salutiert vor einem dekorierten französischen Offizier«, und die »Kinder schreien ... von weitem Beleidigungen, ohne daß die Passanten so aufmerksam wären, sie daran zu hindern«.

Die Stimmung in Berlin richtet sich zwar auch gegen die eigene Verwaltung (das tut sie in Berlin immer): Alles geht nur sehr langsam vonstatten, weil über jede Kleinigkeit erst in Königsberg entschieden werden muß, und mehr noch empört die Berliner Steins Erlaß, demzufolge alle Privatleute ihr Silber zum Zweck der Kontributionszahlungen abzugeben haben. Reiche Leute schaffen es nach Mecklenburg, arme vergraben es in ihrem Garten, auch wenn sie nur einen einzigen Silberlöffel besitzen, wieder andere verkaufen es an gewiefte Händler, die alles einschmelzen und in Barren der Bank von Hamburg schicken.

Aber dieser Unmut, der berühmte »Berliner Unwillen«, schlägt jetzt hauptsächlich gegen die Franzosen zu Buche. Ein neuer Patriotismus scheint sich zu entfalten, angefeuert durch das Verhalten der hartnäckigen und tapferen Spanier, die das übrige Europa beschämen.

Die Falken wittern Frühlingsluft und regen wieder ihre Schwingen, zunächst noch in den abenteuerlichsten Verkleidungen. So kommt es, daß Friedrich Wilhelm, der doch alle Tugenden seit jeher glühend vertritt, mit einem Tugendbund Ärger bekommt.

Dieser ist als »Gesellschaft zur Übung öffentlicher Tugenden«, die sich mitunter auch »Sittlich-wissenschaftlicher Verein« nennt, im April in Königsberg gegründet worden. Er umfaßt 739 Mitglieder, meist Schlesier und Ostpreußen; in Berlin – ein Ort, in dem man unter dem Stichwort Tugend nie groß reüssieren konnte – sind es nur vier. Beim König hat sich dieser Tugendbund auch brav gemeldet, mit einem phrasenreichen Brief, der allerdings Ziel und Zweck des Verbandes im Nebel läßt. »Die Belebung von Sittlichkeit, Religiosität, ernstem Geschmack und Gemeingeist ist allerdings sehr löblich«, schreibt Friedrich Wilhelm zurück, fügt jedoch einschränkend hinzu: »... insofern die ... entstehende Gesellschaft sich hiermit ganz in den Grenzen der Landesgesetze und ohne alle Einmischung in Politik und Staatsverwaltung beschäftigte, billigen Seine Königliche Majestät von Preußen den Zweck und die Verfassung der Gesellschaft.«

Aber selbst diese vorsichtige Erklärung entpuppt sich als übereilt, denn in den Statuten steht Verdächtiges. Jedes Mitglied ist verpflichtet, die anderen Mitglieder zu bespitzeln, eine »Liste der Schande« soll geführt, Einfluß auf die Zeitungen und die Literatur genommen, kriegerische Übungen abgehalten, verdächtigen Personen »ein geheimer Wächter« zugeordnet werden und was dergleichen mehr ist. Ein Geheimbund, der in Königsberg zum Tagesgespräch wird – soll man eintreten? Ist Gräfin X. tatsächlich bereits Mitglied (muß man sich ihr gegenüber in seiner Rede also vorsehen)? Wo und wer sind die »Zensoren«, die diese vaterländische Loge überwachen?

Stein ist zwar kein Mitglied des Tugendbundes – selbst Yorck lehnt ihn leidenschaftlich ab –, aber der Bund verteidigt den Minister zur Zeit seines Sturzes, was sich selbst in den Spalten der Königsberger Zeitung niederschlägt. Eingeschleuste Spitzel finden heraus, daß der »Tugendbund« einen Krieg zwischen Frankreich und Österreich erwartet (der auch bald ausbrechen soll) und dann in einem Volksaufstand mit »Schießgewehr, Piken oder Sensen versehen« die Freiheit erkämpfen will. »Alsdann müßten bei aller Treue gegen Ew. Kgl. Majestät alle bestehenden Autoritäten, die dieser Volksbewaffnung nur hinderlich sein würden, aufgelöst werden.«

Der Tugendbund befindet sich in einem patriotischen Dilemma, das in der deutschen Geschichte häufig auftaucht. Der Herrscher des Landes, dem man zur Loyalität verpflichtet ist, ist seinerseits zur Loyalität gegenüber jemanden verpflichtet, den man – wohl sogar unter Einschluß des Herrrschers selbst – als Feind betrachtet. Widerstand richtet sich daher auch gegen den eigenen König. Man endet, eine Frage des Datums, wie Talleyrand gesagt hat, im Hochverrat.

Yorck von Wartenburg, der sicher nichts dagegen hätte, als reaktionärer Geist bezeichnet zu werden, steht zum Tugendbund in Gegnerschaft. Ihn stört wahrscheinlich nicht nur der latente Verrat am König, sondern ebenso die Gestapo-Methoden, die derartige Befreiungsbünde in deutschen Breiten offensichtlich anwenden zu müssen glauben. Yorck zieht den Kampf mit offenem Visier vor. Trotzdem wird auch er in einen Loyalitätskonflikt geraten, als er nach Napoleons mißglücktem Rußlandfeldzug mit seinen preußischen Verbänden von diesem abfällt und sich entsprechend der Konvention von Tauroggen den Russen anschließt. Seine Entscheidung ist freilich ohne Hinterhalt gegen den König und wird von diesem nachträglich sanktioniert. Auch Yorck verkörpert, zumindest in Tauroggen, so etwas wie ein preußisches Volksgewissen. Der Tugendbund hingegen besteht aus fanatischen Besserwissern.

Von den Personen, die wir bislang kennengelernt haben, hat ihm wohl nur Frau von Berg angehört, wahrscheinlich jedoch nur zeitweilig und in Unkenntnis der Konsequenzen. Immerhin würden von ihr deutliche Verbindungswege zum Freiherrn vom Stein führen, dessen Vertraute, und zur Königin Luise, deren beste Freundin sie ist. Luise spricht sich allerdings deutlich aus. Sie nennt ihn, kurz und scharf, »eine elende Kabale«. Im Dezember 1809 verfügt der König die Auflösung der Gesellschaft.

Um Preußen, das er vom äußersten östlichen Rand aus regieren soll, ist Friedrich Wilhelm nicht zu beneiden. Er trägt sich auch schon wieder mit Rücktrittsgedanken, hält sich für einen Pechvogel, dem alles, was er anpackt, ins Negative umschlägt. Die Reformen haben das Land nicht, wie von ihm erhofft, geeint, sondern im Gegenteil gespalten. Entschiedene Reformfreunde stehen entschiedenen Reformgegnern gegenüber. Es verläuft aber eine zweite Front gleichsam mitten durch diese beiden Fronten: Die alte Spaltung Preußens in »Falken« (gebräuchlicher ist damals die Bezeichnung »Adler«) und »Tauben« hat sich noch vertieft. Dem Zeitgeist des beginnenden 19. Jahrhunderts stehen die Falken gewiß näher. Nationales rückt in den Vordergrund, selbst im Handelsstaat England gilt der Spruch »Right or wrong – my country«. Internationalität, wie sie das alte deutsche Reich noch im vorigen Jahrhundert gepflegt hat, gerät gleichsam aus der Mode.

Wobei man bedenken muß, daß die Protagonisten aller Völker ja meist noch aus dem Geist des 18. Jahrhunderts agieren, so Luise, so Friedrich Wilhelm und sogar Napoleon, der ja auch noch in Dynastien denkt und nicht in sprachlichen oder ethnischen Ländergrenzen. Die Welt hat sich verändert, ist unübersichtlicher geworden. Schwer, das alles unter einen Hut zu bringen.

Vor allem in Berlin geht es drunter und drüber, man fühlt sich vom König und seinen Ministern im Stich gelassen. Zwar ergreift die Bürgerschaft aufgrund der neuen Städteordnung die Initiative und wählt 102 Stadtverordnete, bezeichnenderweise meist Gewerbetreibende, Fabrikanten und Kaufleute. Nur ein einziger Adliger ist darunter, den man dann allerdings zum ersten Oberbürgermeister Berlins wählt, Leopold von Gerlach, der in der Stadt besonders angesehene Präsident der kurmärkischen Kammer, einer Verwaltungsbehörde fürstlichen Landbesitzes. Aber das betrifft ausschließlich die kommunalen Angelegenheiten. Alle Fäden zum Staat und zum König bleiben verworren, ziehen Mißverständnisse nach sich; Gesetze und Befehle, selbst allerhöchste, werden nur schlampig ausgeführt. Die Unzufriedenheit macht sich auf Straßen, Märkten und in den Zeitungen oft sehr drastisch Luft. Allein mit ihrem »Krümpersystem« haben Gneisenau und Scharnhorst Erfolg. Militärisch erstarkt Preußen erstaunlich schnell. Aber ansonsten, stellt sich heraus, läßt das Land sich nicht von Königsberg aus verwalten.

Friedrich Wilhelm schreckt vor einer Rückkehr in die Hauptstadt jedoch zurück. Nachdem die Franzosen sie geräumt haben, sollte man meinen, hätte er eigentlich nichts Eiligeres zu tun, als in Berlin persönlich für Ordnung zu sorgen. Nicht einmal Napoleon würde etwas dagegen einwenden; die französischen Behörden sehen im König sogar so etwas wie einen Ordnungsfaktor. Aber eilige Entscheidungen sind Friedrich Wilhelms Sache nicht. Er fürchtet sich auch wohl vor dem Hexenkessel, den er in Berlin vorfinden wird. Womöglich ist er darum froh, sich zunächst einmal statt nach Westen nach Osten wenden zu können. Er nimmt die russische Einladung wahr. Luise und ihre Ratgeberinnen haben beschlossen, daß auch die Königin, unbeschadet ihres Rufs und der guten Sitten, sich an der Seite ihres Mannes in die Gastfreundschaft Alexanders I. begeben darf.

Die Reise dürfte für sie persönlich eine Enttäuschung gewesen sein. Alexander weicht ihr aus, zeigt sich zwischen seinen beiden Familien, der offiziellen und der eigentlichen, nicht eben von seiner besten Seite; sie durchschaut wohl auch sein äußerliches Gehabe. »Alles in Petersburg war herrlich«, schreibt sie ihm in ihrem Dankesbrief, »nur habe ich Sie zu wenig gesehen«, eine der wenigen Stellen ihrer Korrespondenz mit offensichtlicher Ironie.

Politisch ist die Reise ein großer Erfolg. Die Freundschaft zwischen dem Zaren und Friedrich Wilhelm festigt sich wieder; man schmiedet auch wohl erneut mehr oder weniger konspirative Pläne für die Zukunft. Obwohl es ihr gesundheitlich nicht gut geht, hat Luise, wie gewohnt, sofort die Sympathien auf ihrer Seite, Sympathien, die sie auch für Preußen und eine preußisch-russische Allianz erringt. Dabei strotz ihr Tagebuch von Eintragungen wie »elend wie ein Schwein« oder »die Nacht schlecht, Schlaf unruhig, schwach, immer erkältet«. Wie sie Frau von Berg im nachherein gesteht, fühlt sie sich die ganze Zeit »krank, tot gejagt und gehetzt«.

Durch das lange Zögern des Königs hat man eine für Rußland höchst unbequeme Reisezeit erwischt, den Winter. Am 27. Dezember 1808 um sieben Uhr in der Frühe bricht man auf und braucht schon für die ersten zwanzig Meilen bis Memel nicht weniger als zehn Stunden. Das Haff und das Flüßchen Dange sind vereist und müssen mit Schlitten überquert werden. So trifft das Königspaar erst nach sechs Uhr abends in der »alten Wohnung« der Kaufmannsfamilie Consentius ein (in der es schon 1802 und 1807 einmal übernachtet hat), findet aber eine ganze Reihe von Honoratioren vor, in deren Gesellschaft die halbe Nacht verbracht wird. Am nächsten Tag erreicht man bei Polangen die russische Grenze. Es ist acht Uhr morgens, und das Thermometer zeigt 13 Grad minus. Dort erwartet sie Graf Christoph Lieven, Alexanders Generaladjutant, den sie im nächsten Jahr als russischen Gesandten in Berlin wiedersehen werden. Er leitet die weitere Reise. Obwohl eine Abteilung Husaren voraus und eine weitere hinterher reitet, gestaltet sie sich mühsam genug.

Das Nachtquartier in Oberbartau ist »schlecht und kalt«, auch das Essen nur dürftig, weil die Dame des Hauses, eine Frau von Offenberg, der kaiserlichen Küche den Zugang verwehrt und darauf bestanden hat, selbst zu kochen (und die Kosten dafür zu tragen). In Mitau steht das Empfangskomitee – in Lackschuhen und Strümpfen – knietief im Schnee, trägt trotzdem ein so langes Willkommensgedicht vor, daß es zu spät für eine Abendmahlzeit wird. Königspaar und Hofstaat müssen mit einem Imbiß vorliebnehmen. In Riga gibt es nach anstrengender Fahrt eine Parade, ein deutsches Schauspiel und abends einen Ball. Luise sitzt, von Blumen umgeben, auf einem Diwan, tanzt »noch eine Reihe Polonäsen, eine Ecossaise (einen schnellen Gesellschaftstanz im $^2/_4$-Takt) mit General Lieven« sowie den unvermeidlichen Walzer mit einem polnischen Fürsten, ehe sie sich um Mitternacht todmüde zurückziehen kann.

Von Riga ab wird es noch kälter, 18 bis 22 Grad unter Null, selbst im Wagen herrscht bei geschlossenen Fenstern eine Temperatur von 14 Grad minus. »Die schönen, guten Pelze des Kaisers tun uns sehr wohl«, schreibt Luise, aber den Bedienten erfrieren Nasen, Backen und Kinn; der Leibarzt Dr. Wiebel, der den Hof begleitet, bekommt zu tun. Noch je eine Nacht in Dorpat, Klein-Pungen, Narwa und Strelna mit Empfängen, Gedichten, Ehrenpforten und spätem Essen. Wenigstens hat Alexander Luise jetzt eine »elegante Kibitka« entgegengeschickt, das ist ein Wagen mit drei Pferden und einem Mattendach als Schutz gegen den Frost. Auch finden Friedrich Wilhelm und Luise jeden Abend Petersburger Bier in ihrem Quartier vor, weil Alexander »weiß, daß wir gerne Bier trinken«.

Von Strelna nach St. Petersburg sind es nur noch fünf Meilen. Man kann spät aufbrechen. Wie Luise es schätzt, erst gegen 11 Uhr; die Kibitka ist durch einen achtspännigen Galawagen mit sieben Fensterscheiben ersetzt. Vor den Toren der Stadt wartet der Zar mit seinem endlosen Gefolge, Kammerherrn, Kaiserinnen, Großfürsten, Füstinnen, läßt noch eine heiße Bouillon servieren, die alle brauchen können, und, vorbei an 46 Infanteriebataillonen und vier Reiterregimentern, die den Straßenrand säumen, hält man Einzug in das winterliche, tief verschneite Petersburg.

Alexander, offensichtlich bestrebt, Eindruck zu machen, hat an nichts gespart. Die Parade, die gleich anschließend stattfindet, dauert zwei Stunden, Parade-Liebhaber sind sie beide, der Zar und der König. Die Damen sehen oben vom Fenster des Winterpalais aus zu, schon das Fenster ist mit Samt und Gold bedeckt. Aber es wird noch prunkvoller, als König und Königin in ihre Wohnräume geführt werden, die im Winterpalast, dem Petersburger Schloß an der Newa, unmittelbar neben der Bildergalerie Eremitage gelegen sind. Wie der mißtrauische französische Botschafter nach Paris berichtet, haben 500 Handwerker wochenlang Tag und Nacht an der Einrichtung gearbeitet. Luise findet die Gemächer, »durch die Freundschaft des Kaisers mit jeder nur möglichen Eleganz, prächtig und geschmackvoll neu möbliert«, dann auch »herrlich«. Ihre Reaktion ist uns so gut bekannt, weil sie auf dieser Reise ein Tagebuch begonnen, aber nicht wie bei den Reisen vorher gleich wieder beendet, sondern brav fortgeführt hat. »Atlasdraperie, Samt und Goldborten, drapierter Musselin«, schwärmt sie weiter, »alles hat dabei seinen Platz.«

Da gibt es freilich einen Pferdefuß. »Der Weg zu meiner Wohnung ist ungeheuer«. Viermal täglich muß Luise, um zur Kaiserin und ihren Festlichkeiten zu gelangen, die gesamte Eremitage durchqueren (die zudem unheizbar ist). Schon am ersten Abend: »Müde von der Reise, vom Einzuge, von den Bekanntschaften und von dem Wege zu meiner Wohnung, hundeelend mußte ich Toilette machen.« Ein Diner findet statt, dann sieht man die Oper »Der Kalif von Bagdad« des französischen Komponisten Boieldieu, seit 1803 Direktor der französischen Oper von St. Petersburg, trifft sich erneut zum späten Souper – »und endlich das Bett«, wie Luise mit hörbarem Stoßseufzer hinzufügt. »Tot, wenig Schlaf, Herzklopfen, Zahnschmerzen«, liest man im Tagebuch auf französisch mit der deutschen Ergänzung: »und alle Übel«.

Eine endlose Kette von Empfängen, Besichtigungen, Konzerten, Bällen mit Feuerwerk, aber auch Schmerzen und Müdigkeit. Am 9. Januar 1809 erscheint die Kaiserinmutter morgens um 11 mit einem Geschenk, das die Gräfin Lieven der Königin Luise gleich anprobiert, einem russischen Kostüm für die Verlobungsfeier Katharinas, der zwanzigjährigen Lieblingsschwester des Zaren. Sie ist von Napoleon umworben worden, wird aber dem Herzog Georg von Oldenburg versprochen. Kurz erscheint der Kaiser selbst, bleibt aber nur einen Augenblick, »da ich meine Toilette beenden und Cour halten mußte für das Militär, das Zivil, den Hof und die Damen der Stadt... Vier Säle voll Militär, korpsweise aufgestellt... Diese Cour fand in drei Akten statt... Diamanten regnet es hier; ich hatte ein weißes Samtkleid an und meine Perlenschnüre und alle meine Perlen (den Rest des Schmuckes hat sie, wie wir hinzufügen wollen, der Not des Vaterlands geopfert)... Nach dieser Cour, die zwei geschlagene Stunden dauerte, Diner in der Eremitage, um meine Kräfte zu schonen, da ich dieses Labyrinth durchschreiten muß. Konzert bei uns, ebenso Soupers, bei dem Kinderchöre auftreten.« Es folgt auf solch ein Mammutprogramm wiederum eine »schlaflose Nacht, Fieber, Zahnschmerzen, Übelkeit«.

Der Winterpalast wird ihr zum Schrecken. »Das Schloß ist ohne Ende und Aufhören. Die Säle ungeheuer und alle schön. Schrecklich für ermüdete Beine.« Indes Zar und König ihrer Paradeleidenschaft frönen, auch wohl politisch beschäftigt sind, bekommt Luise alle Säle zu sehen mitsamt den Diamanten, Krondiamanten und Kronen des Zarenschatzes. »Großer Salon«, berichtet sie, »voll von Tischen mit Diamanten. Eine Flut von Steinen und Monster von Steinen.«

Ihr einfacher Perlenschmuck sticht vorteilhaft vom Diamantengeglitzer der anderen Damen ab. Mit ihnen versteht sie sich bald überraschend gut – überraschend, weil sie sowohl von der Kaiserinmutter als auch von der Kaiserin sehr zurückhaltend empfangen worden ist. Ihr Faible für Alexander ist in St. Petersburg nicht weniger heiß diskutiert worden als in Berlin oder Paris, und Napoleons Gerüchteküche hat ein übriges getan. Aber schließlich ist Maria Fjodorowna, die Witwe des ermordeten Zaren Paul I., eine Prinzessin von Württemberg, und die bedauernswerte, von ihrem Mann bewußt schnöde behandelte Zarin Elisabeth eine Prinzessin von Baden. Alle drei sind sie in Süddeutschland aufgewachsen und babbeln bald Schwäbisch, Badisch und Darmstädterisch miteinander – sind ja sogar verwandt, denn Luises und Elisabeths Großväter waren Brüder.

»Wir leben hier alle miteinander, als ob wir uns seit Monaten kennten«, schreibt Elisabeth, damals 30 Jahre alt. »Unsere Gäste sind wirklich die besten Menschen von der Welt, sie haben eine Herzlichkeit, die ich mit dem größten Vergnügen wiedergefunden habe.« Als Kaiser und König nach Kronstadt fahren, neuerlicher Paraden wegen, besuchen die drei mit ihren Hofdamen soziale Einrichtungen und Waisenhäuser, gehen in die Oper, finden aber ihr Hauptvergnügen danach in den Räumen der Kaiserinmutter (sie ist 59). Bis Mitternacht spielen die drei nach Rußland verschlagenen Frauen »Dritten Abschlagen«, ganz als sei man im Alten Palais bei Großmutter George.

Zu ihnen gesellen sich oft und gern die Großfürstinnen, die Schwestern und Töchter des Zaren – gemeinsam feiern sie die Verlobung Katharinas mit dem Oldenburger, gemeinsam lachen sie über die Reifrock-Gewänder, die sie dafür anziehen und in denen sie auch den nachfolgenden Ball verbringen müssen. »Ich riß mir alles vom Leibe«, schreibt Luise, die nicht weniger als 38 Polonäsen hat tanzen müssen, »kleine Toilette. Souper unter uns bei mir. Hundsmüde.« Und zum erstenmal schläft sie gut.

Die Darmstädterin und die beiden süddeutschen Prinzessinnen genießen die Heimatlaute, schließen sich eng aneinander an. Wenn es Luise nicht gut geht, bleibt sie länger im Bett, um das man sich versammelt. Schon während der Morgentoilette erfolgen die ersten Besuche; man läßt aber Luise einmal, die Männer sind schon wieder unterwegs, zwölf Stunden durchschlafen – eine Familie! Ihren neuen Freundinnen vertraut die Königin an, daß sie schon wieder schwanger ist.

Das Programm nimmt allerdings kein Ende. Neben den pausenlosen Bällen, Diners, Opern- und Schauspielaufführungen feiert man den dreißigsten Geburtstag der Kaiserin Elisabeth, erlebt das Fest der Wasserweihe auf der Newa, macht mit dem gesamten Hofstaat in Kufenwagen einen Ausflug durch das tief verschneite Land zum nahen Lustschloß Zarskoje Selo, ist »abgehetzt, hundsmüde, zu nichts mehr fähig«. Eine kräfteverschleißende und doch wohl schöne Zeit für das preußische Königspaar, das bald zurück muß in seine ostpreußische Kärglichkeit, aber auch für die »Russinnen«.

Sie ist lang, wird sogar noch einmal auf insgesamt 24 Tage verlängert, fließt aber rasch dahin. Am 31. Januar nimmt man Abschied im Stil der Zeit: »Tränen allerseits. Die Kaiserinmutter segnete mich; ich glaubte zu ihren Füßen niederzusinken. Kaiserin Elisabeth schloß mich in ihre Arme und benetzte mich mit ihren Tränen. Der Kaiser hatte alle Mühe, Haltung zu bewahren; der Großfürst (Konstantin) hatte Tränen in den Augen. Die Großfürstinnen überhäuften mich mit Liebkosungen, Maria weinte und war bleich wie der Tod... Es war schrecklich. Der Kaiser konnte nicht mehr sprechen; ich konnte noch sagen: ›Ich empfehle Ihnen unser Schicksal und das Glück meiner Kinder und alles, was mir teuer ist. Sie sind unsere Stütze.‹ Und so unter tausend Tränen im Wagen. Die Kaiserin Elisabeth verging vor Schmerz, die Kaiserinmutter segnete uns, weinte und machte das Kreuz auf dem Wagen und auf uns, als wir das Fenster noch einmal fanden, um zu winken; so ging es endlich fort. Der König weinte, ich schluchzte.«

Die tränenreiche Szene findet in Strelna statt; bis dahin hat die kaiserliche Familie die preußische Wagenkolonne begleitet. Vorher sind noch Geschenke ausgetauscht worden, sehr kostspielige von russischer Seite, und beim Abschiedsmahl spielte die »Janitscharenmusik« (Militärkapelle) alle »Lieblingsweisen, Märsche, Walzer«. Auch hat man noch einmal die beiden kranken Großfürsten besucht, den zwölfjährigen Nikolaus und den elfjährigen Michael, die mit Keuchhusten im Bett liegen. Nikolaus wird in acht Jahren Luises älteste Tochter Charlotte heiraten, und diese wird neben ihm als Zarin Alexandra Fjodorowna den Kaiserthron besteigen.

An derartigen Heiratsplänen ist, wie wir wissen, schon damals geschmiedet worden, auch an einem baldigen Wiedersehen mit der neugewonnenen Freundin Elisabeth. Ihr hat der Leibarzt Konrad Stoffregen dringend eine bestimmte Kur verordnet, und schon in ihrem ersten Brief aus Memel bittet Luise sie, ihr »bei allen meinen Fehlern Ihre Freundschaft« zu bewahren und schlägt vor: »Kommen Sie dann Anfang Juli, bei Ihnen (wegen des Gregorianischen Kalenders) Ende Juni, und bleiben Sie wenigstens zwei Monate bei uns. Sie werden eine Kur nach Stoffregens Vorschrift durchmachen, und in Charlottenburg werden wir sie genau befolgen. Sie werden sich wohl befinden und eine glänzende Gesundheit gewinnen. Die Wünsche aller ehrenwerten Leute werden Ihnen Glück bringen.« Denn, wie sie mit berechtigtem Stolz zum Schluß schreibt: »Der König und ich gehen (das Wort ›gehen‹ unterstrichen) unter den Leuten auf der Straße (auch dieses Wort unterstrichen), und Sie werden mit offenen Armen empfangen werden.«

Der letzte Satz dürfte auf intime Gespräche zurückzuführen sein. Elisabeth leidet nicht nur an der Untreue ihres Mannes und seiner brüsken Behandlung, sondern auch am abgeschlossenen Leben, das sie im Winterpalast führen muß und der ständigen Furcht vor Attentaten. Den schrecklichen Tod ihres Schwiegervaters hat sie nicht vergessen.

Mit einigem Abstand vom Abschied in Strelna werden sich Wehmut und Erleichterung die Waage gehalten haben, zumindest bei Luise. Sie läßt zwar neue Freundinnen, fast mehr als das: neue Familienmitglieder, in St. Petersburg zurück, aber zugleich endet mit diesem Besuch eine Freundschaft, die sie lange Jahre aufrecht erhalten hat, die zu Alexander. Ihre tiefe Betroffenheit darüber merkt man allen Briefen an. Dahingestellt bleiben muß, ob die Trauer einem schwärmerischen Idealbild oder einem ehemaligen Geliebten gilt. Jedoch: »Ein Mensch, der nur Form und Farbe liebt, ist... sehr wenig«, wie sie Frau von Berg gesteht. »Ach Zukunft«, heißt es in ihrem Tagebuch, »warum beklemmst du mein Herz und warum steigen Tränen der Wehmut in die Augen?« Dieser Satz wird meist politisch interpretiert, als ein Zeichen, daß Luise von Alexander als Verbündetem Preußens gegen Napoleon nichts mehr erwartet. Ob der Stoßseufzer aber nicht auch auf einer sehr persönlichen

Enttäuschung beruhen könnte? Wie auch immer, der getreue Bailleu wird recht haben mit seinem Fazit: »Seltsam widerspruchsvolle Wirkung dieser Petersburger Reise auf das Königspaar! Verständlich doch durch den Wesensunterschied zwischen dem König, der das ihm Gelassene erhalten will, und der Königin, die das ihr Entrissene wiedergewinnen möchte. Während Friedrich Wilhelm nur noch enger an den russischen Freund sich anlehnt, dessen breite Brust allein Schutz verheißt, wendet sich Luise mißmutig, fast geringschätzig von ihm ab; sie entfernt ihn aus ihrem Innenleben wie einen Fremdkörper; was sie an Verehrung ihm gewidmet hatte, schenkt sie seiner Mutter und seiner Gattin, denen sie fortan gern ihr Herz öffnet.«

Es gibt sehr drastische Äußerungen Luises, die dem in manchem recht geben, und andere, die dem widersprechen. Wenn sie im März 1809 der Frau von Berg schreibt: »Meine Reise hatte mich von einer gewissen Illusion geheilt, und Sie sollen einen Ring von mir erhalten mit einem Stern und mit den Worten: Er ist erloschen«, klingt das doch sehr viel mehr nach persönlicher als nach politischer Enttäuschung. Noch deutlicher äußert sie sich ihrem Bruder Georg gegenüber, dem sie ihre wahren Gefühle und Ansichten am deutlichsten mitteilt: »Ganz Petersburg und seine Feste waren mir Pein und Strafe.«

Bei ihrer Rückkehr nach Königsberg scheint sie überhaupt sehr deprimiert. Sie hat das vorausgeahnt; in ihrem Tagebuchbericht vom Abschied in Strelna heißt es: »Ich war aufgelöst vor Dankbarkeit, und nur ein Gedanke, du gehst in dein Unglück wieder hinein, störte mich manchmal«, ein Satz, der – durch seine Fassung in deutscher Sprache – aus dem Gesamtzusammenhang hervorgehoben ist. Luise ist erschöpft und krank; »eine Schwangerschaft, die ich zeit meines Lebens nicht vergessen werde«, setzt ihr zu, mehr als alle vorangegangenen Schwangerschaften. Die politische Lage scheint verworrener denn je – wenn die Österreicher sich gegen Napoleon erheben, wird Alexander, daran läßt er keinen Zweifel, Frankreich unterstützen müssen, was auch Preußen auf die »infame Seite« ziehen muß, wie Luise sie nennt. Denn »der König denkt nur noch in Alexander«, stellt man in Königsberg nicht ohne Bitterkeit fest. Selbst Scharnhorst und Gneisenau zeigen sich irritiert. Die einjährige kleine Luise ist zudem schwer erkrankt, ihre Mutter, selbst am Rande ihrer Kräfte, wacht Nacht für Nacht an ihrem Bett. Zum Optimismus besteht ganz gewiß kein Anlaß, trübe Gedanken liegen genug in der Luft. Das Schlimmste aber: Man kommt nicht nach Berlin zurück, sondern nach Königsberg. Wie sehr Luise sich in Berlin zu Hause fühlt, geht aus der impulsiven Einladung an Kaiserin Elisabeth zur Kur hervor. Wunschdenken? Charlottenburg wird stillschweigend vorausgesetzt, obwohl unwahrscheinlich ist, daß sich Anfang Juli Hof und Königin schon wieder dort befinden werden. Zwar drängen Magistrat, Minister und sogar die Franzosen, aber Friedrich Wilhelm scheut vor der alten Hauptstadt, und Luise kennt ihren Mann. Er will mit einer schwachen und kränklichen Frau kurz vor einem Krieg Frankreichs gegen Österreich sich lieber nicht auf die weite Reise machen. Und wenn er zögert, zögert er meist lange.

»Heftiger Husten und Schnupfen, verbunden mit starkem Fieber und einer Schwäche ohnegleichen« wirft Luise, wie sie der Zarinmutter schreibt, aufs Krankenbett. Hufeland und der König fürchten zum erstenmal ernsthaft um ihr Leben. Die Gedanken, die sie, offenbar im Fieber, dem Papier anvertraut, wirken verzweifelt und ausweglos. »Ich beginne an alles zu glauben, was infam ist«, schreibt sie Frau von Berg, »und die Existenz des Guten und der Tugend zu leugnen... Ich bin außer mir bei dem Gedanken, daß alles Gute erstickt ist. Nein, ich kann es nicht aussprechen, was ich fühle, wie es in mir tobt, die Brust zerspringt mir fast... Ach Gott! Ist es der Prüfungen noch nicht genug?«

21.

Nach Berlin

Luise Radziwill, eine relativ verläßliche Memoirenschreiberin, erzählt in ihren Erinnerungen, »45 Jahre aus meinem Leben«, eine seltsame Begebenheit. Im Juni taucht eine Frau aus Hessen-Darmstadt in Königsberg wegen eines Prozesses auf, der dort zur Entscheidung ansteht. So etwas spricht sich im Hauptstädtchen rasch herum, und Gräfin Tauentzien, die Hofdame, berichtet es auch Luise. Sie weiß, daß diese Frau in Frankfurt am Main allgemein als große Wahrsagerin bekannt ist und überredet die Königin, sie kommen zu lassen. Luise, neugierig von Haus aus, läßt sich das nicht zweimal sagen

Als sie erscheint, sind ihr Bruder Georg, eben auf Besuch, und der ihm schon aus Rom her vertraute Wilhelm von Humboldt, sein väterlicher Freund, anwesend. Luise stellt die Bedingung, daß weder vom Tode ihres Mannes noch ihrem eigenen oder dem eines ihrer Kinder die Rede sein dürfe, dann fragt sie die Wahrsagerin als erstes: »Werden wir vor Ende dieses Jahres nach Berlin zurückkehren?«

Die Antwort ist eindeutig. »Ja, zweifellos.«

Die zweite Frage lautet: »Werden wir in Berlin bleiben oder wieder genötigt werden, es zu verlassen?«

Als Antwort erfolgt prompt: »Euer Majestät werden nicht sehr lange in Berlin bleiben, werden aber nach kurzer Abwesenheit dahin zurückkehren und das Land nie wieder verlassen.«

Noch eine letzte Frage stellt Luise: »Was wird aus Napoleon werden? Wird er immer siegreich sein?«

Die Frau: »Die Jahre 1810 und 11 werden noch sehr schwer für Preußen sein, aber im Jahre 1812 wird Napoleons Stern erbleichen, und Preußen wird einen Ruhmesgipfel ersteigen, wie es ihn noch nie erreicht hat.«

Alle diese Voraussagen sind eingetroffen, wenn auch auf tragischere Weise, als den Formulierungen der hessischen Pythia zu entnehmen. Über die Reaktion der Königin auf die Weissagung berichtet die Fürstin Radziwill leider nur unzureichend. Da Luise, im Gegensatz zu ihrem Mann, ein eher optimistisches Naturell besitzt, dürfte sie auf ein glückliches Omen jedoch positiv reagiert haben. Ihre schlimmsten Befürchtungen bewahrheiten sich ohnedies nicht.

Aber zählen wir diese der Reihe nach auf, ergibt sich eine Fülle stetiger und bohrender Sorgen, die weder der König noch ihre beiden derzeitigen Hauptgesprächspartner, Gneisenau und Humboldt, vertreiben können, zu schweigen von einer Wahrsagerin.

Da ist der schlimme Verdacht, in den Therese von Thurn und Taxis geraten scheint, zumindest bei Luise. Therese, die europäische Post-Fürstin, unterhält in Paris unter den wohlwollenden Augen Napoleons einen politisch-literarischen Salon. Während des Kongresses zeitweilig in Erfurt etabliert, haben sich in ihm, wie man selbst in Königsberg erfährt, unter anderem Alexander und Talleyrand getroffen. Da die Schwestern brieflich so gut wie gar nicht mehr verkehren, argwöhnt Luise, daß hier eine Intrige gegen sie oder Preußen gesponnen werden könne. »Ich hoffe doch nicht«, drückt sie sich sehr zurückhaltend Bruder Georg gegenüber aus, »daß Therese etwas geblendet ist und ein gutes Haar an dem Allerinfamsten glaubt.«

Was Therese Luise verschweigt, ist, daß sie ihr insgeheim in die Hand arbeitet. Sie täuscht Napoleon und den Franzosen im allgemeinen schmeichelnde Ansichten vor, um in ihrem Salon Napoleon, seine geistigen Gegner sammelnd und zusammenfassend, desto wirkungsvoller zu bekämpfen. Talleyrand, der Listenreiche, der politisch das Gras wachsen hört, richtet sich längst auf eine nachnapoleonische Zeit ein. Therese ist sicher eine bessere Diplomatin als ihre berühmte Schwester Luise. Und, trotz oder wegen ihrer brieflichen Zurückhaltung, eine gute Schwester.

Als man Ostern feiert in Königsberg – das Fest fällt auf den 2. und 3. April –, erreicht das Königspaar die Nachricht, daß König

Gustav IV., ein leidenschaftlicher Gegner Napoleons, der sich allerdings im Krieg mit Rußland (um Finnland) befindet, von einer Militärrevolte gestürzt und verhaftet worden ist. Die Tatsache erschüttert Luise um so mehr, als dessen ebenfalls verhaftete Frau, Königin Friederike, aus Baden stammt, eine Schwester der neuen Freundin Elisabeth, der Zarin. Alexander, ihr Schwager also – die dynastischen Verhältnisse in Europa treiben merkwürdige Blüten –, nimmt bald darauf die Huldigungen der finnischen Stände entgegen. Das verstärkt Luises neuerliches Mißtrauen gegenüber dem Zaren und läßt sie das Schlimmste für die eigene Hohenzollern-Dynastie befürchten. »Wem wird Preußen in ein(em) Jahr gehören«, fragt sie verzweifelt schon an ihrem Geburtstag, dem 10. März, den ihr aufgrund der neuen Städteordnung zum erstenmal die Stadt Königsberg im Börsensaal ausrichtet. »Wo werden wir alle zerstreut sein? Gott, Allmächtiger Vater, erbarme dich.«

Nach dem Umsturz in Schweden sieht sie sich, in einem Brief an den Vater, mitsamt ihrer fiebrigen kleinen Luise, bereits in der Verbannung. An Zarin Elisabeth schreibt sie resigniert: »Die Krone hat für mich nicht den großen Reiz, welchen sie wohl für andere hat, ich wage zu sagen: es ist nicht mein einziger Vorzug, verstehen Sie mich recht, es ist nicht der größte Vorzug, den ich glaube zu besitzen, und wenn es doch etwas stolz und anmaßend klingt, so verzeihen Sie es einer sehr unglücklichen Königin, die zu deutlich voraussieht, daß sie bald in die Lage versetzt (durch die fürchterliche Politik von Freund und Feind), ganz allein auf ihren inneren Wert beschränkt zu sein.«

Die »fürchterliche Politik von Freund und Feind« umreißt sie wiederum der Frau von Berg: »Der Krieg mit Österreich wird losbrechen, wie jedermann weiß, das ist im Grunde das Hindernis für unsere Rückkehr nach Berlin; dieses allein betrübt mich bis zum Tod, aber was Sie nicht wissen: Rußland wird Frankreich helfen, Österreich auszuplündern, und das wird mich noch um meinen Verstand bringen.«

Obwohl es der Königin alles andere als gut geht, kümmert sie sich mehr um Politik als je zuvor, ein Zeichen wahrscheinlich, daß Friedrich Wilhelm sie wieder verstärkt ins Vertrauen zieht und ihren Rat sucht. Die politische Zwickmühle, in der Preußen sich befindet, faßt sie kurz und realistisch zusammen: »Aber was wird das Ende dieses Krieges sein? Wenn die Franzosen siegen, sind wir vernichtet, wenn die Österreicher siegen und wir waren gegen sie, so vernichten uns diese oder plündern uns aus.«

Österreich ist übrigens bei Friedrich Wilhelm vorstellig geworden, in der Person des Freiherrn von Steigentesch, und hat eine Allianz gegen Napoleon vorgeschlagen. Gneisenau und Scharnhorst sind tief enttäuscht, als der König dem arroganten Abgesandten, der auch als Possenautor hervorgetreten ist, die Tür weist. Österreich solle erst einmal einen Sieg erfechten, erklärt er ihm. Kurz zuvor hatte Alexander ihm in einem Brief zu dieser Antwort geraten. Scharnhorst und Gneisenau werden jedoch selbst skeptisch, als sie erfahren, daß die Österreicher beabsichtigten, die preußischen Truppen unter den Befehl eines Erzherzogs zu stellen.

Österreich schlägt los, fällt, unterstützt von einem Tiroler Volksaufstand unter Andreas Hofer, gleichzeitig in Bayern, Italien und dem Herzogtum Warschau ein, erringt auch erste Erfolge, die auf ein gewaltiges Echo stoßen. Das reißt wiederum einige Heißsporne mit, die es gar nicht abwarten können. Gerüchte kursieren über Aufstände, wahre und falsche. Ehe sie Königsberg erreichen, sind sie meist schon überholt, von der Wahrheit oder von neuen Gerüchten. Überall brodelt es, auch in Preußen, wo sich die erstarkten Militärs regen, die unzufriedenen Studenten, die Falken-Patrioten, die des Zauderns und der Reformen überdrüssig sind, die Liberalen, denen das Erreichte unvollkommen erscheint. Zwar passen die politischen Perspektiven dieser Gruppen nicht so recht zusammen, einig ist man sich aber in der Gegnerschaft zu Napoleon – und ein bißchen auch zu dem fernen König.

Für die kränkliche und labil gewordene Luise eine Qual. Täglich treffen Kuriere mit Nachrichten ein, die einander widersprechen. Ob Hiobsbotschaft oder Hoffnungsstrahl, das stete Wechselbad scheint sie zu zermürben. Friedrich Wilhelm ist dabei keine Hilfe. Seit der österreichischen Niederlage bei Wagram im Juli noch schweigsamer geworden als bisher, setzt er gern sein überlegenes Lächeln auf, als ob er sich bestätigt fühle (was er wohl auch tut, und das sogar zu Recht: Es trifft alles ein, was er vorausgesehen hat).

Der erste deutsche Aufstand erschüttert das Königreich Westfalen. Er wird von Oberst Dörnberg angeführt, einem westfälischen Offizier, den Jérôme am Tag zuvor noch zu seinem Adjutanten ernannt hat. Die Revolte fällt nach wenigen Tagen in sich zusammen, weil die Armee treu zum »König Lustik« hält und die Bevölkerung passiv bleibt – was hat sie zu gewinnen, was zu verlieren?

Jérôme läßt klugerweise Milde walten. Zwar werden sechs der Haupträdelsführer erschossen, der Rest jedoch wird zu Freiheitsstrafen verurteilt und alsbald amnestiert. Dörnberg selbst kann nach Rußland fliehen, wo er es bis zum General bringt und sich später in der Schlacht bei Belle-Alliance auszeichnet.

Dörnberg gibt immerhin ein Beispiel. Ein weit imposanteres gibt Andreas Hofer, dem es zeitweilig gelingt, Bayern und Franzosen aus Tirol zu vertreiben. »Welch ein Mann, dieser Andreas Hofer«, schreibt Luise der Frau von Berg. »Ein Bauer wird Feldherr und was für einer!« Das richtet sich wohl auch ein bißchen gegen Friedrich Wihelm, den Feldherrn, der viel lieber ein Bauer wäre. »Ich möchte weinen, so beklommen wird mir«, heißt es im Brief der Königin, als von ihrem Mann die Rede ist. Wie recht der allerdings mit seinem Zögern hat, zeigt sich wenig später: Hofer fällt Ende des Jahres durch Verrat den Franzosen in die Hände und wird im Februar 1810 in Mantua standrechtlich erschossen.

Andreas Hofer wird zum Märtyrer. Sein anfänglicher Erfolg spornt an. Einer möchte es ihm auch in Preußen nachtun, in Verkennung der Lage, denn hoch im Norden gibt es keine schwer zugänglichen Alpenschlupfwinkel. Der Major von Schill ist ein in Berlin bekannter, viel beneideter, viel umschwärmter, aber auch heftig umstrittener Mann. In nur zwei Jahren hat er, ein gebürtiger Sachse, es vom Leutnant der Husaren zum Major gebracht. Man kennt ihn als leidenschaftlichen Anhänger der Kriegspartei; wenn er mit seinem schwarz uniformierten Husarenregiment auf der Straße Unter den Linden paradiert, strömt ganz Berlin zusammen, um das stolze Schauspiel zu genießen. Bei Gelegenheit eines Manövers gelingt es ihm mitsamt seinen 500 Husaren, der Hauptstadt zu entweichen. Kurz vor Potsdam läßt er die Reiter einen Kreis schließen und hält, wie ein Teilnehmer namens Neigebauer überliefert, eine Schreibtafel in die Höhe. Sie stammt von Luise.

»Kameraden«, beginnt er seine Rede, »diese Schreibtafel ist ein

Geschenk unserer Königin. Ich habe mich ihr noch nicht wert machen können, jetzt aber ist der große Augenblick erschienen. Alles schläft in Fesseln, ich will sie brechen. Wollt ihr mir helfen?« Neigebauer erzählt weiter: »Infolge des allgemeinen Zutrauens, das er sich erworben, der Gewalt über die Gemüter, die er besaß, weder das Ungewisse dieser Worte berücksichtigend, noch das zurückgelassene Eigentum achtend, rief alles einstimmig: ›Ja, wir folgen, führen Sie uns an!‹« Mit 500 Mann gegen den Rest der Welt ins Feld zu ziehen, kann man als Heroismus, aber auch als horrende Dummheit bezeichnen. Mit einem Gegenstand aus den Händen der Königin als eine Art von Reliquie reiten die Männer in den unvermeidlichen Untergang.

Es ist längst nicht mehr der König, den man mit Preußens Ehre, der Schmach des Vaterlands und dem Glauben an eine bessere Zukunft verbindet. Wo immer sich so etwas wie Widerstand gegen die Herrschaft der Franzosen regt, wird Luise zur Symbolfigur, obwohl sie keineswegs kriegslüstern ist. Sie hat allerdings – nicht zuletzt seit Louis Ferdinands Tod – einiges Verständnis und offene Ohren für Patriotismus und »Befreiung vom welschen Joch«, wie man es pathetisch nennt. Ob sie will oder nicht: Den Preußen gilt sie als eine Art Sieges- oder Befreiungsgöttin. An sie wendet man sich, wenn es um nationale Gefüle geht, nicht an den König, der seinem, wie es scheint, gescheiterten Pazifismus nachtrauert, dem aber gewiß nicht weniger patriotische Gefühle zugrunde liegen. Dieser Gegensatz, der immer schroffer zu werden droht, ändert nichts, gar nichts an der glücklichen Ehe. Ideologie muß nicht zwangsläufig trennen. Friedrich Wilhelm und Luise setzen dafür ein Beispiel, das in Deutschland leider zu wenig Schule gemacht hat.

Schill muß die Schreibtafel in Königsberg empfangen haben, wo er versuchte, den König für einen Volksaufstand zu gewinnen. Das gelang ihm selbstredend nicht, wohl aber, Luise zu rühren. Wir sind da allerdings wieder einmal auf Vermutungen angewiesen.

Die vorhin geschilderte Szene spielt sich in aller Herrgottsfrühe morgens um 3 Uhr ab. Die Sicht mag schlecht gewesen sein, denn anderen Quellen zufolge handelte es sich nicht um eine Schreibtafel der Luise, sondern um eine von ihr selbst gestickte Brieftasche mit der Aufschrift: »Für den braven Herrn von Schill. Luise.« Adolf

Streckfuß behauptet in seiner 1880 veröffentlichten Chronik »500 Jahre Berlin« sogar, erst diese Gabe, sei es eine Schreibtafel, sei es eine Brieftasche – beides harmlos genug –, habe den tapferen Schill zu seinem »muthigen Entschluß gedrängt«. Er sei noch schwankend gewesen, aber »ein solches Geschenk mußte ihn zur That anfeuern...«

Die Nachwelt sieht in Luise also geradezu die Urheberin des übereilten Aufstands gegen eine überwältigende Übermacht. Die Zeitgenossen mutmaßen ähnliches, wie wir aus besorgten Berichten des Grafen Goltz entnehmen, der – von den anderen Ministern heftig beneidet – mit seinem Auswärtigen Amt als erster in die Hauptstadt zurückgekehrt ist. Obwohl sonst ein sehr besonnener Mann, rät er unter dem Eindruck der aufbegehrenden Berliner Volksseele zum sofortigen Krieg gegen Napoleon. Friedrich Wilhelm erteilt ihm eine Abfuhr, woraufhin er sich bezeichnenderweise unmittelbar an die als richtig erachtete Instanz wendet, an Königin Luise.

Aber auch bei ihr, der die Art Hardenbergs näher liegt als die Steins, beißt er auf Granit. Mag sie preußische Patriotin geworden sein – eine Hurrapatriotin ist sie keinesfalls. Und auf noch so gut formulierte Propagandaphrasen – Goltz an den König: »Der Krieg wird unfehlbar Ew. Majestat suchen, wenn Sie ihn nicht suchen!« – fällt sie ebensowenig herein wie Friedrich Wilhelm.

Was sie der Zarinmutter Maria Fjodorowna nach St. Petersburg schreibt, klingt sehr viel anders als alles, was ihr später in den Mund gelegt wird: »Der König ist unschuldig an allen den aufständischen Bewegungen in Westfalen und an dem schauderhaften, unverzeihlichen Abfall Schills. Aber wird Napoleon, so wie er Preußen und den König haßt, an diese Unschuld glauben?«

Schill gelingt der erträumte Volksaufstand ebensowenig, wie er Dörnberg gelungen ist. Nicht das Volk schließt sich ihm an, sondern hergelaufenes, vielfach aus den Strafanstalten entwichenes Gesindel, das nur auf Beute aus ist. Es kommt zu Exzessen; am Ende wird sein Korps, wo es auftaucht, mehr gefürchtet als von Bauern oder Bürgern willkommen geheißen; die Kehrseite der Medaille, die preußische Patrioten nur ungern sehen. Schill selbst, ein ungewöhnlich tapferer Mann, fällt im Kampf Mann gegen Mann in Stralsund.

Es sind holländische und dänische Regimenter auf Seiten Napoleons, die seine Truppe – den disziplinierten Kern und die fatalen Mitläufer – zusammenschlagen.

Ein Kupferstichporträt des preußischen Märtyrers, den viele seiner Landsleute für einen Räuberhauptmann gehalten haben, wird in Berlin rasch zum Bestseller. Der Polizeipräsident Gruner wagt es nur heimlich, die Blätter bei den Händlern – gegen Quittung und die Zusicherung einer Vergütung – zu beschlagnahmen.

Größere Umsicht beweist der schlesische Herzog von Braunschweig-Oels, der von Napoleon seines Landes beraubt worden ist und sich den Österreichern angeschlossen hat. Er zieht mit seinem Freikorps nach dem Waffenstillstand zwischen Österreich und Frankreich von Böhmen nach Norden vor, erstürmt Halberstadt, wo sich ihm ein westfälisches Regiment vergeblich entgegenstellt und erreicht die Nordsee. Englische Schiffe bringen ihn und seine Soldaten nach Großbritannien.

Dieser gelungene Streich hat weit weniger Legendenbildung zur Folge als der mißlungene Schills, vielleicht weil Napoleon ein Exempel statuiert. Die Anhänger des Majors werden nicht als Soldaten, sondern als Straßenräuber vor Gericht gestellt, elf Offiziere in Wesel, 16 Unteroffiziere und Mannschaften in Braunschweig erschossen.

Am gleichen Tage, an dem Luise die oben zitierten Zeilen nach St. Petersburg schreibt, rückt Napoleon, nun schon zum zweiten Male, als Sieger in Wien ein. Man schreibt den 13. Mai 1809. Am 21. und 22. Mai findet eine Schlacht bei Aspern statt, einem Städtchen, das – wie auch das nahe Eßling – inzwischen längst in Wien als Stadtteil eingemeindet worden ist. Die Schlacht bei Aspern gilt allgemein als die erste, die Napoleon verloren hat. Die Österreicher können den Sieg wegen ihrer hohen Verluste allerdings nicht nutzen, und Napoleon wetzt die Scharte schon wenig später, am 5. und 6. Juli bei Wagram, wieder aus, einem Dorf im niederösterreichischen Marchfeld.

Auch diesen Sieg über den Erzherzog Karl kann man nicht gerade als überwältigend bezeichnen, aber Österreich muß um Frieden bitten. Er wäre vielleicht vernichtend ausgefallen, wenn die russischen Truppen nicht so zögernd vorgegangen wären. Alexander hat erst nach Aspern angegriffen und ist eben erst bis Galizien vorgestoßen – er führt, wie er in einem Brief an Friedrich Wilhelm selbst bekannt hat, einen »Scheinkrieg«.

Napoleons Freude über Wagram hält sich darum in Grenzen und läßt sich mit Austerlitz nicht vergleichen. »Wir Sieger wissen jetzt, daß wir sterblich sind«, lautet sein wohl schon für den Zitatenschatz geprägter Kommentar. Die Anstrengungen der letzten Zeit waren gewaltig gewesen. Napoleon hat Madrid eingenommen (er sagt: »befreit«), aber Portugal wieder verloren, Rom und den Kirchenstaat aufgelöst, den Papst gefangengesetzt und seine Truppen durch Gewaltmärsche erschöpft.

Im Frieden von Schönbrunn muß Österreich Federn lassen: Salzburg, das gesamte Innviertel und Nordtirol fallen an Bayern, Galizien an Warschau, die adriatischen Küstenländer an Frankreich. 75 Millionen Francs sind an Kriegsentschädigungen zu zahlen.

Alexander, der sich ja aus dem eben eroberten Galizien zurückziehen muß, bekommt, zum Dank für sein Scheinkriegsverhalten, nur ein bißchen Land um Tarnopol in der Ukraine. Als er sich beklagt, antwortet ihm Napoleon brüsk: »... Ich überlasse es Eurer Majestät zu beurteilen, wer sich besser auf die Sprache von Freundschaft und Bündnis versteht, Sie oder ich. Einander mißtrauen, heißt Erfurt und Tilsit vergessen.«

Ein ereignisreiches Jahr, in dem überdies König Jérôme seinem Bruder verschämt den Staatsbankrott seines Königsreichs Westfalen mitteilen muß und kläglich bittet, sich nach Frankreich zurückziehen zu dürfen (Napoleon würdigt ihn nicht einmal einer Antwort). Während Friedrich Wilhelm den verwirrenden Lauf der Dinge leise triumphierend und eher stoisch betrachtet – manche haben den Eindruck, als »ginge ihn das alles gar nichts an« –, verfällt Luise in eine Panik nach der anderen. Ihre Briefe strotzen von Verzweiflungsausbrüchen und bitterer Melancholie. Ihre Fieberanfälle, Atemnot, Brustkrämpfe halten Hufeland in Atem.

Obwohl es in diesem Jahr ungewöhnlich oft stürmt, hat das Königspaar im Sommer wieder das Häuschen »Auf dem Huben« bezogen. Wie man in ihm auch noch Georg unterbringt, der für drei Monate auf Besuch kommt, läßt sich schwer vorstellen. Georgs Adjutant findet das königliche Landhaus »so beengt, daß es kaum einem genügsamen Privatmann hinreichen dürfte«. Aber für ihren Bruder tut Luise alles, und sich selbst im Notdürftigsten einzurichten, kann sie besser als andere fürstliche oder gar königliche Personen.

Georg versteht es wiederum, die kranke Schwester aufzuheitern. Geht es ihr besser, fährt man nach Königsberg, wo jetzt Berliner Künstler gastieren, so der uns von den Maskenfesten bekannte Professor Himmel, Carl Friedrich Zelter, der Musiker, Goethes einziger Duzfreund, oder Friederike Bethmann, der Schauspielstar. Trotzdem klagt Luise der Frau von Berg: »Zehn Tage sah' ich Georg gesund und acht Wochen bin ich nun krank! Und welche Begebenheiten! Und welche bangen Erwartungen!... Georg ist öfters mein Trost, doch für alle Wunden gibt es keine Heilung... Wir lachen nicht oft, G. und ich, wir lesen auch nicht.«

Ihre Sorgen reißen nicht ab. Fräulein von Gélieu, die Darmstädter Erzieherin, hat ihre Pension nicht erhalten, Frau von Kleist braucht Geld für die Erziehung ihres Sohnes Adolf (nicht für ihren Vetter Heinrich), die Prinzessin Marianne wird von einem toten Kind entbunden, und »Voto«, die alte Voß, die ihr 80. Lebensjahr erreicht hat, wird langsam wunderlich. Am Geburtstag des Königs, am 3. August, der in einem Landgasthaus gefeiert wird, erkältet Luise sich wieder und erleidet, kaum genesen, einen Rückfall, als Georg im September abreisen muß. Hufeland verbietet ihr jetzt das primitive Landhäuschen und schafft sie, mehr oder weniger zwangsweise, ins Königsberger Schloß.

Lieber wäre ihr Berlin, das ihr vor Augen zu stehen scheint wie anderen Zeitgenossen Arkadien. »Ging ich nur nach Berlin«, läßt sie Frau von Berg wissen, »dahin möcht ich jetzt gleich ziehen; es ist wirklich ein Heimweh, was mich dahin ziehet. Und mein Charlottenburg! Und alles mein, sogar mein lieber tiefer Sand, den lieb' ich.«

Statt dessen wird Graf Goltz aus Berlin vom König zurückgerufen. Friedrich Wilhelm hat beschlossen, Napoleon durch eine versöhnliche Geste zu beruhigen. Goltz ist zunächst gegen ein solches Zugeständnis, gibt aber seinen Widerstand bald auf, als er sieht, daß der König finster entschlossen ist, in Zukunft seine eigene Politik zu betreiben und nicht die der anderen. Obwohl Preußen die letzte Kontributionszahlung nicht hat überweisen können, wird der Abgesandte, Oberst Krusemarck, vom französischen Kaiser nicht unfreundlich behandelt. Napoleon scheint begriffen zu haben, daß man ein Huhn, von dem man Eier erwartet, nicht schlachten darf – oder er ist milde gestimmt. Er schimpft zwar auf Schill, den »Briganten und Dieb«, verspricht aber, keine Repressalien gegen Preußen anzuwenden und macht sogar Luise einige – wenn auch versteckte – Komplimente. Er schätze und achte sie, wundere sich nur, daß sie die Dinge nicht besser zu leiten gewußt habe, denn sie besitze viel Geist, und wäre sie früher nach Tilsit gekommen, ehe alles bereits abgesprochen war, er hätte sich gewiß mit ihr einigen können. In einem bleibt er unerbittlich. Der König muß unbedingt in seine Hauptstadt, zurück nach Berlin. Krusemarck spricht sogar von Drohungen, die Napoleon ausgesprochen habe, falls die Übersiedlung nicht alsbald erfolge – so kommt es, daß Luise ihrem Erzfeind Napoleon die Erfüllung ihres sehnlichsten Wunsches verdankt.

Bei ihr ist inzwischen – große Freude! – Friederike zu Besuch, die ihr auch beisteht, als sie am 4. Oktober, schwerer als je zuvor, den kleinen Albrecht zur Welt bringt, benannt nach dem ersten Herzog Preußens. Sie erholt sich, von Hufeland und der Schwester gepflegt, nur langsam, aber die Aussicht, bald wieder in Berlin zu sein, tut das ihre – »es wird einem ganz elend vor Seligkeit, wenn man daran denkt«, schreibt sie ihrem Bruder. »An zwei Momente kann ich nicht denken ohne Tränen: wenn ich zum ersten Male die Türme von Berlin erblicke, und wenn der Wagen von der Brücke links biegt und ich fühle, wie wir die Rampe des Palais hinauffahren.«

Schwierigkeiten macht vorher allerdings noch ihr ältester Sohn, Friedrich Wilhelm, der spätere Friedrich Wilhelm IV. Er ist zwölf, wird im Oktober dreizehn. Von allen seinen Geschwistern dürfte er der Begabteste sein – ist und bleibt auch Luises Liebling –, aber ein nervöses, cholerisches, zügellos aufbrausendes Kind. Seinem Erzieher Delbrück, dem sanften Gelehrten, ist es längst aus der Hand geglitten, wie viele lautstarke Szenen gerade während Luises Krankheit beweisen. Der sehr sensible, psychisch labile Junge bekommt ganz sicher von den Sorgen, die seine Eltern quälen, am meisten mit und reagiert darauf mit Wut und Trotz.

Ebenso sicher haben seine Eltern auch vieles an ihm verdorben, bei allem guten Willen falsch gemacht. Luise tritt seit je für eine freie Kindererziehung ein, wie man sie noch heute als »modern« bezeichnen würde. Wichtig erscheint ihr nur ein Fach, dasjenige, welches sie selbst am liebsten gehabt hat: Religion. Der Vater, umgekehrt, weiß aus eigener Erfahrung, daß Jugend die soziale Einbindung braucht, und da er selbst nur eine kennenlernte, die ans Militär, gibt er Delbrück zwei Offiziere als »Gouverneure« bei, mit denen nun seinerseits Delbrück Streit bekommt. Und König wie Königin haben den neuen, schon oder noch von Stein in Aussicht genommenen Johann Peter Ancillon, den Prediger der französischen Gemeinde in Berlin, auf ihre Rückkehr dorthin vertröstet, als er wissen will, woran er nun sei. Mit anderen Worten: Man hat Erziehungsmaßnahmen angewandt, die zumindest für dieses Kind unpassend sind, ohne eindeutige Vorstellungen entwickelt zu haben.

Als nun Delbrück tatsächlich entlassen werden soll, mit Luises Dank, daß er stets bemüht gewesen sei, »Tugend und Religion in das zarte Herz ihres geliebten Kindes als Grund seines ganzen Seins früh einzugraben«, spielt der Kronprinz, man kann es nicht anders ausdrücken, verrückt. Er bittet den Vater, ihm seinen »einzigen Delbrück« zu lassen und verfällt, als dieser ablehnt, in Schreikrämpfe, die in Heulkrämpfe übergehen, wird krank und muß ins Bett gesteckt werden. Hufeland empfiehlt, Delbrück bis auf weiteres zu behalten, ihn den Knaben auf jeden Fall nach Berlin begleiten zu lassen.

Friedrich Wilhelm zögert wie immer bis zum letzten Moment, und Luise wird nie fertig. Der Aufbruch erfolgt, wie schon nach St. Petersburg zu spät, und zum ungeeignetsten Zeitpunkt, nämlich mitten im Winter bei heftigem Schneetreiben. Die Abschiedsfestlichkeiten sind vorbei. Am 15. Dezember morgens um 8 Uhr, als das Königspaar inmitten einer ganzen Karawane von Wagen aufbricht, herrscht schneidende Kälte. Bis zur Weichsel ist die Fahrt abenteuerlich und anstrengend. Die Radziwills, die vorausgefahren sind, bleiben in einem Hohlweg stecken, in dem sie eine ganze Nacht verbringen müssen, ehe sie am anderen Morgen mühsam herausgezogen werden können. Ein anderer Wagen mit Bediensteten stürzt um und muß von einem herbeigerufenen Dorfschmied auf offener Strecke repariert werden.

Dann jedoch häufen sich die Ehrungen, Eskorten, Erfrischungen, die Menschenschlangen von Neugierigen, die Musik, das Glockengeläute, die Soupers und Illuminationen. Preußen empfängt das Königspaar, vor allem Luise, mit überwältigender Herzlichkeit.

In Stargard, am 21. Dezember, ist auch der 70jährige Joachim Nettelbeck zur Stelle, Seemann und Bierbrauer, der mit Gneisenau so tapfer Kolberg verteidigt hat. Er hält eine Ansprache, die dem König die Tränen in die Augen treibt. Als Luise ihn tröstend streichelt, ruft er aus: »Gott erhalte Sie, meine gute Königin, zum Troste meines Königs, denn ohne Sie wäre er schon vergangen in seinem Unglück«, so will es wenigstens die Legende wissen, die ihre eigene Wahrheit besitzt.

In Frankfurt an der Oder geht es weniger familiär zu. Marianne berichtet ihrer Mutter, Landgräfin Karoline, nach Homburg: »... die Stadt war beleuchtet, die verschiedenen Offizierscorps, der Magistrat, die Professoren der Universität und einige Damen – all das empfing uns in einem sehr schönen Hause – die Studenten kamen mit Musik und brachten uns Vivats ohn' Ende ... Ich weiß, daß ich nie dies Treiben und diese Rufe von dem Tor an bis zum Schloß vergessen werde, die Schützengilde und andere Personen mit Fackeln haben uns begleitet. Gestern fand der Einzug des Königs und der Königin statt, Sie können sich vorstellen, was das gewesen ist, wenn man sich schon so sehr über unsere Ankunft freute – wahrlich, dieses Schauspiel war sehr rührend. Während dieser ganzen Zeit, von dem Tor bis zum Palais, läuteten die Glocken und die Kanonen donnerten. Zuerst eine Menge Postillone, gefolgt von der Schützengilde, dann die Garde du Corps, nach ihnen der König mit seinen Brüdern zu Pferde, die Königin im Wagen mit Charlotte, Karl, Alexandrine und der Voß – dann die Garden zu Fuß mit den kleinen Prinzen, dann die ganze hiesige Garnison, der Prinz August an der Spitze der Artillerie. Der König ließ das Militär vorbeiziehn, was folgte, sah er vom Balkon, die Nationalgarden und die Zünfte. Nachdem die Garden die Fahnen ins Innere des Palais gebracht, ging man zum Mahl zum Prinzen Ferdinand. Die Stadt war erleuchtet und so endete der Tag.«

Der 23. Dezember ist kalt aber sonnenhell. Auch um Berlin und in Berlin liegt Schnee. Frau von Berg und Bruder Georg sind Luise bis Freienwalde entgegengefahren und zu ihr in die Kutsche gestiegen. In Weißensee müssen sie umsteigen, da erwartet Luise eine Überraschung, von der sie freilich schon in Königsberg erfahren hat. Bürgermeister Büsching übergibt im Namen des Berliner Magistrats der Königin das Willkommensgeschenk der Stadt, einen achtspännigen Galawagen in ihren Lieblingsfarben Lila und Silber. Von den Kirchtürmen und den Zinnen des Schlosses wehen weiße Freudenfahnen, als Luise in ihrem neuen Wagen – der König reitet voran – endlich wieder in Berlin einzieht. Fast genau vor 16 Jahren hat man sie ähnlich begeistert hier als Braut empfangen.

Bis spät in die Nacht bleibt Berlin auf den Beinen und feiert die Rückkehr des Königspaars. Noch lange muß Luise auf dem Balkon des Kronprinzenpalais erscheinen. Ihr Vater, Herzog Karl von Mecklenburg, der sie hier erwartet hat, öffnet ihr lächelnd die Balkontür; er ist nun auch schon 67. Halb ohnmächtig sinkt sie ihm um Mitternacht, als die Vivat-Rufe endlich nachlassen, in die Arme.

»... Gottseidank, daß ich in Berlin bin«, schreibt sie wenig später der Zarin Elisabeth, ein Jahr nach ihrem Besuch in St. Petersburg. Der erste Satz ist französisch gehalten. Der zweite deutsch: »Es erträgt sich alles besser hier.«

22.

Nach Hohenzieritz

Wir sind immer noch höchst unglücklich«, stellt Luise am 27. Januar in einem anderen Brief fest. »Indessen ist das Leben hier in Berlin erträglicher als in Königsberg. Es ist wenigstens ein glänzendes Elend mit schönen Umgebungen, die einen zerstreuen, während es in Königsberg wirklich ein wirkliches Elend war.«

Der wichtigste Satz folgt dann: »Erzählen Sie mir, bitte, von Ihren Plänen.« Erklärend fügt sie hinzu: »Wären wir frei, und hätte ich Stimme im Kapitel (›Ordensversammlung‹), ich gestehe Ihnen offen, ich täte alles auf der Welt, um Pläne zu hintertreiben, die Sie von uns entfernen könnten.« Der Brief ist an Hardenberg gerichtet.

Auch Hardenberg hat das nordische Exil verlassen und lebt wieder im heimatlichen Hannover. Am 31. Mai wird er 60; man erwartet, daß er sich dann auf seine Güter in den Ruhestand zurückziehen wird. Jetzt knüpft Luise erneut den Kontakt, indem sie sich auf einen höflichen Glückwunschbrief des Exministers zum Wiedereinzug in Berlin beruft.

Im nachhinein könnte man fast glauben, Luise hätte gewußt, wie wenig Zeit ihr nur noch bleibt. Obwohl sie an hartnäckigen Brustkrämpfen leidet, einem Katarrh, der sich festgesetzt hat, wirkt sie aktiver denn je. Erwachte ihr politisches Interesse früher eher sporadisch, so erscheint es jetzt außerordentlich zielbewußt. Sie will, koste es, was es wolle, Hardenbergs Rückberufung erreichen, ehe... Ehe was? Der Staat in den Bankerott geht, weil die Regierung Dohna-Altenstein die Reparationszahlungen nicht eintreiben kann und dafür Schlesien an Napoleon abtreten will? Neue Forderungen Napoleons eintreffen, der sich wiederum höchst ungnädig zeigt? Der König falsche oder gar keine Entscheidungen trifft und den Staat damit in den Untergang dirigiert? Oder ehe ihr die Zügel aus der Hand genommen werden, endgültig und für immer?

Kein Schriftstück von ihrer Hand, kein Absatz eines ihrer Briefe, aus dem man auf Todesahnungen schließen könnte. Aber auch keine Andeutung jener Aktivitäten, die sie vor und hinter den Kulissen entfaltet. Mag sie im »Kapitel« nicht Sitz noch Stimme haben, die heimliche Macht, die sie beim Volk und beim König besitzt, nutzt sie zum erstenmal beinahe skrupellos aus, wie in der beständigen Angst, sie könnte Friedrich Wilhelm ohne einen Ratgeber wie Hardenberg zurücklassen, dem einzigen, dem sie völlig vertraut. Mögen Altenstein, der Finanzminister, und sein Schwager Karl Ferdinand Nagler, der Kabinettssekretär, redliche Leute, dazu Schüler Hardenbergs sein; ihren Meister können sie nicht ersetzen, schon gar nicht in einer Nach-Luise-Zeit.

So intrigiert die Königin gegen Dohna, Goltz, Altenstein, Nagler, die sie gleichzeitig benutzt, um neue Fäden zu spinnen – wir haben sie schon im ersten Kapitel dabei beobachtet, wie sie an ihrem Geburtstag den zwielichtigen, aber gewitzten Sayn-Wittgenstein in den Vordergrund schiebt. Es gilt nicht nur, Hardenberg zurückzuholen, Schlesien zu retten, enorme Gelder aufzutreiben, es gilt unter anderem auch, Wilhelm von Humboldt zu halten, der seine Kündigung einreicht, weil er eine Überlegenheit Dohnas, Altensteins und Beymes, die sie ihm gegenüber ausspielen, nicht anerkennen will (auch da ist ein Hardenberg vonnöten!). Die Probleme reichen bis zu einer Neufassung der »Hoffähigkeit«, »Hofkleidung« und »Courordnung«. Letzteres erregt sogar einigen Unwillen in Berlin, denn man meint, das Königspaar solle sich um Wichtigeres sorgen. Aber Luise scheint geradezu fieberhaft tätig, unterstützt durch Frau von Berg als einer Art Privatsekretärin.

Auch eine neue »Hofordnung« liegt der Königin am Herzen. Sie tritt schon bei den ersten Festen und Bällen, die sie gibt, in Kraft. In Zukunft gelten auch großbürgerliche Familien als »hoffähig« und erhalten Einladungen, ebenso einige der nichtadeligen Offiziere, die es jetzt ja gibt. Luise erscheint in betont einfachen Kleidern und ohne Schmuck, mit Ausnahme einer Perle im Haar. »Sie hatte so viel geweint«, beschreibt die Gräfin Schwerin sie bei ihrem Einzug, »daß sie in diesem ersten Moment sehr verändert schien, doch fand man bald die lieben Züge, die durch den tiefen, ernsten Eindruck, den die schwere Zeit ihnen eingeprägt, nur veredelt waren«. Jetzt wirkt sie, nach übereinstimmendem Zeugnis, schöner und »edler« als je zuvor. Die gleiche Gräfin Schwerin beklagt nur: »Bei Hofe sich im Gedränge und von der Foule (Masse) getragen zu fühlen, war eine ganz neue Erfahrung«. Sie macht man auch auf jenem etwas hektischen Geburtstagsempfang im Weißen Saal, auf dem Kleist der Königin sein Sonett überreicht.

Mögen die Altadeligen ihre Nasen rümpfen: Reformwillen dokumentiert das Königspaar auch in solchen Kleinigkeiten. Schon am 18. Januar, dem Jahrestag der Krönung des ersten preußischen Königs, Friedrichs I., wird das Fest des erweiterten Roten Adlerordens gefeiert, den der König aus Anlaß seiner Rückkehr gestiftet hat. Unter den 200 Ordensempfängern befinden sich – undenkbar für den arroganten Adel – 20 einfache Soldaten, die gleichberechtigt an der Festtafel Platz nehmen.

Fast ebenso großes Entsetzen erregt die Tatsache, daß in einer zweiten Ordensklasse auch verdiente Zivilpersonen ausgezeichnet werden. Unter ihnen ist Iffland, damals Deutschlands führender Theaterdirektor. Er hat in der Franzosenzeit zwar – wie so viele Berliner, die das möglichst rasch vergessen möchten – kräftig kollaboriert, eilends französische Stücke einstudiert und auch für das deutsche Publikum mit fliegender Feder übersetzt, aber doch gleichzeitig so etwas wie Widerstand geübt. Als am 10. März 1807, am Geburtstag Königin Luises, die Franzosen jegliche Sympathiekundgebung untersagten, ist er mit einem riesengroßen Blumenstrauß auf der Bühne erschienen, was ihm ohne jedes Wort eine Ovation einbrachte – sowie zwei Tage Haft. Bei der Ordensverleihung dankt ihm Luise für diesen Glückwunsch »durch die Blumen«.

Es gibt, wie es scheint, viel zu tun, eilig zu tun, unter Zeitdruck. Interpretieren wir es nur hinein, oder nimmt die Königin Abschied, als es sie noch einmal nach Sanssouci, auf die Pfaueninsel und nach Paretz drängt, wo sie überall nur kurz verweilt, im geliebten Paretz nur einen besinnlich-melancholischen Nachmittag lang? Hufeland möchte sie gern nach Pyrmont schicken, aber erstens zeigt die Königin eine Rastlosigkeit, die einer Kur zuwiderspricht, und zweitens befindet sich König Jérôme, wenngleich pleite, dort.

Sogar den künftigen Baumeister des klassizistischen Berlin übergibt sie gewissermaßen ihrem Mann, gleichfalls als eine Art von Vermächtnis. Der junge Schinkel, Lieblingsschüler David Gillys (des Paretz-Baumeisters) und seines Sohnes Friedrich, wird von ihr beauftragt, einige Räume im Kronprinzenpalais neu einzurichten, was er auf einfache, schlichte und eben deshalb so eindrucksvolle Weise besorgt. Das von ihm für Luise gestaltete Empirebett macht Mode, mehr als das: Stil – die Geburtsstunde des Biedermeiers, einer preußisch-kargen Abart klassizistischen Geschmacks, der gut zu Luise paßt.

Karl Friedrich Schinkel, wohl von Humboldt empfohlen, der ihn in Rom kennengelernt hat, ist im März 1805, also kurz vor dem napoleonischen Krieg, von einer fast zweijährigen Studienreise nach Italien zurückgekehrt. Seither konnte man in Preußen an Bauen nicht denken, weshalb er sich, als Maler nicht weniger begabt, mit Landschaften und Bühnenbildern, unter anderem für Iffland, durchgeschlagen hat. Stadtbekannt geworden aber ist er durch seine Panoramen, die man als eine Frühform des Kinos bezeichnen könnte.

Dioramen oder Panoramen sind die Erfindung des deutsch-englischen Malers Philippe de Loutherbourg. Der auf sie spezialisierte Schausteller und Galerist Karl Wilhelm Gropius, übrigens ein Vorfahre des Bauhaus-Gründers Walter Gropius, hat sie nach Berlin importiert und im gleichsam stellungslosen Architekten Schinkel den idealen, nämlich überaus fleißigen Entwerfer gefunden. Weit über Berlin hinaus berühmt wird besonders sein riesiges Panoramabild »Der Golf von Palermo«, das in einer Bude neben der Hedwigskirche gezeigt wird. Durch bewegliche Soffittenmalerei, farbig wechselnde Beleuchtung und raffinierte Silhouetteneffekte erlebt das staunende Publikum, wie über der weiten italienischen Seelandschaft die Sonne auf- und wieder untergeht, Fischer aufs Meer hinaus fahren und Wellen an den Strand plätschern, alles untermalt von Musik und dem Gesang gemischter Chöre. Schinkel hat Wand- oder Wandelbilder dieser Art auch von Venedig, der Peterskirche, dem Mailänder Dom, dem überfluteten Nil und sogar geschichtlichen Ereignissen wie der Seeschlacht bei Lepanto entworfen und mit ganzen Malerkolonnen ausgeführt. König und Königin erfahren von dieser aufregenden Neuerung schon in Königsberg und dringen nun darauf, es selbst zu erleben.

Ob Gropius, was wahrscheinlich ist, mit Leinwand, Musik und Gesang sowie Beleuchtungskörpern ins Schloß, etwa die Königlichen Stallgebäude, zieht, oder ob die Majestäten zu ihm ins Etablissement kommen, ist unbekannt. Auf jeden Fall muß der knapp 30jährige Schinkel sich in die erste Reihe zwischen beide setzen und alles erklären. So lernt er seinen Auftraggeber kennen, dem er Berlin um- und neubauen wird – sein Werk bestimmt bis heute das Bild der Stadt. Panoramen von seiner Hand sind allerdings nicht erhalten geblieben. Daß Friedrich Wilhelm ihm mehr Geld bewilligt, als er jedem anderen Baumeister bewilligen würde, verdankt Schinkel, verdankt die Nachwelt, verdanken wir Luise. Was von ihr kommt, bleibt für den König sakrosankt.

Das gilt auch für Hardenberg. Seiner Rückberufung kommt entgegen, daß sich seit etwa einem Jahr in Berlin ein neuer französischer Gesandter befindet, Marquis de Saint-Marsan. Er stammt aus Sardinien, ein vornehmer und wohlmeinender Mann. In Luise verliebt er sich wohl ein bißchen, wie fast alle Gesandten, aber – seltener Fall! – er weiß auch den König zu schätzen, vielleicht weil dieser ihn in fast übergroßer Höflichkeit schon am ersten Tag seiner Rückkehr, am 23. Dezember, aufgesucht hat.

Wenn Friedrich Wilhelm eines nicht mag, so sind es diplomatische Winkelzüge hinter dem Rücken der Betroffenen und geheime Treffen mit irgendwelchen Konspiranten. Mit Saint-Marsan trifft er sich jedoch heimlich, sowohl hinter dem Rücken Napoleons als auch seiner eigenen Landsleute, ein Kunststück, das niemand anderer als Luise zuwege gebracht haben kann, denn das Treffen findet im Haus der Gräfin Voß statt. Der König klagt Saint-Marsan ganz offen, seine Minister seien zwar rechtschaffene Leute, aber eben nur gute Buralisten (»Bürohengste« würden wir heute sagen). Den allgemeinen Staatskredit wiederherstellen könne aber nur Hardenberg. Als Luise den Grafen ebenfalls empfängt und ihm vorlügt, ihre Haltung gegen Rußland sei abgekühlt (wahr ist nur, daß die Zarin ihr vier Monate nicht geschrieben hat), findet Saint-Marsan sich zur Vermittlung bereit.

Hardenberg bildet übrigens längst neben den nominellen Ministern eine Zweit-, in Wirklichkeit Hauptregierung, der zunächst der König, bald aber, mit seiner Billigung, Luise so gut wie vorsteht. Boten zwischen ihr und Hardenberg, der sich im Hannoverschen aufhält, gehen hin und her. Sie ist es, die alle wesentlichen Verhandlungen mit Wittgenstein führt, der Preußens Finanzen zu ordnen und das Land vom Ruin zu retten verspricht. Auch hier scheint sie es eilig zu haben, greift, wenn auch versteckt, aktiv in die Politik ein. Nur als Friedrich Wilhelm ausfährt, um in Beeskow russische Matrosen zu begrüßen, die in ihre Heimat zurückkehrende Mannschaft zweier Schiffe, die Napoleon überlassen worden sind, in Wirklichkeit sich aber heimlich mit Hardenberg trifft, ist sie nicht dabei, sondern an ihrer Stelle Scharnhorst.

Die Fäden der »Partei Hardenberg« hält Frau von Berg in der Hand. Sie korrespondiert mit Therese in Paris, die dort ihren Einfluß geltend macht. Napoleon ist besser gelaunt, er hat soeben nach seiner Scheidung von Joséphine die Erzherzogin Marie Louise von Österreich geheiratet, die Tochter des Kaisers Franz I., und ist dadurch ironischerweise legitimer Großneffe der Marie Antoinette geworden. Therese, zur Hochzeit eingeladen, gelingt es, auch Metternich, den neuen österreichischen Außenminister, ins Komplott zu ziehen. Die Mecklenburger Verwandtschaft, ohnedies auf seiten ihrer schwärmerisch geliebten Luise, wird durch Frau von Berg mit Zensuren bei der Stange gehalten wie: »Der Engel ist ganz Ihrer Ansicht« oder »ich laufe Gefahr, den lieben Engel verdrießlich zu machen«.

Dem Engel gelingt es sogar von Potsdam aus, den fernen Napoleon langsam einzugarnen, daß er seinen Widerstand gegen Hardenberg aufgibt. Zum üblichen Frühjahrsexerzieren und den Manövern geht der Hof, ganz wie früher, am 10. April nach Potsdam, aber diesmal bleibt die Königin nicht die ganze Zeit bei ihrem Mann. Auffallend oft fährt sie nach Berlin zurück, wo die kleine Luise krank darniederliegt und der Kronprinz langsam von seinem Erzieher Delbrück getrennt und unter die Fittiche Ancillons gebracht werden muß. Aber nicht nur das beschäftigt sie in der Hauptstadt. Auch im »Parteibüro« der Frau von Berg gibt es zu tun.

Das nächste Treffen zwischen dem König und Hardenberg findet nach Abschluß der Potsdamer Manöver auf der Pfaueninsel statt.

Diesmal ist Luise dabei und wohl gar federführend, denn Hardenbergs Forderungen, nicht weniger elementar als die Steins, aber konzilianter vorgebracht, werden vom König grollend gebilligt. Die bisherigen Minister müssen gehen, auch Nagler und Beyme, für die nun der König seinerseits bei Hardenberg ein gutes Wort einlegt.

Jetzt fehlt nur noch die Zustimmung Napoleons. Bei ihm haben Metternich, Therese von Thurn und Taxis, Kalckreuth und sogar sein eigener Gesandter, Saint-Marsan, gute Worte eingelegt. Der Konsul Clérembault, auf der Durchreise von Paris nach Königsberg, ist der erste, der dem Königspaar die verschwiegene Mitteilung macht, Napoleon habe gegen den Eintritt Hardenbergs ins preußische Ministerium nichts mehr einzuwenden. Und obwohl die Kunde noch geheim bleiben soll, spricht sie sich in Windeseile herum. »Machen Sie mir glücklich«, schreibt Gräfin Voß ihrem alten Freund Wittgenstein, »ist es wahr, daß le gr(and) homme zugegeben, daß H. kömmt?«

Er kömmt am 4. Juni 1810, und zwar, auf Anraten Luises, als Staatskanzler, der allein mit der »Leitung aller Staatsangelegenheiten« beauftragt ist. Altenstein, Beyme und Nagler müssen gehen. Luise hat erreicht, was sie wollte, ihre gewiß bedeutendste politische Tat, für ihren Mann und für Preußen von nachhaltiger Wirkung; zuwege gebracht aus dem Hintergrund, aber unter Einsatz aller nur verfügbaren Mittel eine diplomatische Meisterleistung, die kaum einem Berufsdiplomaten gelungen wäre. Und was schreibt Bruder Georg von Luises Leistung der zu Recht begeisterten Frau von Berg? »Wie oft habe ich gesagt, was Sie mir jetzt schreiben: daß es nur der Veranlassung bedarf, um die größten Eigenschaften in diesem Engel zu erwecken...«

Ein bißchen unheimlich, daß »Engel« zum Synonym Luises zu werden beginnt, als, von keinem bemerkt, die Wetterwolken bereits den Stern zu verdunkeln beginnen. Noch aber plant sie für die Zukunft – eine zweite Begegnung mit dem faszinierenden Erzfeind Napoleon scheint einer ihrer stärksten Wünsche. Napoleon soll angeblich nach Frankfurt am Main kommen. Wenn ja, verrät sie, würde sie ihn »aus Vernunftsgründen« zusammen mit dem König aufsuchen. Auch mit der österreichischen Kaiserin möchte sie sich treffen.

Die Erlebnisse der letzten Jahre haben Luise verändert. »Meine Seele ist grau geworden durch Erfahrungen und Menschenkenntnis«, schreibt sie der Schwester Therese, der sie entschiedene Mitwirkung bei der Wiedereinsetzung Hardenbergs sowie ein Geschenkpaket aus Paris verdankt mit Schreibzeug, Petschaft, Bändern und Schärpen, »himmlischen Präsenten«. »Aber mein Herz ist jung«, fügt sie hinzu. »Ich liebe die Menschen, ich hoffe so gern, und habe allen, ich sage allen meinen Feinden verziehen ...«

Klingt das wie ein Abschiedsbrief? Es ist der letzte, den sie Therese schreiben wird. Jetzt treibt es sie – noch einmal? – zur alten Familie. Den Vater möchte sie wiedersehen, auch die Großmutter, die mit ihren 81 Jahren nicht mehr zum Einzug nach Berlin hat kommen können. Friedrich Wilhelm murrt zwar. Nach Neustrelitz mag er nicht, aber wenn sie vorausführe zu ihrem Vater nach Hohenzieritz, dem herzoglichen Landhaus an der Grenze, würde er in ein paar Tagen nachkommen. Hohenzieritz mag er, im Gegensatz zu Neustrelitz, es erinnert ihn an Paretz.

Die Luise, die ihrem Vater dies am 19. Juni 1810 mitteilt, ist dann doch wieder das aufgeregte kleine Mädchen aus dem Alten Palais: »Bester Päp! Ich bin tull und varucky. Eben diesen Augenblick hat der gute, liebevolle König die Erlaubnis gegeben, zu Ihnen zu kommen, bester Vater! Ich bin ganz toll, muß mich aber sammeln, da mir der König eine Menge Aufträge an Sie gegeben hat. Noch einmal, ich komme! – Den Montag komme ich, bleibe den Dienstag und Mittwoch allein, dann kommt der König den Donnerstag, bleibt den Freitag, wünscht den Sonnabend nach Rheinsberg zu gehen, bleibt noch den Sonntag bei Ihnen, und gehet Montag wieder mit mir weg! Hallelujah! Mit Gottes Hilfe wird alles so geschehen.«

Das hat Luise am 19. Juni geschrieben. Einen Tag später, an ihre Geschwister Friederike, Georg und Karl gerichtet, klingt die Vorfreude zwar gedämpfter, ist aber immer noch genauso groß: »Ich bin so glücklich, wenn ich daran denke, daß ich Euch beinahe acht Tage in Strelitz sehen werde und die gute Großmama, daß ich ordentliche Krampolini (Schreikrämpfe) kriegen könnte. Ich verkneif' mir aber wahrhaft die Freude, weil so oft, wenn ich mich gar zu ausgelassen gefreut habe, ein Querstrich gekommen ist, und solche Kreuz- und Querstriche wären vraiment affreux (wirklich schrecklich) jetzt.«

Todesahnungen? Angst vor »Querstrichen«? Einerseits scheint dem nicht so. Der Brief ist ausgelassen (»Hussassa tralala, bald bin ich bei Euch«) und verrät Vor- und Fürsorge: »Dicke Milch und etwas Erdbeeren schafft dem König zum Tee, wenn das letztere in denen Frimaten (Gewächshäusern) noch nicht rötet, so sagt's Papa nicht, sonst ängstigt es ihn.« Von den Hofdamen soll die Gräfin Truchseß-Waldburg mit anstelle der Gräfin Tauentzien, die krank ist und sich deswegen die Augen ausheult. Aber: »Die Voten (Voß) geht in einem Strich mit mir neben mir im Wagen mit; bei solchen Gelegenheiten glaube ich immer, wenn die Fahrt schon etwas gedauert hat und sie entkräftigt ist, einen pergamentenen Mann neben mir zu haben, denn sie rutscht gerade dann wie leblos, nachdem der Wagen rüttelt, rechts und links herum.« Weiter: »Der Treue Barg (Frau von Berg) kömmt auch, hoffe ich.« Und ehe sie der Großmutter anschließend – wie sie selbst sagt, »vernünftig« – schreibt, und das auf Französisch, kritzelt sie noch rasch eine Notiz auf die Innenseite des Briefumschlags: »Wir bringen keinen Arzt mit; wenn ich den Hals breche, so klebt mir ihn Hieronymi wieder an.« Hieronymi ist der Leibarzt ihres Vaters in Neustrelitz.

Und doch! Dem König fällt auf, daß Luise bei einer Fahrt von einem Besuch der »Ferdinands« im Schloß Bellevue zurück nach Charlottenburg den Grüßenden Unter den Linden besonders bewegt und aufmerksam dankt – »als ob sie zugleich Abschied nähme«. Auch diese Empfindung wird sich bei Friedrich Wilhelm erst nachträglich festgesetzt haben, denn sie ist vom König später niedergeschrieben worden, unter dem Eindruck der letzten Tage Luises. Er meint sogar, in diesem Jahr Potsdam besonders schwer verlassen zu haben, in der Ahnung, sich dadurch endgültig von seinem Glück zu trennen. Aber melancholisch gestimmt scheint die Königin, bei aller Vorfreude, durchaus. Sie durchstreift den Charlottenburger Park, der während der Besatzungszeit gelitten hat – Teiche und Seen sind versandet –, Weg um Weg, auch die schwermütige Tannenallee, den heute noch düstersten Ort der sonst so anmutigen Anlage, in der sie bald ihre letzte Ruhestätte finden wird.

Am 21. Juni ist man nach Charlottenburg zurückgekehrt. Hier

wird endgültig Ancillon als Prinzenerzieher eingesetzt und Beyme, der ehemalige Justizminister, verabschiedet. Es scheint bisweilen doch so, als ordne die Königin ihre Dinge. Während Beymes Abschiedsaudienz verteilt sie an die Anwesenden kleine Geschenke, Andenken aus ihrem Besitz. Mehrmals begibt sie sich auf die Schloßterrasse, auf der sich Berliner Spaziergänger versammelt haben, zeigt sich ihnen, spricht sie an. »Nie war sie schöner«, schreibt Friedrich Wilhelm aus der Erinnerung, »ein neuer Strohhut stand ihr allerliebst...«

Die Nacht zum 25. Juni schläft Luise vor Aufregung kaum. Am frühen Morgen, um sechs Uhr, bricht sie auf. Schon um zehn ist es ungewöhnlich heiß für die Jahreszeit, die Hitze und der Sand machen ihr zu schaffen. In Fürstenberg, dem ersten mecklenburgischen Ort, wird sie vom Vater, beiden Brüdern sowie Friederike erwartet; bei ihrem Anblick bricht sie in Tränen aus. Keine Freudentränen, wie die Familie im nachhinein bemerkt haben will, eher solche der Erschöpfung und Vorahnung. Beim Überschreiten der preußischen Grenze, so der Eindruck ihrer Begleitung, sei ihre Heiterkeit unversehens in tiefe Wehmut umgeschlagen. Auch dies ist erst viel später aufgezeichnet, scheint schon zwischen dem Menschen Luise und ihrer Legende zu schweben. Wer wollte entscheiden, was zur Legende gehört, die ihre Schatten weit voraus wirft, und was Wirklichkeit ist?

Schatten fallen wohl überhaupt auf diese Rückkehr einer Mecklenburgerin nach Mecklenburg. Großmutter George, die ihre Enkelin am Portal des Schlosses empfängt, nimmt eine tränenüberströmte Luise in die Arme, die sich »zitterich und beberich« fühlt. Der König, der diese Tage später immer wieder durchdenkt, vermutet, sie könne sich am Vortag, auf der Charlottenburger Schloßterrasse, wie immer leicht bekleidet, erkältet haben.

Den weißen Basthut, den sie dabei trug – auch er geistert später immer wieder durch Friedrich Wilhelms Gedanken –, erbittet sie sich noch am gleichen Abend schriftlich von ihm, er möge ihn per Stafette schicken oder selbst mitbringen. Sie vergißt auch nicht eine Warnung vor der Reise: »Der Sand vor Oranienburg und vor Fürstenberg übersteigt alle Vorstellung und alles Erlaubte, und ein Staub! fürchterlich!«

Gewohnt, täglich Bericht zu erstatten, schreibt Luise auch am nächsten Tag aus Neustrelitz an den König. Er möge, wenn er wolle, auch den kleinen Fritz Louis mitbringen, Friederikes Sohn aus erster Ehe, der mit den königlichen Prinzen erzogen wird. »Ich überlasse alles Deinem Willen. Papa würde es freuen. Adieu, alles legt sich Dir zu Füßen und ich küsse Dich herzlich. Deine Luise.«

Den Brief wird Friedrich Wilhelm lange bei sich tragen. Es ist der letzte, den sie ihm in eigener Handschrift geschrieben hat. Am übernächsten Tag trifft der König ein. Aus irgendeinem Grund ist es Luise ein Bedürfnis, den Gefährten zum erstenmal in den Räumen ihres Vaters als Prinzessin von Mecklenburg empfangen zu können, als runde sich dadurch ein Kreis. Sie tut es in einem »halb frohen halb wehmütigem Tone«, der Friedrich Wilhelm, wie er später schreibt, »sonderbar auffiel«, und zeigt ihm anschließend das Schloß. Als die beiden am Schreibtisch ihres Vaters vorbeikommen, findet sich dort ein Schreibblock, auf den die Königin rasch einen Gruß kritzelt.

Mon cher Père je suis bien
heureuse aujourd' hui comme
Votre fille et comme Epouse du
meilleur des Epoux
Neu Strelitz le 28 Juni
1810 Louise

Die Zeilen bleiben unbeachtet auf dem Schreibtisch liegen. Nach Beendigung des Schloßrundgangs picknickt man auf der Neustrelitzer Schloßkoppel, einem Lustwäldchen, steigt nach einem kurzen Spaziergang wieder in die Wagen, um durch Neustrelitz hindurch nach Hohenzieritz zu fahren. Dort plant das Königspaar, bis zum 2. Juli zu bleiben und dann gemeinsam die Rückfahrt nach Berlin anzutreten. Luise, die über leichte Kopfschmerzen klagt, bittet, doch noch einen Tag zuzugeben. »Abschlagen«, so der König, »mochte ich es nicht, ich stellte mich jedoch scherzend so an, als ob ich nicht darein willigen könnte, und versteckte mich zu dem Ende unter der Gartentreppe, wo sie mich lachend herausholte und ich mich ergeben mußte.« Zwischen den Rosenbüschen im Garten trinkt man den Tee; Luise bereitet ihn ihrem Mann mit Milch zu, wie er es gewohnt ist. Ihre Handgriffe, einfach und flink, wird er nie vergessen. Es sind die letzten Stunden, die Luise im Freien verbringt.

An jener Stelle im Rosengarten hat ihr Vater später ein kleines Tempelchen errichten lassen, in dem sich bis zum Ende des Zweiten Weltkriegs eine Büste der Luise befand, nach der Totenmaske des Strelitzer Bildhauers Wolff gefertigt. Am Hals dieser Büste muß bei der Einnahme und Plünderung des Schlosses 1945 ein russischer Soldat die Schärfe seines Bajonetts ausprobiert haben. Ein sehr scharfes Bajonett, denn der Hals wurde nahezu glatt durchschnitten. Noch 40 Jahre später konnte man den abgetrennten Kopf an verborgener Stelle der kleinen Rundkirche am Schloßeingang auf den Polstern eines Stuhles sehen, das Unterteil auf den Emporebrettern daneben, so etwas wie eine Kultstelle bis heute.

Die Dorfbewohner von Hohenzieritz zeigen einem immer noch von außen respektvoll das Zimmer der kranken Luise im Schloß, das heute von einer Akademie der Landwirtschaftswissenschaft genutzt wird: »Die beiden linken unteren Fenster. Und der Kachelfußboden ist auch noch derselbe.«

Am 30. Juni muß der geplante Ausflug nach Rheinsberg ausfallen; die Königin fühlt sich unwohl und bleibt in ihrem Zimmer – die beiden linken unteren Fenster. Hieronymi versorgt die Kranke, findet jedoch nichts an ihr außer einem gewöhnlichen »hitzigen Fieber«. Man sieht die Krankheit zwar nicht als ernst, wohl aber langwierig an; so entschließt sich der König, dringender Geschäfte halber am 3. Juli allein nach Berlin zurückzukehren. In Charlottenburg wirft es ihn dann aber selbst aufs Krankenlager. Er hat sich in Ostpreußen oder Rußland irgendwann eine Malaria zugezogen. Drei heftige Anfälle fesseln ihn ans Bett, während Luise in Hohenzieritz von Friederike und Frau von Berg gut versorgt scheint. Beide wachen Tag und Nacht bei ihr.

Die Krankheit, stellt sich heraus, ist eine Lungenentzündung, aber auch das alarmiert Hieronymi nicht. Täglich schickt er Bulletins über den Zustand Luises nach Berlin, die dem König, der sich selbst nur langsam erholt, gar nicht gefallen. Er findet sie »auf Schrauben gestellt«, also geschraubt, daher undurchsichtig. Und da Hufeland unglücklicherweise nach Holland geschickt worden ist, um König Louis Napoleon zu behandeln, läßt Friedrich Wilhelm seinen zweiten Leibarzt, Geheimrat Heim, alsbald nach Hohenzieritz reisen, um dort nach dem Rechten zu sehen. Er wünscht einen genauen mündlichen Report.

Heim kehrt nach drei Tagen zurück. Er hat die Königin zwar sehr krank gefunden, betrachtet aber die ärztlichen Maßnahmen Hieronymis als angemessen. Eine Lebensgefahr sieht er nicht gegeben. Friedrich Wilhelm kündigt daraufhin der Königin in einem Brief an, er werde erst am 20. Juli zu ihr kommen, weil er sich zunächst noch selbst völlig auszukurieren habe und weil die Ärzte der Ansicht sind, daß seine Anwesenheit »durch zu große Erschütterung ihr nachteilig werden könnte«. Luise, sehr geschwächt und von hartnäckigen Hustenkrämpfen geschüttelt, scheint enttäuscht: »Erst den Freitag, ach, das ist noch lange hin, und es ist mein 21. Tag.« Der 21. Tag gilt als der kritische bei Lungenentzündungen.

Doch schon am 16. Juli wird Heim erneut von Hieronymi nach Hohenzieritz gerufen; es sind Kreislaufstörungen aufgetreten und Atembeschwerden, die sich ständig verschlimmern. Heim läßt sich von Johann Goercke begleiten, dem großen Chirurgen jener Zeit. Unterwegs begegnen sie dem Prinzen Solms, der auf dem Rückweg nach Charlottenburg ist und dem Heim einige beruhigende Zeilen an den König mitgibt. Seiner Meinung nach könne keine akute Gefahr bestehen, Hieronymi übertreibe gewiß, wobei er ein »wie immer« in der Luft schweben läßt.

Aber Hieronymi hat nicht übertrieben. Heim und Goercke erkennen beim Anblick der Kranken sofort die Gefahr, in der sie schwebt; ihre Erstickungsanfälle können jeden Augenblick zum Tod führen. Heim schickt einen Eilkurier zum König, der am Morgen des 18. Juli nach Potsdam gefahren ist. Die Schreckensbotschaft erreicht ihn dort um zwölf Uhr. Wie vom Donner gerührt bleibt er an seinem Schreibtisch sitzen, unfähig einen Gedanken zu fassen. Seine Adjutanten müssen ihn aus einer lähmenden Starre geradezu herausrütteln. Sie flößen ihm ein Glas Wasser ein und sorgen dafür, daß er etwas zu sich nimmt. Den Schock überwindet er nur langsam. Die einzigen Worte, die er von sich gibt, sind erschütternd und zeigen seinen abgrundtiefen Pessimismus. »Weil sie mein ist«, stammelt er, »wird sie sterben.«

Für fünf Uhr nachmittags wird Hardenberg ins Schloß Charlottenburg bestellt, damit das notwendigste abgesprochen werden kann. So eilt Friedrich Wilhelm nach Berlin zurück. Er brütet immer noch dumpf vor sich hin. Einsam am Schreibtisch, auf Hardenberg wartend, der sich verspätet, bricht es dann aus ihm heraus. Auf ein Stück Papier, das vor ihm liegt, schreibt er hastig, mit kratzender Feder: »Die heutigen Nachrichten drohen mir mit Vernichtung. Ist sie dahin! – So bin ich dahin – Nur durch Ihr hänge ich noch am Leben. Sie ist mein Alles! Mein ganzes, mein einziges Glück auf Erden. Gott wird aber mein inbrünstiges Gebet erhören und mich vor diesem Verlust bewahren. Mein ganzes Gemüth ist zerrüttet und zerknirscht, ich habe nur den Einen Gedanken an Ihr, mit Ihr alles, ohne ihr nichts!... Mit Beben denke ich an das Wiedersehen. Gilt es Leben oder – Tod. O. Nein, Nein. Erbarmen, erbarmen, der Schlag wäre fürchterlicher und schrecklicher als alle die mich je treffen könnten, wenn wier nur beisammen bleiben, dann ergehe über uns was Gottes Wille ist. Amen! Amen! Amen! Ch(arlottenburg) 18. Juliy 10.«

Es sind wiederum die Adjutanten, die dem König die wichtigsten Entscheidungen abnehmen. Sie holen die beiden ältesten Söhne, Friedrich Wilhelm und Wilhelm, setzen sie zum König in den Wagen und geben dem Kutscher die Anweisungen. Schon am Tag zuvor hat der Oberstallmeister von Jagow eigene Relaisstationen einrichten und mit besonderem Personal versehen lassen, um einen raschen Pferdewechsel zu ermöglichen. Um halb sieben Uhr abends jagt die Kutsche über den Charlottenburger Schloßplatz und zur Stadt hinaus. Erst gegen drei Uhr erreicht man Fürstenwalde. Die Nachrichten, die dort auf den König warten, sind nicht gut.

Geben wir Friedrich Wilhelm selbst das Wort. Ein so unbeholfener Redner er sein und so schlecht sein Deutsch klingen mag, seine Aufzeichnung »Der Unglücklichste Tag meines Lebens«, noch unter dem Schock der Ereignisse zu Papier gebracht, hat eine Unmittelbarkeit, die ihresgleichen sucht.

Hohen Zieritz, d. 19ten July 1810

Als ich mit meinen beiden ältesten Söhne um ¾ 5 Uhr Morgens in Hohen-Zieritz ankam, ließ ich in der Gegend der Kirche halten und ging zu Fuße nach dem Schloße. Allen die ich begegnete war die Bestürzung aus den Augen zu lesen. Der Arzt Geh(eimer) Rath Heim kam mir entgegen und sagte mir, meine Frau wünsche mich ja sogleich zu sehen; ich ging deshalb sogleich nach ihrem Zimmer. Wie erschrack ich, als ich sie bereits durch die heftigen anhaltenden Krämpfe und andern Leiden äußerst verändert aussehend fand. Sie war wach und litt an fortwährenden Brustkrämpfen seit Mitternacht. Sobald sie mich gewahr wurde, war ihr die lebhafteste Freude in den Gesichtszügen zu lesen. Lieber Freund, wie freue ich mich Dich zu sehen, gut daß Du wieder da bist, und bald darauf, es ist doch besser, beyeinander zu seyn, es ist doch mehr Trost. Zugleich küßte sie mich zu verschiedenen malen mit der herzlichsten Inbrunst und Lebhaftigkeit mich an ihr Herz drückend. Auch lange nachher noch und ab und zu bis zu ihrem Ende, mußte ich ihre Hand halten, die sie öfter mit der zärtlichsten Innigkeit an ihren Mund drückte und küßte. Das Halten der Hände schien sie zugleich wie eine Art Beruhigung zu betrachten, da auch die Ärzte und andere anwesende Personen, unter andern P(rin)z(e)ß(in) Solms, und Frau von Berg ein gleiches fortwährend thun mußten, wobei zuletzt noch öfter wiederholentlich Warme Servietten um ihre Aerme geschlagen, und Hände und Aerme sodann gerieben werden mußten. Sie frug mich, bist Du in der neuen Batarde (Wagen mit aufklappbarem Verdeck) gekommen? Als ich ihr antwortete, Nein im gewöhnlichen offenen Wagen, erwiederte sie besorgt, in der Nacht, nach Deinem Fieber? Als ich zu ihr unterandern einmal sagte, wie leid es mir wäre ihr nicht nützlicher werden zu können, sagte sie mit liebevoller Stimme. Genug daß Du da bist. Wie natürlich, war gleich bei meinem Eintritt meine Fassung dahin, und alle sich im Zimmer bei meiner Ankunft befindlichen Personen theilten sichtbarlich das rührende dieser Szene.

Der heftige Brustkrampf dauerte bei allen diesem immer fort, das Athemholen war kurz, stönend, zuweilen konvulsivisch, und öfter entfuhren ihr hellaute Töne, wo sie dann öfter Luft, Luft rief. Wie ich zu meiner Frau sagte, daß Friz und Wilhelm da wären, freute sie sich sehr und begehrte sie sogleich zu sehen. So wie sie herein kamen, sagte sie zu dem ältesten. Wie freue ich

mich, mein lieber Friz Dich wiederzusehen, und eben so zu dem andern. Die Stimme war ziemlich stark, und der Auswurf geschah mit Kraft, so daß ich in Rücksicht dieser Umstände mich noch nicht ganz von meinem so nahe bevorstehenden Unglück überzeugen mogte, oder beßer gesagt wollte. Man glaubte eine Entfernung der anwesenden Personen würde vielleicht mehr Beruhigung gewähren, deshalb ging ich auf mein Zimmer. Bald darauf kam Heim und setzte mich ... das gefahrvolle ihrer Lage auseinander, und daß zwar Möglichkeit, aber keine Wahrscheinlichkeit zu ihrer Besserung vorhanden wäre ... Er wollte mich rufen lassen, wenn er den Augenblick günstig glaubte. Dieß geschah etwa nach einer Viertelstunde. Ich ging also in das Zimer und fand sie zwar um ein geringes, aber doch nur sehr wenig beruhigt ... Zugleich sank ich an ihrem Bette auf die Knie, ihre Hand küßend, und sprach zu ihr ohngefähr in folgenden Worten. Es ist nicht möglich, daß es Gottes Wille seyn kann, uns zu trennen. Ich bin ja nur durch Dich glücklich, und nur durch Dich hat das Leben nur allein noch Reiz für mich. Du bist ja mein einziger Freund, zu dem ich Zutrauen habe, und Hardenberg, fiel sie ein ... Als ich ihr frug, ob sie etwa etwas auf dem Herzen oder sonst einen Wunsch hätte, sagte sie zuerst Nein, nach wiederholter Frage aber: Dein Glück, und die Erziehung der Kinder.
Dieses Gespräch, wobei mir allerdings öfter die gehörige Fassung mangelte, hatte sie obgleich es mit aller Sorgfalt behandelt wurde, dennoch sehr gerührt und angegriffen, und bald nachher sagte sie: Mache mich nicht noch so eine Szene, und bedauere mich nicht, sonst sterbe ich. Hiermit brach ich das Gespräch ab, und habe ich sie nachher nicht mehr allein gesprochen. Bei dieser Gelegenheit küßte sich mich zum letztenmale mit dem Munde mit der größten Zärtlichkeit, und drückte mich die Hand eben so liebevoll, als ich sie frug, ob sie mich noch Gut wäre. Die Krämpfe, obgleich nicht mit gleicher Heftigkeit, hatten jedoch nur wenig nachgelaßen, und die Beklemmung blieb unausgesetzt. Sie fürchtete sich außerordentlich einen neuen Anfall zu bekommen und oefter wiederholte sie, ich leide unaussprechlich, Luft, Luft, Ach Gott, Herr Jesus erbarme Dich. Zu Heim sagte sie nochmals dasselbe wie zu mir, ohngefähr in der Art: Der König

ist so gut, aber keine neue Szene, sonst sterbe ich. Man suchte sie auf eine möglichst schickliche Art hierüber zu beruhigen. Bald darauf aber wandte sie sich zu mir, mit den Worten, Fürchte Dich nicht, ich sterbe nicht.
Die Totenbläße und der Angstschweiß, so wie alle übrigen unglücklichen Symptomata nahmen jedoch merklich zu, die Fingerspitzen wurden schon eiskalt... Ich that, so wie ein Jeder auch, mein möglichstes und hauchte fleißig in die Hände, um sie zu wärmen, ihre linke Hand behielt ich in der meinigen bis zu ihrem Ende. Alle nur ersinnlichen Kraempfestillenden und andere lindernde Mittel wurden fortwährend, aber umsonst, angewendet. Die Lage des Kopfes wurde ihr immer ängstlicher und da man ihr unteranderm rieth, die Aerme etwas weiter abzuhalten, sie würde dadurch Linderung erhalten, sagte sie, Das bringt mir den Tod, und bald darauf, ich sterbe von oben herunter. Auch: Herr Gott, Herr Jesus, verlaß mich nicht, und ganz zuletzt, als die Krämpfe ihr beinah schon ganz den Athem benahmen: Herr Jesus, mache es kurz, und wenige Augenblicke nachher, nachdem sie einigemale konvulsivisch mit dem Gesicht gezuckt hatte – verschied sie. – Ich, drückte ihr die starren gebrochenen Augen zu. – Alles übrige übergehe ich mit Stillschweigen...
Um 9 Uhr war ihr Leiden geendigt, und um ¼11 Uhr kamen Charlotte und Karl, aber nur um den Tod der liebevollsten Mutter mit mir kniend bei ihrem entseelten Körper beweinen zu können. Sie starb den Tod des Gerechten. Gott schenke ihr jetzt ewiges Wohlergehen. Nun sind wir die Beklagungswürdigen, und mein Schmerz, wenn auch die Zeit ihn lindert, wird nie endigen.
In obiger Erzählung habe ich nur ganz allein das bemerkt, was in meiner Gegenwart vorgegangen ist.«

Gestorben ist Luise in den Armen der Frau von Berg.

Herzog Karl, Luises Vater, kehrt eine Woche später vom Unglücksort Hohenzieritz nach Neustrelitz zurück. Auf seinem Schreibtisch findet er, in der wohlvertrauten Handschrift, den letzten Gruß der Toten, den sie vor fast vier Wochen dort in fröhlicher Laune hinterlegt hat.

Mein lieber Vater, ich bin
heute so glücklich als
Ihre Tochter und Frau
des besten aller Gatten.

23.

Für immer nach Berlin

Die Kunde vom Tod der Königin Luise trifft Preußen wie ein lähmender Schlag. »Menschen aller Klassen, der höchsten und der niedrigsten, sind über diesen Verlust mit unnennhafter Trauer erfüllt«, schreibt eine Augenzeugin in einem Brief vom 20. Juli 1810. »Ein jeder fühlt es schmerzhaft, welche neue unheilbare Wunde mit dem Tod der verehrten Königin das Verhängnis dem Vaterlande schlägt... Auf den Straßen fand ich den Menschen die Züge des drückenden Kummers aufgeprägt.« »Der Tod der Königin hat viel Trauer erregt«, berichtet ein anderer, der Berliner Jurist Wilhelm von Gerlach, »am Tage, wo er hier bekannt wurde, ließ der Hofmarschall im Palais ein Bulletin darüber ausgeben, man hat viele weinend aus dem Hause kommen sehen.«

Blücher, selbst Mecklenburger Herkunft: »Ich bin wie vom Blitz getroffen – der Stolz der Weiber ist also von der Erde geschieden! Gott im Himmel, sie muß zu gut für uns gewesen sein.« Als er, der ebenfalls längst legendäre »Marschall Vorwärts«, 1815 die weißen Fahnen erblickt, mit denen Paris vor ihm kapituliert, soll er ausgerufen haben: »Jetzt endlich ist Luise gerächt!«

In Preußen, und nicht nur dort, glaubt man allgemein, die Königin sei am Leid des Vaterlands gestorben, am »gebrochenen Herzen« über das Unglück ihres Landes. So geistert es auch noch lange durch die Geschichts- bzw. Legendenschreibung, eine Version, der man nur zögernd widersprechen möchte.

Dabei ist ihr schon früh widersprochen worden, vor allem von den beiden behandelnden Ärzten, die übereinstimmend bekunden, Luise habe an einem schweren und zumindest damals unheilbaren organischen Schaden gelitten, worauf sowohl der Leichenbefund als auch die häufigen Brustkrämpfe hinweisen, die in früheren Jahren schon aufgetreten sind. »Eine an einer wahren Entzündung leidende Lunge kann nicht so husten, nicht so auswerfen, wie wir gesehen haben«, schreibt Hieronymi am 24. Juli aus Neustrelitz an Heim. Beide Ärzte sind sich sogar einig darin, daß »die Sache so, wie sie gegangen, am besten gegangen sei.« Luise war, wie es scheint, schon lange »dem Tode geweiht«, und wahrscheinlich sind ihr weitere und schlimmere Qualen durch das rasche Ende erspart worden.

Eine solche medizinische Wahrheit schließt jedoch nicht aus, daß die körperlichen und seelischen Anstrengungen der Kriegs- und Exiljahre ihre Widerstandskraft über Gebühr geschwächt und am Ende das organische Leiden beschleunigt haben. Ihre Persönlichkeit und ihre Wirkung läßt sich kaum in die üblichen Grenzen spannen, und eben dies ist Teil ihrer Faszinationskraft. Vieles, vielleicht sogar das meiste an ihr scheint Sowohl-als-auch. Sie ist zugleich sehr altmodisch, eine fürstliche Erscheinung aus dem Rokoko, und sehr modern, nämlich weltzugewandt und absolut nicht adelsstolz, fast bürgerlich. Sie ist kokett und kann doch entbehren, optimistisch eingestellt und doch schattenhaft belastet, eine Frau voller Widersprüche, noch im Tod. Das organische Leiden und ein »gebrochenes Herz« sind in diesem Sinn keine Gegensätze, eher Kehrseiten der gleichen Medaille wie eine Legende aus Fleisch und Blut.

Ähnlich steht es mit ihrem politischen Einfluß. Er erscheint oft klein, jedenfalls nicht konkret auszumachen, andererseits ist er nicht wegzudenken aus dem Lauf der Dinge nach 1806. Selbst Napoleon sagt, als er von Luises Tod erfährt, seine größte Feindin sei gestorben. Er weiß, daß moralische Kraft nicht weniger zählt als militärische und politische. Wahrscheinlich zählt sie sogar doppelt.

Wie überhaupt aus distanzierter Sicht ihr frühes Ende noch unheilvoller, bedeutsamer und endgültiger erscheint als aus der Sicht ihrer nahen Umgebung. Der schwedische Lyriker Carl Vilhelm Böttiger bewertet in einem Brief an den Verleger Cotta Luises Tod sogar als ein »Todesurteil des preußischen Staates«. Und Friedrich Gentz, der sich dann in östereichischen Diensten befindet – wir sind ihm zu Anfang als politischem Kommentator in Berlin begegnet –, äußert sich gegenüber Böttiger: »Der Tod der Königin von Preußen ist der härteste Schlag, der diesen Staat jetzt noch treffen konnte. Mit ihr verschwindet nicht allein das einzig wahre Lebenselement, das diese absterbende Maschine noch beseelte, sondern auch die einzige große Dekoration, die ihr ein gewisses äußeres Ansehen noch erhielt. Für alles, was Meinung heißt, selbst für den gemeinen Geldkredit der preußischen Monarchie, konnte nichts Empfindlicheres geschehen.«

Womit er auf die finanziellen Sorgen Friedrich Wilhelms, Hardenbergs und Wittgensteins anspielt, die Kontributionen betreffend – auch diese werden also, nach Meinung eines maßgeblichen Zeitgenossen, durch den Tod der Königin verstärkt. Luise – wahres Lebenselement oder äußere Dekoration – ist so sehr zur Verkörperung Preußens geworden, daß mit ihr sogar die Kreditwürdigkeit des Staates zu erlöschen droht.

Poetischer drückt es Friedrich von Stägemann in einem Gedicht aus – falls man denn seine Verse zur Poesie rechnen will. Sie übertrafen jedenfalls seinerzeit an Popularität diejenigen Kleists weitaus, auch wenn sie diesen einige Anregung verdanken:

> Müssen wir auch Dich beweinen,
> Holde Königszier der Deinen?
> Brach des Vaterlandes Schmerz
> Schon so früh Dein unbewaffnet' Herz?
> Und den Mächten, die im Dunkeln wallen,
> Mußtest Du, ein Opfer, fallen?

Die dritte Strophe (von insgesamt zehn) lautet:

> Wollet nicht dem Schmerz gebieten!
> Laßt ihn mit dem Dolche wüten
> In der tief zerrißnen Burst.
> War sie nicht des Auges heitre Lust?
> Trat sie nicht, ein Friedensstern, dem Volke
> Durch des Kriegs Gewitterwolke?

Friedensstern dem einen, Kriegsgöttin dem anderen – Preußen hat verloren, was den zusammengebrochenen Staat einte und zusammenhielt. Trotzdem irren Böttiger und Gentz sowie alle, die nur an eine leibliche Präsenz glauben. Denn Luises schillernde Persönlichkeit bleibt, nun mit einer Märtyrerkrone versehen, Preußen erhalten. Merkwürdig oft hat die Lebende in ihren Briefen zum Ausdruck gebracht, ihr Reich sei »nicht von dieser Welt«. Wobei es sich wohl um eine jener mystifizierenden Phrasen handelte, wie sie damals beliebt und gebräuchlich waren; es ist nicht nur Luise, die gern im Zusammenhang mit irdischen Leiden auf das Transzendentale hinweist.

Aber bei ihr wird die schwärmerische Phrase zur Wirklichkeit. Um es im Stil der Zeit zu sagen: Ihr Stern leuchtet noch von drüben durch alle Wetterwolken auf ihr Land herab; er scheint eher sogar noch heller zu strahlen. Als Preußens Symbol stirbt Luise nicht, wächst, im Gegenteil, weiter ins Irreale. Dabei ist sie keine Märtyrerin, aber doch so etwas wie Preußens Mater Dolorosa, die schmerzensreich das Schicksal des Vaterlands erlitten hat.

So schickt sich das Land an, seine große Tote heimzuholen.

Wer den feierlichen und würdigen Trauerzug von Mecklenburg nach Berlin vorbereitet hat, ist unbekannt. Das Vorbild liegt auf der Hand: die Heimkehr der schönen Eleonore von Kastilien, einer damals populären historischen Figur und tatsächlich Luise nicht unähnlich. Wie sie früh, mit 44 Jahren, verstorben, wurde die Gemahlin König Eduards I. von Lincoln im Norden des Landes feierlich nach Charing nahe London überführt und jede Stelle, an der der Sarg über Nacht verweilte, später mit einem Leonorenkreuz versehen. Das war vor über 500 Jahren, aber heute noch findet sich »Charing Cross« auf dem Londoner Stadtplan. Eleonores Trauerzug war wiederum von einem früheren inspiriert, der sich in Sage und Mythos verliert. Mit hundert fackeltragenden Rittern soll Sir Launcelot die tote Guenevere, Gemahlin des König Artus, von Amesbury nach Glastonbury gebracht haben. Königinnen sind schon immer geliebt worden, meist mehr als die Könige. Selbst ihre Trauerzüge scheinen länger im Volksgedächtnis, dem Unterbewußtsein der Geschichte, haften geblieben.

Luises Trauerzug verläßt am 25. Juli, früh um vier Uhr Hohenzieritz. »Schritt vor Schritt« geht es im Trauermarsch der preußischen Grenze entgegen, voran die mecklenburgische Ehreneskorte mit schwarzumflorten Fahnen. Dem Leichenwagen folgt die königlich-preußische Kutsche. Da der König mit seinen Kindern schon am Tag nach Luises Tod nach Berlin zurückgekehrt ist, befindet sich in ihr nur eine einzige, tief verschleierte Person: der Voto, die 80jährige Gräfin Voß. Sie hat die Kronprinzessin einst an den Toren Berlins in Empfang genommen. Jetzt begleitet sie die Königin auf ihrem letzten Weg, der wiederum nach Berlin führt.

In weiteren Wagen folgen Strelitzer Minister und Hofdamen auf dem sandigen Weg den Tollensesee entlang bis Dannenwalde. Hier übernimmt das preußische Garde du Corps die Eskorte. Das Mecklenburger Geleite kehrt um. Mit gedämpftem Trommelklang und in gesetztem Schritt ziehen Königin und Voß noch einmal in Preußen ein. Überall strömt die Bevölkerung zusammen, überschüttet den Sarg mit Blumen. Viele weinen.

Die erste Station wird in Gransee gemacht. In einem Holzhaus auf dem Marktplatz bleibt der Sarg über Nacht. Drei Offiziere halten die Totenwache, nachdem Gräfin Voß, eine protokollarische Aufgabe bei königlichen Überführungen, den Sargdeckel vorher hat öffnen lassen, um die Verstorbene in Augenschein zu nehmen. Wie man der Eleanore ein Kreuz gesetzt hat, errichtet Schinkel genau an dieser Stelle später Luise ein Denkmal aus filigranem Berliner Eisen, »fer de Berlin«, Symbol preußischer Sparsamkeit und Kunstfertigkeit. Über ihrem Standbild erhebt sich – noch heute in der Mitte des Marktplatzes – eine gotische Eisenlaube.

Am nächsten Tag bricht man um sieben Uhr morgens auf. Je näher Berlin rückt, desto mehr Menschen säumen die Straßen. Die nächste Nacht verbleiben Sarg und Trauerzug in Oranienburg, von wo man wiederum um sieben Uhr aufbricht. Abends um acht Uhr ist Berlin erreicht.

»Beim Leichenzug herrschte eine große Stille«, schreibt Wilhelm von Gerlach, »und man sah überall auf der Straße Weinende aus allen Ständen; es war auch dadurch sehr rührend, daß er die Linden (die Straße Unter den Linden) herunter stattfand, auf dem sie einst bei ihrer Einholung als Braut gefahren war; so viele hatten sie damals gesehen.« Knapp 17 Jahre sind seitdem vergangen.

Am Schloß erwarten der König und seine Kinder den Sarg. 24 Kammerherren heben ihn vom Wagen und tragen ihn zu den Klängen eines Chorals die Schloßtreppe hinauf zum Thronsaal. Dort protokolliert die alte Voß noch einmal den Zustand der Leiche. »Unser heimgegangener Engel fängt seit heute an sich zu verändern«, liest man in ihrem Tagebuch, »wir können sie nicht mehr zeigen ... Gestern sah ich meine Engelskönigin noch, aber heute ist sie nicht mehr dieselbe.« Der König verzichtet, auf Anraten der Oberhofmeisterin, die Tote noch einmal zu sehen.

Tausende von Berlinern ziehen in den nächsten drei Tagen am Sarg vorüber, der unter dem hohen Thronhimmel aufgebahrt steht, sein Katafalk mit violettem Samt ausgeschlagen. Der große verdunkelte Raum wird nur von sechs Kandelabern erhellt.

Beim letzten Protokoll der Minister, am 30. Juli um sechs Uhr abends, muß auch wieder die Gräfin Voß anwesend sein. Noch ein letztes Mal – »Ach, wie war sie verändert!« – läßt sie den Sargdeckel öffnen, der anschließend endgültig verschlossen wird. Die Beisetzung findet im engsten Kreis in der Sakristei des Berliner Doms statt.

Aber der Dom bleibt ein unpersönlicher, dazu menschenüberlaufener Ort. Schon Anfang August beschließt der König, Luise dort ein eigenes Mausoleum zu errichten, wo es ihr in Berlin am besten gefallen hatte und wo er nun auch am häufigsten weilt: in Charlottenburg, im Schloßpark.

> »Einesmals frug sie mich, wie wir am Wasser kamen, wo die Fähre zur neuen Insel führt, nach der dunklen Tannenallee, die sie ihres eigentümlich schwermütigen Charakters wegen gerne mochte«, erklärt er, »ich zeigte sie ihr, und wir gingen ihr entlang. Dies ist die Hauptveranlassung zu der ihr dort errichteten Ruhestätte.«

Friedrich Wilhelm entwirft selbst einen viersäuligen Prostylos, einen griechischen Tempel mit Vorhalle, dessen Fassade Schinkel ins Reine zeichnen muß. Die Bauausführung wird, alles in höchster Eile, Heinrich Gentz anvertraut, dem Bruder des Schriftstellers. Schinkel und Gentz sind glänzende Baumeister. Durch vorsichtige architektonische Veränderungen des Entwurfs gelingt ihnen ein einfaches und würdiges Gebäude im dorischen Stil. Schinkel aber ist damit nicht zufrieden; in der Akademieausstellung des gleichen Jahres, 1810, zeigt er einen gotischen Gegenentwurf. Er erregt viel Aufsehen und wird in den »Berliner Abendblättern« ausführlich publiziert: ein dreischiffiges, lichtdurchflutetes Mausoleum mit rosarot getönten Glasfenstern. Nichts gegen Schinkel, aber es kann gut sein, daß der schlichte dorische Klotz passender und auf die Dauer eindrucksvoller ist, als es dieser etwas pathetische Bau mit den vier Engelsfiguren über dem Eingang gewesen wäre.

Die Überführung findet schon am 23. Dezember – dem Jahrestag der Rückkehr aus Ostpreußen – statt, obwohl die Bauarbeiten noch nicht völlig abgeschlossen sind. Die Zeitung »Der Freimüthige« berichtet: »Nur wenigen vertrauten Personen war Tag und Stunde bekannt, selbst amtlichen Stellen wurde erst am vorhergehenden Tage Nachricht gegeben, und alle notwendigen Anordnungen gab das Polizei-Präsidium selbst in möglichster Verschwiegenheit und erst eine Stunde vor der festgestzten Zeit bekannt.«

Noch im Dunkel der Nacht holt Freiherr von Maltzahn, der »Gartenintendant« des Königs, begleitet nur von Soldaten und Stalleuten, den Sarg aus dem Dom und bringt ihn über die Straße Unter den Linden und die Charlottenburger Chaussee bis zur Alle vor dem Mausoleum. Gardesoldaten haben den Vorplatz im Halbkreis umstellt, während in aller Stille der Sarg über den Platz getragen und in die Gruft gebracht wird. Nur zwei Schildwachen am Eingang bleiben zurück.

Erst gegen zehn Uhr trifft der König mit seinem Gefolge aus Potsdam ein, Probst Ribbeck hält um elf die Einweihungsfeier, anschließend wird die Begräbnisstätte auch für die Bevölkerung geöffnet.

Offen für jedermann ist sie bis auf den heutigen Tag. Selten, daß sich am Sarkophag der Königin Luise keine Blumen finden; vor allem an ihrem Geburtstag, dem 10. März, ist die Halle damit geschmückt. Der Raum wird bestimmt durch die schöne, lebensgroße liegende Marmorfigur der Königin, die Christian Daniel Rauch im Auftrag des Königs entworfen und ausgeführt hat. Rauch, einst Kammerdiener Luises und aus ihrer Schatulle bei

Schadow ausgebildet, arbeitet jahrelang an ihr, fern von Berlin, in Rom und Carrara. Sie entsteht, während Preußen und Rußland mit Hilfe Englands Napoleon besiegen, mitten in den Befreiungskriegen.

Als das Werk am 19. Juli 1814, dem Todestag Luises, von Livorno auf einem englischen Zweimaster eingeschifft wird, durchsteht es noch ein dramatisches Zwischenspiel. Unterwegs bringt ein amerikanisches Kriegsschiff den Engländer mitsamt dem Sarkophag als Kapergut auf, aber der englischen Flotte gelingt es, Schiff sowie Kunstwerk wieder zurückzuerobern. Am 30. Mai 1815 kann Rauchs Arbeit im Mausoleum aufgestellt werden.

Nach dem Wunsch des Königs soll die Figur »die Hoheit der Königin, den Liebreiz des Weibes und die Züge der Gattin« miteinander vereinen. In ihrem stilisierten Naturalismus gelingt ihr das auf vollendete Weise. Luise, im dünnen Gewand, der Faltenwurf so sorgfältig ausgeführt wie das Porträt, scheint schlafend. Ihre entspannten Züge sind ähnlich genug, um Friedrich Wilhelm beim ersten Anblick bis zur Sprachlosigkeit zu erschüttern – und sie scheinen dennoch zeitlos. Mensch und Legende sind in Rauchs Meisterwerk endgültig ineinander übergegangen.

Charlottenburg mit den sterblichen Überresten Luises bleibt für den König das Zentrum seines weiteren Lebens. R. F. Eylert, eigentlich der Chronist Friedrich Wilhelms II., über dessen Sohn: »Einsam wandelte Er oft durch die düstern Baumgänge, die zu ihrem Mausoleum führen, und den Schlüssel zum unteren Grabgewölbe hatte nur Er allein. Früher war Garten und Schloß den ganzen Tag hindurch fortwährend dem Publicum geöffnet, – seit dieser Zeit aber bei Seiner Anwesenheit, Vormittags, geschlossen ... Eine heilige Stille und Ruhe umschwebt den Ort ...«

Er gehört heute zu einem der meistbesuchten im westlichen Teil der Halbstadt. Luises Anziehungskraft reicht, wie es scheint, über die Zeiten hinweg. Die Wetterwolken sind vergangen. Ihr Stern leuchtet immer noch. Viel mehr ist von Preußen dann auch nicht übriggeblieben.

24.
Postskriptum

Mit dem Tod – wie Napoleon meint, ohnedies nur »ein Schlaf ohne Träume« – endet nicht alles. Lassen wir also auch nicht die biographischen Fäden der Personen in der Luft hängen, die Luises Leben begleitet haben.

Napoleon, der in Luises Leben neben ihrem Mann zweifellos die Hauptrolle gespielt hat, wird im Jahr nach ihrem Tod stolzer Vater durch die neue Kaiserin Marie Louise. Den kleinen Napoleon macht er zum »König von Rom«, was ihm in Italien fortdauernde Verehrung sichert, denn einen König von Rom hat es lange nicht mehr gegeben.

Dafür verschlechtert sich sein Verhältnis zu Alexander immer mehr. 1812 stellt der Zar Napoleon sogar ein Ultimatum. Die französischen Truppen sollen endlich, was sie immer noch nicht getan haben: Preußen räumen. Statt dessen ergreift Napoleon die, wie er meint, günstige Gelegenheit, um sein Reich bis an den Ural auszudehnen. Mit 600 000 Mann, die Hälfte davon Ausländer, auch Preußen (unter Yorck) darunter, fällt er in Rußland ein. Wie später Hitler hofft er fälschlich, es in drei Monaten besiegen zu können.

Geschlagen kehrt die Große Armee zurück. Yorcks Kehrtwendung in Tauroggen, ohne Wissen Friedrich Wilhelms vollzogen, doch nachträglich von ihm sanktioniert, bringt die beiden Freunde Alexander und Friedrich Wilhelm endgültig wieder gegen Napoleon zusammen. Dessen Schicksal scheint nach der »Völkerschlacht« bei Leipzig vom 16.–19. Oktober 1814 endgültig besiegelt. In der Neujahrsnacht überquert der Luisen-Verehrer Blücher mit seinen Truppen bei Kaub den Rhein. Aber aus Elba, dem ersten

Exil, kehrt Napoleon noch einmal glanzvoll zurück, ehe er 1815 nach der Schlacht bei Belle-Alliance (oder, wie die Engländer sie nach dem Hauptquartier ihres Oberkommandierenden Wellington nennen, Waterloo) zum zweitenmal abdanken muß. Großbritannien, das ihn nie als Kaiser anerkannt hat, verbannt ihn auf die einsame Südatlantik-Insel St. Helena. Dort stirbt er, erst 51 Jahre alt, am 5. Mai 1821, an einem Magengeschwür.

Mit ihm stirbt, wie man hinzufügen muß, der erste Plan, die erste Idee für ein geeintes Europa (allerdings unter französischer Vorherrschaft), das wieder zum Viel-Staaten-Kontinent wird. Die von ihm gegründeten Königreiche seiner Brüder sind, wie Mutter Letizia vorausgesehen hat, bald wieder aufgelöst.

Letizia, die als »Madame mère«, als einfache »Frau Mutter« und ohne jeden Titel an seinem Hof gelebt hat, begibt sich unter den Schutz ihres Schwiegersohns Borghese. Sie geht nach Rom. Ihren berühmten Sohn überlebt sie dort um 15 Jahre, sie stirbt erst 1836. Noch heute zeigt man den Balkonumlauf ihres Palais, von dem aus sie als Greisin das Leben und Treiben auf der Piazza Venezia und der Via del Corso zu beobachten pflegte.

Jérôme, der lustige König von Westfalen, schlüpft nach dem Sturz seines Bruders als Fürst von Montfort bei seiner Schwägerin in Österreich unter, zeitweilig auch in Italien und der Schweiz. Unter Napoleon III. kehrt er jedoch nach Paris zurück, wo er es zu hohen Ehren, am Ende zum Senatspräsidenten bringt. Er stirbt 1860, 75jährig. Seine Tochter Mathilde macht sich in der französischen Hauptstadt einen Namen durch den Salon, den sie führt, und in dem unter anderen Dumas, Maupassant, Gautier, die Brüder Goncourt und der impressionistische Maler Besnard verkehren. Von Jérôme stammen alle jene »Napoleoniden« ab, die noch eine Weile in Italien, woher die Familie ja auch stammt, von sich reden machen.

Aber der König von Rom, den Napoleon I. bei seiner Abdankung vergeblich versucht hat als Napoleon II. zum Kaiser von Frankreich auszurufen, wird in Wien, der Heimat seiner Mutter, erzogen. 1818 erkennt man ihm das böhmische Herzogtum Reichstadt zu. Als Herzog von Reichstadt stirbt er schon 1832 kinderlos mit 21 Jahren in Schönbrunn.

Alexander I. von Rußland ist der eigentliche Sieger über Napoleon, wobei ihm die unermeßliche Weite seines Landes und der mit ihm verbündete grausame »General Winter« erheblich beigestanden haben. An der Seite seines besten Freundes, Friedrich Wilhelm III., zieht er, der Star unter den Siegern, in Paris ein. Bei ihrem anschließenden Besuch in London beschwert sich das Publikum, die beiden Monarchen, die stets in der gleichen Kutsche fahren und ähnliche Uniformen tragen, nicht unterscheiden zu können.

Alexander scheint sich zehn Jahre später aus Amt und Würden und damit der Geschichte gleichsam hinausgestohlen zu haben. Das heißt: Angeblich stirbt er auf einer Reise in die ihm noch unbekannten südlichen Teile seines Riesenreichs am 19. November 1825 auf der Krim. Aber da gibt es erhebliche Zweifel. Der offene Sarg zeigt eine bis zur Unkenntlichkeit überschminkte Leiche, vor der seine Mutter wie absichtsvoll ausruft: »Oh, mein Sohn, mein Alexander, ja das ist mein Alexander . . . !« Alle Unterlagen über den Tod in den russischen Archiven sind früh vernichtet worden.

Zur gleichen Zeit taucht im Gouvernement Tomsk in Westsibirien ein halb tauber, dorthin verbannter Landstreicher auf, der gar nicht wie ein Landstreicher aussieht. Als Starez, als streng asketischer Mönch, wird seine Behausung bald zu einer Art Pilgerstätte, die auffallend oft auch Hochgestellte wie der Graf Tolstoi aus St. Petersburg aufsuchen. Der Mönch stirbt 1864 – da wäre Alexander 86 gewesen –; noch Nikolaus II., der letzte Zar, hat als Thronfolger 1891 sein Grab aufgesucht.

Rätselhaft ist weiterhin, daß Alexander die Reise auf die Krim – oder wohin auch immer – in Begleitung seiner Frau angetreten hat, Luises Zarin-Freundin Elisabeth, die er sonst nie auf Reisen mitnahm. Jetzt ist sie dabei, stirbt jedoch geheimnisvollerweise 1826 auf der Heimreise in Bjelow.

Und schließlich ein letztes Mysterium. 1921 herrscht in der Sowjetunion eine fürchterliche Hungersnot. Eine Kommission öffnet alle Särge der kaiserlichen Familie und entfernt die darin vorhandenen Juwelen, mit denen im Ausland Lebensmittel eingekauft werden sollen. Der Sarkophag Alexanders I. erweist sich als leer.

Luises »Mabuscha«, Prinzessin George, überlebt die Enkelin um fast acht und sogar noch ihren Schwiegersohn, den (von Napoleon) zum Großherzog erhobenen Karl von Mecklenburg-Strelitz, um eineinhalb Jahre. Sie stirbt fünf Tage vor ihrem 89. Geburtstag am 11. März 1818. Karls Nachfolger wird Luises Lieblingsbruder Georg. Er regiert bis 1860, wird 81 Jahre alt, einer der wenigen mecklenburgischen Reformer, auch wenn er in einem Land, in dem nach Fritz Reuter der einzige Verfassungsparagraph lautet: »Es bleibt alles beim Alten«, nicht viel erreicht. Immerhin läßt er 1820 nach preußischem Vorbild die Leibeigenschaft der Bauern aufheben.

Friederike, mit der Luise einst in Berlin einzog, heiratet nach dem Tod ihres zweiten Mannes, des Prinzen Solms, 1815 noch ein drittes Mal, und zwar den König Ernst August von Hannover. Sie lebt bis 1841, wird also 63 Jahre alt. Die Schwester Charlotte, »Lolo«, die Sängerin in Hildburghausen, stirbt mit 48 Jahren. Therese von Thurn und Taxis, die der Schwester in deren letztem Lebensjahr auf diplomatischem Parkett geholfen hat, erlebt noch ihren 65. Geburtstag.

Friedrich Wilhelm muß im Zeichen der Restauration, die den Befreiungskriegen folgt, einen Teil seiner Reformen modifizieren. Das lästige Regieren hat er jedoch bald so gut wie aufgegeben, so daß die Verantwortung für den immer reaktionärer werdenden Kurs der »Hofkamarilla« anzulasten ist, die er um sich versammelt, aber auch dem ausgesprochenen Reformer Hardenberg. Was Luise ihm noch auf dem Totenbett angeraten hat, erfüllt Friedrich Wilhelm in fast übertriebener Weise. Er hört nicht nur auf den Staatskanzler; er legt ihm die Zügel des Staates völlig in die Hand, bis Hardenberg 1822, fast völlig ertaubt, in Genua auf einer politischen Reise überraschend 72jährig stirbt. Bis zuletzt ein Bruder Leichtfuß, hinterläßt er einen Schuldenberg von 540 000 Talern, einer damals geradezu astronomischen Summe, das meiste übrigens in Wechseln an die preußische Staatskasse. Bei seinem Amtseintritt hat der Staatskanzler auf jegliches Gehalt feierlich verzichtet, wohl aber verlangt, daß die Staatskasse für alle seine Ausgaben aufkommt (was sich für Preußen als denkbar schlechtes Geschäft herausstellt).

Friedrich Wilhelm zieht sich auf ein Gebiet zurück, das ihm, der laut Napoleon »weder Militär noch Politiker« ist, erstaunlich nahe liegt, auf das Gebiet der Wissenschaften, der Religion und der Künste. Kein anderer preußischer König hat ihn darin übertroffen. Ist schon die Gründung der Berliner Universität (1810 im Palais des Prinzen Heinrich, Unter den Linden) sein Werk, so gründet er auch die Universität Bonn (1818), verlegt die zur Bedeutungslosigkeit abgesunkene Universität in Frankfurt an der Oder nach Breslau (1811), erneuert die Kunstakademie in Düsseldorf (1822), die jetzt erst zu internationalem Rang aufsteigen kann. Auf ihn gehen ferner unzählige Landwirtschafts-, Handels- und Gewerbeschulen zurück, auch eine Bauakademie, aus der sich dann die Technische Universität Berlins entwickeln wird.

Der Bauakademie steht kein anderer als Schinkel vor. Der baut unter ihm das klassizistische Berlin, wie es – nach Beseitigung der Schäden des Zweiten Weltkriegs – heute wieder vor uns steht. Mit Friedrich Wilhelm, der am Ende alles aus seiner Privatschatulle bezahlen muß, hat Schinkel es nicht einfach. »Dem muß man einen Zügel anlegen«, brummt der König einmal, als sein Oberbaudirektor ihm schon wieder einen viel zu kostspieligen Entwurf vorlegt. Aber selbst Friedrich Wilhelms störrischer Geiz bekommt den Plänen des großen Baumeisters, der übrigens auch den Kronprinzen im Zeichnen unterrichtet. Preußische Schlichtheit verbindet sich in den ausgeführten Bauten mit architektonischer Inspiration.

So baut Schinkel dann auch, im Auftrag Friedrich Wilhelms, das erste öffentliche Museum Preußens, das Neue (heute: das Alte) Museum am Lustgarten. Zum Kunstkenner und Kunstfreund wird Friedrich Wilhelm gleichsam nachträglich durch Luise. Rastlos sucht er in den ersten Jahren nach dem Tod der Königin die Schlösser auf, in denen Porträts von ihr hängen, vergleicht sie untereinander und mit seiner Erinnerung, bespricht sie mit Verwandten und seiner näheren Umgebung. Eylert berichtet: »Der König war dabei unerschöpflich; kein Bild, es mochte ähnlich oder schön sein, that ihm Genüge. An jedem hatte er etwas auszusetzen; immer bemerkte er kleine, zartere Züge, welche die Vollendete gehabt; Ihr Bild, wie Geist und Gemüth es beseelte, lebte anschaulich in seiner Seele ...«

Der auf einmal erstaunlich musische König wird auch beinahe zum Theologen. Daß er als Reformierter niemals zusammen mit Luise, der Lutheranerin, das Abendmahl hat einnehmen dürfen, empfindet er als absurd. So begründet er 1817 die Union, eine Wiedervereinigung beider Kirchen, für die er sogar selbst eine Liturgie entwirft. Sie bleibt Dilettantenwerk und stößt begreiflicherweise auf die Kritik der Fachleute. Aber wenn sich Friedrich Wilhelm in etwas hineinkniet, geschieht es gründlich. Er studiert die Gottesdienstformen der Vergangenheit und weiß über sie bald besser Bescheid als alle Theologen (»Die sollen mich nicht erst Luthern kennenlernen«, wie er sich ausdrückt). Von 1829 an erscheinen Ausgaben der königlichen Agende (Gottesdienstordnung), territorial gehalten und so durchgearbeitet, daß selbst Gegner – unter ihnen Schleiermacher – ihr zustimmen können.

14 Jahre nach dem Tode Luises heiratet der König wieder, morganatisch, das heißt, in nicht ebenbürtiger Ehe, die Gräfin Auguste Harrach. Als Fürstin von Liegnitz lebt sie diskret an seiner Seite, ohne sich jemals in die Rolle einer Luise drängen zu wollen. Selbst das Schloß Charlottenburg bleibt ihr, der Unvergessenen, vorbehalten. Für Friedrich Wilhelm und seine neue Frau erbaut Schinkel im Schloßgarten ein bescheidenes Palais nach dem Vorbild einer italienischen Villa, heute »Schinkel-Pavillon« genannt.

Friedrich Wilhelm III. stirbt, wie er gelebt hat. Kurz vor Vollendung seines 70. Lebensjahres muß er einen leichten Schlaganfall erlitten haben. Die Feierlichkeiten der Grundsteinlegung zu Rauchs Denkmal Friedrichs des Großen verfolgt er noch vom Lehnstuhl aus, den man im Kronprinzenpalais ans Fenster geschoben hat. Am 7. Juli 1840 – es ist Pfingstsonntag – muß erst der Arzt die Familienmitglieder, die das Bett umstehen, darauf aufmerksam machen, daß der König, unbemerkt von allen, gestorben ist.

Betrauert wird er wenig. Den Fortschrittlichen hat er sich verhaßt gemacht, weil er nicht fortschrittlich genug, den Reaktionären, weil er zu fortschrittlich war. Sein Versprechen einer preußischen Verfassung hat er zudem nicht wahrgemacht, den Entwurf Hardenbergs beiseitegelegt. Alle Hoffnungen richten sich jetzt auf Luises Ältesten, den wilden, ungebärdigen, schwer erziehbaren Fritz, der als Friedrich Wilhelm IV. den Thron besteigt; er ist jetzt schon 45.

Heine hat ihn folgendermaßen besungen:

Ich habe ein Faible für diesen König.
Ich glaube, wir sind uns ähnlich ein wenig.
Ein vornehmer Geist, hat viel Talent.
Auch ich, ich wäre ein schlechter Regent.

Damit ist vieles, eigentlich alles gesagt. Der »Romantiker auf dem Königsthron« hält nicht, was er verspricht. Zwar beseitigt er anfangs einige der schlimmsten Verfehlungen, die während der Regierungszeit seines Vaters entstanden sind, vor allem während der »Demagogenverfolgung«, der sich Preußen auf Drängen Metternichs angeschlossen hat. Ernst Moritz Arndt erhält seine Bonner Professur zurück, die Brüder Grimm werden wieder in die preußische Akademie der Wissenschaften berufen, Alexander von Humboldt zum Staatsrat ernannt und sogar der wirrköpfige Franzosenfresser Jahn, der »Turnvater«, rehabilitiert. Damit erschöpft sich die Liberalität des neuen Königs aber auch schon.

Verblüffend wirkt er nur dadurch, daß er laufend längere öffentliche Reden hält, der erste preußische König, der sich fließend in deutscher, sehr Berlinisch klingender Sprache frei ausdrücken kann. Er redet bald überall, das heißt, er hält eigentlich langatmige und frömmelnde Predigten, die eine peinlicher als die andere; im Reden übertroffen hat ihn erst wieder Wilhelm II. Eine Verfassung gibt er Preußen auch nicht, denn von seinem Gottesgnadentum ist er weitaus überzeugter als sein eher bürgerlich gesinnter Vater. Er dürfte der meistkarikierte Potentat seiner Zeit gewesen sein.

Wilhelm, sein Bruder, Luises Zweiter, hilft, die Revolution von 1848 niederzuwerfen, die Friedrich Wilhelm IV. mit Ach und Krach (und Alexander von Humboldts Hilfe) übersteht. Wilhelm, als »Kartätschenprinz« verfemt, flüchtet in der Verkleidung eines Kutschers zunächst auf die Pfaueninsel, dann nach England zu seinen Verwandten. Er ist von dort zurückgekehrt, als sich die ersten Anzeichen einer Geisteskrankheit bei seinem Bruder zeigen und er die Regentschaft, bei dessen Tod 1861 dann die Nachfolge antritt. Mit großen Skrupeln und von Bismarck getrieben, nimmt er 1871 die deutsche Kaiserwürde an. Damit hat Preußen praktisch aufgehört zu existieren.

Der dicke Köckeritz bleibt in der Umgebung Friedrich Wilhelms III., den er nach Kräften vom Publikum abschirmt und dem er viele Entscheidungen abnimmt. Boyen berichtet, der gutmütige und hilflose Generalmajor habe sich eines Tages bei ihm beklagt: »Ich bin recht unglücklich, wenn zwei Parteien über eine Sache mit mir sprechen, dann wissen sie es immer so einzurichten, daß ich gar nicht weiß, wer recht hat.« Er stirbt 1821 in Berlin, 77 Jahre alt.

Stein, der an den Befreiungskriegen als Berater Alexanders I. teilnimmt, wird von Hardenberg häufig bei kniffligen Fragen und in Zweifelsfällen hinzugezogen, aber eine Neuberufung lehnt er ab. Die von Napoleon enteigneten Güter bekommt er zurück, kurt viel in Bad Ems, fährt einmal mit dem Napoleonverehrer Goethe den Rhein hinab und studiert die Geschichte des Mittelalters.

Ansonsten sitzt er, ein alternder Griesgram, der nahezu alle Zeitgenossen, vor allem Hardenberg, mit bissigen Bemerkungen verfolgt, in seinem Alterssitz Cappenberg, das er sich gegen die Besitzungen in Birnbaum (Posen) eingetauscht hat. In Nassau in einem von ihm errichteten neugotischen Turm mit farbigen Glasfenstern und einer Büste Friedrich Wilhelms III. (von Rauch) arbeitet er an seinem eigenen Denkmal und empfängt ehemalige Rheinbundfürsten, die sich wegen einer neuen Verfassung an ihn wenden. Nur noch in Provinzialangelegenheiten Nassaus begibt er sich nach Berlin, das er nach wie vor haßt. Er stirbt am 29. Juni 1831, 73jährig.

Beyme wird 1816 geadelt und kehrt als Justizminister in die Regierung zurück. Zusammen mit den Reformern Boyen und Wilhelm von Humboldt wird er auf Wunsch Hardenbergs vom König 1819 entlassen. Er zieht sich auf sein Landgut Steglitz zurück, mit dem die Geschichte des heutigen Berliner Stadtteils beginnt und auf dem er 1838 73jährig stirbt.

Scharnhorst erleidet als Generalstabschef Blüchers am 2. Mai 1815 in der Schlacht bei Großgörschen eine schwere Verwundung, der er am 28. Juni in Prag erliegt, wo er wegen des Beitritts Österreichs zur Koalition gegen Napoleon verhandelt; er ist 57. Gneisenau, der das reformerische Werk Scharnhorsts fortsetzt, wird 1825 zum Generalfeldmarschall ernannt und übernimmt noch als 71jähriger 1831 beim polnischen Aufstand den Oberbefehl über vier Armeekorps. Er erkrankt kurz darauf in Posen tödlich an der Cholera.

Kleist hat schon ein Jahr nach dem Tod Luises mit der unglücklichen krebskranken Henriette Vogel am Wannsee den Freitod gesucht und gefunden. An Marie von Kleist, seine angeheiratete Kusine, Freundin Luises, sind seine letzten Briefe gerichtet. Sie lebt bis 1831, Frau von Berg bis 1826.

Robert Thomas Wilson, Luises englischer Flirt, bringt es bis zum General und Gouverneur von Gibraltar. Er lebt bis 1849.

Da ist die brave Voß längst tot. Sie erliegt am 31. Dezember 1814 einem Schlaganfall, 85 Jahre, 9 Monate und 20 Tage alt. Der Schlaganfall hat sie zwei Tage zuvor in fröhlicher Runde auf ihrem Besitz in Werneuchen bei einer Whistpartie getroffen. Auf ihrem Stuhl muß sie ins Schlafzimmer getragen werden und ruft, ihre letzten Worte, den Spielpartnern zu: »Ne me trichez pas!« – »Nun beschummelt mich nicht!«

Ein weiser Ausspruch am Ende, denn die Nachwelt schummelt eigentlich immer. Auch als fernes Idealbild hat Luise Preußen nicht erhalten können. Am Ende verschlucken die Wetterwolken selbst den hellsten Stern.

Statt einer Bibliographie

Die Literatur über Preußen ist unübersehbar. Man schlage ein beliebiges Sach- oder Fachbuch auf. Ein Verzeichnis aller Quellen, die ich angezapft habe, wo immer ich konnte, würde sich über viele Seiten erstrecken, ergäbe aber nur eine sinnlose Aufzählung. Daher nenne ich hier nur diejenige Literatur, der ich am meisten verdanke.

Es kann keiner eine Biographie der Königin Luise schreiben, ohne *Paul Bailleus* Grundlagenwerk (»Königin Luise. Ein Lebensbild«) zu Rate zu ziehen. Früher wurde es viel gelesen, jetzt ist es nur noch in Antiquariaten und in Bibliotheken zu finden. Mein Dank gilt Eva von Broecker, die mir ihr Exemplar (Berlin, Leipzig 1908) zur Verfügung stellte. Neuere Biographien stammen von *Hans von Arnim* (Berlin 1969), *Gertrud Mander* (Berlin 1981) und *Merete von Taack* (Stuttgart 1985).

Die bislang umfangreichste Sammlung »Briefe und Aufzeichnungen 1786–1810« von Luises eigener Hand wurde von *Malve Gräfin Rothkirch* übersetzt und zusammengestellt (München 1985). Sie habe ich ebenso benutzt wie *Karl Griewanks* »Briefwechsel der Königin Luise mit ihrem Gemahl« (Leipzig o. J.). Das Bilderbuch »Die Königin Luise« ist im Reprint (Berlin/Darmstadt 1981) mit einem Nachwort von *Sibylle Wirsing* neu erschienen.

Die Schriften von Kleist, Novalis, Goethe, Jean Paul und Fritz Reuter sind jedermann zugänglich. Entlegenere Literatur, zum Beispiel Lafontaine, verdanke ich dem Berliner Germanisten und Dramaturgen Ekhard Haack. Mit zwei Ausnahmen finden sich die zeitgenössischen Memoiren der *Gräfin Voß* sowie von *Massenbach, Lombard, von der Marwitz, Rulemann Eylert, Delbrück* sowie *Fürstin Luise Radziwill* wohl nur noch in Bibliotheken.

Neuausgaben sind erschienen von den Memoiren *Schadows* (Reprint, Berlin 1980) und *Varnhagen von Enses* »Denkwürdigkeiten« (Frankfurt am Main 1987).

Von der neueren deutschen Geschichtsschreibung habe ich häufig nachgeschlagen bei *Golo Mann* (Deutsche Geschichte des 19. und 20. Jahrhunderts«, Frankfurt am Main 1958), *Hans-Ulrich Wehler* (»Deutsche Gesellschaftsgeschichte«, München 1987) und *Gordon A. Craig* (»Über die Deutschen«, München 1982). Als fast so unersetzlich wie Bailleus Werk erwies sich *Eckart Kleßmanns* »Deutschland unter Napoleon in Augenzeugenberichten« (München 1976). Die Bibliographie für die Berliner Angelegenheiten lese man in meinem »2mal Berlin« nach (Piper, 1985). Zusätzlich profitiert habe ich hier von *Georg Holmstens* »Berlin-Chronik« (Düsseldorf 1984) und dem »Berlin-Reiseführer Literatur« von *Karl Voß* (Berlin 1980).

Preußische Geschichte schlägt man am verläßlichsten im »Preußen-Ploetz« nach, den *Manfred Schlenke* (Freiburg, Würzburg 1983) herausgegeben hat, sowie *Sebastian Haffners* »Preußen ohne Legende« (Hamburg 1979) und *E. J. Feuchtwangers* »Preußen – Mythos und Realität« (Frankfurt am Main 1972). Eine Fundgrube sind nach wie vor die Kataloge zu den beiden Preußen-Ausstellungen in Berlin 1981, »Versuch einer Bilanz« (5 Bände, Reinbek 1981) und »Le Musée Sentimental de Prusse« von *Marie-Louise Plessen* und *Daniel Spoerri* im Berlin-Museum. *Eduard Vehses* »Berliner Hof-Geschichten« sind 1970 in Düsseldorf wiedererschienen. Weiter wurden unter anderem verwendet Werke von *H.-J. Schoeps* (»Preußen, Geschichte eines Staates«, Berlin 1981), *Anton Ritthaler* (»Die Hohenzollern«, Moers 1979), *Volker Hentschel* (»Preußens streitbare Geschichte«, Düsseldorf 1980), *Bernd von Münchow* (»Zwischen Reform und Krieg«, Göttingen 1987) sowie *Reinhart Koselleck*, dessen »Preußen zwischen Reform und Revolution« (Stuttgart 1967) zum Standardwerk geworden ist.

Die Daten der Einzelbiographien sind meist der »Allgemeinen Deutschen Biographie« (Leipzig 1882 ff.), dem »Neuen Nekrolog der Deutschen« (Ilmenau/Weimar 1824–56) oder dem »Biographischen Wörterbuch zur deutschen Geschichte« (München 1975) entnommen. Ansonsten habe ich unter anderem herangezogen Monographien über Chamisso (*Peter Lahnstein*, München 1984), Arnim (*Helene Kastinger Riley,* Reinbek 1979), Beyme (*Werner Beyme,* Berlin 1987), Stein (*Georg Holmsten*, Reinbek 1975, und *Franz Herre*, Düsseldorf 1973), Napoleon (*André Maurois*, Reinbek 1983, sowie dessen Memoiren), Alexander I. (*Merete van Taack*, Tübingen 1983), David Gilly (*Marlies Lammert,* Berlin-DDR 1964), Wilhelm von Humboldt (*Herbert Scurla*, Düsseldorf 1976, und *Peter Berglar*, Reinbek 1970), Kleist (*Peter Fischer*, Berlin 1982), Hardenberg (*Hans Haussherr,* Köln/Graz 1965), Louis Ferdinand (*Eckart Kleßmann,* München 1972), Schinkel (*Paul Ortwin Rave,* Berlin 1981, *Mario Zadow,* Berlin 1980, und *Erik Forssman*, München/Zürich 1981), Rauch *(Hans Mackowsky*, Berlin 1916) und Metternich (*Heinrich Ritter von Srbik*, München 1954). Wann immer von Brandenburg, Preußen oder Berlin die Rede ist, sollte man in *Fontanes* »Wanderungen« nachschlagen, was auch für die »Wanderungen« zutrifft, die *Hans Scholz* in unseren Tagen auf den Spuren Fontanes zurückgelegt und in zehn Bänden (Berlin 1970–80) veröffentlicht hat. Unter der Rubrik »Sonstiges« sei verwiesen auf *Wolf Jobst Siedlers* Einzelwanderung »Auf der Pfaueninsel« (Berlin 1987), die Darstellung »Gärten des Charlottenburger Schlosses« von *Clemens Alexander Wimmer* (Berlin 1985) sowie *Cécile Lowenthal-Hensels* »Preußische Bildnisse des 19. Jahrhunderts – Zeichnungen von Wilhelm Hensel« (Berlin 1981, einen Katalog der Nationalgalerie).

Die Liste bleibe unvollständig. Den erwähnten Autoren von gestern und heute gilt jedenfalls mein besonderer Dank. An weiterer Lektüre zum Thema wird es keinem Leser mangeln.

Filmfreunde finden übrigens im 5. Band des von *Gottfried Korff* und anderen herausgegebenen, schon erwähnten Katalogs zur Ausstellung »Preußen – Versuch einer Bilanz« (Reinbek 1981) eine ausführliche kulturhistorische Retrospektive »Preußen im Film«. Auch in ihr spielt – Henny Porten im Stummfilm, Ruth Leuwerik im Tonfilm – Luise gleichsam eine Starrolle. Vor den Filmen selbst sei allerdings gewarnt.

H. O.

Personenregister

Zusammengestellt unter Mitarbeit von Uwe Steffen

AHNENTAFEL KÖNIGIN LUISE

Ludwig IX. von Hessen-Darmstadt
(1719–1790)
Karoline von Zweibrücken-Birkenfeld
gen. „die Große Landgräfin“
(1721–1774)

← Brüder →

Georg Wilhelm von Hessen-Darmstadt
(1722–1782)
Luise von Leiningen, gen. „Prinzessin George“
(1729–1818)

Friederike Luise
(1751–1805)
zweite Gemahlin
Friedrich Wilhelms II.
von Preußen
(1744–1797)

Ludewig X.
Landgraf
(1753–1830)
verh. mit Luise von
Hessen-Darmstadt
(1761–1829)

Wilhelmine
(1755–1776)
verh. mit Paul
(später Zar) von Rußland
(1754–1801)

Luise
(1757–1830)
verh. mit Karl August,
Großherzog von Weimar
(1757–1828)

weitere Kinder:
Amalie (1754–1832),
verh. mit Karl Ludwig von Baden,
Friedrich (1759–1802)
Christian (1763–1830)

Friederike
(1752–1782)
verh. mit Karl, Erbprinz
von Mecklenburg-Strelitz
(1741–1816)

Charlotte
(1755–1785)
zweite Frau
Karls von Mecklenburg

weitere Kinder:
Ludwig (1749–1823)
Georg (1754–1830)
Karl (1757–1795)
Friedrich (1759–1808)
Luise (1761–1829)
Auguste (1765–1796)

Charlotte („Lolo“)
(1769–1818)
verh. mit Friedrich I. von
Sachsen-Hildburghausen
(1763–1834)
haben 11 Kinder

Karoline
(1771–1773)

Georg
(1772–1773)

Therese („Röschen“)
(1773–1839)
verh. mit Karl Alexander
Fürst von Thurn und Taxis
(1770–1827)

Friedrich
(1775)

Luise
(1776–1810)
verh. mit
Friedrich Wilhelm III.
von Preußen
(1770–1840)

Friederike
(1778–1841)
verh. mit Louis,
Prinz von Preußen,
Friedrich, Prinz
von Solms-Braunfels
und Ernst August,
König von Hannover
(3 Ehen)

Georg
(1779–1860)
ab 1816 Großherzog

Friedrich
(1781–1783)

Auguste
(1782)

Karl
(1785–1837)

DIE HOHENZOLLERN

Friedrich Wilhelm I.
„Soldatenkönig"
(1688–1740)
verh. mit Sophie Dorothea
von Hannover
(1687–1757)

Friedrich II. der Große	August Wilhelm	Heinrich	Ferdinand	weitere Kinder:
(1712–1786) verh. mit Elisabeth Christine von Braunschweig-Bevern (1715–1797)	(1722–1758) verh. mit Luise von Braunschweig-Wolfenbüttel (1722–1780)	(1726–1802) verh. mit Wilhelmine von Hessen-Kassel (1726–1808)	(1730–1813) verh. mit Luise von Brandenburg-Schwedt (1738–1820)	Wilhelmine, Markgräfin v. Bayreuth (1709–1758) Friederike Luise, Markgr. v. Ansbach (1714–1784) Philippine Charlotte, Sophie, Ulrike, Amalie

Kinder von August Wilhelm:

Friedrich Wilhelm II.	Heinrich	Wilhelmine	Emil
(1744–1797) verh. mit Elisabeth von Braunschweig-Wolfenbüttel (1746–1840), 2. Ehe mit Friederike Luise von Hessen-Darmstadt (1751–1805)	(1747–1767)	(1751–1820) verh. mit Wilhelm V. von Nassau-Oranien (1748–1806)	(1758–1759)

Kinder von Ferdinand:

Luise	Louis Ferdinand	August
(1770–1836) verh. mit Anton Heinrich Fürst von Radziwill (1775–1833)	(1772–1806)	(1779–1843)

weitere Kinder: Friederike (1761–1773)
Friedrich (1769–1773)
Heinrich (1771–1790)
Friedrich (1776)

Kinder von Friedrich Wilhelm II.:

erste Ehe: Friederike	zweite Ehe: **Friedrich Wilhelm III.**	Louis	Wilhelmine	Auguste	Heinrich	Wilhelm
(1767–1820) verh. mit Friedrich, Herzog von York (1763–1827)	(1770–1840) verh. mit Luise von Mecklenburg-Strelitz (1776–1810)	(1773–1796) verh. mit Friederike von Mecklenburg-Strelitz (1778–1841)	(„Mimi") (1774–1837) verh. mit Wilhelm I., König der Niederlande (1772–1843)	(1780–1841) verh. mit Wilhelm, Kurfürst von Hessen-Kassel (1777–1847)	(1781–1846)	(1783–1851) verh. mit Maria Anna von Hessen-Homburg (1785–1846)

Kinder von Friedrich Wilhelm III.:

Friedrich Wilhelm IV.	Wilhelm I.	Charlotte	Friederike	Karl	Alexandrine	Ferdinand	Luise	Albrecht
(1795–1861) verh. mit Elisabeth von Bayern (1801–1873)	(1797–1888) verh. mit Auguste von Sachsen-Weimar (1811–1890)	(1798–1860) verh. mit Zar Nikolaus I. von Rußland (1796–1855)	(1799–1800)	(1801–1883) verh. mit Marie von Sachsen-Weimar (1808–1877)	(1803–1892) verh. mit Paul Friedrich von Mecklenburg- Schwerin (1800–1842)	(1804–1806)	(1808–1870) verh. mit Prinz Friedrich der Niederlande (1797–1881)	(1809–1872) 2 Ehen mit Marianne der Niederlande (1810–1883), Gräfin Hohenau (1820–1879)

Zwischen Harem und Hof – das abenteuerliche Leben des Fürsten Pückler-Muskau

---

Heinz Ohff
Der grüne Fürst

Das abenteuerliche Leben des Fürsten Pückler-Muskau
327 Seiten. Geb.

Ein luxusverwöhnter Snob, der Duelle focht und mehr Liebschaften als Casanova hatte, ein Abenteurer, der zu Pferd halb Afrika durchquerte, ein sanfter Draufgänger mit melancholischer Ader, von höchstem Adel, gleichzeitig republikanisch gesinnt, hochbegabter Autor, genialer Gartenarchitekt: So jemanden wie den Fürsten Pückler-Muskau hat es im Deutschland des 19. Jahrhunderts nicht noch einmal gegeben.

»Der grüne Fürst« erzählt das abenteuerliche Leben eines Vielbegabten, der sein Leben zu genießen verstand, der vielfältig schillernd ebenso fasziniert hat, wie er abstoßen konnte. Eine Biographie wie ein historischer Bilderbogen, ebenso farbig wie spannend erzählt.

Heinz Ohff

Gebrauchsanweisung für England

175 Seiten. Kt.

England ist anders. Auf den ersten Blick vielleicht nur ein wenig, aber wer genauer hinsieht oder hinhorcht, wird bald entdecken, daß es sich zwar um kein fremdes Land handelt, wohl aber um eines, in dem die Uhren anders laufen als bei uns. Heinz Ohff gibt nicht nur Ratschläge für Auto-, Eisenbahn- und Busfahrer, sondern auch in bezug auf das berühmt-berüchtigte englische Essen. Er hilft bei der Auswahl des richtigen Hotels, führt durch die Pubs und ihre Besonderheiten und gibt Tips für den harten Kampf mit dem Telefon.
Ein Buch für alle, die England lieben. Eine freundliche, humor- und verständnisvolle Einführung in die Eigenart eines besonderen europäischen Volkes.

Gebrauchsanweisung für Schottland

192 Seiten. Kt.

Schottland ist nicht England. Es hat eine eigene Sprache, eine eigene Kultur, eine eigene Rechtsprechung, eine eigene Kirche und sogar ein eigenes Wetter. Wie es dazu – und zur Vereinigung mit dem Inselnachbarn, England – kam, sollte man wissen, ehe man das Land besucht. Heinz Ohff erzählt nicht nur Wichtiges aus der schottischen Geschichte, sondern auch von den Eigenheiten der Leute im Norden Großbritanniens, in Lowlands und Highlands.